谨以本輯恭賀二木博史先生六十五華誕

Dedicated to Professor FUTAKI Hiroshi 65th Birthday

西域歷史語言研究集刊

第九輯

中國人民大學國學院西域歷史語言研究所　編

沈衛榮　主編

科学出版社
北　京

內容簡介

《西域歷史語言研究集刊》是由中國人民大學國學院西域歷史語言研究所主辦的學術刊物，以刊登國内外學者關於中國西北邊疆地區少數民族歷史、語言、考古、地理、宗教等方面的最新研究成果爲主要宗旨，發表具有原創性的學術研究論文、書評和研究綜述等，以期推動國内學界在西域歷史語言研究方面的進步。

本書適合於從事中國西北邊疆地區民族語言、歷史、考古、地理以及宗教研究的國内外學者和相關專業的大專院校師生參考閱讀。

圖書在版編目（CIP）數據

西域歷史語言研究集刊. 第九輯 / 沈衛榮主編；中國人民大學國學院西域歷史語言研究所編. —北京：科學出版社，2017.9

ISBN 978-7-03-054568-8

Ⅰ. ①西… Ⅱ. ①沈…②中… Ⅲ. ①西域-文化史-研究-叢刊 Ⅳ. ①K294. 5-55

中國版本圖書館CIP數據核字（2017）第230959號

責任編輯：郝莎莎 / 責任校對：鄒慧卿

責任印製：肖　興 / 封面設計：陳　敬

科學出版社 出版

北京東黄城根北街16號

郵政編碼：100717

http://www.sciencep.com

中國科學院印刷厂 印刷

科學出版社發行　各地新華書店經銷

*

2017年9月第　一　版　　開本：787×1092　1/16

2017年9月第一次印刷　　印張：33　1/2　插頁：1

字數：788 000

定價：168.00圓

（如有印裝質量問題，我社負責調换）

Historical and Philological Studies of China's Western Regions

No. 9

Institute for Historical and Philological Studies of China's Western Regions, Renmin University of China

Shen Weirong Editor-in-Chief

Science Press
Beijing

《西域歷史語言研究集刊》編委會

二木博史教授及其學術貢獻

烏雲畢力格

本輯獻給日本東京外國語大學蒙古學家二木博史（FUTAKI Hiroshi）教授六十五華誕。

2002年，經我好友，現任日本櫻美林大學教授白噶力博士介紹，在內蒙古大學和二木先生初次相識。他一口流利的蒙古語和平易近人、和藹可親的作風給我留下了很深刻的印象。在那一次，先生邀請我到他工作的東京外國語大學訪問研究，我欣然答應。我雖在德國留學和執教過，但在大學本科學習的第一外語卻是日本語，對日本社會和文化有一些初步了解，而對日本學界尤其是蒙古史學界了解頗多，對很多前輩敬佩有加，故而對日本向往已久。很快，在先生的幫助下，我榮獲日本學術振興會的資助，2002年11月以外國人特別研究員的身份赴東京外國語大學訪問研究，一去就是兩年，2004年11月方離開東京回國。在此兩年間，二木先生和我建立了深厚的友誼，他對我亦師亦友，至今如初，已有十四載。

在東京外國語大學期間，二木教授給我配了一把他研究室的鑰匙，讓我隨便利用他的圖書資料。我聽他的課，參加他舉辦和組織的所有學術活動。幾乎每個周末，只要我們不外出或沒有其他安排，都會去學校附近的居酒屋喝上幾杯，冬天會是熱騰騰的清酒，炎夏當然就是冰鎮的朝日啤酒了。在居酒屋裏，飲酒不是唯一的目的，席間常常暢談國內國際學術動態，討論學術問題，在一種隨意自由的環境中進行著學術交流。我們的學術合作非常愉快。我們在日本創辦了蒙古學研究學術刊物Questiones Mongolorum Disputatae（漢譯爲《蒙古學問題與爭論》），2005年創刊，至今已走過十一個春秋，成爲蒙古學界頗具學術影響力的期刊。我在日本完成了《阿蘇特部的結局》《綽克圖台吉的歷史與歷史記憶》等自已較爲得意的學術論文，並把專著《喀喇沁萬戶研究》最後寫作完成。最難能可貴的是，在日本結識了許多傑出的蒙古學研究者，閱讀了東洋文庫收藏的豐富文獻，對日本蒙古學界有了嶄新的認識，受到日本同仁們治學作風和意志方面至深的感染。在日本的兩年學術經歷，無法以二十四个月的時光來計算，它對我人生的影響可謂深遠。在這個意義上，二木博史教授是影響我學術生涯的爲數不多的幾位先生之一。今年，在慶祝二木先生六十五華誕之際，我向先生表示衷心的祝賀和誠摯的謝忱，願把這一期的《西域歷史語言研究集刊》當作一束永不凋零的鮮花獻給他！

二木博史教授，1951年出生於日本國神奈川縣川崎市。1974年畢業於東京外國語大學蒙古語科，並考入該大學大學院外國語學研究科碩士課程，1980年3月畢業，獲文學碩士學位。期間，從1976年11月至1979年1月，獲得蒙古人民共和國政府獎學金留學於蒙古國國立大學文學部・社會學部。1981年4月考入一橋大學大學院社會學研究科博士後期課程，1984年取得學分後肄業。1984年10月至1989年7月任韓國大田實業專門大學講師。1989年8月任東京外國語大學外國語學系副教授，1996年4月晉升爲教授。2009年至2016年爲該大學大學院綜合國際學研究院教授。教授2016年從日本東京外國語大學退休，現任日本蒙古學會會長、內陸亞洲史學會常任理事、公益社團法人日本蒙古協會常任理事、日本蒙古協會機關刊物《日本與蒙古》總編輯等學術職務。

二木博史教授具有豐富的國際學術交流經歷。1991年10月至1992年10月受日本國際交流基金會的派遣，前往蒙古國國立大學任教。1999年3月至2000年1月受日本國文部省派遣，先後在英國劍橋大學和德國波恩大學任客座研究員，並在1998年至2002年在東京大學兼課。2005年至2010年於中國西北民族大學蒙古語言文化學院任客座教授，2013年至2015年在內蒙古大學蒙古歷史學系任客座教授，2005年至今在青海民族大學蒙古語言文學系任客座教授。

二木博史教授指導培養了多名學子，其中博士研究生10名，碩士研究生50余名。二木教授培養的學生以中國籍學生爲主，其余爲日本、韓國和蒙古國學生。

二木教授具有很強的語言能力，除日語外，在研究上還廣泛利用蒙、漢、英、俄、韓、德、法等語言資料，並對滿文和藏文文獻亦頗有研究。教授學識淵博，治學嚴謹，工作勤奮，成績突出，對國際蒙古學的發展做出了卓越的貢獻。2016年爲止，二木教授出版5部專著，編纂4部書，發表85篇學術論文。相對來說，二木教授不是一位多產作者，但他的論著以質量取勝。2005年，二木教授獲得蒙古國國立大學蒙古語言文化學部名譽博士，2007年榮獲國際蒙古學最高獎章——“北極星勛章”。這是國際蒙古學界對他學術最好的評價。

二木博史教授的研究方向較多，但是筆者認爲，其中大致有四大領域，即蒙古法制與社會制度史、蒙古當代史、蒙古文化史和蒙古歷史地理，是他學術貢獻最多的大放光彩之處。

首先，二木教授在蒙古法制史和社會史研究方面建樹頗多。二木教授在該方面的代表作可以提及《樺樹皮律令》和《喀爾喀則例》的研究。《樺樹皮律令》是蒙古國境內發現的16至17世紀法律文書，喀爾喀蒙古貴族會議制定律令以後將其書寫在樺樹皮上，故而得名。這些律令的內容連同其前言後語，是研究16世紀末17世紀初喀爾喀蒙古歷史的極其珍貴的第一手資料。1970年代，蒙古國學者，也是二木教授的蒙古國導師Kh. 普爾列先生首次公布了該律令的內容。二木教授當時身爲二十余歲的留學生，以極其敏銳的學術眼光觀察到這批律令彌足珍貴的史料價值，在蒙古留學期間對其即已開始翻譯，1979年從蒙古留學回國後，便立刻對其進行研究。1981年，他的研究成果以《關於白樺法典》（「白樺法典について」）之題名，發表在日本亞非語言文化研究所學報《亞非語言文化研究》上，這是二木教授發表的第一篇學術論文。從此，喀爾喀蒙古的樺樹皮律令開始被日本學界所了解，並以“白樺法典”的日語名稱著稱。同時，二木教授在

1977至1983年間將樺樹皮律令的全文譯成日文，並做了詳細的註釋。通過這項工作，二木教授不僅向日本學術界全面翻譯介紹樺樹皮律令的內容，而且從歷史、法律、社會三方面審視律令文本，深入討論律令形成的時代背景，考訂律令制定者們的身份，總結16至17世紀蒙古刑罰體系，並通過律令內容分析當時喀爾喀蒙古的社會構造。二木教授的研究遠遠超過前人研究水平，成爲蒙古法制史研究的一個典範。應該説，樺樹皮律令的研究爲二木教授日後的學術發展打下了堅實的基礎。

二木教授的蒙古法制史研究的另一篇重要論文是對清朝時期喀爾喀則例的研究。1983年，二木教授在日本一橋大學學刊《一橋研究》上發表了《喀爾喀—濟魯姆的形成過程》（「ハルハ・ジロムの成立過程について」）一文。本文雖然篇幅不算多，但解決了不少有爭議的問題。此前，蘇俄學者梁贊諾夫、弗拉基米爾佐夫，日本學者田山茂、島田正郎，蒙古學者普爾列和扎蘭・阿扎布等學者對該法律文獻都有翻譯和研究，但對該則例的成書年代和地點、成文原因、各版本的相互關係、實施對象等諸多根本性的問題尚未給出令人滿意的答案。值得一提的是，二木教授的研究利用喀爾喀則例的不同版本的蒙古文原文，從研究的起點開始，就已遠比利用俄文轉譯的田山、島田等人高出一截。作爲研究結論，二木教授基本理清了喀爾喀則例中各種律令的制定年代、它們被匯集爲《喀爾喀・濟魯姆（喀爾喀則例）》的年代以及其各版本的相互關係，糾正了前人研究中的種種錯謬，進一步指出樺樹皮律令和喀爾喀則例的繼承性和關聯性。他的這項工作爲17至19世紀喀爾喀蒙古法制史研究填補了一些空白，使該領域的研究大大地向前推進了一步。

二木教授的蒙古社會史研究與其法制史研究息息相關。二木教授在《關於白樺法典》一文中，就根據律令所反映的社會制度和人們的社會身份，專門探討了喀爾喀蒙古的社會構造問題，分析了王公、平民和奴隸三個階層的具體情況。他的《和碩內平民的貢租和徭役負擔》（「ホショー内における平民の貢租・賦役負擔—清代ハルハ・モンゴルの場合—」）是專門探討清代喀爾喀蒙古社會中箭丁、隨丁的性質和義務的力作。他批評蒙古學者Sh. 那楚克多爾濟和英國學者鮑登的論點，指出他們將清代蒙古社會看成自始至終一成不變的社會是錯誤的，因而對清代喀爾喀社會內部的各種關係進行動態的分析，把喀爾喀社會分爲兩個不同時期，即箭丁和隨丁尚未分化時期和隨丁和箭丁分化時期，指出了不同時期扎薩克旗下屬民的相互關係之差異與他們的貢租、賦役性質的變化。《清代喀爾喀蒙古的奴隸解放文書》（「清代ハルハ・モンゴルの奴隸解放文書」）是作者探討清代喀爾喀社會中的私屬人口問題的一篇重要論文。作者翻譯介紹清代喀爾喀人的大量的所謂“奴隸解放文書”原件，通過這些給予私屬人口以自由民身份的文書的分析，對喀爾喀私屬人口產生的原因、其種類、解放他們的手續和法律等方面做了有益的探討。論文稱這些私屬人口爲“奴隸”，但沒有論及他們的社會階級性質以及得到自由身份後在蒙古旗與清代社會中所占的地位問題。關於清代私屬人口問題應該進一步討論，但作者後來沒有再跟蹤研究該問題，盡管如此，該文已經糾正了當時對此問題提出的一系列不正確的解讀，具有重要的學術意義。

其次，二木教授對蒙古當代史的研究獨樹一幟，令人矚目。直到20世紀90年代初的蒙古民主改革爲止，蒙古國的當代史研究始終被意識形態所嚴重束縛，歷史被篡改，事實黑白顛倒，黨國歷史中存在系統性的歪曲、虛構和杜撰的成分。許多不利於編寫虛假歷史、塑造不真實歷史形象的重要史料往往被禁止或淡出人們的視野中。因此，蒙古國民主化以後，對當代史研究的撥亂反正不僅有必要而且也有了可能。包括檔案資料和文獻史料的解凍以及學術環境的自由化，爲有識之士提供了極好的機遇。二木博史教授抓住機遇，利用新的、充分的和可信的史料，重新審視1921年蒙古革命前後蒙古人民革命黨和蒙古國的歷史，澄清了許多重大歷史事件的真相，再現了不少歷史人物的本來面貌。這不能不說是二木教授在蒙古當代史領域的開啟新風氣的開拓性工作，其學術貢獻應該得到充分肯定。以《蒙古人民黨成立史的再談討》（「モンゴル人民黨成立史の再検討—「ドクソムの回想」を中心に—」）、《丹巴多爾濟政權對內蒙古革命的援助》（「ダムバドルジ政権の內モンゴル革命援助」）、《仁欽諾與蒙古革命》）「リンチノ之モンゴル革命」）、《蒙古人民黨第一次大會與布里亞特革命家》（「モンゴル人民黨第一回大會之ブリヤート人革命家たち」）等論文爲例，二木教授對人民革命黨的建黨史進行了翔實的考察，重新檢討該黨最初的成員構成、政治主張、黨內鬥爭，甚至其成立時間、地點等一系列重大問題，揭開"蘇赫巴托神話"的非歷史性，以詳實可靠的資料復原了仁欽諾、丹巴道爾吉等歷史人物的歷史本來面貌。二木教授投入很大的精力研究仁欽諾等布里亞特革命家對20年代蒙古革命的貢獻，尤其是以大量事實說明仁欽諾在人民黨中央的領導地位和作用，指出1921年革命是"作爲喀爾喀蒙古人和布里亞特蒙古人共同的事業而進行的"事實。這是蒙古學界在講述蒙古當代歷史時一直遮遮掩掩甚至堅決否認的事實。二木教授還一定程度地關注了內蒙古自治運動和內外蒙古的關係以及"泛蒙古主義運動"，比如，二木教授對博彥滿都事跡的論述就非常充分而且對他的評價也是相當客觀的（參見「ボヤンマンダフ之內モンゴル自治運動」）。某種意義上可以這樣講，二木博史先生比較客觀地重寫了20世紀前半葉蒙古史的若干篇章。

再次，二木教授還致力於蒙古文化史研究而且成績不俗。二木教授關注的文化史內容比較廣泛，但最用力的領域大概主要集中在蒙古人的信仰及其相關事物以及近代內蒙古的出版史方面。在這裏，關於民間信仰的比較典型的論文可以提到相關"白老翁"的系列論文（"Classification of Texts Related to the White Old Man"、「メルゲン=ゲゲーン作のツァガーン=ウブグン獻香経」等）。二木教授廣泛收集流傳在蒙古各地的白老翁經，對其進行文獻學的分門别類工作，共分爲九類，並對17世紀烏拉特蒙古地方高僧梅力更活佛所作的具有代表性的經文進行分析，詳細討論了該經的內容、語言以及白老翁的形象等問題，成爲綜合研究民間信仰文獻的佳作。二木教授多年註意搜集哲布尊丹巴呼圖克圖傳記，在此基礎上撰寫了"On the Mongolian Biography of the JebtsundambaKhutughtus"（"Монгол хэл дээрхи 'Жавзундамба хутагтын намтар'-ын тухай"）的論文，對該活佛蒙古文傳記的收藏、版本和流傳問題進行了詳盡的論述。二木教授注意收集、收藏蒙藏文經卷和文獻，尤其是對清代寺廟度牒的收藏方面情有獨鐘。教授利用這些文獻發表了《關於授予清代蒙古僧人的度牒》（「清代にモンゴル人僧侶にあたえられた度牒について」）等文，討論清朝對蒙古寺廟和僧人的管理問題，頗有新意。此外，二木教授非常重視對1945年前在內蒙古地區出版發行的蒙古文報刊的研究。這些報刊不僅是20世紀蒙古文化中的新興事物，而且也是當時蒙古精英發表政見、表現才華的重要載體，因此對20世紀前半期內蒙古的政治、歷史、文化等方面的研究都具有不可多得的重要資料價值。但是由於歷史的原因，這些珍貴的資料在中國很少能找得到。二木教授認真考察在日本所藏蒙古文報刊，發表了《關於蒙疆政權時期的蒙古語定期刊物》（「蒙疆政権時代のモンゴル語定期刊行物について」），探討了當時蒙古文報刊等定期刊物的出版史和出版內容。二木教授的這一研究影響很大，隨之出現了利用和研究民國時期蒙古報刊的許多論文，甚至是博士學位論文。

最後，必須提到二木教授的蒙古地圖研究的成果。現在，世界各地保存著至少600幅左右的蒙古手繪地圖，其中大部分是清代蒙古遊牧圖，具有重要的學術價值和文物價值。目前爲止，除聯邦德國和日本所藏地圖已公開出版外，其余的仍然尚未公開。二木教授是很早注意到這些蒙古手繪地圖的價值並對其進行研究的學者。二木教授首先對天理大學圖書館所藏蒙古遊牧圖進行調查，發表了《關於天理圖書館所藏地圖集》（「天理図書館所蔵のモンゴル地図コレクションについて」）一文，詳細介紹了該館收藏的蒙古地圖，將其與德國所藏地圖比較，指出天理圖書館收藏品的獨特價值。他還對日本外國語大學所藏蒙古地圖進行系統的研究，發表了《新發現的1891年扎薩克圖汗部地圖——喀爾喀蒙古部圖之典型》（「新発見の1891年作成のザサグト・ハン・アイマグ地図ー清代ハルハ・モンゴルのアイマグ地図の典型」）、《盟旗遊牧地解說詞在蒙古史研究中的利用》（“Аймаг, хошуудын нутгийн цэсийг монголын түүхийн судлалд ашиглахнь”）、《1920年代外蒙古遊牧地解說詞的一個類型》（“A Description of Boundary Reports (nutuγ-un čese) Written in Outer Mongolia in the 1920s”）等文，並和上村明合著《古蒙古地圖中的繪圖與書寫》（*Landscapes Reflected in Old Mongolian Maps*）一書。該書由兩篇研究導論、地圖原件的彩色影印及圖中文字的解讀、遊牧地解說詞原件的影印及其拉丁轉寫、索引以及定位的數字化地圖等幾個部分構成，堪稱是研究蒙古歷史地圖的典範。他還和他的同事們合作編輯出版了《蒙古地區地圖和地名研究問題》（Монголорны газрын зураг болон газар нутгийн нэрийн судалгааны асуудлууд）、《蒙古地圖與地名研究》（Монголын газрын зураг, газрын нэр судлал）兩部文集。

二木教授的研究範圍廣，涉獵的領域多。這裏筆者根據自己的粗淺的認識，簡單粗略地談及他的主要學術貢獻，其實沒有提及的題目不少。他的綜合性的研究成果（比如專著《蒙古歷史與文化遺產之追蹤》Монголчуудын түүх, соёлын өвийг мөшгөхүй,《蒙古歷史綱要》Монголын түүхийн товчоон，《蒙古社會文化綱要》Монголын нийгэм соёлын товчоон等）、蒙古文學研究、日蒙關係研究以及其他種種，這裏都沒有一一介紹，希望蒙古學同仁們自己閱讀評論。順便說一下，二木教授培養的內蒙古出身的博士呼斯勒先生把二木教授的部分論文編輯爲集子，定名爲《蒙古的歷史與文化：蒙古學論集》，將其漢譯後於2004年在内蒙古人民出版社出版發行，不懂日文的中國讀者可以通過這本書部分了解二木教授的研究。

最後，祝願二木博史先生壽比南山，願教授的蒙古學成果如東海之水源源不斷！

2016年於中國人民大學國學院

目　　錄

CONTENTS

二木博史研究業績表

財吉拉胡　編

Ⅰ. 著書

［1］*Монголчуудын түүх, соёлын өвийг мөшгөхүй*, Улаанбаатар: Interpress, 2002.

［2］『蒙古的歷史與文化蒙古學論集』呼斯勒譯, 呼和浩特：内蒙古人民出版社, 2004.

［3］*Landscapes Reflected in Old Mongolian Maps* (with Kamimura Akira), Tokyo: Tokyo University of Foreign Studies, 2005.

［4］*Монголын түүхийн товчоон* (Т. Мөнхцэцэгтэй хамт), Улаанбаатар: Soyombo printing, 2012.

［5］ *Монголын нийгэм соёлын товчоон* (Т. Мөнхцэцэгтэй хамт), Улаанбаатар: Soyombo printing, 2013.

Ⅱ. 編纂書

［1］*Researching Archival Documents on Mongolian History: Observations on the Present and Plans for the Future*, Edited by H. Futaki and D. Ulziibaatar, Tokyo: Tokyo University of Foreign Studies, 2004.

［2］二木博史編『文書史料からみた前近代アジアの社会と権力』東京外国語大学大学院地域文化研究科、2007年.（ウェッブ版　ISBN 978-4-925243-36-0）

［3］*Монгол орны газрын зураг болон газар нутгийн нэрийн судалгааны асуудлууд* (Камимүра Акира нартай хамт), Улаанбаатар: MUIS Press, 2012.

［4］*Монголын газрын зураг, газрын нэр судлал* (С.Чулуун нартай хамт), Улаанбаатар: Адмон принт, 2015.

Ⅲ. 論文

［1］「訳注白樺法典（I）」『遊牧社会史探究』第50号, 1977, pp. 10-19.

［2］「白樺法典について」『アジア・アフリカ言語文化研究』No. 21, 1981, pp. 49-73.

［3］「訳注白樺法典（II）」『モンゴル研究』No. 12, 1981, pp. 50-63.

［4］「訳注白樺法典（III）」『モンゴル研究』No. 14, 1983, pp. 12-27.

［5］「モンゴルの神話伝説」『世界の神話伝説・総解説』増補新版、自由国民社、1983, pp. 208-220.

［6］「ハルハ・ジロムの成立過程について」『一橋研究』第8巻第1号, 1983, pp. 60-75.

［7］"A Philological Study of the Qalq-a Jirum," *Proceedings of the Sixth East Asian Altaistic Conference,* Taipei, 1983, pp. 103-114.

［8］「4. モンゴル」木内信蔵編『世界地理2　東アジア』朝倉書店, 1984, pp. 441-468.

［9］「ホショー内における平民の貢租・賦役負担—清代ハルハ・モンゴルの場合—」『内陸アジア史研究』No. 1, 1984, pp.25-40.

［10］「ディロブ・ホトクトの回想録」『日本とモンゴル』第18巻第2号, 1984, pp. 26-30.

［11］「ダムバドルジ政権の内モンゴル革命援助」『一橋論叢』第92巻第3号, 1984, pp. 364-381.

［12］「モンゴルに伝わった〈鉄道唱歌〉」『モンゴリカ』No. 2, 1985, pp. 29-32.

［13］「マルザン・シャラブの世界」『モンゴリカ』No. 3, 1985, pp. 10-14.

［14］「清代ハルハ・モンゴルの奴隷解放文書」『東洋法史の探究—島田正郎博士頌壽記念論集—』汲古書院, 1987, pp. 21-43.

［15］「韓国人学習者の日本語誤用例の分析—短期大学2年生の場合—」『大田実業専門大学論文集』（Daejeon）, No. 17, 1988, pp. 101-112.

［16］「ダムバドルジ政権の敗北」『東京外国語大学論集』第42号, 1991, pp. 265-283.

［17］「甦るチンギス・ハーン—その評価の歴史」『歴史読本ワールド』第2巻第3号, 1991, pp. 158-165.

［18］「日本軍の対モンゴル政策—ノモンハン戦の真相」『歴史読本ワールド』第2巻第3号, 1991, pp. 214-221.

［19］「歴史—モンゴル帝国の成立から現代まで」青木信治、橋本勝編著『入門・モンゴル国』平原社, 1992, pp. 51-66.

［20］「パンモンゴリズムの行方」『月刊しにか』第4巻第4号, 1993, pp. 65-70.

［21］「第3章　農業の基本構造と改革」青木信治編『変革下のモンゴル国経済』アジア経済研究所, 1993, pp. 103-133.

［22］「モンゴル人民党成立史の再検討—「ドクソムの回想」を中心に—」『東京外国語大学論集』第49号, 1994, pp. 83-104.

［23］"XVIII-XIX зууны үеийн Халх Монголын гэрийн боолын тухай," *Mongolica*

(Ulaanbaatar), No. 5（26）, 1994, pp. 57-62.

［24］「日本人のモンゴル抑留の歴史的背景」『日本とモンゴル』第30巻第1号, 1995, pp. 19-23.

［25］「リンチノとモンゴル革命」『東京外国語大学論集』第51号, 1995, pp. 243-259.

［26］「2. カリキュラムの改革」『モンゴルの教育改革　現地調査報告』日本モンゴル協会, 1995, pp. 21-38.

［27］「XI　民主化後の国民意識の変化」『新生モンゴル—脱社会主義への挑戦—』日本貿易振興会, Tokyo, 1995, pp. 89-96.

［28］"Хурандаа Яногийн үйл амьдрал, үзэл санаа," *Халхын голын дайн: Түүхэн үнэний эрэлд,* Ulaanbaatar, 1995, pp. 89-96.

［29］（佐々木正雄と共著）「2—1　農牧業」『モンゴル国別援助検討会報告書』国際協力事業団, 1997, pp. 31-37.

［30］"Гомбодорж Түшээт хаан ба Халхын Дөрвөн хошуу," *Түүхийн судлал* (*Studia Historica*), No. 30, 1997, pp. 33-37.

［31］「パンモンゴリズムの現在」小長谷有紀『暮らしがわかるアジア読本　モンゴル』河出書房新社, 1997, pp. 118-124.

［32］「大モンゴル国臨時政府の成立」『東京外国語大学論集』第54号, 1997, pp. 37-59.

［33］「メルゲン＝ゲゲーン作のツァガーン＝ウブグン献香経」『日本モンゴル学会紀要』第28号, 1997, pp. 43-63.

［34］「モンゴル人民党第一回大会とブリヤート人革命家たち」『一橋論叢』第120巻第2号, 1998, pp. 170-186.

［35］"Роль Элбек-Доржи Ринчино в Монгольской Революции 1921 года," *Международная научно-теоретическая конференция "Элбек-Доржи Ринчино и народно-демократическое движение в России, Центральной Азии в XX веке, Доклады, тезисы, сообщения,"* Ulan-Ude, 1998, pp. 33-36.

［36］"Mergen Gegen-ü ǰokiyaγsan čaγan ebügen-ü sang-un qubilburi nuγud," *Öbör Mongγol-un Yeke Surγaγuli-yin Erdem Sinǰilegen-ü Sedkül, Gün uqaγan neyigem-ün sinǰilekü uqaγan,* No. 89, 1999, pp. 117-122.

［37］（小澤重男と共著）「モンゴル語」東京外国語大学史編纂委員会『東京外国語大学史—独立百周年（建学百二十六年）記念—』東京外国語大学, 1999, pp. 1003-1029.

［38］「満州国時代のモンゴル人文学者エルデムトゥグスの新発見の作品」『日本モンゴル学会紀要』第29号, 1999, pp. 1-21.

［39］「『モンゴリーン・ウネン』紙の内容の再検討」『東京外国大学論集』第

60号, 2000, pp.19-42.

［40］“Элбэгдорж Ринчнио ба монголын 1921 оны хувьсгал”, *Mongolica*（Ulaanbaatar）, No. 10（31）, 2000, pp. 263-270.

［41］“A Re-examination of the Establishment of the Mongolian People’s Party, Centring on Dogsom’s Memoir,” *Inner Asia*, Vol. 2, No. 1, 2000, pp. 37-61.

［42］“Классификация текстов о Белом старце,” *Mongolica* (Saint Petersburg), No. 5, 2001, pp. 33-37.

［43］“Yapon-u surγaγuli nuγud-tu baγsilaγsan mongγol sekegeten erdemted-ün tuqai tobči ögülekü ni,” *Mongγol-un sudulul*, No. 38, 2001, pp. 4-7.

［44］「フフホト、張口家、オラーンホトでの調査―付・張口家図書館所蔵日本文蒙疆出版物目録―」『近現代東北アジア地域史研究会　ニューズレター』第13号, 2001, pp. 33-43.

［45］「蒙疆政権時代のモンゴル語定期刊行物について」『日本モンゴル学会紀要』第31号, 2001, pp.17-43.

［46］「ボヤンマンダフと内モンゴル自治運動」『東京外国語大学論集』第64号, 2002, pp.67-88.

［47］“Sin-e-ber oldaγsan Kesingge-yin bütügel-üd,” *Öbör Mongγol-un Neyigem-ün Sinǰilekü Uqaγan,* No. 116, 2002, pp. 50-57.

［48］“Нэгэн гэрэл зургийн учрыг тодруулах нь,” *Цог*, No. 4 (280), 2003, pp. 137-141.

［49］“Буянмандах ба Өвөр монголын өөртөө засах хөдөлгөөн” *Mongolica* (Ulaanbaatar), No. 13(34), 2003, pp. 183-188.

［50］「モンゴル国立中央文書館所蔵の清代文書史料―フォンド目録―」『史資料ハブ地域文化研究』No.1, 2003, pp. 136-147.

［51］「文字とナショナリズム―モンゴルの場合―」『月刊言語』第33巻第5号, 2004, pp. 42-49.

［52］「モンゴルにおける“歴史の見なおし”とアーカイブズの公開」『歴史学研究』第789号, 2004,pp. 24-30.

［53］“Вэб хуудсанд орсон 1910, 1920-иод оны үеийн Монголын түүхтэй холбогдолтой Японы архивуудын материал,” *Researching Archival Documents on Mongolian History: Observations on the Present and Plans for the Future,* Edited by H. Futaki and D. Ulziibaatar, Tokyo: Tokyo University of Foreign Studies, 2004, pp.57-63.

［54］“A Description of Boundary Reports (nutug-un cese) Written in Outer Mongolia in the 1920s,” *Landscapes Reflected in Old Mongolian Maps,* Edited by Futaki Hiroshi and Kamimura Akira, Tokyo, 2005, pp. 27-59.

［55］“Classification of Texts Related to the White Old Man,” *Quaestiones Mongolorum*

Disputatae, No. 1, 2005, pp. 35-46.

［56］“Японсуud Чингис хаанд яагаад дуртай байдаг вэ,” *“Чингисхаан баИх Монгол улс-800” сэдэвтолон улсын эрдэмшин жнлгээний хурлын материал,* Ulaanbaatar, 2006, 75-81.

［57］“Аймаг, хошуудын нутгийн цэсийг монголын түүхийн судлалд ашиглах нь,” *Mongolica* (Ulaanbaatar), Vol. 18 (39), 2006, pp. 273-277.

［58］「チベット人活仏がモンゴル国王として即位するための条件—19世紀すえのモンゴル語文書史料の分析—」二木博史編『文書史料からみた前近代アジアの社会と権力』東京外国語大学大学院地域文化研究科、2007.3，pp. 71-99.

［59］“Инээдмийн жүжиг үү, эмгэнэлт жүжиг үү? —С. Буяннэмэхийн мартагдсан зохиол《Ардыг мэхлэгч шар хуялч》,” *Quaestiones Mongolorum Disputatae*, Vol. 3, 2007.12, pp. 34-41.

［60］“Хорьдугаар зууны панмонголизм ба түүний өв уламжлал,” *Past and Present Dynamics: the Great Mongolian State, Proceedings of the International Symposium,* Edited by Kurebito Tokusu, ILCAA, TUFS, Tokyo, 2008, pp. 1-10.

［61］“Хорьдугаар зууны Монголын түүх ба Япон,” *Proceedings of the Second International Conference Past and Present of the Mongolic People,* Tokyo, 2009, pp. 1-7.

［62］「天理図書館所蔵のモンゴル地図コレクションについて」今西淳子他編『北東アジアの新しい秩序を探る』風響社, 2009, pp. 27-44.

［63］「一九二一年のモンゴル独立革命の史料」『歴史と地理』No. 261（2009）, pp. 26-33.

［64］「現代史が物語化されるとき—田中克彦『ノモンハン戦争　モンゴルと満洲国』の場合—」『日本とモンゴル』第44巻第1号，2009年，pp. 89-96.

［65］「1937年に関東軍参謀部が作成した「満蒙国境要図」について—清代の地図との比較を中心に」今西淳子、ボルジギン・フスレ編『ノモンハン事件（ハルハ河会戦）70周年—2009年ウランバートル国際シンポジウム報告論文集』風響社，2010，pp. 115-134.

［66］「エルデニゾー寺院とその周辺—2010年現地調査報告—」『日本とモンゴル』第45巻第1号，2010，pp. 46-60.

［67］“Монголын их хэлмэгдүүлэлт ба Япон — ‘оргодол’ Бямбаагийн хувь заяаг ахин шинжлэх нь,” *Монгол-Японы харилцаа:өнгөрсөн ба эдүгээ (XX зуун),* Улаанбаатар, 2011, pp. 71-77.

［68］“On the Mongolian Biography of the Jebtsundamba Khutughtus,” *The International Conference on “Erdene-Zuu: Past, Present and Future”,* Ulaanbaatar, 2011, pp. 35-49.

［69］「モンゴル語版『ジェブツンダンバ・ホトクト伝』について」『東京外国

語大学論集』第82号，2011，pp. 1-20.

［70］“Барон Унгерний цэргийн давшилтыг Японд хадгалагдаж байгаа архивын материалд тулгуурлан үзэх нь,” *Шинжлэн Ухаан Амьдрал,* No.3, 2011, pp. 38-43.

［71］“Монгол хэл дээрхи ‘Жавзундамба хутагтын намтар’-ын тухай,” *Орхоны хөндийөв,* Улаанбаатар, 2012, pp. 34-54.

［72］「日本のモンゴル研究の100年」ボルジギン・フスレ、今西淳子編『20世紀におけるモンゴル諸族の歴史と文化　2011年ウランバートル国際シンポジウム報告論文集』風響社，2012，pp. 89-101.

［73］“Панмонгольское движение 1919 г. и деятельность бурятских националистов,” *Вестник Бурятского Государственного Университета,* No.1, 2012, pp. 38-42.

［74］“Японы судлаач, цэргийн хүний үлдээсэн XX зууны эхний Ар монголын зүүн хэсгийн газарзүйн тухай мэдээлэл” Фүтаки Хироши нар, *Монгол орны газрын зураг болон газар нутгийн нэрийн судалгааны асуудлууд,* Улаанбаатар, 2012, pp. 97-105.

［75］“Ноён хутагт Данзанравжаагийн зохиосон Агва дацангийн жаягийн жишээгээр XIXзууны үеийн буддын шашны монголчлолын тухай өгүүлэх нь” *Acta Mongolica* 12 (383), 2012, pp. 73-78.

［76］“1919 оны нармай монголын хөдөлгөөн ба үндэсний үзэлтэй буриад сэхээтнүүдийн үйл ажиллагаа,” *Шинжлэн Ухаан Амьдрал,* No.3, 2012, pp. 92-96.

［77］“Жавзундамба хутагтын монгол намтрын төгсгөлийн ерөөл,” *Шинжлэн Ухаан Амьдрал,* No.3, 2013, pp. 69-71.

［78］「モンゴルで境界オボーをさがす—旧トゥシェート・ハン・アイマグ中旗現地調査報告—」『日本とモンゴル』第48巻第1号，2013，pp. 67-82.

［79］「清代にモンゴル人僧侶にあたえられた度牒について」『東京外国語大学論集』第87号，2013，pp. 1-19.

［80］“Манж Чин улсын үед монгол лам хувраґт олгож байсан ‘гэрээс гарсан тэмдэг бичиг (dudie)’-ийн тухайд,” 烏雲畢力格主編『滿蒙檔案與蒙古史研究』上海古籍出版社，2014，pp. 272-292.

［81］「山縣大尉の外モンゴル調査と軍用地図」吉田ゆり子他編『画像史料論　世界史の読み方』東京外国語大学出版会，2014，pp. 254-257.

［82］「新発見の1891年作成のザサグト・ハン・アイマグ地図—清代ハルハ・モンゴルのアイマグ地図の典型」『東京外国語大学論集』第89号，2014，pp. 27-44.

［83］「フルンボイル調査報告」『日本とモンゴル』第50巻第2号, 2016, pp.107-115.

［84］「日本人のモンゴル抑留問題の再検討：基本的文書史料の紹介」ボルジギン・フスレ編『日モ関係の歴史、現状と展望　21世紀東アジア新秩序の構築にむけ

て』風響社, 2016, pp.19-27.

［85］「ドルノド県調査報告」『日本とモンゴル』第51巻第1号, 2016, pp.19-31.

［86］「（第3章）粛清、戦争、動員、戦後国家建設—日本人のモンゴル抑留の背景」ボルジギン・フスレ編『日本人のモンゴル抑留とその背景』三元社, 2017, pp.35-49.

［87］「清末におけるモンゴル人の交易—光緒17年（1891年）のザサグト・ハン旗からフフホトへの隊商派遣を中心に」『昭和女子大学国際文化研究所紀要』第23巻, 2017, pp.1-11.

Ⅳ. 学界動向、書評、エッセイ

［1］（書評）オノン・ウルグンゲ著、原もと子訳『わが少年時代のモンゴル』:『月刊シルクロード』1976年8月号, p.45.

［2］「モンゴルの祝宴—ボルジギン地方の場合」『月刊シルクロード』1977年1月号, pp.42-45.

［3］「清代ハルハ・モンゴルの平民・奴隷の諸義務（Alba）について—18~19世紀のトゥシェートゥ・ハン・アイマク、セチェン・ハン・アイマクの事例を中心に—」（所内研究会発表要旨）『東京外国語大学アジアアフリカ言語文化研究所通信』第45号, 1982, pp.36-38.

［4］「Б.リンチェン」『東洋文庫書報』第14号, 1982, pp.89-91.

［5］「日本人スズキとは誰か」『日本とモンゴル』第18巻1号, 1983, pp.30-33.

［6］「草原の国モンゴル留学記」『ユーラシア』新1号, 1983, pp.106-115.

［7］「モンゴルのレコードを聴く」『モンゴリカ』第1号,1985, pp.20-23.

［8］（書評）島田正郎『明末清初モンゴル法の研究』『法制史研究』第37号, 1987, pp.238-242.

［9］「ナーダムへの序曲」『騎馬民族—スポーツの祭典　ナーダム』ベースボール・マガジン社，1987, pp.10-11.

［10］「スクリーンに躍動する騎馬の英雄たち」『モンゴリカ』第4号，1987, pp.14-17.

［11］「モンゴルの民主改革とその背景」（講演要旨）『善隣』第165号，1991，pp.2-5.

［12］「選挙直後のウランバートル訪問—1990年夏」『日本とモンゴル』第25巻第2号，1991，pp.56-62.

［13］「ソヨンボ文字の蔵書印」『東亜』第289号，1991，pp.4-5.

［14］「モンゴルの友人たちの“市場経済”」『朝日新聞』朝刊（1992.11.15）.

［15］「モンゴル文字の復活」『しにか』第4巻第6号，1993，pp.60-61.

［16］「ウラジーオチル将軍」『日本とモンゴル』第28巻第2号，1994，pp.92-93.

［17］「国際シンポジウム「ハルハ河戦争　その歴史的真実の探求」について」『日本モンゴル学会紀要』第25号，1994，pp.79-84.

［18］「ザナバザル研究国際会議」『日本モンゴル学会紀要』第26号，1995，pp.81-89.

［19］「40年代のモンゴルの見方に修正迫られる」『朝日新聞』朝刊（1995.06.19）.

［20］「インジャンナシ」『集英社世界文学大辞典』第1巻，集英社，1996，p.270.

［21］「モンゴル語」『AERA Mook 14 外国語がわかる』1996，pp.48-49.

［22］「メルゲン寺詣で」『東亜』第360号，1997，pp.4-5.

［23］「文化英雄チンギス」小長谷有紀編『アジア読本 モンゴル』東京：河出書房新社，1997，pp.209.

［24］「変革をうつしだす鏡—教育の再生」小長谷有紀編『アジア読本　モンゴル』河出書房新社，1997，pp.116-117.

［25］「ジャンガル物語」『集英社世界文学大辞典』第2巻，集英社，1997，p.447.

［26］「ダムディンスレン　ツェンディーン」『集英社世界文学大辞典』第2巻，集英社，1997，p.857.

［27］「モンゴル秘史」『集英社世界文学大辞典』第4巻，集英社，1997，pp.479-480.

［28］「リンチェン　ビャムビーン」『集英社世界文学大辞典』第4巻，集英社，1997，p.736.

［29］「“三つのモンゴル”訪問記」『蒼穹』第1号，1998，pp.126-128.

［30］（書評）和光大学モンゴル学術調査団『変容するモンゴル世界』：『しにか』第10巻第7号，1999，pp.116-117.

［31］「ヨーロッパのモンゴル研究」『日本とモンゴル』第35巻第1号，2000，pp.33-49.

［32］「第36回ICANAS モンゴル・中央アジア」『東方学会報』第79号，2000，pp.25-27.

［33］「フルンボイルへの旅」『蒼穹』第2号，2002，pp.106-108.

［34］「木版文化の世界—北京版モンゴル語文献を中心にして—」『Castalia』第6号，2003，pp.12-13.

［35］「展示資料解説　東京外国語大学附属図書館第4回講演会記念特別展示　東アジア木版文化の世界—北京版モンゴル語文献を中心にして—」2003.

［36］「購入資料解説　モンゴル地域」『史資料ハブ　地域文化研究』第2号，2003，pp.198-200.

［37］「第37回ICANAS モンゴル研究」『東方学会報』第87号，2004，pp.23-25.

［38］「ヘンティー紀行―大モンゴル建国800周年記念シンポジウムへの参加」『日本とモンゴル』第41巻第1号，2006，pp.40-56.

［39］（書評）萩原守『清代モンゴルの裁判と裁判文書』『法制史研究』第57号，2007，pp.351-355.

［40］「あたらしいモンゴル活仏の誕生―ザワ・ダムディン生誕140周年記念行事見聞記」『日本とモンゴル』第42巻第1号，2007，pp.104-113.

［41］「（私の視点）モンゴル　無神経に「蒙古」と呼ばないで」『朝日新聞』朝刊（2007.09.21）.

［42］「中国人民大学国学院主催「モンゴル歴史言語研究シンポジウム」」『日本モンゴル学会紀要』第38号，2008，pp.87-88.

［43］（書評）ユ・ヒョヂョン、ボルジギン・ブレンサイン『境界に生きるモンゴル世界―20世紀における民族と国家』『東西南北』2010，pp.155-160.

［44］「国際ワークショップ「清代とボグド・ハーン政権時代のモンゴルにおけるてがき地図の伝統―地図学と地名学」『日本モンゴル学会紀要』第42号，2012，pp.84-85.

［45］（岡田和行と共著「国際学術会議「モンゴル研究―その新しい傾向」」『日本モンゴル学会紀要』第43号，2013，pp.56-59.

［46］「《満蒙档案与蒙古史研究》学術討論会」『日本モンゴル学会紀要』第43号，2013，pp.68-71.

［47］「国際会議「モンゴル文学のテクスト研究」」『日本モンゴル学会紀要』第44号，2014，pp.101-102.

［48］「国際シンポジウム「Na.サインチョグトと内モンゴル現代文化」」『日本モンゴル学会紀要』第45号，2015，pp.106-108.

［49］「国際シンポジウム「モンゴル人と地図―モンゴルの地図・地名の歴史学的・文化学的研究」」『日本モンゴル学会紀要』第45号，2015，pp.122-124.

Ⅴ．翻訳

［1］ジェー・ダシドンドク「お父さん」「ヒツジの群れ」「煙出し穴とネコ」『健康と自然』第5巻第5号，1976，pp.11-14.

［2］（岡田和行、今泉博と共訳）モンゴル科学アカデミー歴史研究所編著『モンゴル史』恒文社，1988.

［3］Ts.バトバヤル「モンゴル人と中国人―相互の歴史観」『学術の動向』第8巻第9号，2003，pp.60-62.

［4］（ボルジギン・フスレと共訳）チョイラルジャブ「わたしの体験した1945年―少年時代の回想」『日本とモンゴル』第40巻第2号，2006，pp.128-135.

［5］（王長青と共訳）セチェンムンフ、チャガーン「モンゴル民話のタイプ・インデックスの作成について」『日本とモンゴル』第48巻第1号，2013，pp.37-46.

［6］（バヨード・フフムチルと共訳）ジャハノード・ヘシクト「最後の授業」『日本とモンゴル』第48巻第2号，2014，pp.113-119.

［7］（オヨーンゴアと共訳）「モンゴル民話のタイプ・インデックスとデータベースの作成」『日本とモンゴル』第50巻第1号，2015，pp.88-100.

海都崛起與窩闊台系在中亞的進退*

孫聞博

從大蒙古國到大元王朝的歷史轉向中，西北藩王與元朝的關係對相關進程產生深遠影響。而海都（Qaidu）崛起及窩闊台家族在中亞的擴張，則是其中極爲重要的事件。元廷、漢地習言所謂“海都之亂”，在蒙元政治史中應當如何理解與把握，向爲學界重視。以往對此問題主要有兩種認識。一種是海都爲承繼大汗，而與忽必烈對抗。早年研究多據《史集》，在海都之父合失爲脱列哥那幼子基礎上，論證其爭位初衷①。近年學者利用道教碑刻及波斯文史料，進一步考證合失爲窩闊台長子，生前曾爲繼承人，海都又稱“太子”，亦曾有汗位繼承機會，即“合失、海都父子曾經有過和曾經被允諾過的皇儲身份”②。另一種意見更關注大蒙古國背景下，海都對窩闊台系家族權利的爭取。“很難說他對祖父曾據有的大汗寶座有多少覬覦之心，但他堅持自己作爲窩闊台後王有權控制一塊相對獨立的分地”③。

兩説皆值得重視。然政治事件的發生及演進，於話語言辭之外，更由實際的政治行爲所造就與呈現。而關於海都活動的認知，在史料辨析及論證邏輯層面，似均有思考空間。本文著重從政治地理、汗位繼承、統治構成三個方面對這一傳統政治史問題重做考析，以探討海都崛起的特殊一面。

---

* 基金項目：中國人民大學科學研究基金（中央高校基本科研業務費專項資金資助）項目成果（項目批准號16XNB012）。

① 《中國歷史大辭典·遼夏金元史》“海都”條，上海：上海辭書出版社，1986年，418頁；《中國大百科全書·中國歷史》（縮印本）“海都”條，北京：中國大百科全書出版社，1997年，190頁；《中國通史》第八卷《中古時代·元時期（下）》，上海：上海人民出版社，1997年，63頁；劉迎勝《察合台汗國史研究》第四章，上海：上海古籍出版社，2006年，166—167頁，等等。

② 任崇嶽《從兩通元代碑文看“海都之亂”的性質》，《中州學刊》1996年第5期；淺見洋二、沖田道成、加藤聰《〈烏臺筆補〉譯註稿》，《中國研究集刊》30，大阪大學中國學會，2002年；王曉欣《合失身份及相關問題再考》，中國元史研究會編《元史論叢》第十輯，北京：中國廣播電視出版社，2005年，61—70頁；劉曉《也談合失》，《中國史研究》2006年第2期；劉曉《合失卒年小考》，《中國史研究》2007年第2期；邱軼皓《合失生母小考》，《中國史研究》2012年第3期。

③ 《中國通史》第八卷《中古時代·元時期（上）》，423頁；Michal Biran, *Qaidu and the Rise of the independent Mongol State in Central Asia*, Richmond, Curzon Press, 1997, p.26；邱軼皓《〈海都與中亞蒙古國家[窩闊台汗國]的興起〉評述》，《西域研究》2009年第3期；《蒙古帝國史全景下的察合台汗國——〈察合台汗國史研究〉述評》，《西域研究》2010年第3期。

一、中亞傳統勢力劃分與海都興起

成吉思汗分封諸子是一個動態過程。早期封授地域循“阿勒臺山”（今阿爾泰山）西麓南、北排列：術赤系，爲“阿勒臺山”麓至“也兒的石河”；窩闊台系，爲“阿勒臺山”麓至“烏瀧古河”；察合台系，則爲術赤系與窩闊台系封授地域之間的“阿勒臺山”麓及其鄰近[④]。其中，術赤大斡耳朵雖一直在也兒的石河[⑤]，但“蒙古時代的穆斯林史家皆認爲志費尼的記載最爲重要”的《世界征服者史》[⑥]，則作：“從海押立（Qayaligh）和花剌子模（Khorazm）地區，延伸到撒哈辛（Saqsin）及不里阿耳（Bulghar）的邊境，向那個方向盡韃靼馬蹄所及之地，他賜予長子術赤。”[⑦]此次諸子同時受封，時間在公元1218年左右[⑧]。所述呈現出封地重心逐漸西移的態勢。當時領地同樣西擴的還有察合台系：“河中和突厥斯坦諸地被征服後，他的駐地以及他的子女和軍隊的駐地，從别失八里擴展到撒馬爾干。”[⑨]兩系領地變動，隨後仍在繼續。成吉思汗去世時諸子會喪，“術赤的兒子們……從欽察來到；察合台和［他的］所有的子孫們從海押立來到”[⑩]，即爲體現。這裏，兩系封地重心的變化，前者爲：也而的石河——海押立、花剌子模——欽察；後者則是：别失八里——阿力麻里的忽牙思——海押立，進至海押立。貴由、蒙哥二汗時，海押立等地復屬術赤系[⑪]。至阿里不哥、忽必烈爭位時，察合台新主阿魯忽謀求發展，則主要在中亞攻擊和驅逐術赤系勢力[⑫]。由上，當時中亞傳統勢力劃分只涉及術赤、察合台二系。窩闊台家族則一直局促于霍博、葉密立的有限區域，而未能染指。

在此背景下，憲宗二年（1252）“分遷諸王於各所：合丹于别石八里地，蔑里于葉兒的石河，海都於海押立地，……”[⑬]。學界以往多從壓制窩闊台系，離散宗族以便監

---

④ 杉山正明《モンゴル帝國の原像—チンギス・カンの一族分封をめぐって—》，《東洋史研究》37-1，1978年，1—34頁。相關又參見王頲《龍庭崇汗：元代政治史研究》第一章，海口：南方出版社，2002年，1—22頁。

⑤ 拉施特主編《史集》第二卷，余大鈞、周建奇譯，北京：商務印書館，1985年，139—140頁。

⑥ 劉迎勝《察合台汗國史研究》第二章，64—65頁。

⑦ 志費尼《世界征服者史》，J. A. 波伊勒英譯、何高濟譯，翁獨健校訂，南京：江蘇教育出版社，2005年，33—34頁。

⑧ 劉迎勝《察合台汗國史研究》第二章，64頁。

⑨ 《世界征服者史》第四十一章，221頁。“從别失八里”，當作“别十八里之邊”。劉迎勝《察合台汗國史研究》第二章，65頁。

⑩ 《史集》第二卷，28—29頁。

⑪ 巴托爾德《中亞突厥史十二講》，羅致平譯，北京：中國社會出版社，1984年，168—169頁；巴托爾德《蒙古入侵時期的突厥斯坦》第五章，張錫彤、張廣達譯，上海：上海古籍出版社，2007年，557、569頁；劉迎勝《察合台汗國史研究》第十二章，608頁。

⑫ 《史集》第二卷，302頁。巴托爾德《蒙古入侵時期的突厥斯坦》第五章，565—566、569頁。

⑬ 《元史》卷三《憲宗紀》，北京：中華書局，1976年，45頁。

視的層面思考。不過，與定爲謀叛的失烈門、腦忽被充軍，忽察雖免於出征，仍被遠徙至哈剌和林附近相比較[14]，上述群體實際是受到優待的。合丹、滅里是支持蒙哥的窩闊台後王代表，遷封排序位居首、次席，也反映舉措的相關性質。而拔都最初針對提出反對意見者，亦曾談到：

如果宗王們對此仔細地加以認真考慮，對於將來審慎地想一想，他們就會明白［立蒙哥為君，窩闊台合罕的］子孫的利益已被考慮到[15]。

這次“分遷”，安撫之意爲多，乃拖雷—術赤系奪取汗位後，對窩闊台系“利益”所給予的“考慮”。而海都獲封“海押立地”，更引人注目。這是窩闊台系首次進入中亞。阿里不哥降元後，“貴由汗的兒子禾忽、腦忽的兒子察八忒、合剌察兒的兒子忽秃黑，以及另一些宗王們，則被［合罕］遣送到突厥斯坦”[16]。這次“遣送”，又是“全體宗王們，除窩闊台合罕的兒子合失之子海都和察合台的若干後裔以外，全都準備聽命於他”，及忽必烈向海都宣揚“其他宗王們全都在這裏……我們一起把一切事情都商議好後，你們將獲得各種恩典返回去”的具體背景下發生的[17]。“獲得各種恩典返回去”，亦屬安撫性質。當然元廷不曾料想，“被［合罕］遣送到突厥斯坦”的窩闊台系，爲海都在中亞的進一步發展，提供了條件。

海都當時的對手是察合台汗阿魯忽。迷兒宏德《潔淨園》記：

由於卜詞吉祥，別兒哥同意以金錢和軍隊援助海都，並在海都擊敗阿魯忽的情況下，承認他作察合台兀魯思的統治者[18]。

術赤系在支持海都時，所許頭銜竟然是“察合台兀魯思”，而非“窩闊台兀魯思”或其他，值得注意。按阿魯忽死後葬阿力麻里[19]，但後繼者木八剌沙即位卻在Āhankrān[20]，八剌則在拔汗那西部的斡思堅[21]。后類情形的發生，正因至元三年（1266）前後[22]，海都奪取了阿力麻里。《元史》亦稱“諸王海都行營于阿力麻里等處，蓋其分地也”[23]。由於阿力麻里附近換扎孫乃察合台兀魯思大斡耳朵所在，故上述顯示：海都以窩闊台之孫在中亞興起伊始，不僅未以原窩闊台兀魯思爲基礎，且未有謀求窩闊台汗位之初衷。而除阿力麻里，“從塔剌思、肯切克、訛打剌、可失哈兒和阿母

⑭ 《史集》第二卷，256頁。

⑮ 《史集》第二卷，240頁。

⑯ 《史集》第二卷，309頁。“忽秃黑”，註：“波伊勒英譯本第264頁作Totoq（脫脫）。”

⑰ 《史集》第二卷，311—312頁。

⑱ Lucknow印本，V，頁65。轉引自巴托爾德《蒙古入侵時期的突厥斯坦》第五章，570頁。

⑲ 《木陰曆史選》，歐班夫人校勘本，德黑蘭，1961年，104頁。轉引自劉迎勝《察合台汗國史研究》第四章，170頁。

⑳ 《賈瑪爾·喀爾施和他的〈蘇拉赫詞典補編〉（下）》，華濤譯，南京大學歷史系元史教研室《元史及北方民族史研究集刊》（第十一期），1987年，94頁。

㉑ 劉迎勝《察合台汗國史研究》第六章，248頁。

㉒ 劉迎勝《察合台汗國史研究》第六章，248—249頁。

㉓ 《元史》卷六三《地理志六》“阿里麻里”條註，1569頁。

河那邊地區的整個地帶”[24]，則皆屬術赤、察合台系的傳統勢力範圍。《史集》記八剌推翻木八剌沙後，“因爲察合台兀魯思的邊界和海都［所屬］地區相鄰接，［所以八剌］奪取了海都的一部分領地”[25]。有意見改譯作“有些地方爲海都所佔”[26]。然依照上述分析脈絡，后種譯釋似不盡符合當時的政治情勢。由此，我們以爲前種譯釋或更可取，即：

海都的部分領地被奪去。

如依原譯，八剌確是“奪取了海都的一部分領地”。因爲海都“領地”，本多來自察合台系故地。之後，海都召開忽里台大會，選址於中亞塔剌思。扎馬剌·哈兒昔且特別指出：

……海都，那他是670年1月（=1271.8.9-9.7）在塔剌思即位的[27]。

這與察合台汗都哇在阿力麻里的換扎孫重開忽里台[28]，窩闊台汗即位在霍博、葉密立，更對比鮮明。勢窮八剌在會上尚得河中三分之二份額；而剩餘三分之一，海都還需與術赤系分享。這種狀況的發生，應是當時已佔據主導地位的海都出於對傳統地緣政治的考慮。《史集》在敘述海都跌宕一生的結尾，曾這樣說道：

他（海都）在這些年中，通過［施展］奸謀、奪取政權和征戰，將窩闊台合罕的一部分兀魯思抓到了［自己的］手中。[29]

“窩闊台合罕的一部分兀魯思”的表述，尤其值得注意。從政治地理角度，海都並非像阿魯忽、八剌先爲本宗系兀魯思之主，再開展對外爭奪。他從一開始就是立足中亞，而進行活動的。

二、合失身份及汗位爭奪中的海都一系

下面關注汗位繼承中的合失、海都一系，自然涉及合失生母及爲“長子”問題。

先說生母。《史集》記“其中五個長子的母親爲脫列哥那哈敦”[30]，然同書《部族志》復云：“窩闊台的四個大兒子都是她（脫列哥那）生下的；貴由汗是其中年長而主要的。”[31]劉曉據道教碑刻，主長后爲孛剌合真[32]，實同屠寄說。王曉欣、邱軼皓則主

㉔ 《瓦撒夫史》第1卷，波斯文，133頁；德译，127頁。轉引自劉迎勝《察合台汗國史研究》第六章，250頁。

㉕ 《史集》第二卷，164頁。漢譯者註：“波伊勒英譯本第139—140頁作：‘某些地區被海都奪取’。”

㉖ 劉迎勝《察合台汗國史研究》第六章，249—250頁。

㉗ 《賈瑪爾·喀爾施和他的〈蘇拉赫詞典補編〉（下）》，華濤譯，94頁。

㉘ 《完者都史》，德黑蘭本，40頁。

㉙ 《史集》第二卷，21頁。轉引自劉迎勝《察合台汗國史研究》第七章，339頁。

㉚ 《史集》第二卷，7頁。又見《突厥世系》，羅賢佑譯，北京：中華書局，2005年，139頁。

㉛ 《史集》第一卷第一分冊，余大鈞、周建奇譯，北京：商務印書館，1983年，189頁。《五族譜》《顯貴世系》，所記實與此同。

㉜ 劉曉《合失卒年小考》，50頁。

昂灰[33]。後說有參《貴顯世系》，較爲可取。而從《史集》記載不一推測，合失生母有離世較早或地位不高，以致事蹟不顯的可能。《貴顯世系》“昂灰”條下注：“[她]出自弘吉剌惕部……”[34]按弘吉剌惕部地位較高，與黄金家族長期通婚[35]。《史集·部族志》“弘吉剌惕部”提到“窩闊台合罕之子闊出的哈敦名叫合塔合失，是阿勒赤那顔的孫女。失烈門即出自此哈敦”[36]。倘合失確爲太子，母昂灰地位顯赫，這裏特別交代合失兄闊出之妻，就不應對窩闊台妻、合失之母，無所言及了[37]。

再說爲太子一事。《黑韃事略》河西觧下有“立爲僞太子”小注。早年王國維已駁。箭内亙並以徐霆疏文徑言“屈術（闊出）僞太子”，推斷原注在“闊除（闊出）”下[38]。近有意見“以爲此書完全有可能記述兩個不同的太子”[39]。上述爭論多立足一基本前提，即“僞太子”明確指汗位繼承人。然而，《黑韃事略》還提到：

> 忒沒真。僞大太子拙職，僞二太子茶合觧，僞三太子兀窟觧，僞四太子駝欒[40]。

這裏，成吉思汗四子均可稱“僞太子”，明顯不同于中原漢地“太子”爲皇位法定繼承人的使用習慣。尤其在帝國前期，蒙古其實對中原王朝的儲君繼承方式是很陌生的。以漢地視角形成的記述，實有重新檢討的必要。上引彭注即便確實注於“河西觧”下，也不能說明合失曾爲繼承人。與“僞太子”類似，蒙古宗王基本都可稱“太子”，這在《元史》等漢文史籍頗爲常見。碑刻、文集中記錄合失、海都爲“太子”的材料，不能證明他們的儲君身份。至於《玄都至道崇文明化真人道行之碑》“東宫合西觧獎其勤劬，……儲宫闊端聞厥功告成”[41]中，合失以“東宫”爲稱，其實與闊端稱“儲宫”，是含義近似的，並非“暗示了他汗位繼承人的身份”。以闊端爲例，碑刻中不僅稱“太子”，亦多稱“皇太子”[42]。而分四欄刻寫、每欄令旨一通的《草堂寺闊端太子令旨碑》，在第一、二、四通令旨末端，皆刻闊端用印。而三種印文均爲：

> 東宫皇太子寶[43]

由此可知，“東宫皇太子”一稱不能作爲汗位繼承身份的依據。至於《貴顯世系》

㉝ 王曉欣《合失身份及相關問題再考》，62—63頁；邱軼皓《合失生母小考》，71—72頁。

㉞ 轉引自邱軼皓《合失生母小考》，71頁。

㉟ 白拉都格其《弘吉剌部與特薛禪》，《内蒙古大學學報（哲學社會科學版）》1979年第3、4期。

㊱ 《史集》第一卷第一分册，267頁。

㊲ 此亦不見於崔明德《蒙元與弘吉剌、斡亦剌、亦乞列思部聯姻簡表》，《煙臺大學學報（哲學社會科學版）》2007年第1期。

㊳ 箭内亙《元朝制度考》，陳捷、陳清泉譯，北京：商務印書館，1934年，59—64頁。

㊴ 王曉欣《合失身份及相關問題再考》，64頁。

㊵ 王國維《黑韃事略箋證》，收入《王國維遺書》，上海：上海古籍書店，1983年，第13册，葉二三正。

㊶ 《永樂宫碑錄》，陳垣編纂，陳智超、曾慶瑛校補《道家金石略》，北京：文物出版社，1988年，613頁。

㊷ 《一二四七年鄠縣草堂寺闊端太子令旨碑》（三）出現2次、《一二四七年鄠縣草堂寺闊端太子令旨碑》（四）出現3次。蔡美彪《元代白話碑集錄》，北京：科學出版社，1955年，14、15頁。

㊸ 北京大學圖書館古籍特藏庫，清拓本2種，編號：A16773、11048。出土地陝西省户縣。

中“合失和貴由一樣均被稱爲‘汗’”的問題[44]，需考慮此書在史觀上以察合台系爲正統的相關政治傾向[45]。按史籍中明確提到被考慮爲窩闊台繼承人的是闊出、失烈門。合失倘若也曾作爲繼承人，那麼他實際並未即位的情形，與這二人是相同的。《貴顯世系》中前兩人不稱“汗”而後者卻稱“汗”，恐難以實錄言之。在《貴顯世系》主要史源所出、時代更早的《五族譜》中，貴由稱“汗”而合失不稱“汗”，與其他文獻合。闊出旁注且提到：“合罕選他爲自己的繼承人，但是比父王先走一步。”而窩闊台諸子中，對合失的標寫字體已同貴由，變成了紅色。如將此納入前後記錄序列，這正呈現出合失死後地位逐漸提升的趨勢。聯繫《貴顯世系》中“海都汗”“察八兒汗”的稱呼[46]，合失地位提高及漸有“汗”稱，很可能是出於後世的追奉。此外，兩度爲海都服務的扎馬剌·哈兒昔，僅有“他（窩闊台）把海都抱在懷裏親吻，說：‘讓這個小寶貝繼承我之後的那個人［的王位］吧’”這類面對嬰孩的隨口之言，而并未提到合失曾有皇儲身份[47]。對海都多做正面記錄的《瓦撒夫史》[48]，亦不及合失生前的“顯赫”。這些恐怕都不是偶然的。

依蒙古風俗，諸子地位與生母一致[49]。當脫列哥那攝政之時，合罕候選便只集中在她所生四子範圍。業里訖納二子合丹、滅里較早就選擇倒向拖雷系，恐怕與此不無關係。而待貴由即位，繼承者更僅局限於貴由一系。故次子闊端在競爭失敗後，亦較早投向拖雷系。合失生母既非脫列哥那，亦非孛剌合真。此系當時在合罕繼承抑或窩闊台汗繼承上的機會，可想而知。

而汗位之爭中窩闊台系的實際政治動向，更反照出海都一系的處境。貴由甫逝：

> 而且在和大臣們商量她（海迷失）應返回合罕的斡耳朵呢，還是前往貴由汗前斡耳朵所在之霍博和葉密立。按照她自己的意見，她啟程到葉密立[50]。

㊹ 邱軼皓《合失生母小考》，71頁。

㊺ “拖雷在《貴顯世系》中未被加以任何尊號，而其兄弟如察合台等皆稱‘汗’”，“《貴顯世系》中察合台、窩闊台家族每一代的家長均帶有‘汗’號。相反，對拖雷家族成員，如忽必烈之子真金，雖在元代已追謚爲裕宗，也僅具其名而不帶‘汗’號”。邱軼皓《蒙古帝國的權力結構（13—14世紀）——漢文、波斯文史料之對讀與研究》第四章，博士學位論文，復旦大學歷史學系，2011年，121頁註572；《合失生母小考》，72頁註1。

㊻ *Shu'ab-i Panjgāna*, Istanbul, Topkapi-Sarayi Müzesi Kütüphanesi, MS. Ahmet Ⅲ2937, p. 124b; *Mu'izz al-Ansāb*, p.41（倫敦本）；巴黎本，無頁碼。《貴顯世系》《五族譜》資料承于月、羅瑋惠示，復請幫助查對告知。特此致謝。

㊼ 《賈瑪爾·喀爾施和他的〈蘇拉赫詞典補編〉（下）》，華濤譯，92頁。

㊽ 筆者在閱讀中，發現這一撰寫特徵，如評價海都“是一位理智、正直的幸運而又雄心勃勃的諸王，是一個正直的人，如同忽必烈合罕一樣。他的騎兵同欽察人一樣多”（《瓦薩夫史》第1卷，波斯文，132—133頁；德譯，126—127頁，轉引自劉迎勝《察合台汗國史研究》第六章，247頁；敘及合剌合塔山之戰，相對《元史》互有勝敗，此書則說海都一直獲勝（《瓦薩夫史》，德黑蘭1959年波斯文刊本，450頁，轉引自劉迎勝《察合台汗國史研究》第六章，302—303頁）；鐵堅古之戰，相對《史集》多言說海都失敗，此書亦說海都一直獲勝，後來生病才死去（巴托爾德《七河史》，趙儷生譯，北京：中國國際廣播出版社，2013年，56頁）。

㊾ 《世界征服者史》第一部第四章，32頁。

㊿ 《世界征服者史》第一部第三十七章，212頁。

聯繫拔都商議汗位時“蒙哥可汗從哈剌和林地區出發。至於在該地區的失烈門及合罕的其他孫子、後妃，他們派出哈剌合林的異密……”[51]，上述記敘實際是對海迷失在貴由諸子與失烈門中選擇何者的反映。她後來未能與己子建立合作[52]，不得不轉而選擇聯合後者。受海迷失派遣去見拔都的八剌，提出的人選已是失烈門[53]。而拖雷系對“藉口汗位應留在合罕或貴由汗系內”的批評[54]，亦暗示貴由系外，失烈門對汗位的爭取。後者且主動聯絡了貴由系：“失烈門也曾向忽察和腦忽遣出使者，因爲他們之間產生了一種友愛的感情。”[55]拉施都丁並談到隨後情形：“當他們知道［别］無辦法以後，腦忽—斡忽勒就啓程了，忽答黑那顏、貴由汗陛下的一部分異密、察合台汗的兒子也速也都動身從自己的地方到失烈門處來，這三夥人會聚在一個地方。”[56]可以看到，在最後的緊急關頭，貴由系與失烈門爲代表的舊窩闊台合罕派聯合了，失烈門成爲了兩方領袖[57]。蒙哥在即位后，對失烈門及其母特予追究，恐怕正是由於這樣的緣故。《多桑蒙古史》偏重記敘貴由一系的忽察與腦忽。由於該書歷史影響很大，失烈門爭取汗位及聯合貴由系的主線，一時變得模糊。不過，通過上述討論，我們卻清楚看到，當合罕繼承從貴由系擴展至窩闊台子孫時，合失—海都系政治機遇依然難見。這從一個側面反映了他們父子的身份特徵。

三、早年海都與“海都兀魯思”的權力構成

與祖母昂灰不同，海都之母見於《部族志》。拉施都丁並提到其身份：“他有一個兒子名叫海都，爲……氏舍卜乞捏哈敦所生。”[58]《五族譜》《貴顯世系》將汗的配偶分爲“Khātūn”（哈敦）和地位較低的“Qomā”。而窩闊台后妃稱“Khātūn”（哈敦）者，在《五族譜》、倫敦本《貴顯世系》、巴黎本《貴顯世系》中分别記作11、12、13人，其中包括中外文獻習稱的“業里訖納妃子”[59]。考慮到“Khātūn”（哈敦）如此衆多，並非一人，則“海都”雖爲合失唯一後人，其母卻不一定爲最長之正妻。拉

---

[51] 《世界征服者史》第三部第三章，465頁。

[52] 《世界征服者史》第一部第三十七章，214頁；《史集》第二卷，222頁；《元史》卷一一四《后妃傳一》，2870頁。

[53] 《元史》卷三《憲宗紀》、卷一二四《忙哥撒兒傳》，44、3055頁。相關亦可參考白拉都格其《成吉思汗的遺產》，收入所著《成吉思汗的遺產》，呼和浩特：内蒙古人民出版社，2009年，39頁。

[54] 《世界征服者史》第三部第三章，469頁。

[55] 《世界征服者史》第三部第三章，472—473頁。

[56] 《史集》第二卷，241頁。

[57] 魯卜魯克記窩闊台系欲襲擊蒙哥斡耳朵一事，相關人物只提到失烈門。《魯布魯克東行記》，柔克義譯注，何高濟譯，北京：中華書局，1985年，258頁。

[58] 《史集》第一卷第一分册，245頁；《史集》第二卷，13頁。

[59] *Shu'ab-i Panjgāna*, p.123b. 上述參見邱軼皓《蒙古帝國的權力結構（13—14世紀）——漢文、波斯文史料之對讀與研究》第四章，114—119頁，並請友人有所訂正。

施都丁提到海都早年：

這個海都是在成吉思汗的帳殿（斡耳朵）中撫養大的。窩闊台合罕死後，他在蒙哥合罕處效力，其後又與阿里—不哥在一起，並力圖使他［阿里—不哥］登上汗位[60]。

扎馬剌·哈兒昔又說：

後來，當海都出生後被帶到其祖父合罕處時，……於是他命令他們精心撫育他，使他像真主所企望的那樣成長[61]。

海都可能確曾被帶到窩闊台處。不過，需要特別注意的是：他並非像失烈門那樣由合罕親自撫養，而是“於是他命令他們精心撫育他”。對此，前則史料具體稱“海都是在成吉思汗的帳殿中撫養大的”。按成吉思汗去世後，依幼子守產慣例，繼承斡耳朵的並非窩闊台，而應是拖雷系。窩闊台則建設了新的“中央兀魯思”哈剌和林[62]。如此，海都幼年或曾與拖雷家族相處。而祖母昂灰又恰是蒙哥養母：“太宗在潛邸，養以爲子，屬昂灰皇后撫育之。”拖雷死後，太宗“乃命歸藩邸”[63]。海都很可能在這時與蒙哥相識，且因諸重關係，交誼不淺。相對而言，他與哈剌和林的祖父聯繫或不很多，與遠在西方的窩闊台兀魯思，關係就更爲疏遠了。海都爲何在汗位爭奪中明確站在蒙哥一邊？過去一直衆說紛紜。這一舊有疑問在我們上述的分析中，也由此得以解釋。“他在蒙哥合罕處效力”，英譯本作“彼隨侍蒙哥合罕”[64]。有意見改作“他效力於蒙哥合罕”，“至少海都並未留駐在蒙哥的兀魯斯里”[65]。這與上述對政治人物關係的分析不符。我們以爲，海都確曾在蒙哥處效力。拉施都丁還提到“第六個兒子合丹—斡忽勒。……當阿里—不哥違命時，他在忽必烈合罕處效力”[66]。合丹不僅站在忽必烈一邊，而且明確“在忽必烈合罕處效力”。他曾作爲先鋒，擊敗過阿里不哥的大將阿藍答兒。如果我們再聯繫海都早年的相關情形，則諸家漢譯，或仍可取，亦即：

海都在窩闊台汗之後就隨從蒙哥合罕為其效力。

至於“其後又與阿里—不哥在一起，並力圖使他［阿里—不哥］登上汗位”[67]，這裏亦略作解釋。蒙哥逝世後，遺孀忽都台哈敦未如脫列哥那等攝政。阿里不哥得蒙哥諸子、汗廷舊臣支持，實以繼承人身份出現在政治舞台。“從阿勒台的彼方直到質渾河，

---

[60] 《史集》第二卷，13頁。

[61] 《賈瑪爾·喀爾施和他的〈蘇拉赫詞典補編〉（下）》，92頁。

[62] 最新探討參見邱軼皓《哈剌和林成立史考》，沈衛榮主編《西域歷史語言研究集刊》第五輯，北京：科學出版社，2012年。

[63] 《元史》卷三《憲宗紀》，43頁。

[64] 剌失德丁原著，波義耳英譯，周良霄譯注《成吉思汗的繼承者：〈史集〉第二卷》，天津：天津古籍出版社，1992年，32頁。

[65] 邱軼皓《〈海都與中亞蒙古國家［窩闊台汗國］的興起〉評述》，133頁。

[66] 《史集》第二卷，21頁。

[67] 巴托爾德甚至說“海都原先在阿里不哥的軍隊中”，《中亞突厥史十二講》，190頁。

可讓阿魯忽防守並掌管兀魯思和各部落。”[68]此種授意，背後反映的是忽必烈與術赤系的矛盾，說明曾經的蒙哥盟友當時是不站在忽必烈一邊的。別兒哥之於阿里不哥，猶拔都之於蒙哥。海都這時選擇阿里不哥，而非忽必烈，也就自在情理之中。當時阿魯忽與忽必烈互遣來使，“忽聞海都、忽都虎與阿里不哥要結，即將動兵”[69]。有學者認爲“此爲提到海都反對忽必烈的時間的最重要史料”[70]。而馬木魯克史料則記：

> 別兒哥給阿里不哥帶話說：“現在你有權繼承蒙哥留下的汗位，蒙哥在他活著的時候安排了你，另外他的伯父窩闊台之子合失（MJĪ?）和其兄弟們也參與了這個安排。”[71]

“原文中MJĪ當爲‘合失’（Qashī）之訛，……此處更有可能是指合失之子海都。”如此處的理解不誤，海都與阿里不哥的聯繫，應當發生更早。

脫烈哥那妹及貴由子禾忽傾向支持忽必烈，並聯合了阿魯忽，但最終仍潰敗於阿里不哥[72]。雖至元五年（1268）五月“癸酉，賜諸王禾忽及八剌合幣帛六萬匹”[73]，但忽必烈議處阿里不哥，只召阿魯忽、別兒哥和旭烈兀三汗[74]，顯示當時窩闊台汗國的明顯衰微。

海都也由此得以進一步擺脫原窩闊台系的影響。所立王國在權力構成上可分爲外部、內部兩個方面。外部最初依靠拖雷系盟友術赤系：“他逐漸從各地聚集起軍隊，並與術赤家族建立友好關係，在他們的援助下，奪取了一些地區。”而俄譯本“實際上是與察合台家族”的注文訂正[75]，我們認爲並不可取。下文緊接敘昔里吉之亂，那木罕、安童被分送術赤系忙哥—帖木兒與海都處。又據宏達米兒所記，海都軍隊有金帳汗派來的兩個千戶[76]。

而在內部，海都首先依靠的是母族別克鄰部[77]，並有少量窩闊台合罕舊部[78]。蒙哥

---

[68] 《史集》第二卷，299頁；《突厥世系》，143頁。

[69] 《史集》第二卷，299頁。“忽都虎”，除禾忽、蔑兒乞部長脫脫外，是否爲哈剌察子脫脫（Totoq），仍可考慮。

[70] 劉迎勝《察合台汗國史研究》第四章，155頁。

[71] Baybars al-Mansūrī, *Zubdat al-fakra fī tāʾrīkh al-hajira*, p.55. 轉引自邱軼皓《十四世紀初斡兒答兀魯思的汗位繼承危機——相關波斯語、阿拉伯語史料的對比與研究》，《西域研究》2013年第4期，28頁。

[72] 《耶律希亮神道碑》，《危太僕集》續集卷二，《元人文集珍本叢刊》，臺北：新文豐出版公司，1985年，第七冊，507頁上欄；《元史》卷一八《耶律希亮傳》，4160頁。有意見認爲是“三皇后”乞里吉忽帖尼。按憲宗二年分遷諸王，“蒙哥都及太宗皇后乞里吉忽帖尼於擴端所居地之西”。又據《五族譜》《貴顯世系》，脫列哥那出自乃蠻部。而後者出自乞里吉斯部落。故後者恐非前者之妹。

[73] 《元史》卷六《世祖紀》，118頁。

[74] 《史集》第二卷，310、311頁。

[75] 《史集》第二卷，14頁。

[76] Michal Biran, *Qaidu and the Rise of the Independent Mongol State in Central Asia*, p.81, p.166.

[77] 《史集》第一卷第一分冊，244頁；巴托爾德《七河史》，53頁；Michal Biran, *Qaidu and the Rise of the Independent Mongol State in Central Asia*, p.81, p.166.

[78] 千戶統領有阿魯剌部的異密（Michal Biran, pp.81,166）。又，窩闊台千戶爲首爲“劄剌亦兒部亦魯該千戶”，“海都曾派遣一個名叫答失蠻的使者到阿八哈汗處，他是亦魯格那顏的兒子”（《史集》第一卷第二分冊、第一分冊，377、153—154頁）。

即位時，窩闊台系支持者主要爲合丹、滅里[79]。海都也因此與合丹等人有了較多聯繫。阿里不哥時，合丹在忽必烈處。故除與禾忽外，海都隨後主要聯合未隨效力的合丹、滅里諸子。阿里不哥即位，合丹長子睹爾赤出席。海都與八剌作戰，軍隊爲他與合丹三子欽察所組成的聯軍。後來，海都與八剌議和，欽察且爲使者[80]。海都與阿魯忽二子作戰，是與合丹次子也速兒出征[81]。合丹六子"耶耶。他也在海都處效力"[82]。伊利汗國內戰時，海都派合丹七子阿只吉子兀魯克—帖木兒等進入呼羅珊[83]。《完者都史》還提到：

> 在河中地，耶耶之孫，兀魯克帖木兒之子古列思别走上悖逆的道路，他與其兄弟忽都魯·火者、在拔汗那的大異密沉白，以及禹兒惕在撒馬兒罕境內的欽察的兄弟、耶耶之子也失·帖木兒等人，滿心以為憑借暴力劫掠撒馬兒幹和不花剌是可行的，［遂］渡過阿姆河[84]。

《史集》第二卷"窩闊台合罕紀"中，阿只吉外，耶耶亦有子名"兀魯克—帖木兒"，而古列思别、忽都魯—火者均記作阿只吉之孫。加上"耶耶之子也失—帖木兒"，轉投察合台系三人，皆屬合丹六子耶耶的子孫。而《元史·武宗紀》所記降王禿滿，或是滅里之子。[85]

海都逐步彙聚上述力量，建立起強大王國。但是，他在原窩闊台兀魯思缺乏政治合法性，也無意在生前成爲窩闊台汗。他沒有汗號，而被稱爲"海都阿合（Qāydū Āqā）"[86]。"依蒙古習慣，汗死之後，須葬於自己的斡耳朵範圍內；因此窩闊台的遺體被運到也兒的石河上游流域"[87]。而海都葬地，卻在"塔剌思以東伊黎河與楚河河谷之間"[88]。雖然習慣上，學界將"窩闊台汗國"視作"由窩闊台後王海都所建的蒙古汗國"[89]。但如《完者都史》所述[90]，這一王國稱"海都兀魯思"。

---

[79] 《世界征服者史》第三部第三章，497頁；《史集》第二卷，242、245頁。

[80] 《史集》第三卷，109頁。

[81] 《馬可波羅行紀》，A. J. H. Charignon註，馮承鈞譯，黨寶海新註，石家莊：河北人民出版社，1999年，705、707頁。

[82] 《史集》第二卷，22頁。

[83] 《史集》第二卷，22頁。

[84] *Tārikh-e Oljāytū*, p.35. 轉引自邱軼皓《完者都史》講義四，4—5頁漢譯。

[85] 劉迎勝《察合台汗國史研究》第七章，337頁。

[86] "我們掌握的史料沒有說到海都被推爲族長，也沒有提到爲海都舉行舁上白氈，即宣佈即位爲汗的儀式。"巴托爾德《蒙古入侵時期的突厥斯坦》第五章，570頁。

[87] 《史集》第二卷，73頁；巴托爾德《蒙古入侵時期的突厥斯坦》第五章，540頁；《成吉思汗的繼承者：〈史集〉第二卷》，95—96頁引英譯本原註。

[88] 《史集》第二卷，20頁。

[89] 《中國大百科全書·中國歷史》（縮印本），776頁。

[90] "（都哇）乘機希望在海都國家和兀魯斯內成爲首領和領導者（hākim）"，"（都哇使察八兒）安穩地坐上了海都兀魯思的汗位"，"（都哇）遂令仰吉察兒取代其位，成爲海都兀魯思的君主"，《完者都史》，德黑蘭本，32頁，轉引自劉迎勝《察合台汗國史研究》第七章，329頁；*Tārikh-e Oljāytū*, p.33, p.40. 轉引自邱軼皓《完者都史》講義二，4頁漢譯，講義六，5頁漢譯。

四、結　　語

最后，我們在上述考證、探微的基礎上，對相關認識做一總結：成吉思汗諸子領地在前期變動中，中亞一直屬術赤、察合台系勢力範圍。海都分遷海押立，爲窩闊台系進入中亞提供了契機。海都不以本系兀魯思爲重，擴張初始即立足中亞，反映了王國興起的特殊一面。合失、海都父子實際均非合罕及窩闊台汗的繼承人選。而海都早年與拖雷系的淵源，更使他在汗位爭奪中先後支持蒙哥、阿里不哥，並與窩闊台庶子合丹、滅里系相聯合。相對“窩闊台汗國”的稱謂習慣，這一王國稱“海都兀魯思”。

附記：本文修改，得到北京大學歷史學系于月、羅瑋、周思成與中國社會科學院民族學與人類學研究所陳曉偉的幫助，深致謝忱。

The Rise of Qaidu and the Expansion of the Ögedei Family in Central Asia

Sun Wenbo

In the early princely territorial transformations among sons of Genghis Khan, Central Asia used to be controlled under the Jochi and Chagatai families. However, the moving of Qaidu to Qayaligh provided an opportunity for the expansion of the Ögedei family. But Qaidu would not allow himself to be restricted by the ulus system and from the very beginning it firmly set his base in Central Asia. Neither Qašin nor Qaidu was legitimate successor of Khagan or Ögedei Khan. Because in Qaidu’s early years he was closely related to the Tolui families, he built alliances with Möngke, Ariq Böke, as well as the junior Ögedei prince Kadan and the Melig families.

愛新國指授歸順蒙古諸部遊牧地考述

薩出日拉圖

17世紀初在蒙古史上是風雲變幻的多變之秋。當時，蒙古諸部割據稱雄，大汗權威日漸衰微。與蒙古長期對立的明朝也因政治腐朽、黨爭頻繁而榱崩棟折。盤踞東北的建州女真則在努爾哈赤的率領下逐漸興起，統一女真諸部，建立了愛新國政權（1616）。從此，蒙古、明朝和愛新國形成了三足鼎立之勢。愛新國藉此蒙古割據分爭，明朝政權衰微之勢，藉以統一之力，一方出兵明朝，佔領遼東，窺視中原，一方姻婭聯盟，拉攏蒙古諸部，加快了蒙古的瓦解。於是，蒙古宗主林丹汗迫於形勢率部西征（1627），使三方在遼東地區的對峙局面發生了驟變。愛新國趁機兼併離散蒙古部落，並經由蒙古地區繞過關寧錦防線[①]，直搗明朝京畿地區（1629），還經過三次西征察哈爾（1628、1632、1634），徹底擊敗林丹汗，吞併了漠南蒙古，遂改國號爲"大清"。

當此政局變幻之時，蒙古諸部的遊牧地分佈格局也發生了巨大的變化。首先，達賚遜庫登汗於16世紀中葉率左翼蒙古移徙山陽地區[②]以後，形成了察哈爾萬戶遊牧於西拉沐淪河、老哈河流域，內喀爾喀五部遊牧於東、西遼河流域，嫩科爾沁部遊牧于嫩江流域的分佈格局。1627年，林丹汗率部西征，遷出了山陽地區。此舉，不僅爲蒙古內部帶來了新一輪的政局動盪，還打破了蒙古諸部原來的遊牧地分佈格局。其次，愛新國勢力進入蒙古地區，在逐步兼併蒙古部落的過程中，通過採取申明約法，指授牧地，編審壯丁等措施，不僅將蒙古諸部納入到自己的統治秩序之內，還重新建立了蒙古諸部遊牧地的新佈局。據史載，愛新國於1628年、1631年數次命蒙古諸部置邊哨，勿越界。還在1632年的沙里爾濟台會盟和1634年的碩翁科爾會盟中，重新爲歸順蒙古諸部指授了遊牧地。這些措施對後來形成清代外藩蒙古盟旗制度產生了重要影響。

有關17世紀蒙古諸部遊牧地及其變遷問題的研究是蒙古史研究中頗受關注的領域。目前，已有日本學者岡洋樹《關於天聰汗時期兩次蒙古會盟：天聰六年沙里爾濟台會盟和八年碩翁科爾會盟》[③]，烏雲畢力格《清初"察哈爾國"遊牧地考》[④]《察哈爾扎薩

---

① 該防線指明朝爲了抵禦愛新國在山海關、寧遠、錦州一線上構建的軍事防禦體系。

② 山陽地區是指大興安嶺南麓，明朝遼東鎮邊外的蒙古地區。蒙古語稱"ölke斡勒客"。

③ 岡洋樹《關於天聰汗時期兩次蒙古會盟：天聰六年沙里爾濟台會盟和八年碩翁科爾會盟》，烏雲畢力格主编《滿蒙檔案與蒙古史研究》，上海：上海古籍出版社，2014年。

④ 烏雲畢力格《清初"察哈爾國"遊牧地考》，《蒙古史研究》第九輯，呼和浩特：內蒙古大學出版社，2007年。

克旗遊牧地考補證》[⑤]，齊木德道爾吉《烏喇忒部遷徙考》[⑥]、《四子部落遷徙考》[⑦]，玉芝《關於嫩科爾沁部移徙西拉沐淪河畔》[⑧]等文。既有研究成果已由多視角，對17世紀各個蒙古部落的遷徙和遊牧地方位作了深入探討，然而，這些研究尚限於對某一部落遊牧地變遷進行論證，還未進行全面探討愛新國指授歸順蒙古諸部遊牧地措施的實施經過和外藩蒙古扎薩克旗佈局的形成過程。故此，本文欲結合前人研究成果，通過文獻考證，對上述問題作進一步分析。

一

林丹汗統治時期（1604—1634）蒙古諸部的割據形勢變得更加嚴峻。因而，愛新國一邊利用蒙古内部的矛盾，滲透分化蒙古諸部，另一邊出兵攻佔蒙古與明朝的市賞貿易關口，試圖孤立和打擊林丹汗。鑒於這種形勢，林丹汗採取了“先處理（裏），後處外”[⑨]的對策，即嚴懲叛逆，恢復大汗權威，統一蒙古，再與強敵爭雄。然而，林丹汗對内過分使用武力，使内部矛盾加劇，反而助長了蒙古諸部的背離傾向。

1627年，林丹汗西征以後，蒙古諸部紛紛歸附了愛新國，同年七月，察哈爾屬部敖漢、奈曼二部與愛新國建立了反察哈爾聯盟。翌年，巴林、扎魯特二部也歸附了愛新國。弘吉剌、伯約特、烏濟葉特等三部則在戰亂中遭到滅頂之災，大部分被劃入八旗滿洲。

愛新國不僅收撫來歸的蒙古部落，還出兵征討其餘拒不歸順的蒙古部落。1628年二月，愛新國以遣往喀喇沁部之使臣兩次被截殺爲由出兵阿拉克綽特、多羅特二部[⑩]，1628年九月，愛新國首次出征察哈爾。遣兵馳擊席爾哈、席伯圖、英、湯圖等地，遣精騎追捕敗軍至大興安嶺而還[⑪]。至此，愛新國基本佔領了山陽地區。

佔領山陽地區的過程中，愛新國通過向歸順蒙古諸部申明約法，指授牧地，加強了統治。1628年十月，愛新國召集敖漢、奈曼、巴林、扎魯特等部申明：爾諸國可於各邊界遍置哨卒，違者罰牛五，哨卒有不聽遣者，罰牛一[⑫]。这是愛新國首次通過申明約法的形式將蒙古諸部遊牧地納入到自己的控制之下，令其部署哨卒，守衛領地。1629年五

⑤　烏雲畢力格《察哈爾扎薩克旗遊牧地考補證》，《中央民族大學學報（哲學社會科學版）》2015年第2期。

⑥　齊木德道爾吉《烏喇忒部遷徙考》，《中央民族大學學報》2006年第3期。

⑦　齊木德道爾吉《四子部落遷徙考》，《蒙古史研究》第七輯，呼和浩特：内蒙古大學出版社，2003年。

⑧　玉芝《關於嫩科爾沁部移徙西拉沐淪河流域》，《内蒙古大學學報（蒙古文）》2008年第6期。

⑨　（清）汪楫《崇禎長編》卷十一葉十一正，“中央”研究院歷史語言研究所，0617頁。

⑩　《内閣藏本滿文老檔》太宗朝第二函第九冊，天聰二年二月十五日，瀋陽：遼寧民族出版社，2009年，4160—4164頁。

⑪　《滿文原檔》第六冊，閏字檔，天聰二年九月，臺北故宮博物院，2005年，274—277頁。

⑫　《滿文原檔》第六冊，閏字檔，天聰二年十月初九日，280頁。又見《清太宗實錄》卷四，天聰二年十月丙申，北京：中華書局，1985年。

月，還以“私越欽定地界駐牧”[13]爲由懲治奈曼、扎魯特二部，進而重申其支配權。由此不難發現，這時蒙古諸部已有欽定地界。但由於缺乏史料記載，尚不清楚欽定的地界詳情。

1629年九月，愛新國在佔領山陽地區的基礎上準備起兵征明。這時，遊牧于大興安嶺山陰地區的阿魯蒙古因受到林丹汗的威脅，開始向愛新國遣使通好[14]。阿魯蒙古是成吉思汗諸弟後裔，元代東道諸王屬部。它包括茂明安、阿魯科爾沁、四子部落、烏喇忒、翁牛特、喀喇車里克、伊蘇忒、阿巴噶、阿巴噶納爾等部落。1630年三月，皇太極從明朝班師之時，阿魯蒙古再次向愛新國遣使通好[15]。愛新國也遣希福巴克什前往阿魯蒙古[16]。可見，這時阿魯蒙古與愛新國遣使往來頗爲頻繁。而此事也很快被林丹汗得知。1630年八月，林丹汗率領大軍討伐阿魯諸部，掃蕩了大興安嶺北麓[17]。迫使阿魯蒙古諸部陸續遷往山陽地區，歸附了愛新國。1630年十一月，四子、伊蘇忒二部首先歸附了愛新國[18]。因當時尚未劃定阿魯蒙古的遊牧地，故出現了四子部落偷盜别部牧群之事[19]。因此，愛新國著手重新劃定蒙古諸部的遊牧地，加強統治。1631年四月，愛新國召集土謝圖汗爲首的嫩科爾沁部及孫杜棱、達賴楚虎爾、僧格霍紹齊爲首的阿魯蒙古進行盟誓，並劃定遊牧地，佈置了邊哨。這時阿魯蒙古大部分已經完成了向山陽地區的遷徙。只有茂明安、烏喇忒二部晚至1633年才開始歸附了愛新國。值得注意的是，最早與愛新國建立聯繫，並與之聯盟的阿巴噶和阿巴嘎納爾二部卻未能遷來，這可能與其駐牧地在克魯倫河中下游一帶，往來須經過大興安嶺西麓而受到察哈爾部阻攔有關[20]。《滿文原檔》以蒙古文記載了1631年四月初七日劃定的遊牧地範圍。拉丁文轉寫如下：

nutuγ-un jišiy-a, baraγun ǰaq-a γaqai sar mončoγ altan, tongγor, ükilǰen, uǰiyar. ǰegun ǰaq-a tur-yin γool-yin moquγ-a.[21]

漢譯：遊牧地範圍，西邊至噶海、薩爾、門綽克、阿勒坦、童果爾、烏奇兒金、烏吉葉爾，東邊至洮兒河灣。

接著，還以蒙古文記載了四月十一日佈置的邊哨方位。拉丁文轉寫如下：

baraγun ǰaq-a-yin qaraγul auqan-yi dügüreng-yin süm-yi ulaγan qada-du, tegün-eče ǰegün-de qoyar qalǰan-du, činun-yin γool-yin quraqu-du, čorǰi-yin süm-e-yin abǰiγa-du, miratu quul-yin γool, tuur-yin γool.[22]

---

⑬ 《清太宗實錄》卷五，天聰三年五月丁未，北京：中華書局，1985年。

⑭ 《清太宗實錄》卷五，天聰三年九月丙戌。

⑮ 《滿文原檔》第七冊，調字檔，天聰四年三月初一日、二十日，432、440頁。

⑯ 《滿文原檔》第六冊，調字檔，天聰四年三月二十四日，442頁。

⑰ 玉芝《蒙元東道諸王及其後裔所屬部眾歷史研究》，內蒙古大學博士學位論文，2006年，67頁。

⑱ 《清太宗實錄》卷七，天聰四年十一月甲午、丙申、壬寅、癸卯，北京：中華書局，1985年。

⑲ 《滿文原檔》第七冊，暑字檔，天聰五年正月十三日，313頁。

⑳ 齊木德道爾吉《四子部落遷徙考》，《蒙古史研究》第七輯。

㉑ 《滿文原檔》第七冊，暑字檔，天聰五年四月初七日，352頁。由蒙古文轉寫爲拉丁字母。

㉒ 《滿文原檔》第七冊，暑字檔，天聰五年四月十一日，359頁。

漢譯：西界哨所，敖漢部杜稜廟之烏蘭哈達，迤東為二哈爾占，綽農河之虎爾虎，綽爾濟廟之阿拍扎哈，密喇圖和爾河，洮兒河。

據此可知，愛新國爲蒙古諸部重新劃定遊牧地範圍的同時還佈置了邊哨，將其掌握在自己的控制之下。所以蒙古諸部遊牧地應該分佈在愛新國佈置的邊哨以内。而確定這些邊哨的方位對於鎖定遊牧地範圍也具有重要意義。上引史料以由西到東的順序記述了這些邊哨的方位。

其最西邊的哨所在敖漢部杜稜廟之烏蘭哈達（auqan-yi dügüreng-yin süm-yi ulaγan qada），其東爲二哈爾占（qoyar qaljan）。據《大清一統志》（以下簡稱《一統志》）載：伊克哈爾占山，在旗（按巴林二旗）東南一百五十里[23]。小華山，在左翼（按翁牛特左翼）東二十里，蒙古名巴哈哈爾占[24]。《一統志》記載的"伊克哈爾占山"與"巴哈哈爾占"就是二哈爾占。位於今内蒙古赤峰市巴林右旗益和諾爾蘇木和翁牛特旗海金山種牛場，在西拉沐淪河南北岸，隔河相望，這裏也是1632年愛新國西征察哈爾時經過的哈爾占地方[25]。據此判斷，最西邊的哨所敖漢部杜稜廟之烏蘭哈達應在二哈爾占之西南。據《蒙古遊牧記》（以下簡稱《遊牧記》）載：（按敖漢旗北）七十里有畢齊克圖烏蘭哈達[26]，位於今内蒙古赤峰市紅山水庫。

綽農河之虎爾虎（činun-yin γool-yin quraqu），據《一統志》載：烏爾圖綽農河，在旗（按巴林二旗）東北一百九十里。又載：虎爾虎山，在旗（按巴林二旗）東南一百七十里[27]。因虎爾虎山在烏爾圖綽農河濱，這裏將兩地合稱爲綽農河之虎爾虎。綽農河是流經今内蒙古赤峰市巴林左旗、阿魯科爾沁旗的烏力吉木仁河。虎爾虎位於今内蒙古赤峰市巴林右旗西拉沐淪蘇木，烏力吉木仁河右岸。

綽爾濟廟之阿拍扎哈（čorǰi-yin süm-e-yin abǰiγa），據《一統志》載：巴漢阿拍扎哈山，在旗（按阿魯科爾沁旗）西南一百里。伊克阿拍扎哈山，在旗（按阿魯科爾沁旗）西南一百里[28]。位於今内蒙古赤峰市阿魯科爾沁旗天山口鎮。綽爾濟廟不詳。

密喇圖和爾河（miratu quul-yin γool），據《一統志》載：合河，蒙古名和爾。自扎魯特左翼之北，東流入境（按科爾沁境）經左翼西北三百三十里，又東經右翼西一里，又東經右翼前旗、後旗地，入因沁插漢池[29]。即流經今内蒙古通遼市扎魯特旗、霍林郭勒市及興安盟科爾沁右翼中旗的霍林河。密喇圖不詳。

洮兒河（tuur-yin γool），據《一統志》載：洮兒河，在（科爾沁）右翼前旗西四里[30]。即流經今内蒙古興安盟科爾沁右翼前旗的洮爾河。

㉓ 《嘉慶重修一統志》卷五百三十六"巴林"，葉二。

㉔ 《嘉慶重修一統志》卷五百三十九"翁牛特"，葉三。

㉕ 《清太宗實錄》卷一一，天聰六年四月壬午。

㉖ （清）張穆《蒙古遊牧記》同治六年（1867）壽陽祁氏刻本，卷三，葉四。

㉗ 《嘉慶重修一統志》卷五百三十六"巴林"，葉二、三。

㉘ 《嘉慶重修一統志》卷五百三十六"阿魯科爾沁"，葉一。

㉙ 《嘉慶重修一統志》卷五百三十七"科爾沁"，葉六。

㉚ 《嘉慶重修一統志》卷五百三十七"科爾沁"，葉六。

由以上分析可知，愛新國所定邊哨以今內蒙古赤峰市紅山水庫附近爲起點，經翁牛特旗、巴林右旗境內的二哈爾占山、烏力吉木仁河濱的虎爾虎山、阿魯科爾沁旗天山口鎮的阿拍扎哈山、內蒙古興安盟科爾沁右翼中旗的霍林河等地，順著西拉沐淪河北岸，直到科爾沁右翼前旗洮兒河濱。此條邊哨應該就是當時愛新國的北部邊境線。

上引史料還記載，蒙古諸部遊牧地的西界至噶海、薩爾、門綽克、阿勒坦、童果爾、烏奇兒金、烏吉葉爾。玉芝博士認爲：其西界噶海應是翁牛特右旗西南之噶海圖泉。薩爾是翁牛特右旗西北百二十里之塞爾和碩嶺[31]。但筆者與她有不同看法。

噶海（γaqai），據《一統志》載：喀海拖羅海山，在旗（按喀爾喀左翼旗）東六十里[32]。即位於今內蒙古通遼市庫倫旗哈日稿蘇木的噶海山。

薩爾（sar），據《內蒙古自治區地名志》載：北薩仁阿日嘎查。位於蘇木（按通遼市奈曼旗明仁蘇木）政府駐地東北13千米。南薩仁阿日嘎查，位於蘇木政府駐地東11千米[33]。該兩處地名中的“薩仁”應該就是這裏的“薩爾”。

門綽克（mončoγ），據《內蒙古自治區地名志》載：滿楚克廟村，位於鄉（按內蒙古通遼市奈曼旗平安地鄉）政府駐地西北3千米[34]。該地名中的“滿楚克”應該就是這裏的“門綽克”。

阿勒坦（altan），據《一統志》載：阿爾達額勒蘇岡，在旗（按阿魯科爾沁旗）南一百二十里[35]。阿爾達即阿勒坦之異譯。即今橫跨阿魯科爾沁、扎魯特二旗的阿勒泰莽漢沙地。

童果爾（tongγor），據《一統志》載：童果爾額勒蘇岡，在左翼（按扎魯特左翼旗）西北四十里[36]。位於今通遼市扎魯特旗道老都蘇木荷葉花嘎查一帶。

烏奇兒金（ükilǰen），據《內蒙古自治區地名志》載：南烏嘎拉吉嘎查，位於蘇木（按內蒙古扎魯特旗查布嘎圖蘇木）政府駐地西北12千米。以屯之方位及附近山名取名南烏嘎拉吉。烏嘎拉吉，蒙古語，盤羊[37]。顯然，烏嘎拉吉是一座山名。在南烏嘎拉吉嘎查附近還有中烏嘎拉吉嘎查和北烏嘎拉吉嘎查。

烏吉葉爾（uǰiyar）不詳。

洮兒河灣（tur-yin γool-yin moquγ-a）即上述設立哨所之地中提到的洮兒河之灣。

據此可知，愛新國重新劃定的蒙古諸部遊牧地西界在今內蒙古通遼市庫倫旗哈爾稿蘇木噶海山及扎魯特旗查布嘎圖蘇木烏嘎拉吉山之間。東界在洮爾河灣。這也與當時最東端邊哨設於洮爾河相符。洮爾河是嫩江支流。而嫩江是嫩科爾沁部遊牧地。可知此次所劃蒙古部落遊牧地東與科爾沁部相接。從以上情況還可以知道，這次主要劃定了遊牧

[31] 玉芝《蒙元東道諸王及其後裔所屬部眾歷史研究》，內蒙古大學博士學位論文，2006年，80頁。

[32] 《嘉慶重修一統志》卷五百四十“喀爾喀左翼”，葉一。

[33] 內蒙古自治區地名委員會《內蒙古自治區地名志·哲里木盟分冊》，1990年，490頁。

[34] 內蒙古自治區地名委員會《內蒙古自治區地名志·哲里木盟分冊》，1990年，519頁。

[35] 《嘉慶重修一統志》卷五百三十六“阿魯科爾沁”，葉二。

[36] 《嘉慶重修一統志》卷五百三十六“扎魯特”，葉三。

[37] 內蒙古自治區地名委員會《內蒙古自治區地名志·哲里木盟分冊》，1990年，186頁。

地的東、西端邊界和北部邊界。這可能就是所謂的“欽定地界”。

1632年十月，愛新國遣濟爾哈朗、薩哈廉，前往蒙古諸部，舉行會盟，再一次調整了遊牧地。《滿文原檔》以蒙古文記載了此次會盟中調整遊牧地的情況。拉丁文轉寫如下：

qaγan-u ǰarlaγ-iyar. ǰirγalang noyan.saqaliyan noyan mečin ǰil-ün ebül-ün ekin sar-a-yin tabun sinede širalǰitai-tu ečiǰü nutuγ-un ǰisiyaγ-a-yi ǰaγaǰu öggüged. čaγaǰa esgebe. mončoγ-ača baγ-a sar-tu kürtele sün dügüreng. baγ-a sar-ača qotači-tu kürtel-e baγarin. qotači-ača quwadang-tu kürtel-e auqan naiman. quwadang-ača biruγu-tu qangγan-tu kürtel-e dörben kegüked dalai. biruγu-tu qangγan-ača tarγun-tu kürtel-e ǰaraγud. ǰisiyan-u nutuγ-ača bisi kümün-yi nutuγ-tu noyad oruqula arban aduγu. qaraču kümün oruqula daruγ-a-ača nige mori abqu. sira mören-yi γarqula daisun-yi yosu-bar kikü. ㊳

漢譯：奉聖旨，濟爾哈朗諾顏、薩哈廉諾顏于申年孟冬初五日，赴什剌勒濟台地方指授牧地，申明約法。門綽克至巴噶薩爾為孫杜棱，巴噶薩爾至霍塔赤為巴林，霍塔赤至花當為敖漢、奈曼，花當至碧柳吐杭安為四子、達賴，碧柳吐杭安至塔爾根為扎嚕特。私越欽定地界駐牧之台吉罰馬十匹，庶民則罰其首領馬一匹，越西拉沐淪河則視之為敵。

據此，濟爾哈朗、薩哈廉二人到什剌勒濟台地方，召集蒙古諸部，對其重新指授牧地，申明約法。從指授牧地的詳情，還可窺見當時蒙古諸部的分佈情況。

門綽克（mončoγ）、巴噶薩爾（baγ-a sar）是1631年指授牧地時提到的遊牧地西界之門綽克、薩爾兩地。

霍塔赤（qotači）不詳。

花當（quwadang），據《一統志》載：花當岡，在（科爾沁）左翼後旗東二十里㊴。位於今內蒙古通遼市科爾沁左翼後旗哈日額日格蘇木花德熱嘎查。而《內蒙古自治區地名志》還載：華燈嘎查，駐地華燈艾勒是蘇木（按內蒙古興安盟好腰蘇木）政府所在地。……華燈系蒙古語，華爲土丘，燈即坡地㊵。該兩地方位不同，有待考證。

碧柳吐杭安（biruγu-tu qangγan），據《光緒三十三年科爾沁右前旗遊牧圖》：交流河上游西岸有碧柳吐烏聶水泡㊶，今地當在內蒙古興安盟突泉縣境內。

塔爾根（tarγun），據《光緒三十三年科爾沁右前旗遊牧圖》：洮爾河左岸有小他拉根河㊷，今地當在內蒙古興安盟科爾沁右翼前旗境內。

㊳ 《滿文原檔》第八冊，滿附二，天聰六年十月初二，322頁。

㊴ 《嘉慶重修一統志》卷五百三十七“科爾沁”，葉六。

㊵ 內蒙古自治區地名委員會《內蒙古自治區地名志·興安盟分冊》，1989年，131頁。

㊶ Walther Heissig, *Mongolische Ortsnamen, Teil II, Mongolische Manuskriptkarten in Faksimmilia*, Wiesbaden: Franz Steiner Vrlag GMBH, 1978, p.83, karte:785.

㊷ 內蒙古自治區地名委員會《內蒙古自治區地名志·興安盟分冊》，1989年，131頁。

此次會盟上還規定蒙古部落不得越西拉沐淪河而牧，否則將視之爲敵。

據以上分析可知，這時的蒙古諸部遊牧地由西向東依次爲翁牛特、巴林、敖漢、奈曼、四子、阿魯科爾沁、扎魯特等。其中，翁牛特部位於今內蒙古通遼市奈曼旗一帶。巴林部位於今內蒙古通遼市庫倫旗一帶。敖漢、奈曼二部位於今內蒙古通遼市科爾沁左翼後旗西部。四子、阿魯科爾沁二部位於今內蒙古通遼市科爾沁左翼中旗一帶。扎魯特部位於今內蒙古興安盟突泉縣一帶。這次的劃分是在1631年的劃分基礎上進行的，而且更加精細。

二

愛新國佔領山陽地區以後，出征察哈爾林丹汗便成了當務之急。1631年三月，皇太極親率大軍出征察哈爾。次月，在三窪地方與嫩科爾沁部土謝圖汗商議後，因"蒙古馬匹皆不堪用，且所發兵甚少"[43]之故罷兵，並議定當年秋移兵征明，來年春再出征察哈爾。同年十一月，林丹汗親率眾兵侵入阿魯蒙古遊牧地西拉沐淪河北岸，大掠塞冷阿巴海而去。皇太極率軍迎戰，得到察哈爾退兵的消息後班師。

1632年四月，愛新國依三窪地方的決議，再次率軍出征察哈爾。林丹汗得知愛新國出兵來襲以後，率部民、攜牲畜、財物渡黃河以遁。故而愛新國輕而易舉地侵入歸化城，虜獲西至黃河木納漢山，東至宣府，北自歸化城南及明朝邊境的所有居民，將歸附者編爲戶口。六月，愛新國軍從歸化城起行東趨宣府，抄略明朝邊境地區，於七月班師。此次出征察哈爾，使林丹汗遭到了重創。

林丹汗躲避愛新國兵鋒，到陝西、甘肅邊外休整一段時間以後，又於1633年回到明朝宣府邊外的根據地駐牧。他在那裏修建庫房和寺廟，意欲長期滯留。於是，愛新國在1634年再次出兵往征明朝大同，兼收納察哈爾來歸官民。

經過以上幾次征戰，大批察哈爾屬部陸續歸附了愛新國。爲他們指授牧地也成了愛新國急需解決的問題。1634年，愛新國遣阿什達爾漢、塔布囊達雅齊往蒙古諸部舉行了會盟。《內國史院檔》及《清實錄》以滿文記載了會盟詳情。拉丁文轉寫如下：

juwan de asidarhan naqcu: dayaci tabunang: tulergi monggoi beisei weile gisureme: nuktere/ babe dendeme genehengge isinjiha: tere culgan i gisun indehūn aniya: tuweri ujui biyai/ orin juwe de asidarhan naqcu: dayaci tabunang: juwe suwayan i gūsai: dono cohur: dalai: 181b/182*（實錄17:1b-5b）juwe fulgiyan gūsai jaisang baksi, ubali sanjin: juwe šanggiyan i gūsai sereng tabunang aduhai: juwe lamun i gūsai uijeng hiya, banjar: oohan, naiman, barin, jarut, ongniot, duin/ juse, talai, urat, haracin, tumet tesei ejelehe amba ajige beise geren isafi, šongkor/ gebungge bade, amba culgan culgaha: tere culgan de

---

[43] 《清太宗實錄》卷九，天聰五年四月丙午。

monggoi beise de, ba dendefi buhengge, 1b/2a ongniot, barin juwe i acan i ba, hūrahū, kūhe buridu: barin, kubuhe lamun i acan i ba, keriye/ hada, hūjir adak: juwe fulgiyan, naiman i acan i ba, baga al hošoo, baga silusutei: oohan,/ gulu suwayan i acan i ba, jagasutai, nanggiyatai: kubuhe suwayan, duin jusei acan i ba, dumdadu/ tenggelik, odoltai: talai darhan, juwe šanggiyan i acan i ba, tala bulak, sondoo: gulu lamun,/ jarut i acan i ba, nocogar, dobutu olum: uheri amba ba i kemun: wargi julergi jecen:/ gagūrsu, wargi jecen narasutai, wargi amargi jecen i galjan, amargi jecen, hūrahū, keriye/ hada, baga al hošoo, jagasutai, dumdadu tenggelik tala bulak, nocogar: dergi amargi jecen/ nakatai: dergi jecen ulandaga huriyetu, dergi julergi jecen, harbagal: julergi jecen, dobutu/ olum, kutere, unegetu mangka, bumbatu, hūlusutai, ilan cūnggur, kuhen i haran hošoo, gahai, 2a/2b moo gao i adak moncok, sirahū uota boro: ulagan hada: ere toktobuha baci duleke de:/ dain i songkoi obumbi: amasi julesi nukteci, amala juleri akū sasa nuktembi: ㊹

漢文《清實錄》亦載：

壬戌。先是遣國舅阿什達爾漢、塔布囊達雅齊往外藩蒙古與諸貝勒分畫牧地，並會審巴圖魯衮出斯等罪，至是還。奏稱，本年十月二十二日，臣等二人與兩黄旗下多諾楚虎爾、達賴，兩紅旗下塞桑巴克什、吴巴里山津，兩白旗下塔布囊塞冷、阿都海，兩藍旗下衛征侍衛、班扎爾，敖漢、奈曼、巴林、札魯特、翁牛特、四子、塔賴、吴喇忒、喀喇沁、土默特各部落管事大小諸貝勒，大會于碩翁科爾地方，分給蒙古諸貝勒地。翁牛特與巴林以胡喇虎、胡虎布里都為界，巴林與鑲藍旗以克里葉哈達、胡濟爾阿達克為界，兩紅旗與奈曼以巴噶阿爾合邵、巴噶什魯蘇忒為界，敖漢與正黄旗以札噶蘇台、囊家台為界，鑲黄旗與四子部落以杜木大都藤格里克、倭朵爾台為界，塔賴達爾漢與兩白旗以塔喇布喇克、孫島為界，正藍旗與札魯特以諾綽噶爾、多布圖俄魯木為界，合計地界大勢西南至噶古爾蘇，西至納喇蘇台，西北至哈爾占，北至胡喇虎、克里葉哈達、巴噶阿爾合邵、札噶蘇台、杜木大都藤格里克、塔喇布喇克、諾綽噶爾，東北至納噶台，東至兀藍達噶胡里也圖，東南至哈爾巴噶爾，南至多布圖俄魯木、胡得勒、烏訥格圖莽喀、布木巴圖、胡魯蘇台、古爾班克穀爾、庫痕哈喇合邵、噶海、茅高阿大克、門綽克、什喇虎敖塔孛羅、兀喇漢哈達等處。既分之後，倘有越此定界者，坐以侵犯之罪。至於往來駐牧，務彼此會齊，同時移動，不許參差。㊺

㊹ 《内国史院檔・天聡八年本文》，天聡八年十一月十日，東京：東洋文庫東北アジア研究班，2009年，349—351頁。

㊺ 《清太宗實錄》卷二一，天聰八年十一月壬戌。

此次會盟於1634年十月二十二日在碩翁科爾舉行。史稱“碩翁科爾會盟”。據《一統志》載：（科爾沁）左翼後旗駐雙和爾山[46]。位於今內蒙古通遼市科爾沁左翼後旗阿古拉蘇木。會盟中，阿什達爾漢、塔布囊達雅齊招集敖漢、奈曼、巴林、扎魯特、翁牛特、四子、塔賴（即阿魯科爾沁部）、吴喇忒、喀喇沁、土默特等部首領及多諾楚虎爾、達賴，寨桑巴克什、吴巴里山津，塔布囊塞冷、阿都海，衛征侍衛、班札爾等八旗蒙古人，爲其指授牧地，編審壯丁，並審理案件。

指授牧地時，首先，指定了諸部遊牧地邊界，其次，劃定了合計地界大勢。指定遊牧地邊界時，每兩部之間均提到兩處地名作爲邊界。指定合計地界大勢時，以西南—西—西北—北—東北—東—東南—南等順時針方向記述了合計地界範圍。其中值得一提的是，劃分諸部遊牧地時提到的每兩處地名之一都與合計地界的北界重合。據此可以較清晰地瞭解當時蒙古諸部遊牧地的分佈格局。

首先是諸部遊牧地的劃分情況。

翁牛特與巴林以胡喇虎（hūrahū）、胡虎布里都（kūhe buridu）爲界。胡喇虎，據《遊牧記》載：（巴林二旗東南）百六十里有扈拉琥山[47]。《光緒三十三年巴林二旗遊牧圖》有quraqu aγula胡喇虎山[48]。即前引《一統志》所載虎爾虎山。位於今內蒙古巴林右旗西拉沐淪蘇木。胡虎布里都不詳。

巴林與鑲藍旗以克里葉哈達（keriye hada）、胡濟爾阿達克（hūjir adak）爲界。克里葉哈達，據《一統志》載：刻勒峰，在旗（按阿魯科爾沁旗）西南一百三十里[49]。《昭烏達盟巴林旗圖》有克哩葉哈達[50]。《遊牧記》亦有記載[51]。位於今內蒙古赤峰市阿魯科爾沁旗巴拉奇如德蘇木附近。胡濟爾阿達克，據《遊牧記》載，（喀爾喀左翼旗）東至霍吉爾河[52]。“霍吉爾”是“胡濟爾”之異譯。《光緒三十二年喀爾喀左翼旗遊牧圖》有霍雅爾河之齊特古朗[53]。霍雅爾河是霍吉爾河之誤。位於今內蒙古通遼市庫倫旗哈爾稿蘇木。1634年，愛新國西征察哈爾時所經乎吉禮即此地。

兩紅旗與奈曼以巴噶阿爾合邵（baga al hošoo）、巴噶什魯蘇忒（baga silusutei）爲界。巴噶阿爾合邵，據《一統志》載：阿特和碩山，在旗（按阿魯科爾沁旗）西南

---

[46] 《嘉慶重修一統志》卷五百三十七“科爾沁”，葉三。

[47] （清）張穆《蒙古遊牧記》，同治六年（1867）壽陽祁氏刻本，卷三，葉十二。

[48] Walther Heissig, *Mongolische Ortsnamen, Teil II, Mongolische Manuskriptkarten in Faksimmilia*, p.99, karte:804.

[49] 《嘉慶重修一統志》卷五百三十六“阿魯科爾沁”，葉二。

[50] 烏雲畢力格等編著《蒙古遊牧圖》，北京：北京大學出版社，2014年，030頁、140頁W18。

[51] （清）張穆《蒙古遊牧記》同治六年（1867）壽陽祁氏刻本，卷三，葉十八。

[52] （清）張穆《蒙古遊牧記》同治六年（1867）壽陽祁氏刻本，卷三，葉三十。

[53] Walther Heissig, *Mongolische Ortsnamen, Teil II, Mongolische Manuskriptkarten in Faksimmilia*, p.93, karte:797.

一百二十里[54]。《遊牧記》亦有記載[55]。此地可能就是巴噶阿爾合部，今地應在內蒙古赤峰市阿魯科爾沁旗境內。巴噶什魯蘇忒，據《一統志》載，巴漢西魯蘇忒山，在牧場（按養息牧牧場）東北一百六十里[56]。位於今遼寧省彰武縣北部。1634年十二月，皇太極命祁他特車爾貝、塞冷布都瑪爾、塞冷車臣等歸順察哈爾首領駐牧于石魯蘇特地方。

敖漢與正黄旗以札噶蘇台（jagasutai）、囊家台（nanggiyatai）爲界。札噶蘇台，《阿魯科爾沁旗全圖》有ǰiγasutai süm-e齊哈蘇台廟[57]。位於今內蒙古赤峰市阿魯科爾沁旗扎嘎斯台蘇木。而《一統志》還載：大魚泊，在右翼（按札魯特右翼）南一百七十里。蒙古名伊克札哈蘇台。其北十里。又有巴漢札哈蘇台池[58]。其中，阿魯科爾沁旗齊哈蘇台廟的地理位置似更符合。囊家台不詳。

鑲黄旗與四子部落以杜木大都藤格里克（dumdadu tenggelik）、倭朵爾台（odoltai）爲界。杜木大都藤格里克，據《一統志》載：天河，在左翼（按扎魯特左翼旗）北一百八十里。蒙古名都母達都騰葛里[59]。《遊牧記》亦有記載[60]。即流經今內蒙古通遼市札魯特旗魯北鎮的登嶺河。倭朵爾台，據《內蒙古自治區地名志》載：敖都勒台嘎查。位於鎮（按內蒙古通遼市科爾沁左翼後旗吉爾嘎朗鎮）政府駐地西北15千米。……敖都勒台，蒙古語，有蒲草[61]。

塔賴達爾漢與兩白旗以塔喇布喇克（tala bulak）、孫島（sondoo）爲界。塔賴達爾漢就是阿魯科爾沁部首領達賴楚虎爾。塔喇布喇克，據《遊牧記》載：（科爾沁右翼中旗）西至塔勒布拉克。又載：旗（按科爾沁左翼中旗）東北百二十里有他拉泉[62]。塔勒布拉克或他拉泉是塔喇布喇克之異譯，是清代科爾沁右翼中旗與科爾沁左翼中旗交界處。《一統志》亦有記載[63]。位於今內蒙古通遼市扎魯特旗塔拉寶力皋蘇木。孫島，據《內蒙古自治區地名志》載：巴潤散都嘎查，位於蘇木（按內蒙古通遼市科爾沁左翼後旗海魯吐蘇木）政府駐地西北6千米。……以附近繁茂的刺榆樹命名，爲區别同名鄰屯，冠以方位，巴潤散都，蒙古語，西刺榆。準散都嘎查。位於蘇木（按海魯吐蘇木）政府駐地北6千米。……因座落于巴潤散都之東，故名[64]。

正藍旗與札魯特以諾綽噶爾（nocogar,）、多布圖俄魯木（dobutu olum）爲界。據《科爾沁右翼中旗地名志》載：敖西爾cnočori，位於新佳木西北11千米處。……因座

---

54 《嘉慶重修一統志》卷五百三十六“阿魯科爾沁”，葉一。

55 （清）張穆《蒙古遊牧記》，同治六年（1867）壽陽祁氏刻本，卷三，葉十八。

56 《嘉慶重修一統志》卷五百四十八“牧場”，頁二。

57 烏雲畢力格等編著《蒙古遊牧圖》，041頁、161頁I15。

58 《嘉慶重修一統志》卷五百三十六“扎魯特”，葉三。

59 《嘉慶重修一統志》卷五百三十六“扎魯特”，葉三。

60 （清）張穆《蒙古遊牧記》，同治六年（1867）壽陽祁氏刻本，卷三，葉十五。

61 內蒙古自治區地名委員會《內蒙古自治區地名志·哲里木盟分冊》，302頁。

62 （清）張穆《蒙古遊牧記》，同治六年（1867）壽陽祁氏刻本，卷一，葉四、葉十。

63 《嘉慶重修一統志》卷五百三十七“科爾沁”，葉七。

64 內蒙古自治區地名委員會《內蒙古自治區地名志·哲里木盟分冊》，1990年，379頁。

落于敖西爾山腳，故名[65]。敖西爾爲諾綽噶爾之異譯，是一座山名。位於今內蒙古興安盟科爾沁右翼中旗新佳木蘇木伊和巴顏化嘎查。多布圖俄魯木，在合計地界南界中詳述，在此從簡。

其次是合計地界大勢的指定情況。

指定合計地界大勢時提到，西南至噶古爾蘇（gagūrsu），西至納喇蘇台（narasutai），西北至哈爾占（galjan）。其中，哈爾占是前面提及的二哈爾占，位於西拉沐淪河濱，據此判斷，合計地界西界之納喇蘇台在哈爾占之南，西南界之噶古爾蘇則在納喇蘇台之南。納喇蘇台，據《一統志》載：大松山，在左翼（按翁牛特左翼）東二十里。蒙古名伊克納喇蘇台[66]。《遊牧記》亦有記載[67]。位於今內蒙古赤峰市翁牛特旗朝格温都爾蘇木以東。噶古爾蘇，據《內蒙古自治區地名志》載：高日蘇廟嘎查委員會……以駐地高日蘇廟村命名。系蒙古語，意爲茬子地[68]。位於今內蒙古赤峰市翁牛特旗高日蘇蘇木。

合計地界北至胡喇虎（hūrahū）、克里葉哈達（keriye hada）、巴噶阿爾合邵（baga al hošoo）、札噶蘇台（jagasutai）、杜木大都藤格里克（dumdadu tenggelik）、塔喇布喇克（tala bulak）、諾綽噶爾（nocogar），據合計地界以順時針方向記述地名判斷，這些地點由西到東依次分佈在蒙古諸部遊牧地北界。這些地名在諸部遊牧地邊界中均已提及，在此從簡。

合計地界東北至納噶台（nakatai），據《一統志》載：納哈台坡，在右翼（按科爾沁右翼中旗）東八十里[69]。《遊牧記》還載：（科爾沁右翼中旗）東至那哈太山，一作納哈台坡。還載：（科爾沁右翼前旗）西至那哈太山[70]。可見，此地是清代科爾沁右翼中旗與科爾沁右翼前旗交界地。據《科爾沁右翼中旗遊牧圖》，那噶臺山在交流河右岸[71]。位於今內蒙古興安盟突泉縣。另據《內蒙古自治區地名志》載：內蒙古興安盟科爾沁右翼前旗白辛鄉白音村下轄一個自然村叫拉格歹[72]。

合計地界東至兀藍達噶胡里也圖（ulandaga huriyetu），據《一統志》載：烏喇達漢崗，在左翼（按科爾沁左翼中旗）東南二百五十里[73]。《遊牧記》亦有記載[74]。位於

---

[65] 科爾沁右翼中旗地名志編委會《科爾沁右翼中旗地名志》，通遼：內蒙古少年兒童出版社，1989年，122頁。

[66] 《嘉慶重修一統志》卷五百三十九“翁牛特”，葉三。

[67] （清）張穆《蒙古遊牧記》，同治六年（1867）壽陽祁氏刻本，卷三，葉二十。

[68] 內蒙古自治區地名委員會《內蒙古自治區地名志·赤峰市分冊》，521頁。

[69] 《嘉慶重修一統志》卷五百三十七“科爾沁”，葉五。

[70] （清）張穆《蒙古遊牧記》，同治六年（1867）壽陽祁氏刻本，卷一，葉四、葉十二。

[71] Walther Heissig, *Mongolische Ortsnamen*, *TeilII*, *Mongolische Manuskriptkarten in Faksimmilia*, p.84, karte:787.

[72] 內蒙古自治區地名委員會《內蒙古自治區地名志·興安盟分冊》，16頁。

[73] 《嘉慶重修一統志》卷五百三十七“科爾沁”，葉五。

[74] （清）張穆《蒙古遊牧記》，同治六年（1867）壽陽祁氏刻本，卷一葉四正、葉十正、葉九正。

今吉林省白城市通榆縣烏蘭花鎮附近。

合計地界東南至哈爾巴噶爾（harbagal），據《一統志》載：大射山，在左翼（按科爾沁左翼中旗）東南三百五十里。蒙古名伊克哈爾巴爾。又南十里有巴漢哈爾巴爾山[75]。《遊牧記》亦有記載[76]。即今吉林省雙遼市雙山鎮大哈拉巴山、小哈拉巴山。

合計地界南至多布圖俄魯木（dobutu olum）、胡得勒（kutere）、烏訥格圖莽喀（unegetu mangka）、布木巴圖（bumbatu）、胡魯蘇台（hūlusutai）、古爾班克穀爾（ilan cūnggur）、庫痕哈喇合卲（kuhen i haran hošoo）、噶海（gahai）、茅高阿大克（moo gao i adak）、門綽克（moncok）、什喇虎（sirahū）、敖塔孛羅（uota boro）、兀喇漢哈達（ulagan hada）等處。據合計地界以順時針方向記述地名判斷，其南界地名應以從東到西的順序排列。

多布圖俄魯木（dobutu olum）位於哈爾巴噶爾山之西，即前面提到的正藍旗與扎魯特交界處。蒙古語意爲“坡崗渡口”。據《光緒三十四年科爾沁左翼中旗遊牧圖》，西拉沐淪河（按西遼河）與老哈河（按東遼河）匯流處右岸有坡崗東灣（dobutu-yin ǰegun suu），是爲科爾沁左翼中旗與科爾沁左翼後旗交界處[77]。其地理位置與多布圖俄魯木相符。

胡魯蘇台（hūlusutai），據《內蒙古自治區地名志》載：胡勒斯台嘎查。位於鎮（按內蒙古通遼市科爾沁左翼後旗甘旗卡鎮）政府駐地東2千米。……以附近泡子裏繁茂的蘆葦命名。呼勒斯台，蒙古語：有葦子[78]。

另外，胡得勒、烏訥格圖莽喀、布木巴圖等地位於多布圖俄魯木與胡魯蘇台之間，即今內蒙古通遼市科爾沁左翼後旗境內。地理位置有待考證。

古爾班克穀爾（ilan cūnggur）在康熙本《清實錄》中作“古爾班充穀爾”。據此，“克”應爲“充”之誤。據《一統志》載：沖古爾河，在牧場（按養息牧牧場）東北一百餘里。自科爾沁左翼前旗流入境。西南流會養息牧河[79]。即今內蒙古通遼市科爾沁左翼後旗與遼寧省彰武縣交界處的大青溝水庫。

庫痕哈喇合卲（kuhen i haran hošoo）是蒙古語“庫痕河黑山咀”之意。據《一統志》載：庫崑河在牧場（按養息牧牧場）西北一百十里。源出喀爾喀左翼南烏泥蘇臺山。東流經土默特左翼北。自西勒圖庫倫流入境。又東北流會養息牧河。輿圖作呼渾河[80]。另據《內蒙古自治區地名志》載：哈拉胡紹嘎查……位於鎮（按內蒙古通遼市庫倫旗三家子鎮）駐地東約3千米處。……屯中有一條溝，溝頭有泉，名叫哈拉寶力稿，蒙語意爲黑泉。屯南河岸有一座山嘴子。形似犁鏵，故以此定屯名。哈拉胡紹蒙古語，

---

⑮ 《嘉慶重修一統志》卷五百三十七“科爾沁”，葉四。

⑯ （清）張穆《蒙古遊牧記》，同治六年（1867）壽陽祁氏刻本，卷一，葉十。

⑰ 德國柏林國家圖書館藏“光緒三十四年科爾沁左翼中旗遊牧圖”，SBB-IIIE_Hs_or_43。

⑱ 內蒙古自治區地名委員會《內蒙古自治區地名志・哲里木盟分冊》，297頁。

⑲ 《嘉慶重修一統志》卷五百四十八“牧場”，頁二。

⑳ 《嘉慶重修一統志》卷五百四十八“牧場”，頁二。

黑色的山嘴子[81]。因哈拉胡紹位於庫崑河流域，故將二地合稱爲庫崑哈拉胡紹，即庫痕哈喇合部。這裏也是1632年愛新國西征察哈爾時所經喀喇和碩地方。

噶海（gahai）、門綽克（moncok）是1631年愛新國爲蒙古諸部指授牧地時提到的噶海、門綽克。

茅高阿大克（moo gao i adak）在噶海（gahai）、門綽克（moncok）之間。《昭烏達盟喀爾喀旗全圖》有moqor keo-u ayil茂郭爾溝村。[82]其地理位置與茅高阿大克相符。位於今內蒙古通遼市庫倫旗六家子鎮達林稿村莫河溝。1632年愛新國西征察哈爾時經過的莫霍爾郭勒即此地。

什喇虎（sirahū），據《一統志》載：席喇虎他蘇爾海額勒蘇岡，在旗（按敖漢旗）東六十里[83]。《遊牧記》亦有記載[84]。“什喇虎”即“沙爾呼”之異譯。據《昭烏達盟敖漢旗圖》，敖漢旗東北部有širq-a-yin tal-a什勒哈灘[85]。此地爲敖漢旗與奈曼旗交界處，位於今內蒙古通遼市奈曼旗太和鄉舍利虎村舍力虎水庫附近。

敖塔孛羅（uota boro），據《一統志》載：寬山，在旗（按敖漢旗）北四十五里。蒙古名鄂達博羅[86]。《遊牧記》亦有記載[87]。據《昭烏達盟敖漢旗圖》，敖漢旗北興仁寺（öröšiyel-yi delgeregülügči süm-e）旁有odu boro烏都博洛[88]。位於今內蒙古赤峰市敖漢旗敖潤蘇莫蘇木。

兀喇漢哈達（ulagan hada），以合計地界的記述順序判斷，應該在敖塔孛羅之西，噶古爾蘇之東。據《遊牧記》載，（敖漢旗北）七十里有畢齊克圖烏蘭哈達[89]。《一統志》亦有記載[90]。位於今內蒙古赤峰市紅山水庫。

據以上分析可知，諸部遊牧地由西向東依次爲翁牛特、巴林、鑲藍旗、兩紅旗、奈曼、敖漢、正黃旗、鑲黃旗、四子、阿魯科爾沁、兩白旗、正藍旗、扎魯特。其中，翁牛特部遊牧地位於最西段，即今內蒙古赤峰市翁牛特旗中部。巴林部遊牧地位於今內蒙古赤峰市阿魯科爾沁旗西南部至內蒙古通遼市奈曼旗北部之間。鑲藍旗、兩紅旗等三旗遊牧地位於今內蒙古赤峰市阿魯科爾沁旗東南部至內蒙古通遼市庫倫旗之間。敖漢、奈曼二部遊牧地位於今內蒙古通遼市開魯縣至科爾沁左翼後旗東部之間。兩黃旗遊牧地位於今內蒙古通遼市扎魯特旗南部至科爾沁左翼後旗中西部之間。四子、阿魯科爾沁二部遊牧地位於今內蒙古通遼市扎魯特旗東南部至科爾沁左翼後旗中東部之間。兩白旗、正

---

[81] 內蒙古自治區地名委員會《內蒙古自治區地名志·哲里木盟分冊》，400頁。
[82] 烏雲畢力格等編著《蒙古遊牧圖》，048頁、176頁J10。
[83] 《嘉慶重修一統志》卷五百三十五“敖漢”，頁二。
[84] （清）張穆《蒙古遊牧記》，同治六年（1867）壽陽祁氏刻本，卷三，葉三。
[85] 烏雲畢力格等編著《蒙古遊牧圖》，028頁、136頁I15。
[86] 《嘉慶重修一統志》卷五百三十五“敖漢”，頁二。
[87] （清）張穆《蒙古遊牧記》，同治六年（1867）壽陽祁氏刻本，卷三，葉四。
[88] 烏雲畢力格等編著《蒙古遊牧圖》，028頁、136頁J14。
[89] （清）張穆《蒙古遊牧記》，同治六年（1867）壽陽祁氏刻本，卷三，葉四。
[90] 《嘉慶重修一統志》卷五百三十五“敖漢”，頁二。

藍旗等三旗遊牧地位於今內蒙古興安盟科爾沁右翼中旗南部至內蒙古通遼市科爾沁左翼後旗東部之間。扎魯特部遊牧地位於最東端，即今內蒙古興安盟突泉縣至吉林省雙遼市之間。

諸部合計地界大勢，西啟今內蒙古赤峰市翁牛特旗中部哈爾占山、納喇蘇台、高日蘇廟，東至今吉林省白城市通榆縣烏蘭花鎮、雙遼市雙山鎮大哈拉巴山、小哈拉巴山。北自今內蒙古阿魯科爾沁、扎魯特、科爾沁右翼中旗等旗中部，南抵今內蒙古科爾沁左翼後旗、庫倫、奈曼等旗中部，即山陽地區中心地帶。

由此不難發現，蒙古諸部與八旗蒙古的遊牧地間隔交錯於一處。可是，日本學者岡洋樹先生在《關於天聰汗時期兩次蒙古會盟》一文中認爲，“據‘yeke γaǰar’北境之地名與作爲外藩蒙古及八旗邊界的兩處地名之一相重合判斷，‘yeke γaǰar’應該理解爲八旗遊牧地。即該記載爲八旗遊牧地四至，而非外藩蒙古之邊界。”[91]從而得出了“西拉沐淪河迤北遊牧地被指授于巴林、奈曼、敖漢、四子部落、阿魯科爾沁、扎魯特等外藩蒙古，西拉沐淪河迤南爲八旗遊牧地”[92]的結論。也就是說，他將“合計地界”的滿語對應詞彙“uheri amba ba”及蒙古語對應詞彙“büküde yeke γaǰar”中之“amba ba”及“yeke γaǰar”理解成爲八旗遊牧地。同時還提出了“‘amba ba’一詞只見於《清實錄》滿文本而不見於漢文本”[93]及“在‘amba ba’的四至中將‘多布圖俄魯木’記于南界最東端，且將其作爲扎魯特與正藍旗之邊界之事該如何理解？……若‘納噶台’爲碩翁科爾會盟中被指定的‘amba ba’之東北界，八旗之‘amba ba’可能要包括後來的科爾沁左翼全境”[94]等疑問。總之，岡洋樹先生的觀點存在很多問題。因此，筆者認爲，“uheri amba ba”或“büküde yeke γaǰar”指的是蒙古諸部與八旗蒙古共同的“合計地界”。本文中對合計地界大勢的分析也證實了這一點。

愛新國通過碩翁科爾會盟對蒙古諸部實施了有效統治，並奠定了清代外藩蒙古盟旗制度的基礎。碩翁科爾會盟之後，即1634年八月，林丹汗在西征途中，卒於大草灘。1635年四月，林丹汗之子額爾克孔果爾額哲與其母蘇泰太后率察哈爾余眾在鄂爾多斯之托里圖地方歸附了愛新國。1636年，皇太極改國號爲“大清”，歸順蒙古諸部作爲清朝的藩部，被稱爲“外藩蒙古”。清朝建立之後，對今內蒙古境內的蒙古諸部遊牧地又進行了一系列調整，直到康熙年間，內蒙古各旗的遊牧地才得以基本固定化[95]。

---

[91] 岡洋樹《關於天聰汗時期兩次蒙古會盟：天聰六年沙里爾濟台會盟和天聰八年碩翁科爾會盟》，載於《滿蒙檔案與蒙古史研究》，37頁。

[92] 岡洋樹《關於天聰汗時期兩次蒙古會盟：天聰六年沙里爾濟台會盟和天聰八年碩翁科爾會盟》，46頁。

[93] 岡洋樹《關於天聰汗時期兩次蒙古會盟：天聰六年沙里爾濟台會盟和天聰八年碩翁科爾會盟》，37頁。

[94] 岡洋樹《關於天聰汗時期兩次蒙古會盟：天聰六年沙里爾濟台會盟和天聰八年碩翁科爾會盟》，44頁。

[95] 烏雲畢力格《康熙初年清朝對歸降喀爾喀人的編旗經過——以理藩院滿文本爲中心》，《清史研究》2016年第4期。

An Inspection and Narration of Aisin Gurun's Granting Herding Lands to the Monglian Tribes that Had Pledged Allegiance to the State

Sachuraltu

The early 1600s witnessed the confrontation among the Mongols, the Ming Dynasty, and the Aisin Gurun state. While the Mongols and the Ming Dynasty had been declining, the state of Aisin Gurun invaded the border of the Ming Dynasty with the aim of occupying the Central Plain next step, and at the same time built alliances with Mongol nobles through marriages, accelerating the collapse of the Mongol empire. This caused the change of ownership of the herding lands. On the one hand, Ligdan Khan's moving the the west broke the old system of land distribution. On the other hand, Aisin Gurun's influence and annexation of the lands of former Mongolian tribes created a new way of distributing herding lands. These changes had significant impact on the formation of the Banner System in some Mongol tribes duringthe Qing. This article analyzes the Aisin Gurun states after Lingdan Khan's moving to the west, the reallocation of herding lands among the Mongol tribes.

兩件滿文題本與清代和中國民族史中的官印文化

賈　寧

中國人民大學國學院西域歷史語言研究所和中國第一歷史檔案館編輯的《清朝前期理藩院滿蒙文題本》[①]收錄了兩件乾隆年間清朝對西藏和喀爾喀蒙古頒發印章的題本。第一件爲卷二第十三條《管理理藩院事務怡親王弘曉等題遵旨晉封西藏貝勒頗羅鼐爲郡王並照例頒給冊印本》（下文簡稱“弘曉題本”）[②]，書於乾隆五年（1740）二月十三日。第二件是卷七第四十九條《管理理藩院事務大學士傅恒等題喀爾喀輔國公齊巴克扎布陣亡遵旨封授其子扎薩克公並請頒印本》（下文簡稱“傅恒題本”）[③]，書於乾隆二十三年（1758）十二月初四日。在多達二十三卷的眾多題本中，此兩件以官印爲主題，詳細地反映了清朝中央在管理西藏和蒙古事務時官印在民族政治關係中的作用。

此文提議，對這兩件題本意義的深層理解，一要從中國民族史的宏觀視角，縱觀古往今來官印的跨文化現象和政治功能；二要探討清代民族和邊疆管理總體構架中官印體系的綜合現狀；三要審視此兩件題本在史料記載和內容翔實上的特殊貢獻。

一、歷史上華夏與周邊各民族的印文化

通觀華夏朝代史和周邊民族史，官印或作爲維繫民族間政治關係，或作爲某政權行政管理制度之信物，在各個民族的歷史長河中都可謂記載累累，屢見不鮮[④]。從源遠流長的先秦印章文化傳統，到秦始皇的“天子璽”和“乘輿六璽”，從漢高祖命名的始皇

① 中國人民大學國學院西域歷史語言研究所、中國第一歷史檔案館編《清朝前期理藩院滿蒙文題本》，呼和浩特：內蒙古人民出版社，2010年。

② 《清朝前期理藩院滿蒙文題本》卷二，66—71頁。

③ 《清朝前期理藩院滿蒙文題本》卷七，375—386頁。

④ 秦晉庭《方形官印——統一多民族國家的歷史見證》，《中國民族報》2002年8月9日。秦文簡要地總結了官印在中國歷史上多民族地區的使用。

"傳國玉璽"⑤，到滿族興起時皇太極、多爾袞所稱之"歷代傳國玉璽"⑥，都生動地展示了元代史家馬端臨"上之所以示信於下"⑦、與中國各朝各代相始終的璽印制度。在這個貫穿由秦至清諸朝各代的"玉璽呈祥"⑧之政治文化中，"天子之所佩曰璽，臣下之所佩曰印。無璽書，則九重之號令不能達之於四海；無印章，則有司之文移不能行之於所屬"⑨。

在民族歷史和民族關係中，漢與匈奴關係中的"呼韓邪單于印"⑩，西域人降匈奴者亦持漢印⑪，大連旅順博物館中陳列的漢朝賜贈鮮卑印⑫，唐與契丹關係中的"奉國契丹印"⑬和"契丹節度使印"⑭，如此等等，都是早期漢族王朝向少數民族政權頒發的官印。時至明朝，官印記載在文獻中已是無所不在，除了建立全國範圍與官職等級配套的金、銀、銅之官印系統外⑮，周邊各族都有與明朝頒印之相關故事，如明封蒙古"順義王印"⑯，女真族內叔侄衛印之爭⑰，哈密、吐魯番爲永樂所頒哈密"忠順王"印之長年征戰⑱，1388年還有明與北元爲爭璽印塞外鏖戰一事⑲。西藏方面，明洪武六年以西藏攝帝師納木嘉勒藏博爲國師，給玉印⑳，永樂中復封藏僧八王，給印誥㉑。明廷對西藏地方頒"烏斯藏行都司印"㉒，並有佛教上層前來請明廷頒印㉓。洪武、永樂

---

⑤ 《漢書》卷九十八，記曰："初，漢高祖入咸陽至霸上，秦王子嬰降於軹道，奉上始皇璽。及高祖誅項籍，即天子位，因御服其璽，世世傳受，號曰漢傳國璽"，北京：中華書局，1962年，4032頁。

⑥ 《大清太宗文皇帝實錄》卷二十四，13b；卷二十五，3b；卷二十六，20a、26a，臺北：華文書局，1964年；《皇清開國方略》文淵閣四庫全書本，卷十九，10a、11a-12a、24a-b；吴燕紹《清代蒙藏回部典匯》太宗卷"天聰九年七月九日"，北京：中華書局，2005年，599頁；（清）祁韵士《皇朝藩部要略》卷一，北京：全國圖書館文獻微縮複製中心，1993年，23a；（元）陶宗儀《輟耕錄》卷二十六"傳國玉璽"詳記此玉璽。

⑦ 馬端臨《文獻通考》卷一一五，2b。

⑧ 《大清太宗文皇帝實錄》卷二十七，15b。

⑨ （元）馬端臨《文獻通考》文淵閣四庫全書本，卷一一五，2b。

⑩ 《文獻通考》卷一一五13b，17b；《漢書》卷九十八；林幹《匈奴史料彙編》卷一，北京：中華書局，1998年，78頁。

⑪ 《匈奴史料彙編》卷一，95頁。

⑫ 旅順博物館館刊。作者于2007年夏參觀此展，見到實物。

⑬ 《遼史》卷五七，913頁；卷六三，956頁，北京：中华书局，1974年。

⑭ 陳述、朱子方《遼會要》卷四，上海：上海古籍出版社，2009年，135頁。

⑮ 《鈔本明實錄》卷一，北京：线装书局，2005年，123、272—274頁。《明史》卷四四，1661—1663頁；卷五四，1367—1375頁；卷六八，1658—1660頁；卷一一六，3557頁，北京：中華書局，2002年。《續文獻通考》卷一二七，20b，北京：現代出版社，1986年。

⑯ 《皇朝藩部要略》卷一，14頁。

⑰ 《鈔本明實錄》卷五，27、203、476頁。

⑱ 《明史》卷三二九，1a-23b；卷三三〇，24b-35a。

⑲ 《明史》卷一三二，8b；《鈔本明實錄》卷二，181、190頁。

⑳ 席裕福、沈師徐輯《皇朝政典類纂》，臺北：文海出版社，1982年，10504—10505頁。

㉑ 《嘉慶重修一通志》卷五四七"西藏"，北京：中華書局，1986年，26936—26937頁。

㉒ 《鈔本明實錄》卷一，428、441—422、539頁；《明史》卷三三一，2b-29a。

㉓ 《鈔本明實錄》卷一，385、428、441—442、539頁。

對藏頒印政策被正統、正德、嘉靖諸帝延續，繁達十七次之多[24]。再看對甘青地區的宗教上層蒙古和地方土司，明朝也從永樂開始，以印冊相封，圖安邊修業[25]。

細讀少數民族朝代歷史，各種史籍在隻言片語中生動傳神地記載了璽印、官印制度的重要性。例如，“遼太祖奮自朔方……金符玉璽以布號令”[26]。遼太宗二年五月“上京軍師實古迺以所獲印綬二十二及銀牌來上”[27]。三年三月又有“斡魯獻傳國寶，以謀葛失來附，請授印綬”[28]。遼聖宗“詔中京建太祖廟……遣骨里取石晉所上玉璽於中京”[29]。在遼與女真的關係中，女真首領烏古迺（景祖）拒遼興宗，“不受遼籍遼印”[30]。金太宗時因“置璽懷中”而繼大統[31]。金天宗天興三年（1234年）二月，在蒙古兵臨城下，即將滅金之危急時刻，“金主守緒集百官，傳位於東面元帥承麟……承麟起受璽，明日承麟即位”[32]。大量的考古實證更已經展示出遼、金、西夏各自的官印系統，並有官印研究的近著提供印文圖樣[33]。

再觀自成吉思汗（1206—1227年在位）到林丹汗（1604—1634年在位）的蒙古歷史，13世紀到17世紀四百多年的變遷中，從頭至尾可以璽印貫穿之。《蒙古源流》記載，二十八歲的鐵木真登上汗位，“時，其石忽然自裂，内出一寶石寶印，長寬皆一拃，背有龜紐，上盤二龍，鐫如浮雕然”[34]。成吉思汗三十二歲時回顧曰：“以我承皇天之命，曩即合罕位時，賜我以龍君之玉璽焉。”[35]元世祖忽必烈“以吐蕃僧帕克斯巴爲大寶法王帝師……弟子號司空司徒國公，配金玉印”[36]，蒙古皇子皇孫和封親王者皆以金印證身[37]，最終元末順帝在危急中“袖其玉璽，攜其後妃皇子而出”，北奔大漠[38]。待到林丹汗時，有元一代珍視有加的秦代傳國玉璽，經歷北元時期神奇般轉輾，最終落入林丹汗手中，成爲大汗傳承者的寶物。

上述諸等史實，皆展示各民族在歷史上一脈相乘之印文化。在這個特殊文化領域

㉔ 《鈔本明實錄》卷三，273、279頁；《明史》卷三三一，2b-29a。

㉕ 甘青地區，見《明史》卷三三零，4b-5a；《鈔本明實錄》卷二，582頁。甘青土司，見《明史》卷七二，1873—1875；卷三三零，9a。

㉖ 《遼史》卷五十五，899頁。

㉗ 《金史》卷三，50頁。

㉘ 《金史》卷三，52頁。

㉙ 《遼史》卷十六，188—189頁。

㉚ 《金史》卷一，5、17頁

㉛ 《金史》卷三，48頁。

㉜ 道潤梯步譯著《新譯簡註〈蒙古秘史〉》，呼和浩特：內蒙古人民出版社，1979年，386頁。

㉝ 杜奎生《中華寶璽探秘》，天津：百花文藝出版社，2004年， 131—157頁。曹錦炎《古代璽印》，北京：文物出版社，2002年，159—179頁。韋佳、孟兆波《中國印》，北京：當代出版社，2008年，32—33頁。

㉞ 薩囊徹辰著，道潤梯步譯校《蒙古源流》，呼和浩特：內蒙古人民出版社，1981年，119頁。

㉟ 《蒙古源流》，142頁。

㊱ 《嘉慶重修一通志》卷五四七“西藏”，26936頁；《皇朝政典類纂》，10504頁。

㊲ 《鈔本明實錄》卷一，165頁。《續文獻通考》卷一二七，13a-b頁。《元史》文淵閣四庫全書本，卷一零八，1a-9a，親王六例見卷三八，5b、22b；卷三九，6b；卷四一，4b；卷四四，14a；卷四七，7b。

㊳ 《蒙古源流》，221頁。

中，對秦始皇時傳承下來的傳國玉璽之敬仰，對官印之信任，沒有華夏與非華夏的區别。

二、清朝的印文化

滿族建立的清朝在發端之際便集前代中原華夏及周邊各民族印文化之大成。皇太极從蒙古察哈爾林丹汗處獲得印璽一枚；傳說该玉璽是在秦代灌鑄、經蒙元世傳而來的“歷代傳國玉璽”[39]此玉璽與清朝的建立命運攸關。史載，皇太極獲此玉璽后喜獲至寶，後金政權眾漢官力奏“受命之符”爲“天心之默佑”，“乃上帝授皇上大統也”[40]。外藩蒙古四十九貝勒“俱來覲賀，聚集盛京……奉表堅請”[41]。故皇太極1636年“建國號曰大清，改元爲崇德元年”，登基稱帝，是爲清太宗[42]。無論是在隆重異常的迎璽大典上還是在登基“受尊號禮”的儀式中，被視爲“天子之大寶，國家之上瑞”的“歷代傳國玉璽”[43]被置於證實皇太極皇權合法的中心位置。《皇清開國方略》描述：“太宗受玉璽，親捧之，率眾復拜天，禮畢復位，傳諭左右曰，此玉璽乃歷代帝王所用之寶，天以畀朕非偶然也。”[44]迎璽大典上還另有“玉璽四顆”，分别由滿蒙漢各族官員捧奉，更烘托出各民族共識之璽印的地位[45]。因爲這顆玉璽同時是華夏各朝代的傳國寶和長期以來当作蒙古汗國的權力象徵，此時此刻的玉璽則是跨民族的文化珍寶，璽印文化是滿、蒙、漢各族公認的政治文化。無論皇太極手中之“歷代傳國玉璽”真假與否，這顆璽印的歷史淵源貫穿著自秦漢以來漢民族與周邊各民族對璽印政治權威的共同信念，並在17世紀30年代的特殊時期，成爲清朝得以建立的決定性因素之一。

從“歷代傳國玉璽”開國到乾隆十一年（1746）厘定大清二十五寶[46]，這段歷程正是清朝內制外疆大的發展時期，一套成熟的璽印制度從上至下規制著人的身份、權利和義務，管理著政府機構和地方施政。查閱清朝典章文獻，自皇太極以來的任何皇帝即

㊴ 《皇朝藩部要略》卷一。

㊵ 《大清太宗文皇帝實錄》，卷二十四，19b；卷二十五，3a、9a。《清代蒙藏回部典匯》崇德六年九月，757頁。

㊶ 《大清太宗文皇帝實錄》，卷二十七，11a-b。

㊷ 中國第一歷史檔案館编《清初內國史院滿文檔案譯編》上册，北京：光明日報出版社，1986年，189—190、222頁。《大清太宗文皇帝實錄》，卷二十四，13b-14b；卷二十五，2b-3b、8a、9a；卷二十六，20a、26a-b、28a-b；卷二十八，11a-15a、17b-22a、32b。《皇朝開國方略》，卷十九，27b-28a；卷二十一，4b-7b。《皇朝藩部要略》卷一，23a。《清史稿》，北京：中華書局，1997年，2:52a。

㊸ 《大清太宗文皇帝實錄》，卷二十五，9a。

㊹ 《皇清開國方略》卷二十，29a，浙江大學圖書館網站：http://archive.org/stream/06055553.cn#page/n120/mode/2up。

㊺ 《大清太宗文皇帝實錄》，卷二十八，19b。

㊻ 《清史稿》卷一百四《輿服三》，3056頁。對此過程討論見郭福祥《明清帝后璽印》，北京：國際文化出版公司，2003年，第六章《清代國寶》。

位，后妃冊立，皇子皇親受封，印冊都是不可缺少的立身憑證[47]。追封者亦無例外[48]。僅舉清代開國時皇親封爵實例之一，崇德元年六月，皇太極“封和碩穎親王薩哈廉長子阿達禮爲多羅郡王，賜之冊印”[49]。

以朝廷機構觀之，《大清太宗文皇帝實錄》載曰，“天聰六年八月，六部衙門竣工……命六部諸貝勒於初入署時率本部大臣赴闕領印行三叩頭禮還部……各部事宜皆用印以行……凡各衙門通行文書亦用印行，於是頒六部銀印各一”[50]。對於專門管理民族事務的機構，崇德三年（1638）六月二十九日“聖汗諭定蒙古衙門爲理藩院”[51]，其政務之始，同樣以部印爲行使職權的起點。文獻對其“印信儀”的具體描述，代表著各部院“印開其政”之實情。《清初內國史院滿文檔案譯編》載，

（崇德三年十二月）初九日。賜理藩院印信儀：奉印信陳黃安，自禮部捧出，參政巴顏、陳邦選、理事官喇瑪、啟心郎周文野、齊國汝導引至大清門，置丹墀上。理藩院承政貝子博洛受印信，贊禮官贊叩，行三跪九叩頭禮畢，跪授內弘文院大學士希福、學士王文魁奉印匣，轉授承政貝子博洛，跪授畢，贊禮官贊退，乃退，陳印信於紅案上……參政色楞以賜印信謝恩，行三跪九叩頭禮[52]。

以朝廷制度觀之，《欽定禮部則例》對寶印規制、鑄造、印信頒發等都有制度性要求，並詳盡記錄了從皇室朝廷、內地官員到邊疆諸部、駐防大臣官印之條條脈絡[53]。《欽定大清會典》卷二十一、二十八、三十四、六十三對清朝鑄印局和印規印製面面俱到，周詳紀錄。《欽定吏部則例》卷之十專列“吏印信”詳細規範官印使用和對違犯者革職處罰的規定[54]。總結眾多的清朝文獻記載可以得出這樣的結論，和每一歷史時期、每一民族朝代一樣，清代的政治文化中從天賦皇權理念，到各項國朝制度，諸類朝儀大事，祭祖拜天敬神，實錄年曆頒典，征戰軍禮討伐，民族交往互信，封官定爵安邊等等，無一不和璽印關聯。

在清朝空前廣闊、多元的疆域內，蒙、回、藏、青海、西南土司各地區，系統化的官印制度在傳令奏事、任命官員、確立世系、繼承爵位、調撥物資等等方面皆發揮實用

---

[47] 《清會典事例》第一冊，北京：中華書局，2009年，158—162頁，卷十二，3a-11b；又《清會典事例》中華書局影印版，1991年，卷二九二。光緒《欽定大清會典》卷二、卷二十六、卷二十七，北京：中華書局，1991年。其他有關六部、理藩院各卷也皆記載璽印、官印的使用。《清史稿》第一冊，北京：中華書局，1997年，719頁，卷八十八，“禮七”，2630—2。

[48] 《清史稿》，第一冊，707頁，卷八十六，“禮五”，2583。

[49] 《大清太宗文皇帝實錄》，卷三十，9a.

[50] 《大清太宗文皇帝實錄》，卷十二，21a-22a.

[51] 《清初內國史院滿文檔案譯編》上冊，321頁。

[52] 《清初內國史院滿文檔案譯編》上冊，396頁。

[53] 故宮博物院編《欽定禮部則例二種》，海口：海南出版社，2002年，乾隆朝卷四十一；道光朝卷四十四、四十五、四十六。

[54] 《欽定吏部則例》，臺北：成文出版社，1966年。

效力。典型的例證首先見於各版本理藩院史料中對敕印、官印在蒙古管理中的專項記載，體現了封印朝廷從對旗長、盟長、圍場總管、封疆大臣之任命到對經濟、社會各方面之維繫的重要性，而且又體現了凡内、外扎薩克，青海蒙古和編入盟旗制的蒙古群體皆一體之[55]。光緒朝《欽定大清會典》卷三十四“鑄印局”條下，詳細記錄了部院印，並列出邊疆各地區大臣、將軍印以及外藩扎薩克、盟長、喇嘛呼圖克圖印等，根據不同地點和人文環境，印用語言各呈民族特點[56]。以具體事例觀之，《大清會典理藩院事例》載：“順治十年，給額魯特顧實汗金冊印。”康熙“三十一年覆準，喀爾喀旗分應鑄給印信，以昭職守。其印文清字兼蒙古字，印式與四十九旗同”。“乾隆十二年議準，喀爾喀四盟長，均給予印信，與内扎薩克六盟長同。”[57]《清聖祖實錄》載，理藩院題厄魯特授職事，康熙皇帝旨，受封之貝勒、扎薩克給印信[58]。奕湘《定邊紀略》載，蒙古扎薩克圖汗與盟長皆以印尊爲官職信物而施政，“喀爾喀土謝圖汗［印曰阿林］”，“喀爾喀車臣汗盟長［印曰巴爾和屯］”，“喀爾喀扎薩克圖汗盟長［印曰扎克果力］”，“喀爾喀賽因諾顏蒙長［印曰齊齊爾哩克］”[59]，對於蒙古地區的宗教領袖，官印也是確立領袖地位的憑證。朝廷在康熙四十四年給章嘉胡圖克圖頒發敕印，雍正元年給哲布尊丹巴胡圖克圖頒發金印[60]。

在清廷與西藏的印信關係當中，最具代表性的實例是眾所周知的西藏達賴喇嘛“順治九年來朝世祖章皇帝賜以金印金冊”，“康熙三十二年封第巴爲土伯特國王賜金印”，“四十四年達賴汗拉藏誅第巴以聞，聖祖嘉之，賜金印封”[61]，“四十九年允拉藏汗所請，封伊西扎穆蘇爲六世達賴喇嘛，賜金冊金印”[62]。五十二年“諭理藩院：班禪胡土克圖，爲人安靜，熟諳經典，勤修貢職，初忠不倦，甚屬可嘉。著照封達賴喇嘛之例，給以印冊，封爲班禪額爾德尼”[63]，在“賞賜金冊金印”後，又“於乾隆四十五

---

[55] 中國社會科學院中國邊疆史地研究中心編《清代理藩院資料輯錄》，北京：全國圖書文獻縮微中心，1988年，第一部分，乾隆朝内府抄本《理藩院則例》部分，“印信”24—25頁、“敕印”101—2頁。《大清會典理藩院事例》，北京：全國圖書文獻縮微中心，1991年，107—118、130—131、144、151、175、210、222、266、273頁。《皇朝藩部要略》卷十，138頁；卷十一，159、168頁。

[56] 光緒朝《欽定大清會典》，293頁。

[57] 《大清會典理藩院事例》，95頁。《清實錄藏族史料》第一辑，拉薩：西藏人民出版社，1982年，26—27頁。

[58] 轉引自達力扎布《有關阿拉善旗旗名来历》，達力扎布主編《中國邊疆民族研究》第五輯，北京：中央民族大學出版社，2011年，119頁。

[59] 《定邊紀略》，25—26頁。

[60] 《大清會典理藩院事例》，107頁。

[61] 《清實錄藏族史料》第一輯，25頁；《皇朝政典類纂》，10505頁；《理藩院公牘則例三種》之《理藩院則例》柔遠清吏左司上記達賴喇嘛“順治九年來朝”，135頁。

[62] 《清實錄藏族史料》第一輯，187頁；《理藩院公牘則例三種》之《理藩院則例》柔遠清吏左司上，136頁。

[63] 《清實錄藏族史料》第一輯，189頁。

年內蒙賞賜四體字玉冊玉印”[64]。早在順治十四年，藏方就“遣堅錯那卜來貢，兼持舊玉印一顆並故明所給敕書求換”[65]。這條記載證明藏方對當朝敕封官印的重視和認可。《西藏歷代藏印》[66]一書全面記錄了自元朝、清朝到民國各時期中央政府和西藏地區政治關係中的印信實證。對西寧辦事大臣在青海多民族區域管理的研究也已經討論到，清廷對青海、甘肅地區佛寺上層的認可和約束循以頒印、收印爲主要手段[67]。對東北三省的清代官印研究亦系統地論證了從將軍到旗下甲喇佐領及府儒學府，無一不使用官印維繫治理[68]。《大清會典理藩院事例》卷九百七十四、九百七十五記錄了朝廷對眾多宗教上層的頒印冊封。可以說整個藏、蒙、甘肅、青海地區的宗教體系是由官印定位和管理的[69]。在與西南土司的關係實例中，番族土司瞻對首領向朝廷上獻“明所給印”，以示臣屬清朝[70]，清對“諸番目悉給印照視內地土司例”[71]。可以說，頒發官印是維繫朝廷和邊疆地方關係，實施邊疆地方管理的關鍵內容。

黑龍江大學滿族語言文化研究中心黃錫惠教授的研究多次實例附出清代皇帝、朝廷部院、封疆大吏和朝貢屬國有代表性的璽、印印面圖形，真切直觀地展示了這些關係整個清代皇權、政務管理、邊疆和屬國事務的“物質實體”[72]。郭孟秀、金毅等學者的研究亦提供了上至皇家帝后寶冊，執政之“皇帝之寶”“吏部之印”，下到蒙、藏及賜予琉球各類璽印信的實證[73]。《清代蒙古志》展示的康熙二十五年頒發之“阿巴哈納爾左旗印”，乾隆十三年“昭烏達盟盟章印”，和喀拉沁王“世守漠南”壽山石印實物彩照，又提供了蒙古民族邊疆官印政治文化現實的實物證據[74]。

自傳國玉璽開國，上至皇帝及朝廷部院，下到各地邊疆官員，官印網路在規制著整個清朝的官系脈絡。把弘曉、傅恒兩件滿文題本放在官印文化和官印制度的總體背景中加以考察，便是深入理解兩件滿文題本特殊意義的必要條件。

---

[64] 《衛藏通志》，北京：全國圖書館文獻縮微複製中心，1991年,85頁；《嘉慶重修一通志》三四，卷五百四十七，26937—26939、26943頁。

[65] 《清實錄藏族史料》第一輯，31—32頁。

[66] 《西藏歷代藏印》，拉薩：西藏人民出版社，1991年。

[67] 賈寧《西寧辦事大臣與雍乾時期青海多民族區域管理制度之形成》一文中“藏教廟宇、僧侶階層的變化”部分，《清史研究》2012年第3期，65—67頁。

[68] 郭孟秀《東北三省滿文官印研究》，《滿語研究》2004年第1期，35—40頁。

[69] 《大清會典理藩院事例》，107—119頁。

[70] 《皇朝藩部要略》卷十，145頁。

[71] 《皇朝藩部要略》卷十一，157頁。

[72] 黃錫惠《滿族文字的異質文化影響（四）》，《滿語研究》2003年第1期，60—61頁；《清代璽印滿文篆字舛誤研究》，《滿語研究》2008年2期，41—53頁。

[73] 郭孟秀《滿文玉寶玉冊研究》，《滿語研究》2004年第2期，82—85頁；金毅《清代滿文篆字的新資料——長春、呼和浩特、北京三地走訪調查記》，《滿語研究》2003年第2期，89—92頁。

[74] 金海、齊木德道爾吉、胡日查等《清代蒙古志》，呼和浩特：內蒙古人民出版社，2009年，開篇彩照。

三、兩件滿文題本的意義

兩件題本反映了在整個清朝政治制度成熟時期，印務在重大邊疆事務的地方行政環節當中的兩項實例，一在西藏，一在喀爾喀蒙古。如上所討論的清朝璽印制度，在實際的政務操作中類似從中央到地方環環扣接的鏈條，層層次次把碩大的疆域和多元的民眾以行政管理體系聚合在一起。如上所引漢籍的種種文獻多是展示中央政府層次的鏈條段，邊疆地方層次的鏈條段簡而不詳。再者，漢籍文獻側重璽印制度性的陳列，史事描述頗缺，雖然給官印文化的探討留下線索，但不錄事件完整的來龍去脈，更缺乏官印制度具體操作的現實細節。兩件滿文題本恰恰彌補了漢籍文獻的不足，其翔實具體地展示了典章文獻沒能展示的情節，提供了漢籍文獻沒有提供的內容，包含著諸多記錄沒有包含的體驗。

1. 弘曉題本之轉寫和漢譯

乾隆五年正月二十九《管理理藩院事務怡親王弘曉等題遵旨晉封西藏貝勒頗羅鼐爲郡王並照例頒給冊印本》[75]。

66頁下：

［硃批］：gisurehe songkoi obu

依議

wesimburengge

題奏

tulergi golo be dasara jurgan i baita be kadalame icihiyara hošoi urgun cin wang amban hūng hiyoo sei gingguleme wesimburengge. dergi hese be gingguleme dahara jalin. dorgi yamun ci sarkiyafi tucibuhe. abakai wehiyehe i duici aniya jurgon biyai juwan ilan de. hese wasimbuhangge. wargi dzang ni beile polonai. mini afabuha songkoi suwayan šajin be gingguleme. ging ni tacihiyan be yendebume. cooha be

管理理藩院事務怡親王弘曉等謹奏，為敬尊聖諭事。自內閣抄出，乾隆四年十二月十三日降旨，“西藏貝勒頗羅鼐敬尊黃教，盡操職守，弘揚經訓，武防

67頁上：

urebume karun fiyanji be ciralame umesi hing seme faššame yabuhangge

---

[75] 《清朝前期理藩院滿蒙文題本》第二卷，66—71頁。根據“在閱讀、翻譯滿文文書檔案、滿文史料時，不能只按標點符號來斷句，必須要緊密結合文獻的內容來解釋，才能不致發生錯誤”（見季永海《滿語語法》，北京：中央民族大學出版社，2001年，75頁），此文中滿文轉音部分標點一律使用“.”爲標識。

embula saišacuka. kesi isibume beise polonai be giyūn wang fungne sehebe gingguleme dahafi. jurgan de isinjihabi. amban meni gisurehengge. abkai wehiyehe i duici aniya jorgon biyai juwan ilan de hese jasimbuhangge. wargi dzang ni beile polonai mini afabuha songkoi suwayan šajin be gingguleme. ging ni tacihiyan be yendebume cooha be urebume. karun fiyanji be ciralame. umesi hing seme faššame yabuhangge ambula saišacuka. kesi isibume beile polonai be giyūn wang fungne sehebe gingguleme dahafi. baicaci hūwaliyasun tob i uyuci aniya.

齊備，真誠效力，堪值嘉獎。恩准擢封貝勒頗羅鼐為郡王。”敬尊聖諭，咨送部院。臣我等議，“乾隆四年十二月十三日傳諭，西藏貝勒頗羅鼐敬尊黃教，盡操職守，弘揚經訓，武防齊備，真誠效力，堪值嘉獎。恩准擢封貝勒頗羅鼐為郡王”。謹遵聖諭，查得，雍正九年

67頁下：

hesei polonai be doroi beile fungnefi ce bahabuha. sirame beile polonai doron šangnareo seme baime wesimbuhe be. coohai nashūn i baita be icihiyara ambasa gisurefi wesimbufi. beile polonai de wei dzang ni g’alung ni baita be icihiyara doroi beile i doron seme. manju. nikan. tanggūt ilan hacin i hergen kamcime hungkerebufi buhe bihe. te enduringge ejen desereke kesi isibume. polonai be doroi giyūn wang fungnehebi. neneme inde buhe doroi beile i doron be giyan i doroi giyūn wang ni doron obume halafi buci acara be dahame. erebe dorolon i jurgan de afabufi. wei dzang ni g’alung ni baita be icihiyara doroi giyūn wang ni doron seme manju. nikan, tanggūt ilan hacin i hergen kamcibume encu emu doron
敕封西藏貝勒頗羅鼐多羅貝勒，給冊。接著［多羅貝勒］奏乞請賜“貝勒頗羅鼐印。”軍機大臣議奏，“對貝勒頗羅鼐鑄‘掌衛藏噶倫事務多羅貝勒印’，曾以滿、漢、唐古特三語合璧澆鑄頒給過。現聖上恩澤廣布，封頗羅鼐多羅郡王，舊日頒給他之多羅貝勒印理應以多羅郡王印更換，頒予之事交給禮部，令就‘掌衛藏噶倫事務多羅郡王之印’以滿、漢、唐古特三語合璧特

68頁上：

hungkerebuki. hungkerefi baha erinde. meiren i janggin gisan de benebufi. ulame giyūn wang polonai de afabume bukini. ini fe doron. ce be suwaliyame benjibufi. fe doron be dorolon i jurgan de afabufi kooli songkoi efulebureci tulgiyen. ce de nonggime arara jalin. hafan i jurgan de afabuki sembi. amban meni cisui gamara ba waka ofi. gingguleme wesimbuhe. hese be baimbi.

鑄，鑄成後，限時讓梅林章京紀三前去，轉交郡王頗羅鼐。他舊有之印與冊，令一併送還，除舊印交禮部依例銷毀外，為應送還封冊事，令交吏部辦。”臣我等不敢專擅，謹題請旨。

2. 對“弘曉題本”的討論

對“弘曉題本”記録的清廷冊封頗羅鼐（1689—1747）一事，漢文文獻記載如下。《清實録》：①雍正六年“諭内閣：‘從前西藏用兵之時，頗羅鼐甚爲效力，蒙聖祖仁皇帝授爲扎薩克台吉……［現］深知大義，討逆除奸，俾無辜受害者得雪沉冤，背旨肆行者早正刑辟，著封爲貝子，以獎義勇，以昭國憲”。②雍正九年“大學士等議奏：‘據辦理西藏事務護軍統領馬喇等奏言，“頗羅鼐蒙恩授爲貝勒，又令辦理前藏、後藏噶隆事務。今具稟懇求印信，以便行文該管地方與軍機調發事務”。應如所請，令禮部鑄給辦理衛藏噶隆事務多羅貝勒銀印一顆，交于頗羅鼐掌管。’從之”。③乾隆四年“封貝勒頗羅鼐爲郡王。諭曰：‘西藏貝勒頗羅鼐尊奉諭旨，敬黄教，振興經典，練兵防卡，甚屬黽勉。著加恩晉封郡王”[76]。《理藩院則例》：①“［雍正］九年，封頗羅鼐爲多羅貝勒，給冊印。”②“乾隆四年晉封頗羅鼐爲多羅郡王。”[77]《嘉慶重修一通志》：雍正六年“封頗羅鼐爲固山貝子，九年，晉封多羅貝勒，辦理衛藏噶隆事務。乾隆四年晉封多羅郡王，給印轄衛藏等處”[78]。《衛藏通志》：“敕封頗羅鼐爲郡王，領藏事如故。”[79]《清史稿》中亦有記述[80]。《皇朝藩部要略》卷十七“西藏要略”比上述所有史料都完整、詳細地記録了頗羅鼐助清平亂的戰功，而對清廷之擢封的記載如下：①雍正六年“以扎薩克貝子頗羅鼐領後藏務……查郎阿將撤大軍，還奏，舊設噶卜倫理前藏務，今藏地初定，頗羅鼐爲眾服，請令兼領前藏，從之……頗羅鼐深知大義，討逆除奸，俾無辜受害者得雪沉冤，背惡肆行者，早正刑辟，甚屬可嘉，著封爲固山貝子，以獎義勇，以昭國憲”。②雍正九年“頗羅鼐仰體朕意……朕自加優眷，復以頗羅鼐招撫功，詔晉封多羅貝勒，總理衛藏噶卜倫務”。乾隆四年，“駐藏副都統杭奕禄，奏巴勒布三汗遘搆兵，臣遣頗羅鼐諭輯之，鹹聽命，獻所部民數。詔優賚。復以頗羅鼐績，晉封多羅郡王”[81]。

綜觀這些漢文記載，較之其他史料背景更清晰、内容更翔實的《清實録》，包括了雍正九年頗羅鼐“懇求印信”和禮部鑄給銀印的重要資訊，但不僅丟掉了此銀印的印文内容，更缺失了乾隆四年賜印的頒發、軍機大臣對其討論的過程，印文文字和語言狀況、新舊官印交換制度的規制以及理藩院、禮部、吏部三大部院共同協作管理官印的諸項關鍵性内容。筆墨甚多的《皇朝藩部要略》，以軍功爲主，對於擢封頗羅鼐，事實俱

---

[76] 《清實録藏族史料》第一輯，328—329頁（雍正六年），351頁（雍正九年），400頁（乾隆四年）。

[77] 《理藩院公牘則例三種》之《理藩院則例·卷存八卷》柔遠清吏左司上，137—138頁。

[78] 《嘉慶重修一通志》卷五百四十七《西藏》，26941—26942頁。

[79] 《衛藏通志》，142頁。

[80] 《清史稿》卷五二八《藩部八》。

[81] 《皇朝藩部要略》卷十七《西藏要略》，263—265、267頁。關於《皇朝藩部要略》與《蒙古回部王公表傳》之關係，見呂文利《〈蒙古回部王公表傳〉與〈皇朝藩部要略〉之關係》，《新疆社會論壇》2007年第1期。根據其文結論，“《蒙古回部王公表傳》基本上是在《皇朝藩部要略》的基礎上刪改的”，此引語很大程度代表《蒙古回部王公表傳》。

在，然印事俱略。其他的文獻記載，更是要麼過分簡化，要麼既失背景亦缺封印，事件的核心部分，即所頒官印本身各種細節和反映朝廷管理機構合作的機制步驟幾乎蕩然無存。這種文獻狀態，使歷史現實中曾經至關重要的官印文化，不容易爲後世史家所關注，更不給已關注此題目的學者打開深究的通道。

對比之下，篇幅不長的“弘曉題本”重錘砸釘，準落在歷史事件的關鍵點，即在朝廷官印與民族地方關係中，無印則無官、無治。且前因後果，來龍去脈，歷史背景，人員參與，運作過程，印身規制，無一不詳。這樣的文獻資料，全面地保持著歷史民族關係中印文化的內涵和功能。

對於頗羅鼐這位在18世紀藏族社會舉足輕重的歷史人物[82]，雍正朝廷頒發的“掌衛藏噶倫事務多羅貝勒之印”和乾隆朝廷頒發的“掌衛藏噶倫事務多羅郡王之印”是他和朝廷關係之確立與其在地方政績之施展的重要內容。題本揭示，當時清朝廷對西藏地方官員任命而使用的爵位封號和等級順序，模仿滿洲、蒙古系統，且頒印、獲印雙方都需要專印使其身份遷升得到確認和落實。換而言之，有印在手，位才成例。特別值得注意的是，就藏方的考慮，在和朝廷關係的政治文化中只有冊而沒有印，封爵程式並不算完成。雍正九年敕封頗羅鼐多羅貝勒爵位給冊後，頗羅鼐又專門乞請敕印，朝廷應允。時隔八年，乾隆四年年底晉升頗羅鼐爲郡王時，軍機處根據先時所請，已主動把重鑄封印之事提到日程，無需藏方再自行要求。同時，清代任官冊封時，新舊官印的交接手續在此題本中體現，由軍機處指示禮部銷毀舊印。雖然吏部如何辦理舊冊此題本無呈細節，但對清朝民族管理中的常規制度是清楚的：舊有印、冊朝廷必須收回，禮部管印，吏部管冊[83]。

關於在整個民族冊封和印務程式中自新印製作頒發至舊印回收的過程中，朝廷不同機構間的合作與分工，此題本涉及的機構有理藩院、內閣、軍機處、禮部和吏部。理藩院橫聯各決策和執行部門，從內閣抄出皇帝綸旨，轉送有關部院，並回查歷史、溯源先例，爲朝廷議定提供歷史背景。而後理藩院直接上奏皇帝，匯總最高決策機關軍機處的議定，奏交皇帝准行，推動下一步的執行進程。在整個過程中，理藩院是上達皇帝、軍機處，下接各民族地方，完成官員任命層層運作的中樞機構。在此特例中，地方任命程式都在印文化中操作，理藩院以官印爲中心履行職責。這些在《實錄》《會典》和《則例》類的漢文資料中都載而不詳的理藩院管理細節，在簡練的題本中都面面俱到。

“弘曉題本”還有助於對清代特有之多民族語言的官印的具體瞭解。眾所周知，官印由特選物質材料、以藝術加工方式澆鑄和雕刻而成。如果說材料的種類、質地和藝術加工的程度無聲地對官階等級加以認定，篆刻在印章上的文字則是對官爵權位的直接表達。在清代，民族語言大規模地使用於民族地方的政務管理，西藏政務中滿、漢、藏三

---

[82] 見陳志剛《頗羅鼐總理藏政時期的藏、內軍政關係考述》，《明清論叢》第九輯，北京：紫禁城出版社，2011年。

[83] 對清代禮部管理收回民族地區舊有冊封官印的實例，見本人《西寧辦事大臣與雍乾時期青海多民族區域管理制度之形成》（《清史研究》2012年第3期，57—70頁）一文中對甘青番僧、番部舊印的管理。

語同用，更是突出清代社會特有的民族氣息。

3. 傅恒題本轉寫和漢譯

乾隆二十三年十二月初四日《管理理藩院事務大學士傅恒等題喀爾喀輔國公齊巴克扎布陣亡遵旨封授其子扎薩克公並請頒印本》[84]。

375頁下：

［硃批］gisurehe songkoi obu

依議

……

wesimburengge

題奏

hese be baire jalin. kiyan cing men de yabure. kalkai jebele galai cooha be kadalara aisilara jiyanggiyūn jak birai sekiyen bedurye noor i culgan i da erdeni bisireltu jasaktu han jasak i

為請旨事。前清門行走，管喀爾喀右翼［軍］副將軍，扎克河源伯都爾耶（bedurye）湖[85]盟長額爾德尼必西熱爾圖扎薩克圖汗，扎薩克

376頁上：

doroi giyūn wang baldar i bithe. tulergi golo be dasara jurgan de alibume unggihe. doron bahabure be baire jalin. jecen be toktobure hashū ergi aisilara jiyanggiyūn sei baci. benjihe bithede. meni baci wesimbuhengge hese be baire jalin coohai nashūn i baci jasiha. abkai wehiyehe i orin juweci aniya juwan biyai orin jakūn de. wasimbuha hesei dorgi. namjal i baci kalkai gung ni jergi cibakjab sa cooha gaifi arhūt sibe i jergi bade isinafi. somime tomoho hūlhasa be yooni gisabume waha. cibakjab sibe be durime afara de ici ergi oho de miyoocan goifi. hashū ergi oho deri fondo tucifi nergide

多羅郡王巴勒達爾為乞請頒印［事］向理藩院呈文。自定邊左東副將軍等處來函［稱］，"自本處為乞旨事上奏，由軍機處轉。乾隆二十二年二月二十八日奏［中曰］，聖旨內［諭］，'奏聞喀爾喀公之中，自齊巴克扎布之大軍攻佔納姆扎勒地方後，在阿爾霍特爾等一帶埋伏，盡剿托謨和匪徒。齊巴克扎布奪戰此地時，右側中火槍，［火藥］自左側直將穿出，頃而

376頁下：

uthai duin de gaibuha seme wesimbuhebi. cibakjab funturšeme faššaha hūlhai sibe be durime afara de dain de gaibuhangge. mini dolo ambula šar seme

---

⑭ 《清朝前期理藩院滿蒙文題本》第七卷，375—386頁。

⑮ 互動百科網站http://www.hudong.com/wiki/%E5%A4%96%E8%92%99%E5%8F%A4 "外蒙古"條下記："扎克河色欽畢都哩雅諾爾盟，駐杭愛山。"

gosime gūnimbi. kesi isibume. cibakjab be gung fungnefi. ini juse i dorgide emke sonjofi sirabukini. ini emu nirui isire albatu be uthai gung sirabuha jui de kadalabume encu jasak obukini. kemuni ilan tanggū yan menggun šangnafi. sain baita weilebukini sehebe gingguleme dahafi isinjiha be aha meni baci uthai idui aisilara jiyanggiyūn cin wang decinjab de afabufi. ulame yabubufi. gung ni jergi bihe cibakjab i jusei dorgi. gūsai baita be icihiyame muterengge be sonjofi. gung sirabure jalin benjikini seme yabubuha bihe. te harangga aiman i aisilara jiyanggiyūn i doron be daiselaha hebei gung

陣亡。齊巴克扎布奮戰匪徒喪生，吾內心甚感悲愴。恩准，齊巴克扎布所封公之爵位，令其子內擇一承襲，他所領有的一佐領屬民立刻歸承爵之子管轄，使其另立扎薩克，並賞銀三百兩，使善行之。’謹尊［諭旨］，［待旨］到達，奴才便自我處傳令，立即責成當班之副將軍親王德沁扎布執行，公之爵位，在已故齊巴克扎布諸子中，擇選勝任協理旗務者承襲，已實施。現署理‘領所屬部落副將軍印’之議政公

377頁上：

dorjicede sei baci benjihe bithede. baicaci gung bihe cibakjab de ilan jui bi. cibakjab bisire fonde. ini jergi be ahūngga jui batujirgal de sirabuki seme gisurehe babi. te batujirgan i mama eme. eshen. albatu jušen se gemu batujirgal be akdulaki sembi seme bithe dahabufi. batujirgal be suwaliyame banjihebi. aha be baicame tuwaci. batujirgal. ere aniya tofohon se. niyalma kemuni giltukan cibakjab i ahūngga jui bime ini mama, eme eshen. albatu jušen se. gemu imbe akdulara be dahame gung be uthai batujirgal de sirabuci acara acarakū babe enduringge ejen genggiyen i bulekušefi jorireo. geli baicaci hesei cibakjab i emu niru isire albatu be. uthai gung sirabuha jui de kadalabume encu jasak obukini sehebe dahame

度爾濟車德等處來函中說，‘查得，已故公齊巴克扎布在世時養有三子。齊巴克扎布生前曾說讓長子巴圖濟爾噶勒承繼公爵。’現巴圖濟爾噶勒的祖母，母親，叔父，隨臣奴僕之眾皆稱擁護巴圖濟爾噶勒，與巴圖濟爾噶勒一體生濟。’奴才我等查看，巴圖濟爾噶勒，今年十五歲，人尚英俊，齊巴克扎布之他子和他［巴圖濟爾噶勒］的祖母，母親，叔父，臣僕，奴僕等皆擁護之。是否因之使其立即承襲公爵，敬請聖上洞鑒指訓。再查，‘撥入齊巴克扎布一牛錄之屬民立即讓承襲公爵之子管理，另立扎薩克’之諭旨

377頁下：

hese wasimbufi gung sirabuha erinde. aha meni baci harangga aisilara jiyanggiyūn sede afabume yabubufi. jasak i doron bahabure. gūsai hafasa sindara jergi baita be ceni aiman ci kooli songkoi jurgan de boolafi icihiyabuki. erei jalin gingguleme wesimbuhe. hese be baimbi seme wesimbuhede. fulgiyan fi i pilehe hese wesimbuhe songkoi obu sehebe gingguleme dahafi isinjihabi. uttu be dahame erebe jasaktu han aiman ci. aisilara jiyanggiyūn i doron be daiselaha hebei gung dorjicede de afabume yabubufi. jiyanggiyūn ambasai wesimbuhe songkoi gung batujirgal de ulhibure fungnehen. jasak i doron bahabure. gūsai hafan sindara jergi baita be kooli songkoi tomilame icihiyafi tederi

下達後，承襲公爵位時，責成奴才我處所屬副將軍等執行。頒給扎薩克之印，設旗官品級之事，依例自他們部落報院辦理。為此敬奏。”欽遵請旨奏中之諭批“依奏辦理，”前來。為此，責成自扎薩克圖汗部落署理‘領所屬部落副將軍印’之議政公杜爾吉車德辦理此務。據將軍大臣依奏，對公巴圖濟爾噶勒頒予誥命和扎薩克之印，承襲旗職等級事務依例差人辦理［之事］，

378頁上：

uthai tulergi golo be dasara jurgan de boolakini sehebi. uttu be dahame. jurgan ci. gung batujirgal de buci acara ulhibure fungnehen. jasak i doron be kooli songkoi icihiyafi bahabureci tulgiyen. emu niru isire harangga jušen be gūsa niru banjibure. hafasa be sindara babe suwaliyame jorifi unggireo sehebi. amban meni gisurehengge. kalkai culgan i da jasaktu han baldar sei baci alibume benjihe bithede. jecen be toktobure hashū ergi aisilara jiyanggiyūn sei baci benjihe bithede. meni baci wesimbuhengge. dain de gaibuha gung ni jergi bihe cibakjab i jusei dorgi. gūsai baita be icihiyame muterengge be sonjofi. gung sirabure jalin. harangga aiman i aisilara jiyanggiyūn sede afabuha bihe. te harangga aiman ci cibakjab i ahūnga jui batujirgal. tofohon se niyalma

速報理藩院。故，應依例自院頒給公巴圖濟爾噶勒誥命和扎薩克之印之外，使編屬民［而成之］一牛錄納入旗牛錄，與補授官職事一同乞請旨訓。臣我等議，“喀爾喀盟長扎薩克圖汗巴勒達兒等處呈諮文曰，“所定邊界左翼副將軍等處咨文，‘為陣亡公之品級，擇已故齊巴克扎布諸子內勝任協理旗務者承襲［一事］我處上奏。已責成所屬部落之副將軍等，現所屬部落齊巴克扎布長子巴圖濟爾噶勒，年十五，

378頁下：

kemuni giltukan seme uhei akdulaha be dahame kesi isibume šangnaha gung be. batujirgal de sirabuci acara acarakū babe. abkai wehiyehe i orin ilaci aniya aniya biyai orin de hese be baime wesimbuhede fulgiyan fi i pilehe hese wesimbuhe songkoi ubu sehebe gingguleme dahafi suweni baci hese be dahame. gung batujirgal de jasak i doron ulhibure fungnehen. gūsai hafasa be sindara jergi bage. tulergi golo be dasara jurgan de alibufi icihiyakini seme bithe benjihebi. uttu be dahame. jurgan ci gung batujirgal de buci acara ulhibure fungnehen. jasak i doron be. kooli songkoi icihiyafi bahabureci tulgiyan. emu niru isire harangga jušen be gūsa niru banjibure

據說人尚英俊，眾人皆擁之。’是否對巴圖濟爾噶勒施恩使其承襲公爵一事，謹遵乾隆二十三年元月二十日請旨奏中硃批‘依奏’之聖諭，發函“爾處尊旨‘對公巴圖濟爾噶勒扎補放薩克印、誥命、承襲旗官職品級事，讓理藩院辦理。’因此，應依例自院頒給公巴圖濟爾噶勒誥命、扎薩克圖印。除此之外，編入一牛錄之屬民納入旗牛錄，

379頁上：

hafasa be sindara babe suwaliyame jorifi unggireo sehebi. yaya taijisa be gung fungneci. gemu gurun de aisilara gung obufi. ulhibure fungnehen bahabumbi. te kalkai gung ni jergi uju jergi taiji cibakjab. dain de gaibuha turgunde. hesei gung fungnefi. encu jasak obufi. ini jui batujirgal de sirabuha be dahame. batujirgal be kooli songkoi jasak i gurun de aisilara gung obufi. hafan i jurgan de afabufi. ulhibure fungnehen banjibume arafi bahabuki. bure doron be. dorolon i jurgan de afabufi kalkai wargi jugūn i dulimbai dashūwan galai ici ergi gūsa be kadalara doron seme manju monggo hergen i kamcime arafi hungkerefi bahabuki. geli baicaci toktobuha kooli de jasak i gūsade gūsa tome gūsai baita be aisilame

連同置官之事一併乞請指訓。”查得，所有台吉封公，皆為輔國公，頒給誥命。現喀爾喀公之品級，由於頭等台吉齊巴克扎布陣亡，敕封公，另立扎薩克，順其［長］子巴圖濟爾噶勒承續，巴圖濟爾噶勒依例成為扎薩克輔國公，責吏部辦。發誥命，頒印章，責禮部辦。“掌喀爾喀西路圖里木百左翼右旗印”用滿、蒙合璧灌鑄。再查，所定條例中扎薩克旗中每旗設協理旗務

379頁下：

icihiyara taiji. gūsa be kadalara janggin. meiren i janggin i jergi hafan sindambi. ne batujirgal i jušen. damu emu niru isire be dahame. harangga aiman i aisilara jiyanggiyūn jasaktu han baldar de afabufi. kooli songkoi gūsa be kadalara janggin. meiren i janggin. jalan i janggin nirui janggin. funde bošokū emte tomilame sindafi gebu be jurgan de benjibureci tulgiyen. gūsai baita be aisilame icihiyara taiji sindaci acara taijisa be akdulame benjibufi wesimbufi sindaki sembi. amban meni cisui gamara ba waka ofi gingguleme wesimbuhe. hese be baimbi.

台吉，管旗章京，梅林章京之官位。先，巴圖濟爾噶勒的奴僕僅足一牛錄，歸所屬部落的副將軍扎薩克圖汗巴勒達爾。依例，除派設管旗章京、梅林章京、甲喇章京，佐領／牛錄章京，驍騎校，各自由［理藩］院頒給名號外，應詮選和保護立為協理旗務台吉的眾台吉們。［為此］上奏。臣我等不敢專

擅，謹題領旨。

乾隆二十三年十二月初四日

4. 對“傅恒題本”的討論

“傅恒題本”反映了中央朝廷頒發的官印在蒙古爵位繼承事務中的關鍵作用。在蒙古家族、部族内部爵位的代代承襲，是清朝蒙古領導階層延續和社會保持穩定的至要因素。清朝從建國開始就建立了爵位承襲法規和制度，在歷朝《會典》和《理藩院則例》中均有記載。但制度的記載缺乏事例的詳情和處理個例的具體步驟，《大清會典理藩院事例》中“承襲台吉塔布囊”部分即屬此例[86]。而此題本詳至點滴地記錄了喀爾喀輔國公齊巴克扎布陣亡後家族爵位繼承權過渡的經過，反映了朝廷對蒙古陣亡功臣的善後處理和對其家人的禮遇，特别是陣亡將士爵位襲承過程中理藩院政務如何運作，新蒙古旗如何産生，新爵位、官位的冊封和確認如何建立之實情。全篇題本説明，所有善後和繼承安排的最終落實，在於朝廷官印的落實。

清朝廷“雍正三年議准，喀爾喀設蒙古副將軍三人，鈐轄各部蒙古兵丁，均給予敕印”[87]。此題本正反映三者之一執行政務之特例。題本中清朝廷對陣亡輔國公後代爵位繼承的議題，起於前清門行走，管喀爾喀右翼副將軍，扎克河源伯都爾耶（bedurye）湖[88]盟長額爾德尼必西熱爾圖扎薩克圖汗和扎薩多羅郡王巴勒達爾，他們在乾隆二十二年乞清朝頒封爵印于陣亡輔國公巴克扎布之子。請求方式是直接向理藩院呈文，由定邊左副將軍處轉函。皇帝恩准齊巴克扎布所持爵位由其子内擇一承襲，並他的一佐領屬民立刻歸由承爵之子管轄，使其另立扎薩克，並賞銀三百兩（376上）。恩准後，理藩院把層層落實的結果上報。根據理藩院上報的資訊，齊巴克扎布生前屬意的長子，現年十五歲，人尚英俊，其祖母、母親、叔父、臣僕、奴婢等皆擁護之，巴圖濟爾噶勒被任定爲爵位繼承人。認定過程是地方旗、盟，副將軍等貴族首領和理藩院互通商議，上報乾隆皇帝，皇帝御批同意理藩院議奏，降旨“對公巴圖濟爾噶勒扎補放扎薩克印、誥命、承襲旗官職品級事，讓理藩院辦理”（378下）。理藩院聯絡各有關部院，“巴圖濟爾噶勒依例成爲扎薩克輔國公，責吏部辦。發誥命，頒印章，責禮部辦”（379上）。所頒之印印文是“掌喀爾喀西路圖里木百左翼右旗印”，滿、蒙合璧灌鑄，鑄成後“依例自院頒給公巴圖濟爾噶勒誥命和扎薩克之印”，地方上由副將軍衙門執行。組旗事由理藩院依所定條例，在新扎薩克旗中設協理旗務台吉，管旗章京，梅林章京，甲喇章京，佐領／牛錄章京，驍騎校，各自由理藩院頒給名號（379下）。自後旗務依例由理藩院辦理。

此特例爵位繼承議題的起點是蒙古地方領導各層——扎薩克圖汗，扎薩克多羅郡

---

[86] 《大清會典理藩院事例》，98—101頁。

[87] 《大清會典理藩院事例》，卷九百七十六，17a。

[88] 互動百科網站http://www.hudong.com/wiki/%E5%A4%96%E8%92%99%E5%8F%A4 “外蒙古”條下記：“扎克河色欽畢都哩雅諾爾盟，駐杭愛山。”

王，盟長，定邊左副將軍，由他們向理藩院呈文、轉函請求。理藩院的政務運作使朝廷聽到地方的呼籲，皇帝和軍機處都在理藩院的參與下對地方請求作出決策，對決策的實施又回歸到理藩院，並有禮部、吏部各自的協作參與。和藏事政務一樣，無論是軍機處還是皇帝本人，處理蒙古政務皆依靠理藩院提供的詳細歷史尋查和現實咨詢。眾多理藩院史料已展示，理藩院總是把每當事人，每官衙府，每次朝廷處理類似事務的來龍去脈追溯核實，供朝廷決策做依據。此題本更是詳盡地表現了理藩院在朝政中兼決策資料庫和諭旨實施雙向功能，在邊疆地方事務中具有陳情和督行之角色。就清代邊疆地方社會領導階層的再生、管理與朝廷的政治關係來講，此襲職特例充分體現蒙古社會與朝廷政務中扎薩克官印，或任何朝廷頒發之官印的重要功能，整個爵位傳代，官位確立皆依“自［理藩］院頒給公巴圖濟爾噶勒誥命、扎薩克圖印”而告終。立官定爵，印務爲先，地方管理，印章爲要，實可謂無印則無治。

四、總　　結

雖然清代前期浩瀚的題本彙集中只存留兩份以官印爲主題，官印作爲政治文化在民族關係和民族事務管理的重要作用卻躍然紙上。對這兩件題本的關注，把浩瀚史海中廣泛涉及，但邊疆民族史家還在研究上投入不夠的印文化主題進行重点探討。

兩題本所記錄的實例提供了乾隆時期藏、蒙地方官員請印和清代朝廷頒印的雙向印務關係，反映了民族地方對朝廷官印的珍視和中央政府對頒印政務的注重，並揭示了官印在落實國家邊疆地方管理中的關鍵地位，特別是對民族官制建立和維繫中的重要作用。官員任命升遷，爵位各代承襲，都是清代統一多民族國家行政事務中不可缺少的重要環節，官印無形中維繫著朝廷與地方的行政連接。這種行政連接不斷處於建立、延續和再建立的循環過程。在這個過程中，理藩院的政務運作牽動著中央和地方的各個環節的推進與合作。

各民族共識的印文化毫無疑問地在歷史長河中長期發揮著至關重要的作用，在清朝體現爲邊疆官職體系依賴官印制度而確立。兩件滿文題本提示我們多文化共有的印信史在民族關係研究中不應是空白，並啟迪我們進入歷史事件背後更深層的思考，即注意物質文化和政治文化的關係。歷史上無論一民族內各階層群體之間（例如漢族社會）還是不同民族相互之間的政治關係，往往需要物質信物來建立和維持，璽印就是具有高政治信任度的物質實體，它們是政治文化和物質文化、物質文化和精神文化緊密結合的產物。由特殊選擇並與審美觀念緊密聯繫而取定的物質材料、經完美藝術設計、精湛技術處理而形成由政治制度規定的特定造型、再由書法篆刻形式特殊體現的文字表達綜合而成的官印，與人類的政治文化、制度規範、國家權利，官員地位密切交織，在傳統多異的民族政治關係中充當共認共信的交往媒介，施展著異常獨特和重要的功能，充分地體現著中國民族史中的獨到方面。可以說中國朝代體系的政治制度和民族邊疆的管理體系在很大程度上是由印文化維繫。

Two Manchu Memorials to the Throne and the Culture of Using Seals in Qing and Chinese Ethnic History

Chia Ning

It is recorded in two Manchu memorials to the throne during Emperor Qianlong's reign (1736-1795) the that the *Lifanyuan* bestowed upon a Tibetan prince and a Khalkha Mongol prince seals on behalf of the Qing court. This ritual of using seals to seal the bond of the Manchu imperial court and the Tibetan and Mongol local rulers should be understood in the cultural tradition of using seals both in Chinese dynastic history and that of such Inner Asia-rooted polities as the Liao, Jin and Yuan.

清代喀喇沁三旗旗制的衰微*

——基於蘇木丁數的考察

珠　颯

前　言

蒙古諸部相繼歸附的天聰年間（1627—1635），愛新國在蒙古各部開始採取劃分牧地、分定戶口與編審壯丁的舉措。據《清太宗實錄》記載，天聰八年（1634），遣國舅阿什達爾漢、塔布囊達雅齊，往外藩蒙古十部，大會于碩翁科爾地方，分畫（劃）牧地，分給蒙古諸貝勒地，分定地方、戶口數。敖漢有一千八百戶，奈曼一千四百戶，巴林塞特爾[①]八百戶，滿珠習禮[②]八百戶，達爾漢巴圖魯[③]土巴二千四百五十戶。內齊[④]土巴濟農二千戶。四子部落土門達爾漢二千戶，塔賴達爾漢車根塞冷三千戶，杜棱濟農[⑤]二千戶，東戴青[⑥]二千戶，共計二萬五千二百餘戶[⑦]。在此過程中，喀喇沁和土默特兩部雖然參與，但沒有其劃分牧地和分定地方戶口數目記載。但是天聰九年（1635），編

* 本文爲長江師範學院引進人才科研啟動項目“清代以來蒙古族社會變遷與社會救助事業研究”（項目號：2017KYQD94）的階段性成果。

① 色特爾（即實錄之塞特爾）爲元太祖十六世孫阿爾楚博羅特之子和爾朔齊哈薩爾之次子蘇巴海，稱達爾漢諾顏，號所部曰巴林。色特爾爲其子巴噶巴圖爾嗣之第三子。天聰二年，率其子色布騰等自科爾沁來歸。色布騰爲巴林右翼旗第一任札薩克，順治五年封札薩克輔國公，七年晉多羅郡王，康熙六年卒。

② 滿珠習禮爲郡王色布騰從弟。順治五年，封札薩克固山貝子，掌巴林左旗，康熙十一年卒。

③ 色本爲貝勒內齊從叔父，天聰三年賜號達爾漢巴圖魯，順治五年，追封多羅達爾漢貝勒，以其子桑噶爾襲。該旗爲札魯特右旗。

④ 內齊爲元太祖二十一世孫，天聰三年來朝。順治五年，追封多羅貝勒，以其子尚嘉布襲。該旗爲札魯特左旗。

⑤ 杜棱濟農爲元太祖弟諤楚因之裔，初爲阿魯部濟農。崇德元年，封札薩克多羅杜棱郡王，順治二年卒。該旗爲翁牛特左旗。

⑥ 棟岱青爲郡王遜杜棱弟，崇德元年受札薩克，賜多羅達爾漢岱青號，順治五年卒。該旗爲翁牛特右旗。

⑦ 《清太宗實錄》卷二十一，天聰八年十一月壬戌。

審內外喀喇沁蒙古壯丁時候確留下了“古魯絲轄布所屬壯丁五千二百八十六名”[8]的記載。崇德元年（1636）十月，清廷命“內弘文院大學士巴克什希福、蒙古衙門承政尼堪，偕都察院承政國舅阿什達爾漢、蒙古衙門承政塔布囊達雅齊，往察哈爾、喀爾喀、科爾沁國查戶口，編牛錄，……”[9]。十一月，“內弘文院大學士巴克什希福等奉上命，往科爾沁等國，會外藩，料理一切事務。以五十家編爲一牛錄，造載牛錄章京姓名及里數目冊籍”[10]。

如果說崇德元年是建立清代札薩克蒙旗蘇木制度的起始年，那麼對各蒙旗札薩克蘇木制度來說，順治十六年又是一個分水嶺。隨著各部所屬部衆的繁衍，以五十家爲一牛錄的蘇木制已不再適應新的形式。順治十六年（1659）題准“蒙古每百五十丁編爲佐領，設佐領一人，驍騎校一人，領催六名，馬甲五十名”[11]。《大清會典事例》規定：“蒙古壯丁年六十歲以下，十八歲以上者，皆編入丁冊，有病者除之。”[12]這種情況在天聰九年（1635）編審喀喇沁壯丁時就有所體現，規定“凡年六十以下，十八以上，從本地方帶來漢人，每家所有壯丁若干名，俱照例編審。其目不能視，足不能行，手不能持者，不入編審內”[13]。從此，“以一百五十丁編爲佐領制”取代了“以五十家編爲牛錄制”。可見，順治十六年（1659）以後的蘇木，是按照“一百五十丁爲一蘇木”之原則來編成的。這也是本文所探討的札薩克旗蘇木額定丁數。

---

⑧ 《清太宗實錄》卷二十二，天聰九年二月丁亥。當時古魯絲轄布杜棱一千五百名，萬旦衛征一千六百一十五名，寨桑八十四名，阿濟格阿玉石一百五十四名，戴青和碩齊三十五名，西里克四名，額瑪律克爾察二十名，馬濟塔布囊四百二十八名，德爾登塔布囊四十一名，德爾格爾塔布囊七十四名，巴珠爾塔布囊二十五名，葉布舒古英一百五十一名，班第三十一名，噶爾馬、布尼思希、幹卓爾三人共二十名，塞冷六百五十六名，瑣諾木塔布囊四百一十名，納木什里、達爾馬什里共十七名，葉白舒二十一名，以此五千二百八十六名爲一旗，命古露絲轄布爲固山額真。俄木布楚虎爾九百一十三名，巴特瑪塔布囊三十三名，俄木布台吉十四名，博洛一百七名，阿弘三百五十五名，瑣諾木三百八十二名，寨桑二十二名，以此一千八百二十六名爲一旗，命俄木布楚虎爾爲固山額真。耿格爾一百八十八名，噶爾馬、札木蘇、綽克圖三人共八十六名，吴爾寨圖一百六十九名，喇嘛斯希六十三名，綽思熙二十四名，噶爾馬六十名，俄齊爾二十二名，單把三百六十二名，阿玉石一百一十名，薩班代一百七名，拉虎九十五名，石蘭圖二百九十六名，蘇布地、多爾濟二十三名，阿濟奈八十六名，塞冷三十八名，班第四十六名，阿喇先三十二名，多爾濟一百一十四名，阿玉石九十名，以此二千一十一名爲一旗，命耿格爾單把同管固山額真事。

⑨ 《清太宗實錄》卷三十一，崇德元年十月丁亥。

⑩ 《清太宗實錄》卷三十二，崇德元年十一月丙午。“料理一切事務”是指“會外藩，審罪犯，頒法律，禁奸盜”等事務，《清太宗實錄》卷三十一，崇德元年十月丁亥。

⑪ 光緒《大清會典事例》卷九七六《理藩院·設官》。

⑫ 光緒《大清會典事例》卷九七八《理藩院·戶丁》。

⑬ 《清太宗實錄》卷二十二，天聰九年二月丁亥。

一、清初至乾隆年間蘇木丁數

（一）蘇木數量反映的蘇木丁數

明末清初，戰亂結束，蒙古社會經濟得以恢復和發展，出現了較安定的社會環境。這爲蒙古族人口的發展提供了有利條件。天聰三年（1629），喀喇沁部的萬丹衛征隨兄蘇布地一同歸附後金，後附牧於喀喇沁右旗。由於其所屬部眾人口日增，至康熙四十四年 (1705)遂析喀喇沁右旗的南部及東南部地區另置一旗，名爲喀喇沁中旗，任格呼勒爲札薩克。據蒙古文檔案記載，附牧於喀喇沁右旗的萬丹衛征部，經過額琳臣、茂秀時代，到格呼勒時期其所屬部眾繁衍至三十八個蘇木，乾隆年間增至五十一個蘇木，數量上已超出了喀喇沁王旗四十三個蘇木。

……我旗塔布囊、官員以下，披甲以上全來抱怨：我旗部眾，從王、公等處分旗時，我旗（喀喇沁中旗——引用者）二十八個蘇木人丁，占地狹小。今托聖主隆恩，部眾蕃衍，蘇木數增至五十一，致使耕地、牧場日益狹小。加之右翼王旗所屬人丁，任意侵佔所屬地耕種，不行搬遷，繼續定居，使我等爲難。茲一[因]蒙聖主隆恩（卻）無四至界線；二[因]難以養家糊口，幾近失去生計地步。而喀喇沁王旗所屬四十三個蘇木，卻占地廣闊，爲我旗三倍之多，尚不滿足，仍令其所屬人丁居住在我旗境內，肆行占地……[14]

這一變化，充分說明清初至乾隆年間喀喇沁中旗蘇木人丁曾出現過迅速發展時期。喀喇沁右旗和喀喇沁左旗蘇木數量也證實了這一點。康熙六十一年（1722），喀喇沁右旗歷史上曾出現過42個蘇木的記載[15]。乾隆二年（1737），該旗有42個整蘇木和一個半蘇木[16]。乾隆二十四年（1759），該旗有43個蘇木[17]。喀喇沁左旗，該旗歷史上蘇木數量可以追溯到乾隆二年（1737），見有50個蘇木的記載[18]。乾隆十七年（1752）和乾隆二十五年（1760），喀喇沁左旗蒙古文檔案提供的該旗蘇木數量爲53個[19]。這種蘇木數

---

⑭ 《呈請理藩院轉奏予以劃定旗界的一份蒙古文檔案文書》，内蒙古檔案館藏喀喇沁中旗蒙古文檔案，全宗號504，目錄號2，卷宗號2552。

⑮ 《理藩院左侍郎特古忒奏爲喀喇沁地方歉收折》，中國第一歷史檔案館編譯《康熙朝滿文硃批奏摺全譯》，北京：中國社會科學出版社，1996年，1511頁。

⑯ 《乾隆二年給理藩院呈文檔》，内蒙古檔案館藏喀喇沁右旗蒙古文檔案，全宗號505，目錄號1，卷宗號12。

⑰ 《乾隆二十四年給理藩院呈文檔》，内蒙古檔案館藏喀喇沁右旗蒙古文檔案，全宗號505，目錄號1，卷宗號77。

⑱ 《乾隆二年呈理藩院公文檔》，内蒙古檔案館藏喀喇沁右旗蒙古文檔案，檔案號：全宗號505，目錄號1，卷宗號12；《獎勵服兵義之台吉、塔布囊、披甲以及從阿勒泰路返回兵丁檔》，内蒙古檔案館藏喀喇沁左旗蒙古文檔案，全宗號503，目錄號1，卷宗號6。

⑲ 《給理藩院呈文檔》，内蒙古檔案館藏喀喇沁左旗蒙古文檔案，全宗號503，目錄號1，卷宗號85。

量漸增的趨勢，可以說明至少在乾隆年間喀喇沁左、右二旗蘇木丁數仍處於增長期。

（二）“每丁一斗”倉儲制體現的壯丁數目

“蒙古部落建立倉廒，系令該王等養贍本旗貧乏無業者而設”[⑳]。“東部蒙旗本無倉儲，遇災荒時要調運內地倉貯給以賑濟。康熙年間，議令哲里木、昭烏達、卓索圖三盟長各札薩克等，每旗各設一倉，每年秋收後，各佐領下壯丁每丁輸糧一斗存倉，以爲歉收賑濟之用。”[㉑] 據檔案記載，清朝政府在卓索圖、昭烏達、哲里木等地始設倉儲制是在康熙四十六年（1707）。是年，理藩院派官員前往“巴林等可耕之二十幾旗，教之蒙古人耕種，令每丁每人繳納倉穀一斗”[㉒]。這便成爲東部蒙旗境內倉儲制度的開端。從此，“每丁一斗”制度基本定型，各蒙旗也嚴格按照該制度，根據旗內壯丁人數，每年繳納倉穀。這種“每丁一斗”倉儲制一直延續到“額存穀”制的出現。乾隆三十七年（1772），理藩院根據卓、昭、哲三盟各蒙旗現有的倉儲谷石數量，議定其倉儲額定數量，定哲里木盟十旗額存穀爲107 602.8石，卓索圖盟五旗額存穀爲255 136.8石，昭烏達盟十一旗額存穀爲115 521.2石，三盟額定總量爲478 260.8石[㉓]。從此，“額存穀”制取代了“每丁一斗”制。

在此期間，各蒙旗執行“每丁一斗”制的具體情況，在喀喇沁和翁牛特右旗蒙古文檔案中有所體現。這爲考察乾隆年間喀喇沁三旗壯丁數目提供了寶貴的第一手史料。遵循“每丁一斗”倉儲制，可以得知相應年份各蒙旗壯丁數目。

據喀喇沁左旗札薩克衙門蒙古文檔案記載，乾隆二年（1737），喀喇沁左旗蘇木箭丁數爲7372名，隨丁535名，共有壯丁數7907名，所交倉谷爲790.7石[㉔]。乾隆三年（1738），該旗壯丁數和所交倉穀數目沒有變化[㉕]。乾隆十七年（1752），喀喇沁左旗壯丁數共有8793名，所交倉谷共879.3石。乾隆二十五年（1760），該旗壯丁數共有8764名，所交倉谷876.4石[㉖]。乾隆二十五年（1760）至乾隆三十七年（1772），喀喇沁左旗每年所交倉穀數沒有發生變化，均爲876.4石。

下面根據喀喇沁右旗部分蒙古文檔案文書，分析一下乾隆二十九年（1764）、三十一年（1766）、三十四年（1769）、三十六年（1771）、三十七年（1772）喀喇沁

---

⑳ 光緒《大清會典事例》卷九七九《理藩院·耕牧》。

㉑ 光緒《大清會典事例》卷九九一《理藩院·優恤·賑濟》。

㉒ 《乾隆三十八年理藩院來文抄錄檔》，內蒙古檔案館藏喀喇沁右旗蒙古文檔案，全宗號505，目錄號1，卷宗號120。

㉓ 光緒《大清會典事例》卷九七九，《理藩院·倉儲》；《欽定理藩院則例》卷一一《倉儲》。

㉔ 《獎勵服兵義之台吉、塔布囊、披甲以及從阿勒泰路返回兵丁檔》，內蒙古檔案館藏喀喇沁左旗蒙古文檔案，全宗號503，目錄號1，卷宗號6。

㉕ 《獎勵服兵義之台吉、塔布囊、披甲以及從阿勒泰路返回兵丁檔》，內蒙古檔案館藏喀喇沁左旗蒙古文檔案，全宗號503，目錄號1，卷宗號6。

㉖ 《給理藩院呈文檔》，內蒙古檔案館藏喀喇沁左旗蒙古文檔案，全宗號503，目錄號1，卷宗號85。

三旗“每丁一斗”倉儲制所體現的壯丁數目（表1）。

表1 乾隆二十九、三十一、三十四、三十六、三十七年喀喇沁三旗按“每丁一斗”制所交谷石數目[27]

旗別	乾隆二十九年	乾隆三十一年	乾隆三十四年	乾隆三十六年	乾隆三十七年
喀喇沁中旗[28]	無	無	無	760.0石	760.0石
喀喇沁左旗[29]	876.4石	876.4石	876.4石	876.4石	876.4石
喀喇沁右旗	652.0石	無	633.9石	無	無

按此，乾隆二十九年（1764）、乾隆三十四年（1769）、乾隆三十六年（1771）和乾隆三十七年（1772），喀喇沁左旗壯丁數爲8764丁，喀喇沁三旗中壯丁最多。無論是壯丁數目還是蘇木數量，均顯現乾隆三年（1738）至乾隆二十五年（1762）該旗蘇木人丁經歷了一個快速發展期。乾隆二十五年（1760）至三十七年（1772），該旗壯丁數目沒有發生任何變化，可視爲該旗人口歷史上的一個平穩期。

表2 乾隆二年至三十七年（1737—1773）喀喇沁左旗蘇木與蘇木丁數表

時間	蘇木數額	蘇木壯丁數	隨丁數目
乾隆二年（1737）	50	7907	內有隨丁535
乾隆三年（1738）	50	7907	內有隨丁535
乾隆十七年（1752）	53	8793	包含隨丁，但沒有具體數目
乾隆二十五年（1760）	53	8764	同上
乾隆二十九年（1764）	53	8764	同上
乾隆三十一年（1766）	53	8764	同上
乾隆三十四年（1769）	53	8764	同上
乾隆三十六年（1771）	53	8764	同上
乾隆三十七年（1773）	53	8764	同上

喀喇沁中旗，乾隆三十六年（1771）和乾隆三十七年（1772）的壯丁總數均爲7600名。喀喇沁右旗，乾隆二十九年（1764）的壯丁數目爲6520名，乾隆三十四年（1769）的壯丁數目爲6339名，在短短的五年內共減少了181名。若按“一百五十丁爲一蘇木”

㉗ 內蒙古檔案館藏喀喇沁右旗蒙古文檔案，《乾隆二十九年理藩院來文抄錄檔》（全宗號505，目錄號1，卷宗號88）；《乾隆二十九年給其他札薩克發文抄錄檔》（全宗號505，目錄號1，卷宗號92）；《盟長喀喇沁多羅郡王同各札薩克及理藩院來往文書抄錄檔》（全宗號505，目錄號1，卷宗號38）；《乾隆三十四年理藩院來文抄錄檔》（全宗號505，目錄號1，卷宗號105）；《乾隆三十五年理藩院來文抄錄檔》（全宗號505，目錄號1，卷宗號110）；《乾隆三十六年理藩院來文抄錄檔》（全宗號505，目錄號1，卷宗號115）；《乾隆三十七年理藩院文書抄錄檔》（全宗號505，目錄號1，卷宗號119）。

㉘ 此時在任札薩克爲齊齊克，乾隆五年襲，三十九年卒。

㉙ 此時該旗在任札薩克爲瑚圖靈阿，乾隆七年襲，四十四年卒。

的規定，該數字整整少了一個半蘇木。但是，目前尚未確定該旗隨丁人數的情况下，難以給出這種結論。但其壯丁總數的變化同樣説明，乾隆二十九年（1764）或更早些時候該旗蘇木額定丁數開始出現了不足的現象。

二、嘉慶和道光年間蘇木丁數

（一）蘇木數量反映的蘇木丁數

嘉慶和道光年間，喀喇沁三旗蘇木額定丁數缺額問題進一步惡化。據理藩院滿蒙文題本的記載，嘉慶元年（1796），喀喇沁札薩克輔國公瑪哈巴拉旗由於蘇木丁數減少，奏准裁減二個蘇木，由原來50個整蘇木和一個半蘇木變成爲48個蘇木。

> 管理理藩院事務大學士和珅等謹題，爲奏聞事，今年春中月，喀喇沁札薩克輔國公瑪哈巴拉旗報來旗內比丁，丁數不足，墾請裁減蘇木一事，經本院交給該卓索圖盟盟長等核查。今據卓索圖盟盟長土默特貝勒索諾木巴勒珠爾等處查報，札薩克公瑪哈巴拉旗內，原有二十余蘇木，後因生齒日增，相繼添設蘇木，今已有五十個整蘇木和一個半蘇木。上次比丁時報有七千六百丁。今幾年承蒙聖主天恩，公、額駙、格格等增多，照律分給他們隨丁，並加給二等、三等塔布囊等隨丁以外，解除病故、年老和有病者，如今應入丁冊丁數不足七千六百名，共少四百丁。懇請理藩院轉奏該旗丁數不足組成五十個整蘇木和一個半蘇木之事，按一百五十丁爲一蘇木，裁減兩個整蘇木和一個半蘇木，組成四十八個蘇木等情前來上報。臣等商議，查定例，各札薩克旗比丁，若丁數增多，添設蘇木，倘丁數缺額，即裁減蘇木。今喀喇沁札薩克輔國公瑪哈巴喇旗，原有二十余蘇木，由於丁數增多，相繼增設蘇木，變成五十個整蘇木和一個半蘇木。這此比丁丁數減少四百名，懇請裁減蘇木等因前來上報一事，已有該處盟長土默特貝勒索諾木巴勒珠爾等處核查前來甘結呈報在案。若蒙俞允，著照所請，將喀喇沁札薩克公瑪哈巴拉旗內按一百五十丁爲一蘇木，裁減兩個整蘇木和一個半蘇木，將該旗蘇木數變爲四十八個蘇木。臣等不敢擅便，謹題請旨。嘉慶元年十一月十八日㉚。

據喀喇沁中旗札薩克衙門蒙古文檔案記載，該請求於是月二十日奉旨：依議，欽此，欽遵㉛。

該檔案沒有明確上次比丁時間，但其蘇木丁數7600丁的記載與上述乾隆三十六年（1771）和三十七年（1772）的壯丁數目非常吻合。這至少説明在乾隆三十六年

㉚ 《管理理藩院事務大學士和珅等題議請准裁減喀喇沁札薩克輔國公瑪哈巴拉旗下人丁不足額佐領本》，中國第一歷史檔案館藏理藩院滿蒙文題本，全宗號02，目錄號014，卷宗號1004，分卷號005。

㉛ 《嘉慶元年的比丁會上因丁數不足而奏請裁減蘇木數事》，內蒙古檔案館藏喀喇沁中旗蒙古文檔案，檔案號：全宗號504，目錄號6，卷宗號50。

（1771）時，該旗就出現了蘇木丁數不足于五十一個蘇木的情況。在嘉慶元年（1796）比丁時，該旗蘇木丁數又減少400名，蘇木丁數變成7200名，面臨著不能維持五十個整蘇木和一個半蘇木的現實。

嘉慶年間的喀喇沁右旗同樣出現了蘇木額定丁數不足問題。如嘉慶十一年（1806），該旗有43個蘇木，蘇木壯丁數6227名[32]。若按以“一百五十丁爲一蘇木”的規定，該數位已經不足43個整蘇木。

（二）道光二十九年（1849）喀喇沁三旗蘇木丁數

理藩院滿蒙文題本中保存著一份內札薩克四十九旗和歸化城土默特二旗完整的比丁冊。以下是該比丁冊所記道光二十九年（1849）喀喇沁三旗蘇木丁數方面的資訊。

> 喀喇沁札薩克郡王色伯克多爾濟[33]旗，共有壯丁七千三百一十八名，內除一千三百二十五名隨丁，應攤披甲一千九百九十七名。喀喇沁札薩克頭等塔布囊德勒格爾[34]旗，共有壯丁七千八百二十九名，內除六百二十九名隨丁，應攤披甲二千四百名。喀喇沁札薩克頭等塔囊布哩那巴喇[35]旗，共有壯丁九千零十名，內除一千一百六十名隨丁，應攤披甲二千三百八十一名[36]。

該檔案提供了道光二十九年（1849）喀喇沁三旗壯丁、隨丁和馬甲方面的非常詳細的資訊。雖然沒有蘇木箭丁數，但是依據壯丁、隨丁和馬甲三者之間的關係，仍可以得出各旗蘇木箭丁數目。關於壯丁，國初定，“蒙古壯丁，年六十歲以下、十八歲以上者，皆編入丁冊，有疾者除之”[37]。壯丁的組成部分主要有箭丁和隨丁。“箭丁和隨丁的區別在於，前者屬於特定的蘇木（佐領，原本是清朝的軍事組織），後者則隸屬于王公、台吉。”[38]馬甲又稱驍騎或披甲，清初定“三丁共一驍騎，遇有出征等事，以二丁差遣，一丁留家”[39]。隨丁雖然被寫入比丁冊，但法律層面上不承擔任何朝廷義務，兵役亦不例外。所以，從壯丁總數內減去隨丁的部分可以得出各旗箭丁數。依此類推，道光二十九年（1849）喀喇沁右旗蘇木箭丁數爲5993名，喀喇沁中旗蘇木箭丁數爲7200名，喀喇沁左旗蘇木箭丁數爲7850名。

㉜ 《嘉慶十一年給其他札薩克發文檔》，內蒙古檔案館藏喀喇沁右旗蒙古文檔案，檔案號：全宗號505，目錄號1，卷宗號241。

㉝ 布尼雅巴拉之子，道光十六年襲。

㉞ 瑪哈巴拉之長孫，道光二十四年襲札薩克一等塔布囊。

㉟ 剋星額之子，道光二十六年襲。

㊱ 《題報內札薩克四十九旗及歸化城土默特比丁數目冊》，中國第一歷史檔案館藏理藩院滿蒙文題本，全宗號02，目錄號017，卷宗號1182，分卷號021。

㊲ 乾隆朝內務府抄本《理藩院則例》，《錄勳清吏司下·比丁》，中國邊疆史地資料叢刊本。

㊳ 〔日〕二木博史著，呼斯勒譯《蒙古的歷史與文化——蒙古學論集》，呼和浩特：內蒙古人民出版社，2003年，62頁。

㊴ 乾隆朝內務府抄本《理藩院則例》，《錄勳清吏司下·比丁》，中國邊疆史地資料叢刊本；光緒《大清會典事例》卷九七八，《理藩院·戶丁》。

表3　道光二十九年（1849）喀喇沁三旗箭丁、隨丁、馬甲數目詳情表

旗別	隨丁	披甲	箭丁	總數
喀喇沁右旗	1325	1997	5993	7318
喀喇沁中旗	629	2400	7200	7829
喀喇沁左旗	1160	2381	7850	9010
合計	3114	6778	21043	24157

上述“每丁一斗”倉儲制體現的乾隆年間喀喇沁三旗壯丁數和對應的蘇木數量，也說明乾隆三四十年以來，喀喇沁三旗共同面臨著蘇木額定丁數不足問題。嘉慶和道光年間的蘇木數量和丁數，證實喀喇沁三旗蘇木額定丁數不足現象進一步惡化。其中，喀喇沁右旗蘇木丁數的變化最明確。嘉慶十一年（1806）的丁數爲6227名，道光二十九年（1849）的丁數爲5993名。蘇木丁數共減少了234名，出現了蘇木額定丁數嚴重缺額現象。

三、清末喀喇沁三旗蘇木丁數

光緒三十二年（1906），清末新政進入了“仿行憲政”即“預備立憲”階段。爲了準備其“憲法議院選舉各綱要暨議院未開以前逐年應行籌備事宜”，便把調查戶口列入其“應行籌備事宜”之重要一項。認爲“立憲政體以建設議院爲成效，而採用兩院制度之國，其議員必有半數以上出於民間之公選。額數之分配，不可不以人口之多寡爲衡，而選舉權及被選舉權之限制又不可以年齡、職業、籍貫、住址等資格爲準。若戶籍登記之法不能實行，則議員選舉之事必多窒礙。此外，如劃分自治區域、普及教育、徵集民兵、整理租稅等項，凡預備立憲，應行籌及之事無不以戶籍爲根本”[40]。光緒三十四年（1908），發佈了調查戶口章程。該章程由總則、調查職員、調查區域、調查戶數、調查年限、調查經費、調查要則、調查罰則、特表調查、附條等十一章內容組成。第三十六條中明確規定：“凡未設行省，如內外蒙古、青海、西藏等地方，應由各該管長官照本章程，另定細則分別調查一律彙報民政部。”在期限方面，該章程二十三條規定“調查戶口應按照所定年限一律報齊，分期彙報民政部，由部奏明立案。一、人戶總數應自本年起於第二年十月前彙報一次，至第三年十月前一律報齊。二、人口總數應自本年起於第三年及第四年一月前，各彙報一次，至第五年十月前一律報齊”[41]。

[40]《民政部具奏調查戶口章程折單》，內蒙古檔案館藏喀喇沁中旗蒙古文檔案，全宗號504，目錄號3，卷宗號3050。

[41]《民政部具奏調查戶口章程折單》，內蒙古檔案館藏喀喇沁中旗蒙古文檔案，全宗號504，目錄號3，卷宗號3050。

宣統年間，部分蒙旗也按照上述章程，在各自範圍內進行了戶口調查㊷。宣統元年（1909），“喀喇沁左旗境內蘇木箭丁戶與未入蘇木的阿勒巴圖（即隨丁）共7089戶，男女老幼共36 900名。此外，該旗塔布囊有109戶，男女老幼共834名；大小喇嘛有1226名，和尚17名，道士24名”㊸。這條記載提供了清末喀喇沁左旗非常詳細的戶數與人口統計數字。其中，“蘇木箭丁戶與未入蘇木的阿拉巴圖共7089戶”的記載，雖然關係到該旗蘇木額定丁數，但是隨丁戶日益增多的清末來說，該數字已經難以代表實際蘇木箭丁數。相比而言，喀喇沁中旗札薩克衙門蒙古文檔案提供了宣統年間該旗寶貴的蘇木箭丁數。據其記載，宣統二年（1910），喀喇沁中旗蒙古人共6263戶，其中男17 297名，女15 962名，男女共33 259名，蘇木箭丁5934名㊹。

至今雖然沒有發現宣統年間喀喇沁右旗蘇木丁數方面的資料，但是日本人的調查報告和汪國鈞的《蒙古紀聞》提供了相關資料。這些資料雖然不是來自於宣統年間的調查統計，但是人口資訊極爲缺少的清末來說仍有代表性。據汪國鈞《蒙古紀聞》記載：“喀喇沁右旗額定箭丁六千戶，逃往哲里木、昭烏達兩盟種地謀生者外，本旗所存箭丁只二千五百餘戶。此內，又除本旗額兵百七十六戶，與親身當差及各他布囊之隨侍，不出差徭者七百餘戶，僅剩一千八百餘戶。”㊺據日本人調查，“喀喇沁右旗箭丁數減少到了二千戶左右”㊻。該數字較接近上述汪國鈞《蒙古紀聞》的記載。

表4　道光二十九年至清末喀喇沁右旗和中旗蘇木丁數比較表

旗別	道光二十九年	光緒末年	宣統二年	減少數字
喀喇沁右旗	5993	2500	無	3493
喀喇沁中旗	7200	無	5934	1266

喀喇沁右旗，與道光二十九年（1849）相比減少的箭丁人數共3493名。喀喇沁中旗，自道光二十九年（1849）至宣統二年（1910），減少丁數共1266名。這些充分體現了道光以後的喀喇沁地區蘇木額定丁數缺額現象越發嚴重。如道光二年（1822），喀喇沁右旗原本蘇木額定丁數嚴重缺額的阿爾畢吉胡（arbiǰiqu）蘇木，由於四十余戶蘇木人丁的外逃，只剩下十余戶蘇木人丁，承擔一個蘇木之義務㊼。光緒十一年

㊷　由於蒙旗上層有所抵觸，宣統三年（1911）年八月辛亥革命前夕，報到理藩部的僅有錫林郭勒盟、察哈爾十二旗群、卓索圖盟、昭烏達盟和外蒙古、青海等地。詳見張植華《清代至民國時期內蒙古地區蒙古族人口概況》，《內蒙古大學學報（哲學社會科學版）》1982年第3、4期，49—67頁。

㊸　《喀喇沁左旗宣統元年戶口、箭丁、居住民人與耕種地畝數、旗界等詳細檔》，遼寧省喀左縣檔案館藏喀喇沁左旗蒙古文檔案，全宗號200，目錄號199，卷宗號10。

㊹　《盜賊頻繁查清旗內蒙古民人戶口等由平泉州來文檔》，內蒙古檔案館藏喀喇沁中旗蒙古文檔案，全宗號504，目錄號4，卷宗號88。

㊺　汪國鈞著，瑪希、徐世明校注《蒙古紀聞》，呼和浩特：內蒙古人民出版社，2006年，93頁。

㊻　〔日〕町田咲吉《喀喇沁部農業調查報告》，明治三十八年（1905），149頁。

㊼　《道光二年向外派人檔》，內蒙古檔案館藏喀喇沁右旗蒙古文檔案，全宗號505，目錄號1，卷宗號37。

（1885年），喀喇沁右旗塞星嘎（saišingγ-a）蘇木，由於蘇木人丁的外逃，使原來有一百五十丁組成的塞星嘎蘇木“只剩六戶”，而德卜希乎（debšikü）所屬蘇木“只剩一戶”[48]。光緒三十三年（1907），喀喇沁中旗三十八個蘇木內，有150丁組成的整蘇木只有17個，不足額定丁數的竟有21個蘇木[49]。

四、蘇木額定丁數減少的原因

蘇木丁數減少的原因很多，在此結合論文的結構與內容，主要從以下兩個方面簡單分析蘇木額定丁數不足問題。

（一）隨丁戶的增多

姚錫光的《籌蒙芻議》、朱啟鈐的《東三盟蒙務公牘彙編》、吴禄貞的《東四盟蒙古實紀》，都可稱之爲清末東部蒙旗社會較爲真實的寫照。根據吴禄貞的觀察，“舊例，會盟必嚴審箭丁。此次會盟，絶無一旗申報實數者，蓋亦等於保甲門牌之虚文矣。其在札薩克處當差者，漫無定數，因之協理以下及閒散王公均有私奴，亦無定數。私奴之家，亦無定數。私奴之家，又有私奴。私奴愈多，箭丁愈少，故每箭丁一百五十丁，迄無一旗足額者”[50]。關於清末塔布囊之所屬，吴禄貞也提供了一個重要資訊。即，其“富者家中奴婢三四百戶，牧畜數千頭；其貧者亦有奴婢三四戶，終身爲其工作，衣食居而外，別無工值矣”[51]。

在此，吴禄貞從不同的角度分析了清末隨丁戶的增多對蘇木丁數的影響。喀喇沁三旗具體情況也足以證實這一點。關於札薩克、王、公、額駙、台吉、塔布囊以及蘇木章京等所屬隨丁，《大清會典事例》和《理藩院則例》都有規定。早在順治五年題准：“蒙古親王給壯丁六十，郡王五十，貝勒四十，貝子三十五，公三十，固倫額駙四十，和碩額駙三十，多羅額駙二十，以供役使。”九年題准：“蒙古台吉及喀喇沁塔布囊一等者，給壯丁十五，二等十二，三等八，四等四。”康熙三年題准：“蒙古參領、佐領各一，均於本佐領內選給。”又定：“參領、佐領等，系所屬人內補授者，照例給與隨丁，以供役使。若由台吉、塔布囊內補授者，本身既有隨丁，不必重給。”十一年題准：“額駙等所役兵丁，雖額駙身故，亦不得裁汰。”[52]在嘉慶朝《理藩院則例》中，增加了“郡主額駙給隨丁三十名，縣主額駙、郡君額駙給隨丁二十名”，“管旗章京給

---

[48] 《光緒十一年發文檔》，内蒙古檔案館藏喀喇沁右旗蒙古文檔案，全宗號505，目錄號1，卷宗號511。

[49] 《光緒三十三年四十八個蘇木章京上報文書檔》，内蒙古檔案館藏喀喇沁中旗蒙古文檔案，全宗號504，目錄號10，卷宗號7116。

[50] 吴禄貞《東四盟蒙古實紀》，内蒙古文獻叢書之四，呼和浩特：遠方出版社，2008年，176頁。

[51] 吴禄貞《東四盟蒙古實紀》，内蒙古歷史文獻叢書之四，175頁。

[52] 乾隆朝内府抄本《理藩院則例》，《錄勳清吏司下・比丁》，中國邊疆史地資料叢刊本。

隨丁四名，副章京給隨丁二名”[53]等新內容外，其餘各項仍照舊，沒有改變。但是由於公、額駙、格格以及他們支系的繁衍，分給他們的隨丁數亦日益增多，終究影響了蘇木額定丁數。嘉慶元年（1796），喀喇沁中旗就以此爲理由，奏准裁汰了兩個整蘇木與一個半蘇木。道光二十九年（1849），喀喇沁右旗蘇木丁數7318名中隨丁就有1325名，占總數的18.1%。喀喇沁中旗蘇木丁數爲7829名，隨丁爲629名，占總數8.03%。喀喇沁左旗蘇木丁數爲9003名，隨丁爲1160名，占總數的12.9%。喀喇沁左旗隨丁1160名，相比乾隆十七年（1752）的843名，增多了317名。

（二）蘇木人丁的外逃

蘇木人丁的外逃，是清代蒙古社會普遍存在的社會問題。移民開墾的深入以及由此產生的農牧矛盾、土地紛爭、民族糾紛是蘇木人丁外逃的主要因素。此外，蘇木阿勒巴（alba）的加重也引起蘇木人丁的遷徙流動。

“蒙古舊俗，擇水草地遊牧，以孳牲畜，非若內地民人，倚依賴種地。”[54]隨著移民開墾的深入，“凡屬水草利便之區，悉爲稼穡豐盈之地，牧場既蹙，畜養又複無方……”[55]，以遊牧爲生的蒙古人遇到了前所未有的生存挑戰。正如清人所言：“蒙民生計在畜牧，不在耕桑，今多致漢民，易水草之饒爲隴畝之用，是奪蒙民之生計。”[56]土地的大量開墾，迫使蒙古人失去了賴以生存的草場，部分蒙古人開始棄牧務農。而不願意農耕的蒙古人，則趕著牧群被迫流落到漢族移民不願意去的那些土地磽薄、雨水不調的北部乾旱地區。從事農耕的蒙古人，由於他們不諳農事，沒有任何技術和經驗，“廣種薄收”，生活日益貧窮。於是不得不將土地出租或典押給漢人，蒙漢民族之間便產生了土地租典關係。在“永租”和“轉租”過程中，不少蒙古人完全喪失了有限的土地，貧困化的節奏日甚一日。在當地無法生存的蒙古人，無奈選擇了背井離鄉、逃往他旗的謀生之路。

光緒十七年（1891）發生的金丹道事件，加快了喀喇沁三旗等南部蒙古人的北遷。金丹道事件是蒙漢民族之間的矛盾與衝突達到了一定程度的結果。發生在漢族移民進入較早、農耕的歷史較長的東部蒙旗，包括卓索圖盟的喀喇沁三旗、土默特二旗和昭烏達盟南部的敖漢旗、奈曼旗、翁牛特等旗。是凡暴動所到之處，蒙古人倖存者廖廖無幾，許多蒙古村落被燒毀。動亂被鎮壓以後，飽經戰亂的蒙古人，棄家抛祖，將房舍田宅，以賤價私倒于附近漢人，紛紛逃往暴動未及之處。據汪國鈞《蒙古紀聞》的記載：“近二十年來，喀喇沁右翼一旗，逃往哲里木盟各蒙旗者，不下六千戶。”[57]

---

[53] 《欽定理藩部則例》卷二十三《儀制》，天津：天津古籍出版社，1998年。

[54] 《清高宗實錄》卷三四八，乾隆十四年九月丁未。

[55] 《東三省政略》卷二“蒙務下·籌蒙篇”。

[56] 姚錫光《籌蒙芻議》上，“實邊條議”，臺灣影印中國邊疆叢書本，新北：文海出版社，1965年。

[57] 汪國鈞著，瑪希、徐世明校註《蒙古紀聞》，104頁。

蘇木阿勒巴，是指蘇木阿勒巴圖（指屬民）爲其所屬諾顔所承擔的各種貢賦差役。而“徭役之煩重”是“蒙丁生計之窘”之重要原因之一。蒙旗徭役厥有兩端：“一班兵輪值，箭丁任之；一府主役使，奴才任之；皆無薪餉工資，即其旗下官員，亦無俸給。既占其有用之身，遂絶其資生之路，此數百年來所以蒙戶日凋，而逃亡日告也。”[58]這種徭役，超出了有關規定，某種意義已經變成了對蘇木人丁的勒派。而這種勒派本身，也可以分成每年有常數之勒派和無常數之勒派兩種。

（1）有常數之勒派。

蒙古部屬，有箭丁有奴才。凡班兵更番，箭丁任之；王府差使，奴才任之。其不值班兵，不充差使者，須出歲費。其歲費，按戶攤派，即如喀喇沁右旗，戶分三等，上戶十千，中戶八千，下戶六千或四千。而蒙戶供王府差費以外，則每蒙戶數家，又須貼輪值班兵一家經費。此外旗主年班赴京之攤派，每次自銀五六千兩起，至銀一二萬兩至，爲數不等。其餘每年例供三次之攤派，需用牛乳之攤派、官倉儲備之攤派、喇嘛津貼之攤派，名目種種不一，由管旗章京分派各佐領，各佐領分派各蒙戶。以上諸費皆繳納王府，其一切應徵召、供使令諸役，則皆自行齎糧以從事，官無俸廉，役無工食。然此尚爲有名之差費，其無名之差費，尚不在此數。

（2）無常數之勒派。

凡王府一切用費，無一不派諸蒙戶。如府有大喪，則治喪之經費，府有婚嫁，則婚嫁之經費，無不隨時攤派；以至猝遭大差過境及貴賓來臨，與夫本府演劇開筵及採辦食物、用物、玩物諸價值，甚至府中訟事（如爭爵、爭差等事），一切訟費，無非派諸蒙戶。其法，王府責成管旗章京，管旗章京責成佐領，佐領勒派各戶。其猝不能繳錢者，則驅其所牧牛羊而去，以抵現錢。若蒙人有訟事互控王府，則府員之私押淩虐，顛倒譸張，非賄不成，尤較地方官爲甚[59]。

清朝政府雖然規定蒙古王、公、台吉等向屬下所收貢賦名額，並屢次頒佈減免賦役的敕諭。但蘇木阿勒巴的加重、所屬諾顔的勒派等引起的遷徙流動從未中斷。如，乾隆年間，章京巴達讓貴（J̌anggin Badarangγui）勒索蘇木人丁錢財等，致使十幾戶人逃亡[60]。乾隆末年，喀喇沁右旗四等塔布囊巴達日胡（Badaraqu）常常虐待其屬下阿勒巴圖，並加取勒索各項阿勒巴，致使逃亡他處的阿勒巴圖竟達132戶，共有528名[61]。

清末，蘇木阿勒巴的加重引起的蘇木人丁的外逃現象更加嚴重。據當時在東部蒙旗進行實地調查的姚錫光的分析，在潢河以南已墾之地，包括喀喇沁等地在內的熱河都統所轄各蒙旗，雖然國家並無絲粟之徵求，但民戶實屬敲剝之痛苦，蓋州縣所苛斂于平

---

[58] 姚錫光《籌蒙芻議》上《實邊條議》，臺灣影印中國邊疆叢書本。

[59] 姚錫光《籌蒙芻議》下《呈覆經畫東四盟蒙古條議》，臺灣影印中國邊疆叢書本。

[60] 《道光九年有關徭役收租公文》，內蒙古檔案館藏喀喇沁右旗蒙古文檔案，全宗號505，目錄號1，卷宗號335。

[61] 《嘉慶十年呈理藩院公文抄錄檔》，內蒙古檔案館藏喀喇沁右旗蒙古文檔案，全宗號505，目錄號1，卷宗號236。

民者，既數倍于應納之正供。州縣所苛斂者，專在漢民，而蒙戶所屬之勒派則在王府。他一針見血地指出："王府所勒派于蒙人者，更甚于官吏之于民戶。故蒙人動輒棄產逃亡，率之此故。"[62]

五、對旗制的影響

在旗與蘇木的調整過程中，蒙古人曾經歷過人口增長期。天聰九年（1635）擁有5286個壯丁和崇德元年（1636）有60個牛錄的喀喇沁部，康熙年間，分成喀喇沁左、右、中三旗。起初只有28個蘇木人丁的萬丹衛征所屬部眾，乾隆年間已發展成爲擁有51個蘇木人丁的喀喇沁中旗。這些足以說明，康、雍、乾時期，蒙古族人口正處於繁衍發展階段。但是乾隆以來開始出現了蘇木額定丁數不足現象。乾隆二年（1737），喀喇沁右旗蒙古文檔案中出現了都棱（dügüreng）和昆都嘎（qondoγ-a）蘇木的記載[63]。昆都嘎爲滿語（hontoho），"一半"之意，是爲蘇木丁數不足於一百五十丁的半蘇木之稱謂。"都棱"爲蒙古語"完整"之意，是蘇木丁數有一百五十丁的整蘇木名稱。之後的喀喇沁右旗蒙古文檔案中頻繁出現昆都嘎蘇木的記載。乾隆十八年（1753），旗內發文檔案中出現了"二十九個都棱蘇木"和"阿爾山（aršiyan）、寶勒胡（bolqu）、蘇奴木（sunum）、卓得巴（ǰudba）、烏巴西（ubaši）、朝克圖（čoγtu）"等多數"昆都嘎蘇木"[64]的記載。乾隆十九年（1754），出現了卓索圖盟五旗共有三百零五個都棱蘇木和一個半蘇木的記載[65]。乾隆二十八年（1763），喀喇沁右旗又出現科布德（kebüd）十五個昆都嘎的記載[66]。如此多的"昆都嘎蘇木"的出現，說明乾隆朝中後期或更早些時候，喀喇沁三旗蘇木額定丁數不足問題開始突出。

蘇木丁數的增減不僅關乎著旗制的興衰，而且關係到蒙古族人口與社會的發展。經過清代二百多年的社會變遷，喀喇沁三旗蘇木丁數與清初相比發生了很大變化，出現蘇木額定丁數不足問題。蒙古人的跨旗流動等原因引發的蘇木額定丁數不足問題，早在20世紀50年代就引起了日本學者田山茂的注意。他將清初和清末卓索圖盟和昭烏達盟部分蒙旗的丁數進行比較，得出"旗制的基礎壯丁，至少在內蒙古方面，清末以前逐漸趨向減少"[67]的結論。蘇木額定丁數的減少，對旗制的基礎—蘇木制度構成極大的衝擊。"逃亡過多的旗，由於旗丁減少，兵役、貢賦就要加重"[68]，兵役、貢賦、差役負擔的

---

[62] 姚錫光《籌蒙芻議》上《實邊條議》，臺灣影印中國邊疆叢書本。

[63] 《乾隆二年呈理藩院文書檔》，內蒙古檔案館藏喀喇沁右旗蒙古文檔案，全宗號505，目錄號1，卷宗號12。

[64] 《乾隆十八年旗內發文檔》，內蒙古檔案館藏喀喇沁右旗蒙古文檔案，全宗號505，目錄號1，卷宗號51。

[65] 《乾隆十九年向外發文檔》，內蒙古檔案館藏喀喇沁右旗蒙古文檔案，全宗號505，目錄號1，卷宗號55。

[66] 《乾隆二十八年理藩院來文抄錄檔》，內蒙古檔案館藏喀喇沁右旗蒙古文檔案，全宗號505，目錄號1，卷宗號78。

[67] 〔日〕田山茂著，潘世憲譯《清代蒙古社會制度》，北京：商務印書館，1987年，124頁。

[68] 〔日〕田山茂著，潘世憲譯《清代蒙古社會制度》，230頁。

加重，加快了蒙古人日趨貧困化的節奏，造成了一批又一批本地無法生存的蘇木人丁的外逃，形成一種惡性循環，使原來由一百五十丁組成的札薩克蘇木名存實亡，出現了冊籍空存的情況。上面所述喀喇沁右旗塞星嘎蘇木“只剩六戶”而德卜希乎所屬昆都嘎蘇木“只剩一戶”，就是最典型的例子。“蒙戶向分隸於本旗各佐領之下，是各佐領即各蒙戶之地方官。今則歲月久遠，各蒙戶之遷徙逃亡，多已不可究詰，且每一佐領下，蒙戶率分散於數百里內，各佐領下地段有事傳喚，力且不逮，何論管轄？是各佐領下冊籍空存，久已無法統治……”[69]，表明旗制的基礎蘇木制度日益走向崩潰。

將蒙古人固定在旗界以內，並用嚴格的法律法規來限制他們的移動，是清朝推行“劃定旗界，禁止越界遊牧”政策的目的。而蘇木人丁的外逃已經打破了旗界的規定，並說明，旗制的首要條件——“劃定旗界，禁止越界放牧制度的崩潰”[70]。他們的跨旗流動已越出盟與盟之間的界限，改變了東部蒙旗蒙古族的分佈格局，形成了各盟旗之間蒙古人的混雜局面，出現了“往往甲佐領下之人雜居於乙佐領之下”[71]的情況。

結　　語

取得一個準確可行的蘇木丁數，是清代以來蒙古族人口研究史上的一項重要課題。但是至今留下來的蘇木丁數檔案和其他相關資料極爲有限。本文主要通過蘇木數量、比丁冊以及蘇木丁數緊密相關的幾份清代蒙旗倉儲檔案進行實證分析，得出清朝蘇木丁數方面的可行性數字，並以此爲基礎探討了清代喀喇沁三旗旗制的衰頹。在本文中提到的很多蘇木丁數相關資料，是在前人研究中從未用過的史料。如“每丁一斗”倉儲制體現的乾隆年間喀喇沁三旗壯丁數和道光二十九年的蘇木箭丁數等。這些將爲清代蒙古族人口問題研究提供有益的參考資料。尤其是本文所涉及的倉儲檔案，它的意義已經超出了倉儲制度本身，對研究乾隆年間喀喇沁三旗壯丁數的考察和蒙古族人口問題研究提供了極其有價值的第一手史料。道光二十九年的比丁冊，不僅對清代喀喇沁旗制的研究提供了準確可行的蘇木丁數，而且填補了該時期喀喇沁三旗人口資料的空白，成爲解讀該地區經濟社會變遷的重要資料。

---

[69] 姚錫光《籌蒙芻議》上《實邊條議》，臺灣影印中國邊疆叢書本。

[70] 〔日〕田山茂著，潘世憲譯《清代蒙古社會制度》，125頁。

[71] 朱啟鈐《東三省蒙務公牘彙編》卷五《喀喇沁郡王貢桑諾爾布奏請變通蒙旗辦事章程折》，近代中國史料業刊本，臺北：文海出版社，1982年。

A Discussion on the Decline of Kharachin Three Banners' Banner System: Based on a Survey of Sumus' Population

Zhu Sa

The population of a sumus is an important index to the fate of a banner. Two hundred years after the early Qing, the population of the Kharachin three banners greatly changed. Based on the Mongolian documents and Manchu Mongolian memorials to the throne issued through the Court of Colonial Affairs, this article studies the population of Kharachin three banners and analyzes the impact of the population's decline on the banner system.

清代蒙古秋朝審考*

蒙古勒呼

引　言

秋審與朝審是對監候囚犯是否執行死刑的覆核制度，在清代司法制度中佔有極其重要的地位。《大清律例》中規定，死刑根據執行時間分爲立決與監候。立決指皇帝下令後，立即執行死刑；而監候指將死刑罪犯暫時收監，經秋審或朝審復核後，再定是否執行死刑。秋審針對各省收監的死刑囚犯，而朝審針對的是刑部收監的死刑囚犯。

近30餘年間，國内外關於秋朝審制度的研究已蔚爲大觀①，不僅就該制度的歷史沿革、性質、作用、司法實踐等多方面進行了深入研究，亦梳理清了其複雜的運作程序。爲便於瞭解清代蒙古的秋朝審制度，筆者在此先依據前人研究，對雍正朝以後的秋朝審程序做一簡介②。

秋審分地方秋審和中央秋審。地方秋審的核心是“提犯會勘”程序③。所謂“提犯”，指每年二月至四月上旬，州縣對在押秋審人犯進行審錄，製作《招冊》，與人犯一併送至位於省城的按察使司。四月中旬至五月初則進行“會勘”。按察使司覆核各州

---

* 本文爲日本公益財団法人三島海雲紀念財団平成27年度學術研究奬勵金、蒙古國立大學*ГАДААДЫН МОНГОЛ СУДЛААЧДЫН Ц.ДАМДИНСҮРЭН, Ш.ЛУВСАНВАНДАН, Б.РИНЧЕН НАРЫН НЭРЭМЖИТ2015-2016 ОНЫ ХИЧЭЭЛИЙН ЖИЛИЙН ТЭТГЭЛЭГ*資助的階段性成果。

① 關於秋朝審的研究有：M.J.Meijer, “The Autumn Assizes in Ch'ing Law”, *T'oung Pao*, Second Series, Vol.70, Livr. 1/3(1984), pp.1-17；滋賀秀三《清代中国の法と裁判》，東京：創文社，1984年；伊藤洋二《清代における秋審の実態》，《中央大學アジア史研究》1987年第11號；那思陸《清代中央司法审判制度》，臺北：文史哲出版社，1992年；中村茂夫《秋審餘滴》，《愛大史學》1999年第8號；鄭秦《清代法律制度研究》，北京：中國政法大學出版社，2000年；孙家红《清代的死刑監候》，北京：社会科學出版社，2007年；高遠拓兒《清代秋審制度と秋審条款―とくに乾隆・嘉慶年間を中心として―》，《東洋學報》1999年第81卷第2號；高遠拓兒《清代秋審制度の機能とその實態》，《東洋史研究》2004年第63卷第1號；赤城美惠子《可矜と可疑:清朝初期の朝審手続及び事案の分類をめぐって》，《法制史研究》2004第54號；赤城美惠子《緩決の成立―清朝初期における監候死罪案件処理の変容―》，《東洋文化研究所紀要》2005年第147號；赤城美惠子《清代における秋審判断の構造：犯罪評価体系の再構成》，《法制史研究：法制史學会年報》2013年第63號等。

② 鄭秦《清代法律制度研究》，173—184頁；孙家红《清代的死刑監候》，98—111頁；高遠拓兒《清代地方秋審の手続と人犯管理―乾隆年代における提犯・巡歷・留禁の問題をめぐって―》，《史學雜誌》2001年第110卷第6號，38—41頁。

③ “提犯會勘”又稱“解審”“提審”“提勘”等。

縣呈送的《招冊》，填寫看語，將秋審人犯分爲情實（處死）、緩決（繼續監候，入次年秋審）、可矜（減刑）等幾大類。同時與布政使司、在省道員等官會審，呈報督撫。督撫復與司道諸官會審覆核後，向皇帝具題。

中央秋審與地方秋審同期進行。首先，刑部摘錄原案，製作《略節》（概要），並將各案分擬情實、緩決、可矜等。待至五月中旬，復據部內與督撫所題之秋審意見，刊印《招冊》，分送九卿（六部、都察院、大理寺、通政使司）、詹事、科道（六科給事中、十五道監察禦史）等官各一冊。八月內，上述官員齊集天安門外金水橋西朝房舉行會審，議定各犯之情實、緩決、可矜等。該會審又稱“秋讞大典”。會審之後，刑部將議定結果上奏皇帝，由後者做最終判決。對於情實人犯，秋朝審中另設“勾決”程序。只有被皇帝“勾到”者，才執行死刑。而“免勾”者，則與緩決人犯一併監候，留待次年秋審。

朝審較秋審略晚，於霜降後舉行，程式與中央秋審大致相同。

與內地秋審相比，關於清朝藩部秋審的研究尚顯薄弱。其中，關於蒙古秋審，鄭秦、孫家紅等學者依據《蒙古例律》《大清律例》中的法條，認爲清廷在蒙古地區實施了秋審④。而日本學者島田正郎利用乾隆二十年（1755）的《刑科史書》，分析了內屬蒙旗的若干案例，認爲蒙古秋審僅流於形式，並未獲得貫徹執行⑤。此外，令人矚目的是，日本學者高遠拓兒最先挖掘秋審檔案，對蒙古秋審進行了卓越的研究。他通過分析《秋審招冊》（18世紀後半期～20世紀初）裏的21件蒙古案例，不僅證實了秋審在蒙古地區的實效性，糾正了島田正郎的謬誤，進一步指出蒙古秋審分爲兩類：一類設有地方秋審，是針對內地官員收監的蒙古囚犯制定的；另一類無地方秋審，適用于蒙古地區官員收監的蒙古囚犯⑥。然而，以上研究均未涉及一個基本問題，即蒙古秋審制度是如何產生和演變的。而解答該問題不僅有助於瞭解清代秋審制度的全貌，對認識清朝在蒙古地區的司法統治亦具重要意義。

關於蒙古秋朝審制度，清代政書裏鮮有記載。本文利用中國第一歷史檔案館和內蒙古地方檔案館所藏漢、蒙、滿文檔案史料，就雍正朝至乾隆朝中葉，蒙古秋朝審的確立、實施情況、發展變化等詳加考究，意在觀察蒙古死刑案件之處理被完全納入清朝統一的審判制度中的歷史過程。本文中，“蒙古死刑案件”指內外札薩克旗、歸化城土默特二旗、察哈爾八旗之蒙古人所犯死刑案件，不包括蒙古八旗的死刑案件。札薩克旗屬於外藩，由享有世襲權之蒙古王公掌管，歸理藩院管轄。歸化城土默特二旗南接山西省，由都統領之，隸於理藩院。初都統擁有世襲權，乾隆年間停襲，改爲京員補授⑦。

④ 鄭秦《清代法律制度研究》，295頁；孫家紅《清代的死刑監候》，101—102頁。

⑤ 島田正郎《清朝蒙古例の実効性の研究》，《東洋法制史論集第七》，東京：創文社，1992年，354—355頁。

⑥ 高遠拓兒《清代秋審制度と蒙古人犯—秋審招册の関連事案を中心として—》，中央大學東洋史學研究室編《池田雄一教授古稀記念アジア史論叢》，東京：白東史學会，2008年；《清代秋審文書と「蒙古」—十八世紀後半～二十世紀初頭の蒙古死刑事件処理について》，《東洋文化研究所紀要》2010年第157号。

⑦ 曉克等編《土默特史》，呼和浩特：內蒙古教育出版社，2008年，290頁。

而察哈爾八旗毗鄰直隸、山西二省，康熙十五年（1676）每旗設總管一名，由京員補授，受蒙古八旗都統管轄[⑧]。乾隆二十六年（1761）与二十八年（1763），察哈爾八旗和歸化城土默特二旗分别由察哈爾都統、綏遠城將軍管轄，遂歸爲内属蒙古旗。

一、蒙古朝審

蒙古朝審的實施和《大清律例》之監候刑在蒙古地區的推廣息息相關。清朝早在崇德八年（1643）即向蒙古頒行了成文法典《蒙古律書》。該律書雖已亡佚，但其兩部分别成書於康熙六年（1667）和康熙三十年代的增訂本現已陸續公諸於世[⑨]。該法典裏，死刑主要針對官員或平人故殺、搶劫和偷盜四項牲畜等重罪，而且只定斬絞，並無監候。因匯入朝審的蒙古死刑案件多係上述三項重罪，現將增訂《蒙古律書》内的相關法條歸納如表1所示。

表1

罪名		康熙六年增訂《蒙古律書》	康熙三十年代增訂《蒙古律書》
故殺	蒙文原文	wang-ud öber-e qosiγun-i kümün-i ǰorimaγ-iyar alabasu…qaraču kümün bolbasu qariγu čabčiǰu alamu.[⑩]	+em-e keüked-eče öber-e ger mal-i keyisgeǰü, alaγdaγsan kümün-ü em-e keüked-dür öggüy-e.[⑪]
	漢譯	王等故殺别旗之人……若平人，斬。	+籍沒家產，給付死者妻子。

---

⑧　達力扎布《明清蒙古史論稿》，北京：民族出版社，2003年，320—321頁。

⑨　康熙六年和康熙三十年代增訂的《蒙古律書》均爲木刻本，現分别收藏於中國第一歷史檔案館和蒙古國國立中央圖書館。康熙三十年代增訂之《蒙古律書》内未具成書時間，但從年代最晚的一條法規制定於康熙三十三年（1694）來看，其成書時間當在此後不久。俄國學者С. Д. Дылыков在1998年對該律書原文做了拉丁文轉寫及俄文譯註，並抄錄原文，附於書後。同年，德國學者Dorothea Heuschert將該律書中的75條法規譯成德文。另外，中國蒙古族學者達力扎布在2004年不僅對該律書進行漢譯，而且詳細地對比了兩部增訂《蒙古律書》的異同。参見中國第一歷史檔案館、内蒙古大學蒙古學學院整理《清内閣蒙古堂檔》第22冊，呼和浩特：内蒙古人民出版社，2005年；С. Д. Дылыков, *Цааҗинбичиг ("Монгольское уложение") : Цинское законодательство для мо. нголов 1627-1694 гг.*, Москва: Издательская фирма Восточная литература РАН, 1998；Dorothea Heuschert, *Die Gesetzgebung Der Qing Für Die Mongolen Im 17. Jahrhundert: anhand des Mongolischen Gesetzbuches aus der Kangxi-Zeit (1662-1722)*, Wiesbaden: Harrassowitz Verlag, 1998；達力扎布《康熙三十五年〈蒙古律例〉研究》，中央民族大學主編《民族史研究》第五輯，北京：民族出版社，2004年。

⑩　《清内閣蒙古堂檔》第22冊，315—316頁。

⑪　С.Д.Дылыков, *Цааҗин бичиг ("Монгольское уложение") : Цинское законодательство для монголов 1627-1694 гг.*, pp.190-192；達力扎布《康熙三十五年〈蒙古律例〉研究》，177—178頁。

续表

罪名		康熙六年增訂《蒙古律書》	康熙三十年代增訂《蒙古律書》
搶劫	蒙文原文	aliba yaγum-a ilette buliyabasu…qaraču kümün bolbasu čabčiǰu alamu.[12]	tüsimel, qaraču kümün nigen qoyar bolbasu, olan bülügleǰü aliba yaγum-a-yi ilete buliyaqui-dur kümün-i alaqu ba, qour kibesü, terigün ded-i ilγal ügei čüm čabčiǰu, alaγad em-e keüked ger mal-i keyisgeǰü, ǰerge-yin kümün-dür öggüy-e. kümün-i ese alabasu, tulγur egüsgegsen terigülegsen qoyar kümün-i köbčideǰü alaγad em-e keüked, ger mal-i keyisgeǰü, busud-i ded bolγaǰu ǰaγuγad tasiγur ǰančiǰu γurbaγad yisün boda abču ǰerge-yin kümün-dür öggüy-e. bas tüsimel bolbasu, qaraču kümün bolbasu, γaγča kümün bolbasu, ǰaγun tasiγur ǰančiǰu em-e keüked-eče öber-e, ger mal-i keyisgeǰü, ǰerge-yin kümün-dür öggüy-e. qoyar γurban kümün bolbasu, terigülegsen nigen kümün-i köbčideǰü alaγad, em-e keüked ger mal-i keyisgeǰü, busud-i ded bolγaǰu ǰaγuγad tasiγur ǰančiǰu γurbaγad yisün boda abču, ǰerge-yin kümün-dür öggüy-e.[13]
	漢譯	凡行劫者……若平人，斬。	官員平人一二人或夥眾行劫殺人傷人者，不分首從俱斬。籍沒其妻子家產，給付事主。不曾殺人者，爲首二人絞，籍沒其妻子畜產。餘爲從，各鞭一百，罰三九，給付事主。又官員平人若只一人，鞭一百，籍沒畜產，免其妻子。二三人者，以一人爲首，絞。餘爲從，各鞭一百，罰三九。所罰沒俱給失主。
偷盜四項牲畜	蒙文原文	aliba kümün, kümün kiged dörben qosiγu mal-i nigen kümün qulγabasu köbčideǰü alamu. qoyar kümün bolbasu nigen-i inü köbčideǰü alamu. γurban kümün bolbasu qoyar-i inu köbčideǰü alamu. olan kümün bülügleǰü qulγabasu qoyar kümün-i sungγuǰu köbčideǰü alaγad, basa kedün kümün bolbasu ǰaγuγad tasiγur ǰančiǰu γurbaγad yisün boda abumu. ene ǰerge-yin qulaγayičid-i inu, eǰen, boγul-i ülü ilγamu.[14]	+ǰasaγ-iyar bolγaγsan qulaγayiči-yin em-e keüked ger mal, ded qulaγayiči-yin yal-a-yin mal-i čüm ǰerge-yin kümün-dür öggüy-e.[15]
	漢譯	凡偷盜四項牲畜，一人盜者，絞。二人盜者，一人絞。三人盜者，絞二人。糾眾夥盜者，爲首二人絞，爲從者皆鞭一百，罰三九。此等盜賊不分主僕。	+其正法盜犯之妻子畜產皆籍沒給事主。

備註：+表示增補的內容。

⑫ 《清內閣蒙古堂檔》第22冊，317頁。

⑬ С. Д. Дылыков, *Цаажин бичиг ("Монгольское уложение") : Цинское законодательство для монголов 1627-1694 гг.*, pp.185-186；達力扎布《康熙三十五年〈蒙古律例〉研究》，178—180頁。

⑭ 《清內閣蒙古堂檔》第22冊，322頁。

⑮ С. Д. Дылыков, *Цаажин бичиг ("Монгольское уложение") : Цинское законодательство для монголов 1627-1694 гг.*, pp.203-204；達力扎布《康熙三十五年〈蒙古律例〉研究》，183—184頁。

關於清廷對蒙古適用監候刑的記載見諸議政王大臣乾隆六年（1741）七月十一日的奏摺。該奏摺是針對同年六月七日理藩院上奏修訂《蒙古律例》一事的議覆。

【蒙文原文】ayiladγaγsan anu, mongγul čaγaǰin-u bičig-tür aliba čabčiǰu alaqu, köbčiden alaqu kündü yal-a-yi čüm alamui kemeǰüküi. yerü γindan-dur quriyaǰu namur-i küliyeǰü alaqu quuli-yi toγtaγuγsan yabudal ügei. nayiraltu töb-ün tabuduγar on ayilatγaǰu toγtuγuγsan anu, egün-eče qoyisi qulaγuγsan mal čöken yabuγsan učir ǰigsigür ügei bolbasu köbčiden alaqu yal-a torγaǰu γindan-dur qoriǰu namur-i küliyeǰü alasuγai kemen toγtuγuγsan γadan-a aliba kereldüǰü alaqu ǰorimaγ-iyar alaqu, arγ-a-bar alaqu üsiyeleǰü alaqu ilette buliyaqu ǰerge-yin yal-a kigsen arad-i darui alaqu, namur-i küliyeǰü alaqu yabudal-i mongγul čaγaǰin-u bičig-tür yerü ilγan salγaǰu ese toγtuγuγsan-u tulada, yal-a-yin kündü könggen-i ilγan salγaǰü darui alaqu namur küliyeǰü alaqu yabudal-i kinan toγtuγuǰu čaγaǰin-u bičig-tür oruγulsuγai kemeǰüküi. bayičaγabasu urida γadaγadu mongγulčud angqan oruǰu iregsen čaγtur dotuγadu γaǰar-un quuli-yi medekü ügei čaγaǰin šaǰin medekü ügei-yin učir-tu teyin kü mongγul čaγaǰin-u bičig-i kündütgeǰü toγtuγuǰuqui.qoyina mongγulčud kedü kedün üy-e boγda eǰen-i kesig kürtegeǰü dotuγadu γaǰar-un quuli-yi medeǰü tus tus heb-i saqiǰu čaγaǰin-i daγaǰu yabuγulqui-yin tulada mongγulčud qaldaγsan čabčiǰu alaqu köbčiden alaqu yal-a-yi šingdzü örüsiyeltü quwangdi-yin čaγtur mün kü ketürkei kesig kürtegeǰü ǰerge baγuraγuluγsan udaγ-a bui.nayiraltu töb-ün šidzüng tölübtü quwangdi ǰarliγ baγulγaǰu aliba γadaγadu mongγulčud mal qulγuqui-dur qulγuγsan mal čöken, yabuγsan-u učir ǰigsigür ügei, terigülegsen qulaγayiči-yi köbčiden alaqu yal-a torγaǰu γindan-dur qoriǰu namur-i küliyetügei kemen quuli toγtuγuǰuqui. tngri-yin tetgügsen-ü tabuduγar on čerig-ün tuhai-yin γaǰar-eče qošui ürgün čin wang-un qočilan ayilatγan daqiǰu kelelčegsen anu, egün-eče qoyisi mongγulčud qoyar kümün qulγubaču olan qosiyalaǰu qulγubaču čüm nigen-i terigülegsen qulaγayiči bolγusuγai kemen ayilatγaǰu yabuγulǰuqui. edüge mongγul čaγaǰin-u bičig-yi ǰasaǰu üiledküi-dür aliba alaqu yal-a-yin ǰüil-i darui alaqu, namur-i küliyeǰü alaqu yabudal-i niγtalan ireǰü arγačaǰu ülü toγtuγaqu kereg-dür toqiyalduγsan qoyina sayi kündü könggen-i üǰeǰü yal-a toγtuγuǰu sitgebesü mongγul ǰasaγ ǰiči dotuγadu γadaγadu-yin kereg baričaγsan tüsimed-ün daγaǰu sitgeküi-dür berke büged boγda eǰen-ü dotuγadu γadaγadu-yi ilγaqu ügei olduǰu örüsiyekü tüil-ün örüsiyeltü sanaγan-dur mün ülü neyilekü-yin tulada qariya-tu ǰurγan-u ayilatγaγsan yosuγar aliba čabčiǰu alaqu köbčiden alaqu olan ǰüil-ün yal-a-yin kündü könggen yabudal-i gün-e boduǰu, ǰüil büri arγačaǰu toγtuγuǰu, sir-a ǰedzi-dür orulun bičiǰü üǰegülün ayiladγatuγai.[⑯]

【漢譯】（理藩院）奏稱："《蒙古律書》內，凡斬絞重罪皆稱處死，向無監候之例。除雍正五年奏定嗣後所盜牲畜為數無多，情節甚輕者，擬絞監候[⑰]外，《蒙古律書》內對鬥殺、故殺、謀殺、仇殺及搶劫等罪者是否應處以立決或監候，並未分別定擬。故請旨區別罪情輕重，核定立決監候，並寫入律例"。查前外藩蒙古初來向化，因其不知內律，不明法度，故恭修《蒙古律書》。後蒙古累世蒙聖主之恩，漸知內地律例，咸恪守本分，遵行律法，聖祖仁皇帝時亦曾特施鴻恩，將斬絞蒙古減等發落。雍正世宗憲皇帝降旨，規定凡外藩蒙古偷盜牲畜，為數無多，情節甚輕者，為首擬絞監候。乾隆五年，軍機處議覆和碩怡親王之條陳，奏准：嗣後不論蒙古二人或夥眾偷盜，皆以一人為首。[⑱]如今修訂《蒙古律例》，若不詳定死罪之立決與監候，遇事方依輕重審理治罪，蒙古札薩克及內外執事將無以是從，亦與聖主不分內外體恤之深仁不符。故依該院所奏，慎思一切斬絞諸罪之輕重，詳加酌定，並寫入黄折奏呈。

由此可見，最先採用監候刑的是清朝在雍正五年（1727）向蒙古頒佈的"偷盜四項牲畜"例。在此之前，蒙古盜賊或依《蒙古律書》，處以立決，或蒙恩赦，減等免死。至於蒙古人所犯殺人、搶劫罪，直到乾隆六年，制定《蒙古律例》時才規定了監候刑。其實，雍正五年的"偷盜四項牲畜"例在雍正元年（1723）即已開始試行了。

雍正元年。癸卯。二月……壬子。辦理土默特事務刑部郎中福柱等奏，披甲阿納等盜牛二頭，照例應絞立決。得旨，偷盜一二牲餼即將蒙古立絞，人命重大，嗣後應改為擬絞監候。若從此蒙古盜案漸少，則照此例行。倘蒙古無知，法輕多犯，而盜案比往年較多，則仍照原例擬罪[⑲]。

另外，關於蒙古監候罪犯的收監地點，上述議覆中亦有提及。

【蒙文原文】bayičaγabasu urida kerem-ün γadan-a yal-a sigükü yamun ügei büged qariyatu ǰasaγ-un γaǰar-tur basa yal-a-tu arad qoriqu γindan qoriyan ügei-yin tula mongγul yalatu arad-i čüm ging qotan-dur kürger-e iregülǰü sigükü yabudal-un yamun-u γindan-dur qoriγulumui.[⑳]

【漢譯】查前因邊外無理事衙門，且該札薩克處亦無關押罪囚之監獄。蒙古犯人皆解送京城，收監于刑部大牢。

---

⑯　內蒙古自治區阿拉善左旗檔案史志局編《清代阿拉善和碩特旗蒙古文檔案選編》第一冊，北京：國家圖書館出版社，2015年，111頁。

⑰　《欽定大清會典則例》卷一四四："（雍正）五年奏準：凡盜四項牲畜，爲數無多，情節甚輕者，擬絞監候。仍籍沒畜産給付事主。其妻子暫留該旗，俟本犯減等，僉解鄰近盟長，給效力台吉爲奴。"《欽定大清會典則例》，《影印文淵閣四庫全書》，臺北：臺灣商務印書館，1983年，576頁。

⑱　《欽定大清會典則例》卷一四四："乾隆五年議準：嗣後一二人盜牲畜者，仍照前例。若三人以上偷盜者，只將起意之一人爲首，餘皆以爲從論。"《欽定大清會典則例》，577頁。

⑲　《大清世宗憲皇帝實錄》，臺北：華文書局，1964年，雍正元年二月壬子條。

⑳　內蒙古自治區阿拉善左旗檔案史志局編《清代阿拉善和碩特旗蒙古文檔案選編》第一冊，111—112頁。

乾隆六年之前，蒙古地區未設監獄，監候人犯皆收監于刑部大牢。據此推測，從雍正元年起，清朝對蒙古監候人犯實施的應該是朝審。

筆者從中國第一歷史檔案館所藏《刑部緩決重囚招冊》（以下簡稱《緩決招冊》）裏發現了11件蒙古朝審案例。這些案例出自雍正十一年至乾隆八年間的4冊《緩決招冊》（均爲殘本）。《緩決招冊》是刑部製作的秋審招冊中的一種。所錄新案[21]由以下（1）（2），舊案由（1）—（3）部分構成。

（1）案件的基本信息。包括承辦案件的刑部清吏司、罪犯的姓名、年齡和籍貫。

（2）判處罪犯監候的審判過程。包括蒙古地方官員的審理，三法司（刑部、都察院、大理寺）的會審看語以及皇帝的最終判決。

（3）各案歷次朝審的判決結果。

下面，對這些蒙古朝審案例做一簡介，以表2示之。

表2　蒙古朝審案例

	招冊年代	案例內容	負責審理的地方官員	負責審理的中央機構	承辦案件的清吏司
1	雍正十一年	察哈爾蒙古沙克都爾與哈濟哈爾偷盜果親王馬匹，又與薩珀渣布偷盜依噶爾圖馬匹一案	綏遠城建威將軍舍穆德	刑部會同都察院、大理寺	山西司
2	乾隆三年	喀爾喀卓忒巴爲從，與沙進等偷趕民人馬匹並拘捕一案；畢齊漢爲從，與衣時麻等偷趕民人馬匹並拒捕一案	歸化城都統丹津	理藩院會同三法司	山東司
3	乾隆三年	四子部落蒙古多爾濟等搶奪喀拉沁蒙古毛扣貨物一案	定邊左副將軍策凌	理藩院會同三法司	山東司
4	乾隆五年	科爾沁蒙古呼必圖等搶奪民人温玉連銀兩一案	署理察哈爾總管印務副總管恩克	理藩院會同三法司	山東司
5	乾隆五年	郭爾羅斯後旗蒙古杭愛戳死章京邵馬兒一案	協理郭爾羅斯兩旗事務員外郎達爾占	理藩院會同三法司	山東司
6	乾隆五年	鄂爾多斯左翼前旗蒙古敦巴爲從，同奇當等毆死民人蕭仁俊一案	駐扎寧夏辦理夷民事務員外郎達色	理藩院會同三法司	山東司
7	乾隆五年	歸化城蒙古綽爾們偷馬一案	歸化城都統根敦	理藩院會同三法司	山東司
8	乾隆五年	阿拉善厄魯特旗蒙古孟克等偷馬一案	駐紮寧夏辦理夷民事務員外郎達色	理藩院會同三法司	山東司
9	乾隆五年	歸化城延壽寺之黑徒固魯扎布偷盜訥木占馬匹一案	歸化城都統瑪尼	理藩院會同三法司	山東司
10	乾隆五年	歸化城蒙古都拉木扎布偷盜喇嘛三濟拉西與民人牛隻一案	歸化城都統瑪尼	理藩院會同三法司	山東司
11	乾隆八年	察哈爾蒙古多爾濟軍前逃回一案	不詳	刑部會同都察院、大理寺	陝西司

---

[21] 初次納入秋朝審的案件謂之“新案”，兩次或兩次以上的稱爲“舊案”。

通過以上案例，筆者將從以下三方面分析雍正朝至乾隆朝初期的蒙古朝審之實施情況。

第一，蒙古朝審與法律適用之間的關係。在11件案例中，案例1、7—10爲偷盗四項牲畜案件，罪犯均依前述雍正五年例被處以絞監候。而案例2—6、11分别爲搶劫、殺人和軍前逃回案件。接下來，筆者將著重探討在審理這些案件時，依據的究竟是哪些法規。

【案例2】

一起為搶奪殺人等事。……斬犯一名卓忒巴，年二十八歲；絞犯一名畢齊漢，年三十七歲，俱係喀爾喀王敏珠爾多爾濟旗下人。該理藩院等衙門題前事內開：該臣等會同刑部、都察院、大理寺會看得，據歸化城都統丹津等咨稱：……審據沙進供：我于雍正九年七月初一日往廠內收馬。去時見他爾混地方有民人住宿。將馬趕至井邊飲水時，有孟可、那孫、班第、巴特麻、卓忒巴、巴顏台亦陸續來飲馬。我隨向他們商議偷竊。我們七人各帶鳥槍撒袋騎馬前去，偷趕民人馬匹，分為二處藏匿。回家因夜間，所偷之馬內兩匹走入孟可馬群內，被民人認著。交與孟可而去後，因民人將一處馬找著，民人隨向孟可索取。我們商議若給予馬匹，就有憑據，因此未給。民人欲行捉拿孟可，我們將一民人縛綁，拿至蒙古帳房內恐嚇，言明配給我們馬匹。將民人釋放後，民人糾約十數余人來時，我們拿鳥槍撒袋抵擋。民人畏懼而去。我將偷竊之馬三十八匹均分是實。據孟可、那孫、班第、巴特麻、卓忒巴、巴顏台等俱與沙進供同。審據衣時麻供：雍正九年，有民人帶領車馬在我附近齊奇爾泰地方住宿。我帶領家奴吴巴什，往台吉畢齊漢家商議前去偷竊。畢齊漢依允，亦帶領家奴莫倫扎木素、公格扎布等攜帶鳥槍撒袋騎馬前去偷趕馬匹。民人趕來，畢齊漢等抵擋。民人畏懼敗回。畢齊漢等說馬多蹤跡多。將馬六十六匹藏匿西卜克台山溝內，著畢齊漢等看守。其餘馬五十一匹著阿爾毋聘兒等趕至齊朝地方藏匿。被民人將藏匿西卜克台地方馬匹找去。所剩五十一匹我們均分。審據畢齊漢、吴巴什、阿爾毋聘兒等俱與衣時麻供同。……等因，咨達前來。查理藩院定例，官員平人夥眾劫奪一應物件殺傷人者不分首從俱斬。又查雍正九年，原任喀爾喀扎薩克圖罕測王扎布屬下台吉達錫尼麻等率眾搶奪軍營領運商人官糧駝馬等物案內，將台吉達錫尼麻擬絞立決，為從台吉博羅爾代等擬絞監候等因，議奏在案。……衣時麻擬絞立決。班第、孟可、那孫、卓忒巴、巴顏台、吴巴什、阿爾毋聘兒俱擬斬，畢齊漢擬絞，俱解京監候，秋後處決等因，雍正十三年八月初四日題。初十日奉旨：……衣時麻著即處絞，……班第、孟可、那孫、卓忒巴、巴顏台、吴巴什、阿爾毋聘兒依擬應斬，畢齊漢依擬應絞，俱著監候，秋後處決。餘依議。欽此。咨行歸化城都統，將班第、孟可、那孫、卓忒巴、巴顏台、吴巴什、阿爾母聘兒、畢齊漢等俱解部監候在案[22]。

本案例涉及兩起蒙古偷盜民人馬匹並拒捕案件。從内容判斷，下劃線部分中的“理藩院定例”當指《蒙古律書》。在判決中，理藩院等並未完全依據《蒙古律書》，而是援引了雍正九年（1731）的判例，將首犯衣時麻等處以絞立決，從犯卓忒巴、畢齊漢等分别擬以監候，解至刑部收監。

【案例3】

一起為白晝搶奪事。斬犯一名多爾濟，年三十一歲，係四子部落王阿拉布坦多爾濟旗下蒙古。該理藩院等衙門題前事內開：該臣等會同刑部、都察院、大理寺會看得，多爾濟等打傷蒙古毛扣、搶奪衣物一案，據定邊左副將軍額附策凌等咨稱：訊據多爾濟供：我於乾隆二年正月十七日同車登到喀爾喀地方做買賣。發完貨物回去時，因馬疲乏，我們偷了不知什麼人的牧場內的三匹馬。到阿魯庫栢爾地方，有羅布藏、齊旺等一同住下。是夜，齊旺偷了我的兩匹馬走了。車登同羅布藏尋找齊旺，到了大庫練地方，同喀爾喀齊楞偷了三匹馬來了。我們帶往鄂爾坤城賣去。走到多羅特嶺地方，遇見喀拉沁買賣蒙古毛扣，我向車登商議搶奪貨物。我為首放了一鳥槍，羅布藏、車登投石塊，並用鞭棍毆打，奪了貨物是實等語。多爾濟依律擬斬等因，咨達前來。據此，多爾濟合依白晝搶奪傷人為首者斬律，擬斬監候，秋後處決等因，乾隆二年十月十九日題。二十一日奉旨：多爾濟依擬應斬著監候，秋後處決。餘依議。欽此。咨行定邊左副將軍，將多爾濟解部監候在案[23]。

本案中，多爾濟因搶奪毛扣貨物，理藩院等援引《大清律例》之“白晝搶奪傷人”律，將其處以斬監候。該律原文爲“凡白晝搶奪人財者……傷人者，首斬監候，爲從各減爲首一等，並於右小臂膊上刺搶奪二字”[24]。

【案例4】同【案例3】，此處從略[25]。

【案例5】

一起為戳死人命事。斬犯一名杭愛，年三十歲，係郭爾羅斯公巴圖旗下班達爾沙佐領下披甲。該理藩院等衙門題前事內開：該臣等會同刑部、都察院、大理寺會看得，杭愛戳死卲馬兒一案，據協理郭爾羅斯兩旗事務員外郎達爾占等呈稱：杭愛與卲馬兒並無仇隙。緣乾隆四年二月初五日，杭愛同伊章京卲馬兒往鄰家飲酒俱醉。卲馬兒即在杭愛家門外睡臥。杭愛令其進家睡覺，隨拉卲馬兒衣領，失手將衣領拉破。卲馬兒掌擊杭愛。杭愛醉後用小刀戳傷卲馬兒右

㉒ 《刑部山西省緩決重囚招册》，中國第一歷史檔案館藏《内閣滿漢文黄册》，檔案號5582，縮微號C046。

㉓ 《刑部山西省緩決重囚招册》，中國第一歷史檔案館藏《内閣滿漢文黄册》，檔案號5582，縮微號C046。

㉔ 馬建石等主編《大清律例通考校註》，北京：中國政法大學出版社，1992年，703頁。

㉕ 《刑部緩決重囚招册》第二套第二本，《内閣滿漢文黄册》，檔案號4046，縮微號C064。

肋殞命。將杭愛審擬斬罪等因,咨達前來。據此，杭愛合依軍士將本管官毆死者斬監候律，擬斬監候，秋後處決等因，乾隆四年十月十八日題。初十日奉旨：杭愛依擬應斬著監候，秋後處決。餘依議。欽此。咨行郭爾羅斯員外郎，將杭愛解部監候在案[26]。

關於杭愛戳傷本管章京邵馬兒致死一案，理藩院等援引之"軍士將本管官毆死者斬監候"律係《大清律例》之"毆制使及本管長官"律。其原文爲"凡朝臣奉制命出使而所在官吏毆之，及部民毆本屬知府、知州、知縣，軍士毆本管官……篤疾者，絞監候。死者，不問制使、長官、佐貳、首領，斬監候"[27]。

【案例6】

一起為打死人命事。絞犯一名敦巴，年四十二歲，係鄂爾多斯貝子羅布藏旗下蒙古。該理藩院等衙門題前事內開：該臣等會同刑部、都察院、大理寺會看得，敦巴隨從奇當等毆死蕭仁俊一案，據駐扎寧夏辦理夷民事務員外郎達色等呈稱：審據奇當供：我曾借蕭仁俊牛犢一隻。必爾珠海亦欠伊牛價銀二兩五錢。他到我家索取牛隻，並向必爾珠海索取銀兩時，我們說沒有。他就將我的一隻牛，必爾珠海的一匹馬用強拿去了。我因一時氣憤，起意向必爾珠海說他將你我的牛馬拿去了，同你趕上去向他要。若不給還，將他打死。如此商議。必爾珠海允從。又叫敦巴去幫助。各持榆木棍趕去向他要，蕭仁俊仍不給還。必爾珠海先用棍打下馬來，我在他腦後打了三四下，必爾珠海又向他腰上打了三四下，敦巴持棍把他外胯打了幾下，蕭仁俊鼻內出血就死了。必爾珠海見他搭袍內的一小銀包，他就拿起。必爾珠海同敦巴將蕭仁俊屍首馱在馬上送往丟棄黃河內，我就趕著牛回來了。後必爾珠海給了我六兩銀子，給了敦巴六兩銀子、一塊斜皮、一頭纓子是實。據敦巴供：奇當起意同必爾珠海向我說蕭仁俊拿我們的牛馬去了。我們欲趕上去向他要去。若不還就將他打死。但我們不是蕭仁俊的敵手，你可幫助我們去。日後將欠他的銀兩就給你。如此說時，我允從同去，將蕭仁俊打死，我同必爾珠海將屍首棄于黃河內。餘處俱與奇當供同等語。打撈蕭仁俊屍首無獲。奇當於取供後病故。必爾珠海脫逃，獲日另結。將敦巴依律擬絞等因，咨達前來。據此，敦巴合依謀殺人從而加功者絞監候律，應擬絞，解部監候，秋後處決等因，乾隆元年六月二十日題。二十二日奉旨：敦巴依擬應絞著監候，秋後處決。餘依議。欽此。咨行駐扎寧夏辦理夷民事務員外郎達色，將敦巴解部監候在案[28]。

本案中，敦巴等人毆死蕭仁俊，理藩院等依據《大清律例》之"謀殺人從而加功者絞監候"律，將敦巴處以絞監候。該律原文爲"凡謀（或謀諸心，或謀諸人）殺人，造

㉖　《刑部緩決重囚招冊》第二套第二本，《內閣滿漢文黃冊》，檔案號4046，縮微號C064。

㉗　馬建石等主編《大清律例通考校註》，827頁。

㉘　《刑部緩決重囚招冊》第二套第二本，《內閣滿漢文黃冊》，檔案號4046，縮微號C064。

意者，斬監候；從而加功者，絞監候；不加功者，杖一百、流三千里”[29]。

【案例11】

一起為咨送事。絞犯一名多爾濟，年三十五歲，係察哈爾鑲白旗蒙古五十四佐領下閒散。該刑部等衙門題前事內開：該臣等會同都察院、大理寺會看得：多爾濟軍前逃回一案，緣多爾濟跟隨護軍阿必達出兵，在搭細爾屠地方駐扎。乾隆五年八月十二日，伊主阿必達差多爾濟騎馬前往額爾登昭地方向本佐領下披甲達拉敦討取欠銀。達拉敦還銀五兩三錢、茶三塊作銀七錢。多爾濟先將茶三塊付同旗披甲額爾撥帶回交與伊主，所得銀兩收藏在身。又因披甲塔克圖欠銀往討無償，仍回至額爾登昭地方。在酒鋪飲醉，將所藏銀兩遺失。多爾濟懼伊主阿必達責打，遂騎馬逃走。不料馬又病死，遂逃回本家察哈爾地方被獲。屢審不諱。查例內，歲徵兵丁跟隨之奴僕、雇工有偷竊馬匹、器械逃回者，照竊盜滿貫律，擬絞監候等語。應將多爾濟照例擬絞監候，秋後處決等因，乾隆六年九月十七日題。十八日，奉旨：多爾濟依擬應絞著監候，秋後處決。餘依議。欽遵在案[30]。

本案中，多爾濟自軍營逃回，三法司依據《大清律例》之“從征守禦官軍逃”例，將多爾濟處以絞監候。該律原文爲“歲徵兵丁自軍前逃回，照官軍從征討私逃再犯律，擬絞監候。其跟隨之奴僕、雇工有偷竊馬匹、器械逃回者，照竊盜滿貫律，擬絞監候”[31]。

縱觀以上案例，早在乾隆六年《蒙古律例》裏全面規定監候之前，清朝通過援引《大清律例》，已將監候與朝審廣泛地適用於蒙古死刑案件了。

第二，承辦蒙古朝審工作的清吏司。如引言中所述，在製作《招冊》之前，刑部先對各案進行商酌。這一程序謂之“看詳”“核擬”。各清吏司書吏摘錄原案略節之後，各司官員進行“司看”，刪訂略節，擬定情實等類，出具看語。再經秋審處“總看”，呈刑部堂官（尚書、侍郎）批閱[32]。如表2所示，案例2—10的上述朝審工作是由山東司負責承辦的。從罪犯的旗籍來看，這些案件來自諸札薩克旗和歸化城土默特旗。從負責審理的中央機構來看，《緩決招冊》內均作“該理藩院等衙門題前事內開：該臣等會同刑部、都察院、大理寺會看得，××一案，據○○咨／呈稱”，說明這些死刑案件經蒙古地區官員審理之後，呈報理藩院，理藩院復與三法司會審具題。這一審轉制度[33]是清朝仿照內地直省的審轉制度在蒙古地區設立的。可見，理藩院承辦（亦稱“主稿”）之蒙古案件的朝審工作由山東司負責辦理。

㉙ 馬建石等主編《大清律例通考校註》，772頁。

㉚ 《刑部陝西緩決重囚招冊》，《內閣滿漢文黃冊》，檔案號5587，縮微號C046。

㉛ 馬建石等主編《大清律例通考校注》，602—603頁。

㉜ 高遠拓兒《清代の刑部と秋審文書》，川越泰博《明清史論集——中央大学川越研究室二十周年記念》，東京：國書刊行會，2004年，138—148頁；鄭秦《清代法律制度研究》，178—179頁。

㉝ 日本學者称之为“必要的覆审制”，参見萩原守《清代モンゴルの裁判と裁判文書》，東京：創文社，2006年，88頁。

與之相反，案例1、11是察哈爾八旗的蒙古案件。《緩決招冊》內載“該刑部等衙門題前事內開：該臣等會同都察院、大理寺會看得”一句，可知這兩起案件是由刑部主稿，三法司會審具題的。其朝審工作由山東司以外的清吏司負責辦理。

第三，九卿諸官之會審。雍正十一年和乾隆五年的《緩決招冊》裏，各案末尾附有當年九卿會審的判決結果。從中我們可以獲得有關參與會審的中央機構的信息。先以案例6爲例。

乾隆二年閏九月內，刑部等衙門題為朝審事。該臣等會同九卿、詹事、科道等官會看得，敦巴幫同毆死蕭仁俊係聽從加功。造意之奇當已經監斃。敦巴應緩決。等因。於本月二十六月日題。十月初二日，奉旨：敦巴著監候緩決。欽遵在案。乾隆三年朝審。將敦巴仍緩決具題。奉旨：敦巴著監候緩決。欽遵在案。乾隆四年朝審。將敦巴仍緩決具題。奉旨：敦巴著監候緩決。欽遵在案。

該臣等會同理藩院、九卿、詹事、科道等官會審。敦巴仍緩決㉞。

該案因由理藩院主稿，故九卿會審時，理藩院會派員參與。乾隆五年《緩決招冊》中的其他案例亦如之。而案例1中不見理藩院參與九卿會審。

雍正七年九月內，刑部等衙門題為朝審事。該臣等會同九卿、詹事、科道等官會看得，沙克都爾因偷盜馬匹，擬絞立決具題。奉旨：改為監候。沙克都爾應緩決。等因。於本月二十五日題。十一月十九日，奉旨：沙克都爾著監候緩決。欽遵在案。雍正八年朝審。將沙克都爾仍緩決具題。奉旨：沙克都爾著監候緩決。欽遵在案。雍正九年朝審。將沙克都爾仍緩決具題。奉旨：沙克都爾著監候緩決。欽遵在案。雍正十年朝審。將沙克都爾仍緩決具題。奉旨：沙克都爾著監候緩決。欽遵在案。

該臣等會同九卿、詹事、科道等官會審，沙克都爾仍緩決㉟。

這很可能是因爲中央政府在覆核察哈爾八旗的死刑案件時，由刑部主稿，三法司會審具題，理藩院概不參與的緣故。

二、蒙古秋審

（一）札薩克旗與歸化城土默特旗的秋審

乾隆六年，蒙古監候囚犯由刑部改爲地方收監，蒙古朝審亦隨之變爲秋審。這一變化源於理藩院的一份提案。其原文見於第一章所引理藩院同年六月七日的奏摺。

【蒙文原文】γaγčakü mongγulčud kerem-ün γadaγadu γaǰar-dur törüǰü

㉞ 《刑部緩決重囚招冊》第二套第二本，《內閣滿漢文黃冊》，檔案號4046，縮微號C064。

㉟ 《刑部緩決重囚招冊》第三套第二本，《內閣滿漢文黃冊》，檔案號4039，縮微號C064。

surba. dotur-a γaǰar-un qalaγun-dur ülü teskü-yin tulada urida ging hotan-dur kürgülǰü ireǰü γindan-dur qoriγsan mongγul yalatu arad qalaγun-dur endegdekü anu mün kü bui. ede kedüi čabčiǰu alaqu köčiden alaqu yal-a torγaγsan yalatu arad bolbaču ǰil büri sigükü-dür ǰerge baγuraγulǰu γaruγsan anu masi olan. eden-ü qaldaγsan yal-a darui alaqu-dur kürkü ügei büged qalaγun-dur ülü oyiratumui. γindan-dur endegdegülbesü kümün-ü amin-dur qolbaγdaγsan kemeǰü bayituγai boγda eǰen-ü tüilün örüsiyeltü sanaγan-tur mün neyilekü ügei bolumui. teyimü bui büged olan ǰasaγ tan-u saγuγsan γaǰar oyir-a qola adali ügei, yalatu arad kürgeǰü ireküi-dür ǰam-un γudus qoriqu γaǰar ügei bolǰu orγuqu ǰayilaqu-yi bolγan čidaqu der-e kürgeǰü iregülün ǰaruγsan tüsimed čerig mün ǰobamui. ǰil büri ging qotan-dur kürgeǰü iregülǰü γindan-dur qoriγsan yalatu mongγulčud-un toγ-a bayičaγabasu qalq-a-yin dörben ayimaγ-tur asuru kereg ügei-yin tula, qay-a-dur nigen qoyar yalatu kümün kürgeǰü iremüi. dotur-a tabin nigen qosiγun-eče kürger-e iregsen yalatu arad ǰil büri olan čöken adali ügei, döčin kümün-eče ülü γarumui. edüge kerem-ün γadan-a bageü, dolun nuur, köke qotan-u γaǰar-tur čüm monγul irgen-ü yal-a sigükü tungǰi talbiǰu, γindan qoriyan ginǰi γar tüngke ǰerge yaγum-a-yi bayiγulγaǰuqui. ene kürger-e iregülkü yal-a-tu arad-i bageü ene ǰerge γurban γaǰar-tur qubiyaǰu qoriγulbasu γaǰar büri qorin kümün-dür kürkü ügei saqiqui-dur kilbar büged kürger-e iregülkü tüsimel čerig yalatu arad-tur čüm ǰobaqu ǰüil ügei-yin tulada, egün-eče qoyisi čabčiǰu alaqu köbčideǰü alaqu yal-a torγaqu γindan-dur qoriǰu namur küliyeǰü alaqu yalatu mongγulčud-i ǰurγan-dur kürger-e iregülkü-yi bayiǰu oyir-a-yi üǰeǰü tungǰi-yin yamun-dur kürgegülǰü γindan-dur qoriγulsuγai. qorčin-u arban qosiγun-u qaračin-u γurban qosiγun, tümed-ün qoyar qosiγun, ǰarud-un qoyar qosiγun, aoqan-u wang čoyimbul-un qosiγun, nayiman-u wang adzala-yin qosiγun, qalq-a-yin beyile k'alsang-un qosiγun, bageü-ün ǰam-dur oyir-a-yin tulada, ene ǰerge qosiγun-u namur-i küliyeǰü alaqu yal-a torγaγsan yalatu arad-i čüm bageü-dür saγuγsan mongγul irgen-ü yal-a sigükü tungǰi-yin yamun-dur kürgegülǰü γindan-dur qoriγulsuγai. baγarin-u qoyar qosiγun, ongniγud-un qoyar qosiγun, üǰümčin-ü qoyar qosiγun, abaγ-a-yin qoyar qosiγun, sünid-ün qoyar qosiγun, qaγučid-un qoyar qosiγun, abaγanar-un qoyar qosiγun, aru qorčin-u beyile daγdan-u qosiγun, kisigten-ü ǰasaγ-un tayiǰi čibaγǰab-un qosiγun, ǰiči qalq-a-yin tüsiyetü qan-i ayimaγ-un arban yisün qosiγun, qalq-a-yin čečen qan ayimaγ-un qorin nigen qosiγun, ögeled-ün efü sebdenwangbu-yin qosiγun, beyise sandub-yin qosiγun, doluγan nuur-un ǰam-dur oyir-a-yin tulada, ene ǰerge qosiγun-u namur-i hüliyeǰü alaqu yal-a torγaγsan yalatu arad-i doluγan nuur-tu saγuγsan mongγul irgen-ü yal-a sigükü tungǰi-yin yamun-dur kürgegülǰü γindan-dur qoriγulsuγai. ordus-un doluγan qosiγun, köke qotan-u tümed-ün qoyar qosiγun, urad-un γurban qosiγun, ögeled-ün beyile lu-yin qosiγun, qalq-a-yin beyile lawangdorǰi-yin qosiγun, muu mingγan-u ǰasaγ-un tayiǰi čiwangsirab-un qosiγun, dörben keüked-ün wang arabtandorǰi-yin qosiγun, qalq-a-yin efü čering-ün ayimaγ-un qorin qosiγun, qalq-a-yin ǰasaγ-tu qan ayimaγ-un arban tabun qosiγun, köke qotan-u ǰam-dur oyir-a-yin tulada ene ǰerge qosiγun-u namur-i küliyen alaqu yal-a torγaγsan yalatu arad-i köke qotan-dur saγuγsan mongγul irgen-ü yal-a sigükü tungǰi-yin yamun-dur kürgülǰüγindan-dur qoriγulsuγai. ǰil büri dörben sar-a-dur olan qariyatu tungǰi-yin γaǰar-eče yalatu arad-un nasun bayidal qosiγun sumun qamǰilγ-a ger-ün boγul ečige eke em-e köbegüd bui ügei, ǰiči jurγan-eče ayilatγaǰu yabuγuluγsan qaldaγsan yal-a-yin ünen kereg-i dangsan-dur bičiǰü tüsimed man-u jurγan-dur kürgegülǰü iregülǰü qinan neyilegülǰü ulamǰilan sigükü yabudal-un yamun-dur kürgegülǰü namur sigükü dangsan-dur oruγulsuγai. ǰil büri namur sigükü-dür tüsimel man-u jurγan-eče yisün ging ǰan ši kö doo tüsimed lüge neyileǰü učir inu üneker alγurlan alaqu učir örusiyegdekü metü ǰüil-i ilγan salγaǰu ayilatγaǰu, egün-ü dotur-a učir ünen yalatu arad-i ǰarliγ-iyar küriyelegsen anu bolbasu tüsimel man-u ǰurγan-eče qariyatu tungǰi tan-dur yabuγulǰu darui qauli yosuγar daγusγaǰu ǰurγan-dur medegülür-e iretügei. učir örüsiyegdekü metü yalatu arad-i ǰarliγ-iyar ǰerge baγuraγuluγsan anu bolbasu tüsimel man-u ǰurγan-eče mün kü qariyatu tungǰi tan-dur yabuγulǰu oyir-a-yi üǰeǰü tüngke tasiγur-un yal-a-bar daγusγaǰu ulamǰilan qariyatu qosiγun-dur tusiyan ögčü ǰakiraγaγulsuγai. ǰiči γadaγadu mongγulčud dotuγadu γaǰar-tur yal-a qaldabasu ging qotan-dur oyir-a bolbasu mün kü ging qotan-dur kürger-e iregülǰü ulamǰilan sigükü yabudal-un yamun-dur kürgegülǰü, γindan-dur qoriγulsuγai. füng tiyan-dur oyir-a bolbasu mün kü qariyatu γaǰar-un γindan-dur qoriγulsuγai.㊱

【漢譯】唯蒙古習居邊外，不勝内地之炎熱。前解京監候之蒙古罪犯内亦有熱斃者。彼等雖係斬絞罪犯，但每年朝審中減等釋放者甚多。彼等罪不至死，且畏懼炎熱，倘若監斃，不僅關乎人命，亦與聖主體恤之至意不符。又各札薩克處遠近不同，解送途中無監禁之處，（罪犯）脫逃，亦未可知。且差遣解送之官兵亦感勞苦。查每年解京監候之蒙古罪犯人數，喀爾喀四部案件無多，偶爾解來一二人犯。内五十一旗所解罪犯每年雖人數不等，但不出四十人。現邊外八溝、多倫諾爾、歸化城等處均設辦理蒙漢事務同知，令置牢房、鎖鏈、枷號等物。若將此解京罪犯分别收監於八溝等三處，各處不及二十人。

㊱ 内蒙古自治區阿拉善左旗檔案史志局編《清代阿拉善和碩特旗蒙古文檔案選編》第一冊，109—110頁。

不僅便於看守，且解送之官兵與罪犯亦可免於勞苦。伏乞嗣後停解蒙古斬絞監候罪犯，就近收監於同知衙門。科爾沁十旗、喀喇沁一旗、土默特二旗、扎魯特二旗、敖漢王垂木丕勒旗、奈曼王阿咱拉旗、喀爾喀貝勒噶爾桑旗離八溝近，此等旗分之監候罪犯皆解至駐扎八溝辦理夷漢事務同知衙門收監。巴林二旗、翁牛特二旗、烏珠穆秦二旗、阿霸垓二旗、蘇尼特二旗、蒿齊特二旗、阿霸哈納爾二旗、阿爾科爾沁貝勒達克丹旗、克西克騰札薩克台吉齊巴克扎布旗，又喀爾喀土謝圖汗部十九旗、喀爾喀車臣汗部二十一旗、厄魯特額駙色布騰旺布旗、貝子三都布旗離多倫諾爾近，此等旗分之監候罪犯皆解至駐扎多倫諾爾辦理蒙漢事務同知衙門收監。鄂爾多斯七旗、歸化城土默特二旗、吳喇特三旗、厄魯特貝勒羅卜藏多爾濟旗、喀爾喀貝勒拉旺多爾濟旗、毛明安扎薩克台吉齊旺錫喇布旗、四子王阿喇布坦多爾濟旗、喀爾喀王額駙策淩部二十旗、喀爾喀扎薩克圖汗部十五旗離歸化城近，此等旗分之監候罪犯皆解至駐扎歸化城辦理蒙漢事務同知衙門收監。每年四月，諸同知等處將罪犯年貌、旗分佐領、有無隨丁、家奴、父母、妻子，及由院具題之犯罪實情造具清冊，呈送臣院核對。繼而轉送刑部，寫入秋審檔冊。每年秋審時，臣院會同九卿、詹事、科道等官，將情實、緩決、可矜等分擬具題。其中，情實罪犯奉旨勾決者，臣院咨行該同知等，立即照例完結報院。可矜罪犯減等發落者，臣院亦咨行該同知等就近枷號鞭責完結，轉交該旗看管。再，外藩蒙古在內地犯罪，距京城近者，仍解至京城，轉交刑部衙門收監；距奉天近者，仍收監於該地大牢。

該提案經議政王大臣等議覆，乾隆皇帝于同年七月下令實施[37]。從文中可知，當時在刑部收監的蒙古監候罪犯因內地氣候炎熱，常有病死的情況。而收監地點改爲邊外的同知衙門，既能防止犯人病死或押解途中脫逃，又能減少蒙旗官兵長途解送之苦。這是蒙古囚犯改由地方收監，朝審改爲秋審的主要原因。從提案裏列舉的蒙旗可知，蒙古秋審針對的是內、外札薩克旗和歸化城土默特旗的蒙古死刑案件。此外，關於蒙古秋審的程序，清廷規定在每年四月，八溝、多倫諾爾、歸化城同知將收監之蒙古罪犯的年貌、罪情等造冊呈送理藩院。理藩院核對之後，轉送刑部。及至八月，理藩院與三法司、九卿、科道諸官會審，始定各犯之情實、緩決和可矜。這一程序明顯與內地直省不同，未設地方秋審。

如表2所示，蒙古朝審案件不僅包括蒙古人之間的案件，也包括蒙古人與內地民人之間發生的案件，即“蒙古內地交涉案件”。其中，歸化城土默特旗的蒙古內地交涉案件在乾隆五年即已改成秋審了。同年五月二十日，刑部與理藩院合議，奏準頒佈的“會審蒙古民人案件章程”（滿文 monggo irgen i weile acafi beidere kooli）中有如下規定。

㊲ 內蒙古自治區阿拉善左旗檔案史志局編《清代阿拉善和碩特旗蒙古文檔案選編》第一冊，112頁。

【滿文原文】ereci amasi ehe weilengge niyalma hūlha irgen ojoro bucehe niyalmai niyamangga niyalma duribuhe niyalma monggo ojoro ehe weilengge niyalma hūlha monggo ojoro bucehe niyalmai niyamangga niyalma duribuhe niyalma irgen ojoro, jai monggo irgen uhei hebei niyalma be bucere de isibure eici hokilafi durime wame yabure babe bodorakū kemuni fe kooli songkoi gemu harangga aisilame baita icihiyara bithesi de afabufi emu derei tuwafi beidefi tungjy an ca sy sansi siyūn fu de bireme boolafi emu derei gūsa be kadalara amban de alibume boolafi monggo gūsai hafasa be tucibufi acafi beidefi weile toktobume...aikabade ehe weilengge niyalma hūlha monggo ojoro, jai monggo irgen be gemu weile araci acara baita oci weihuhen weilengge be inu kooli songkoi akdulabufi weilebure weile ci wesihun weilengge niyalma be tungjy de benefi dahūme beidefi loode horifi an ca sy sansi siyūn fu jai gūsa be kadalara amban i yamun de alibume boolafi ishunde bithe unggifi acafi gisurefi toktobuha babe harangga siyūn fu i yamun ci wesimbubume kemuni gūsa be kadalara amban de bithe unggifi acafi toktobuha babe wesimbure bithede, getukeleme tucibume weihuhen weilengge niyalma be wesimbure erinde uthai neneme wacihiyabume ujen weilengge niyalma be amban meni jurgan ci tulergi golo be dasara jurgan i emgi acafi gisurefi dahūme wesimbufi amasi bithe unggihe erinde cooha obure falabure weilebure weilengge niyalma dorgi monggo oci kooli songkoi wacihiyabume irgen oci meni meni da ba i ba na i hafasa de afabume benebufi ilgame faksalame sargan be suwaliyame falabume giyamun toktobufi weilebume uthai sacime wara tatame wara weilengge niyalma be weile necihe bade fafun i gamabume sacime wara tatame wara, weile tuhebufi loode horifi aliyabure weilengge niyalma dorgi damu irgen teile monggo akū oci...aika monggo teile eici irgen monggo sasa emu baita de bici geren weilengge niyalma be gemu huhu hoton i tungjy de afabufi loode horibume bolori beidere erinde isinaha manggi harangga siyūn fu kimcime wesimbubume...[38]

【漢譯】嗣後，不論兇犯、盜犯係民人,而屍親、失主係蒙古；兇犯、盜犯係蒙古,而屍親、失主係民人；蒙古、民人合謀致人死亡或夥同搶劫殺人者，皆交該協理筆帖式（筆者案：亦稱協理通判），一面檢審，通稟同知、按察司、山西巡撫，一面呈報都統，委蒙古旗員會審定罪……若兇犯、盜犯係蒙古，或蒙古、民人須一併治罪者，輕罪罪犯仍照例保出；徒以上罪犯即交該同知覆審收監，呈報按察司、山西巡撫以及都統衙門。相互行文合議，所定之罪由山西巡撫具題，仍在題本中言明行文都統，會同定擬之事。具題時，將輕罪

㊳ 内蒙古自治區呼和浩特市土默特左旗檔案館藏《清代檔案》，檔案號80，目錄號38，件號4。

者先行發落。至於重罪者，俟臣部會理藩院奏準之後，處以軍、流、徒者內，若係蒙古，則照例完結；若係民人，則送交各自原籍之地方官，分別與妻一併流放，或指定驛站，予以發配。斬絞立決罪犯于犯事處正法。斬絞監候之犯……若只係蒙古，或民人、蒙古共處一案，將所有罪犯交歸化城同知收監，待至秋審，該巡撫詳察具題……

蒙古內地交涉案件分爲三類：①罪犯爲蒙古人，受害者爲民人的案件；②罪犯爲民人，受害者爲蒙古人的案件；③蒙古人、民人夥同犯罪的案件。其中，②非蒙古案件，不屬本文討論對象。關於①和③，如果犯的是重罪，在成案階段定罪量刑時，須經複雜的審轉程序。乾隆五年以前，①由歸化城土默特旗都統覆核，呈報理藩院。③須根據主犯身份，選擇審轉途徑。若主犯係蒙古人，其審轉與①同；若係民人，則由朔平府、按察使司等山西行政機關審轉，該巡撫具題[39]。然而，乾隆五年章程裏規定，①和③統一由山西省審轉。與之相應的是，如文中下劃線所示，罪犯在歸化城同知衙門收監，在秋審階段，山西巡撫"詳察具題"。這說明歸化城土默特旗的蒙古內地交涉案件改由山西省審轉的同時，其案內蒙古監候罪犯亦匯入山西省的地方秋審了。例如，乾隆十九年（1754），歸化城土默特旗蒙古三音班第因搶奪民人高登甲馬匹，被處以絞監候。翌年地方秋審中，山西巡撫恒文將三音班第擬以緩決具題。

山西司。一起為報明事。絞犯一名三音班第，年四十三歲，係土默特七旺佐領下人。據山西巡撫恒文審得：三音班第等搶奪高登甲馬匹一案，將三音班第依蒙古例擬絞等因，乾隆十九年閏四月初九日題。二十五日奉旨：三法司核擬具奏。欽此。該臣等會同理藩院、都察院、大理寺會看得：三音班第因見高登甲等在野牧放馬匹，起意搶奪。適有伍巴什至三音班第家索討欠項。三音班第隨糾同搶。伍巴什允從。於乾隆十六年五月二十五日，三音班第又糾台吉準兌並吉牙入夥。四人各騎馬匹，昏暮時分齊抵高登甲馬群，搶馬十三匹而逸。因被事主追趕，沿途遺棄馬五匹，剩馬八匹，每人俵分二匹各散。當經事主報獲。三音班第合依蒙古偷盜四項牲畜者為首絞例，擬絞監候，秋後處決等因，乾隆十九年六月初四日題。初九日，奉旨：三音班第依擬應絞著監候，秋後處決。餘依議。欽此。咨行山西巡撫，將三音班第監候在案。乾隆二十年秋審。據山西巡撫恒文會審得，三音班第起意糾眾搶馬，尚無拒捕可惡情事。三音班第應緩決。等因具題。奉旨：三法司知道[40]。

由此可見，乾隆五年以後，蒙古秋審形成了兩套程式：一套有地方秋審；而另一套無地方秋審，僅由同知將罪犯年貌和罪情等造冊呈報理藩院而已。那麼，究竟哪些蒙古案件無需地方秋審呢？請看以下三件案例。

---

[39] 關於歸化城土默特旗的审判制度，参見拙稿《雍正・乾隆期における帰化城トゥメト旗の裁判制度—命盗案件を中心として—》，《史滴》2011年第33号，252—275頁。

[40] 《刑部各省緩決囚犯招冊》第十三套第五本，《內閣滿漢文黃冊》，檔案號4050，縮微號C064。

【案例A】

奉天司。一起為殺死人命事。斬犯一名諾木圖，年四十三歲，係巴林王桑里達旗下嗎璽佐領下人。該理藩院等衙門題前事內開：該臣等會同刑部、都察院、大理寺會看得，諾木圖殺死喇嘛博奇一案，據協辦烏珠穆秦札薩克旗下事務德勒克旺舒克等咨稱：審據諾木圖供：喇嘛博奇因章京班達爾錫將他逐出，喇嘛博奇懷仇，向我說："你出首說班達爾錫偷了你一頭牛吃了。明日你往札薩克處首告，所得贖罪牲畜給你一半。"我說："無影之事，如何賴得？"喇嘛博奇又說："你若不依我話，我用斧砍你。"如此說得時，隨拿繩子套在我脖內，用斧砍來。我喊叫殺人。適巴圖走來了。我乘空掙脫，拾起博奇所執之斧，擊中博奇耳朵倒地。我隨起殺念，向巴圖取過小刀，將博奇殺死等語。屢審不諱。諾木圖依律擬斬等因，咨達前來。據此議諾木圖合依故殺者斬律擬斬監候，秋後處決等因，乾隆六年四月十三日題。十五日奉旨：諾木圖依擬應斬著監候，秋後處決。餘依議。欽此。咨行理藩院轉行烏珠穆秦札薩克旗下，將諾木圖監候在案。乾隆七年秋審。該臣等會同九卿、詹事、科道等官會看得：諾木圖因喇嘛博奇令其誣首班達爾錫偷牛，不從輒被繩套斧砍，以致情急拾斧，砍傷博奇斃命。諾木圖應緩決等因具題。奉旨：諾木圖著監候緩決。欽遵在案。乾隆八年秋審。該臣等會同九卿、詹事、科道等官會審，諾木圖仍緩決等因具題。奉旨：諾木圖著監候緩決。欽遵在案。乾隆九年秋審。該臣等會同九卿、詹事、科道等官會審，諾木圖仍緩決等因具題。奉旨：諾木圖著監候緩決。欽遵在案。乾隆十年秋審。該臣等會同九卿、詹事、科道等官會審，諾木圖仍緩決等因具題。奉旨：諾木圖著監候緩決。欽遵在案[41]。

【案例B】

一起為偷馬事。絞犯一名龔格，年□，係土默特巴圖佐領下人。該理藩院等衙門題前事內開：該臣等會同刑部、都察院、大理寺會看得，龔格偷盜馬匹一案，據歸化城都統眾佛保等呈稱：龔格因欠色楞銀五兩，向索無償，遂起意偷馬，賣銀均分還欠，與色楞等商允。同至鄂爾多斯地方偷馬八匹。在途遺失三匹，將馬五匹趕至拖思虎村地方，即被捕盜官拿獲。屢審不諱。龔格依例擬絞等因，咨呈前來。據此，龔格合依蒙古偷竊四項牲畜，為首盜犯絞例，擬絞監候，秋後處決。等因。乾隆十五年十二月十八日題。二十日奉旨：龔格依擬應絞著監候，秋後處決。餘依議。欽此。咨行理藩院轉行歸化城同知，將龔格監候在案。乾隆十六年秋審。該臣等會同九卿、詹事、科道等官會看得：龔格偷馬八匹，即被拿獲，且無拒捕情事。龔格應緩決等因具題。奉旨：龔格著監候緩決。欽遵在案。乾隆十七年秋審。該臣等會同九卿、詹事、科道等官會審，龔格仍緩決等因具題。奉旨：龔格著監候緩決。欽遵在案。乾隆

---

[41] 《刑部奉天省緩決囚犯招冊》，《內閣滿漢文黃冊》，檔案號5590，縮微號C046。

十八年秋審。該臣等會同九卿、詹事、科道等官會審，龔格仍緩決等因具題。奉旨：龔格著監候緩決。欽遵在案。乾隆十九年秋審。該臣等會同九卿、詹事、科道等官會審，龔格仍緩決等因具題。奉旨：龔格著監候緩決。欽遵在案[42]。

【案例C】

來保等謹題為慎刑奉有恩綸事例，請歸畫一，以重民命，以廣皇仁事。刑科抄出刑部題直隸各省並盛京等處重犯招冊，於乾隆七年七月二十七日奉旨：知道了，冊留覽。欽此。欽遵。該臣等於八月二十等日在天安門外，會同九卿、理藩院、詹事、科道等官，將盛京並各將軍等處各犯招冊逐一詳審，其情實人犯劉老小子等相應開明情罪具題。恭候睿裁。伏乞敕下該科，照例覆奏三次，以便咨行。臣等未敢擅便，謹題請旨。一起為圖財害命事。斬犯達爾扎。該臣等會看得，據辦理喀爾喀地方商人事務員外郎諾林將達爾扎審擬斬罪，咨呈前來。查達爾扎因貧難度，見任先才鋪內並無夥計，隨起意欲將任先才殺死，偷取什物。隨往任先才鋪內住下。迨至半夜潛起，拾起小刀，任先才知覺聲喊。達爾扎即將任先才髮辮揪住，用刀戳其脖項。任先才站起，亦取腰刀向砍。達爾扎奪刀亂砍，任先才復向達爾扎彼此奪刀，將刀柄奪落。達爾扎又取馬鐙亂打。任先才喊叫，達爾扎向上一擊，以致任先才倒地殞命。達爾扎欲偷取任先才財物，輒起意殺害，將任先才刀砍毆擊，立時致死。圖財謀命，情法難容，達爾扎應情實[43]。

案例A和B出自乾隆十一年（1746）、二十年（1755）的《緩決招冊》，分別爲巴林右旗諾木圖殺死喇嘛博奇、歸化城土默特旗龔格偷竊鄂爾多斯蒙古人馬匹的案件，均屬蒙古人之間發生的案件。案例C中，達爾扎圖財殺死民人任先才一案出自乾隆七年（1742）刑部尚書來保彙報九卿會審結果的題本。文中雖未提達爾扎屬於何旗，但從理藩院派駐喀爾喀辦理商人事務之員外郎審理此案來看，達爾扎很可能是喀爾喀蒙古人。故案例C應屬札薩克旗與內地之交涉案件。如下劃線部分所示，三件案例的緩決、情實判決都是在九卿會審時做出的，而關於地方秋審，隻字未提。地方秋審的決定乃九卿會審之重要參考，如果進行了地方秋審，《緩決招冊》和刑部題本中必有記載。由此可見，乾隆六年時，札薩克旗的所有蒙古死刑案件以及歸化城土默特旗的蒙古人之間的死刑案件均無地方秋審。

然而，此後十餘年間，直隸省邊外札薩克旗的蒙古內地交涉案件改爲地方秋審了。以乾隆二十年的直隸秋審爲例：

……今乾隆二十年秋審屆期，所有已經秋審三次各犯，臣查核原招內有情罪無可更定者，並蒙古內地交涉命盜案內應入秋審蒙古囚犯，飭令各屬敘由詳

㊷ 《刑部各省緩決囚犯招冊》第十三套第五本，《內閣滿漢文黃冊》，檔案號4050，縮微號C064。

㊸ 中國第一歷史檔案館藏《內閣全宗刑科題本》，檔案號2-1-7-15746-7，刑部尚書來保題，乾隆七年九月二十日。

報，免其解審去後，今據各州縣廳等查敘事由，由本管道府州，並布政使玉麟、按察使永寧核轉前來。臣覆加確核，如……一起為報明事。八溝絞罪囚犯一名色結巴卷。查色結巴係喀喇沁王子旗怒可洛章吉箭下披甲蒙古。與民人陳二素識無嫌。乾隆十五年八月二十七日，色結巴車載轂石驅趕回家，途遇陳二，以色結巴家牲口食伊地內穀子，欲令賠償。色結巴不認。陳二謂其混賴，出言詈罵。色結巴回詈，陳二舉拳向毆。色結巴情急順取車上絞杆迎擊，中傷陳二面門近下。延至是月二十九日殞命。將色結巴依“蒙古凡鬥毆傷重，於五十日內身死者，將毆打之人絞”律[44]，擬絞監候。查色結巴因陳二誣其牲畜食谷，強令賠償，並詈罵拳毆，情急拾杆還擊，不期傷斃，殺出無心。乾隆十九年秋審緩決，色結巴仍請緩決。一起為報明事。塔子溝絞罪囚犯一名舍楞卷。查舍楞係喀喇沁公呼圖靈阿旗下博爾扣章京箭上人。與民人孟法禮素好無嫌。因舍楞之弟班的曾欠張福成錢文未償。乾隆十四年十月初四日張福成赴班的家向索前欠。班的身入醉鄉，混行狡賴。張福成聲言剝衣。班的氣憤，即脫衣拔刀欲扎，張福成躲避未中。適班的所持小刀失手落地。張福生將刀搶拾在手，連班的所脫衣服一併持回。班的訴知伊兄舍楞，並隨同舍楞與弟長漢扣偕赴張福成家，討要衣服、小刀。張福成答俟清帳給還，致相爭角。張福成向前欲毆，適門首放有木棍。舍楞隨手拾取，毆傷張福成領頦偏右，倒地並劃傷右腮頰。維時張福成房主孟法禮聞之出護，即持扁擔毆傷長漢扣額顱偏右。舍楞見弟被毆，一時情急，亦用棍回擊孟法禮頭上一下，並將孟法禮手持扁擔打落。孟法禮向其奪棍，又被舍楞棍毆一下，致傷頂心面門倒地，移時殞命。將舍楞依“蒙古鬥毆傷重，於五十日以內身死者，將毆打之人絞”律，擬絞監候。查舍楞因孟法禮袒護張成福毆傷伊弟，復向奪棍，情急毆擊，不期傷斃，殺出無心，舍楞應請緩決。……以上免解秋審囚犯共一百七十一名，內有屢次秋審俱邀寬典者，有初入秋審蒙古囚犯情尚可原者，應請均予緩決，以廣皇仁，理合具題。伏乞皇上飭部核覆施行。臣未敢擅便。謹題請旨[45]。

該史料是直隸總督方觀承所題乾隆二十年直隸秋審的題本。從下劃線部分可知，直隸省負責的秋審案件裏包括札薩克旗和內地之間的交涉案件。例如，喀喇沁右旗色結巴與喀喇沁左旗舍楞因分別毆死民人陳二與孟法禮，依《蒙古律例》被處以絞監候，繼而在直隸秋審中被擬以緩決。兩起案件的地方秋審均始於直隸省轄下八溝、塔子溝二廳[46]製作案情略節，經府、道、司官員審核，最後由直隸總督覆核具題。目前尚無法確定喀喇沁三旗的蒙古內地交涉案件改爲地方秋審的具體時間，但應與審轉制度的變化有密切

[44] 島田正郎《清朝蒙古例の研究》，《東洋法制史論集第五》，東京：創文社，1982年，391—392頁。

[45] 《内閣全宗刑科題本》，檔案號2-1-7-18195-2，直隸總督方觀承題，乾隆二十年五月二十九日。

[46] 八溝廳成立于雍正十年（1732），設理事同知一名；塔子溝廳成立於乾隆五年，設理事通判一名。該同知與通判管理喀喇沁地區的民人移民，同時與理藩院司員會同審理喀喇沁及其周邊蒙旗之蒙古內地交涉案件。參見朱飒《18—20世紀初東部内蒙古農耕村落化研究》，呼和浩特：内蒙古人民出版社，2009年，146—159頁。

關係。從乾隆十六年（1751）直隸總督方觀承題喀喇沁蒙古戳哈兔因被索工錢砍死民人吴三一案的經過來看，當時喀喇沁地區的蒙古内地交涉案件已由熱河道、按察使司、直隸總督逐級審轉了[47]。案件既然由内地行政機關審轉，自然就匯入由後者負責的地方秋審。這與上文所述歸化城土默特旗的情況是完全相同的。

（二）察哈爾八旗的秋審

乾隆七年（1742），爲了治理察哈爾地區日益頻發的命盜案件，清廷派遣副都統旺扎爾，與察哈爾八旗總管、牧廠總管、理事同知等勘明各管邊界，制定捕盜章程。同時，爲了慎重刑獄，案件速結，參照歸化城土默特旗的審判制度，對察哈爾八旗的審判制度進行了調整[48]。其新規載於《欽定大清會典則例》。

（乾隆）七年議準、①八旗遊牧察哈爾命盜案件，如兇犯、盜犯、屍親、失主皆係蒙古，並無内地民人者，令該總管等就近會同知、通判審明定擬。鞭責輕罪照例發保；徒流以上犯罪即交該同知、通判等收禁，一面報部，一面將鞭責之犯先行發落。俟院會刑部等衙門奏準之後，將應決之人犯即于犯事處正法。軍流以下人犯照例折枷完結。其定擬斬絞監候之犯，並令嚴行監禁。秋審時，該總管造具年貌清冊報部。②若蒙古内地人交涉命盜案件，該總管委員會該同知、通判審明定擬。應保出者，準其保出。應監禁者，交該同知、通判等收禁。係直隸民人，該同知等即呈報口北道、該按察使、總督，該督覆覈具題。係山西民人，即呈報歸綏道、該按察使、巡撫，該撫覆覈具題。仍各咨該總管存案。若所定之罪與該總管意見不同，亦著申文報部。俟刑部會本院詳加改正定擬覆奏。立決人犯于犯事處正法。軍流以下照例完結。監候人犯仍令該同知、通判監禁。秋審時，由該督撫詳察具奏[49]。

該史料中，①和②是分別針對蒙古人之間的案件和蒙古内地交涉案件制定的。如係蒙古人之間的案件，在成案階段，總管與同知或通判會審後，將原案呈報刑部。到秋審時，總管造具罪犯之年貌清冊呈送刑部。足見，察哈爾八旗的蒙古人之間的案件未設地方秋審。例如，乾隆十五年（1750）七月，察哈爾鑲紅旗蒙古敦巴、那旺鄂雜爾及其子顏丕爾行至蘇尼特左旗，敦巴起意，三人偷馬六匹，旋被事主抓獲。該案匯入乾隆十七年（1752）秋審，直到九卿會審時，敦巴才被擬以緩決[50]。如係蒙古内地交涉案件，則經口北/歸綏道、直隸/山西按察司、總督/巡撫逐級審轉。秋審時，“督撫詳察具奏”，可見須經直隸、山西地方秋審。例如，乾隆十六年（1751）十月，察哈爾鑲黄旗蒙古羅

㊼ 《内閣全宗刑科題本》，檔案號2-1-7-05082-008，直隸總督方觀承題，乾隆十六年六月十二日。

㊽ 關於察哈尔八旗的审判制度，参見拙稿《乾隆朝前半におけるチャハル八旗の裁判—命盗案件を中心として—》，《史観》2015年第173册，34—42頁。

㊾ 《欽定大清會典則例》卷一四四，585頁。

㊿ 《刑部各省緩決囚犯招冊》第十三套第五本，《内閣滿漢文黄冊》，檔案號4050，縮微號C064。

卜藏偷竊沙歌都爾之馬三匹，售與山西民人任明盛。任明盛明知來歷不明，仍貪圖價賤而購買，結果二人一併被獲。乾隆二十年（1755）五月，經直隸地方秋審，羅卜藏被擬以緩決[51]。

高遠拓兒利用乾隆五十七年（1785）的《秋審招冊》和嘉慶年間刑部制定的《秋審事宜》，指出乾隆朝後半期，察哈爾八旗的蒙古案件未設地方秋審。其中，理藩院主稿的案件由刑部堂閲後，刊印滿文招冊，交付理藩院，以便九卿會審時定擬實緩。刑部主稿的案件則只刊印漢文招冊[52]。筆者認爲，這一變化與乾隆二十六年察哈爾都統的設立有關。因爲設立都統后，察哈爾八旗的蒙古死刑案件一律改由察哈爾都統審轉，偷盜四項牲畜案呈報理藩院，命案則呈報刑部[53]。都統審轉意味著，在秋審階段，察哈爾八旗的蒙古死刑案件不再匯入直隸、山西二省的地方秋審。

（三）蒙古內地交涉案件的地方秋審

乾隆五年以後，山西、直隸邊外諸旗的蒙古內地交涉案件雖逐漸改爲地方秋審，但犯人無需解審。先看山西秋審。

> 山西巡撫準泰謹題為慎行奉有恩綸事，例請歸畫一，以重民命，以廣皇仁事。……其秋審已過三次，各犯情罪無可更定並奉旨監候，弟殺胞兄之案俱分別核招提審，另行奏題外，所有晉省未經秋審三次及雖經審過三次以上尚須核審各犯一百五十一起。臣率同布政使李敏第、按察使多綸、冀甯道黄祐……在於公所逐細會審。除蒙古各犯例不解審，毋庸錄供外……[54]

另據山西布政使嚴瑞龍乾隆八年（1743）的奏摺：

> 山西布政使嚴瑞龍謹奏為已定之章程尚宜參酌,謹抒末見，仰祈睿裁事。竊照重案人犯例由地方官問擬招解，督撫親審核題，所以昭詳慎而防冤抑也。查晉省歸化城各協廳地方夷漢雜處，凡命盜等案於乾隆五年酌定章程，如蒙古與民人牽連案件係歸化城同知等審明申報臬司，撫臣關會歸化城都統覆核具題。人犯不招解親審，蓋緣蒙古語音不類，難以鞫訊之故也。自定章程之後，歷來俱皆照依辦理[55]。

山西省在審轉歸化城土默特旗的蒙古內地交涉案件時，不對蒙古人犯進行招解親審。因爲山西官員不懂蒙古語，無法審訊。而秋審時不進行解審，很可能也是出於同樣的原因。

---

[51] 島田正郎《清朝蒙古例の研究》，《東洋法制史論集第五》，東京：創文社，1982年，391—392頁。

[52] 高遠拓兒《清代秋審制度と蒙古人犯—秋審招册の関連事案を中心として—》，388—393頁。

[53] 拙稿《乾隆朝前半におけるチャハル八旗の裁判—命盜案件を中心として—》，38、40—42頁。

[54] 《内閣全宗刑科題本》，檔案號2-1-7-16946-1，山西巡撫準泰題，乾隆十三年五月二十二日。

[55] 中國第一歷史檔案館所藏《宮中檔案全宗》，檔案號04-01-01-0103-045，山西布政使嚴瑞龍奏，乾隆八年十一月七日。

關於直隸秋審中的蒙古人犯，總督方觀承的題本中有如下記述。

準刑部咨為詳情援例，免解秋審，以廣皇仁事。直隸司案呈：據直隸方觀承咨稱，蒙古囚犯生長口外，不服內地水土，且秋審時值盛暑，長途批解，路斃堪虞。業經前督咨準部覆，令將蒙古內地交涉命盜案內，應入直省秋審蒙古囚犯免其提審等因，飭遵在案。惟是前奉部文，係專指查哈爾蒙古而言，至於各旗口外蒙古應入秋審囚犯並未一併議及。是以今歲秋審仍循舊例，將蒙古內地交涉囚犯解省會看請題。伏查查哈爾蒙古內地交涉囚犯既得免其解勘，則各旗口外蒙古均屬一體，習俗相類，即其至省程途亦各相等。若因未經著有明文，仍與民人一例提解，則同一口外蒙古辦理未免歧互。應請嗣後古北口外各旗蒙古除專係蒙古並無民人交涉者，仍聽各該旗自行辦理外，如係蒙古內地交涉審擬斬絞監候囚犯悉照查哈爾之例，於每年四月初旬，令承審衙門自行提審，將該犯情罪逐一查明，分別情實、緩決、可矜三項加具切看，並將年歲、旗佐造具清冊，一併申送核轉具題，免其解勘。庶辦理亦歸畫一。是否允協，議合咨達等因前來。查口外各旗外藩蒙古，其不服內地水土，原與查哈爾蒙古無異。其有蒙古內地交涉應入直省秋審囚犯應如該督所請，援照查哈爾蒙古之例一體辦理，可也。各等因俱經轉行遵照在案[56]。

文中“前督”指那蘇圖，乾隆十年至十四年任直隸總督。在他的建議下，清廷停止了解審應入直隸秋審的察哈爾八旗蒙古囚犯[57]。理由是蒙古人不適應內地水土與氣候。其後，方觀承又以“口外蒙古均屬一體，習俗相類”爲由，援照察哈爾八旗之例，停止了對札薩克旗蒙古囚犯的解審。同時，免解蒙古囚犯的地方秋審程序亦有所變化。承審蒙古內地交涉案件的理事同知、通判等自行提審，擬定情實等類，並添加看語之後，交上級機關核轉具題。

（四）蒙古與東三省交涉案件的秋審

清代東三省由盛京、吉林、黑龍江將軍掌管，轄下包括駐防八旗的旗人和從內地移入的民人。將軍負責的蒙古死刑案件是東三省與周邊蒙旗之間發生的交涉案件。就審判制度而言，吉林與黑龍江相同。因此，本節將著重探討蒙旗與盛京、黑龍江交涉案件的秋審。

1. 蒙古與盛京秋審

關於盛京辦理的蒙古案件，嘉慶朝《欽定大清會典事例》（卷660，盛京刑部）中

---

[56] 島田正郎《清朝蒙古例の研究》，《東洋法制史論集第五》，東京：創文社，1982年，391—392頁。

[57] 嘉慶《欽定大清會典事例》卷七五三：“（乾隆）十一年議準，八旗遊牧察哈爾蒙古應入直省秋審之犯，令該同知等於每年四月初旬查明各犯年貌、旗分、佐領及犯罪原由，出具切實看語，申送該督撫覆題，免其提審，以省拖累。”嘉慶《欽定大清會典事例》，臺北：文海出版社，1991年，1003—1004頁。

有簡要的記述。

> 蒙古事件〇原定：盛京所屬邊外蒙古事件，每年一次，由本部委賢能司官前往，會同該處札薩克等審理取供，咨報理藩院題結。[58]

另據該書記載：

> 秋審〇原定：盛京刑部與各直省督撫不同。凡届秋審，將各重犯年貌、籍貫咨明刑部。照案刷卷。令九卿會覆具題[59]。

可見，最初處理蒙古盛京交涉案件時，盛京刑部派遣司官與札薩克會審之後，將原案呈報理藩院。若係監候罪犯，秋審時，盛京刑部只將罪犯年貌籍貫等咨送刑部。九卿會審之際，始定各犯之情實、緩決和可矜。

下面，我們通過郭爾羅斯前旗蒙古畢西冷等搶劫盛京旗人李應士一案，觀察從康熙末年到乾隆元年（1736）的有關蒙古死刑案件的盛京秋審。

> 郭爾羅斯旗下蒙古畢西冷等七人於康熙六十一年搶奪盛京鑲白旗閒散買賣人李應士等貨物一案，先經臣部派委員外郎常祿前往會同郭爾羅斯扎薩克頭等台吉查渾審理取供，照例咨報理藩院。經理藩院會同三法司合具奏：從盜都魯克、班達爾式取供後，在監病故不議外，畢西冷等搶奪李應士等貨物情實，於康熙六十一年十一月二十日恩赦不准援免。又查理藩院定律內開：官員平人夥衆劫奪財物而未殺人者，將起意二人擬絞，妻子畜產抄沒。其餘為從，各鞭一百，追取三九牲畜俱給付被奪之人等語。但搶奪貨物係畢西冷一人起意，因將畢西冷依擬應絞，秋後處決。其抄沒畜產給付李應士等外，李應士等俱係旗人，應將畢西冷之妻子停其給付。薩都氐等俱係畢西冷糾合為從，搶奪之人薩都氐、訥莫、噶尼、烏墨黑均照從盜例定擬等因，于雍正元年三月初六日題。本月初八日，奉旨：畢西冷擬應絞著監候、秋後處決。餘依議。欽此。欽遵。行文前來。欽此，將畢西冷監候。因畢西冷為首，搶奪李應士等貨物情實，於康熙六十一年恩赦既未經寬免，于雍正十三年九月初三日恩赦亦應不准寬免。但今奉天將軍衙門準理藩院來文內開：準將軍衙門咨稱：蒙古巴彥寇為首，同博奇等白晝將披甲蕭玉昆致于落馬，捆縛搶奪馬匹、銀兩、衣服等物。續又將民人張麟捆縛，搶奪馬匹、銀兩、衣服等物。據此，應將首犯巴彥寇照律擬斬監候，秋後處決。將為從之朝克圖應交與兆吾達盟長，鞭一百並伊妻子解送鄰境盟長處，賞給効力台吉等為奴。希伯博奇、特訥何應擬杖一百、流三千里，俱於右胳膊上刺搶奪二字。但盜犯巴彥寇等所犯之罪在雍正十三年九月初三日恩赦以前，與援免之例相符，均應免罪等因，于乾隆元年三月初七日題。本月初九日，奉旨：依議。欽此。欽遵等因前來。欽此，查得臣部監候盜犯蒙古畢西冷因搶奪鑲白旗閒散李應士貨物情實。經部議，不準援恩赦寬免，照蒙古律擬絞。今蒙古巴彥寇於白晝搶奪披甲蕭玉昆財物，經部議，照律將巴彥寇擬

---

[58] 嘉慶《欽定大清會典事例》，4382—4383頁。該例制定於康熙三十三年。筆者將在别稿中另作探討。

[59] 嘉慶《欽定大清會典事例》，4392—4393頁。

斬，援赦免罪。看蒙古盗犯畢西冷、巴彥寇二人所犯情罪相似。應否將畢西冷照依巴彥寇援赦寬免之處，伏祈皇上睿鑒，敕部議覆施行，臣等未敢擅便，謹題請旨[60]。

該史料是盛京刑部侍郎葛森乾隆於元年五月八日的奏摺。從内容可知，關於畢西冷一案，雍正元年三月，理藩院與三法司會審，因畢西冷一人起意，罪情較《蒙古律書》的規定略輕，故處以絞監候。此後畢西冷未能援赦寬免，直到乾隆元年依然收監于盛京刑部。在第一章裏，我們提到隨著雍正元年監候刑的適用，因蒙古地區無監獄，蒙古監候罪犯皆解至京城收監。但畢西冷案證明，在雍正元年之前，監候和秋審即已適用于蒙古盛京交涉案件了。

2. 蒙古與黑龍江秋審

關於蒙古黑龍江交涉案件的審判，清代政書中沒有任何記載。但通過《黑龍江將軍衙門檔》中的檔案史料可知，直到乾隆二年（1737），蒙古黑龍江交涉案件才開始適用監候和秋審。下面，就以杜爾伯特蒙古烏其拉勒圖（ucaraltu）偷竊民人趙文華（joo wen hūwa）馬匹一案爲例，對這一適用過程做詳細說明。

烏其拉勒圖是杜爾伯特旗下台吉額爾克圖（erketü）的家奴，在布特哈的濤饒岱（torodai）家傭工。乾隆二年四月十一日，趙文華趕馬車進城賣魚。返回途中，將馬車停于南邊門外，進一店鋪買油。烏其拉勒圖見馬車無人看管，遂卸車盜馬，當即被巴達納（badana）抓獲[61]。

黑龍江將軍額爾圖與杜爾伯特旗協理台吉會審，將烏其拉勒圖擬以絞立決。該原案由黑龍江將軍咨行理藩院。而理藩院與三法司覆核，依據雍正五年定例，將烏其拉勒圖改擬爲絞監候。

【滿文原文】baicaci, tulergi golo be dasara jurgan i toktobuha kooli de yaya niyalma niyalmai norin, temen, ihan, honin ere duin hacin i ulha be emu niyalma hūlhaci ejen aha be ilgarakū tatame wambi sehebi. hūwaliyasun tob i sunjaci aniya wesimbufi toktobuha bade hūlhaha ulha komso yabuha turgun ubiyada akū oci, dalha hūlha be tatame wara weile tuhebufi, loode horifi bolori be aliyafi waki. boigon ulha be talafi bakcin i niyalma de bume, hehe juse be taka ceni harangga gūsade asarabufi, amala beidere de jergi eberembufi ini beye tucici, hehe juse be suwaliyame adaki culgan i da de benebufi ceni culgan i dorgi siden i baita de faššaha hūsun buhe taijisa de aha obume šangnambi sehebi. hūlha ucaraltu sejen tohoho emu morin be hūlhara de uthai jafabuha. umai niyalma be koro araha ba akū be dahame, harangga jiyanggiyūn ertu sei baci tuhebuhe songkoi uthai

---

[60] 《内閣全宗刑科題本》，檔案號2-1-7-14594-5，盛京刑部侍郎葛森題，乾隆元年五月八日。

[61] 《黑龍江將軍致杜爾伯特貝子的咨文》，中國第一歷史檔案館所藏《黑龍江將軍衙門檔》，乾隆二年四月十二日，檔案號13-1737，縮微號M8982（No.5），89—93頁。

tatame waci ojorakū hūlha ucaraltu be halafi hūwaliyasun tob i sunjaci aniya toktobuha kooli songkoi tatame wara weile tuhebufi, loode horifi bolori be aliyafi wame boigon ulha be talafi, bakcin i niyalma de buraci tulgiyan, hehe juse be harangga gūsade asarabufi, amala beidere de aika jergi eberebufi ucaraltu i beye tucici, hehe juse be suwaliyame adaki culgan i da de benebufi, siden i baita de faššaha hūsun buhe taijisa de aha obume šangnabume hūlhabuha emu morin be nergide hūlhabuha niyalma joo wen hūwa de afabuha sehebe dasame gisurere ba akū obume beidehebi.[62]

【漢譯】查理藩院定例內，凡偷盜他人馬駝牛羊四項牲畜，一人盜者不分主從絞決。雍正五年奏定：所盜牲畜為數無多，情節甚輕者，首犯擬絞監候，籍沒畜產，給付事主。其妻子暫留該旗，待其後之審理中本犯減等釋放，僉解鄰近盟長，給該旗效力台吉為奴。賊犯烏其拉勒圖偷竊套車之馬一匹，當即被獲，並無傷人等情。故不能依該將軍鄂爾圖所擬，處以絞立決。應照雍正五年定例，將賊犯改擬絞監候，籍沒畜產，給付事主外，將其妻子暫留該旗。若其後之審理中烏其拉勒圖減等釋放，與妻子一併解鄰近盟長，給該旗效力台吉為奴。所盜贓馬一匹，因已交給趙文華，不做議處。

同年九月十二日理藩院將該判決上奏皇帝，十四日奉旨將烏其拉勒圖處以絞監候[63]。隨後，黑龍江將軍就烏其拉勒圖應在何處收監、其秋審應如何辦理等問題，詢問了理藩院。

【滿文原文】baicaci, meni cicigar bai hancikan bisire durbet, jalait, gorlos i jergi gūsai monggoso gūsai niyalma, irgen sei morin ulha be hūlhaha baita be, meni yamun ci harangga gūsai aisilara taiji emke be gajifi acafi beideme wajiha manggi, harangga weilengge niyalma be kemuni meni meni gūsade afabufi tuwakiyabume ofi, joo wen hūwa i morin be hūlhaha durbet gūsai monggo ucaraltu be neneme meni yamun ci ceni gūsai aisilara taiji ucaral i emgi acafi beidefi, jurgan de bithe unggihe amala, weilengge hūlha ucaraltu be an i durbet gūsade afabufi tuwakiyabuha bihe. uttu ofi, jurgan ci isinjiha bithe songkoi durbet gūsai beise banjur de yabubufi weilengge hūlha ucaraltu be akdulame horifi tuwakiyabureci tulgiyen, damu ucaraltu serengge, durbet gūsai haranga monggo, te bolori be alime horire de, eici harangga durbet gūsai bade horifi aliyaci acara, eici meni bai loode horifi aliyaci acara, jai wara weile tuhebufi bolori be aliyafi wara weilengge niyalma oci, kooli de aniyadari bolori beidere de

---

[62]《理藩院致黑龍江將軍之咨文》，《黑龍江將軍衙門檔》，乾隆二年九月十八日，檔案號7-1737，縮微號M8982（No.5），1411—1415頁。

[63]《理藩院致黑龍江將軍之咨文》，《黑龍江將軍衙門檔》，乾隆二年九月十八日，檔案號7-1737，縮微號M8982（No.5），1411—1415頁。

harangga weilengge niyalmai gebu hala aniya se da ba be baicafi beidere jurgan de boolambi. fafun i gamahangge bici aniyai dubede donjibume wesimbumbi. tatame wara weile tuhebufi bolori be aliyafi wara weilengge niyalma ucaraltu be, aniyadari bolori beidere de jurgan de boolaci acara acarakū, aika boolambihede, eici durbet gūsaci ya jurgan de boolaci acara, eici meni yamun ci boolaci acara, ereci amasi aika ere adali wara weile tuhebuhe weilengge niyalma be, fafun i gamame ohode ya bade fafun i gamara, aniyai dubede ya baci donjibume wesimbuci acara babe, jurgan ci jorifi bithe unggihe erinde dahame yabuki.[64]

【漢譯】查，我齊齊哈爾附近之杜爾伯特、扎賚特、郭爾羅斯等旗蒙古偷竊旗人、民人牲畜之案件，由本衙門偕該旗一名協理台吉會審完畢後，仍將該罪犯交各自旗分看守。關於偷竊趙文華馬匹之杜爾伯特旗蒙古烏其拉勒圖，前本衙門同伊旗協理台吉烏其拉勒會審咨院以後，將罪犯烏其拉勒圖照常交杜爾伯特旗看守。故依院之來文，轉行杜爾伯特旗貝子班珠爾，將罪犯烏其拉勒圖嚴加看管外，唯烏其拉勒圖係杜爾伯特旗蒙古，如今監候，應收監于該杜爾伯特旗，還是本衙門？再，若係監候罪犯，依例每年秋審時，須查明該犯姓名、年齡、籍貫報部。應決人犯，則于年末奏聞。應否將絞監候罪犯烏其拉勒圖每年秋審時咨報部院？若咨報，杜爾伯特旗應咨何部院，還是應由本衙門咨報？嗣後，若處決這等擬罪之罪犯，應在何處處決？年末由何處奏聞？俟院指示，咨行之日起遵行。

針對黑龍江將軍的以上問題，十月二十四日，理藩院回復稱，蒙古黑龍江交涉案件的秋審應照盛京之例辦理。

【滿文原文】baicaci, fung tiyan i jergi baci jafame baha monggo hūlha be beidefi boolanjiha de jurgan ci wesimbufi unggihe manggi, ceni baci horime alifi icihiyaha be dahame, erebe sahaliyan ulai jiyanggiyūn sede bithe unggifi, fung tiyan i jergi bai kooli songkoi ichihiyakini.[65]

【漢譯】查，奉天等處審理捕獲之蒙古盜賊，呈報（理蕃）院，待院具奏回覆後，由彼處收監承辦。故咨行黑龍江將軍等，照奉天等地定例辦理。

於是盜犯烏其拉勒圖被收監於黑龍江，匯入了乾隆三年秋審。同年三月，黑龍江將軍向刑部報告了烏其拉勒圖的年齡、籍貫以及理藩院等衙門的判決[66]。

---

[64] 《黑龍江將軍致理藩院之咨文》，《黑龍江將軍衙門檔》，乾隆二年閏九月二十三日，檔案號11-1737，縮微號M8982（No.5），887—895頁。

[65] 《理藩院致黑龍江將軍之咨文》，《黑龍江將軍衙門檔》，乾隆二年十月二十四日，檔案號8-1737，縮微號M8981（No.4），1662—1669頁。

[66] 《黑龍江將軍致刑部之咨文》，《黑龍江將軍衙門檔》，乾隆三年三月十二日，檔案號21-1738，縮微號M8984（No.8），92頁。

隨著乾隆八年東三省改設地方秋審[67]，蒙古與東三省的交涉案件亦隨之發生了變化。以《緩決招冊》中扎木素毒死王世有一案爲例：

奉天司。一起為藥死人命事。斬犯一名扎木素，年三十二歲，係土默特蒙古。該理藩院等衙門題前事內開：該臣等同刑部、都察院、大理寺會看得，蒙古扎木素藥死民人王世有一案，據調任盛京刑部侍郎兆惠等疏稱：扎木素因伯父沙克沙巴雇王世有種地，時與沙克沙巴女通姦，被扎木素遇見，懷恨已久。乾隆八年間王世有傭工日滿，另往別家傭工，仍往來伊家，乘空住宿。扎木素愈加氣憤。又聽見人說王世有要將伊姊夫致死，欲行霸佔伊姊之言，恐怕致死。正在無奈，忽想起從前跟隨伊兄班濟布出兵，醫生喇嘛交給藥方，內有蒙古藥名五樣，對杏仁油給人吃下就死，即往山內找尋收藏。乾隆九年二月二十二日，王世有復來伊家。扎木素留王世有吃飯，將毒藥拌在飯內。王世有吃下當即肚疼出門，跌倒昏迷殞命。屢審不諱。扎木素依例擬斬等因，具題前來。據此，扎木素合依蒙古例內凡謀殺人造意者斬律，擬斬監候，秋後處決等因，乾隆十年三月二十日題。二十二日，奉旨：扎木素依擬應斬著監候，秋後處決。餘依議。欽此。咨行理藩院轉行盛京刑部，將扎木素監候在案。乾隆十一年秋審。據盛京刑部侍郎托時等會審得：扎木素毒死民人王世有雖屬謀殺，但王世有既經奸占伊姐，更出欲害伊姊夫之語。該犯憤奸慮患，因而謀殺，與懷挾私仇者有間。扎木素應緩決等因具題。奉旨：三法司知道[68]。

該案匯入乾隆十一年秋審，盛京刑部侍郎等會審，將扎木素擬以緩決。皇帝降旨，將該判決交給三法司，以備製作招冊，供九卿諸官會審：

再如，乾隆十六年（1751）的刑部秋審題本中有以下案例。

一起為偷馬事。絞犯鄂岳。該臣等會看得，據黑龍江將軍傅爾丹會審，將鄂岳緩決具題前來。查鄂岳因出外往尋打魚之人，行至蒙庫圖地方，見人家院內栓有備鞍馬一匹，偷出走時被獲。乾隆十五年秋審，將鄂岳緩決。今該將軍仍擬緩決。查鄂岳偷馬僅只一匹，已經緩決一次。鄂岳應改可矜[69]。

另據同年《緩決招冊》的目錄作：

黑龍江將軍。一起為偷馬事。絞犯一名鄂岳，年四十二歲。係郭爾羅斯札

---

[67] 嘉慶《欽定大清會典事例》卷六六零："乾隆八年定：明刑折獄，民命攸關，推勘不厭詳審。自九年爲始，每遇秋審，令盛京刑部侍郎會同四部侍郎、府尹、巡察禦史，將本部重犯，並奉天府衙門重犯，逐案虛衷確審，分別情實、緩決、可矜匯題。俟九卿會審時，覆覈請旨"，4393頁。光緒《欽定大清會典事例》卷八四六："（乾隆）八年議準……又甯古塔、黑龍江等處所有秋審人犯與盛京路遠，恐難移解。即令該將軍會同巡察，照直省之例，分別審擬具題。九卿覈覆"，光緒《欽定大清會典事例》，《續修四庫全書》，上海：上海古籍出版社，1995年，323頁。

[68] 《刑部奉天省緩決囚犯招冊》，《內閣滿漢文黃冊》，檔案號5590，縮微號C046。

[69] 《內閣全宗刑科題本》，檔案號2-1-7-17225-3。雖然該題本首尾破損，無法斷定其作者與日期，但根據內容判斷，應由刑部尚書于乾隆十六年具題。

薩克台吉杜噶爾札布旗下烏乂里爾佐領下人[70]。

可知郭爾羅斯蒙古鄂岳偷馬一案，在黑龍江秋審中，鄂岳被擬以緩決。而在九卿會審中，改爲可矜。

結　論

本文就雍正至乾隆朝前期的蒙古秋朝審制度的形成和變化過程進行了詳細考究。現將要點歸納如下。

第一，自雍正元年起，清朝對蒙古人之間、或蒙古內地交涉死刑案件施行了朝審，而對蒙古盛京交涉案件，施行的是秋審。由於各旗的行政隸屬關係不同，札薩克旗和歸化城土默特旗之死刑案件的朝審工作由刑部山東司負責辦理，理藩院參加九卿會審。而察哈爾八旗之死刑案件的朝審工作由其他清吏司負責，理藩院不參加九卿會審。

第二，乾隆五至七年，蒙古各地的朝審案件紛紛轉爲秋審。歸化城土默特旗和察哈爾八旗的蒙古內地交涉案件，因改由直隸、山西省審轉而歸入各該省之地方秋審。其他蒙古死刑案件因由蒙旗呈報理藩院，故無地方秋審。此後，直隸邊外札薩克旗的蒙古內地交涉案件也改由直隸省審轉，並納入該省秋審了。關於蒙古秋審，高遠拓兒認爲，監候人犯由內地官員收監，則入地方秋審；由蒙古地方官員收監，則無地方秋審[71]。這一看法不太準確。因爲蒙古監候人犯皆由同知、通判、東三省將軍收監，採用何種秋審，取決於案件的審轉途徑：如果由內地官員審轉，則入地方秋審；如果由蒙古地方官員辦理，則無地方秋審。另外，入地方秋審的蒙古人犯無需提犯會勘。

在清代，秋朝審具有極其重要的意義。它不僅宣佈唯有皇帝擁有死刑的最高決定權，還顯示皇帝愛惜民命，不濫用刑罰，對待死刑重案特別慎重仔細，反復權衡斟酌，以達“至公至當”“刑罰得中”“無冤無枉”，從而彰顯皇帝的恩德與體恤[72]。在清廷看來，蒙古作爲皇帝的臣民，同樣應遵守這一制度。然而，清朝奉行的是八旗、外藩蒙古、內地直省統合於皇權之下，又彼此分立並行的體制。這意味著清廷在蒙古地區推行秋朝審時，不可能照搬內地之制，而需進行變通與調整。通過本文論述，我們可以清晰地看到，清朝將蒙古納入國家統一的司法體系的同時，根據蒙古監候人犯的收監地點、死刑案件的種類以及各旗的隸屬關係等諸多要素，以靈活的手段和策略，建立了符合蒙古地區特點的蒙古秋朝審。

---

⑩ 《刑部奉天省緩決囚犯招冊》，《內閣滿漢文黄冊》，檔案號5585，縮微號C046。

⑪ 高遠拓兒《清代秋審文書と「蒙古」——十八世紀後半～二十世紀初頭の蒙古死刑事件処理について》，69—70頁。

⑫ 關於秋审的功能，参見高遠拓兒《清代秋審制度の機能とその實態》；孙家红《清代的死刑監候》，273—306頁。

An Inquiry to the Mongol Autumn and Court Assizes during the Qing

Mongolkhuu

This article discusses the establishment and changes of the Mongol Autumn and Court Assize system in the first half the 18th century. It argues that in this process the Qing court integrated the Mongols into a unified judicial system.

清初顧實汗與清廷關係*

明・額爾敦巴特爾

前　言

自16世紀後期蒙古人再度皈依佛教以來，藏傳佛教格魯派（dGe-lugs-pa）在蒙藏地區得以發展壯大，進而在17世紀40年代初格魯派（黃帽派）在西藏建立了蒙藏聯合地方政權，17世紀50年代初又實現了五世達賴喇嘛的進京朝見。在此歷史進程中，厄魯特（衛拉特）蒙古政治領袖顧實汗（1582—1655）起到重要作用。但以往研究側重於清初五世達賴喇嘛的進京與受封等，而很少涉及顧實汗的相關事蹟。

清初蒙古、西藏、清廷之間的往來比較頻繁。其實在蒙古各部、西藏、清廷之間的“互動關係”中，厄魯特蒙古和碩特部顧實汗與清廷關係，值得深入研究。雖然意大利學者阿哈瑪德（Z.Ahmad）認爲顧實汗的“地位無法與達賴喇嘛相提並論”[①]，但是顧實汗在清初西藏格魯派地方政權的建立和五世達賴喇嘛進京朝見等重大歷史事件中，發揮了其重要的歷史作用，並與清廷較早建立和保持了長期的使臣往來關係。因此，筆者認爲，有必要梳理清初顧實汗與清廷關係及其主要事蹟。

一、17世紀30—40年代蒙藏局勢與清廷延請西藏高僧

據藏文《霍爾卻穹》（Hor-chos-’byung即《蒙古佛教源流》）記載，“持教法王顧實汗”（bsTan-'dzin-Chos-kyi-rgyal-po-Gu-shri-han）[②]，于水馬年（1582）出生在厄魯特蒙古，本名爲圖魯拜琥（Tho-rol-ba’i-hur）。顧實汗又譯固始汗，是厄魯特蒙古哈尼諾顏洪果爾第四子，十三歲時擔任萬人軍隊統帥。顧實汗在1644年清軍入關佔領北京之前已經與清廷建立關係，爲在西藏擔任“藏王”創造了條件。由於四世班禪喇嘛等西藏高僧曾派人到厄魯特蒙古遊牧地，請求顧實汗出兵援助，自1637年開始，支持格魯

---

* 本文爲國家社會科學基金西部項目“18—20世紀初蒙古佛教史研究”（16XZJ013）之相關成果之一。

① Zahiruddhn Ahmad, *Sino-Tibetan Relations in the Seventeenth Century*, Rome: Istituto italiano per il Medio ed Estremo Oriente, 1970, p.44.

② 藏文版《蒙古佛教源流》（Hor-gyi-chos-’byung-bzhugs-so），西寧：青海民族出版社，1993年，195頁；另參見：〔日〕窪田新一監修《“蒙古佛教史”研究》（三），東京：NOMBRE社，2012年，228—233頁。

派的顧實汗率領西蒙古大軍挺進青海[③]。1642年，顧實汗消滅當時西藏地方政權藏巴汗及其噶瑪噶舉派僧俗勢力之後，在西藏建立了格魯派甘丹頗章地方政權。蘇發祥認爲西藏甘丹頗章地方政權的性質是“蒙藏聯合地方政權”[④]。而烏雲畢力格則稱這個政權爲“和碩特汗廷”，“它直接管轄西藏和青海，使青藏地區在政治上走向一體化。汗廷的首腦是和碩特顧實汗”[⑤]。

以噶瑪噶舉派僧俗勢力代表藏巴汗爲首的西藏反格魯派勢力在1642年戰敗之前，也曾積極探索過利用蒙古軍事力量、擊敗格魯派勢力的策略。比如，據《班禪額爾德尼傳》記載，早在1633年，當時西藏舊政權藏巴汗，曾對漠南蒙古察哈爾萬戶派遣使者，說服林丹汗改宗，並力勸林丹汗率領蒙古軍前往西藏援助藏巴汗，聯合消滅西藏格魯派勢力[⑥]。但由於蒙古林丹汗在出征西藏的途中行至青海夏日塔拉之地時，患病身亡，聯合蒙古軍試圖消滅格魯派的藏巴汗計劃，未能得以實現[⑦]。1634年，蒙古末代大汗林丹汗在青海病故之後，林丹汗的宗教顧問墨爾根喇嘛于同年年底，以爲“天運”已轉移到滿洲人，帶著元朝時代用黄金鑄造的國寶“護法瑪哈噶喇佛像”，投靠了後金皇太極。1636年初夏，漠南蒙古各部、後金滿漢大臣等聚集于東北盛京（今瀋陽），共同推舉皇太極爲“博格達徹辰汗”（Boγda sečen qaγan），皇太極改國號爲“大清”，標誌著漠南蒙古各部正式歸附清朝。

值得關注的是，1636年漠南蒙古各部歸附清朝之後，如何收服漠北喀爾喀蒙古各部之問題，很快提到清朝日程上來。清朝統治者尚在關外時已認識到，西藏宗教領袖達賴喇嘛對漠北喀爾喀蒙古影響力之重要性。爲此，崇德四年（1639）十月，皇太極派遣以額爾德尼達爾漢格隆爲首的九人使者團前往西藏，並分别致書于“圖白忒汗”（即藏王）和西藏“掌佛法大喇嘛”二人[⑧]。其第一封書中的“圖白忒汗”是蒙古語，漢譯爲“藏王”。皇太極去信當時（1639），西藏地方政權掌權者是後藏的藏巴汗（藏霸汗）丹迥旺波（bStan-skyongs-dbang-po,1606—1642），皇太極在書中所稱“圖白忒汗”（藏王）正是這個藏巴汗丹迥旺波。此人爲西藏噶瑪噶舉派信徒，同時又是反格魯派勢力代表，當時“圖白忒（西藏）之主”，因此，皇太極希望他爲“振興三寶”，“敦遣”西藏高僧前來清朝“宣揚法教”。其第二封爲致“掌佛法大喇嘛”之書。此封信函中，皇太極所說“掌佛法大喇嘛”，當指達賴喇嘛，當時是五世達賴喇嘛洛桑嘉措

③　關於顧實汗（固始汗）率蒙古軍佔領青藏地區的緣由，五世達賴喇嘛在其《傳記》的《蒙古軍殲滅白利土司，固始汗佔領多麥地區》一節中，有較詳細的相關論述（參見五世達賴喇嘛阿旺洛桑嘉措著，陳慶英、馬連龍、馬林譯《五世達賴喇嘛傳》上册，北京：中國藏學出版社，2005年，123—126頁）。

④　蘇發祥《清代治藏政策研究》，北京：民族出版社，1999年，6—16頁。

⑤　關於“和碩特汗廷的建立”“和碩特汗廷對安多地區的統治”和“和碩特汗廷對西藏的統治”等，詳見烏雲畢力格、成崇德、張永江撰《蒙古民族通史》第四卷，呼和浩特：内蒙古大學出版社，1993年，67—87頁。

⑥　牙含章《班禅额尔德尼传》，拉薩：西藏人民出版社，1987年，32頁。

⑦　蘇發祥《清代治藏政策研究》，6頁。

⑧　齊木德道爾吉、巴根那編《清朝太祖太宗世祖朝實錄蒙古史史料抄——乾隆本康熙本比較》，呼和浩特：内蒙古大學出版社，2001年，519頁。

（Blo-bzang- rgya-mtsho, 1617—1682）時期。不過由於沒有明確提及"達賴喇嘛"這一稱號，此封信函也可理解爲有意使用抽象言辭，以保持其靈活性。

其實，皇太極1639年派遣的以額爾德尼達爾漢格隆爲首的九人使者團，沒有抵達西藏，而是抵達漠南蒙古"庫庫河屯"（歸化城，今呼和浩特）之後，返回了盛京（今瀋陽）。這可能與17世紀30年代末至40年代初的西藏政局劇烈動盪有關。據《清内秘書院蒙古文檔案彙編》史料記載，在崇德五年（1640）二月，以額爾德尼達爾漢格隆喇嘛爲首的前往西藏使者團仍在"庫庫河屯"城逗留時，皇太極曾向前往西藏使者團追加發送過詔書。其蒙古文詔書中說：

蒙古文詔書轉寫：

"aγuda örösiyegči nayiramdaγu boγda qaγan-u ǰarliγ-[un] bičig, siditen lam-a-nar-i ǰalar-a odoγsan erdeni darqan lam-a ekilen olan lam-a nar-a bičig ögbe, ta köke qotan-dur noγoγan-dur aγtaban[aγta-ban] tarγulaγuluy-a geǰü udatal-a büü saγudqun, noγoγan-i iden mori-dur-iyan idegülügseger yabu, siditen lam-a-nar-i ǰalaqu-yi saγad kikü kümün ügei, kerkibecü ǰoriγ-tan-u bütümüi-je, ta nököd-iyen ǰarim-ud-i qaγaslaju, tümed-ün kümün-tei maq-a sambadi [<Skt. samādhi] qaγan, tüsiy-e-tü qaγan, ǰasaγ-tu qaγan γurbaγula-dur urid elči ilege" ⑨

蒙古文詔書漢譯：

"寬温仁聖皇帝詔書，致書於前往延請神通喇嘛的額爾德尼達爾漢喇嘛等衆喇嘛，爾等勿在庫庫河屯爲養肥馬匹而久留，須邊養馬邊往前趕路，無人妨礙延請神通喇嘛，有志者必成。爾等分出人馬，與土默特人一同先給馬哈撒嘛諦塞臣汗、土謝圖汗和扎薩克圖汗三人遣使。"

上引皇太極蒙古文詔書說，要從西藏延請"神通喇嘛"（siditen lam-a），而在文中未出現漢文史料中的"高僧"或"聖僧"等語的對應詞。當然，將"神通喇嘛"意譯爲"高僧"也未嘗不可，但是在此爲儘量保持蒙古文史料的原貌，直譯爲"神通喇嘛"。這封詔書明確說明，皇太極一邊敦促逗留在中途"庫庫河屯"的、以額爾德尼達爾漢格隆爲首的延請使者團繼續往前趕路，一邊又勅令使者團與"庫庫河屯"城的土默特蒙古一同先遣使至漠北喀爾喀蒙古三汗，以協調延請西藏高僧計劃。

但是，以額爾德尼達爾漢格隆爲首的延請西藏高僧使者團並沒有繼續往前趕路，而是在"庫庫河屯"城郊"久留"之後返回了盛京。難道這是"抗旨"嗎？事情並非那麼簡單。學界周知，佛教一向崇尚"不殺生"精神，但在西藏佛教教派之間的權力鬥爭中，高僧們也曾使用過武力解決問題的方法。即在17世紀30年代後期，從西藏佛教教派之間的權力鬥爭需要出發，利用厄魯特蒙古與漠北喀爾喀蒙古之間的衝突，由格魯派高僧策劃、引入厄魯特蒙古軍隊進駐青藏高原，要求對格魯派進行軍事援助。爲此，1637年，厄魯特蒙古和碩特部顧實汗率領西蒙古軍隊挺進青海，首先殲滅了反格魯派的喀爾

⑨ 蒙古文原文，參見齊木德道爾吉、吴元豐、薩·那日松等編《清内秘書院蒙古文檔案彙編》第一輯，呼和浩特：内蒙古人民出版社，2003年，266頁。

喀蒙古綽克圖（也作卻圖）台吉軍隊。同年，顧實汗本人赴西藏，“于藏金剛座寺熱薩神變殿堂之中，展布雙足”，“並接受大法王之稱號與職位”[⑩]。然後從1639年夏季開始，作爲格魯派“大法王”的顧實汗大兵進攻青藏邊界中康地區，收服了該地區崇奉苯教、反對佛教的白利土司頓悅多吉（Don-yod-rdo-rje）及其土地和屬民。繼而顧實汗又率領“百萬雄師，轉戰南部”，至1642年陰曆二月，藏地所有王臣、百姓上下，“均改其傲慢之容，俯首禮拜，恭敬歸順”來自厄魯特蒙古和碩特部的顧實汗，顧實汗“即成爲全藏三區之主”[⑪]。同在1642年，由於扶持噶瑪噶舉派的西藏舊地方政權（噶斯政權）掌權者藏巴汗丹迥旺波和當道諸人發動反格魯派軍事行動，因此藏巴汗丹迥旺波被“大法王”顧實汗所生擒後處死，從而在西藏建立了格魯派地方政權。至此，格魯派借助厄魯特蒙古軍事力量，以戰爭的手段結束了反格魯派勢力即噶瑪噶舉派僧俗勢力在西藏的長期統治。因此，1639年左右的青藏地區正處於戰爭狀態，皇太極派遣的赴藏使者團無法安全進入藏區。

二、顧實汗與清廷之間的使臣往來

自1639年的清廷派遣赴藏使者團時隔3年餘，1642年春夏之際青藏高原政局發生了如前所述的劇變。在1642年西藏格魯派政權建立後的同年冬季，達賴喇嘛使臣和厄魯特蒙古戴青綽爾濟等一行抵達盛京。在此值得關注的是，厄魯特蒙古使臣抵達盛京。對此，在《清實錄》太宗朝崇德七年（1642）冬十月己亥記載中有較詳細的描述。其中說：

> “圖白忒部落達賴喇嘛遣伊拉古克三胡圖克圖、戴青綽爾濟等至盛京。【中略】上升御榻座，設二座於榻右，命兩喇嘛坐。其同來徒眾，行三跪九叩頭禮。於是命古式安布宣讀達賴喇嘛及圖白忒部落藏巴汗來書。”[⑫]

對上引史料中出現的“圖白忒”（西藏）五世達賴喇嘛派遣的伊拉古克三呼圖克圖和厄魯特部落戴青綽爾濟等西域使臣在盛京逗留8個月後，到崇德八年（1643）五月時準備“遣還”[⑬]。另外，從上引史料中的“命古式安布宣讀達賴喇嘛及圖白忒部落藏巴汗來書”來看，當時的皇太極對已故西藏藏巴汗似乎瞭解甚少。當伊拉古克三呼圖克圖、厄魯特蒙古和尼圖巴克式等青藏使臣準備返回時，皇太極還曾另派察干格隆等自己的七人團，與來自西域的使臣一起派往西域，並對五世達賴喇嘛、四世班禪等西藏宗教領袖和當時已故西藏舊政權藏巴汗以及西藏格魯派新政權政治領袖顧實汗等新舊政治領

---

⑩　五世達賴喇嘛著，劉立千譯注《西藏王臣記》，北京：民族出版社，2000年，127頁。

⑪　五世達賴喇嘛著，劉立千譯注《西藏王臣記》，128頁。

⑫　齊木德道爾吉、巴根那編《清朝太祖太宗世祖朝實錄蒙古史史料抄——乾隆本康熙本比較》，613—614頁。

⑬　關於西域青藏使臣到達盛京及其返回經過，詳見齊木德道爾吉、巴根那編《清朝太祖太宗世祖朝實錄蒙古史史料抄——乾隆本康熙本比較》，624頁。

袖，各致書函。現將皇太極致上述四人的信函原文照錄後略加闡釋。其中，皇太極致達賴喇嘛和班禪喇嘛二人的信函中說：

“大清國寬温仁聖皇帝致書于大持金剛達賴喇嘛。今承喇嘛有拯濟眾生之念，欲興扶佛法，遣使通書，朕心甚悅，茲特恭候安吉。【中略】又與班禪胡圖克圖書一，書詞與附送禮物同。”⑭

其實，在《清內秘書院蒙古文檔案彙編》所收蒙古文檔案史料中，也有與上引史料內容基本相同的皇太極致達賴喇嘛的信函。但僅在達賴喇嘛的稱號上蒙古文檔案史料中不稱“大持金剛達賴喇嘛”，而是使用“金剛持”的梵文式稱謂“瓦赤喇怛喇呼圖克圖達賴喇嘛”（wcir-a dar-a qutuγ-tu dalai lam-a）⑮，而且也並用“呼圖克圖”的稱謂。從上引史料及相關史料中，我們可以得知以下幾個含義。第一，皇太極1639年的信函曾稱達賴喇嘛爲“掌佛法達喇嘛”，而到1643年的皇太極信函則改稱爲“大持金剛達賴喇嘛”。“大持金剛”即“金剛持”是三世達賴喇嘛以來一直使用的達賴喇嘛稱號，梵文音譯爲“瓦赤喇怛喇”，因此皇太極使用這一稱號不僅將達賴喇嘛與其他高僧或大喇嘛區別開來，而且也等於實際上承認了西藏佛教達賴喇嘛轉世系統及其地位。第二，皇太極的1643年這封信函是在伊拉古克三和厄魯特蒙古戴青綽爾濟等青藏使臣來到盛京，並帶來達賴喇嘛、藏巴汗等致清朝皇帝的信函之後寫的，因此皇太極說“今承喇嘛有拯濟眾生之念，欲興扶佛法，遣使通書，朕心甚悅”。而且，從西藏和厄魯特蒙古方面也主動“遣使通書”這一點上看，當時西藏、厄魯特與清廷之間的關係是互動的。第三，皇太極向西藏派遣了以察干格隆爲首的自己的七人使團，表示與西藏宗教界修好關係。第四，皇太極致西藏另一位宗教領袖班禪喇嘛的信函“書詞與附送禮物”與達賴喇嘛完全相同，這表明至少在1643年當時清朝皇帝對達賴喇嘛、班禪喇嘛這兩位西藏宗教領袖是平等對待的。

崇德八年（1643）五月，皇太極致信達賴喇嘛、班禪喇嘛的同時，又“敕諭臧霸汗”（即藏巴汗）的信函中說：

“大清國寬温仁聖皇帝諭臧霸汗，爾書云佛法裨益我國，遣使致書，近聞爾為厄魯特部落顧實貝勒所敗，未詳其實，因遣一函相詢，自此以後，修好勿絕。”⑯

皇太極於1643年夏季致藏巴汗（臧霸汗）的上引信函，說明皇太極當時還不大清楚西藏舊政權掌權者藏巴汗於1642年春早已被顧實汗所殺的事實。或許也有可能出於慎重起見，皇太極將當時已經成爲西藏新的地方政權政治領袖的顧實汗在這封信中有意不稱“汗”，而是稱爲“顧實貝勒”，以示皇太極對藏巴汗“爲厄魯特部落顧實貝勒所敗，

⑭ 齊木德道爾吉、巴根那編《清朝太祖太宗世祖朝實錄蒙古史史料抄——乾隆本康熙本比較》，625頁。

⑮ 皇太極致達賴喇嘛的蒙古文信函原文，參見齊木德道爾吉、吳元豐、薩·那日松等編《清內秘書院蒙古文檔案彙編》第一輯，367—368頁。

⑯ 齊木德道爾吉、巴根那編《清朝太祖太宗世祖朝實錄蒙古史史料抄——乾隆本康熙本比較》，626—627頁。

未詳其實”。所以還要向已故藏巴汗遣使相詢，並希望“自此以後，修好勿絶”。

但是，皇太極在1643年同時致西藏格魯派新政權政治領袖顧實汗的信函，卻與“敕諭”藏巴汗的信函有所不同，值得仔細研究。即皇太極致顧實汗的信函說：

“大清國寬温仁聖皇帝致書于顧實汗，朕聞有違道悖法而行者，爾已懲創之矣。朕思自古聖王致治，佛法絶未嘗斷絶。今欲于圖白忒部落敦禮高僧，故遣使與伊拉古克三胡圖克圖偕行，不分服色紅黄，隨處諮訪，以宏佛教，以護國祚，爾其知之。附具甲胄全副，特以侑緘。”⑰

一讀上引皇太極信函便知，首先，身爲大清皇帝的皇太極致顧實汗的信函措詞比較客氣，既不像對藏巴汗那樣自上而下的使用“諭”和“賜”等言辭，也不是在致藏巴汗的信函中所稱的“顧實貝勒”，而是說“致書于顧實汗”。在此皇太極首先稱“顧實”爲“汗”，並對顧實汗懲處西藏“違道悖法而行者”予以肯定。但這“違道悖法而行者”，具體指的是崇尚苯教、反對佛教的白利土司呢，還是指反對格魯派的西藏舊政權藏巴汗呢，尚不明朗。如果僅從佛法與“異端”學說的角度去分析，指的可能是白利土司。然而從當時的具體歷史背景與“政敵”的角度去分析，指的無疑就是反格魯派的藏巴汗。其次，皇太極說“自古聖王”治理天下，“佛法未嘗斷絶”。作爲當今大清之皇帝要仿照“聖王”治理國家的做法，從“圖白忒”（即西藏）敦請高僧，“不分服色紅黄，隨處諮訪”佛法。衆所周知，格魯派僧人是以戴黄帽著稱，故别稱黄帽派，黄帽派佛教又略稱“黄教”。因此，“不分服色紅黄”的言下之意就是，除格魯派（黄帽派）之外，噶瑪噶舉派、薩迦派等諸教派高僧，均可敦請，“以宏佛法，以護國祚”。這些僅從“佛教教派”理論層次上論事的皇太極信函表明，對當時西藏格魯派勢力與噶瑪噶舉派勢力之間你死我活的流血戰爭史實和西藏宗教界的複雜現實，皇太極還似乎不夠十分瞭解。

但是，皇太極致顧實汗的信函中有一點是十分清楚，而且極其重要的。那就是皇太極不僅承認顧實汗爲1643年當時西藏之“汗”（即藏王），而且將“不分服色紅黄”弘揚佛法，“以護國祚”之重任交付顧實汗“知之”。

關於清初顧實汗與清廷關係，下述歷史事實特别值得重視。即於1643年陰曆8月皇太極去世後，同年9月，一年前已成爲“藏王”的厄魯特蒙古和碩特部顧實汗派遣的使臣抵達京師。據《清實録》崇德八年（1643）九月戊申記載：

“厄魯特部落顧實汗遣使奏言，達賴喇嘛功德甚大，請延至京師，令其諷誦經文，以資福佑。許之。”⑱

關於這一點，稍後有如下相關史料。據《清實録》順治元年（1644）正月己亥記載：

“遣使偕喇嘛伊拉古克三胡圖克圖往迎達賴喇嘛，仍以書諭厄魯特部落顧

---

⑰ 齊木德道爾吉、巴根那編《清朝太祖太宗世祖朝實録蒙古史史料抄——乾隆本康熙本比較》，627頁。

⑱ 齊木德道爾吉、巴根那編《清朝太祖太宗世祖朝實録蒙古史史料抄——乾隆本康熙本比較》，646頁。

實汗知之。”[⑲]

從上引兩份史料來看，延請達賴喇嘛到京師（入關前指盛京）誦經福佑皇帝的建議，是由厄魯特蒙古和碩特部出身的、當時已成爲西藏格魯派政權政治領袖的顧實汗首先提出的。而且，顧實汗認爲達賴喇嘛（當時指五世達賴喇嘛洛桑嘉措）“功德甚大”，因此顧實汗建議，延請達賴喇嘛“至京師”。對此，清廷在1644年正月的遣使覆信中“書諭”說，延請達賴喇嘛進京之事，仍交付“厄魯特部落顧實汗知之”。可見，清廷延請五世達賴喇嘛進京過程中，西部厄魯特蒙古和碩特部顧實汗，發揮了重要作用。這是以往研究往往忽略或涉及較少的問題，應當依據史料，客觀評價顧實汗的歷史功績。

自清廷“書諭”顧實汗時隔近兩年，在順治二年(1645）十二月，厄魯特蒙古和碩特部顧實汗派遣其子“多爾濟達賴巴圖魯台吉”進京朝見。此前在崇德八年(1643)八月皇太極去世後，順治帝雖已嗣位，但由於當時順治帝年僅6歲，直到順治七年(1650)十二月多爾衮病逝爲止的一段時間，實際上由和碩睿親王多爾衮攝政。1644年，清軍入關成功，清朝遷都北京。因此，此次1645年清朝入關後來京的顧實汗之子“多爾濟達賴巴圖魯台吉”，向定鼎北京不久的幼年順治帝請安，並奏言：

“傾聞天使同伊拉古克三胡圖克圖已從釋迦牟尼佛廟西行，與我國汗議和好禮，彼處議定，則臣等無不奉命。”[⑳]

上引史料中的“釋迦牟尼佛廟”，是指土默特首領阿拉坦汗（俺答汗）於1579年在漠南蒙古庫庫河屯（歸化城）建成的“弘慈寺”，後被改稱“無量寺”，俗稱大召寺。由此得知，在一年多之前，皇太極從盛京（瀋陽）與伊拉古克三胡圖克圖喇嘛等一同派遣的清廷赴藏使臣，在順治二年(1645）十二月前“已從”庫庫河屯（歸化城）的“釋迦牟尼佛廟西行”。

1642年蒙藏聯合統治的格魯派政權即和碩特汗廷在西藏的建立和1644年清朝入關、定鼎北京等重大歷史變化，對清廷與西域之間的書信往來也帶來了很大變化。入關後的清廷已認識到，厄魯特蒙古和碩特部顧實汗和格魯派勢力，已經主宰了青藏地區。而厄魯特蒙古顧實汗方面，也對入關後的清朝似乎有了新的認識。繼順治二年（1645）十二月後，順治三年（1646）三月，“厄魯特部落多爾濟達賴巴圖魯、喀爾喀部落買達里呼圖克圖等來貢駝馬”[㉑]。其中，“厄魯特部落多爾濟達賴巴圖魯”，當是在1645年年底來朝的厄魯特蒙古和碩特部顧實汗之子“多爾濟達賴巴圖魯台吉”。這些都說明，西部厄魯特蒙古顧實汗與清廷之間的往來比較頻繁，對五世達賴喇嘛的進京起到了促進作用。

另據《清實錄》順治三年（1646）八月戊戌記載：

“前遣往達賴喇嘛之察罕喇嘛還。達賴喇嘛、厄魯特部落顧實汗等遣班第

⑲ 齊木德道爾吉、巴根那編《清朝太祖太宗世祖朝實錄蒙古史史料抄——乾隆本康熙本比較》，649頁。

⑳ 齊木德道爾吉、巴根那編《清朝太祖太宗世祖朝實錄蒙古史史料抄——乾隆本康熙本比較》，680頁。

㉑ 齊木德道爾吉、巴根那編《清朝太祖太宗世祖朝實錄蒙古史史料抄——乾隆本康熙本比較》，683頁。

達喇嘛、達爾漢喇嘛等同來上表請安。”[22]

由此可見，“厄魯特部落顧實汗”和達賴喇嘛二人派遣班第達喇嘛等使者，與以前清廷遣往達賴喇嘛處的察罕喇嘛一同前來朝廷請安。繼而在順治四年（1647）二月初：

“達賴喇嘛、班禪胡圖克圖、巴哈胡圖克圖、魯克巴胡圖克圖、伊爾札爾薩布胡圖克圖、薩思夏胡圖克圖、額爾濟東胡圖克圖、伊思達胡圖克圖、諾門汗各上書請安，並獻方物。”[23]

上引史料中的“諾門汗”，爲蒙古語“nom-un qaγan”的音譯，一般音譯作“諾門汗”或“諾門罕”，但其意均爲“法王”。如前所述，早在1637年，厄魯特蒙古和碩特部顧實汗率軍挺進青海後，同年顧實汗親赴西藏時，已“接受大法王之稱號與職位”[24]。因此，這一“諾門汗”即“法王”，無疑是指顧實汗。也就是說，除了西藏宗教領袖達賴喇嘛、班禪呼圖克圖等八位呼圖克圖之外，1642年建立的西藏格魯派政權政治領袖、厄魯特蒙古顧實汗也向清朝皇帝“尚書請安，並獻方物”。

值得關注的是，順治五年（1648）五月，由“厄魯特部落顧實汗”派遣的使臣來到朝廷，對清朝“貢方物”。值得注意的是，《清實錄》稱顧實汗是在“貢”方物,以示君臣關係。而且，清廷對顧實汗的來朝使臣，“宴賚如例”[25]。爾後，清廷爲延請達賴喇嘛進京之事，遣使復書五世達賴喇嘛時，除與格魯派另一位宗教領袖四世班禪喇嘛協調之外，格外重視與厄魯特蒙古顧實汗的溝通和協調。於是“大清皇帝”對五世達賴喇嘛、四世班禪和厄魯特蒙古顧實汗等三人，遣使“賚書”各一函。關於此次“大清皇帝”致書於以上三人的各信函，在《清實錄》順治五年（1648）五月甲申記載中說：

“遣喇嘛席喇布格隆等賚書存問達賴喇嘛，並敦請之。又遺書存問班禪胡圖克圖、訥門汗，俾勸達賴喇嘛來京，各賜以金鑲玉帶、銀茶桶等物。”[26]

首先，上引史料中所說的、此次清廷派遣“席喇布格隆”等使者“敦請”達賴喇嘛進京的舉措，是在厄魯特蒙古顧實汗對清朝“遣使貢方物”之後發生的。其次，清廷同時對“班禪胡圖克圖、訥門汗”二人“遺書存問”，並要求他們協助清朝“勸達賴喇嘛來京”。再次，史料中的“訥門汗”，如前所述，爲蒙古語“nom-un qaan”的音譯，一般音譯作“諾門汗”，但其意均爲“法王”。早在1637年，顧實汗親赴西藏時，已“接受大法王之稱號”。因此，這一“訥門汗”即“法王”，無疑也是指顧實汗。對此，另有蒙古文檔案史料，足以證明這一點。因爲，此次作爲“大清皇帝”的順治帝致書于五世達賴喇嘛、四世班禪喇嘛和顧實汗等三人的三封信函蒙古文檔案史料中，分別明確稱三人爲“瓦赤喇怛喇呼圖克圖達賴喇嘛”（wcir-a dar-a qutuγ-tu dalai lam-a）、“班禪

[22] 齊木德道爾吉、巴根那編《清朝太祖太宗世祖朝實錄蒙古史史料抄——乾隆本康熙本比較》，691頁。

[23] 齊木德道爾吉、巴根那編《清朝太祖太宗世祖朝實錄蒙古史史料抄——乾隆本康熙本比較》，696頁。

[24] 五世達賴喇嘛著，劉立千譯注《西藏王臣記》，127頁。

[25] 齊木德道爾吉、巴根那編《清朝太祖太宗世祖朝實錄蒙古史史料抄——乾隆本康熙本比較》，713頁。

[26] 齊木德道爾吉、巴根那編《清朝太祖太宗世祖朝實錄蒙古史史料抄——乾隆本康熙本比較》，713頁。

呼圖克圖”（bančan qutuγ-tu）和“持教法王”（sašin-i bariγči nom-un qaγan）[27]。而這“持教法王”，是指西藏格魯派政權政治領袖、厄魯特蒙古和碩特部顧實汗。所以，清廷對作爲“持教法王”的政治領袖顧實汗也特意致書，使其勸說五世達賴喇嘛早日實現進京朝見。從顧實汗與清廷之間的書函來看，顧實汗對達賴喇嘛的進京發揮了重要作用。

《五世達賴喇嘛傳》中說，在土鼠年（1648）十一月，清朝“大皇帝派遣的喜饒喇嘛”等使者來到拉薩，向五世達賴喇嘛頒賜諭旨、珍寶等，並召請達賴喇嘛進京朝見[28]。這裏所說“大皇帝”，是指順治帝。“喜饒喇嘛”的“喜饒”，當是《清實錄》中出現的“席喇布喇嘛”的“席喇布”，它們只是藏名“shes-rab”的漢語不同音譯而已。史料顯示，順治帝派遣的清廷金字使者抵達拉薩，召請五世達賴喇嘛進京朝見。而五世達賴喇嘛卻沒有立即答應要緊的何時進京之事。但到了次年即順治六年正月，達賴喇嘛做出決定，“答應赴京”。關於這一點，《五世達賴喇嘛傳》中說：

> 土牛年（1649）新年初三日，“我（五世達賴喇嘛——引者）來到布達拉宮【中略】。為了不違背皇帝的聖旨，我答應赴京。中原地域遼闊，我擔心會染上天花和熱病，上書詳細具奏不能久留的理由，派噶舉喜饒和他的翻譯霍爾札西攜帶奏章及方物先行回京覆命”[29]。

上引史料顯示，1649年，首先，五世達賴在布達拉宮 “爲了不違背皇帝的聖旨”而“答應赴京”。但同時又以“擔心會染上天花和熱病”爲由，上書說明不能在內地久留的理由。其次，五世達賴爲儘快將上書送到北京，先派遣“噶舉喜饒”及其翻譯攜帶奏章先行回京覆命。可見，五世達賴“答應赴京”朝見，但條件是不能久留內地。其實，從清廷方面講，清朝召請五世達賴進京朝見之目的，既不是讓五世達賴“久留內地”，也不完全是爲了治理青藏地區，而主要是因爲正如後來順治帝在一次諭旨中所說的那樣，“尚有喀爾喀一隅未服，以外藩蒙古惟喇嘛之言是聽，因往召達賴喇嘛”[30]，也是與“清朝對蒙佛教政策”[31]有著密切關係的。

不久，五世達賴遣使承諾“於壬辰年夏月朝見”[32]。壬辰年是西元1652年，五世達賴喇嘛承諾在1652年夏季進京朝見。但是在《清實錄》順治六年（1649）十一月辛巳記載中也說：

> “達賴喇嘛遣噶布初西喇布，厄魯特部落顧實汗遣默爾根和碩齊等來朝

㉗ “大清皇帝”（當時爲順治帝）致達賴喇嘛、班禪喇嘛和顧實汗的三封蒙古文信函原文，參見齊木德道爾吉、吴元豐、薩·那日松等編《清内秘書院蒙古文檔案彙編》第三輯，11—13頁。

㉘ 五世達賴喇嘛阿旺洛桑嘉措著，陳慶英、馬連龍、馬林譯《五世達賴喇嘛傳》上冊，183頁。

㉙ 五世達賴喇嘛阿旺洛桑嘉措著，陳慶英、馬連龍、馬林譯《五世達賴喇嘛傳》上冊，184頁。

㉚ 齊木德道爾吉、巴根那編《清朝太祖太宗世祖朝實錄蒙古史史料抄——乾隆本康熙本比較》，778頁。

㉛ 參見M.額爾敦巴特爾《清朝皇帝佛教觀及其對蒙佛教政策》（中文），載韓國*MONGOLIAN STUDIES*，2011，31，pp.159-181.

㉜ 齊木德道爾吉、巴根那編《清朝太祖太宗世祖朝實錄蒙古史史料抄——乾隆本康熙本比較》，726頁。

貢。”[33]

其實，如上所引《清實錄》中的“噶布初西喇布”，正是在《五世達賴喇嘛傳》譯文中出現的“噶舉喜饒”。而且，除他之外，還有顧實汗派遣的“默爾根和碩齊”等使者來京“朝貢”。可見，達賴喇嘛每次遣使來朝，幾乎都有厄魯特蒙古顧實汗派遣的使者同行。

至此，清廷方面的遣使也頻繁起來。據《清實錄》記載，在順治八年（1651）四月，清廷又“遣多卜臧古西等賫諭書、禮物，往召達賴喇嘛”[34]。至於清廷這批使者何時抵達拉薩，西藏方面的史料爲我們提供了可靠的依據。關於這一點，在《五世達賴喇嘛傳》中說：

> “雖然我（五世達賴喇嘛——引用者）還沒能準備好這一年動身，但是皇帝的聖旨關係重大，要我必須在龍年（1652）啟程去漢地。我還得特意去桑耶、昌珠和曲科傑寺朝聖。因此，我於（鐵兔年，1651）八月二十九日匆忙離開哲蚌寺，踏上旅程，在大昭寺逗留了五天。此時（鐵兔年九月初——引用者）皇上派遣的以喜饒喇嘛、噶居喇嘛、察罕達爾漢曲傑、多卜臧古西、多吉達爾汗諾顏五位欽差為首的召請我的使者二百多人抵達拉薩，向我頒發了聖旨、金銀、緞匹等大批賞賜物品。”[35]

從以上兩份漢藏史料得知，清廷派遣的“多卜臧古西”等這批使臣於鐵土年（1651）九月初抵達拉薩。重要的是，上引史料顯示，以“希饒喇嘛”等五位欽差爲首的清廷200多名使臣團，隆重召請五世達賴喇嘛、敦促早日進京朝見。五世達賴喇嘛在接收順治帝的“聖旨、金銀”等之後，積極開展了爭得西藏宗教界高僧大德的同意、特意會見西藏格魯派政權政治領袖顧實汗等一系列重要的赴京準備工作。爾後于龍年（1652）三月十五日，五世達賴喇嘛一行從拉薩啟程，前往北京。他們途經青海塔爾寺、甘肅、寧夏和鄂爾多斯等地，在同年10月抵達漠南蒙古“庫庫河屯”（歸化城）。十一月初，五世達賴喇嘛一行抵達察哈爾蒙古鑲藍旗遊牧地境內的“代噶地方”。代噶又作岱噶，爲今內蒙古自治區烏蘭察布市東部涼城縣境內“岱海”。十二月初，達賴喇嘛一行途徑張家口巴彥寺[36]，終於在順治九年十二月中旬（1653年初）抵達北京，“謁上於南苑。上賜坐，賜宴。達賴喇嘛進馬匹、方物，並納之”[37]。可見，五世達賴喇嘛在北京南部皇家田獵處“南苑”謁見了順治帝，皇帝對他“賜坐、賜宴”。

---

[33] 齊木德道爾吉、巴根那編《清朝太祖太宗世祖朝實錄蒙古史史料抄——乾隆本康熙本比較》，731頁。
[34] 齊木德道爾吉、巴根那編《清朝太祖太宗世祖朝實錄蒙古史史料抄——乾隆本康熙本比較》，752頁。
[35] 五世達賴喇嘛阿旺洛桑嘉措著，陳慶英、馬連龍、馬林譯《五世達賴喇嘛傳》上冊，197頁。
[36] （清）納塔著，喬吉校注《金鬘》（Altan Erike），呼和浩特：內蒙古人民出版社，1999年，159頁。
[37] 齊木德道爾吉、巴根那編《清朝太祖太宗世祖朝實錄蒙古史史料抄——乾隆本康熙本比較》，783頁。

三、顧實汗的受封

五世達賴喇嘛在北京東黃寺等處逗留兩個多月後，返回內蒙古代噶地方又逗留一段時間。其間，在順治十年（1653）四月，順治帝正式冊封五世達賴喇嘛，授予金冊、金印，印文曰“西天大善自在佛所領天下釋教普通瓦赤喇怛喇達賴喇嘛之印”[38]。

近年來，我們也能夠看到順治帝冊封五世達賴喇嘛的蒙古文檔案史料，其中的蒙古文冊文與上引漢文冊文是基本相同的[39]。順治帝冊封五世達賴喇嘛爲“西天大善自在佛所領天下釋教普通瓦赤喇怛喇達賴喇嘛”這一稱號中，“瓦赤喇怛喇達賴喇嘛”這一部分，顯然是襲用了蒙古土默特萬戶首領阿拉坦汗（俺答汗）於1578年在青海授予索南嘉措（三世達賴喇嘛）的稱號。因此，襲用“瓦赤喇怛喇達賴喇嘛”這一稱號，首先對承認達賴喇嘛轉世系統，利用其宗教影響力促使漠北喀爾喀蒙古等歸附清朝，具有歷史意義。其次，順治帝正式冊封五世達賴喇嘛，具有宗教意義和政治意義。對五世達賴喇嘛而言，利用大清皇帝的威望和冊封，更加提高和鞏固了自己在西藏各教派中的宗教領袖地位。儘管五世達賴喇嘛並不是當時西藏的政治領袖，而且在其自傳中五世達賴喇嘛本人也大寫他赴內地途中的諸多傳教活動，但是五世達賴喇嘛進京朝見與受封本身實屬政治活動，已是公認的客觀事實。

尤其有必要指出，以往研究在探討五世達賴喇嘛進京之事時，大多都將五世達賴喇嘛幾乎當成當時西藏君主或政治代表而論述，而忽略或輕視當時西藏格魯派政權政治領袖顧實汗的存在，這是不符合歷史事實的。其實，當時的清廷反而並沒有這麼做，清廷在冊封五世達賴喇嘛爲“西天大善自在佛所領天下釋教”的宗教領袖的同時，並未忘記同時冊封當時西藏格魯派政權政治領袖、厄魯特蒙古和碩特部顧實汗。據《清實錄》順治十年（1653）夏四月丁巳記載：

> “封厄魯特部落顧實汗為遵行文義敏慧顧實汗，賜之金冊、金印。文用滿、漢、蒙古字，冊文曰：帝王經綸大業，務安勸庶邦，使德教加于四海庶邦，君長能度勢審時，歸誠向化，朝廷必加旌異，以示懷柔。爾厄魯特部落顧實汗尊德樂善，秉義行仁，惠澤克敷，被於一境，殫乃精誠，傾心恭順，朕甚嘉焉。茲以金冊印封為遵行文義敏慧顧實汗，爾尚益矢忠誠，廣宣聲教，作朕屏輔，輯乃封圻，如此則帶礪山河，永膺嘉祉，欽哉。印文曰：遵行文義敏慧顧實汗印，其冊印即付伴送達賴喇嘛之侍衛喇嘛，內大臣囊努克、修世岱等齎往。”[40]

毫無疑問，上引冊文在時間上雖在順治十年（1653）四月寫成，但由於顧實汗當時

---

[38] 齊木德道爾吉、巴根那編《清朝太祖太宗世祖朝實錄蒙古史史料抄——乾隆本康熙本比較》，789頁。

[39] 蒙古文冊文原文，參見齊木德道爾吉、吴元豐、薩·那日松等編《清內秘書院蒙古文檔案彙編》第四輯，45—48頁。

[40] 齊木德道爾吉、巴根那編《清朝太祖太宗世祖朝實錄蒙古史史料抄——乾隆本康熙本比較》，789—790頁。

在西藏，“其冊印即付伴送達賴喇嘛之侍衛喇嘛，內大臣囊努克、修世岱等齎往”至西藏顧實汗處，因而其實際受封時間比五世達賴喇嘛稍晚。

近年成爲利用可能的內容基本相同的蒙古文冊文檔案中，儘管也有將顧實汗稱作“厄魯特國顧實汗”（ögeled ulus-un güsi qaγan）㊶的字樣，但這些並非冊文的實質性內容。而關鍵在於，上引冊文的核心內容是清廷冊封西部厄魯特蒙古和碩特部顧實汗爲“遵行文義敏慧顧實汗”的同時，使其成爲大清皇帝的“屏輔，輯乃封圻”。在此，大清皇帝讓顧實汗成爲皇帝的輔佐而治理西部邊疆，以冊封的公文形式明確確認了大清皇帝與當時西藏格魯派政權政治領袖之一、厄魯特蒙古顧實汗在政治上的君臣關係。因此，這是自元朝以來中央政府以冊封的形式再度明確當時西藏格魯派政權屬於中國地方政權的歷史性重要事件。正因爲如此，清廷冊封政治領袖顧實汗的史實與冊封宗教領袖五世達賴喇嘛的史實同樣重要。

結　語

清廷不僅將顧實汗當作當時西藏政治領袖而加以金冊、金印冊封，而且于1655年顧實汗在拉薩哲蚌寺逝世之後，清朝順治帝也曾給予顧實汗如下的高度評價。據《清實錄》順治十三年（1656）春正月癸未記載：

> “諭理藩院，聞厄魯特顧實汗病故，念其歸順我國，克盡忠誠，常來貢獻，深為可嘉。宜予祭典，以酬其忠。應行事例，爾院會同禮部察議具奏”㊷。

順治帝對理藩院的上引上諭，簡明扼要而核心突出，其實無需多加闡釋。但筆者認爲，順治帝對顧實汗的上引評價，極其重要，值得關注。順治帝首先以大清皇帝的身份肯定了當時西藏格魯派政教合一政權政治領袖、厄魯特蒙古和碩特部顧實汗曾對大清國的“歸順”與“忠誠”，而且顧實汗常來朝貢，“深爲可嘉”。順治帝還要求理藩院和禮部，曾對大清國忠誠的已故顧實汗，不僅要“祭典、以酬其忠”，而且要“應行事例”。這是大清皇帝對顧實汗的多麼高的評價和厚禮，不言而喻。

但是，以往的研究往往忽略這一點，片面地討論清廷對五世達賴喇嘛的冊封與評價，而很少涉及或忽略清廷與顧實汗關係以及清廷的冊封與評價。其實，西部厄魯特蒙古和碩特部顧實汗在清朝入關之前已與清朝中央政府建立了關係，後又保持和加強了與清廷的關係，爲清朝進一步統一青藏地區和收服漠北喀爾喀蒙古、鞏固西部邊疆做出了重要貢獻。

㊶ 齊木德道爾吉、吴元豐、薩·那日松等編《清內秘書院蒙古文檔案彙編》第四輯，49頁。

㊷ 齊木德道爾吉、巴根那編《清朝太祖太宗世祖朝實錄蒙古史史料抄——乾隆本康熙本比較》，820頁。

附記：東京外國語大學FUTAKI Hiroshi（二木博史）教授是筆者于1993年4月至1996年3月在東京外國語大學攻讀碩士學位期間的導師之一，也是筆者後來于2003年3月在日本大正大學答辯通過的博士學位論文校外特聘審查委員。多年來，筆者承蒙恩師學術上的細心指導和生活上的多方關照，對此一併表示最衷心的感謝。

On the Relationship Between Gushri Khan and the Early Qing Imperial Court

M. Erdenebaatar

Ögeled Mongol's Gushri Khan(1582-1655) was an important figure in the beginning of the Qing dynasty. Based on the *Qingshilu* records, Mongolian historical documents, and the Fifth Dalai lama's autobiography, this article analyzes Gushri khan's activities in Tibetan in 1642 and that the Fifth Dalai lama went to Beijing to see the emperor, focusing on the relationship between Gushri khan and the early Qing imperial court I argue that the good relationship of Gushri khan and the early Qing court aided the unification of the Qinghai-Tibetan plateau and the early Qing territory and helped the Qing to consolidate its western frontier.

五世達賴喇嘛致蒙古部三封書信研究

魏建東

五世達賴喇嘛是在西藏歷史中起著重要作用的一位人物，其文集有28卷之多，其文集內容豐富，研究五世達賴喇嘛的文集對於研究清初西藏歷史、宗教、文化有著非常重要的作用。五世達賴喇嘛文集中有一部書信集，名爲《致漢藏蒙尊卑中庸三品大眾詩詠書函・悅耳琵琶》（*rGya bod hor sog gi mchog dman bar pa rnams la 'phrin yig snyan ngag tu bkod pa rab snyan rgyud mngas zhes bya pa bzhugs so*）[①]，其中包含書信三百零二封，爲五世達賴喇嘛給漢地、蒙古、西藏乃至印度、尼泊爾等地的重要人物所寫的書信，這些書信在某種程度上亦爲是一種“遺留性史料”，具有特殊的史料價值。五世達賴喇嘛的這些書信中多運用華麗的詞藻，而且受到印度詩歌的影響，書信中多詩歌形式的韻文，再結合上五世達賴喇嘛喜用佛教的世界觀與詞彙來表達自己的想法，故而利用這些信件來進行歷史方面的研究有一定的難度。

國內外已有學者注意到這些信件，有些學者將其中部分信件進行翻譯和研究[②]，但是仍有大部分書信處於未被解讀的狀態。其信件中寫給漢地與藏地的信件較多，而寫給蒙古方面的信件則相對較少。筆者在閱讀中發現一組由五世達賴喇嘛寫給蒙古喀爾喀、衛拉特部的信件，本文試對這一組信件做一討論[③]。之所以選擇這組信做爲分析，有以下幾個原因：第一，五世達賴喇嘛其本人做爲西藏的宗教首領，那麼其書信所表達的意

---

① 該書信集收於五世達賴喇嘛全集，詳見DBRC W1KG825；第19冊，83—659頁。而國內將該書信集整理，並由西寧出版社於1993年出版，參見rGyal dbang snga pas brtsams: *rGya bod hor sog gi mchog dman bar pa rnams la 'phrin yig snyan ngag tu bkod pa rab snyan rgyud mang zhes bya ba bzhugs so*, 西寧：西寧民族出版社，1993年。

② 《西藏歷史檔案公文選・水晶明鉴》該書中收錄了五世達賴喇嘛書信集中五世達賴喇嘛與順治、康熙皇帝往來書信的譯文，詳見扎西旺都編，王玉平譯《西藏歷史檔案公文選・水晶明鉴》，北京：中國藏學出版社，2006年；關於國外的研究參見Cüppers, C, “A letter Written by the Fifth Dalai Lama to the King of Bhaktapur”, *Journal of the Nepal Research Centre*, Vol. 12 (2001), pp. 39-42; Dominique Townsend, “Epistles of Interdependence: Preliminary Reflections on the Fifth Dalai Lama's Letters to Terdak Lingpa,” in Bogin, Benjamin and Andrew Quintman, eds. *Himalayan Passages: Tibetan and Newar Studies in Honor of Hubert Decleer*, New York: Simon and Schuster, 2014; Kilby, C. *Epistolary Buddhism: Letter Writing and the Growth of Geluk Buddhism in Early Modern Asia*, PhD Dissertation. Retrieved from http://libra.virginia.edu/catalog/libra-oa:9030, 2015.

③ 書信詳情請參見rGyal dbang snga pas brtsams: *rGya bod hor sog gi mchog dman bar pa rnams la 'phrin yig snyan ngag tu bkod pa rab snyan rgyud mang zhes bya ba bzhugs so*, pp.374-378.

思也可能就是五世達賴喇嘛代表甘丹頗章政府所發表的言論，而不僅僅是其本人之心意，我們研讀這組書信，在一定程度上可將其作爲“公文文書”，可以將這組文爲作爲西藏與蒙古部落交往的直接文書加以處理，其作爲一種“遺留性史料”，對於蒙藏關係史的研究頗爲有益；第二，“喀爾喀——衛拉特會盟”這一事件在蒙古史，以至於清初的歷史都是非常重要的事件，這一組書信一共有三封，其中前兩封信是寫於1641年，第三封寫於1648年，正是在這個背景之下寫成的，故而對於我們更進一步瞭解“喀爾喀——衛拉特會盟”這一歷史事件有重要的作用。

在五世達賴喇嘛書信集中，一般一個標題下面，只有一封書信，而在這組致蒙古衛拉特、喀爾喀部的信件的標題下卻有三封書信。因爲書信中寫有致信對象的稱呼，故而我們可以推測這三封信分別是寫給何人。第一封信書寫於1641年，其致信對象藏文爲“byang phyogs yangs pa'i nor 'dzin gyi gzhir 'khod pa'i lus can spyir phan pa bsgrub pa'i bsams ldan kun mkhyen shākya'i rjes su zhugs shing gnas pa rnams”，譯爲“以温薩活佛爲主，安居北方持寶之地之諸眾，亦即爲眾生謀求利益全知釋迦之後輩諸眾”，故而推測其爲寫給喀爾喀與衛拉特蒙古僧眾的信件；第二封信亦寫於1641年，其致信對象比較明顯，爲“byang phyogs yangs pa'i nor 'dzin gyi gzhir 'khod pa'i khal kha'i rgya po/ tha bu nang mi bzang dmang dang bcas pa mtha' dag”譯爲“登上北方持寶之地之喀爾喀汗、塔布囊、百姓”；第三封信寫於1648年，其致信對象藏文爲“dza sag thu rgyal pos gtso pa'i kha kha'i rgyal po rgyal rigs dbang tha bu nang mi bzang sogs lugs zung gi bya ba'i kha lo sgyur ba mtha' dag”，譯爲“以扎薩克圖汗爲首之喀爾喀汗、王族、塔布囊、善人等踐行二道之事者”，可知該信亦寫給喀爾喀之貴族，但是卻提到了以扎薩克圖汗爲首之喀爾喀部。

該組信件的藏文標題爲“lcags sbrul khal kha tsho pa bdun dang o rod tsho pa bzhi phyi nang gi gzhung rnams legs spel ched du gnyer ba'i pho nya dang bcas mngags pa'i dus spyir lhab shog du bsrings pa mnyes gshin mja' ba'i mdud pa”，譯爲：“鐵蛇年（1641年）喀爾喀七旗與衛拉特四部内外諸官員爲了更好的發展而派遣使者之時，給予回信——友愛之結”，我們可以得出以下信息，在1640年喀爾喀——衛拉特會盟結束後，喀、衛二部派遣使者前往衛藏地區朝拜五世達賴喇嘛，而五世達賴喇嘛於彼時書寫了信件。我們查閱五世達賴喇嘛傳，發現在鐵蛇年確實有喀爾喀和衛拉特使團前來拉薩。五世達賴喇嘛傳中記載如下：

> “在此前後，喀爾喀、厄魯特的大批香客陸續湧進拉薩。厄魯特左翼墨爾根岱青在途中病故，他的夫人請我到魯浦林卡去主持超薦亡靈的法事。……以夏仲強巴的司寢官喀爾喀色欽諾門汗為首的左翼和右翼的僧人們在哲蚌寺的僧眾集會上連續十五天廣放豐施，我不得不去接受他們奉獻的大量禮物，我給喀爾喀厄魯特的香客們講授以灌頂法和佛像沐浴法，使他們從二規方面都感到滿

意。”[④]

該段記載中所提到的“厄魯特左翼墨爾根岱青（Mergen daičing）”，其爲準噶爾部哈喇忽剌之子，爲巴圖爾琿台吉之弟，參加過“喀爾喀——衛拉特會盟”。通過五世達賴喇嘛傳的記載，我們可以推測，前兩封信即爲上述該使團前往拉薩時，五世達賴喇嘛所寫的書信。

第三封信我們於五世達賴喇嘛傳中亦能找到該信件書寫時的相關信息。《五世達賴喇嘛傳》記載：

“色多托因、喀爾喀扎薩克圖汗以及額爾德尼琿台吉的代表來到拉薩，托因在法苑所在地給我贈送了四十多匹馬。”[⑤]

喀爾喀扎薩克圖汗以及額爾德尼琿台吉的代表來到拉薩的時間是1648年三月至五月間，結合第三封信的寫作時間，第三封信應該就是五世達賴喇嘛對扎薩克圖汗以及額爾德尼琿台吉之代表朝敬的回應。

第一封書信根據内容可以被分爲六部分，第一部分爲標題，第二部分爲信件的書寫者與授予者，第三部分講說北方之地之近況，第四部分講説衛藏地方近況，第五部分講説達賴喇嘛之期望，第六部分爲信件的書寫時間與地點。第二封書信同第一封書信内容基本一致，五世達賴喇嘛書信的整理者故而將很多相似的地方進行省略。第三封信可被分爲六部分，第一部分爲信件的書寫者與授予者，第二部分講説佛法之精要，第三部分講説先前先前法王依十善法行善政，第四部分講説現世北方之情況，第五部分講説期望，第六部分記錄書信書寫時間與地點。

转　　写

第一封信

(1) lcags sbrul khal kha tsho pa bdun dang o rod tsho pa bzhi phyi nang gi gzhung rnams legs spel ched du gnyer ba'i pho nya dang bcas mngags pa'i dus spyir lheb shog du bsrings pa mnyes gshin mdza' ba'i mdud pa/

(2) sa 'di'i mchod sbyin brgya pa gnam bskos bdag/ phun tshogs bsod nams stobs kyi dbang phyug bkas/ phul byung lha yi bla mar dbang bskur ba/ tā la'i bla ma badzra dha ra'i gtam/ dben sa sprul pa'i skus gtsos/ byang phyogs yangs pa'i nor 'dzin gyi gzhir 'khod pa'i lus can spyir phan pa bsgrub pa'i sems ldan kun mkhyen shākya'i rjes su zhugs shing gnas pa rnams la zlo ba/

(3) deng gi dus khyed rnams mchog tu rnam par dkar ba'i'bras bu las grub pa'i lus

④ 參見阿旺洛桑嘉措著，陳慶英、馬連龍、馬林譯《五世达赖喇嘛传》，北京：中國藏學出版社，2006年，131頁。

⑤ 參見《五世達賴喇嘛傳》（漢譯本），177頁。

’tsho’i ljon pa rab tu brtan cing/ rang rang gis bgyid par ’os pa’i thos bsam sgom pa’i yal ’dab mngon par rgyas par gnas sam/ ’di phyogs su nyi ma’i gnyen gyi ring lugs pa’ng ’du ba snyoms shing/ stobs bcu mnga’ ba’i lung rtogs kyi bstan pa spel ba dang/ lus can kun la gcig tu dka’ ba’i bsam pa yar ldan du mchis/

(4) nye ba’i char da lta dbus gtsang gi ljongs su bstan ’dzin chos kyi rgyal po ’byor te/ mnga’ ’bangs mtha’ dag dge ba’i lam la ’god cing/ bstan pa rin po cher gus mchod lhur len par gnas skabs bzhin/ de phyogs ’khod pa rnams la yang dri smed byed par mchod yon thun mong nas ’di pa rdzong sta byas yod cing/ snga sor de phyogs dar rgan nang so can la yi ge ngag bcas su bgyis pa’i don bzhin gzhung bzang po spel ba’i bstan pa’i khur blangs kyi do dam byas ’dug pa’i gnas tshul ’byor pas yid spro/ dge ba mtha’ dag rdzogs byang du bsngo ba’i rgyas ’debs nan tan du bgyis yod pa dang/

(5) slad nas kyang bstan pa rin po che dbyar mtsho ltar spel ba’i mthun rkyen phun sum tshogs pa bsgrub pa dang/ phyogs der ’khod pa’i skye bo mtha’ dag la phan bde ’byung ba’i phyir/ phan tshun du mid gnag pa’i bsam pa mtha’ dag ring du spangs de/ mdza’ gcugs kyis bcings pa’i gzhung bzang po sngar rgyun bzhin du gnas pa’i do dam bgyid dgos shing/ gal te blo mi bsrun pa ’ga’ zhig gis rang rang gi yon bdag sogs phyogs su bzung ste lugs gnyis dang mi mthun pa’i smras pa las ’gal tshe/ dam can rgya mtsho dpang du btsugs pa’i mngon spyod drag po’i ’phrin las kyis lus sems la brnag dka’ zhing lci ba’i chad pa ’bebs pa la mi ’jigs sam/ smras pa don ldan du bgyis pa rnams la gnas skabs mtha’ thug kun tu dge ba’i ding nge ’dzin bzang po’i skyabs ’jug byed pa yin/

(6) zhes ’phags pa’i yul du brī śa zhes ’dod cing/ bod skad du myos ldan zhes bsgyur ba/ lcags mo sbrul gyi lo’i khrums stod zla ba’i phyogs gnyis pa’i rgyal ba gsum pa’i tshes la chos sde chen po dpal ldan ’bras spung kyi lugs zung gi sgo ’phar cig car ’byed pa dga’ ldan pho brang nas bris/

第二封信

(1) byang phyogs yangs pa’i nor ’dzin gyi gzhir ’khod pa’i khal kha’i rgya po/ tha bu nang mi bzang dmang dang bcas pa mtha’ dag la zlo ba/

(2) deng gi dus khyed rnams mchog tu rnam par dka’ ba’i ’bras bu las grub pa’i lus ’tsho rab tu brtan cing/ rang rang gis bgyid par ’os pa’i blang dor gyi gnas rnams phyin ci ma log par ’dzol med du gnas pa’i skabs su chis sam/ ’di phyogs su dpal ldan shākya’i ’phrin las pa’ng ’du ba snyoms shing/ stobs bcu mnga’ ba’i ring lugs spel ba dang/ lus can kun la gcig dka’ ba’i bsam pa yar ldan du mchis/ [gzhan ma rnams gong dang ’dra ba la]/ gal te blo mi bsrun pa ’ga’ zhig gi byed pas smras pa las ’gal tshe/ [zhes pa nas gong dang ’dra ba zhig]/

(3) khal kha’i rgya po/ mi bzang sde dmangs dang bcas pa la gnang ba’o/

第三封信

(1) kun mkhyen zas gtsang sras po'i 'phrin las par ming yongs su grags pa ngag dbang blo bzang rgya mtsho 'jigs med go cha thub bstan lang tsho'i sde/ ming gzhan jing gir gan gyi yul du tā la'i bla ma badra dha ra zhes pa'i gtam/ dad stobs ldan pa dza sag thu rgyal pos gtsos pa'i khal kha'i rgyal po rgyal rigs dbang tha bu nang mi bzang sogs lugs zung gi bya ba'i kha lo sgyur ba mtha' dag la zlo ba/

(2) 'gro ba kun la gcig tu sman par mdzad pa'i phan dang bde ba'i dpung gnyen dam pa/ rgyal ba nyi ma'i gnyen gyis mngon par mtho ba dang nges par legs pa'i rgyu sgrub byed kyi thabs su gsung rab yan lag bcu gnyis bka' stsal ba mtha' dag/ brjod bya'i snying po mi dge ba bcu spong zhing/ dge ba bcu bsgrub par gsungs pas/

(3) sngon gyi 'dzam gling yangs pa'i rgyal khams su byon pa'i chos ldan rgyal po rnams kyis dge ba bcu'i khrims la brten nas rang gzhan gyi don rlabs po che bskrun pa ltar skye rgu kun gyi phan bde 'byung ba/ rgyal ba'i bstan pa rin po che la rag lus shing/ de yang yul so so'i sa chen po skyong ba rnams kyis rgyal khrims chos bzhin du spyod pa la rag lus pas/

(4) sngon nas rgyu mtshan rim par song ba ltar/ phyogs de'i phyi nang kun tu phan tshun mtha' dag mnyes gshin pa'i ngang tshul can gyis/ rang rang gi mnga' ris la chog shes pa dang/ sdig spyod kyi tshul la ngo tsha shes shing/ sngon nas gnyen dang mdza' grogs su gyur pa'i khrel yod ya rabs kyi spyod tshul nan tan du bgyis pa'i gzhung bzang po bde 'jags kyi lhag bsam gyi khur chen po dang ldan pa dgos tshul zhib pa er te na chos rje'i ngag nas smreng ba ltar brjod pa'i 'bras bu yang dag par smin pa nan tan gal che tshul 'dir bsam sbyor ngan pa'i kun dkris kyis log par 'khun/ dam can rgya mtshos chad pas lus sems la brnag dka' zhing lci bar mi 'gyur ram/

(5) smras pa don dang ldan pa rnams la gnas skabs su legs pa'i don rnams 'grub cing mtha' thug rdzogs pa'i byang chub mchog la reg pa'i bsngo smon gyi rgyas 'debs yid la 'grogs par byed/

(6) 'phags yul a dha rar 'bod pa/ kun 'dzin zhes pa sa pho byi ba'i lo chu shel dbang po gro bzhin gyis nya ba'i yar tshes dge bar chos sde chen po dpal ldan 'bras spungs nas bris/

翻　譯

第一封信

（1）鐵蛇年（1641年）喀爾喀七旗與衛拉特四部內外諸官員爲了更好的發展而派

遣使者之時，給予回信——友愛之結。

（2）地上百度供施之天子，圓滿福德力自在下令，給予殊勝天喇嘛以灌頂，達賴喇嘛金剛持之言語，對以温薩活佛[⑥]爲主，安居北方持寶之地之諸眾，亦即［爲眾生］謀求利益全知釋迦之後輩諸眾講說。

（3）時下，汝等從殊勝善果中證成之人身之樹苗壯生長，於汝各自所做中，合宜聞思修之枝葉是否繁茂？在［我］這個方向之佛教宗派，四大調和，平安穩固。十力具全之教證得到發展，使所有眾生一齊趨向難以思維［之崇高境界］。

（4）近來，衛藏之地，持教法王[⑦]已來，引導眾百姓走向善道，權且擔起恭奉佛教之任。又詢問彼地之諸眾，福田與施主［利益］是共通的，均於此地勞作[⑧]。此前多次向彼方之達爾汗囊素[⑨]致書，由是［彼處之］善官員承擔起弘揚佛教之任，故而我心裏非常開心，［將此］一切善根回向圓滿菩提，［將回向之］印鄭重地蓋上。

（5）今後，寶貝佛教就如夏日之海一般，其發展之順緣已圓滿證成。爲利樂彼方之眾生，便會被拋棄相互間不善之想法，爲友愛所系之善官員們亦需循前例而行事。若其心未被調伏者，各偏執於彼之施主，而未與二法[⑩]相合，對該種人遮止，依如海具誓［護法］作證之威猛伏魔法事業，身心受到難忍而沉重的懲罰，［對此］難道不畏懼嗎？而对于愿精進於利他之事諸眾應時時於善業之三摩地尋求護佑。

（6）［此信］於聖地，被稱爲brīśa的時間，翻譯成藏文叫myos ldan之時，在陽鐵

---

⑥　温薩活佛即衛拉特蒙古所稱之尹咱呼圖克圖。三世温薩活佛即羅卜藏丹津扎木措（Blo bzang bstan mdzin rgya mtsho），他曾於17世紀30年代被四世班禪派往衛拉特地區傳法，其後亦於喀爾喀地區傳法，並且參加了1640年舉行的喀爾喀——衛拉特會盟，他是一位在衛拉特及喀爾喀蒙古均有重要影響的一位活佛。在五世達賴喇嘛傳中記載其於17世紀30年代赴藏朝拜。這裏稱“以温薩活佛爲主”，即表明信件所寫的對象爲喀爾喀——衛拉特諸眾，而稱其爲“釋迦後輩”，說明這封信所寫的對象即爲喀——衛地區的僧眾。關於温薩活佛的研究，參見烏雲畢力格《關於尹咱呼圖克圖》，《內蒙古大學學報（哲學社會科學版）》1994年第1期。

⑦　這裏的“持教法王”應指和碩特部之固始汗。根據《五世達賴喇嘛傳》及《安多政教史》的記載，其於1636年，在準噶爾巴圖爾琿台吉的協助下，乘伊犁、塔城、海達克等大河、沼澤結冰之機，揮師東進，於1637年正月，以一萬軍隊滅綽克圖台吉三萬軍隊，佔領了青海，隨即被五世達賴喇嘛賜予“持教法王”的稱號和印章。

⑧　該句句意不是很清楚。

⑨　而彼方之“達爾漢囊素”，根據文意應爲此前喀爾喀右翼與衛藏溝通之使者，但由於資料受限，故而無法判定具體爲何人，但該句證實了於1641年之前，衛藏與喀爾喀右翼溝通的事實。

⑩　此處之“二法”，藏文原文爲lugs gnyis，這裏指世間法與出世間法。

蛇年八月之二十八日⑪，在具吉祥哲蚌寺之將二宗之門打開的甘丹頗章⑫寫成。

第二封信

（1）詔諭北方持寶之地之喀爾喀汗、塔布囊、眾百姓的書信。

（2）時下，汝等從殊勝善果中證成之人身之樹茁壯生長，［於汝各自所做中］，是否無倒無誤地做出了合宜的取捨？在［我］這個方向具吉祥釋迦之事業，四大調和，平安穩固。十力具全之宗派得到發展，使所有眾生一齊趨向難以思維［之崇高境界］。［其餘部分同上封信一樣］，若其心未被調伏者，以其所做，不符合其所說，此時，［之後部分同上封信一樣］。

（3）此信給予喀爾喀汗、善人、眾百姓。

第三封信

（1）於遍識一切淨飯王子⑬的事業中，廣爲人知的阿旺洛桑嘉措吉美果洽土登朗措得⑭，在成吉思汗所統治地方被稱爲達賴喇嘛瓦齊喇達喇之言語，對具虔誠之力之扎薩克圖汗爲主之王、王族、塔布囊、善人等將二道之輪轉動者講說。

（2）爲眾生謀求利益與安樂之最聖依護者，［也就是］佛陀，亦被稱爲太陽之親友，他所開示之十二分教⑮，是爲［令有情］能成就增上生與決定勝之原因。所開示之［十二分教］中最精要即爲“捨棄十不善而修證十善”。

（3）先前降臨於贍部洲國土之諸法王均依於十善法，致力於自他利益的謀求，如是九生眾生均得福利。於大寶佛法之庇護下，各地之掌權者均依國法、佛法而施政，如是而已。

---

⑪ brīśa<brisya，其藏文翻譯應爲khyu mchog，指的是一個饒迴（rab 'byung）中的第十五年，即鐵蛇年，而藏文myos ldan應指的一個饒迴的第十三年，其梵文對應爲pramāthi，應指土兔年，綜合來看，這封信的寫成日期應爲鐵蛇年，而非土兔年，故而myos ldan爲誤寫。khrums stod zla ba爲室宿月，八月的别稱。rgyal ba gsum pa，可指一個月的第十三天，被稱爲dkar phyogs rgyal gsum pa，亦可指一個月的第二十八天，被稱爲nag phyogs gsum pa，這裏稱爲phyogs gnyis pa'i rgyal ba gsum pa，故推測爲這個月的第二十八天。參見James Prinsep, *Forming an Appendix to the Journal of the Asiatic Society: Part the Second, Chronological and Genealogical Tables of Ancient and Modern India*, Calcutta: Printed at the Baptist Mission Press, 1836, pp.29-30.

⑫ 乃東政權時期，在哲蚌寺内設有乃東王室成員來拉薩時駐錫的名爲“rdo khang sngon po”的房子，第十一任帕竹第司旺·扎西扎巴堅贊執政時期將此房獻給第二輩達賴喇嘛根敦嘉措，命名爲“甘丹頗章”。此後第三輩、第四輩達賴喇嘛都曾於此地居住，一直到第五輩達賴喇嘛阿旺洛桑嘉措在哲蚌寺正式成立甘丹頗章政權爲止。參見才讓加《甘丹頗章睦期西藏的政治制度文化研究》，中央民族大學博士學位論文，2007年，9—10頁。

⑬ 此處指釋迦牟尼。

⑭ 此爲五世達賴喇嘛的全稱。

⑮ 十二分教，亦十二分教，十二部經。佛所説全部經教，依文體及含義歸納爲十二部分：契經、應頌、記别、諷誦、自說、因緣、譬喻、本事、本生、方廣、希法、論議，共十二部。參見張怡孫等主編《藏漢大辭典》，北京：民族出版社，1993年，3016頁。

（4）正如先前所循之現相因［乘］⑯之次第，彼方之内外諸衆皆具慈愛之本性，均爲知曉且滿足於自己所有，對惡行則感到羞愧。從前,成爲親屬與密友且謙遜之諸善官員，行爲高貴，做事勤勉，應肩負起誠心誠意［創造］安寧富足［生活］的重擔。正如額爾德尼法主⑰所言，所言之果清淨、成熟。如果這種情況下，因惡意惡行的縈纏而哀嘆，那麼就會爲誓言海所懲罰，身心上難道不會難忍而沉重嗎?

（5）如是所言，能引義者應於當下修證善義，到達圓滿究竟殊勝之菩提，將回向之印於心中系聯。

（6）於聖地被稱爲adhara，［藏地］被稱爲kun ’dzin的陽土鼠年七月十五日⑱，在具吉祥哲蚌寺中所寫。

信件分析

在分析五世達賴喇嘛的三封信之前，我們有必要對達賴喇嘛其書信的性質作一分析。Dominique Townsend就達賴喇嘛書信是公衆的（Public）抑或是私人的（Private）進行了討論，他認爲達賴喇嘛在他書寫這些信件之前就假定除了收信人之外肯定會有其他人來閱讀他的書信,最起碼他的書信需要有其他人來抄寫。而且五世達賴喇嘛作爲一位著名的上師，他們的著作往往被認爲是珍貴、神聖的，就像是佛陀的話語一樣，從這個意義上來講，除非是被標記爲秘密書信之外，五世達賴喇嘛的書信都均爲認爲是公開的書信⑲。我們現在看到的五世達賴喇嘛的書信集是經過整理的木刻板，按照Dominque Townsend的講法，其書信集中所收錄的書集應該均可以被爲認是公開的書信。我們在閱讀《清内秘書院蒙古文檔案》及《蒙古堂檔》時，亦發現了大量達賴喇嘛上奏給清朝皇帝的書信，其藏文原文不存，只存其蒙古文或滿文的翻譯本。其中有個别翻譯本可以

⑯ 現相因乘，即爲因乘，是修成佛之因。

⑰ 此處額爾德尼，在《五世達賴喇嘛》傳中數次出現，其被達賴喇嘛稱爲喀爾喀右翼的首領（khal kha g.yas ru’i dpon po er te ni hung tha’i ji），我們將蒙古文史籍《阿薩喇克其史》與《五世達賴喇嘛傳》中關於這位額爾德尼琿台吉的事跡加以對照，發現這位額爾德尼就是喀爾喀右翼碩壘賽因烏巴什（Solui sain ubasi，又被稱爲第一代阿勒坦汗）之子巴特瑪額爾德尼琿台吉（Badm-a erdeni qung taiji），即第二代阿勒坦汗，關於其事跡，參見桂花《入清前（1691）的喀爾喀萬户右翼研究》，内蒙古大學博士論文，2012年，64—66頁。

⑱ adhara<sarvadhārin，藏文稱爲kun ’dzin，是一個饒迴的第22年。gro bzhin爲藏歷七月，gro bzhin gyis nya ba應爲藏歷七月十五日。參見James Prinsep, *Forming an Appendix to the Journal of the Asiatic Society: Part the Second, Chronological and Genealogical Tables of Ancient and Modern India*,Calcutta: Printed at the Baptist Mission Press, 1836, pp.29-30。

⑲ Townsend, Dominique, “Epistles of Interdependence: Preliminary Reflections on the Fifth Dalai Lama’s Letters to Terdak Lingpa,” In Bogin, Benjamin and Andrew Quintman, eds. *Himalayan Passages: Tibetan and Newar Studies in Honor of Hubert Decleer*, pp. 301-318.

在五世達賴喇嘛書信集中找到原文[20]。於蒙文老檔中所存達賴喇嘛上奏給清朝皇帝的不僅有宗教性的詩歌，亦有處理世俗事務的回應，而相對應達賴喇嘛的書信集中卻僅有宗教性的詩歌，如此我們可以推斷，五世達賴喇嘛的書信集中所收錄的書信均爲經過收集和整理過的，主要是以宗教性的詩歌等爲主，不以處理世俗性事務爲目的的書信。故而這些書信的史料價值相對於世俗性的“檔案”則稍遜一籌。但是這些書信仍然是在特殊歷史條件下所產生的遺留性文獻，故而在理解這些文獻的創作背景的前提下，合理地利用這些文獻也是有價值的。

在了解這三封信的性質之後，我們來分析三封信件所反映出的歷史信息。首先分析三封信的書寫者與授予者作一分析。這三封信中第一封和第三封中提到了信件的書寫者。這兩封信中均達賴喇嘛將自己描述爲“達賴喇嘛金剛持”（tā la'i bla ma badzra dha ra），特別在第三封信中，提到在成吉思汗所統治的地方才被稱爲“達賴喇嘛金剛持”，金剛持，即梵文vajradhāra，稱達賴喇嘛爲金剛持，源即三世達賴喇嘛與俺答汗於1578年會面之時，俺答汗賜予達賴喇嘛“聖識一切瓦齊爾達喇達賴喇嘛”，自三世達賴喇嘛後，似未有蒙古汗對達賴喇嘛進行封號的賜予，直至順治十年（1653）被清賜爲“西天大善自在佛所領天下釋教普通瓦赤喇怛喇達賴喇嘛”。這裏達賴喇嘛稱自己爲“金剛持”，則是爲了向蒙古部眾標明自己在其部落中的宗教地位。而且根據齊光的研究，在1653年之後，達賴喇嘛給予蒙古喀爾喀部的書信之中，仍自稱爲“瓦赤喇怛喇達賴喇嘛”，同樣是爲了向蒙古部眾表明自己的崇高的地位[21]。這三封信的書信授予有些奇怪，二封信並沒有明確的書信授予對象，只運用了“以溫薩活佛爲主……”或者是“以扎薩克圖汗爲首的……”，可能五世達賴給予前來朝拜熬茶信徒們的一種回禮，故而未有明確的指稱。第二封信中致信對象提到“喀爾喀汗”，而第三封信提到“以扎薩

⑳ 將《內秘書院蒙古文檔案》與《五世達賴喇嘛書信集》作一對比，我們發現其中三封書信可以相互對應，茲列表如下：

書信藏文標題	《內秘書院蒙古文檔案》所收錄檔案頁碼	五世達賴喇嘛書信集中所收錄頁碼
Shing pho spre'u'i lo jur jir bag to rgyal pos se chen chos rje sogs gser yig pa skya ser tshan cher bsngags nas rgya nag po'i khyad nor mang po'i skyes dang bcas te bskur ba'i yig lan legs lam nor bu'i 'phreng ba/	（第二冊）第146—150頁	第30—32頁
Gong ma rgyal po hong de'i drung du o ba shi bā tha'i ji bdang ba'i dus phul ba'i zhu yig 'khor los sbyar ba'i gtam snyan/	（第二冊）第173—177頁	第91—93頁
Gong du shes rab bla ma 'gro skabs phul ba'i zhu yig mandha ra'i 'phreng ba/	（第二冊）第332—337頁	第93—96頁

㉑ 齊光《大清帝國時期蒙古的政治與社會——以阿拉善和碩特部研究爲中心》，上海：復旦大學出版社，55—63頁。

克圖汗爲首的……”，前後兩封信時隔7年，爲何會有不同的稱謂，這值得我們思考。根據烏雲畢力格的研究，1596年的塔喇尼河畔會盟推舉喀爾喀右翼的素班第爲扎薩克圖汗，這是喀爾喀左右勢力發生變化的開端。到了17世紀30年代，在第一代土謝圖汗袞布和第一代車臣汗碩壘的經營下，左翼勢力重振旗鼓。但是素班第在清朝的徵服浪潮面前，以喀爾喀萬戶之主自居，與後金——清朝對抗，並迅速與衛拉特蒙古媾和，於1639—1640年初之間建立了著名的喀爾喀——衛拉特聯盟，這又抬高了素班第在喀爾喀的地位[22]。故而從某種層面上講，該時段喀爾喀之主應爲扎薩克圖汗，然而從五世達賴喇嘛前後兩封信對致信對象的不同稱謂，我們可以推斷在1641年達賴喇嘛對於哪一位是喀爾喀之主，並不是很清楚，而到了1648年，達賴喇嘛通過與喀爾喀使者的溝通等方式，了解並認定了扎薩克圖汗爲喀爾喀之主。

其次對這三封書信的內容作一梳理。其中第一封信中，達賴喇嘛將自己視爲教法的執持者，關心彼方之眾，也即北方之喀爾喀與衛拉特諸眾其對佛法的修持情況。信中提到了彼方之眾從善根中證成人身，將人身比喻成樹，而將該地之百姓的聞思修的修行比喻成這棵樹的枝葉。這裏而且用了疑問句，即詢問北方之地諸眾聞思修是否很好的修持。隨後提到衛藏之地，持教法王顧始汗已經來到，並且提到了福田與施利益是一致的。然後講述此前一位名叫達爾汗囊素的使者曾多次遣使，五世達賴喇嘛亦給予他很多回信，這位名叫達爾汗囊素的使者應該在五世達賴喇嘛這裏是比較熟悉的一位使者，然而對比史料卻不易核對出該達爾罕囊素到底是何人，但是我們可知此前達賴喇嘛與北方蒙古部眾便有多次的聯繫。最後一段講到當下佛教發展之外緣具備，而北方之善官員們應該繼續依此施作。第二封信較簡短，我們通過其內容可以推斷其與第一封信的寫成時間應該一致。而且第二份信內容與第一封信的內容基本一致，只是整理者將部分內容省略而未進行抄寫。在第三封信件中，五世達賴喇嘛囑咐世俗的領主們要遵行“十善法”捨棄“十不善”，行“善行”，捨棄“惡行”，要依先賢的話語而行，其實就是通過宗教的力量來影響和控制蒙古各部。通過這三封信，我們可以看出，五世達賴喇嘛在與蒙古的交往中，其將自己作爲一種教法的執持者的身份來進行布教的，其目的就是要通過自己的這種身份，不僅明確自己在蒙古部眾中的宗教地位，而且要通過佛法在蒙古的傳播控制影響蒙古部眾，這也是五世達賴喇嘛對蒙古部落一以貫之的策略。

最後結合三封信的背景，作一簡析。第一、第二封信寫於1641年喀爾喀——衛拉特會盟後，喀爾喀——衛拉特使團前往拉薩朝拜，那麼這個使團前來拉薩的原因是什麼呢？這封信的標題中寫到喀衛二部“爲了更好的發展而派遣使者”，而“更好的發展”的辦法即爲尋求與西藏聯合，即這一使團前往拉薩的任務不僅僅是向達賴喇嘛朝拜，更重要的是要取得與西藏的聯合。而在這批使者前往拉薩之前即發生了歷史上著名的“喀爾喀——衛拉特會盟”。關於喀爾喀——衛拉特衛會盟，已有學者做過研究，該會盟形成的原因即爲喀爾喀右翼扎薩克圖汗素班第與清朝的對抗，遂使扎薩克圖汗不計前嫌，

㉒ 烏雲畢力格《喀爾喀三汗的登場》，《歷史研究》2008年第3期，29頁。

與衛拉特握手言和，並公佈了著名的《1640年喀爾喀——衛拉特法典》。該會盟發生在1640年3月，是在扎薩克圖汗領地內召開的㉓。而在會盟後，二者便派遣使者前往拉薩，其聯合西藏佛教上層人員來共同對抗日益強大的清廷的事實則比較明顯了。而五世達賴喇嘛的回信則可以被看作是對喀爾喀與衛拉特蒙古請求的一種回應——以弘揚教法爲中心，而未提聯合一事。而第三封信寫於1648年，扎薩克圖汗和額爾德尼洪台吉再次派遣使者前往拉薩，而這次活動在五世達賴喇嘛傳記中亦有記載，可能亦是爲了聯合達賴喇嘛，以提高自己對抗清廷之實力，然而五世達賴喇嘛的回信與之前的態度基本一致，仍是以弘教爲中心。1650年，扎薩克圖汗去世，喀爾喀隨即陷入內亂，而喀爾喀—衛拉特聯盟聯合達賴喇嘛的意圖亦隨機被擱置。

A Study on the Three Letters to the Mongolian Rulers by the Fifth Dalai Lama

Wei Jiandong

The fifth Dalai Lama's collection of writings, amounting to 25 volumes, is of great importance in the study of pre-Qing history. Among the 25 volumes there is a collection of letters addressed to Tibetans, Mongolians, Qing Emperors, and Indians. This article focuses on the three letters written by the Fifth Dalai Lama to Khalkha and Oirat Khans to clarify the connection between the Fifth Dalai Lama and the Khalkha-Oirat tribes in pre-Qing history.

㉓ 烏雲畢力格《清太宗與喀爾喀右翼扎薩克圖汗素班第的文書往來———兼談喀爾喀—衛拉特聯盟的形成》，《西域研究》2008年第2期；達力扎布《1640年喀爾喀—衛拉特會盟的召集人及地點》，《民族研究》2008年第4期。

清代昭烏達盟的形成及其會盟問題探析

——以翁牛特右翼旗印務處檔案爲中心

玉　海

入清之前，會盟已是蒙古社會固有的傳統，是部落之間商討大事和解決糾紛的一種政治制度。清朝及其前身愛新國繼承這一蒙古社會原有制度形式，以此來管理諸多歸附的蒙古部落。隨著崇德元年（1636）开始陸續設立外藩蒙古札薩克旗之後，會盟制度也隨之成爲管理某一區域内各蒙旗的重要措施，逐步走向成熟和完備。因國内外政局的不穩定，入關前後的清朝早期諸多政治制度和律例，經過較爲漫長的形成和成熟階段，最終於乾隆年間正式成爲定制。後人的研究大多基於乾隆以後的盟旗制度，著眼清朝早期盟旗制度的不多。達力扎布和烏雲畢力格二位學者對這一時期的盟旗制度的形成及演變過程進行過詳細的探討[①]。

翁牛特右翼旗作爲清代内札薩克六盟之一昭烏達盟的一員，其發展軌跡與昭烏達盟的演變過程息息相關。歸附清後，歷代杜稜郡王尤其是鄂齊爾、羅布藏父子與清朝皇帝關係密切，與其他昭烏達盟各蒙旗札薩克相比，在盟務中的地位較爲顯赫。正因爲如此，翁牛特右翼旗與理藩院往來的文書中有不少關於昭烏達盟的信息。現存其他各蒙旗印務處檔案中，反映會盟制度走向成熟階段的康熙、雍正時期的檔案較少，這對於研究盟旗制度演變過程，帶來了第一手資料匱乏的不利局面。在這種情況下，翁牛特右翼旗印務處檔案中留存的康熙、雍正時期爲數不多的檔案，顯得尤爲珍貴。

一、昭烏達盟的形成

相比其他内札薩克五盟而言，從形成的初期階段到最終固定的八部十一旗，昭烏達盟的成員有過幾次變動。“昭烏達”這個盟名並非清初有之，也並非乾隆年間才有的。由於内札薩克六盟每次會盟的具體地點都不是固定的某一地，因此來源於地名的盟名與某一特殊時期的具有象徵意義的地點有關。

會盟傳統在蒙古諸部歷來有之，清初太宗年間每遇重大事件都要召集相鄰的蒙古諸

---

① 達力扎布《清初内札薩克六盟和蒙古衙門建立時間蠡測》，《黑龍江民族叢刊》1996年第2期；烏雲畢力格、宋瞳《關於清代内札薩克蒙古盟的雛形——以理藩院滿文題本爲中心》，《清史研究》2011年第4期。

部，派遣大臣在適中地點會盟議決。“碩翁科爾會盟”和“猴年律令”等都以會盟的形式商討並宣佈。崇德三年（1638）孫杜棱殺害清朝使臣後，清太宗皇太極派遣阿希達爾漢、多爾濟達爾漢諾顔、塞冷、尼堪等大臣，在西喇木倫會盟議敘孫杜棱罪行[②]。於崇德四年（1639）八月多爾濟達爾漢諾顔、塞冷、尼堪等大臣在西喇木倫烏蘭布爾噶蘇地方召集蒙古諸部會盟，論處各部未按要求派兵之罪。

《清太宗實錄》記載：

> 庚寅，先是命多爾濟達爾漢諾顔參政、塞冷、尼堪等率八旗內外審事官，集敖漢、奈曼、三吴喇忒、二扎魯特、穆章[③]、四子部落、二巴林、二翁牛特諸部於西拉木輪河烏蘭布爾噶蘇地方，會同外藩貝勒大臣等，公訊征濟南府、中後所二處遣兵不及額及一切事情。議罰奈曼達爾漢郡王衮出斯巴圖魯、穆章各馬五十匹，宜爾扎木馬三十匹。又衮楚克、塔爾濟、吴班、吉勒黑、達彦等五人前往密雲時，自其汛地却避，隨執之。諸固山額真、護軍統領、外藩蒙古貝勒與兵部大臣公議，爲首五人罪應死，仍籍其家。小撥什庫各鞭一百，甲士各鞭五十，遂以所議啟二多羅貝勒。二貝勒曰，若戰敗而走，自當論死，彼等不過規避汛地耳，且衮楚克、塔爾濟有投誠功，應免死削職，籍其家。吴班、吉勒黑、達彦等三人，應各鞭一百，籍其家。小撥什庫等各鞭一百，甲士各鞭五十，釋放。又出征喀爾喀師旋時，令富者出馬與無馬者均乘。敖漢固倫額駙多羅郡王下達當吴巴什及子塞桑、俄木布，私藏馬百四十匹于格格特地方，達當家人托博克云，藏馬無罪乎。聞者以告達當，達當欲殺之，令家人巴野、枯庫、和洛科三人，往執托博克，托博克逃至盛京首告。會勘得實，達當、塞桑、俄木布父子三人應論死，籍其家。又克西克騰下瑣諾木、博羅户、布木巴三人不追畢力克，議瑣諾木應奪所屬人員，博羅户應追回賜給人員，布木巴應罰馬三十匹。又四子部落宜爾扎木元旦不朝賀進貢，議奪所屬人員，奏聞。得旨，衮出斯巴圖魯、穆章、宜爾扎木各免罰馬。衮楚克、塔爾濟、吴班、吉勒黑、達彦各免罪及籍沒家産，止分其牲畜爲三分，以二分給本主，一分給察哈爾國大臣。達當、塞桑、俄木布各免死，籍其家，以人丁四十四户並馬、駝、牛、羊賜固倫額駙郡王，竝給貧户。瑣諾木、宜爾扎木免奪屬員，博羅户免追所賜人員，及布木巴俱各罰牲畜有差[④]。

文中涉及後來隸屬烏蘭察布盟的三吴喇忒（烏拉特）、四子部落四個旗之外，昭烏達盟所屬敖漢、奈曼、二札魯特、二翁牛特、二巴林、阿魯科爾沁及順治九年設立札薩克旗的克什克騰部[⑤]。孫杜棱殺害清朝使臣是這次會盟的前一年，此次會盟沒有提到孫

② 中國第一歷史檔案館編《清初内國史院滿文檔案譯編》（上），北京：光明日報出版社，1989年，266頁。

③ 阿魯科爾沁旗第一代札薩克，阿魯科爾沁部首領達賴楚呼爾之子。

④ 《清太宗實錄》，崇德四年八月庚寅日。

⑤ 達力扎布在《清初内札薩克六盟和蒙古衙門建立時間蠡測》中認爲這是昭烏達盟最初的輪廓。

杜棱殺害使臣一案。可能前一年孫杜棱一案發生後已有過一次會盟，也就是說在西喇木倫河岸連續兩年會盟解決重大事宜，上述這些蒙古部落亦參加過會盟。從派遣的大臣來看，可能這兩次會盟實爲指同一件事，只是在《實錄》中避而不談孫杜棱一案。

關於順治年間的昭烏達盟前身，在《題本》中已有記載，烏雲畢力格、宋瞳在《關於清代內札薩克蒙古盟的雛形—以理藩院滿文題本爲中心》中也已論述，請允許在此直接引用這份滿文檔案的漢譯文：

朱批：此次十一旗會盟，著于阿布奈親王處聚會。

題本：題奏

署理理藩院尚書沙濟達喇等謹題：爲召集會盟之地事。向例，往科爾沁之地會盟者，召集科爾沁十旗于土謝圖親王處。察哈爾、札魯特二旗、額駙珠爾扎噶郡王[⑥]、巴林二旗、翁牛特二旗、敖漢、奈曼、克什克騰，此十一旗於（各旗）適中地點會盟，喀喇沁二旗、土默特二旗亦於（各旗）適中地點會盟。順治九年，察哈爾固倫額駙阿布奈親王曾奉旨召集會盟，此次會盟，因固倫額駙阿布奈親王爲該十一旗爲首之王，故是否仍於彼處召集會盟？爲此謹題請旨。

順治十二年七月初十。

尚書沙濟達喇/侍郎席達禮/侍郎沙世悌爾/主事馬拉[⑦]

從這份題本看不到已西遷的烏拉特三旗和四子部落旗，昭烏達盟的成員基本已确定，曾于順治九年（1652）有過一次會盟。與後來的昭烏達盟有所不同的是察哈爾還沒有西遷，喀爾喀左翼旗的第一代札薩克袞布伊爾登所部尚未歸附清朝。從題本可知，哲里木、卓索圖二盟的雛形也已形成，成員各旗與後來的二盟完全一致，但當時東三盟的盟名尚未固定。

二、昭烏達盟盟名的确立

據昭烏達盟盟長印，“昭烏達”係滿語的“joo uda”的漢語音譯，蒙古語的發音爲“扎袞烏達”（ǰaγun uda）。“扎袞烏達”字面之意爲“百柳”，蒙古語中實指繁茂的柳樹林。“扎袞烏達”第一次出現在文獻記載是在《清太宗實錄》天聰六年（1632）四月己卯日條，是日孫杜棱、楝岱青等蒙古諸部首領在此與天聰汗皇太極的大軍匯合。關於“扎袞烏達”的具體位置，在翁牛特右翼旗印務處檔案中提到“昭烏達”（ǰoo

---

⑥　穆章之子，阿魯科爾沁旗第二代札薩克。這時雖早已設立阿魯科爾沁旗，但爲便於辨認，以穆章、珠爾扎噶父子二人的名字代替旗名。說明當時“阿魯科爾沁”這個名稱尚在泛指來自興安嶺以北的合薩爾後裔所屬眾部落的階段。

⑦　烏雲畢力格等主編《清朝前期理藩院滿蒙文題本》卷一，呼和浩特：內蒙古人民出版社，2010年，120頁；烏雲畢力格、宋瞳《關於清代內札薩克蒙古盟的雛形——以理藩院滿文題本爲中心》，《清史研究》2011年第4期。

uda）在二翁牛特東界西喇木倫河與老哈河的匯流處[⑧]。據色·賽音巴雅爾的《赤峰市境內地名考釋二十二題》中的考證，“昭烏達”就是西喇木倫河與其支流推格河匯流處，阿魯科爾沁旗西南翁牛特左翼旗之東北的浩日泰敖包[⑨]。《柴扎木蘇作品選》所載尼其格瑪的回憶文章也指出“昭烏達”即“好力歹村”（Qoritai ayil），意爲封禁之地[⑩]。好力歹村現在歸屬於通遼市開魯縣麥新鎮，與翁牛特右翼旗印務處檔案的記載相吻合。

上面的題本中所說的順治十二年（1655）會盟只說在阿布奈親王處會盟，並沒有指定具體地點，因爲昭烏達不在察哈爾境內，此次會盟應不在昭烏達舉行。順治十四年有過一次會盟[⑪]，但具體情況不明，無法得知會盟地點在何處。順治十七年的會盟亦如此，沒有說明具體會盟地點[⑫]。

據《清聖祖實錄》記載，此後在康熙元年（1662）、康熙三年、康熙五年、康熙七年、康熙九年、康熙十五年、康熙十七年、康熙二十五年、康熙三十七年、康熙四十一年、康熙四十五年、康熙四十九年舉行過會盟，但還是沒有各盟的具體會盟地點[⑬]。從以上會盟年份可以看出，康熙初期隔一年一會盟，十七年至三十七年間只二十五年舉行過一次會盟，三十七年至四十九年間變爲隔三年一會盟。其中康熙三十七年（1698）、四十五年（1706）會盟的地點在翁牛特右翼旗印務處檔案中留有記載，康熙三十七年的會盟並未在當年舉行，而是在次年的正月初二在敖漢旗德日蘇台托海舉行。

翁牛特右翼旗檔案記載：

(1) Γadaγadu mongγol-un törö-yi (2) ǰasaqu yabudal-un yamun-u Tusalaγči tüsimel (3) Čangšeü-yin bičig, Ongniγud-un wang (4) Bandi-tan-du ilegebe. bide qulaγayiči-yi (5) ilγar-a ireǰü, Auqan-u wang ǰamsu-yin (6) qosiγun-u Deresütei toqoi neretü γaǰar-a (7) čiγulγan čuγlaγulǰam. ene bičig kürügseger (8) man-u kereglekü yekeken öröge γurban, (9) ger büri toγo tuγulγ-a, basa sigüsü-yin (10) qoni tabun, ene ǰerge-yin yaγum-a-yi (11) kömün γarγaǰu, čaγan sar-a-yin sin-e-yin (12) qoyar-du Deresütei toqoi neretü γaǰar-du (13) kürgeǰü iregtün, ene kereg sigükü-dü daγudaqu (14) ǰarlaqu kereg büküi-yin tula, ulaγ-a-yin (15) mori arban tabun bedčü abču iregtün, (16) egün-ü tula ilegebe. (17) Engke amuγlang-un γučin doloduγar on ebül-ün segül sar-a-yin qorin ǰirγuγan-a

---

⑧ 赤峰市檔案館藏，翁牛特右翼旗印務處檔案，1-1-179-1。

⑨ 高雲華主編《紅山文史》第八集，呼和浩特：內蒙古文化出版社，2001年，27—28頁。

⑩ 尼其格瑪、哈·巴圖吉日嘎拉編寫《柴扎木蘇作品選》，香港：天馬出版有限公司，2007年，232—236頁。

⑪ 烏雲畢力格等主編《清朝前期理藩院滿蒙文題本》卷一，206—207頁。

⑫ 烏雲畢力格等主編《清朝前期理藩院滿蒙文題本》卷一，233—234頁。

⑬ 《清聖祖實錄》，康熙元年二月辛亥日；康熙三年四月己亥日；康熙五年二月庚辰日；康熙七年二月戊戌日；康熙九年乙未日；康熙十五年四月癸酉日；康熙十七年閏三月乙丑日；康熙二十五年九月壬辰日；康熙三十七年三月戊寅日；康熙四十一年三月癸卯日；康熙四十五年三月壬戌日；康熙四十九年三月丁丑日。

理藩院侍郎常壽之文書，劄行翁牛特王班第等。我等為審理盜賊之事，于敖漢王扎木素旗名曰德日蘇台托海之地會盟。收到文書後備齊我等所用大帳房三座、每屋所用所用鍋碗、湯羊五隻等，於正月初二日派人送到德日蘇台托海。再備齊送來審理案件傳喚所用烏拉馬十五匹。特此劄行。康熙三十七年十二月二十六日。[14]

文中所稱“班第”即康熙皇帝的額駙翁牛特札薩克郡王蒼津，從文書下達給蒼津來看，當時蒼津可能兼任盟長一職。由於後來蒼津被削奪王爵和札薩克之職，印務處檔案避諱有關他的很多信息，以蒼津的身份和地位完全有可能出任盟長一職。蒼津叔父鄂齊爾繼任翁牛特札薩克多羅杜棱郡王時所兼任的盟長一職很可能也是蒼津曾兼任的盟長一職。在他們叔侄二人之前，康熙三十四年時，巴林郡王納木達克曾兼任盟長一職[15]。康熙四十五年（1706）的會盟地點在門綽克（Mončoγ）[16]，這個“門綽克”很可能是《舊滿洲檔》所載“從門綽克至巴嘎薩爾爲孫杜棱”[17]中的“門綽克”。

清朝明文規定停派大臣參加會盟是乾隆十六年（1751）[18]，但由於戰事，實際上自清朝康熙五十五年（1716）再未派大臣參加過會盟[19]。康熙四十九年（1710）十一月丙申日，康熙皇帝下旨“朕觀滿洲蒙古人甚爲淳樸易於豢養。即如今歲遣大臣會盟，蒙古竟無一事。昔皆三年一會盟，今五年始一會盟，而尚無一事”[20]。翁牛特右翼旗印務處檔案的記載可以佐證以上《清實錄》所載內容的真實性。翁牛特右翼旗印務處檔案的記載：

(1) Γadaγa-du mongγol-un törö-yi ǰasaqu yabudal-un (2) yamun-u bičig, Ongniγud-un Törö-yi dügüreng (3) giyün wang Efü Sangǰin-tan-dur [ ][21] (4) ○○ degedü ǰarliγ-i kündüte daγaqu-yin učir, man-u yabudal-un (5) yamun-ača Engke amuγlang-un tabin dörbedüger on (6) qabur-un terigün sar-a-yin qorin doloγan-dur (7) ayiladqaγsan-anu bayičaγabasu doγtaγsan qauli-dur (8) Γadaγa-du mongγol-dur γurban ǰil-dur nigen üy-e (9) čiγulγan γarču ǰasaγ-ud luγ-a neyileǰü yal-a (10) ○ sigüǰü er-e kemǰiyelemü kemen (11) [ ] (12) ○○ǰarliγ, čiγulγan γartuγai kemegsen-i čiγulγan-dur ilegekü (13) sayid-ud γarγaqu-yin učir, sayid-un kiy-a-nar-un (14) ner-e ǰerge-yi ǰergečeǰü bičiged ayiladqaγsan-dur.(15) ○○ǰarliγ, ene ǰil časun yeke mongγol-ud mal öčüken (16) ǰüderegsen-ü tula čiγulγan γarγaqui-yi bayilγ-a qoyitu (17) ǰil čiγulγan γartuγai

⑭ 赤峰市檔案館藏，翁牛特右翼旗印務處檔案，1-1-3-1。

⑮ 赤峰市檔案館藏，翁牛特右翼旗印務處檔案，1-1-267-2。

⑯ 赤峰市檔案館藏，翁牛特右翼旗印務處檔案，1-1-14-1。

⑰ 《舊滿洲檔》，臺北：臺湾故宮博物院影印本，1969年，3937—3940頁。

⑱ 趙雲田點校《欽定大清會典事例·理藩院》，北京：中國藏學出版社，2006年，291頁。

⑲ 赤峰市檔案館藏，翁牛特右翼旗印務處檔案，1-1-542-1。

⑳ 《清聖祖實錄》，康熙四十九年十一月丙申日。

㉑ [ ] 爲無法辨認的內容，下同。

kemegsen-i kündüte dayaǰu dangsan- (18) dur temdegleǰüküi. bayičayabasu, Qalq-a dotoyadu ǰasay- (19) ud čirig-dü yaruysan mön-kü bui. öber öber-ün (20) qosiyun-dur čirig beledkegsen-inü-mön-kü bui. eyimü- (21) yin tula, ene ǰil čiyulyan yarqui-yi bayilyay-a (22) qoyitu ǰil čiyulyan yarqu yabudal-i basa (23) ooǰarliy, yuyuǰu ayiladqay-a, basa bayičayabasu, Engke amuylang- (24) un döčin yisüdüger on-ača inaysi čiyulyan yaruysan (25) ügei-yin tula, er-e-yi tabun ǰil nige uday-a (26) kemǰiyeleǰüküi. ene ǰil mön-kü er-e kemǰiyeleǰü nasun-dur (27) kürügsen Tayiǰi-nar-un ner-e-yi todorqayilan bičiǰü (28) kürgeǰü iregsen-ü qoyin-a ǰerge ögčü ayiladqay-a (29) ooǰarliy bayulyaysan-u qoyin-a olan ǰasay-ud-dur bičig (30) ilegeǰü, qauli yosoyar dangsan yarqu er-e (31) kemǰiyen-dür oroqu er-e-yin toy-a-yi öber (32) öber-ün ǰasay-un Wang Beyile Beyise, Güng, (33) Qosiyun-u eǰen, meyiren-ü ǰanggi-ača doroysi (34) Arban ger-ün daruy-a-ača degegsi Somu büri (35) kinaǰu bayičayaǰu kemǰiyeleǰü batulayad dangsan bičiǰü (36) tamay-a daruǰu Qosiyun-u kereg-i tusalan ilyayči (37) tayiǰi-ba Qosiyun-u eǰed yabudal-un yamun-dur (38) kürgeǰü iretügei. basa Soloyan Dayur-un kemǰiyen-dür (39) oroqu er-e dangsan yarqu er-e-yi Qara mören-ü (40) ǰiyanggiyün-dür bičig ilegeǰü, Soloyan-i ǰakiruyči (41) ukeri da-ača doroysi Arban ger-ün daruy-a- (42) ača degegsi kinaǰu bayičayaǰu kemǰiyeleǰü batulayad (43) dangsan bičiǰü tamay-a daruǰu Ukeri da nige (44) yaryaǰu ebül-ün terigün sar-a-yin dotor-a (45) yabudal-un yamun-dur kürgeǰü iretügei. kürčü iregsen-ü (46) qoyin-a er-e-yin dangsan-i qadayalay-a. er-e-yin (47) tulugsan dangsan-i tüsimel man-u yabudal-un yamun-ača (48) kinaǰu bodoǰu narin dangsan bičiged (49) oo sonosqan ayiladqay-a kememü kemen Engke amuylang-un (50) tabin tabuduyar on qabur-un terigün sar-a-yin (51) qorin-a ayiladqaba. mön-kü edür (52) ooǰarliy kelelčegsen yosoyar boly-a kemebe. ene bičig (53) kürügseger er-e-yi sayitur kinaǰu bičiǰü ene (54) ǰil-ün ebül-ün terigün sar-a-yin dotor-a kürgeǰü (55) ir-e. egün-ü tula medetügei kemen ilegebe.(56) Engke amuylang-un tabin tabuduyar on qabur-un segül sar-a-yin

理藩院文書，劄行翁牛特多羅杜棱郡王額駙蒼津等。謹遵諭旨事由。我院康熙五十四年春初月二十七日題奏：據查，律例所定外翻蒙古三年一會盟，比丁審案。[　]諭旨，會盟。派遣官員事由。列出所遣官員名爵題奏。諭旨：因今歲雪大，蒙古地方牲畜瘦弱，停止會盟，明年再會盟。謹遵諭旨，記錄在檔。據查，喀爾喀、內札薩克中隨軍出征者有之，旗內預備兵丁者有之。爲此，今歲停止會盟。明年會盟之事，題奏請旨。又查，自康熙四十九年未會盟，比丁五年一行。今歲將比丁及成年台吉詳列造冊呈報之後，一併題奏請旨。下旨後，劄行各札薩克，依律將入檔及比丁之數，呈報各自的札薩克王、貝勒、貝子、公。旗主、梅勒章京以下，什長以上，各佐領審查、比完後造冊蓋印送至協理台吉和札薩克及理藩院。索倫、達呼爾之入檔及所比之丁，劄文黑龍江將軍，管理索倫之總管以下，什長以上，審查、比完後造冊蓋印，指派一名總管，于冬初月之內送至理藩院。送到後將丁冊存檔，成年台吉之檔冊經我院查核後再奏聞。將此事於康熙五十五年春初月二十日題奏。諭旨：依議而行。收到劄文後，詳造丁冊，於今歲冬初月之內送至。特此劄行。康熙五十五年三月。[22]

這份檔案除“翁牛特郡王額駙蒼津”幾個字以外，其餘內容屬木刻版，再蓋有理藩院紅印，可知將完全相同的內容木刻印刷後填寫各旗札薩克名字，再傳遞到各外藩蒙旗和黑龍江將軍。所載信息非常重要，本依五年一會盟之規定，康熙五十四年應舉行會盟。“五年一盟”制實則“自前次會盟結束後第五年”，因雪災停止此次會盟，延期至五十五年，但從該檔案隨後的內容來看，五十五年並未舉行會盟。事實上康熙四十九年的會盟爲清朝派大臣參加的最後一次會盟，都統蘇滿等人參加此次會盟[23]。因此四十九年的會盟顯得格外重要，盟名的由來也可能與此次會盟有關。《王公表傳》中特別強調科爾沁達爾漢巴圖魯親王滿珠習禮曾孫羅卜藏衮布於康熙四十九年出任盟長一事。[24]那麼，四十九年會盟是否真的與盟名的由來有關呢？看看翁牛特右翼旗印務處檔案中有關這次會盟的記載：

(1) čiγulγan čiγulγar-a urida ǰaruγsan ilγaγči tüsimel Küwangdung-tan-u (2) bičig. Ongniγud-un Törö-yi giyün wang Efü Sangǰin-tan-dur (3) ilegebe. ene bičig kürügseger, tan-u qosiγun-ača man-u (4) unuqu ulaγ-a mori dörben, degesü qom-tai temege (5) nige, toγo, tulγ-a, temür sinaγ-a-tai mongγol ger (6) nige, šigüsü qoni tabun, mori-tai ulači nige, čai (7) arban tabun, amu nige toγo, ǰanggi nige, čerig qoyar, (8) ǰerim-ün čiγulγan-dur kürtel-e odoqu γaǰar ǰam taniqu sayin (9) γaǰarči nige, basa medege-yin kömün γurban, nige sar-a-yin (10) künesü-yi abču ǰalan-u ǰanggi-dur tusiyaǰu ǰun-u dumdadu (11) sar-a-yin qorin tabun-dur ǰaγun uda-yin čiγulγan-u (12) γaǰar-dur beledtün. büü saγadki, egün-ü tula ilegebe. (13) Engke amuγlang-un döči yisüdüger on ǰun-u dumdadu sar-a-yin arban qoyar

安排會盟事宜之郎中況棟（音譯）等文書，劄文翁牛特多羅郡王額駙蒼津等。收到此文書，請備齊我等所騎之馬四匹、有繩韁鞍屜之駱駝一峰、備有鍋、火撐子、鐵勺之蒙古包一座、湯羊五隻、備有所騎之馬的驛差一名、磚茶十五塊、米一鍋、章京一名、兵丁兩名、熟悉往會盟地哲里木路途之好嚮導一名、傳消息之人三名、一個月乾糧等，交予扎蘭章京，五月二十五日之前送至

㉒ 赤峰市檔案館藏，翁牛特右翼旗印務處檔案，1-1-21-1。

㉓ 赤峰市檔案館藏，翁牛特右翼旗印務處檔案，1-1-14-1。

㉔ 《欽定外藩蒙古回部王公表傳》，四庫全書本，卷十八，《達爾漢巴圖魯親王滿珠習禮列傳》。

會盟之地昭烏達。勿延誤。特此劄行。康熙四十九年五月十二日[25]

因後來獲罪被削奪王爵，這份檔案抹去時任翁牛特札薩克郡王蒼津的名字。非常重要的是，該檔案提到康熙四十九年（1710）的兩個會盟地點哲里木和昭烏達，即後來此二盟盟名的由來之地。說明翁牛特等十一旗先於科爾沁十旗在昭烏達會盟，然後蘇滿等人前往哲里木，召集科爾沁十旗舉行會盟。據此推斷，作爲是後一次欽裁並派大臣參加會盟的年份，康熙四十九年與內札薩克六盟盟名的正式確立有著直接的關聯。

翁牛特右翼旗印務處檔案中“昭烏達”最早以盟名出現的時間是雍正十一年（1733）二月，理藩院爲科爾沁和碩額駙觀音寶購買馬、羊等事宜劄文昭烏達盟長翁牛特多羅杜棱郡王鄂齊爾[26]。雍正十二年（1734）閏四月，哲里木、卓索圖、昭烏達、錫林郭勒、烏蘭察布等內札薩克五盟的具體名稱同時出現在同一份翁牛特右翼旗印務處檔案[27]，伊克昭盟雖然沒有一同出現，但可以肯定此時“伊克昭”這個盟名已存在。這比《清高宗實錄》所載乾隆二年（1737）五月六盟具體名稱的出現時間早四年，也就是說乾隆朝之前內札薩克六盟的名稱已確立[28]。據翁牛特右翼旗印務處檔案記載，雍正十一年五月時盟長之印業已存在[29]。

三、清中后期昭烏達盟會盟時間及地點

據翁牛特右翼旗印務處檔案記載，康熙五十五年至乾隆十六年（1751）間未派大臣參加內札薩克六盟的會盟，十六年開始正式停止派遣大臣，各盟自行召集所屬各旗，在適中地點會盟[30]。這與《欽定大清會典事例・理藩院》的“乾隆十六年諭：停止特派大臣會盟，仍令各札薩克等於各該盟內會集辦理，將所辦事件報院查核”完全吻合[31]。實際上從康熙四十九年以後清朝再未派大臣參加外藩蒙古會盟，因此從《清實錄》等清朝官方文獻中很難找到有關昭烏達會盟的信息。

清朝中後期的昭烏達會盟情況，在翁牛特右翼旗印務處檔案留有相關記載。乾隆十六年後，於乾隆四十四年（1779）十一月初四日和乾隆四十九年（1784）十月初一日，連續兩次在西喇木倫格日僧（Gerseng）地方舉行過會盟，辦理核實登記已成年台吉及比丁等事宜[32]。格日僧地方現位於西喇木倫河南岸翁牛特旗格日僧蘇木境內。從兩次會盟的相隔時間看，這時依然根據康熙四十九年（1710）所規定的“五年一

㉕　赤峰市檔案館藏，翁牛特右翼旗印務處檔案，1-1-69-1。

㉖　赤峰市檔案館藏，翁牛特右翼旗印務處檔案，1-1-93-2。

㉗　赤峰市檔案館藏，翁牛特右翼旗印務處檔案，1-1-111-1。

㉘　《清高宗實錄》，乾隆二年五月丁未日。

㉙　赤峰市檔案館藏，翁牛特右翼旗印務處檔案，1-1-104-1。

㉚　赤峰市檔案館藏，翁牛特右翼旗印務處檔案，1-1-542-1。

㉛　趙雲田點校《欽定大清會典事例・理藩院》，291頁。

㉜　赤峰市檔案館藏，翁牛特右翼旗印務處檔案，1-1-258-1。

盟”制度。此後在留存的檔案中沒有出現乾隆、嘉慶、道光、咸豐年間的會盟情況。乾隆四十九年之後再此提到昭烏達會盟是光緒元年（1875）十月初一日舉行的達日罕布拉格（Darqan bulaγ）會盟[33]。該檔案提到“依例，內外蒙古三年一盟……同治十年（1871）十月會盟以來，本年正遇會盟之年……於十月初一日，舊會盟之地昭烏達以西二十里之遠的達日罕布拉格舉行十一旗會盟。”

同治十年與光緒元年正好相隔三年。此後光緒二十五年（1899）、二十九年（1903）、三十三年（1907）及宣統三年（1911）均遇“隔三年一盟”的會盟之年。其中，光緒二十九年和宣統三年本已準備在達日罕布拉格舉行的會盟，因各蒙旗的貧困化、民人的不安及新政的施行，停止舉行[34]。

光緒和宣統年間的會盟地點除光緒二十五年的昭烏達[35]和三十三年的地點不明之外，光緒元年、二十九年及宣統三年會盟地點均定于達日罕布拉格。據檔案記載，達日罕布拉格位於舊會盟之地昭烏達以西二十里之遠，應在翁牛特左翼旗境內。“達日罕布拉格”是由“達日罕”和“巴彥布拉格”的“布拉格”組合而成的地名。昭烏達地方今位於開魯縣麥新鎮好力歹村，向西大約二十里翁牛特旗新蘇莫蘇木境內有相距3千米左右的達日罕和巴彥布拉格兩個地方。達日罕1932年建村，村旁有王爺封禁的樹林，故名達日罕。其位於蘇木政府駐地東北12千米的平原上。巴彥布拉格，清光緒年間建村，以村西的水泉取名巴彥布拉格，距蘇木政府駐地東北15千米的平原上[36]。

四、結　　語

“三年一盟”至少在順治九年（1652）時已成定例，即“自前次會盟結束後第三年”。順治十七年（1660）改爲“隔一年一盟”，即“自前次會盟開始第三年”[37]。康熙初年遵行“隔一年一盟”制，無法看出二十五年至三十七年間的會盟規律。據《清聖祖實錄》記載，三十七年至四十九年的十二年間曾以“隔三年一盟”制舉行過會盟，四十九年改爲“五年一盟”。乾隆四十四年至四十九年兩次會盟時間也相隔四年，即“自前次會盟結束後第五年”。何時恢復“隔三年一盟”制在相關文獻檔案中沒有明確記載。《準格爾旗札薩克衙門檔案》收錄的乾隆五十六年理藩院劄行鄂爾多斯札薩克旗貝子色旺拉喜的文書中“依例外藩蒙古三年一盟……五十二年比丁以來，已相隔三年，

㉝ 赤峰市檔案館藏，翁牛特右翼旗印務處檔案，1-1-542-1。

㉞ 赤峰市檔案館藏，翁牛特右翼旗印務處檔案，1-1-902-1；1-1-946-2；1-1-1453-12；1-1-1453-13。

㉟ 阿拉坦格日樂主編《阿魯科爾沁旗志》，呼和浩特：內蒙古人民出版社，1994年，8頁。

㊱ 李法普主編《翁牛特旗地名志》，翁牛特旗人民政府，1987年，366—367頁。

㊲ 烏雲畢力格、宋瞳《關於清代內札薩克蒙古盟的雛形——以理藩院滿文題本爲中心》，《清史研究》2011年第4期。

今年又遇會盟之年”[38]。及光緒元年（1875）的翁牛特右翼旗印務處檔案所載“律例載，内外蒙古相隔三年一會盟，審查比丁、審理案件”[39]來看，“隔三年一盟”形成於康熙年間，定制於乾隆末年。

昭烏達盟的形成與演變從清初至乾隆時期並非一成不變，而是經過漫長的發展和成熟階段，從傳統的會盟制逐漸轉變爲一級行政建制。會盟制度雖然原則上表述爲“三年一盟”，但受到政局、戰事和自然條件等的影響，會盟時間的相隔年數發生過幾次更改。到清末由於時局的變化、移民的大量遷入及各蒙旗的貧困化，盟旗社會的面貌已有很大的變化，停止會盟之事時有發生。隨之會盟制度基本已失去原有的功能，終清一朝最後一次宣統三年（1911）的會盟也未能如期舉行。

An Exploration and Analysis of the Formation of Juu Uda League and Its Problems during the Qing Based on the Archival Materials Housed in Ongnigud Right Banner's Printing Office

Yu Hai

The Juu Uda League was among the earliest six Inner Mongolian Leagues. The Banner and League System served as an important political tool for the Qing court to effectively administrate the Mongolia. On the basis of previous scholarship on this system, this article analyzes the establishment of the Juu Uda League, its naming, and the development of the Banner and League system in general relying on the archival materials housed in the Ongnigud Right Banner's Printing Office.

㊳ 蘇德畢力格等主編《準格爾旗札薩克衙門檔案》第1卷，赤峰：内蒙古科技出版社，2011年，275—277頁。

㊴ 赤峰市檔案館藏，翁牛特右翼旗印務處檔案，1-1-542-1。

乾隆中葉清與巴達克山關係考（1760—1767）*

馬子木

巴達克山位於瓦罕走廊西側，地處清朝、浩罕、阿富汗杜蘭尼王朝等政權的交匯區域，且爲新疆葉爾羌與中亞地區貿易往來的必經之路，位置至要。1750—1770年代，西帕米爾地區的政治力量發生了明顯的消長、重組，並達到新的平衡。清朝於1750年代末進軍天山南北路，剿滅準部、回部，建立軍府體制；阿富汗杜蘭尼王朝在艾哈邁德沙赫（Aḥmad Shāh Durrānī）的統治下征伐莫臥兒，覬覦克什米爾；北部的浩罕亦虎視眈眈，有擴張之野心，即所謂“各有利心”①。筆者曾以乾隆二十四年（1759）初通巴達克山及三十三年（1768）巴達克山向清朝請兵二事爲例，討論西帕米爾地區的政治情勢、清朝的因應策略及其政治構造與政治文化資源②。唯此二事均爲清代中亞外交之“變例”，於回部平定後清與西帕米爾地區的常態外交關係稍顯不足。本文茲以二事中間之數年立論，由覲見禮儀、邊關貿易及政治關係術語考述西師結束之初清與巴達克山的常態關係，或可稍見盛清中葉外交與邊政體制運作之一面。

一、“第一西方足嘉國”

乾隆二十四年十月，巴達克山呈獻小和卓霍集占的尸骸，並正式歸順成爲清朝的臣僕（albatu）。十月初一日，富德等人在軍營宴請巴達克山使團：

> 先飲茶，觀射柳、角抵，左右騎射，三度放槍、五次騎射、馬上相躍、立馬之技，衆皆大笑歡悅，言大軍騎射甚佳，馬上射箭，今日方得眼見，先時所聞不虛云云，嘖嘖稱奇③。

《平定西域戰圖》第十三幅《拔達克山汗納款》圖當即是根據當日的實況描繪

* 本文爲中國人民大學科學研究基金（中央高校基本科研業務費專項基金資助）項目成果，項目批準號：17XNH028。

① 七十一《西域聞見錄》卷三《外藩列傳卷上·巴達克山》，清乾隆刻本，葉十一背。

② 詳見拙稿《乾隆朝初通巴達克山考：兼談準噶爾遺產與清朝中亞外交之初建》，《“中央”研究院歷史語言研究所集刊》第88本第2分；及《清朝權力網絡在西帕米爾的建立與展開》，中國人民大學碩士學位論文，2016年。

③ 乾隆二十四年十月初二日富德等摺，《清代新疆滿文檔案彙編》（以下簡稱《新疆彙編》）第四一冊，桂林：廣西師範大學出版社，2011年，405頁。

而成[④]。巴達克山汗蘇勒坦沙向清朝呈獻和卓遺體，本是內外交困之下倉促作出的決定，大和卓布拉尼敦尸骸不知去向，和卓妻妾、子女及部屬如何處置，均懸而未決。清朝向巴達克山指名要求引渡者，除和卓兄弟外，另有和卓的親信阿卜都海里（abuduhaili）、鄂斯璊（osman）二人，蘇勒坦沙迫於鄰部的壓力，在阿訇、毛拉面前"指經起誓，不獻不殺"，以二人未曾參戰爲由明確拒絶，並言"我若背誓，衆人視我如何，我如何而居"[⑤]。雖然富德等人對引渡二人態度堅決，反復向蘇勒坦沙施壓，但高宗本人的態度則頗顯游移。事實上，在交涉的最後階段，高宗爲儘快結束曠日持久的西師，决定向巴達克山做出讓步。十月二十三日，高宗接到富德的捷報，當即前往暢春園春輝堂向太后請安告捷[⑥]，並寄諭兆惠、富德、舒赫德等軍前大臣，令其停止與巴達克山的交涉："此二人雖理合討回，然巴達克山蘇勒坦沙現已歸順，殺死二賊，辨識霍集占之尸骸呈送，大事恩賞已畢，豈可爲此二人再生事端？"[⑦]由於當年是高宗的五十壽誕，而二十六年（1761）的太后七旬萬壽慶典也在籌劃之中，此時宣佈西師告捷、儘量避免前景難料的紛爭無疑是合適的時機。二十五年（1760）正月，高宗便以"恭逢聖母皇太后七旬萬壽、今年爲朕五十壽誕""西陲大武告成，普天同慶"[⑧]爲由宣布舉行恩科鄉會試，時間上的相合正可以爲高宗提供闡揚朝廷聖德與武功的便利。

二十四年十一月，二等侍衛額爾登額帶領巴達克山、博洛爾使團自葉爾羌啓程，次年正月抵京，使團在京逗留二十餘日，這期間浩罕與布魯特的使團也先後到達，這一"朝天使者到來頻"的局面使高宗頗爲自得[⑨]。正月初九日，高宗在乾清宫接見浩罕使臣，"命坐，賜茶，上召至御前親加慰問"；次日以同樣的禮數接待了巴達克山使臣額木爾伯克、巴圖爾伯克與博洛爾使臣沙伯克，并在豐澤園宴請三國使臣。十一日，巴達克山與浩罕使臣又參加了午門獻俘典禮，隨後賜宴豐澤園，高宗席上稱頌巴達克山爲"第一西方足嘉國"[⑩]。十三日，布魯特使臣在勤政殿覲見高宗，隨後與三國使臣共赴晚宴；其後三日因逢上元節慶，諸使臣與來京朝賀的札薩克蒙古王公先後在圓明園山高水長與正大光明殿侍宴，並在園內觀燈。十九日、二十八日高宗又在豐澤園賜宴諸使[⑪]。雖然高宗特命在筵席上演奏回樂，並嘗試用僅有的回語知識與使臣交流，但安排使臣頻繁出席諸多重要的禮儀活動，其目的更在於宣示天朝威儀與文明之盛，即如高

---

④　《清代銅版戰功圖全編》，北京：學苑出版社，2003年，16頁。繪製過程參看高田時雄《平定西域戰圖解說》，譚晧譯，朱玉麒主編《西域文史》第六輯，北京：科學出版社，2011年，301—314頁。

⑤　乾隆二十四年十月初二日富德等摺，《新疆彙編》第四一冊，408頁。

⑥　《乾隆帝起居注》第一八冊，乾隆二十四年十月二十三日庚子，桂林：廣西師範大學出版社，2002年，522頁。

⑦　乾隆二十四年十二月二十二日舒赫德等摺，《新疆彙編》第四三冊，360頁。

⑧　《清高宗實錄》卷六零四，乾隆二十五年正月戊申條。

⑨　《御製詩三集》卷一《新正恭奉皇太后幸圓明園即事》，《清代詩文集彙編》第三二二冊，267頁。

⑩　《御製詩三集》卷一《瀛台賜宴拔達山來使即席得句》，266頁。

⑪　關於使臣在京活動的叙述據《乾隆帝起居注》第十九冊，乾隆二十五年正月初九日乙卯至二十八日甲戌各條，7—26頁。

宗自言的“俾觀禮樂三千盛，待賞烟花午夜明”[12]。使臣在二月初離開京師，由侍衛明仁、額爾登額等護送返回。二月初一日，高宗向巴達克山、浩罕、博洛爾、布魯特齊里克部頒發了敕書。根據軍機處的相關奏片來看，敕書係三體合璧，初稿應以滿文寫成，隨後譯寫托忒文與察合台文（hoise hergen）[13]，不過筆者並未在檔案中檢得敕書底稿，《方略》與《實錄》中所收當是後來的漢譯文，兹據節引如下：

> 從前準噶爾侵擾爾等部落，今既為朕臣僕，自必加恩撫恤。其循爾舊俗，以安生理，約束部落，永享無疆之福。至來使奏稱爾部落人等，恐以霍集占之故，致啟釁鄰封等語，夫霍集占負恩悖逆，遠邇咸知，况已就擒戮，諒諸部亦未敢妄動。爾向來若與鄰封有隙，當自行辦理。或果因霍集占啟釁，可呈報駐劄葉爾羌大臣，俟查奏辦理[14]。

對於稍顯弱勢的博洛爾，清朝亦做出“保護國”的姿態，承諾“别部之人若侵汝，汝示之以敕書，戰事必止；若不止，則差人向葉爾羌諸大人禀明情由”[15]。無論是東亞世界的宗藩關係抑或是内陸歐亞的主僕關係，都要求强勢一方在弱勢一方受到侵犯欺凌之時提供必要的庇護與援助，而在内陸亞洲的情境之中，這種保護色彩往往更爲濃重，弱勢者認可强勢者的威權，則意味著要求强勢者對之負責[16]。頒給敕書，則意味著清朝與西帕米爾諸國間主上（ejen）與臣僕（albatu）的關係正式確立，並獲得文書上的確認。

與此同時，高宗也開始重新部署對中亞交涉的行政體系，完成由“戰時體制”到“治理體制”的轉型。此前清朝與中亞諸國的交涉是由軍前將領負責，主要有兆惠、富德、阿里衮、舒赫德等人，由於雙方並未建立穩定的聯繫，交涉往往是因事所需、隨機應變，具有較大的隨意性。因此，在西師告捷、中亞諸國正式宣布“歸附”後，建立一套穩定的交涉機制成爲清朝的當務之急。與之密切關聯的是，乾隆二十四年底至二十五年初，清朝軍政體系在南疆各城漸次建立，葉爾羌、和闐、英吉沙爾、庫車、阿克蘇、烏什、喀喇沙爾等城或設辦事大臣，或設領隊大臣，統兵駐劄辦事，二十八年正月，又

---

⑫ 《御製詩三集》卷一《瀛台賜宴拔達山來使即席得句》，266頁。同詩自註云“近始略習回語，可以不煩譯寄，而拔達克山居極西，語又异於葉爾奇木，故仍須回人譯彼語也。”高宗所學的“回語”是突厥系的語言，而巴達克山行用伊朗語支的波斯語，無法互通。奏回樂之事見同書同卷《瀛台曲宴外藩》自註，266—267頁。

⑬ 乾隆二十五年五月軍機處奏片，《新疆彙編》第四五册，437—438頁。按，此片無年代，原檔出自乾隆二十五年五月包，整理者據以定日期，考其事，是年五月前後並未頒敕，原編有誤，應繫於是年正月。又按，清人稱察合台文爲回文（hoise hergen），波斯文爲帕爾西文（parsi hergen）。

⑭ 《清高宗實錄》卷六零六，乾隆二十五年二月丙子條。

⑮ 乾隆二十七年十一月二十一日新柱等摺，《新疆彙編》第五九册，319頁。根據博洛爾使者向葉爾羌辦事大臣新柱、額敏和卓所言，此爲乾隆二十五年頒敕之侍衛明仁向博洛爾伯克沙呼沙默特口頭作出的承諾，敕書中是否寫明，由於未見原件或稿本，不得而知，《實錄》所載漢文譯本中並無此意。

⑯ David Sneath, *The Headless State: Aristocratic Orders, Kinship Society and Misrepresentations of Nomadic Inner Asia*, New York: Columbia Unversity Press, 2007, p.235, n.17.

在喀什噶爾設置參贊大臣，總理南疆事務[⑰]。其中葉爾羌城的地位尤其特殊，作爲葉爾羌汗國的舊都，此地向來是南疆與中亞交通的重鎮，在西師告捷之初甚至一度作爲參贊大臣的駐節之地[⑱]。二十四年十二月，又諭令吐魯番郡王額敏和卓不必隨大軍撤回，仍駐葉爾羌辦事："葉爾羌等城俱屬新附，必得熟悉回俗、老成歷練之人駐劄辦理，額敏和卓以舊人效力軍營，頗著勞績，深悉機宜，是以暫令留駐。"[⑲]雖然承諾"俟諸事就緒，即可復回"，但高宗同時允許額敏和卓遷移家口，已經做好了常川駐劄的準備。同時，額敏和卓參贊大臣之銜在戰後一直保留，成爲軍府體制下的一個异例[⑳]。正如先行研究所指出的，高宗有意培植額敏和卓及其家族作爲清朝中亞事務的主要處理者，雙方存在相互依存的利益關係[㉑]。在頒與蘇勒坦沙的敕書中，高宗許其遣人赴葉爾羌申告，事實上是將與西帕米爾諸國的交涉之責交予葉爾羌辦事大臣，葉爾羌成爲西帕米爾諸國與清朝交通的唯一合法渠道，而如筆者在另文中論及的，出身八旗體制內的歷任葉爾羌辦事大臣與作爲地方領袖的額敏和卓對西帕米爾世界形成了相互纏繞的雙軌監控。

二、通商貿易

西師告竣後的葉爾羌城很快恢復其南疆貿易中心的地位，中轉貿易的巨大利潤吸引中亞與中原的商人輻輳於此，根據時人七十一的描述，葉爾羌城内的景象頗顯繁榮：

> 中國商賈，山陝江浙之人不辭險遠，貨販其地；而外藩之人，如安集延、退擺特、郭酣、克什米爾等處皆來貿易。八栅爾街長十里，每當會期，貨若雲屯，人如蜂聚，奇珍异寶，往往有之，牲畜果品，尤不可枚舉[㉒]。

晚近學者基於東亞海域交涉史的經驗，深入檢視了明清時期的朝貢體系與跨國貿易，但對中亞的討論則尚嫌不足。米華健較早關注清朝與哈薩克的貿易，認爲清廷有意

---

⑰ 管守新《清代新疆軍府制度研究》，烏魯木齊：新疆大學出版社，2002年，54—55頁。

⑱ 王超《清代總理回城事務參贊大臣駐地遷移探析》，《史學集刊》2014年第2期，122—123頁。

⑲ 《清高宗實錄》卷六零二，乾隆二十四年十二月乙酉條。

⑳ 軍府體制下參贊大臣的屬性甚爲複雜。參贊大臣之名本爲行軍時因事特差的臨時性職事，並非實職官缺，清人自釋之云"爲與將軍商議諸事而遣者謂之參贊大臣，舉凡軍事機務皆與商議。"（《御製增訂清文鑑》卷四《臣宰類》，按《御製清文鑑》僅收此詞[hebei amban]議政大臣之意。）在新疆設立的參贊大臣介乎實缺與差使之間，一方面其有固定的養廉銀與員額，但並無品級，正如有學者指出的，參贊大臣、辦事大臣屬"臨時派遣、原銜兼任"，游離於吏部銓選體系之外，由皇帝在八旗系統中特簡（劉文鵬《清代南疆辦事大臣職權考》，《中國邊疆史地研究》2014年第1期，82—85頁）。但額敏和卓的"參贊大臣"顯然不包含在軍府體制之下，仍是戰時派遣參贊大臣的延續，額敏和卓去世後這一職銜隨即停廢。

㉑ Kwangmin Kim, "Profit and Protection: Emin Khwaja and the Qing Conquest of Central Asia, 1759-1777", *The Journal of Asian Studies*, 71(3), 2012, pp.620-621.

㉒ 七十一《西域聞見錄》卷二《新疆紀略下・葉爾羌》，葉十四背。

區分“朝貢”與“貿易”，如哈薩克可以前來貿易，却未被高宗認定有朝貢的資格㉓。相較而言，狄宇宙（Nicola Di Cosmo）的分析或更切近，即未必每一例貿易都有朝貢的因素，但很難在二者間劃出明確的界綫，清朝邊疆行政的運作無法離開朝貢的框架，對清朝官員而言，這是行政體制的一種運作方式，而對伯克們而言，這又是獲得政治地位與經濟利益的渠道，中央與邊疆對此各有解釋，各取所需，與其說是朝貢體制，毋寧形容爲政治、經濟與禮儀交織的“朝貢環境”（tribute environment），清朝皇帝的權威得以在不以政區爲限的更廣闊的領域內發揮政治與經濟的影響㉔。

巴達克山歸附之初與清朝的關係正是在這一環境之下展開。終乾隆一朝，巴達克山的使臣僅一次至京朝覲，其餘的活動均在葉爾羌進行。兹根據滿文錄副奏摺中的相關檔案，將乾隆二十六年至三十年間巴達克山向葉爾羌遣使貿易的情況列爲表1。

表1　乾隆中葉巴達克山與清互市表

序次	使者姓名	抵達日期	返程日期	備注
1	巴圖魯伯克	QL26/12/9	QL26/4/19	貿易，呈文
2	米爾扎·納喇特	QL27/1		呈文
3	穆拉特等2人	QL27/8/6		貿易
4	蓋布尼匝爾	QL27/9/1	QL28㉕	貿易、貢馬、請派匠人
5	米爾扎安達禮布	QL28/3	QL28/8/16	送還和卓家人，貿易
6	霍古克蘭	QL29/5		請安，貿易
7	額米爾伯克	QL30/8/14		請安，貿易

縮略語：QL=乾隆。

史料來源：1. 乾隆二十六年十二月二十六日新柱等摺，《新疆彙編》第五四冊，193—201頁；乾隆二十七年四月二十二日新柱等摺，《新疆彙編》第五六冊，73—74頁；2. 乾隆二十七年正月蘇勒坦沙呈文，《新疆彙編》第五四冊，429頁，此人爲葉爾羌前去巴達克山貿易之商人；3. 乾隆二十七年八月二十日阿桂摺，《新疆彙編》第五八冊，74—75頁；4. 抵達日期及請派工匠、琴師等情見乾隆二十七年十一月二十一日新柱等摺，《新疆彙編》第五九冊，315—318頁；十月二十九日到喀什噶爾貢馬、貿易，參見乾隆二十七年十一月初九日永貴摺，《新疆彙編》第五九冊，234頁；5. 乾隆二十八年三月蘇勒坦沙呈文，《新疆彙編》第六一冊，447—448頁；同月米爾扎色第克呈文，《新疆彙編》第六二冊，3頁；該使團於同年六月至喀什噶爾；乾隆二十八年八月二十一日新柱等摺，《新疆彙編》第六四冊，231頁；6. 乾隆二十九年五月二十日額爾景額奏片，《新疆彙編》第六八冊，361頁；7. 乾隆三十年九月十九日額爾景額等摺，《新疆彙編》第七六冊，108—109頁。

需要說明的是，表1中所列出的僅是巴達克山官方向葉爾羌方面派出的使團，在完

㉓　James Millward, *Beyond the Pass: Economy, Ethnicity, and Empire in Qing Cemtrel Asia*, 1759-1864, California: Stanford University Press, 1998, p.270, n.12.

㉔　Nicola Di Cosmo, “Kirghiz Nomads on the Qing Frontier: Tribute, Trade, or Gift Exchange?”, in Nicola Di Cosmo and Don J. Wyatt (eds.), *Political Frontiers, Ethnic Boundaries, and Human Geographies in Chinese History*, London: Routledge, 2003, pp.355-356, 365.

㉕　乾隆二十八年五月額敏和卓收到蘇勒坦沙呈文，請儘快差回蓋布尼匝爾等人（《新疆彙編》第六四冊，93頁），考慮到文書與消息往來的時間差，至少在乾隆二十八年三四月間該使團尚未離開葉爾羌。

成外交差使的同時，也會帶領商人在葉爾羌逗留貿易。除官方使團外，民間尚有大量的商人往來貿易，不過檔案中記錄甚少，在此無法考察。從往返日期俱存的三個事例來看，巴達克山的朝貢使團會在清朝境内停留數月乃至半年之久。朝貢使團到達葉爾羌後，先拜會辦事大臣與額敏和卓，呈遞表文與禮物（或貢物），接受大臣的詢問與回禮。從檔案來看，如果使團的使命僅是例行問安，則此公事的周期較短，使臣僅需在返程前夕再次拜會辭行即可，此外大多數時間或均用於貿易，且其活動範圍亦不僅僅限於葉爾羌，4蓋布尼匝爾使團在二十七年十月、5米爾扎安達禮布使團在二十八年六月均曾前往喀什噶爾。關於使團的規模，可分爲兩部分討論。其一是具有官方背景的人員，上述七例中，2米爾扎·納喇特本爲商人，係臨時受命前來，可忽略不計；1有使者3人，3、4、5皆有使者2人，6、7則似僅有一人，每名使者各有跟役2—3人，這些人員有資格獲得清朝的賜宴與回賞，但在使團中却並不占多數。其二則是商人。由於商人入境後與官方的聯繫較爲疏離，巴達克山使團中商人的具體數目並未見記載，僅可從側面推知。乾隆二十六年七月二十一日，葉爾羌辦事大臣新柱、參贊大臣額敏和卓派出侍衛蘇毗（supi）、回人泰里布（tailib）帶領十八名伯德爾格前往瓦罕、巴達克山一綫貿易[26]；二十七年四月，葉爾羌商頭阿曼呈請恢復南疆與巴達克山的自由貿易，獲準後即帶領八十四名伯德爾格於十九日啓程[27]。盛清中葉南疆前往巴達克山貿易商團的人數見於記載者筆者僅發現這兩例，遺憾的是兩例均具有一定的特殊性。前者事實上是借貿易之名而探聽情報，人數較少；後者則是民間互市久停重開後的首次貿易，參與人數亦應高於常值。不過此二例仍不失其參照價值，如估定巴達克山至葉爾羌常時使團中有40—50名左右的商人，當去事實不遠。

巴達克山商人帶來貿易的商品主要爲羊只，單次可多至二千餘隻，有時亦有馬匹、狐皮、羊皮，清朝以“四十稅一”的比率徵稅[28]。準噶爾汗國與中亞的貿易稅率爲二十稅一，清朝又降低至三十稅一（浩罕、布魯特）至四十稅一（巴達克山、克什米爾及其他西帕米爾政權），如此低微的稅率事實上只是象徵而已，清朝因此而獲得的收入微乎其微。正如先行研究所指出的，自進入新疆開始，清朝便沒有將穆斯林商人當作其主要

㉖ 乾隆二十六年十二月二十六日新柱等摺，《新疆彙編》第五四冊，202頁。按伯德爾格（bederge）係突厥語、蒙古語借詞，意爲商人，佐口透認爲在清朝文獻中此詞是指“伊犁地區鄂托克中的部分中亞突厥語系民族特別是烏兹別克商人”（佐口透《新疆民族史研究》，烏魯木齊：新疆人民出版社，1993年，228頁）。其說伯德爾格僅限於伊犁地區鄂托克之内，稍有失當，李保文近年據蒙文噶爾丹訓諭認爲伯德爾格確爲中亞穆斯林社群内的一個階層，但其人的族屬難以確定，不僅僅是維吾爾、厄魯特人（李保文《“伯德爾格”考釋》，《西域研究》2009年第4期，113頁）。事實上清朝將來自巴達克山的商人也稱爲伯德爾格，見乾隆二十六年十二月二十六日新柱等摺，《新疆彙編》第五四冊，193頁。

㉗ 乾隆二十七年四月二十二日新柱等摺，《新疆彙編》第五六冊，67—68頁。

㉘ 貿易物品參見乾隆二十六年十二月二十六日新柱等摺（《新疆彙編》第五四冊，203頁）、二十七年九月十九日新柱等摺附蘇勒坦沙呈文（《新疆彙編》第五八冊，209頁）、三十四年六月三十日旌額理等摺（《新疆彙編》第九三冊，9—10頁），三十四年十月巴達克山使團帶來羊2100餘隻至葉爾羌貿易，其中有蘇勒坦沙名下羊400餘隻，見同月二十八日期成額等摺（《新疆彙編》第九四冊，166—167頁）；徵稅事例參看三十二年七月初六日旌額理等摺（《新疆彙編》第八四冊，319頁）。

的財政來源[29]。由於缺乏來自本地文獻的證據，尚不清楚貿易在巴達克山的經濟結構中占有何種比重，不過如參照浩罕的經驗來看，1760年代至1840年代，浩罕通過對貿易的壟斷與控制，從弱小的城邦國家（city state）發展主要的區域政權、甚至成爲布哈拉汗國的競爭者，足見貿易對於18世紀中亞諸國意義之深遠[30]。

三、私誼化的交涉

歸附初期巴達克山與清朝的關係不僅限於常規化的行政管理與邊境貿易，由於自恃較早建立聯繫、且於緝捕和卓兄弟一事立有大功，蘇勒坦沙嘗試在其與葉爾羌的清朝官員建立更爲私誼化的聯繫。滿文錄副中現存有一份蘇勒坦沙致額敏和卓書信的譯稿抄件，兹引錄如下：

> 巴達克山蘇勒坦沙謹呈欽派葉爾羌辦事之王，王體安否？我每禱祝於天，願王體安康、福壽綿長。我素以父禮待王，王數度賜書教示，我方得保存顔面。此先王凡有所囑，今我俱遵行。我嘗呈文，起誓以王爲父，王亦許之。要之，我在一日，即以父禮敬待王、遵命而行。是後祈王以子視我，凡我不知不明者，皆舉以教我；愚魯之處，祈王包容，於遠近之人之觀瞻，庶有善也。我此世何敢悖王之言。此先我予蓋布尼匝爾羊只五百，命交易細小貨物帶來，伊兩度尚未交易帶來，此番王毋令之徒然返回。請王加意訪查、妥善辦理，從速遣回。再，王所索女子二名，我已交噶匝納齊伯克薩里，祈加容留。仍請爲我問葉爾羌阿奇木伯克安[31]。

原件無年月，整理者繫於乾隆二十八年七月下，恐有不妥。噶匝納齊伯克薩里係葉爾羌方面派出調解巴達克山與博洛爾爭端的使者，二十七年十一月二十一日自葉爾羌啓程，翌年五月初七日返回覆命[32]。此信由薩里使團帶回葉爾羌，當在四月已經成文，此時上年派出的蓋布尼匝爾使團仍在葉爾羌貿易。

信中值得討論的是蘇勒坦沙以父禮（ama-i doro）待額敏和卓之事。部族首領之間互認父子兄弟關係本是內陸亞洲世界的政治傳統，很早便有學者指出，這種“比喻式的親緣關係”（metaphoric family ties）並非完全的臣屬關係，而是弱勢一方（子或弟）

---

[29] James Millward, *Beyond the Pass: Economy, Ethnicity, and Empire in Qing Cemtrel Asia*, 1759-1864, p.56, pp.99-100.

[30] L. J. Newby, *The Empire and the Khanate: A Politial History of Qing Relations With Khoqand C. 1760—1860*, Leiden: Brill, 2005, p.122.

[31] 乾隆二十八年三月蘇勒坦沙呈文，《新疆彙編》第六四冊，93—94頁。

[32] 出使日期見乾隆二十七年十一月二十一日新柱等摺（《新疆彙編》第五九冊，327頁），覆命日期見二十八年五月初八日新柱等摺（《新疆彙編》第六二冊，245頁）。

承認强勢一方（父或兄）的權威，但又反對後者之於前者的直接治理權[33]。傅禮初曾在1850年代前後成書的波斯文文獻*Tārikh-i Ahmad*中找到清帝向浩罕朝覲使臣稱浩罕君主爲“吾子”的記載，并由此論證清與浩罕的半平等關係[34]。但傅禮初未見其原文，Laura Newby在最近的研究中引用了相關篇章的法譯本，1794年愛烏罕派往浩罕的使臣Shāh Ghafran自浩罕使者獲知了此消息，在後來成書的*Tārikh-i Ahmad*中，此段軼聞被寫入書末的註釋。由於係輾轉傳聞，Newby對其真實性頗有顧慮[35]。除史料來源不甚可靠外，傅禮初的論述近來亦受到學者的詰責，特別是從中國史的視域考察，擬制父子關係自中古時代便常常出現於胡漢交涉中，無法證明所謂“半平等”關係的存在[36]。因此，傅禮初之說無論從史料或論斷而言，都有必要重新審視。

蘇勒坦沙何時尊額敏和卓爲父不可詳考。檢覽滿文錄副奏摺中現存額敏和卓與蘇勒坦沙往來文稿，類似的陳述最早見於二十六年（1751）十一月額敏和卓致蘇勒坦沙密札中，“汝以我年老識多、有如骨肉，敬我如長輩”[37]；又前引蘇勒坦沙信稿中云“嘗呈文，起誓以王爲父”，則或可定爲二十六年末。此時巴達克山與博洛爾正因奇特拉爾土地的歸屬而爭執不休，博洛爾都城亦爲蘇勒坦沙圍困，額敏和卓與參贊大臣永貴、葉爾羌辦事大臣新柱數度行文調解，甚至準備以武力迫使蘇勒坦沙退兵。後蘇勒坦沙聽從額敏和卓勸告而退兵，清方亦不再深究，信中“保存顔面”云云即指此而言。如筆者另文所述，高宗對巴達克山形成了雙軌管理，葉爾羌辦事大臣與額敏和卓分别在“主僕”與“父子”的框架内處理與巴達克山的關係，這在清與西帕米爾乃至中亞其他國家交涉時均未曾出現。蘇勒坦沙凡遣使呈文，例需向葉爾羌辦事大臣與額敏和卓各呈一份；葉爾羌方面凡有札行蘇勒坦沙之文，亦需由葉爾羌辦事大臣與額敏和卓分别出具，事有不便時，則僅由後者出面行文。就行文内容而言，兩份大致相同，且皆需經兩者會議寫定，惟署額敏和卓名者以私人函牘名義寫就，可較少受到外交文書修辭或格式的限制。兹節引乾隆二十六年十一月額敏和卓爲勸蘇勒坦沙自博洛爾退兵之函：

> 將軍聞而大怒，……即選滿洲、索倫、綠營之兵及布魯特、回人兵二萬，擬身率布魯特散秩大臣阿其睦，直入巴達克山擒汝，嚴加治罪，汝游牧亦為人所奪。……此事與汝之身死部滅俱有干連，所報汝者，自兹以往，唯此為大。我言於將軍……將軍方罷兵遣使，……我不忍視死不救，故特作密札付汝。汝務遵我言，將所掠博洛爾地土人畜悉數給還，遣使來告，我再請於將軍，寬赦

---

[33] Joseph F. Fletcher, “China and Central Asia, 1368-1884”, in Beatrice Forbes Manz (ed.), *Studies on Chinese and Islamic Inner Asia*, Aldershot: Variorum, 1995, part 2, 368, n.112.

[34] Joseph F. Fletcher, “China and Central Asia, 1368-1884”, in Beatrice Forbes Manz (ed.), *Studies on Chinese and Islamic Inner Asia*, Aldershot: Variorum, 1995, part 2, p.222.

[35] L. J. Newby, *The Empire and the Khanate: A Political History of Qing Relations with Khoqand C. 1760—1860*, pp.46-47.

[36] 鐘焓《傅禮初在西方内亞史研究中的位置及影響》，達力扎布主編《中國邊疆民族研究》第六輯，北京：中央民族大學出版社，2012年，218—220頁。

[37] 乾隆二十六年十一月額敏和卓密札稿，《新疆彙編》第五四册，42頁。

汝罪[38]。

額敏和卓似故爲蘇勒坦沙緩頰，但此不過是清方的策略，以此介乎官私之間的函牘作爲官方文移的輔助。不過限於史料，筆者無法確定蘇勒坦沙是否會相信額敏和卓的說辭，亦無法判斷兩種體例的文字之於巴達克山影響的相對大小，此仍有待於中亞本土文獻的發現與解讀。

如就清代早期政治文化的角度考察，確實有類似所謂“比喻式的親緣關係”的存在。後金時期蒙古王公致太祖努爾哈齊的書信、誓詞中，多有“如父之汗（amai gese han）”[39]“汗父（qaγan ečige）”[40]之謂。不過其性質與傅禮初所謂的“半平等關係”迥然不同，其來源應是儒家倫理即“君父”的傳統，如天命三年太祖訓諭群臣云“人君即天之子也，貝勒諸臣即君之子也，民即貝勒諸臣之子也”[41]。艾騖德（Christopher Atwood）指出清代外藩蒙古對皇帝恩典（kesig）的理解與表述明顯受到中原文本的影響，通俗小說及其滿蒙譯本的傳播與《聖諭十六條》的宣講皆是促成因素[42]。“君父”雖出自儒家哲學，但早經民間化成爲日用而不覺的常識，其傳入蒙古社會、進而被用以形容清帝，亦在情理之中。入關後，特別是在此先精心綏撫的對象漠南蒙古與喀爾喀蒙古被歸入札薩克體制治理、大一統國家規模初現後，清帝對親自參與的擬制話語逐漸喪失興趣，不再針對某一族群特別强調“君父”的概念，取而代之的是“天下之主”“無分内外”的政治語彙，進而通過繁複的禮儀系統形塑出具有崇高權力、道德與仁慈的皇帝形象[43]。高宗敕諭蘇勒坦沙云“朕爲統有天下之主，内外無分，俱一體恩養”[44]，蘇勒坦沙奏表内稱高宗爲“掌管天下一切游牧，居具大威力天宫之聖主”[45]，事實上即是“大一統”觀念在中亞的體現與地方化的表述。

蘇勒坦沙與額敏和卓建立擬制父子的關係，正宜置於這一背景之下考察。就其實質而言，這種私誼化、親緣化的外交仍是清代中亞外交體制的一部分，較之葉爾羌辦事大臣，額敏和卓並不享有任何額外的自主餘地，擬制“父子”關係的認定只是用以保障“主僕”關係的穩固，並且始終處於“主僕”關係的控制之下。這既與中古時期胡漢之間基於利益與力量建立的擬制父子關係不同，更絶非傅禮初所言的、來源於“内亞傳統”的“半平等關係”之體現。

㊳ 乾隆二十六年十一月額敏和卓密札稿，《新疆彙編》第五四册，42—43頁。

㊴ 《滿文原檔》第四册，盈字檔，天命八年六月，臺北故宫博物院，2005年，9頁。

㊵ 《滿文原檔》第四册，盈字檔，天命八年七月初四日錄烏魯特貝勒等蒙文誓詞，68頁。

㊶ 《清太祖實錄》卷五，天命三年閏四月壬午條。

㊷ Christopher Atwood, "'Worshiping Grace': The Language of Loyalty in Qing Mongolia", *Late Imperial China*, 21(2), Dec., 2000, pp.116-124.

㊸ 關於“大一統”的論述參看楊念群《超越“漢化論”與“滿洲特性論”》，氏著《“感覺主義”的譜系》，北京：北京大學出版社，2012年，158—163頁。

㊹ 乾隆二十四年十月敕諭巴達克山汗，《新疆彙編》第四二册，301頁，滿文原文已見上引。

㊺ 乾隆三十三年蘇勒坦沙奏表，《新疆彙編》第八七册，363頁。原文爲abkai fejergi gubci nukte be uherilehe. amba horonggo amba gurung de tehe amba enduringge ejen.

四、餘　　論

晚近清史研究受“新清史”的影響，競談“内亞傳統”“内亞性”。必須承認的是，滿洲肇興東北、締姻蒙古、交通西藏，在立國之初確實不可避免地受到蒙、藏文化因素的影響，但其是否能上升到所謂“内亞性”的高度，則尚需謹慎。正如有學者所指出的，近似“内亞性格”的邊疆治理舉措只是一種技術手段，“只具功能性的意義，不能隨意拔高爲王朝政治運作的正當性基石，也無法成爲清王朝的普遍性制度基礎”[46]。

與東亞的宗藩體制不同，清朝在一種“主—僕（ejen-albatu）”的框架内處理其與中亞政權的外交關係[47]。這一敘述政治身份性質的語彙事實上來自於蒙古文化傳統，直至晚清仍被朝廷用以形容與中亞政權的政治關係。但如筆者在另文中所述，“主僕”概念的意涵在西師告竣後很快發生轉變，脱離了其在内陸亞洲語境中的意義。而在1770年前後，清廷亦形成“不干涉”的政策，並在很大程度上受到“天子有道，守在四夷”的中原政治傳統的影響。筆者曾用“實用主義”歸納清廷處理中亞外交的策略，即舉凡滿、蒙、漢文化與制度因素均有所參酌，其間並無高低等差[48]。就本文討論的乾隆二十五年至三十二年間清與巴達克山的外交關係來看，更可見高宗君臣遊走於諸多政治文化傳統中，擇所需而取之。

乾隆二十五年中亞諸國使臣入覲，高宗雖習回語、奏回樂，但觀其行程不出京師諸園，且特爲安排觀燈賞煙花，“俾觀禮樂三千盛”。事實上在此以前，高宗已有類似的嘗試，乾隆十五年元日便賜準噶爾使臣於西苑觀燈[49]，翌年南巡更攜準噶爾使臣同至蘇州，一時民間傳誦“夷人買鄉繭”[50]，侍臣亦有“鋪陳禮樂正當陽”[51]之歎。正是此種多元文化並存的禮儀活動中，朝廷得以向準部與中亞展示威權與繁盛。

高宗任用額敏和卓以參贊大臣常駐西陲，並以父子之名展開對巴達克山的交涉與管控，與清代常規體制頗有扞格，或可形容爲某種短暫的突破。但即便是這一明顯的特例，也並非如部分學者所言，可證明清與中亞藩屬的所謂“半平等”關係。擬制父子的傳統雖然在内陸亞洲的歷史語境中屢見不鮮，但在中古時期便已進入中國史的脈絡，在中原的歷史書寫與記憶中留下豐富的資源，清人接觸此一傳統，未必即得自内亞世界。況滿洲立國之初便深受通俗化的“君父”政治倫理的影響，對利用擬制親緣操控政治附

---

[46] 楊念群《詮釋“正統性”才是理解清朝歷史的關鍵》，《讀書》2015年第12期；另參見氏著《何處是“江南”：清朝正統觀的確立與士林精神世界的變異》，北京：三聯書店，2010年，10—11頁。

[47] 小沼孝博《清朝とカザフ遊牧勢力との政治的関係に関する一考察——中央アジアにおける「エジェン-アルバト」関係の敷衍と展開》，《アジア・アフリカ言語文化研究》第72號，2006年，39—63頁。

[48] 詳見拙稿《乾隆朝初通巴達克山考：兼談準噶爾遺產與清朝中亞外交之初建》，347—396頁。

[49] 汪由敦《松泉集》卷十九，《恭和御製上元燈詞元韻八首》，《清代詩文集彙編》第二七二册，171頁。

[50] 陳錦《補勤詩存》卷十四，《吴謳曲》，《清代詩文集彙編》第六八七册，182頁。

[51] 錢陳群《香樹齋詩集》卷十七，《恭和御製宴準噶爾夷使元韻》，《清代詩文集彙編》第二六一册，211頁。

屬關係本不陌生。更重要的是，高宗在中亞外交中試圖構建的是“無分內外”的“天下之主”形象，並獲得巴達克山等藩屬的積極回應，這事實上正是高宗君臣念茲在茲的“大一統”觀念的體現，而支配“主—僕”關係以及等而下之的擬制父子關係的，正是“大一統”的地方性表達。

邊疆治理清晰地展現出清代政治構造的多元性與複雜性，而清帝慣常使用的實用主義策略亦在此中顯露無遺。多種文化傳統在此交匯，清廷等而視之，無主次高下之分，惟取其宜而用之，即高宗所謂“同文一統”之義。明乎此種行政策略及其背後的政治邏輯，方可理解清代邊疆行政的複雜面相。

An Investigation on the Qing-Badakshan Relation in the Middle of Emperor Qianlong's Reign (1760-1767)

Ma Zimu

Badakshan was a strategic location during the Qing for its geopolitical and economical connection with Kokand, Afghanistan, and other places of Central Asia. Political situation in Western Pamir areas changed rapidly from the 1750s to the 1770s. The Qing eliminated the Dzunggar and Khojo influence and consequently established its garrison in the Tianshan Mountains in late 1750s. Kokand, located in north Western Pamir, also competed for regional hegemony in this region. But during the 1760s, especially from 1760 to 1767, Badakshan had a relatively peaceful relation with the Qing. This essay focuses on this period, describing the achievement of a normal relationship between the Qing and its Central Asian neighbors. It is also a case study on the formation and operation of the Qing frontier administration system including the rituals of the imperial audiences with the envoys, border trades, and the language used to describe political relations between the Qing and its Central Asian neighbors.

準清爭奪西藏的餘韻：昭地立汗問題*

烏蘭巴根

引　言

自16世紀後半葉開始，蒙古各部相繼皈依藏傳佛教，因而開始關注、介入以至於支配西藏教務。蒙古内部紛爭及霸權更替相應導致對教務支配權的爭奪。起初，以土默特爲首的蒙古右翼左右西藏教務，後來漠南蒙古潰亂，各自歸附清朝，失去了支配教務的權勢。乘此空當，綽克圖台吉南下，企圖經略西藏。格魯派上層聯絡衛拉特各部，促使固始汗擊潰綽克圖台吉，進而控制西藏。此時，漠北喀爾喀也已走到政治前沿①，自成一家，涉足西藏教務。同時，清太宗也遣使聯絡西藏佛教上層，其後1652年清世祖與五世達賴喇嘛會見。由此，清朝、喀爾喀和衛拉特圍繞西藏教務，形成鼎足之勢。三方既相互牽制，又相互倚恃。後來，厄魯特噶爾丹崛起，受封爲博碩克圖汗，強勢介入西藏教務②。1688年，博碩克圖汗與喀爾喀反目，致使後者歸附清朝。此後，清朝、準噶爾汗國與和碩特汗國鼎足而立。後來，和碩特汗國衰弱分化，清朝的影響日益凸顯。

1701年和碩特袞楚克達賴汗去世，1703年其子拉藏繼位。1705年拉藏執殺第巴桑結嘉措，並接受清帝冊封③，同時廢除第巴所立倉央嘉措，立益西嘉措爲六世達賴喇嘛。拉藏汗的一系列舉動引起衆人反對，其中準噶爾最爲激進，派軍攻殺拉藏，擄走妻室部衆。對此，清朝兩次派軍入藏，迫使準軍撤走，進而全面控制西藏。清朝接管西藏之後，立噶桑嘉措爲達賴喇嘛，確立新的行政體制，實行直接統治。

蒙古各部及清朝圍繞西藏教務，群相博弈，長達一百多年，最後清朝成爲贏家。然而，清朝直接統治西藏，並不是一帆風順，萬無波折，相反由於各種矛盾尚難遽消，後續爆發了幾次激烈的紛亂及緊張局勢。清朝強使和碩特汗位停襲，和碩特遺衆萌生不滿，羅卜藏丹津舉兵反清。該事件的後果之一就是把昭地立汗爭議問題化，爲準噶爾所

---

* 本文是國家社科基金一般項目《西藏檔案館藏蒙古文檔案研究（批准號16BMZ018）》的階段性成果之一。

① 烏雲畢力格《喀爾喀三汗的登場》，《歷史研究》2008年第3期，23—33頁。

② 喀爾喀、和碩特及厄魯特（Ögeled）並立是自噶爾丹統一衛拉特各部至喀爾喀歸附清朝爲止長達二十年的政治態勢。後來，策妄阿喇布坦提議恢復的“三家”安樂（蒙古文：γurban ayil; 滿文：ilan boo）即指此一時期的情況。

③ 烏雲畢力格《1705年西藏事變的真相》，《中國藏學》2008年第3期，82—91頁。

利用。1731年準清在葉爾羌—西藏一線，演繹了幾幕博弈劇情，先是準噶爾稱送蘇爾扎回藏繼位，然後是清朝煽動回部反抗準噶爾，其中蘇爾扎回藏繼位的消息就是昭地立汗問題的餘韻。

過去研究準清關係，主要談論清朝、西藏與準噶爾的博弈，很少談到昭地立汗問題。一方面是因爲相關史料不多，尤其缺乏準方史料，另一方面是因爲在歷次準清談判中都沒有把它當作關鍵議題，所以學界不大感覺到它的存在及其影響。

筆者發現一些滿文檔案，涉及到上述問題，故此發掘，一則譯介相關史料，二則抒發個人對準清博弈的點滴思考。

一、和碩特汗位的停襲及後續紛亂

和碩特拉藏汗的親清表現及廢立達賴喇嘛的舉動引起衆人反對，最終導致準噶爾派軍攻殺拉藏，佔領西藏。

1716年冬，準噶爾軍6000多人分兵兩路，遠征西藏。次年秋天，準軍到達達木草原，進攻拉藏汗，拉藏汗撤回拉薩，準軍進圍拉薩。“十一月初一日（1716年12月14日），蘇爾扎率兵三十人，衝圍而出，被其擒獲。拉藏被圍身亡”[④]。準軍佔領拉薩，重用第巴達孜，統治西藏[⑤]。準軍把拉藏汗的遺孀、次子蘇爾扎、幼子色布騰及其他一些族人，包括拉藏汗部屬，一併送往伊犁安置。當時，準方沒有公開宣佈廢除和碩特汗權，只是控制了和碩特汗室後人。

面對準噶爾的佔領，清朝爲了保留對佛教的控制，先後兩次調軍入藏，展開驅準保藏行動。第一次由康熙五十七年七月十六日（1718年8月12日）到九月二十九日（1718年11月21日），結果全軍覆沒。第二次由康熙五十九年（1720）四月到九月十四日（1720年10月15日），結果順利開進拉薩，準軍懾于清軍強勢，經由藏北撤回伊犁[⑥]。

清朝軍隊開進拉薩後，扶立噶桑嘉措爲達賴喇嘛，全面控制西藏教務；在政權方面，清朝取締和碩特汗統，起用藏人頭目，廢除第巴輔佐體制，改用噶隆辦事體制，並派大臣及軍隊駐劄。這是清朝控制西藏及佛教的最爲利己的處理方式。然而，和碩特汗室後人流落敵人之手，對清朝來說也是一種政治隱患，因此，康熙皇帝屢次要求準方送還拉藏妻室部衆。由於所遣使者屢爲準方所拒，清朝改令哲布尊丹巴出面遊說，或者擬寫諭旨交給準方使者帶回，多次要求準方送還拉藏汗妻室部衆。例如，康熙六十年的一份諭旨中說：

> 今皇子大將軍王已率大軍收復招地，西土之事既定。自來年正月始，皇子

④ 《清聖祖實錄》卷二七八，康熙五十七年夏四月（己卯朔）辛巳條。

⑤ 寶音特古斯《十八世紀初期衛拉特、西藏、清朝關係研究——以“六世達賴喇嘛事件”爲中心》，內蒙古大學博士學位論文，2009年，87—94頁。

⑥ 寶音特古斯《十八世紀初期衛拉特、西藏、清朝關係研究——以“六世達賴喇嘛事件”爲中心》，94—144頁。

大將軍王將同喀爾喀、青海、四十九旗諾顏起程，由阿爾泰一路、吐魯番一路、額勒恩哈畢爾罕一路，分三路前往，與爾會盟議結。……（中略）……是以，爾須與皇子大將軍王約定一地，或于爾居所，或於額勒恩哈畢爾罕、烏魯木齊等地會議之處，著於來年正月之前速遣使人奏定。倘不啟奏，則皇子大將軍王、諸王台吉等即赴爾處會議。爾將拉藏妻子、屬下人等及班禪之徒格勒克鐘內、果莽喇嘛等即行送還（償還倉物），或俟皇子大將軍王到後再給之處，爾自知之。切勿枉費朕體恤芸芸眾生之心。不聽老人言，日後將悔之莫及。為此，將敕諭交付使人哈西哈齎往⑦。

《平定準噶爾方略前編》卷十載：

上諭議政大臣等曰：策妄阿喇布坦之兵屢被我師擊敗，死傷頗多。……（中略）……但此時遽遣使，向策妄阿喇布坦處招撫，彼不知我寬仁之意，反以為不能取彼，復生他心，亦未可定。爾等可議寫發往策妄阿喇布坦之書，著哲卜尊丹巴胡土克圖選派好喇嘛為使，作速差往。其差往之人過阿濟嶺，由吐魯番一路前往，不久可到彼處。信息情形亦即得聞知。如胡土克圖之使者善為曉諭，策妄阿喇布坦畏懼天討，將拉藏妻子家屬、並從前被擄之人送來請罪，誠心投順，永不敢侵犯邊隅，如此可另行商酌……（中略）……今各路兵丁，或向伊犁前進，或於吐魯番固守，漸近烏魯木齊等處駐劄營寨，相機而行；或幾路前往襲擊，以及大兵糧餉作何運到之處，著議政大臣、軍前調回將軍大臣商同核議，妥確具奏。尋議曰：將齎諭胡土克圖發往策妄阿喇布坦書呈覽。令胡土克圖選派喇嘛齎往，且覘其消息。……（中略）……奏入，得旨：依議⑧。

清朝既以温言相勸，又以武力威脅。但是，直到康熙皇帝去世，準方沒有會盟議事，更沒有交出任何人與物品。

另外，清朝取締和碩特汗統，扶立藏人作爲股肱之策，令青海貴族心灰意冷，致使紛紛離開西藏。此後，青海内部開始運籌反清舉措，1723年羅卜藏丹津起兵⑨。羅卜藏丹津反清是和碩特遺眾對清朝的取締汗統政策做出的激烈反應。“羅卜藏丹津覬爲唐古特長的美夢破滅，甚至連護送達賴進藏之功也沒有得到褒獎時，乃暗中與策妄阿喇布坦勾結，積極策反清廷。這是羅卜藏丹津事件的主要原因。”⑩1724年年初，羅卜藏丹津

---

⑦ 《敕諭厄魯特台吉策妄阿喇布坦速來會盟事》，中國第一歷史檔案館編譯《康熙朝滿文硃批奏摺全譯》，北京：中國社會科學出版社，1996年，1526—1528頁。

⑧ 《清聖祖實錄》卷二九六，康熙六十一年春正月（丁亥朔）庚子條；《平定準噶爾方略前編》卷十，康熙六十一年春正月庚子，“命齎諭哲卜尊丹巴胡土克圖暫停進兵”條。茲引《方略》。

⑨ 有關羅卜藏丹津反清事件的前人研究非常多。例如，日本學者石濱裕美子撰、伊力娜譯《羅卜藏丹津“叛亂”再考》，《蒙古學資料與情報》1989年第1期，19—24頁。加藤直人撰，馬連龍譯《羅卜藏丹津叛亂與清朝》（上、下），《青海社會科學》1993年第2期，70—76頁；第3期，52—59頁。張永江《羅卜藏丹津與達賴喇嘛》，《清史研究》1999年第1期，106—108頁。

⑩ 馬連龍《論羅卜藏丹津叛亂的前因後果》，《青海社會科學》1993年第1期，101頁。

兵敗，出逃柴達木，後逃亡伊犁。

1723年11月7日（雍正元年九月二十二日），以根敦爲首的準噶爾使團隨同哲布尊丹巴使者來到清朝西境，然後經由阿喇衲、富甯安[11]、延信[12]及綽奇[13]等人依次接送，抵達北京。根敦使團前來清朝，是爲了迎合清朝和議之意，因此表示和談願望之外，沒有舉行實際談判。根敦使團的到來，開啟了雙方和談帷幕。相應根敦使團，清方派出以楚楊托音、眾佛保爲首的使團，前去準噶爾舉行實際談判[14]。清朝派出使團之前，審度當時的局勢，做了一番談判準備，其中一項是以準方提議昭地立汗爲假想的應對說辭。中國第一歷史檔案館收藏的滿文《夷使檔》載錄這份應對說辭，現引如下：

奏請訓示昭地立汗一事所奉口訓記錄之文。奉諭：先前昭地駐有達延汗，未聞有何殊建。後達賴汗駐劄，亦無有益於教法。凡事皆由第巴專權攪亂，而未能制止。且將達賴喇嘛圓寂之事，隱瞞達十數年，欺弄眾生，圖謀私利，達賴汗亦未能告發。後拉藏至昭，殺第巴，明其罪，奏請我皇考，封其為汗而令其駐劄（昭地）。然無所建勳，反而尊崇紅教，擅用達賴喇嘛諸物。爾以其性惡，於教無益，派兵攻破拉藏，攪亂昭地，以致寺僧分散，教法將誤之時，我皇考念及身為達賴喇嘛之舊施主，念及先前之善行，豈可坐視全滿洲、蒙古教法之地遭此劫難，故遣將軍、大臣、兵丁，與青海諸台吉一同前去，擬就達賴喇嘛坐床及政教之事說理。然台吉爾之策淩敦多布等不候而退。我大軍遂同青海諸台一道使達賴喇嘛坐床。因達賴喇嘛之商上已空虛，特念各寺用度緊要，由內地送數十萬兩銀。我將軍、大臣、官兵等亦共同誠祝獻禮熬茶，置數萬兩銀于商內，各寺僧人復行集聚，黃教仍前振興，藏眾皆得安寧。事定之後，大軍雖撤，仍留將軍、官兵，駐守昭地。青海諸台吉各自表請，棄而退回。只有我軍駐守三年有餘，後念及藏地狹小，庶民受苦，未可料定，悉數撤回兵丁，至今仍於察木多地方駐兵防守。我大軍在昭地時，我皇考頒諭諸將、大臣，詢之以固實汗子孫內宜立誰於昭。我將軍、大臣等奏稱：據藏人第巴、噶倫、眾僧及所有人眾呈稱：我藏地教法毀壞殆盡，眾皆將死，而今蒙文殊菩薩皇帝明鑒，令達賴喇嘛坐床，派遣大軍，使準噶爾逃亡，我藏眾方得活命，教法得以恢復。我藏眾遭受和碩特、厄魯特之毒害，已逾數世。今若念系固實汗子孫，立于藏地，我等再生之身，復陷苦難。是死是活，只倚文殊菩薩聖皇帝而生。若將青海台吉立於此地，將于我藏眾有難，於教法亦無益。等語。再三表

---

⑪　《靖逆將軍富甯安奏報策妄阿喇布坦之使抵達卡倫折》，雍正元年九月二十五日，中國第一歷史檔案館譯編《雍正朝滿文朱批奏摺全譯》，合肥：黃山書社，1998年，381—382頁。

⑫　《平逆將軍延信奏報迎接策妄阿喇布坦之使折》，雍正元年十月二十四日，《雍正朝滿文朱批奏摺全譯》，454—455頁。

⑬　《甘肅巡撫綽奇奏報策妄阿喇布坦使人於旨到前已過肅州折》，雍正元年十一月初九日，《雍正朝滿文朱批奏摺全譯》，492頁。

⑭　《內閣學士眾佛保等奏報率策妄阿喇布坦之使臣啟程折》，雍正二年五月初十日，《雍正朝滿文朱批奏摺全譯》，822頁。

請。事不可為而止。羅卜藏丹津因未立彼於昭為汗，故藉故為亂。彼若誠願駐昭地，何不以駐昭表請施恩，反棄而退回。羅卜藏丹津等抵達昭地，只搶掠藏人物什，陷之於苦。羅卜藏丹津每日以廩給為名，由藏人食用二三十只羊，拴四五十匹馬，酗酒撒瘋，藏人無不憎恨，無不怨憂。現如今，知此行徑，而為於教法無益、于藏人加難之事，可乎。朕乃天下大主；教者，所有滿洲、蒙古共同之教法。若論施主，不僅朕為大施主，且自我先聖太宗皇帝始，即為教之大施主。教法之事，除朕護持主理之外，誰也不可躋身爭議。教法之事，絶非鄉里臣僕之事。台吉爾試思之，教法乃天下共同之教法，共同尊奉維護而已，絶非一人坐領專擅之事。拉藏乃經表請我皇考封汗立之之人。其惡行，爾理應陳奏於我皇考。然並未陳奏，即擅自派兵殺死拉藏。此咎朕宥而不加追究，台吉爾惟應感戴羞愧。台吉爾豈可貿然向朕提及昭地立汗之事。今青海台吉內願為汗者無一人。若論藏人，極不情願。縱使情願之人為汗，豈有使背主之羅卜藏丹津在昭地為汗之理。台吉爾之此説，乃為教法耶，而為誰耶。若謂是為教法，教法現又如何。若論為人，又有為人而破壞教法之理乎。台吉爾理宜摒棄私念，虔心輔佐於朕，篤誠利濟教法。如慎思之，料台吉爾定將是而感戴朕諭也。欽此。

議此一項時，將稱：昔送達賴喇嘛至昭地坐床時，曾諭我將軍、大臣等議藏地以誰為汗、以誰為第巴之事。據所有藏人稱，原先達延汗、達賴汗駐於此地，後第巴、拉藏汗駐此。此輩皆于教法眾生無所造益，反而禍眾興兵。今若仍行立汗、第巴，我再生人眾，復將蒙難。等語。再三奏請。因不便強迫眾意，交與噶倫等辦理。誠若藏眾奏請立汗，皇帝為立誰之事，或將明鑒降旨。此事，爾等勿得干預。等語⑮。

清方的假設及言辭準備證明，在清朝看來，昭地立汗可能成爲談判議題。當時清朝雖然控制西藏，但是，由於摒棄原有體制，扶立藏人頭目，導致青海貴族的反清暴動。準噶爾是昭地大施主之一，歷來跟昭地關係密切，並且仍握有西藏汗室後人及冀襲汗位者，所以具有提議昭地立汗的藉口和籌碼。由於存在這種潛在的政治問題，清朝做了相應的言辭準備。上引雍正皇帝口諭，充分表明了清方對昭地立汗問題的原則、立場。雍正皇帝首先歷數歷代和碩特汗懦弱無功，指責羅卜藏丹津暴虐藏眾，然後大力渲染自己行善立德，大有功於教法生靈，最終宣稱除了自己之外，任何別人都不得過問教法事務。雍正皇帝的口徑非常明確，西藏教務支配權歸他專有，昭地立汗問題只有達賴喇嘛及藏眾提請，方可議行。同時，嚴詞批駁準方染指西藏汗統問題。

眾佛保使團於1724年7月20日（雍正二年六月初一日）由吐魯番啟程，9月3日（七

⑮ 趙令志、郭美蘭主編《軍機處滿文準噶爾使者檔譯編》，北京：中央民族大學出版社，2009年，45—53、820—821頁。筆者在《譯編》漢譯的基礎上，參照原文稍加改動，然後引錄。由於該記錄跟1734年（雍正十二年）傅鼐使團的談判相關檔案在一起，所以《譯編》將其作爲傅鼐使團的檔案處理。筆者亦曾當作傅鼐使團文件加以引用。後因日本學者岩田啓介先生提醒，經過史事分析，認爲是楚楊、眾佛保使團的言辭準備。

月十六日）抵達策妄阿喇布坦住處哈喇呼濟爾。根據眾佛保回奏，他們在“策妄阿喇布坦處住有一百一十日，共會見十五次”，主要商談雙方劃界問題[16]，同時談及青海暴亂及吐魯番的歸屬問題。從眾佛保的匯奏看，準方沒有提議昭地立汗問題，因此清方準備的應對之辭沒有用到。既然準方沒有提到昭地立汗，那麼本可就此消解這個潛在的博弈點。這種情勢本來對清朝非常有利。眾佛保等人帶來準噶爾使臣博羅瑚爾噶，專爲議界交換意見。對此，1725年5月23日（雍正三年四月己卯）清朝又派眾佛保出使準噶爾，再議劃界事宜。然而，由於雙方爭議過大，往返兩次談判，疆界未能劃定。此時，策妄阿喇布坦去世，其子噶爾丹策凌、羅布藏碩諾兄弟內訌。噶爾丹策凌繼位後，其弟羅布藏碩諾逃亡土爾扈特。鑒於準噶爾汗位襲替，清朝改變政策，準備起兵攻滅準噶爾，致使和談破裂。由於和談破裂，兵革再起，不僅劃界問題未能解決，還令昭地立汗問題再起懸念。

二、準噶爾送蘇爾扎回藏繼位的消息與清朝採取的應急措施

1726年，策妄阿喇布坦去世，噶爾丹策凌繼位，羅布藏碩諾逃亡土爾扈特。清朝遣使土爾扈特，尋訪羅布藏碩諾，以期策動土爾扈特[17]。準噶爾對此有所察覺，同時看到了清朝整治軍備，於是先發制人，動員軍隊，發動了對清戰爭。

1730年冬天，準噶爾派軍到青海北界、巴里坤，搶掠清方卡倫及軍營馬群，拉開了戰爭帷幕。幾乎與此同時，準噶爾人在葉爾羌—拉達克—西藏一線上也頻頻活動。此前，拉達克已經成爲準清雙方攫取情報的消息通道[18]。

1731年早些時候，拉達克汗德忠那木扎勒報告頗羅鼐及其長子朱密車布登（又作珠爾默特車登），準噶爾要向巴扎汗派出以納辛巴巴爲首的使團，並說使團準備取道拉達克前往。頗羅鼐經與駐藏大臣商議，致書拉達克，要求勿使使團行經本國。拉達克汗迫於壓力，未令使團行經本國，而另指別路通過。當年五月份（舊曆），朱密車登再次報告由拉達克報來的有關準噶爾的消息。據報，準噶爾派人到拉達克，向拉達克汗饋禮問安，並請提供西藏情報。此外，還得到了一份關於準噶爾內情的報告。駐藏大臣馬喇將所獲情報馳奏雍正皇帝。現譯引馬喇的滿文奏摺：

阿里頭等台吉珠爾默特車登文，為向駐藏大臣報告所獲消息事。由我處派

---

⑯ 《內閣學士眾佛保等奏報與策妄阿喇布坦議界事折》，雍正三年正月初二日，《雍正朝滿文朱批奏摺全譯》1006—1022頁。

⑰ 馬汝珩、馬大正《試論〈雍正諭土爾扈特汗敕書〉與滿泰使團的出使》，《民族研究》1988年第1期，79—86頁；烏雲畢力格《土爾扈特汗廷與西藏關係（1643—1732）——以軍機處滿文錄副檔記載爲中心》，《西域研究》2015年第1期，22—33頁。

⑱ 關於拉達克在準清角逐中的地位及雙方通過拉達克獲取情報問題，參見齊光《拉達克與18世紀前半期的清朝、準噶爾在西藏的角逐》，《歷史地理》第三十輯，206—214頁。

往拉達克打探消息之人回稟：由葉爾羌十七人前來拉達克，告德忠那木扎勒曰：我等前來途中，雪甚大，騎馱之畜俱倒斃。噶爾丹策淩向尼瑪那木扎勒贈哈達一條、喀什噶爾綢緞一匹，以問好。噶爾丹策淩之語：請將衛藏消息寄信告知。等語。別無他言。再，适才名烏巴西者由準噶爾來到葉爾羌，向伊好友言：噶爾丹策淩之弟碩諾巴圖爾現在哈薩克，欲領大軍攻其兄噶爾丹策淩。又，噶爾丹策淩聽得土爾扈特與大主和好，甚為驚懼，已在哈薩克邊境準備大軍⑲。

據拉達克方面提供的情報，準噶爾對西藏局勢仍有所關注。當年六月（舊曆），準噶爾使團由巴扎汗處返回。在返回途中，多數成員攜帶輜重原路返回，而納辛巴巴本人卻取道拉達克前來。拉達克汗向頗羅鼐報告了納辛巴巴一行的情況及從葉爾羌傳來的驚人的消息。頗羅鼐將消息呈報給駐藏大臣馬喇，馬喇立即具折密奏。由於形勢緊迫，馬喇未來得及翻譯原文，連同密折一同馳寄北京。中國第一歷史檔案館藏有馬喇密折的錄副，其附件爲頗羅鼐呈文的滿文翻譯，即《翻譯頗羅鼐呈駐藏大臣等文》，這應該是軍機處譯呈雍正皇帝的譯文。現譯引馬喇密折及頗羅鼐呈文：

奴才馬喇等謹密奏。為奏聞事。雍正九年七月初五日（1731年8月7日），多羅貝勒頗羅鼐將拉達克汗德忠那木扎勒向伊所報納辛巴巴之消息及準噶爾之消息具文來報，呈請轉奏主上。若將原呈翻譯具折而奏，恐致延誤時日，故將頗羅鼐所奏蒙古字原書恭加包裝，奏呈御覽。書中之事，頗羅鼐已差人馳報學士僧格，奴才等處亦遣書。為此恭折密聞。雍正九年七月初五日（1731年8月7日）。護軍統領馬喇、護軍統領邁祿、總兵官鮑盡忠。奉旨：辦理軍機大臣等議奏［八月十六日（1731年9月16日）］。

翻譯頗羅鼐呈駐藏大臣等文：

多羅貝勒頗羅鼐文，呈駐藏大臣等。阿里拉達克汗德忠那木扎勒咨我文內開：準噶爾使者納辛巴巴原先前往巴扎汗處時，我不曾令其經過拉達克之地，而以別路遣之。如今，所去使者納辛巴巴在返回之際攜來巴劄汗贈我德忠那木扎勒之禮品，將贈給噶爾丹策淩之禮品、哈達及衣物交與眾人另路遣回，而納辛巴巴本人及十二營之三十人於六月初七日（1731年7月10日）來到我拉達克之地，並將巴扎汗贈我之衣物給我。又，巴扎汗在致我書內稱：我愛此納辛巴巴，賜以巴圖魯號，並加恩賞。亦給噶爾丹策淩以恩賞：大珍珠一、哈達一及衣物。今遣此納辛巴巴經你處返回。令其過境，無得阻礙。等語。我拉達克之德忠那木扎勒詢問納辛巴巴：噶爾丹策淩遣你，是為何事。納辛巴巴說：噶爾丹策淩遣我緣由，一則，為了祝賀馬馬沙汗即位，贈送禮品；二則，畢力衮之汗心向巴扎汗，故遣哈薩克侵虐。為此告之以我方援助巴扎汗攻打哈薩克之事。三則，告之以噶爾丹策淩襲其父位一事。除此之外，別無他事。為答此次

⑲ 中國第一歷史檔案館編《清代新疆滿文檔案彙編》第一冊，桂林：廣西師範大學出版社，2012年，50—51頁；另見中國第一歷史檔案館譯編《雍正朝滿文朱批奏摺全譯》，2040頁。

告聞，巴扎汗致書於噶爾丹策淩，並無口諭之辭。再，由葉爾羌前來接應納辛巴巴之八人於六月初八日（1731年7月11日）到達拉達克之地。伊等稱：噶爾丹策淩加愛于蘇爾扎，給以五千兵，稱令其登上拉藏之位，已於今年遣往西藏。話雖如此，其後又言準噶爾與葉爾羌兩地之間道路梗阻。此想必忌我拉達克之報信，因而心懷疑慮者。然而，以為蘇爾扎系拉藏汗之子，西藏部眾心嚮往之，故而遣往，亦未可知。此宜小心之事。納辛巴巴一行數人只得放經我地遣回。此等事由已向阿里頭等台吉致書告聞。今亦同理呈書貝勒爾等。爾等切毋加怒於我。等語。此拉達克德忠那木扎勒之咨文。該消息實否、如何是好，還請大臣爾等轉奏大主。多羅貝勒頗羅鼐呈請。鑒之，鑒之[20]。

頗羅鼐除了呈報馬喇之外，還派人報告了僧格。僧格也是駐藏大臣之一，但此時他不在拉薩，而在藏北巡查卡倫。據其奏報，其人于當年5月3日（三月二十七日）率兵一千五百名由拉薩起程，5月13日（四月初八日）到達滕格里諾爾駐劄。然後由駐地派員逐路巡查滕格里諾爾、納克禪和哈喇烏蘇等三處卡倫。經過爲期四個多月的巡查，9月29日（八月二十九日）率兵返程，10月6日（九月初六日）回到拉薩[21]。頗羅鼐的差員在8月10日（七月初八日）到達僧格駐地。僧格一接情報，立即密奏：

奴才僧格謹密奏。為奏聞事。總理藏內事務護軍統領馬喇等咨開：為知照事……（中略）……等語。貝勒頗羅鼐所差之人於七月初八日（1731年8月10日）傍晚到來，向我稟報：拉達克汗德忠那木扎勒致書呈報準噶爾消息一文，多羅貝勒頗羅鼐已呈駐藏大臣，轉遞呈奏曼珠習禮大皇帝。文內事由：準噶爾噶爾丹策淩遣往巴扎汗之使臣納辛巴巴帶著三十人於六月初四（1731年7月7日）[22]日回至拉達克。伊等輜重已由原去巴扎汗處所走之路遣往葉爾羌。由葉爾羌前來接應納辛巴巴之八人已於該月初八日（1731年7月11日）來到拉達克之地。此八人稱：準噶爾噶爾丹策淩善加對待拉藏汗子蘇爾扎，今年噶爾丹策淩給蘇爾扎以五千兵，遣往西藏，以即其父拉藏汗之位。為此，貝勒頗羅鼐遣我，告大臣以該消息。等語。為此，奴才即傳諭領兵駐防哈喇烏蘇地方之諾顏和碩齊、領蒙古兵駐防達木之頗羅鼐次子朱密那木扎勒等：有消息稱準噶爾人要來藏地。爾等二處整飭軍營、馬匹，嚴加防範。在爾等軍營轄地關卡處，添設卡倫。毋得輕心。倘若準噶爾人前來，仍將攀越去年所走之哈馬爾嶺，沿著阿喀之路，尋往哈喇烏蘇，未可料定。該路甚是重要。諾顏和碩齊，你由你哈喇烏蘇蒙古兵內視其勇敢選出十五名，作速派出，沿著阿喀之路，直到哈馬爾

[20] 《駐藏大臣馬喇奏聞頗羅鼐從拉達克處探獲準噶爾資訊折》（滿文），雍正九年七月初五日，中國第一歷史檔案館藏，檔號03-0173-1117-009。

[21] 《駐藏大臣僧格奏報率兵赴滕格里諾爾等處查看卡倫並探聽準噶爾資訊折》（滿文），雍正九年三月二十五日，中國第一歷史檔案館藏，檔號03-0173-1117-004；《駐藏大臣僧格奏報率兵至滕格里諾爾巡查卡倫日期折》，雍正九年九月十九日，中國第一歷史檔案館藏，檔號03-0173-0934-003。

[22] 前面引用的檔案裏說初六日，這裏做初四日。兩處檔案記載不同，不知孰是孰非。

嶺，巡查蹤跡，探聽消息。等語。此外，密將拉達克汗德忠那木扎勒所報準噶爾人將要來藏之消息具寫成文，一併寄咨。奴才派遣千總、把總等員，配屬漢蒙兵丁，巡查後藏納克禪所轄三處卡倫、滕格里諾爾所轄三處卡倫、哈拉烏蘇所轄三處卡倫等三路九所卡倫，令其尋跡探聽。再，致書駐藏大臣護軍統領馬喇等及貝勒頗羅鼐等，令伊等作速整備前後藏預備騎、步、藏兵。等奴才所遣巡卡尋跡探聽消息之人探獲確切消息之時，再行奏報。為此，謹密奏聞。雍正九年七月十三日（1731年8月15日）㉓。

據僧格密折，當時他一面密奏北京，一面做了防備部署，除命令藏北各卡倫嚴防之外，還囑咐馬喇等人整飭各地駐防軍隊，以候調用。

馬喇的密折及頗羅鼐呈文於9月15日（八月十五日）到達京師，次日9月16日（八月十六日），雍正皇帝批示軍機處議奏，過了兩天，9月18日（八月十八日）大學士豐盛額覆奏。現譯引豐盛額覆奏：

臣等慎思，蘇爾扎乃拉藏之子，準賊殺拉藏擄略而去之人。今所稱已經存養並送回西藏一事，雖然尚不知其真偽，但我方不能不預為防備。昔策妄阿喇布坦派策凌敦多布襲取西藏時，預先派人謊稱一併送回噶爾丹丹津及女兒，令其備辦盤纏馬匹，因乘不備，進兵襲取藏地。今所稱送回蘇爾扎者，顯系故伎重演，欲使西藏及青海眾人向心，施用詭計佔領藏地。查得，準賊來藏，只有三條道路。阿里之路多有戈壁，道路狹窄，不能行走；者斯肯圖魯、克里野二路也狹窄，縱使賊來，亦不過兩三千人。即使兩三千賊前來，也因道路狹窄，只得以百餘人導引行走，故賊必編隊若干，循序而進，必不能以人多勢眾而來。現今，在藏地有綠營兵兩千、換防之兵五百。茲請令雲南調往察木多駐防之兵一千遣入藏地，合計三千五百，駐防藏地。又，頗羅鼐屬下亦有熟練之蒙古兵。故此，足堪防備。察木多之兵既要調入藏地駐防，仍由雲南急調一千兵，作速遣往察木多駐防。此事行文知會馬喇等人，令其將此等情節曉諭頗羅鼐，公同商議，在阿里、者斯肯圖魯、克里野等地關口，展設卡倫，時常瞭哨。倘若準賊率眾兵護送蘇爾扎到來，馬喇等應遣人前去致書曉示蘇爾扎，說明緣由。蘇爾扎果如以兩三人前來，馬喇等即接待，令其駐于安全之處。準賊果如指稱蘇爾扎，率眾欲為逞強闖關，馬喇等則應只納蘇爾扎一人，其餘眾人不准進來。縱使伊等謊稱"我等非準噶爾人，都是青海之人，或稱拉藏之人"云云，馬喇等亦不可放入，盡行遣回。倘若欲為逞強闖關，我軍即可接戰剿滅。馬喇等人致蘇爾扎之書，將由臣等擬寫寄付馬喇。又，藏地藏眾昏愚不堪，將中準賊指稱蘇爾扎謀變之計，犯愚附庸而行，未可料定。應將此節行知

㉓《駐藏大臣僧格奏探獲噶爾丹策零派蘇爾雜回藏消息後在喀喇烏蘇等處添設卡倫防範折》（滿文），雍正九年七月十三日，中國第一歷史檔案館藏，檔號03-0173-1117-011；《清代新疆滿文檔案彙編》第一冊，66—69頁。據錄副上的註文，僧格的密折於八月二十三日到達京師。此時，軍機處已經批復馬喇等人的密折，並已寄發西藏。

頗羅鼐、馬喇等，宣諭藏眾：準賊此來，旨在動搖爾等藏眾之心，佔領藏地，擾害爾等。爾等必不能中其謀變之計。等語。廣行曉諭。等語。為此恭奏請旨㉔。

豐盛額等人的奏議得到雍正皇帝的批准，於是擬寫一道曉諭藏內蒙藏頭目的聖旨，次日9月19日（八月十九日）發給駐藏大臣，以及將相關調兵決定發給雲南和四川。

當時，清廷由大學士馬爾賽把上述諭旨、詔書及奏議等件字寄給駐藏大臣馬喇，字寄等件於11月4日（十月初五日）到達拉薩。馬喇接到字寄等件，立即操辦了相關事宜。

首先，召集藏內蒙藏頭目，宣示雍正皇帝諭旨，曉諭蒙藏頭目。《清世宗實錄》卷一〇九載雍正皇帝曉諭頗羅鼐等蒙藏頭目一事：

西藏貝勒頗羅鼐等奏報：準噶爾欲送回拉藏之子，立為西藏汗。得旨：準噶爾殺害拉藏，將其子擄去。今稱送回西藏，我兵須嚴為防備。從前策妄阿喇布坦遣策零敦多布襲西藏時，亦誑稱噶爾丹丹津同其女來藏，乘其不備，進兵襲取藏地。今送回之言，正噶爾丹策零施行奸計。若唐古特部落少為玩忽，即蹈從前策零敦多布之故轍矣。準噶爾賊人既殺拉藏，豈有實心將送回西藏，令代父職之理。著頗羅鼐將此情由曉諭眾唐古特知之。準噶爾賊人揚言發兵五千護送，道途險阻，全軍豈能齊到。目今，西藏有內地兵丁二千名，換班兵丁五百名。又駐防叉木多兵一千名，見催來藏。爾處亦有訓練蒙古兵丁。應與駐劄西藏大臣會同商議。于阿里、者斯肯圖魯、克里野等處要隘，遠設卡倫，詳加瞭望，協力防守。準噶爾賊眾若以兵隨，斷不可容留，即迎戰擊退。賊敗走時，亦斷不可追襲。父兄被人殺害，伊豈不忿恨。若果思報仇，並感戴朕恩，帶領數人，恭順來歸，爾等收留，悉心安頓。至若立汗之事，當令達賴喇嘛、班禪額爾得尼奏聞于朕，方可建立。豈可令噶爾丹策零任意妄行。頗羅鼐，原扶助拉藏，效力行走。後因拉藏被賊殺害，朕令爾料理西藏事務。爾約束唐古特，實心效力，是以加恩封爾為貝勒。今若果率領數人來歸，爾即行奏聞，候朕另頒敕旨㉕。

受到雍正皇帝的諭旨，頗羅鼐等人自然臨危表態。駐藏大臣馬喇詳細彙報了藏內蒙藏頭目臨危宣誓的情形：

奴才馬喇等謹奏，為遵上諭事。十月初五日（1731年11月4日），大學士英誠公馬爾賽等所寄諭旨奉到。奴才等謹遵旨，告之貝勒頗羅鼐，悉數召集藏地噶隆、戴琫、第巴，厄魯特齋桑、長官，昭地附近之厄魯特、唐古特長官、第巴等，貝勒頗羅鼐令眾下跪，奴才等逐項宣旨曉諭。頗羅鼐率眾白奴才

㉔ 《軍機大臣豐盛額奏噶爾丹策零欲令拉藏汗之子蘇爾雜回藏調兵到前藏防範折》（滿文），雍正九年八月十八日，中國第一歷史檔案館藏，檔號03-0173-1117-010。

㉕ 《清世宗實錄》卷一〇九，雍正九年八月戊申條；另見《平定準噶爾方略前編》卷二五，雍正九年八月戊申，“諭西藏貝勒頗羅鼐嚴備準噶爾”條。八月爲辛卯朔，戊申是十八日，即公元1731年9月18日。

等曰：曼珠習禮大主悉數我等之源流，以宣諭曉訓。聽聞妙諭，我等昏愚之心豁然開明。我等喜悦。如今，準賊雖稱送來蘇爾扎，我等念及曾為其所欺、擾害此處眾生、毀壞教法、苦累我眾以致髓枯膏幹，而蒙大主之恩、扶正教法、拯救生靈、救於水火之苦、給以活路（等情），今斷無中準噶爾巧言奸計之理。倘若蘇爾扎誠心感戴曼珠習禮大主之恩，念其父兄之仇，恭順來投，我等奉旨接待，妥為解送曼珠習禮大主。倘若蘇爾扎忘其父兄之仇，並不感戴大主之恩，與賊同謀，仍前施用巧計，誘騙我等，或為逞強，不特蘇爾扎，即拉藏汗再生，我等若以其為舊主而辜負曼珠習禮大主再生厚恩，則天將屠滅我等子孫。我等斷無附伊之理。必將捨身忘命，生擒蘇爾扎，呈送曼珠習禮大主，剿滅其黨。我等眾生都是曼珠習禮大主之臣僕，承蒙妙應曼珠習禮大聖主高厚之恩，不可勝舉。我等只感戴妙應大恩主，別無他念。準噶爾乃我等之大仇敵，飲其血亦不解渴，食其肉亦不知足。幸而準賊來藏，我等即奮力剿殺，報舊仇雪舊恨。自此而後，我等眾生願蒙妙應大聖主威福，萬世安樂，永享太平。將此所降妙諭，繕寫數百份，遍行曉諭阿里、後藏、納克禪、達木、哈喇烏蘇等地之厄魯特及藏眾。等語。為此謹奏聞。雍正九年十月十五日（1731年11月14日）。護軍統領臣馬喇、護軍統領臣青保、學士臣僧格、正卿苗壽、總兵官鮑盡忠。[26]

從馬喇的覆奏看，這是一次盛大的政治動員和宣誓大會，是勒令當地蒙藏頭目立誓表忠，“同仇敵愾”反對蘇爾扎回藏繼位。因爲馬喇召集藏内各地蒙藏頭目，曉諭皇帝諭旨，用了一些時日，所以11月4日（十月初五日）到達的諭旨，過了十天，到11月14日（十五日）才見覆奏。

其次，馬喇按照雍正皇帝旨意及大學士等的議奏精神，做了相關防範工作，例如，收藏雍正皇帝發給蘇爾扎的諭旨，準備應對蘇爾扎及準噶爾來軍。馬喇覆奏：

奴才馬喇等謹奏：為遵上諭事。十月初五日（1731年11月4日）一經奉到大學士英誠公馬爾賽等字寄降訓奴才等之諭旨及給蘇爾扎之詔書，奴才即示貝勒頗羅鼐，一切應行備辦之事即與頗羅鼐公同商議妥辦之外，其給蘇爾扎之諭旨業已恭貯。蘇爾扎若只帶一二人恭順來投，奴才等即予接待，親付詔書，往內引導，令其居於安全之地，以便候旨遵行。倘準賊指稱蘇爾扎，率眾前來，則奴等只納蘇爾扎本人，其餘眾人不令入關，盡行驅回。縱使伊等謊稱自己並非準噶爾人，稱青海人，或西藏人，奴才等亦不准入關，盡行驅回。倘若伊等形逆，逞強闖關，奴才等即與頗羅鼐一起領兵剿滅。為此謹奏。雍正九年十月十五日（1731年11月14日）。護軍統領臣馬喇、護軍統領臣慶保、學士僧格、

[26] 《駐藏大臣馬喇奏遵旨曉諭噶布倫戴琫等員防範準噶爾借送蘇爾雜回藏之名進犯折》（滿文），雍正九年十月十五日，中國第一歷史檔案館藏，檔號03-0173-1117-013。

正卿苗壽、護軍統領邁祿、總兵官鮑盡忠[27]。

再次，就部署增調軍隊一事同頗羅鼐商議，根據頗羅鼐的意見，做好接洽入藏軍隊事宜。現譯引馬喇的覆奏：

奴才馬喇等謹奏。為奏聞事。貝勒頗羅鼐呈遞奴才等一蒙古字書，請轉奏主上。譯而覽之，其文蓋曰：多羅貝勒頗羅鼐點燃美味之香，跪地合十，百拜恭祝稟奏：小人頗羅鼐聽聞準噶爾之噶爾丹策淩派兵五千護送蘇爾扎回藏繼其父位為汗之消息，即飭阿里、克里野、者斯肯圖魯三路各卡倫，派出幹練之人，遠向展設卡倫，駐以瞭哨。在阿里之五千名騎兵都已集結整備。九月以來由於雪大，三路卡倫業經內徙，現已駐在有草之地。仍舊陸續派人巡查蹤跡。此三路道路狹窄，多有戈壁，又降大雪，不能行走。只循去年所走之路，攀越哈馬爾嶺，經行阿喀之路，尋往哈喇烏蘇，未可料定，故我在阿喀一路設置卡倫；駐哈喇烏蘇之諾顏和碩齊不斷派人，瞭望尋跡，直至哈馬爾嶺。現有哈喇烏蘇所備厄魯特騎兵二千，在達木之厄魯特騎兵一千，藏地所備藏人騎兵四千，總共七千。又有內屬大軍二千。共有將近一萬精兵。别說準噶爾來五千人，縱來幾萬之眾，我等亦能剿滅。妙應大聖主恐我藏眾力弱，增派一千五百兵，此乃憐憫我藏眾之至意。徑請者：請令由察木多所調一千兵駐劄于離藏半月之程之達里宗地方。達里宗距哈喇烏蘇十天之程，且為玉樹、那曲交界之地。由四川所調五百兵駐于距藏五六日之程之袞布驛站，則近于哈喇烏蘇。在玉樹、那曲交界處駐劄內屬大軍，伊等亦懾於威勢，不敢胡亂滋事，而且遇有藏中有事，無礙於徵調。大主以我藏地小，早已明鑒。若該兩地駐軍，于事大有裨益，且不致於耽誤我為大軍供給食糧、木柴、草豆。若全軍駐劄藏地，有礙供給官兵，而苦累大主之兵，我著實不堪當。小人頗羅鼐慎思，來年大軍攻入，仰仗大主天威，洪爐燎毛，垂手可滅。又請者：一經事竣，即將所增一千五百兵撤回，仍留二千兵駐劄藏地。即使準噶爾流竄之寇來藏，亦能立時悉數生擒。此事小人以身擔保。小人頗羅鼐感戴妙應大主鴻恩，殫竭悃衷，望闕百拜，祈請恭奏。鑒之，鑒之。奏書之禮，獻吉祥哈達一方。月之吉日啟奏。等語。奴才等共意：貝勒頗羅鼐所言，若令由察木多所調一千兵駐于達里宗，由四川所調五百兵駐於袞布驛站，正當玉樹、那曲交界處，並且近于哈喇烏蘇，著實于事有益，無礙由藏徵調，且不為難頗羅鼐供給官兵食糧、草豆、柴火。故此，奴才等業已致書，令由察木多領兵行進之長官暫駐于達里宗。再，由四川領兵前來之副將楊大力乃學習辦事之人，故仍命其來藏，將兵丁交與所管官員，暫駐於袞布驛站。此外，連同頗羅鼐所奏蒙古字書一併匯裝恭奏呈覽。候旨遵行。為此恭奏。雍正九年十月十五日（1731年11月14日）。護軍統領臣馬喇、護軍統領臣青保、學士臣僧格、正卿苗壽、護軍統領臣邁祿、總

㉗ 《駐藏大臣馬喇奏噶爾丹策零果真派拉薩汗子蘇爾雜回藏屆時遵旨酌情辦理折》（滿文），雍正九年十月十五日，中國第一歷史檔案館藏，檔號03-0173-1117-012。拉薩汗是拉藏汗之誤。

兵官鮑盡忠[28]。

總之，準噶爾通過拉達克這個夾在中間的緩衝站，傳出了派兵送蘇爾扎回藏繼位的消息，清廷也通過葉爾羌—拉達克—西藏這一消息通道，得到了那份重要的情報。駐藏大臣得報當天，因爲急於奏報，未將原文翻譯，連同密折第一時間馳遞北京。只因拉薩離北京太遠，交通條件不好，所以密折及情報原文走了40天才送達雍正皇帝禦案。雍正皇帝立即作出反應，頒旨曉諭蒙藏頭目，勒令臨危表態，並由內地調入軍隊，加強西藏防禦。頗羅鼐迫於壓力，率眾宣誓，表示拒不接受蘇爾扎回藏繼位，同時要求入藏軍隊分駐東部要地。這樣，西藏方面以準軍五千送蘇爾扎回藏爲假想事件，做出了一個總兵力爲一萬人的防禦部署，其中藏北要地設卡瞭哨，阿里、哈喇烏蘇和達木草原駐劄重兵，拉薩、達里宗和袞布驛站部署預備役部隊。

然而，雖然傳言送蘇爾扎回藏，但是最終未見蘇爾扎前來。如果僅據這種結果看，該消息可能是一次聲東擊西的戰略佯裝。然而，在後續報來的消息中又有有關蘇爾扎的情報，且稱蘇爾扎在準噶爾確實得到優厚待遇，所以有關蘇爾扎回藏繼位的消息似非簡單的情報迷惑。不管情報屬實與否，清廷緊急採取應對措施是事實。這至少說明，在清朝看來，準噶爾指稱蘇爾扎，進犯西藏，是很有可能的事情。

三、清朝策反回部之計與有關蘇爾扎的情報

1732年冬，拉達克汗致書頗羅鼐，報告了有關準噶爾的情報。1733年1月29日（雍正十年十二月十四日），頗羅鼐將拉達克發來的藏文信件交給駐藏大臣青保，青保譯奏雍正皇帝。現譯引青保滿文密折：

奴才青保等謹密奏，為奏聞事。雍正十年十二月十四日，貝勒頗羅鼐告訴奴才等：拉達克德忠那木扎勒致函，報告所得情報，請大臣等轉奏大主等語。其藏文書信，奴才等譯而覽之，其大義曰：拉達克德忠那木扎勒文，稟呈貝勒，為報所得情報。葉爾羌貿易隊長回子噶喇·廓羅鼐、陀爾班·鼐二人、四營人士、及跟隨納辛巴巴前去之人都於今年十月十二日來到我拉達克之地。（我）向伊等探問準噶爾消息，稱：納辛巴巴在八月份由拉達克啟程，十一月初七日到達準噶爾。令納辛巴巴穿戴克什米爾服飾，令跟役人員穿戴拉達克服飾，以納辛巴巴為巴扎汗使臣，以跟役人員為拉達克汗使臣，在眾人當中會見噶爾丹策淩。等語。此等貿易回子及我派去打探消息之人，自去年十二月至今年七月十五日居於準噶爾，十六日啟程返回。（伊等）聽得準噶爾人相議：與內屬軍隊打仗，打敗內屬軍隊，人、馬、銀子、騾子，所獲甚多，喀爾喀等亦收服。鼠兒年五月，派出以準噶爾莫爾根台吉喀屯圖克、多爾濟丹巴、察罕三

㉘ 《駐藏大臣馬喇奏報貝勒頗羅鼐請從察木多四川調兵分駐達賴宗袞布嘉木達地方折》（滿文），雍正九年十月十五日，中國第一歷史檔案館藏，檔號03-0173-0936-004。達賴是達里之誤，滿文作Dari。

人為首，率領七萬軍隊，欲與內地軍隊打仗。未知其勝敗。再言，哈薩克擄走準噶爾邊民一千户，準噶爾派出五百人追擊，只有七人回來，其餘未回，究為哈薩克所殺，抑降入哈薩克，未得其詳。再言，俄羅斯使臣六十人前來準噶爾，甚示強橫。使臣之言：歸還所搶貨物則已，否則攻伐，等語。再言，說有喀爾喀叛歸之人前來，因遣烏巴西率軍迎接。大主以準噶爾厄魯特三人為使，派往準噶爾，諭曰：若將拉藏汗之子蘇爾扎、由藏所擄諸人送來，噶爾丹策凌俯首歸降，則已。如欲交戰，切勿暗襲，相約日期，而後交戰。等語。準噶爾暗中議曰：力能則戰，不能則和。再說：若有順利，我將征伐阿里、羅多克等語。驕横大言，不知實否。再言，準噶爾疑吐魯番人叛去，徙其大半，所餘者投歸內屬大軍等語。今在準噶爾，聚集喇嘛，大誦甘珠爾經，並作辟邪儀軌。（噶爾丹策淩）殊愛蘇爾扎，不愛羅卜藏丹津。（羅卜藏丹津）只與蘇爾扎之跟班相等。再稱：準噶爾收集在葉爾羌之漢人，帶往伊地，築城以居。等語。為此，具寫所得情報以稟呈。永賜愛訓，鑒之鑒之。等語。奴才等將拉達克汗德忠那木扎勒致貝勒頗羅鼐藏文書信一併匯呈密聞。雍正十年十二月十七日。都統臣青保、都統臣僧格、正卿臣苗壽、護軍統領臣邁祿[29]。

拉達克派往準噶爾刺探消息之人帶來了幾份重要情報，其中噶爾丹策淩優待蘇爾扎的情報正好跟前述送蘇爾扎回藏爲汗的消息互爲表裏，此外，有關噶爾丹策淩有意征伐阿里的情報也與之呼應。雖然這些情報不免有些捕風捉影之嫌，但還是能夠説明當時準噶爾對西藏仍有所考慮，先前有關蘇爾扎回藏繼位的消息可能有一定的事實根據。

西藏問題是準清之間的爭議所在，準噶爾自然有所算計。準噶爾控制著西藏汗室後人，那是一個政治籌碼，準噶爾可以指稱汗室後人，提議恢復和碩特汗廷，這樣進則可以徑取西藏，退則可以跟清朝討價。另外，西藏仍有一批和碩特遺眾，僅由上引頗羅鼐呈文可知，當時還有三千名厄魯特騎兵，占到西藏總兵力的三分之一以上，而且正好駐守入藏咽喉哈喇烏蘇和達木草原。當時的西藏實權人物基本上都是原和碩特汗廷的部屬，包括頗羅鼐本人。他們雖然已經掌握西藏軍政權利，形成既得利益格局，不大希望拉藏後人重新統治西藏，但是對清朝也不是絶對忠誠的，1750年頗羅鼐之子珠爾默特那木扎勒反清可以證明這一點。

1731年和1732年，準噶爾兩次大舉東侵，深入喀爾喀腹地，其戰略目的非常明確，即攻取七旗喀爾喀，請來哲布尊丹巴呼圖克圖。哲布尊丹巴是蒙古地區的佛教領袖，準噶爾若是控制了哲布尊丹巴，那麼對蒙古地區的政教效應是巨大的。

護送蘇爾扎回藏繼位是爲了重新掌握西藏教務支配權，而請來哲布尊丹巴呼圖克圖則是爲了掌控蒙古教務。以此看，當年準噶爾發動戰爭，其戰略目的之一就是奪取西藏或蒙古的佛教支配權（實際行動中以爭奪蒙古方面爲主）。

綜合以上情況，我們認爲準噶爾當時仍未放棄對佛教支配權的爭奪，當年的準清戰

㉙ 《駐藏大臣青保奏聞準噶爾活動情形折》，雍正十年十二月十七日，中國第一歷史檔案館編《清代新疆滿文檔案彙編》第二冊，2012年，1—3頁。

爭一定程度上蘊含著爭奪佛教支配權的性質。只是由於史料缺乏，尤其因爲沒有準方史料，事情原貌晦暗不清，難以辨析。

鑒於上年額爾德尼召大捷，又有拉達克這個中間站可以利用，1733年清廷策劃實施了一次策動回部的反間計。

1733年春天，軍機大臣議奏利用拉達克實施反間的計策，經雍正皇帝批准，寄諭駐藏大臣青保等人，命同頗羅鼐商議，派人致書拉達克，煽動回部乘準軍新敗之危舉兵雪恨。青保同頗羅鼐商議，決定以頗羅鼐名義派人到拉達克，令拉達克方面派人到葉爾羌實施煽策。現譯引駐藏大臣青保奏報奉命施計情形之折：

奴才青保等謹奏，為遵旨事。雍正十一年三月二十七日奉辦理軍機處文開：我處奏議：臣等覽青保等所奏密折。由葉爾羌前來拉達克貿易之人、由拉達克德忠那木扎勒派去打探消息之人，留居準噶爾之地，始自九年十二月，訖於十年七月十五日。其間，尚不聞我軍在額爾德尼召大破賊軍一事。所報賊情：（準噶爾）出言驕橫、準噶爾派往巴扎汗處使臣納辛巴巴返回之後、儘管巴扎汗、拉達克並未派來使臣、仍令納辛巴巴穿戴克什米爾服飾、以納辛巴巴為巴扎汗使臣、以跟役人員為拉達克使臣、當眾會見噶爾丹策淩者，實乃特意偽裝、故作巴扎汗大部、拉達克人遣使和好之狀、以使哈薩克等回部聽後分力防範之詭計也。另外，所稱哈薩克擄掠準噶爾一千户、準噶爾五百人出追只有七人得回、俄羅斯使臣來到準噶爾逞強等語，都與先前所聞無異。适才，行文頗羅鼐，告以額爾德尼召大捷，已令作為伊意，曉諭德忠那木扎勒，傳諭葉爾羌、克什米爾回子。拉達克與葉爾羌貿易，往來無間。今擬行文青保等人，令與頗羅鼐密謀，其藏地回民亦好，頗羅鼐屬下亦好，選取守信之人，遣往葉爾羌、克什米爾等地，潛諭回子：大國軍隊大破準噶爾人，哈薩克也前來擄掠一千户，俄羅斯亦有起兵之狀，爾等若與準噶爾交惡，不特于爾有益，大國亦將大加恩賞。等語。並諭：此次受遣之人，臨行給以豐賞，日後必有重賚，等語。除葉爾羌、克什米爾等地回子之外，其哈薩克、巴扎汗等地及他處應諭回子，則著頗羅鼐慎思，遣使禮賚，曉諭準噶爾敗北之事，並諭：（爾等）或可各自派軍攻伐，或可趁大國軍隊攻入之際派兵夾擊。倘能攻滅準噶爾，爾等永享安樂，消除苦難，亦可遣使大國通市。等語。再諭：噶爾丹策淩以納辛巴巴裝扮巴扎汗使臣，以跟班人員裝扮拉達克使臣者，是令爾等疑畏、分力防範之計。等語。今擬作為頗羅鼐之意致德忠那木扎勒之文，奏呈御覽，候旨行知頗羅鼐，譯成彼處語言，交與差往德忠那木扎勒之人之外，若有其他應遣之處，亦大抵照此編擬遣往。等因。雍正十一年二月初三日奏。奉旨：依議。欽此。欽遵。所擬作為頗羅鼐之意致拉達克汗文，一併匯寄。奉到之後，交與頗羅鼐，譯成彼處語言，致拉達克汗。再，曉諭應行之處。等因奉到。奴才等欽遵，將致頗羅鼐之文譯成蒙古文交付頗羅鼐之外，說明事由，與伊密商派遣誰人、派往何處、如何辦理是好等事。頗羅鼐言：我乃遐域愚鈍之人，只將所得消息呈聞大主，以為報恩，因告大臣轉奏。我理應欽遵大主所降諭旨，各處遣使為宜。只因昔日拉藏汗在時，曾派二十人為使，遣往巴扎汗處。乃將所遣之人羈留，不令通往巴扎汗處，並且置於炎熱之地，只有阿旺雲端一人脫身而回，其餘諸人悉因水土不服而歿。其後不遣使者二十余載。再，在葉爾羌、克什米爾等地駐有準噶爾人，派我屬下到彼，倘為準噶爾人所識，反而於事無益。拉達克汗德忠那木扎勒乃疊奉皇恩之人，與葉爾羌、克什米爾回子毗鄰而居，素稱和睦。今將大主訓旨作為我意，譯成藏文，派出我所信賴之達爾罕齋桑及管領駐阿里軍長官額爾克·綽克圖等人，攜禮遣往德忠那木扎勒，選出德忠那木扎勒屬下行商回子能幹之人，派到葉爾羌、克什米爾，再由彼處往阿克蘇、庫車、布哈拉、撒馬爾罕、皮占、哈薩克、布魯特等地，直到準噶爾邊境回子，送達消息，並令轉達巴扎汗處；另外，通諭為準噶爾賊所俘回子，以要麼自內謀亂、要麼趁內地大軍殺入之際相宜行事等語教導我屬下人，四月初六日即可啟程遣往等語。奴才等慎思，頗羅鼐既言伊之使者遣往德忠那木扎勒之外，若遣他處，恐無濟於事，今依其言。達爾罕齋桑、額爾克·綽克圖及隨從十五人，從優撥給盤費，由辦理錢糧同知楊大力備用銀項內支取銀二百五十兩，為首二使各賞銀五十兩，隨行十五人各賞銀十兩。貝勒頗羅鼐率伊等拜謝天恩。再，所遣之人，再三熟訓，已於四月初六日遣發。俟于頗羅鼐所遣之人回稟之時，將德忠那木扎勒派遣何人曉諭各部、各部遵辦何如等情明白詢問，另行奏聞。貝勒頗羅鼐蒙古文奏摺一併呈覽。雍正十一年四月初七日。都統臣青保、都統兼侍郎臣僧格、正卿臣苗壽、護軍統領臣邁祿[30]。

拉達克汗按照西藏方面的要求，派出若干人員到葉爾羌暗中煽說，結果葉爾羌人擒拿其中二人解送伊犁。準方審訊二人，據該二人事後稟稱，面對準方審訊，他們堅稱自己是商人，矢口否認了奸細身份。準噶爾方面關押二人兩個多月，然後釋放並支給盤纏遣回。二人一經回來便向拉達克汗稟報了所見所聞，拉達克汗致書頗羅鼐報告相關情報。1733年12月16日（雍正十一年十一月十一日）頗羅鼐將拉達克遞來的報告呈報給駐藏大臣。有趣的是，兩個奸細在伊犁逗留期間，見過蘇爾扎本人，並談過一次話。現譯引有關蘇爾扎的情報：

噶爾丹策淩將我二人交給一位齋桑看守，經過兩個月未得見人。後來反而支給盤纏遣回。我二人在彼處時聽說，（準噶爾）在俄羅斯方向上添設卡倫，派出了眾多使臣。我二人說：去年準噶爾軍在喀爾喀戰敗。等語。有人說打了平手。有人說：自從策妄阿喇布坦去世以來，四方之人都成敵人，難言事將如何，甚為驚懼。等語。再，有一天見到蘇爾扎，說：內屬軍隊來到近處了。倘若愈此更進，準噶爾將在牧地立不了足。今年八月，兩路用兵。（中略）該二人同名為哈法伊伯克的葉爾羌商人一起于九月下旬到來，即刻具文稟報。

---

[30] 《駐藏大臣青保奏將在額爾德尼召大敗準兵之處寄信拉達克汗轉告葉爾羌等處回子折》，雍正十一年四月初七日，中國第一歷史檔案館編《清代新疆滿文檔案彙編》第二冊，15—19頁。

等語[31]。

拉達克奸細所稱“準噶爾軍在喀爾喀戰敗”一事，是指1732年（雍正十年）額爾德尼召大戰。準噶爾的小策淩敦多布、多爾濟丹巴二人率領兩萬大軍東進鄂爾渾河流域，先是擊敗漠北清軍，然後在額爾德尼召附近遭遇喀爾喀王公率領的軍隊，展開激戰。由於地形不利，部署分散，準軍失利，損失大量人馬，連夜撤出戰場。這是準清戰爭的轉折點，由此準噶爾失去了初期鋒芒，轉入守勢，清朝則掌握了戰爭的主動權。

清朝利用拉達克實施反間，雖然以失敗告終，但還是得到了一些情報，包括有關蘇爾扎與羅卜藏丹津的情報。據報，準噶爾由於上一年的失利，內外交困，深陷窘境。同時，清朝認識到準噶爾戰力仍強，想用武力解決，並不現實，因此綜合各方因素，乘勢拉開了和談帷幕。

1734年（雍正十二年）清廷派出傅鼐、阿克敦、羅密爲首的使團，到伊犁進行了和平談判。傅鼐等人於1734年12月1日（十月二十五日）由巴里坤軍營出發，1735年1月2日（雍正十二年十二月初九日）抵達伊犁，1735年2月4日（雍正十三年正月十二日）由伊犁河巴爾圖托海起程，3月10日（二月十六日）出準方卡倫，3月18日（二十四日）行抵巴里坤軍營[32]。傅鼐使團在伊犁期間，一共五次會晤噶爾丹策淩本人，數次會談準噶爾大臣。據使團彙報，雙方主要談了三項議題：罷兵言和、勘定邊界及羅卜藏丹津問題。在罷兵言和方面雙方順利達成一致，但在勘定邊界和羅卜藏丹津方面分歧較大。最後，傅鼐使團帶著準方使團返回了清朝。

據傅鼐等人的彙報，在談判中，準方沒有提起昭地立汗問題。這應該與當時的形勢有關。清朝完全控制西藏已有十數載，絕無可能再讓準噶爾染指，也不可能重新立汗於西藏。然後，從準清戰爭結果來看，準噶爾雖然在戰爭初期做出了淩厲攻勢，但後來由於戰線過長，兵源不濟，未能佔據絕對優勢，所以沒有實力基礎去提議昭地立汗問題。

從這次談判開始，後來又經過數次談判，準清雙方最終勘定了疆界，從而各相守邊，相安無事達十數載。

小　　結

自從蒙古皈依西藏佛教以來，教務成爲蒙古道統之一，各方勢力爭相支配。土默特俺答汗、喀爾喀阿巴泰汗、和碩特固始汗、土爾扈特阿玉奇汗、厄魯特噶爾丹汗等人無不藉由佛教，樹立各自的政治權威。清朝雖然原非佛教國度，但是由於統禦蒙古世界，不由自主，涉足參與對教務支配權的紛爭，從而扮演佛教信徒、大施主的角色，以振興

[31] 《駐藏大臣青保奏聞頗羅鼐所得準噶爾資訊折》，雍正十一年十一月十五日，中國第一歷史檔案館藏，檔號03-0173-1148-007。

[32] 趙令志、郭美蘭主編《軍機處滿文準噶爾使者檔譯編》，90—93，94—128，137—139；827—828，828—833，835頁。

黄教、安樂衆生自許。

經過長達一百年的紛爭，蒙古各部此消彼長，最終剩下和碩特汗國、準噶爾汗國以及統禦漠南北蒙古的清朝。三方圍繞西藏教務，鼎足而立，相互牽制。後來，和碩特汗國走向衰弱，清朝顯出蠶食兼併之勢。準噶爾提議恢復“三家”安樂，結果清朝拒市絶使，導致雙方對峙哈密。此時，真假達賴喇嘛爭议逐漸激化，和碩特汗國内部紛爭發酵。準噶爾乘此介入，派兵攻入西藏。準清鬥爭爲之一變，轉而以爭奪西藏爲主。先是，準噶爾攻殺拉藏，擄走汗室部衆，佔領西藏；然後，清軍開進拉薩，逼退準軍，全面控制了西藏。清朝控制西藏之後，在宗教與體制上做了一些列改革，從而嚴密掌控西藏佛教，直至清亡。

然而，在嚴密控制的背後，卻有過一段政治博弈。起初，清朝強行取締和碩特汗統，令和碩特遺衆大爲不滿，致使羅卜藏丹津反清，結果準噶爾有了提議昭地立汗的政治籌碼，因爲西藏汗室後人及冀襲汗位者爲其所控制。這對清朝造成一定的政治壓力，致使清朝在談判之前做出相應準備。後因清朝放棄談判，轉向戰爭，政治壓力變成了軍事壓力。1731年傳來蘇爾扎回藏繼位的消息，迫使清朝做出應急反應，進行了一系列政治動員和軍事部署。

總之，清朝雖然逼退準軍，順利控制西藏，但是由於對青海貴族處置失策，釀成昭地立汗爭議，反爲準噶爾所利用，成爲準噶爾重新染指西藏的藉口和側擊清朝的角力點，並一度使西藏陷入緊張。由此可知，昭地立汗問題雖然沒有白熱化，但它不時地影響攻防局勢，是當年準清博弈中的一個潛在攻防點。

相對于準噶爾利用昭地立汗問題染指西藏，清朝則利用回部與準噶爾的矛盾，採取了煽動回部的反間計。這是清朝策反外圍、孤立準噶爾的外交努力之一，跟之前遣使土爾扈特、聯絡哈薩克等事一脈相續。這些事情反映了當年準清鬥爭的複雜程度和波及面之廣。

Spreading Rumors as a Strategy in Competing for Influence in Tibet between Jungarian Khanate and the Qing Court

Ulaanbagana

The first half of the 18th century witnessed a keen competition for influence in Tibet between Jungarian Khanate and the Qing court. Interestingly, both sides developed the strategy of spreading rumors to thwart their opponents' efforts to control Tibet. This essay recounts stories of this sort against their historical backdrop of increasing instability in this area.

18世紀前期清朝、準噶爾、西藏、拉達克關係管窺*

——以拉達克喇嘛噶津林沁爲中心

陳 柱

自雍正後期準噶爾與清朝關係改善後，二十餘年間，雙方頻繁開展互通使節和貿易往來。準噶爾獲得清廷允准，先後於乾隆五年（1740）、八年（1743）和十二年（1747）三次遣使赴藏熬茶。在遣使赴藏熬茶時，準噶爾首領多次將生活于準噶爾的原西藏喇嘛送回西藏。《清代軍機處滿文熬茶檔》乾隆十三年的一份奏片記載：

> 協辦大學士、刑部尚書臣阿克敦等謹奏。查得，乾隆六年，準噶爾使臣齊默特等擬赴藏熬茶而未入藏之次，曾將彼等由藏帶去之唐古忒蘇木巴喇尼、雜雅、濟爾噶勒帶回原籍，留付將軍烏赫圖，告求轉送至藏。經烏赫圖等具奏，由彼處送往藏地安置。乾隆七年，準噶爾地方將先前擄去之扎什倫布寺拉達克喇嘛噶津林沁（gajin rincin），送至拉達克地方，由拉達克地方送來藏地。經紀山具奏，仍安置於扎什倫布寺。乾隆八年，準噶爾使臣吹納木喀赴藏熬茶時，欲將先前跟隨出使準噶爾喇嘛根敦前往準噶爾未曾遣回之唐古忒喇嘛羅布藏丹增留藏。經將軍烏赫圖等具奏，交付頗羅鼐加以安置。①

準噶爾趁遣使赴藏熬茶之機，屢屢送回原西藏喇嘛，頗耐人尋味。尤值得注意者，其中有一名原扎什倫布寺喇嘛拉達克人噶津林沁。噶津林沁究竟是怎樣一個人物？如何在後藏扎什倫布寺當喇嘛？後來如何去到準噶爾？現在如何被準噶爾送回西藏？清廷和西藏地方又如何看待和處理噶津林沁回藏一事？本文擬根據清代滿文檔案和漢文文獻記載對此進行考察，藉以審視當時清朝、準噶爾、西藏和拉達克相互之間的關係。

---

* 本文曾在中國人民大學國學院西域歷史語言研究所衛拉特學·托忒學研究中心主辦、2015年9月19日召開的“多語種檔案所見17—18世紀衛拉特世界：準噶爾與中亞周邊民族關係研究學術研討會”上發表。

① 《協辦大學士阿克敦奏請拒絕準噶爾遣回年邁喇嘛之請片》（乾隆十三年四月初八日），中國第一歷史檔案館編譯《清代軍機處滿文熬茶檔》，熬茶檔三，70，上海：上海古籍出版社，2010年。滿文見1433—1435頁，漢譯文見1437頁。引文對應滿文轉寫見本文附錄一。此處在引用漢譯文時，根據滿文對一些詞句作了重新翻譯，下文凡引此書者同此，不一一註明。文中括弧內拉丁轉寫，除註明爲藏文外，其餘均爲滿文。

一

乾隆六年（1741）四月二十八日，西藏郡王頗羅鼐向時任駐藏大臣紀山報告稱，新近收到拉達克王德忠那木扎爾（dejung namjal）哈敦（katun，即王后）布哩特旺姆（burit wangmu）來信，信中稱：

> 我處喇嘛噶津林沁自幼為爾扎什倫布地方班禪額爾德尼之弟子，準噶爾之策淩敦多布自藏地敗走逃出時，將其擄去。去年噶津林沁向我寄書內稱：其身現已年老，思念故土，哈敦若寄信請求噶爾丹策零，我將得出等語。我寄信於噶爾丹策零後，將我噶津林沁遣回，現已至葉爾羌地方。將其送來我拉達克地方後，仍遣至扎什倫布安置於班禪額爾德尼之廟，或者如何處置之處，我衷心寄信，求郡王寄書指教。②

根據伯戴克（L. Petech）先生的研究，雍正三年（1725）左右，拉達克王尼瑪南傑（藏文Nyi-ma-rnam-rgyal）③之子德迥南傑（藏文bDe-skyong-rnam-rgyal）④開始協助管理拉達克政務。雍正七年（1729），尼瑪南傑正式退位，德迥南傑繼承王位⑤。德迥南傑王后尼達旺姆（藏文Nyi-zla-dbang-mo）爲其育有一子，名叫薩迥南傑（藏文Sa-skyong-rnam-rgyal）。後因夫妻不和，尼達旺姆回到母家。德迥南傑又娶布赤旺姆（藏文Bu-khrid-dbang-mo）爲妻，生了彭措南傑（藏文Phun-tshogs-rnam-rgyal）⑥，長子薩迥南傑也歸布赤旺姆撫養。乾隆四年（1739）二月，德迥南傑去世，彭措南傑繼位爲王，薩迥南傑被迫出家爲僧。因彭措南傑尚且年幼，布赤旺姆成爲拉達克的實際掌權人⑦。上述頗羅鼐報告中提到的"德忠那木扎爾"即伯戴克先生所稱"德迥南傑"，"布哩特旺姆"即"布赤旺姆"，均系同名異寫。

拉達克王后布赤旺姆致頗羅鼐書信中稱拉達克人噶津林沁自幼爲後藏扎什倫布寺班禪額爾德尼弟子，是準噶爾策淩敦多布自西藏敗逃時將其擄到準噶爾。查考史實，康熙五十六年（1717），準噶爾首領策妄阿拉布坦（1727年去世）派遣大策淩敦多布率軍襲

② 副都統紀山奏，乾隆六年六月初三日，中國第一歷史檔案館藏《軍機處滿文錄副奏摺》，縮微號03-0175-1557-002，039-003392-003393。引文對應滿文轉寫見附錄二。

③ 尼瑪南傑，《清實錄》中作尼瑪納木扎爾、呢瑪那木扎爾等。"尼瑪納木扎爾"見《清世宗實錄》卷一百十六，雍正十年三月己卯；"呢瑪那木扎爾"見《清高宗實錄》卷六十二，乾隆三年二月丙戌。

④ 德迥南傑,《清實錄》中作德中納木扎爾、德忠那木扎爾等。"德中納木扎爾"見《清世宗實錄》卷一百十六，雍正十年三月己卯；"德忠那木扎爾"見《清高宗實錄》卷六十二，乾隆三年二月丙戌。

⑤ 〔意〕伯戴克《拉達克王國：公元950—1842年（六）——十八世紀上半葉的拉達克》，彭陟焱譯，扎洛校，《西藏民族學院學報（哲學社會科學版）》2010年第3期，12頁。

⑥ 彭措南傑,《清實錄》中作策卜登那木扎爾（cebden namjal），見《清高宗實錄》卷一百九十三，乾隆八年五月己酉等條。兩個名稱爲何存在差異，待考。

⑦ 〔意〕伯戴克《拉達克王國：公元950—1842年（六）——十八世紀上半葉的拉達克》，彭陟焱譯，扎洛校，13頁。

殺拉藏汗，推翻和碩特汗廷，佔領西藏。康熙五十九年（1720），清軍入藏，驅逐準噶爾勢力，統一西藏。書信中所稱準噶爾策淩敦多布自藏地敗逃一事即指大策淩敦多布所率準噶爾軍於康熙五十九年被清軍驅逐出藏之事。如此看來，噶津林沁似是在當年被大策淩敦多布帶至準噶爾的，他的上師、當時的班禪額爾德尼是五世班禪。

根據書信，乾隆五年噶津林沁因年老思念故土，向拉達克王后布赤旺姆寄信，求她轉請準噶爾首領噶爾丹策零（1727—1745年在位）將其放回。於是，布赤旺姆寄信于噶爾丹策零，噶爾丹策零遂派人將噶津林沁經由新疆天山南路送回拉達克。噶津林沁是康熙五十九年左右從西藏去往準噶爾的，布赤旺姆是在其夫德迥南傑乾隆四年去世後執掌拉達克大權的。噶津林沁遠在天山北路的準噶爾遊牧地，竟然知悉布赤旺姆實際掌控拉達克之事。布赤旺姆向噶爾丹策零寫信，請他放回噶津林沁，噶爾丹策零竟然照辦。可見當時準噶爾與拉達克之間互通消息，交往密切。布赤旺姆應噶津林沁的請求，欲在他返回拉達克後將他送回扎什倫布寺安置，寄信徵詢頗羅鼐的意見。

自雍正六年（1728）平定西藏阿爾布巴之亂後，清廷委任後藏貴族頗羅鼐總理全藏政務，並委派駐藏大臣監督和協助頗羅鼐理事。頗羅鼐因治藏有功，乾隆四年受封郡王。其時，頗羅鼐號稱“藏王”，權勢極大。頗羅鼐去世後，乾隆帝曾對傅清任駐藏大臣時頗羅鼐的職權評說道：“頗羅鼐在時，凡事俱由伊主張，不過商同傅清斟酌辦理。”[⑧]這一評語正可概括頗羅鼐受封郡王後在辦理西藏事務時與駐藏大臣間的職權關係。這一職權關係由本文所涉安置噶津林沁一事也可窺見一斑。

頗羅鼐称自己不能私自定奪安置噶津林沁，稟請駐藏大臣紀山指示，再給拉達克王后布赤旺姆回信。噶津林沁雖然自幼爲五世班禪弟子，但因他長期在準噶爾生活，紀山不清楚其內心究竟向著清朝西藏還是準噶爾。並且噶爾丹策零在送噶金林沁返回拉達克前後，派遣了大批準噶爾人在拉達克經商居住，紀山擔憂這些準噶爾人居心叵測，借機刺探西藏情報。同時準噶爾熬茶使團即將赴藏，如果將噶津林沁馬上安置在扎什倫布寺，致使雙方會合，必將招惹麻煩。因此紀山不同意此時將噶津林沁送回扎什倫布寺安置[⑨]。他指示頗羅鼐回復布赤旺姆：

> 噶津林沁者，乃爾拉達克之人，哈敦爾如何處置皆可。現有準噶爾人等將來我處熬茶消息，故不可將其即刻帶來扎什倫布安置。哈敦爾蒙受中國（dulimbai gurun）大汗皇帝之恩甚深。探得準噶爾一切消息，奏聞大汗皇帝，即爾奮力報效之事。為此，哈敦爾將準噶爾諸事之切實消息，向噶津林沁巧為探問，密行寄書於我。我將爾所寄之書及可否將噶津林沁帶至扎什倫布安置之處，稟告大汗皇帝之大臣，上奏請旨。俟彼時再將如何行動之處，寄書於

---

⑧ （清）傅恒等撰《平定準噶爾方略》前編卷五十，乾隆十二年三月乙巳，西藏社會科學院西藏學漢文文獻編輯室編《西藏學漢文文獻彙刻》第二輯，全國圖書館文獻縮微複製中心，1990年，818頁。

⑨ 副都統紀山奏，乾隆六年六月初三日，中國第一歷史檔案館藏《軍機處滿文錄副奏摺》，縮微號03-0175-1557-002，039-003393-003394。

爾[10]。

紀山於乾隆六年六月初三日將情況奏報乾隆帝。頗羅鼐遵照紀山所囑給拉達克王后回信，要求她向噶津林沁如實瞭解準噶爾情况並彙報，然後再與駐藏大臣商議安置噶津林沁。

二

乾隆六年七月初，噶津林沁在噶爾丹策零所派回人莽鼐（一些滿文檔案中寫作莽里manglii，另一些作莽鼐mangnai）爲首的41人護送下回到拉達克，受到拉達克哈敦布赤旺姆及拉達克王彭措南傑（策卜登那木扎爾）接見。布赤旺姆母子遵照頗羅鼐所囑，向噶津林沁詢問準噶爾的情況。噶津林沁敘說了去到準噶爾及自準噶爾返回的緣由和大致經過，但並未過多談及準噶爾的情況。他表示自己年已70餘歲，施用計策生還，意欲返回扎什倫布寺度過餘生，敬奉“三寶之教”和班禪額爾德尼。布赤旺姆又詢問回人莽鼐，莽鼐只簡單告知乾隆五年準噶爾所派赴藏熬茶使團起程延誤的情況及此行護送噶津林沁到拉達克後的貿易安排。拉達克王后將這些情況寄信彙報頗羅鼐，請頗羅鼐轉告駐藏大臣，儘早將噶津林沁安置於扎什倫布寺。她建議頗羅鼐和駐藏大臣可在噶津林沁到西藏後，當面向其詳細瞭解準噶爾情況。頗羅鼐又以不能私自定奪，“欲照大臣所交辦施行”，呈文稟報駐藏大臣紀山[11]。

紀山接到頗羅鼐呈文，頗受拉達克王后建議的啟發。噶津林沁在準噶爾生活20餘年，熟悉準噶爾内情。對清朝而言，這是一次詳細瞭解準噶爾情況的良機。紀山認爲可以先向噶津林沁瞭解準噶爾情況，觀察噶津林沁的表現，再商議如何安置。他不再拒絕拉達克王后的請求，命頗羅鼐寫信給拉達克王后將噶津林沁送來西藏[12]。

紀山雖同意將噶津林沁送來西藏，但畢竟噶津林沁在準噶爾生活多年，不瞭解其返回的真實動機，不敢掉以輕心，採取措施謹慎防範。他擔心噶津林沁一行暗中攜帶準噶爾書信，到西藏後“迷惑離間唐古忒人”，干係非小。因此他秘密囑咐頗羅鼐選派可靠人員，在噶津林沁一行將要抵藏時，前往迎接引領，在其卸載行李時暗中搜查有無攜帶準噶爾書信[13]。拉達克王后布赤旺姆收到頗羅鼐書信，將噶津林沁及其隨從三人送來，

---

⑩ 副都統紀山奏，乾隆六年六月初三日，中國第一歷史檔案館藏《軍機處滿文錄副奏摺》，縮微號，03-0175-1557-002，039-003394-003395。引文對應滿文轉寫見附錄二。

⑪ 副都統紀山奏，乾隆六年九月十七日，中國第一歷史檔案館藏《軍機處滿文錄副奏摺》，縮微號03-0173-1228-009，029-002238-002243。

⑫ 同註⑪，03-0173-1228-009，029-002243-002244。

⑬ 副都統紀山奏，乾隆七年四月初八日，中國第一歷史檔案館藏《軍機處滿文錄副奏摺》，縮微號03-0173-1236-001，029-002924-002926。

於乾隆七年正月初七日抵達西藏[14]。頗羅鼐遵照紀山指示，派人迎接引領，暗中搜查，並未發現攜帶準噶爾書信[15]。

三

噶津林沁一行抵藏後，紀山隨即與頗羅鼐進行審問。噶津林沁交代了自扎什倫布寺去到準噶爾和被噶爾丹策零送回拉達克的詳細經過，並詳盡敘述了居留期間準噶爾的內政、經濟、軍事、對外關係各方面的情況。這些都完好保存於中國第一歷史檔案館所藏一份滿文奏摺中，現將其中有關噶津林沁生平經歷的內容摘譯如下：

臣紀山隨即會同郡王頗羅鼐詢問噶津林沁：爾系拉達克部之人，如何在扎什倫布寺當喇嘛？其後又如何去到準噶爾地方？今噶爾丹策零為何將爾放出？爾如何必欲在我扎什倫布寺居住？再，爾居留準噶爾地方甚為年久，不能不知彼處消息。準噶爾現在情形如何，爾將所知所聞諸事均如實道出等語。噶津林沁告稱：小僧我系拉達克部之人，自幼在扎什倫布寺當喇嘛，在班禪額爾德尼居室門前念經。準噶爾策淩敦多布佔據藏地後，求班禪額爾德尼給其察噶圖鄂托克（cagatu otok）名為韋征和碩齊扎勒布（weijeng hošooci jalbu）之諾顏派遣一名喇嘛。班禪額爾德尼遂將我選派至扎勒布遊牧。後噶爾丹策零聽聞我系班禪額爾德尼弟子，將我帶去其地居住……噶爾丹策零將攻打巴里坤、阿勒泰所獲內地人俱分散給眾喇嘛及各頭目，我尚且分得四人……後內地向準噶爾派遣使者大臣。自此以後彼此遣使議和，噶爾丹策零方才請求大皇帝欲派人赴藏熬茶，照例行走。噶爾丹策零多次派遣宰桑哈柳（halio）為使，大皇帝施恩善待哈柳。噶爾丹策零聽聞，著實疑惑嫌棄哈柳……噶津林沁我聽聞其將要熬茶之消息，意欲以此為辭脫出，向我哈敦寄信，轉求噶爾丹策零。為此方將我放出。我自準噶爾地方啟程時，噶爾丹策零告我：現將爾遣回原籍，不可將先前與爾之內地四人帶出，亦不可將我準噶爾之人帶走，可將爾之人帶去。至拉達克部後，打探得我前去熬茶使臣抵藏消息，爾再進藏。若尚未抵藏，爾造次前往，不可料定爾將如何。將此謹記於心。獲取土伯特地方消息，即寄予我。我仍舊派遣回人莽里為首帶領四十人，經由葉爾羌之道將爾護送至拉達克地方。爾在拉達克地方居住後，我賴爾於彼處探取唐古忒地方消息。我處一切情形，爾皆知曉。無論善惡，隨爾任意道出，於我毫無妨礙等語。將我與莽里一齊遣發……噶津林沁我今年已七十五歲，現自妖魔之地脫出生還，來至聖上滿珠習

⑭ 《駐藏大臣紀山奏報拉達克喇嘛噶津林沁等自準噶爾到藏安置於扎什倫布廟並所供準噶爾情形折》（乾隆七年四月初八日），中國邊疆史地研究中心、中國第一歷史檔案館合編《清代新疆滿文檔案彙編》第六冊，桂林：廣西師範大學出版社，2012年，13頁。

⑮ 副都統紀山奏，乾隆七年四月初八日，中國第一歷史檔案館藏《軍機處滿文錄副奏摺》，縮微號03-0173-1236-001，029-002926。

禮大皇帝佛地，雖死亦無憾，毫無將土伯特地方消息送予噶爾丹策零之心。若誠有此邪惡之心，又豈肯將噶爾丹策零囑我‘獲取消息後送予’之言道出？無論如何，大臣等將此詳察，即可知我心為誰。且我自拉達克地方返回時，我哈敦曾教小僧我：聖上滿珠習禮大皇帝恩重，不分內外，一視同仁。爾至藏地後，將準噶爾一切情形，毫無隱瞞，均如實稟告欽差大臣及土伯特郡王。故小僧我將所聞所知諸事均如實道出……[16]

噶津林沁向紀山和頗羅鼐交代的早期經歷，與他向拉達克王后交代的大同小異，自稱從小在扎什倫布寺當喇嘛，是五世班禪弟子，“在班禪額爾德尼居室門前念經”。可見他與五世班禪關係親近。與向拉達克王后交代截然不同的是他去到準噶爾的緣由。他告訴拉達克王后他是被率軍侵佔西藏的大策淩敦多布自西藏敗退時強行“擄去”的，但他向紀山和頗羅鼐交代的卻是：準噶爾察噶圖鄂托克首領韋征和碩齊扎勒布想要一名喇嘛，經大策淩敦多布向五世班禪請求，五世班禪遂將噶津林沁選派到準噶爾。噶爾丹策零繼位後，聽聞噶津林沁是五世班禪弟子，很是器重，將他帶到自己的遊牧地居住。紀山發現了這一破綻，詢問噶津林沁爲何前後交代的情況大相徑庭，勸他實言相告[17]。

噶津林沁解釋說，當時因護送他回來的準噶爾回眾莽鼐等都在場，一時爲了安慰拉達克王后才那樣告知，此次稟告駐藏大臣和郡王的才是實情。他辯解道：“早先我在班禪額爾德尼居室門前念經，策淩敦多布求班禪額爾德尼，將我派至準噶爾扎勒布遊牧等情，土伯特郡王皆知曉。若經詢問，瞞得過麼？我今來至佛地，豈有不思領受大汗皇帝之恩、將實情隱瞞不告之理？”[18]頗羅鼐證實了噶津林沁所說。可見，噶津林沁是在準噶爾佔領西藏時期（1717—1720年）去到準噶爾的，至於具體時間尚無法斷定。

檔案中一再提到噶津林沁在準噶爾居住20餘年。噶津林沁自稱返回西藏當年（乾隆七年正月，1742）已經75歲，可推算他至晚生于康熙六年（1667）。他至晚是在康熙五十九年去到準噶爾，至少在準噶爾生活了22年，去準噶爾時年已53歲左右。他自幼在扎什倫布寺當喇嘛，在五世班禪居室門前念經，應該10歲（康熙十六年，1677）之前就從拉達克來到扎什倫布寺出家。五世班禪生於康熙二年（1663），康熙六年被五世達賴喇嘛認定爲四世班禪轉世靈童，迎入扎什倫布寺坐床。康熙九年（1670），五世達賴喇嘛在布達拉宮爲其授沙彌戒；康熙二十三年（1684），扎什倫布寺密宗扎倉堪布喇嘛貢覺堅贊爲其授比丘戒[19]。可見噶津林沁和五世班禪年紀相仿，僅年幼四歲，在五世班禪年少時即來到扎什倫布寺。被選派到準噶爾時，他已在五世班禪身邊生活40餘年，五世

---

⑯ 《駐藏大臣紀山奏報拉達克喇嘛噶津林沁等自準噶爾到藏安置於扎什倫布廟並所供準噶爾情形折》（乾隆七年四月初八日），《清代新疆滿文檔案彙編》第六冊，14、16、18、20—21頁。引文對應滿文轉寫見附錄三。

⑰ 《駐藏大臣紀山奏報拉達克喇嘛噶津林沁等自準噶爾到藏安置於扎什倫布廟並所供準噶爾情形折》（乾隆七年四月初八日），《清代新疆滿文檔案彙編》第六冊，21—22頁。

⑱ 《駐藏大臣紀山奏報拉達克喇嘛噶津林沁等自準噶爾到藏安置於扎什倫布廟並所供準噶爾情形折》（乾隆七年四月初八日），《清代新疆滿文檔案彙編》第六冊，23—24頁。

⑲ 陳慶英《四世至九世班禪大師以及他們的靈塔》，《青海社會科學》1989年第3期，90頁；豆格才讓、扎嘎《班禪世系的產生及歷世班禪的轉世過程（上）》，《西藏研究》1991年第1期，82—83頁。

班禪將他選派給準噶爾貴族不無緣故。五世班禪傳記中應該對他事蹟的有所記載，惜于筆者不諳藏文，未能解讀其中内容。

噶津林沁提到他是被選派給準噶爾察噶圖鄂托克諾顔韋征和碩齊扎勒布。關於察噶圖鄂托克，暫未見其他史料記載。“鄂托克”在清代一般是指準噶爾汗國大汗直屬部衆及其組織單位，清代文獻記載準噶爾鄂托克的資料中都未見該鄂托克的名稱[20]，可見該鄂托克並非準噶爾汗直屬部衆。《清高宗實録》所載《御製準噶爾全部紀略》考述準噶爾汗國二十一昂吉，其中有“察罕圖克阿睦爾撒納一昂吉”。“昂吉”衛拉特蒙古語意爲“分支”，是準噶爾汗國大貴族各大台吉的部屬及其組織單位，各大台吉統領所屬昂吉聽命於準噶爾汗[21]。從該昂吉的名稱來看，它屬於阿睦爾撒納所部也即輝特部。茲拉特金也稱阿睦爾撒納所屬輝特部爲“察罕圖克輝特（白旗輝特）”[22]。“察罕圖克”與“察噶圖（cagatu）”音近，當系同名異寫。清代文獻有時也將“昂吉”稱爲“鄂托克”，將“二十一昂吉”稱爲“二十一鄂托克”[23]。因此可以推斷“察噶圖鄂托克”即“察罕圖克昂吉”，也即後來阿睦爾撒納所領輝特部。噶津林沁指出當時察噶圖鄂托克首領是韋征和碩齊扎勒布，並在交代準噶爾的情況時多次提及此人。據噶津林沁稱，清朝和準噶爾關係緊張時期，噶爾丹策零曾選派小策淩敦多布、色布騰和韋征和碩齊扎勒布爲首帶兵劫掠清軍駐守的巴里坤；噶津林沁返回拉達克時，韋征和碩齊扎勒布正和小策淩敦多布、色布騰、察罕四人一起掌管準噶爾軍務[24]。可見韋征和碩齊扎勒布和準噶爾大貴族小策淩敦多布地位相當，極有權勢，他必然和小策淩敦多布一樣有着顯赫身世。衆所周知，衛拉特蒙古中有一位著名人物和此人名字很接近，他就是阿睦爾撒納之父輝特部台吉韋征和碩齊。從名字、地位和所處時代來看，噶津林沁所稱韋征和碩齊扎勒布和輝特部台吉韋征和碩齊當係同一人。據此更可斷定，“察噶圖鄂托克”就是“察罕圖克昂吉”，也即韋征和碩齊和阿睦爾撒納父子先後所統領的那部分輝特部。[25]可見，當時噶津林沁是被五世班禪選派給輝特部台吉韋征和碩齊。

噶津林沁在乾隆五年要求返回扎什倫布寺，年已73歲高齡。他之所以選擇此時，和

---

⑳ 承志《十八世紀準噶爾十六大鄂托克——以一件滿文奏摺爲中心》，表1《原十六大鄂托克與後增設十鄂托克（即二十六鄂托克）》，載烏雲畢力格主編《滿蒙檔案與蒙古史研究》，上海：上海古籍出版社，2014年，193頁；承志《十八世紀準噶爾十六大鄂托克——烏嚕特鄂托克探析（續一）》，載B. Oyunbilig Ed., *Quaestiones Mongolorum Dispitatae*（烏雲畢力格主編《蒙古學問題與爭論》），XI, International Association for the Study of Mongolian Culture, Tokyo, 2015, pp.80-88.

㉑ 《清高宗實録》卷六百九十五，乾隆二十八年九月壬午。

㉒ ［蘇］伊·亞·茲拉特金《準噶爾汗國史（1635—1758）》，馬曼麗譯，北京：商務印書館，1980年，411頁。茲拉特金似乎沒有弄清阿睦爾撒納的真實身世，也低估了輝特部及阿睦爾撒納的實力。

㉓ 承志《十八世紀準噶爾十六大鄂托克——以一件滿文奏摺爲中心》，載烏雲畢力格主編《滿蒙檔案與蒙古史研究》，172頁。

㉔ 《駐藏大臣紀山奏報拉達克喇嘛噶津林沁等自準噶爾到藏安置於扎什倫布廟並所供準噶爾情形折》（乾隆七年四月初八日），《清代新疆滿文檔案彙編》第六冊，16、19頁。

㉕ 根據前引《御製準噶爾全部紀略》記載，輝特部有八昂吉，阿睦爾撒納所領昂吉只是其中之一。因此韋征和碩齊和阿睦爾撒納父子所統領的輝特部只是輝特部的一部分。

五世班禪的圓寂及噶爾丹策零準備遣使赴藏熬茶密切相關。清朝和準噶爾關係改善後，噶爾丹策零意圖向清廷請求遣使赴藏熬茶。乾隆二年（1737），五世班禪在扎什倫布寺圓寂，正好爲此提供了契機。乾隆三年十二月，噶爾丹策零遣使進京奏請赴藏熬茶，爲五世班禪做佛事；乾隆四年初又遣使請求增加熬茶使人數，都爲乾隆帝允准。乾隆五年，噶爾丹策零正式派出熬茶使團。噶津林沁爲五世班禪弟子，長期在五世班禪身邊生活，與其關係親近，五世班禪圓寂自當對他觸動很大。從他向拉達克王后表述的心跡來看，此事是促使他意欲返回扎什倫布寺的主要原因。如前所述，他給拉達克王后布赤旺姆寫信，說自己“年老思念故土”，求她轉請噶爾丹策零將其放回。乾隆六年，他回到拉達克時再次向拉達克王后表白：“我現年七十餘歲，施用計策生還故土。原想回來者，欲至扎什倫布儘量活命，敬奉三寶之教，向班禪額爾德尼磕幾日頭，雖死亦瞑目。”㉖可見他想要回到扎什倫布寺的願望非常強烈。五世班禪圓寂後，乾隆五年閏八月，七世達賴喇嘛主持認定了五世班禪的轉世靈童即六世班禪，獲得清廷認可。乾隆六年六月初，六世班禪被迎入扎什倫布寺坐床。㉗噶津林沁所稱“向班禪額爾德尼磕幾日頭”雖可能意指敬奉新確認的六世班禪，但更可能是他回到拉達克時尚不知六世班禪已入主扎什倫布寺，他意欲返回主要是爲悼念去世的五世班禪，“年老思念故土”只是表層原因。乾隆五年噶爾丹策零遣使赴藏熬茶正好爲他返回創造了機遇，他立即給拉達克王后寫信轉求噶爾丹策零將他放回。噶爾丹策零正好想利用他打探西藏情報，很快同意。

噶爾丹策零在噶津林沁離開準噶爾啟程時，告誡他回拉達克後要等準噶爾熬茶使進藏後再進藏，不然後果難以預料。顯然噶爾丹策零料定清朝必會對噶津林沁懷有疑心和嚴加防範。他還叮囑噶津林沁爲準噶爾打探西藏情報，企圖將其作爲“間諜”安置在拉達克和西藏。他料定噶津林沁到西藏後清朝官員必會審問準噶爾的情況，不過他似乎對此並不擔心，聲稱任由噶津林沁將所知準噶爾一切情況“任意道出”。

紀山和頗羅鼐在審問噶津林沁一行時，留心觀察其情態，認爲噶津林沁年老體衰，言語舉止毫無可疑。最重要的是他詳細彙報了準噶爾的情況，這對當時清朝全面深入如實瞭解準噶爾内情、制定對準策略很有益處。隨從三人，一個身體殘廢，形同癡呆；一個說話糊塗；一個年紀很小，尚不知事。於是紀山和頗羅鼐決定將噶津林沁四人安置於扎什倫布寺。不過他們不敢疏忽，頗羅鼐嚴密叮囑扎什倫布寺商卓特巴色古鼐（segunai）挑選可靠人員秘密防範看守，不讓其獲得西藏任何消息。同時，紀山爲了宣示乾隆帝的仁厚和恩典，賞賜給噶津林沁五十兩銀子，意圖使其心存感激，“拉達克部之哈敦母子聽聞後亦將感念聖主施降厚恩之處，此後愈益奮勉探取準噶爾一切消息”㉘。

㉖ 副都統紀山奏，乾隆六年九月十七日，中國第一歷史檔案館藏《軍機處滿文錄副奏摺》，縮微號03-0173-1228-009，029-2239-2240。

㉗ 陳慶英《四世至九世班禪大師以及他們的靈塔》，91頁；豆格才讓、扎嘎《班禪世系的產生及歷世班禪的轉世過程（上）》，84頁。

㉘ 《駐藏大臣紀山奏報拉達克喇嘛噶津林沁等自準噶爾到藏安置於扎什倫布廟並所供準噶爾情形折》（乾隆七年四月初八日），《清代新疆滿文檔案彙編》第六册，24—25頁。

四

噶爾丹策零將噶津林沁放回，本想讓他與乾隆五年派出的熬茶使在西藏會合。準噶爾熬茶使團遲至乾隆六年正月才抵達清朝所控制的哈密，四月初到達青海東科爾貿易，準備貿易完畢後進藏。然而直至七月下旬貨物全部售罄，熬茶使團一再拖延，並無意進藏，最終在八月底起程返回，並未進藏㉙。因此噶津林沁未能與此次準噶爾熬茶使會合。乾隆七年正月和十月，噶爾丹策零又以爲其亡父策妄阿拉布坦誦經做佛事爲由，先後兩次遣使北京奏請再次赴藏熬茶。乾隆帝早有預料，允准了準噶爾的請求。乾隆八年四月，準噶爾熬茶使團自遊牧地出發，六月底到達東科爾貿易。因有前次的經驗、教訓，在清朝官員引導下，熬茶使團很快貿易完畢，於九月下旬趕到西藏，前往前後藏主要寺廟熬茶佈施㉚。

爲防止此次準噶爾熬茶使與噶津林沁會面探取西藏情報，新任駐藏大臣索拜主張在準噶爾熬茶使團進藏時預先將噶津林沁暗中藏匿。他在乾隆八年三月叮囑郡王頗羅鼐："準噶爾使者至藏後，爾選出強幹之人將喇嘛噶津林沁、蘇木巴喇尼等暫且藏匿防護。準噶爾使者若妄造藉口意圖與伊等會面，爾以言語勸慰，斷不可使其相見。"㉛不久，情況的演變使得索拜對噶津林沁更加提防。這是由一位名叫卓鼐的自準噶爾逃到西藏的清朝八旗兵丁引起的。

卓鼐原是鑲紅滿洲旗的一名马甲槍手，雍正七年跟隨振武將軍傅爾丹大軍出征阿勒泰，作戰時受傷被準噶爾軍俘獲帶到伊犁。最初他被送給一名喇嘛，後來又被送給天山南路阿克蘇城的首領額金伯克（ekin bek）。乾隆六年四月，噶爾丹策零派遣莽鼐率領人馬護送噶津林沁返回拉達克。莽鼐路經阿克蘇時，額金伯克讓卓鼐攜帶貨物跟隨一同前往拉達克貿易，於是卓鼐恰好得以與噶津林沁同行。在拉達克貿易時，卓鼐本想趁機逃出，然而莽鼐對他防範很緊，完全不能脫身。乾隆七年，噶爾丹策零又派莽鼐帶隊前去拉達克貿易。因前次卓鼐在拉達克貿易獲利豐厚，於是莽鼐等經過阿克蘇時，額金伯克又派卓鼐攜帶貨物隨同前往拉達克。這次，莽鼐對卓鼐完全信賴，毫不防範。卓鼐乘機在莽鼐貿易完畢啟程返回時逃入山中，晝伏夜行，在拉達克人暗中幫助下逃到西藏阿里㉜。卓鼐聽聞噶津林沁被安置在扎什倫布寺居住，心生疑慮，特意前去探視。噶津林

㉙ 蔡家藝《十八世紀中葉準噶爾同中原地區的貿易往來略述》，中國蒙古史學會編《中國蒙古史學會論文選集（1981）》，呼和浩特：內蒙古人民出版社，1986年，247頁；呂文利、張蕊《乾隆年間蒙古準噶爾部第一次進藏熬茶考》，《內蒙古師範大學學報》（哲學社會科學版）2010年第4期，43—45頁。

㉚ 呂文利《乾隆八年蒙古準噶爾部進藏熬茶始末》，《明清論叢》2012年第12期，270—275頁。

㉛ 《駐藏大臣索拜奏報不准準噶爾進藏熬茶使臣與喇嘛噶津林沁等會晤以防刺探消息折》（乾隆八年三月十二日），《清代新疆滿文檔案彙編》第六冊，243頁。

㉜ 《駐藏大臣索拜奏出征準噶爾時被俘鑲紅滿洲旗槍手兆鼐脫回派人送京折》（乾隆八年閏四月十五日），《清代新疆滿文檔案彙編》第六冊，267—269頁。該滿文檔案彙編目錄將"卓鼐"譯爲"兆鼐"。

沁見到卓鼐，開口就問："噶爾丹策零諾顏身體安好否？有無熬茶使今年來藏消息？爾從準噶爾地方出來時未將爾抓捕，爾是如何脱出？"卓鼐騙他道："我未聽聞熬茶使今年來未來藏地。我從準噶爾來拉達克貿易，自拉達克地方來此時，懼怕拉達克人看見將我抓捕，日間躲進山中，夜間行走，唯恐與人相遇，得以脱出。"[33]噶津林沁對噶爾丹策零情況和準噶爾熬茶使動向的關心，加深了卓鼐對他的疑慮和警惕。

乾隆八年閏四月，頗羅鼐將卓鼐送到駐藏大臣索拜處。索拜詢問其身世、經歷和準噶爾的情況，卓鼐如實相告。卓鼐急切地將在扎什倫布寺與噶津林沁會面的情況禀告索拜，指出噶爾丹策零十分厚待噶津林沁，"喇嘛噶津林沁自準噶爾地方出來時，噶爾丹策零給予十六匹駱駝之駝子、二十余匹馬，甚爲體面送出"，"觀喇嘛噶津林沁所問言語可疑，其探取我土伯特地方消息送予噶爾丹策零亦未可知"，提醒索拜對噶津林沁提高謹惕。索拜聽聞，囑咐頗羅鼐在準噶爾熬茶使抵藏前，選派可靠人員將噶津林沁轉移到其他地方嚴加防範[34]。

索拜於乾隆八年閏四月十五日將卓鼐之事奏報乾隆帝，乾隆帝五月二十七日降旨：

> 再，前曾降旨將先前由準噶爾地方送至拉達克地方安置之扎什倫布寺喇嘛噶津林沁、準噶爾使臣齊默特等送往藏地安置之唐古忒蘇木巴喇尼等交付頗羅鼐，於準噶爾人等抵藏之前，預先移往遠處，斷不可與準噶爾人等晤面。兹據脱出马甲卓鼐告稱：喇嘛噶津林沁被噶爾丹策零極為體面辦理送出，觀其言語，仍對噶爾丹策零誠敬，其探取我土伯特地方消息，透漏於準噶爾人等，亦未可料等語。著將此諭行索拜，密行交付郡王頗羅鼐，派人暗中善加謹慎看管喇嘛噶津林沁、蘇木巴喇尼等，並遵前降諭旨，於準噶爾人等抵藏前，預先移往遠處安置，斷不可使與準噶爾人等晤面。欽此[35]。

從上引諭旨看，早在索拜此次上奏之前，乾隆帝就已降旨命索拜和頗羅鼐在準噶爾熬茶使抵藏前將噶津林沁轉移到遠處。目前尚未見到該諭旨，索拜奏摺也顯示他當時並未收到該諭旨。當年八月二十六日，索拜和頗羅鼐接到軍機處所寄上引諭旨。兩人商辦時，頗羅鼐稱：

> 噶津林沁者，拉達克地方之人，久居準噶爾地方。噶爾丹策零將其遣回時，曾囑其探取藏地消息。觀此實屬可疑。兹準噶爾使臣來藏熬茶，將噶津林沁等遷至遠處，不可使與準噶爾之人相見，暗中善加防範看守。如此降旨教諭，甚是。卑職頗羅鼐我現選出可靠第巴邦央（bangyang），即刻遣至扎什倫布寺，暗中不令察覺，善加防範看守。俟準噶爾使臣將近抵藏時，頗羅鼐我將

[33] 《駐藏大臣索拜奏出征準噶爾時被俘鑲紅滿洲旗槍手兆鼐脱回派人送京折》（乾隆八年閏四月十五日），《清代新疆滿文檔案彙編》第六册，271—272頁。

[34] 《駐藏大臣索拜奏出征準噶爾時被俘鑲紅滿洲旗槍手兆鼐脱回派人送京折》（乾隆八年閏四月十五日），《清代新疆滿文檔案彙編》第六册，271—273頁。

[35] 《諭駐藏大臣索拜著準噶爾丹策零之請將其父屍骨帶往西藏做擦擦》（乾隆八年五月二十七日），《清代軍機處滿文熬茶檔》，熬茶檔二，6，滿文見314—316頁，漢譯文見317頁。引文對應滿文轉寫見附錄四。

噶津林沁巧為移往扎什倫布寺西行十日程名為噶木巴（g'amba）之城居住，仍嚴飭第巴邦央，暗中毋令察覺，善加防範看守，斷不可使其探取我土伯特地方消息洩露於準噶爾人等[36]。

索拜完全贊同頗羅鼐的計畫。這樣，在此次準噶爾熬茶使抵藏前，噶津林沁被轉移到遠離扎什倫布寺的噶木巴城安置和暗中看守起來，仍未得與準噶爾熬茶使會面。乾隆八年十二月初，準噶爾使團熬茶完畢，從拉薩起程返回[37]。

五

準噶爾熬茶使團赴藏時，屢屢將在準噶爾生活多年的原西藏喇嘛帶回西藏安置。乾隆八年準噶爾熬茶使又帶回原喀木（k'am）地區的喇嘛羅布藏丹增[38]。這讓乾隆帝和駐藏大臣深感不安。當年十二月十四日，乾隆帝降旨軍機處寄信駐藏大臣索拜，命索拜在準噶爾熬茶使團返回後，將噶津林沁和羅布藏丹增（乾隆六年準噶爾熬茶使帶回的喇嘛蘇木巴喇尼已在當年六月初去世[39]）送到京師安置[40]。

乾隆九年正月二十六日，索拜接到諭旨，與頗羅鼐商議。頗羅鼐也認爲喇嘛噶津林沁和羅布藏丹增在準噶爾生活多年，不可深信，如果安置在西藏，必須挑選幹練可靠人員防範看守；如果送到京師安置，對頗羅鼐等管事之人頗爲有益。但噶津林沁是先前經拉達克王后母子一再請求安置於扎什倫布寺的，頗羅鼐擔心將噶津林沁移送京師會牽涉拉達克，造成不良後果。頗羅鼐認爲："喇嘛噶津林沁者，拉達克地方之人。自幼爲班禪額爾德尼弟子，在扎什倫布寺居住是實。此乃我親歷之事。況且前年將噶津林沁安置於扎什倫布居住，經頗羅鼐我甚爲留心訪查，並無偵探我衛藏地方消息、行間搆釁之事，且於班禪額爾德尼實亦誠信敬奉。而今懷疑噶津林沁，不准留居扎什倫布，將其遷往京师，則拉達克人等定將聞知。若失其心，於此後探取準噶爾消息，實爲不利。"因

㊱ 《駐藏大臣索拜奏報準噶爾熬茶使臣來藏前將噶津林沁移至甘巴城以防刺探消息折》（乾隆八年九月十七日），《清代新疆滿文檔案彙編》第六冊，344頁；《駐藏大臣索拜奏報頗羅鼐已將噶津林沁遷往後藏折》［乾隆八年十月三十日（筆者按：此系硃批時間）］，《清代軍機處滿文熬茶檔》，熬茶檔二，21，滿文見521—522頁，漢譯文見524頁。《清代新疆滿文檔案彙編》目錄將"噶木巴"譯爲"甘巴"。引文對應滿文轉寫見附錄五。

㊲ 呂文利《乾隆八年蒙古準噶爾部進藏熬茶始末》，275頁。

㊳ 《涼州將軍烏赫圖等奏報詢問唐古忒喇嘛羅布藏丹津回藏緣由折》［乾隆八年十二月十一日（筆者按：此系朱批時間）］，《清代軍機處滿文熬茶檔》，熬茶檔二，32，滿文見647—648頁，漢譯文見661頁；（清）傅恒等撰《平定準噶爾方略》前編卷四十七，乾隆八年十二月癸亥，762—763頁。

㊴ 《駐藏大臣索拜奏報準噶爾熬茶使臣來藏前將噶津林沁移至甘巴城以防刺探消息折》（乾隆八年九月十七日），《清代新疆滿文檔案彙編》第六冊，344頁。

㊵ 《諭爲著將準噶爾使臣留藏喇嘛羅卜藏丹增及噶津林沁送京安置事》（乾隆八年十二月十四日），《清代新疆滿文檔案彙編》第六冊，413頁；（清）傅恒等撰《平定準噶爾方略》前編卷四十七，乾隆八年十二月癸亥，762—763頁。

此，頗羅鼐反對將噶津林沁送往京師，主張仍舊安置在扎什倫布寺。他表示如果對噶津林沁嚴加看守防範，必不致探取情報和挑撥離間。至於羅布藏丹增，並無牽涉，可以移送京師[41]。

索拜雖認爲頗羅鼐言之有理，但並不放心，尤其是噶爾丹策零在噶津林沁返回時所囑"賴爾探取土伯特地方消息"之言讓索拜心存疑慮。他告誡頗羅鼐："爾所告之言雖是，唯準噶爾甚爲狡詐不可信……今若仍將喇嘛噶津林沁安置於扎什倫布，萬一探取消息、離間挑撥，不但爾地方之人不得安生，王爾亦多有牽連。"頗羅鼐仍堅持自己的主張，認爲噶津林沁已經七十七歲，身體患病，浮腫不堪，難以久活於世。他再次表示挑選屬下可靠人員對噶津林沁嚴加看守防範，必定不致探取西藏情報和挑撥離間，"若誠稍有妨礙，頗羅鼐我何敢再三求告？"於是，索拜決定先將羅布藏丹增送到京師，趁當年五月六世班禪使臣進京朝覲之便將羅布藏丹增帶去；至於噶津林沁，因此前有"送往京城"諭旨，索拜不敢擅作主張，奏請乾隆帝裁斷。索拜具奏後，乾隆帝降旨："准照頗羅鼐所奏施行，頗羅鼐惟益加勤勉看守防範爲善。"[42]這樣，在頗羅鼐一再堅持和爭取下，噶津林沁仍被安置於扎什倫布寺。

不久，事情再生變故。就在當年，索拜遣送羅布藏丹增跟隨六世班禪使臣進京時，粗疏大意，致使羅布藏丹增在途經察木多（camdeo）地區時脱逃。乾隆帝十分惱火，將索拜交部議罪，因此前已委派傅清爲駐藏大臣更換索拜，遂命索拜暫留西藏協助辦事。受此牽連，乾隆帝重新要求將噶津林沁送往京城，當年九月十五日降旨："再，似此同由準噶爾回藏之喇嘛噶津林沁，前經頗羅鼐奏請停其解送京師，安置於扎什倫布寺內。但以此次解送之羅卜藏丹增中路脱逃而論，則伊等必懷異志。若仍將噶津林沁留於扎什倫布寺内，頗羅鼐若能保其斷然無事，即無庸解送。若不能保，著仍遵前旨，飭强幹人員，沿途善加謹慎防範，解送京师。"[43]因傅清尚未到任，索拜十月二十五日接到諭旨，與頗羅鼐商辦。頗羅鼐承諾："聖上滿珠習禮大皇帝洞鑒，降旨甚是……新近頗羅鼐我借機前往看視藏地兵丁，乘便察看噶津林沁，身體甚爲浮腫，若無人攙扶，不能行走。且年已七十七，甚爲殘廢。若解送行將就木之人，必歿於道途。頗羅鼐我蒙國恩甚深，若有絲毫干涉妨礙，何敢屢屢奏請。噶津林沁若誠有偵探我衛藏消息送於準噶爾

㊶ 副都統索拜奏，乾隆九年二月初三日，中國第一歷史檔案館藏《軍機處滿文錄副奏摺》，縮微號03-0173-1249-003，030-001105、001110-001112。《平定準噶爾方略》所記略同，見該書前編卷四十七，乾隆九年三月庚寅，771—772頁。

㊷ 副都統索拜奏，乾隆九年二月初三日，中國第一歷史檔案館藏《軍機處滿文錄副奏摺》，縮微號03-0173-1249-003，030-001112-001116。《平定準噶爾方略》也有簡略記載，見該書前編卷四十七，乾隆九年三月庚寅，772頁。

㊸ 副都統索拜奏，乾隆九年十一月初四日，中國第一歷史檔案館藏《軍機處滿文錄副奏摺》，縮微號03-0173-1249-004，030-001119-001121；（清）傅恒等撰《平定準噶爾方略》前編卷四十八，乾隆九年九月戊子、己丑，776—777頁。

及離間挑撥等事，頗羅鼐我情願將我身呈出作保。”㊹

新任駐藏大臣傅清到任後，立即著手緝拿逃逸的羅布藏丹增，並辦理噶津林沁遷移事宜。他向索拜和頗羅鼐瞭解情況，頗羅鼐仍反對將噶津林沁送京。傅清又想將噶津林沁從後藏扎什倫布寺帶到前藏拉薩當面審問。頗羅鼐告知，噶津林沁年老病重，不能行走，即便自扎什倫布寺至拉薩七八天路程也行走不了。傅清認爲頗羅鼐所言可信，決定仍將噶津林沁安置在扎什倫布寺。他將情況上奏後，乾隆帝未再反對㊺。這樣，幾經周折，噶津林沁最終被留居於扎什倫布寺，直到去世。

六

乾隆十二年正月十三日，頗羅鼐起病，經醫治無效，於二月初六日去世，臨終遺言兩子珠爾默特車布登和珠爾默特那木扎勒忠心爲朝廷效力。珠爾默特車布登和珠爾默特那木扎勒將其父遺言經駐藏大臣傅清轉奏乾隆帝。二人還向傅清呈報：

先前喇嘛噶津林沁自準噶爾來藏後，我父郡王頗羅鼐告知前藏之辦事大臣具奏，安置于後藏扎什倫布寺，命人暗中看守。今年正月看守噶津林沁之喇嘛羅布藏吹丹（lobdzan coidan）呈報我父之書內稱：噶津林沁已七十餘歲，去年十二月患病，日漸沉重，於十二月三十日病歿。我父因病，未暇聞知大臣。噶津林沁者，自準噶爾歸來、經具奏安置于藏地之人。現今業已病歿，我等何敢不報聞大臣。為此呈報。㊻

據此，噶津林沁在乾隆十一年十二月病重，當月三十日在扎什倫布寺去世。因當時頗羅鼐患病，未能及時報告傅清。頗羅鼐去世後，其子才將此事呈報，傅清於乾隆十二年二月二十五日將頗羅鼐遺言及噶津林沁病逝情況上奏。四月初三日，乾隆帝覽奏頗爲感傷，朱批撫慰頗羅鼐二子㊼。當天，軍機大臣訥親等會同在京原駐藏大臣索拜議奏西藏各地駐防事宜。訥親等聽聞傅清所奏噶津林沁亡故的情況，將信將疑：“噶津林沁原系拉達克之人，住扎什倫布寺爲僧，爲準噶爾擄往。因久居彼處，始行返回，故交與頗羅鼐暗中看守防範。今噶津林沁年已七十餘歲，久經患病，料其亡故，似非虛捏。然趁郡王頗羅鼐患病之際，稱其亡故，且又未能具報，其中必有緣故。恐珠密那木扎勒等爲

㊹ 副都統索拜奏，乾隆九年十一月初四日，中國第一歷史檔案館藏《軍機處滿文錄副奏摺》，縮微號03-0173-1249-004，030-001122、001126。

㊺ 副都統傅清奏，乾隆十年三月二十二日，中國第一歷史檔案館藏《軍機處滿文錄副奏摺》，縮微號03-0175-1255-002，040-000863-000867、000870-000871。

㊻ 副都統傅清奏，乾隆十二年二月二十五日，中國第一歷史檔案館藏《軍機處滿文錄副奏摺》，縮微號03-0173-0967-006，020-002450-002454。引文對應滿文轉寫見附錄六。

㊼ 副都統傅清奏，乾隆十二年二月二十五日，中國第一歷史檔案館藏《軍機處滿文錄副奏摺》，縮微號03-0173-0967-006，020-002454。

其屬下人等蒙蔽，亦難逆料。”[48]此前乾隆帝已命索拜重新赴藏協助傅清辦事[49]，故訥親等奏請委派索拜到藏後查訪事情真相。

經西藏地方和駐藏大臣傅清查核，噶津林沁確實已經亡故。乾隆十二年準噶爾遣使赴藏熬茶之際，傅清於四月二十二日奏稱：“此次準噶爾人等來藏熬茶，喇嘛噶津林沁、唐古忒蘇木巴喇尼此二人雖已亡故，然自準噶爾地方跟隨彼等而來之沙彌、跟役有五人，其中一人病故，尚有四人。彼等均屬久居準噶爾地方之人，妄自送信於準噶爾之人，亦未可料。相應準噶爾之人抵藏之前，臣將事先交付長子珠密那木扎勒，遣派練達之人移往遠處看管。”[50]可見，傅清上奏時，已經確認噶津林沁亡故。

七

拉達克喇嘛噶津林沁是17世紀後期至18世紀前期一位名不見經傳的小人物。本文根據清代滿文檔案和《平定準噶爾方略》的記載，對其身世、自西藏去準噶爾、在準噶爾生活和自準噶爾返回西藏的情況，以及清朝西藏地方對其進行安置的情況進行了詳細考察。噶津林沁是當時一些重要歷史事件和歷史人物的見證者。其生平頗爲曲折、傳奇，反映了當時清朝、準噶爾、西藏和拉達克相互之間錯綜複雜的關係，展現出那一複雜而劇變的時代。

拉達克與西藏關係深厚，當時臣屬於西藏。噶津林沁是拉達克人，出家于後藏扎什倫布寺，是五世班禪弟子，在其身邊生活40餘年。準噶爾蒙古宗教上篤信藏傳佛教格魯派，崇奉達賴喇嘛和班禪額爾德尼；政治上意圖控制西藏以擴大霸權，一度出兵佔領西藏，與清朝對峙和抗衡。準噶爾軍佔領西藏和自西藏撤離時將眾多西藏僧人送到準噶爾，噶津林沁便是其中之一。他經準噶爾軍統帥大策淩敦多布向五世班禪請求，被五世班禪選派給輝特部台吉韋征和碩齊，後來又被帶至噶爾丹策零遊牧長期居住。清朝統一西藏後，嚴格限制準噶爾與西藏往來。拉達克因其獨特地理位置和與西藏的緊密關係，深受清朝和準噶爾雙方重視，雙方都力圖通過拉達克探取對方情報，準噶爾更將拉達克視爲交通西藏的媒介。

噶津林沁年老思歸，爲悼念圓寂的五世班禪，趁乾隆五年準噶爾遣使赴藏熬茶之

---

[48] 《軍機大臣訥親奏請飭令索拜抵藏後訪查喇嘛噶津林沁亡故之事片》（乾隆十二年四月初三日），《清代軍機處滿文熬茶檔》，熬茶檔三，9，滿文見964—965頁，漢譯文見967頁。《平定準噶爾方略》所記略同，見該書前編卷五十，乾隆十二年四月壬戌，819—820頁。珠密那木扎勒即珠爾默特那木扎勒，又譯作朱爾默特那木扎爾。

[49] （清）傅恒等撰《平定準噶爾方略》前編卷五十，乾隆十二年三月丙午，819頁。

[50] 副都統傅清奏，乾隆十二年四月二十二日，中國第一歷史檔案館藏《軍機處滿文錄副奏摺》，縮微號03-0174-1272-003，030-002571-002572；《駐藏大臣傅清奏請將噶津林沁之沙彌等移居遠處折》［乾隆十二年五月三十日（筆者按：該時間既非具奏時間，也非硃批時間）］，《清代軍機處滿文熬茶檔》，熬茶檔三，17，滿文見1020—1021頁，漢譯文見1023頁。

機，經拉達克王后布赤旺姆轉請準噶爾首領噶爾丹策零將其放回。噶爾丹策零則企圖將噶津林沁作爲“間諜”，爲準噶爾探取西藏情報，很樂意將其送回。正因顧慮及此，清朝駐藏大臣起初不願接納噶津林沁回藏，但又意欲向其瞭解準噶爾情況。拉達克王后一再寄信請求西藏郡王頗羅鼐與駐藏大臣協商允許噶津林沁返回扎什倫布寺。最終，爲直接向噶津林沁詳細詢問準噶爾情況，駐藏大臣同意噶津林沁進藏，將其安置於扎什倫布寺。噶津林沁在準噶爾生活20餘年，久居噶爾丹策零遊牧地，因而反成爲清朝瞭解準噶爾情況的絶好途徑。

除了噶津林沁之外，準噶爾還利用赴藏熬茶之機，將原帶到準噶爾的其他西藏僧人送回西藏，以圖作爲内應，探取情報。因清朝防範甚嚴，終被一一破除。以噶津林沁爲例，清朝西藏地方雖將其安置在扎什倫布寺，卻暗中嚴密看守防範，斷絶其與外界的任何消息聯通。乾隆五年準噶爾赴藏熬茶使團半途而返，噶津林沁未及與其會面。乾隆八年準噶爾熬茶使團抵藏前，噶津林沁被預先轉移到遠離扎什倫布寺的噶木巴城，仍未能與準噶爾熬茶使會面。乾隆八年準噶爾熬茶使帶回原察木多地區喇嘛羅布藏丹增，乾隆帝下令將噶津林沁和羅布藏丹增送往京城安置。因噶津林沁年老患病，且將其送京牽涉拉達克與清朝的關係，影響拉達克爲清朝探取準噶爾情報，經頗羅鼐一再堅持和爭取，噶津林沁仍被允准留居於扎什倫布寺。乾隆九年羅布藏丹增在被送往京城途中脱逃，乾隆帝再次要求將噶津林沁送京。頗羅鼐仍堅持將其留在扎什倫布寺，並以人身擔保，噶津林沁最終被免送京。乾隆十一年十二月底，噶津林沁在扎什倫布寺病逝。清廷得知其死訊，半信半疑，命人查訪真相，最終予以證實。

從辦理噶津林沁安置、防範和轉移事宜，也可見乾隆朝早期治理西藏的方式及郡王頗羅鼐與駐藏大臣的職權關係。當時乾隆帝倚任頗羅鼐總理西藏政務，同時又選派駐藏大臣進行監督和協助。清廷凡有諭令都通過駐藏大臣向頗羅鼐下達，由駐藏大臣與頗羅鼐協商後交頗羅鼐辦理。頗羅鼐諳練西藏事務，有主見，善於決斷，但遇事都與駐藏大臣商辦，由駐藏大臣上奏請旨，不敢專斷，成爲清朝治理西藏的得力助手。不過，頗羅鼐仍然擁有很大權力，其意見在處理一些事務時發揮決定作用，清廷不得不與其妥協。

附　　錄

附錄一

(頁1433) (1) abkai wehiyehe-i juwan ilaci aniya duin biyai ice jakūn-de. (2) aliha bithe-i da-i baita-be aisilame icihiyara beidere jurgan-i (3) aliha amban akdun sei gingguleme (4)(+) wesimburengge. baicaci. abkai wehiyehe-i ningguci aniya. jun gar-i elcin (5) cimet se. dzang-de manja fuifume genembi seme dzang-de (6) dosikakū mudan-de. ceni gajiha da bade genere dzang-ci gamaha (7) tanggūt sumbarani dzaya. jirgal-be jiyanggiyūn uhetu-de werifi (8) ulame dzang-de benebureo seme baime alaha babe. uhetu sei baci (9)(+) wesimbufi. tederi dzang-de benebufi icihiyame tebubuhe. abkai wehiyehe-i (10) nadaci aniya. jun gar-i baci neneme tabcilame gamaha jasi lumbu (11) miyoo-i ladak-i lama gajin rincin-be. ladak-i bade benebufi. (12) ladak-i baci dzang-de benjifi. gisan wesimbufi. an-i jasi lumbu (頁1434)(1) miyoo-de icihiyame tebubuhe. abkai wehiyehe-i jakūci aniya (2) jun gar-i elcin coinamk'a. dzang-de manja fuifume jidere-de. (3) neneme jun gar-de elcin obume takūraha lama gendun-be (4) dahame genefi amasi unggihekū. tanggūt lama lobdzang dandzen-be (5) dzang-de tutabuki sehe babe. jiyanggiyūn uhetu se. (6)(+) wesimbufi polonai-de afabufi icihiyame tebubuhe…

附錄二

(003392)(1)(+) wesimburengge. (2) gulu fulgiyan-i manju gūsai meiren-i janggin. juwe (3) jergi wasimbufi. tušan-de bibuhe. amban gisan-i (4) gingguleme (5)(+) wesimburengge. (6)(++) donjibume wesimbure jalin. ere aniya duin biyai orin (7) jakūn-de. giyūn wang polonai. amban mini (8) jakade jifi alahangge. jaka ladak-i han bihe (9) dejung namjal-i katun burit wangmu. polonai minde (10) unggihe bithede. meni ba-i lama gajin rincin. (11) ajigenci suweni jasi lumbu-i bade. bancen erdeni-i (12) šabi seme yabuha bihe. jun gar-i ceringdondob. (13) dzang-ci burulame tucire-de. erebe tabcilafi (003393)(1) gamaha. duleke aniya gajin rincin. minde jasiha (2) bade. ini beyebe se baha. fe ba-be kidumbi. (3) katun aika g'aldan cering-de baime bithe unggici. bi (4) bahafi tucimbi sehebe. bi g'aldan cering-de bithe (5) unggifi. meni gajin rincin-be amasi unggifi. ne (6) yerkim bade isinjihabi. erebe meni ladak-i bade (7) jibufi. kemuni jasi lumbu-de unggifi bancen erdeni-i (8) miyoo-de tebure. eici adarame ojoro babe. bi (9) giyūn wang-de gūnin baime jasiha. si tacibume (10) bithe unggireo sehebi. polonai bi cisui toktobuci (11) ojorakū ofi. amban-i tacibuha-be tuwame burit (12) wangmu-de bithe unggiki seme alaha-be. amban (13) gisan karu buhe gisun-de. lama gajin rincin (14) serengge. ladak-i harangga niyalma. udu neneme (15) bancen erdeni-de šabi seme yabuha bicibe. damu (16) ceringdondob tabcilame gamafi. gun gar-i bade (17) orin aniya funcime banjiha. erei gūnin ya (18) ergide ojoro-de doigonde same muterakū bime. (003394)(1) duleke aniya g'aldan cering. geli ahai bek. (2) susi bek sere juwe hoise-be dalabufi. (3) emu tanggū susai niyalma-be gaifi ceni (4) ladak-i bade ne hūdašame tehebi. musei mejige (5) gaime jihe-be boljoci ojorakū be dahame. (6) lama gajin rincin-be uthai jasi lumbu-de (7) gajifi tebuci ojorakū. sini fejergi urse-be (8) saikan kadalame. yaya mejige-be balai firgemburakū (9) oci teni sain. si damu burit wangmu-de gajin (10) rincin serengge. suweni ladak-i niyalma. katun si (11) adarame icihiyaci gemu ombi. jun gar-i urse. ne (12) meni bade manja fuifume jidere mejige bisire (13) turgunde. erebe uthai jasi lumbu-de gajifi (14) tebubuci banjinarakū. katun si (15)(+) dulimbai gurun-i (16)(++) amba han ejen-i kesi-be alihangge umesi ujen. jun (17) gar-i yaya mejige-be gaifi (18)(++) amba han ejen-de (003395)(1) (++) donjibume wesimburengge. uthai sini karulame faššara ba. (2) uttu-be dahame. katun si gajin rincin-de. (3) jun gar-i eiten baitai yargiyan mejige-be faksikan-i (4) fonjifi. minde narhūšame bithe jasi. bi sini (5) jasiha bithe. jai gajin rincin-be. jasi (6) lumbu-de gajifi tebuci ojoro ojorakū babe. (7)(++) amba han ejen-i amban-de donjibufi. (8)(++) hese-be baime wesimbufi. adarame obuha babe. (9) tere erinde jai sinde bithe unggiki sere jergi (10) gisun banjibume arafi. sini jasigan obufi burit (11) wangmu-de karu bithe unggi. adarame sinde (12) bithe isinjiha manggi. si minde alafi. bi jai (13)(++) ejen-i hese-be baime wesimbuki seme karu gisun (14) bufi icihiyabuhabi. ai gese mejige baha-be (15) tuwame. encu (16)(+) wesimbureci tulgiyen. erei jalin gingguleme (17)(++) donjibume wesimbuhe.. (18) abkai wehiyehe-i ningguci aniya nadan biyai (003396)(1) tofohon-de (2)(++) fulgiyan fi-i pilehe (3)(++) hese. saha. coohai nashūn-i ambasa sa sehe.. (4) abkai wehiyehe-i ningguci aniya ninggun biyai ice ilan. (5) gulu fulgiyan-i manju gūsai meiren-i (6) janggin juwe jergi wasimbufi tušan-de (7) bibuhe. amban gisan..

附錄三

(頁13)(1)(+) wesimburengge.. (2) gulu fulgiyan-i manju gūsai meiren-i janggin. (3) juwe jergi wasimbufi tušan-de bibuhe. (4) amban gisan sei gingguleme (5)(+) wesimburengge. jun gar-ci tucike ladak (6) gurun-i lama gajin rincin-de fonjiha (7) gisun mejige-be (8)(++) donjibume wesimbure jalin. baicaci. neneme ladak-i (9) han bihe dejung namjal-i sargan burit (10) wangmu se. ceni lama gajin rincin. erebe (11) benjime jihe hoise manglii se-ci fonjiha (12) gisun mejige. jai gajin rincin sebe dzang-de (13) gajibufi. amban gisan. giyūn wang polonai-i (14) emgi acafi. gajin rincin. imbe dahaha (15) urse-ci aname. jun gar-i ne bisire (16) muru-be kimcime akūmbume fonjifi. gajin (17) rincin sei arbun dursun-be tuwafi. (18) jasi lumbu-de tebubufi goicuka ba akū (19) oci. adarame icihiyafi tebure. kimcime (20) seremšebume mejige bahaburakū jergi babe encu (21) gisurefi. (22)(+) wesimbure-ci tulgiyen. emu derei polonai-be (23) ladak-i katun sede bithe jasibufi. gajin (24) rincin sebe dzang-de benjibukini seme (25) ganabuha-be. (26) (++) donjibume wesimbuhe bihe. te ladak-i katun (27) sei baci. gajin rincin. erei dahaha ilan (28) niyalma-be benjibume. abkai wehiyehe-i nadaci (29) aniya aniya biyai ice nadan-de dzang-de (14)(1) isinjihabi. amban gisan. uthai polonai-i (2) emgi acafi. gajin rincin-de. si ladak (3) gurun-i niyalma. adarame jasi lumbu-i (4) miyoo-de lama oho. amala geli adarame (5) jun gar-i bade genebe. te g'aldan cering (6) ai turgunde simbe sindafi tucibuhe. si (7) urunakū meni jasi lumbu-i miyoo-de (8) teki sere gūnin adarame. jai jun gar-i (9) bade. si umesi aniya goidame tehe. ceni (10) tubai mejige-be sarkū sere ba akū. (11) jun gar-i ne bisire muru adarame. sini (12) saha donjiha eiten babe gemu yargiyan-be (13) tucibume ala seme fonjici. alarangge. buya (14) bi ladak gurun-i niyalma. ajigenci jasi (15) lumbu miyoo-de lama oho. bancen erdeni-i (16) tehe booi uce-de ging hūlaha bihe. (17) jun gar-i ceringdondob. dzang-be ejelefi (18) ceni cagatu otok weijeng hošooci jalbu (19) sere noyan-de. emu lama unggireo seme (20) bancen erdeni-de baiha manggi. bancen (21) erdeni mimbe tucibufi. jalbu-i nukte-de (22) unggihe. amala g'aldan cering mimbe bancen (23) erdeni-i šabi seme donjifi. ini bade (24) gamafi tebuhebi. mini an-i ucuri donjiha (25) bade. ts'ewang rabtan. hasak-i babe durime (26) gaifi nukte obuki seme. hasak-i talas (27) sere geburengge bade nukteme genefi. honin (28) aniya sunja biyai ice-de. ehe okto-de (29) gaitai bucehe. g'aldan cering. ts'ewang rabtan-be (30) hanci dahalara urse. ts'ewang rabtan-i ajige (頁15)(1) katun seterjab. erei banjiha juse. jai (2) jun gar-i bade bisire seterjab-i niyamangga (3) niyalma-ci aname gemu waha. damu lobdzang (4) šunu teile. sunja niyalma-be gaifi turgūt-i (5) gurun-be baime genehe. g'aldan cering ekšeme (6) fe nukte-de gurime jifi. ini ama-i (7) baita. dehi uyun inenggi wajime. uthai (8) telei-be elcin obume dorgi bade takūraha. (9) huhu nor-i lobdzang danjin-be dahame jun (10) gar-i bade genehe minggan funcere boigon (11) niyalma-be. geren-de dendeme bufi. lobdzang (12) danjin-be. lobdzang šunu-i baru banjire (13) sain seme jafafi horiha. telei amasi (14) jifi. (15)(++) manjusiri amba ejen. g'aldan cering-de šangnaha (16) danjur ging. buja maksire etuku adu-i (17) jergi jaka hacin. jai lobdzang danjin-be (18) benju sere (19)(++) hese-be wasimbuha-de. g'aldan cering dasame (20) telei-be elcin obufi. lobdzang danjin-be (21)(++) amba ejen-de benjibume takūraha. telei jecen-i ulan usu-de isinaha manggi. juwe nikan (22) ukanju ukame jifi alahangge. dorgi amba (23) jiyanggiyūn cooha-be gaifi bar kul-de (24) isinjiha. suwembe toktofi dailambi seme (25) alaha-de. telei juwe nikan-be. g'aldan (26) cering-de benebufi. ere mejige-be alanabuha turgunde. (27) g'aldan cering. lobdzang danjin-be amasi bederebufi. (28) damu telei-be ninggun niyalma gaibufi. dorgi (29) baru unggihe. telei amasi jifi bar kul-i (30) crc ba. tere bade dorgi cooha karun (頁16)(1) tehebi seme alara jakade. g'aldan cering (2) uthai ajige ceringdondob. sebten. weijeng (3) hošooci jalbu-be dalabufi. cooha gaifi bar (4) kul-i karu. morin ulha-be tabcilabuha. (5) sirame juwe ceringdondob. dorji damba-be (6) dalabufi. cooha gaifi altai-i baru unggihe. (7) baturu jiyanggiyūn-be horifi afara-de. baturu (8) jiyanggiyūn beye monggon-be faitame buceme. jai (9) emu tang halangga taifu-be jafafi. ne (10) jun gar-i bade bi. ere taifu g'aldan (11) cering-ni sudala-be tuwame yabumbi. g'aldan (12) cering ini okto-be omirakū. bar kul. (13) altai bade jafabufi gamaha dorgi niyalma-be. (14) gemu geren lama. ceni ambakasi urse-de (15) dendefi facabuha. bi hono duin niyalma-be (16) baha. kalkai baci jun gar-de dosika (17) beise moohai-i ahūn deo juwe niyalma-de (18) bisire jakūn tanggū boigon albatu-be. (19) g'aldan cering duin tanggū boigon albatu-be (20) sonjofi. ajige ceringdondob-de buhe. baji. (21) dasidarja. mergen corji lama-i jergi urse-be

(22) umai sain-i tuwaha ba akū. ede jun (23) gar-i fejergi ursei leolendume gisurehe bade. (24) ere jergi urse. (25)(++) amba han-i kesi-be cashūlafi meni bade (26) baime jihe. ceni gūnin-de sain ombi (27) dere seme gūniha. te uttu facabufi (28) obuha-be. cohome ceni sui alire inenggi (29) isinjiha seme. moohai-i jergi urse-be (30) basume gisurerakūngge akū...(頁17)(15)...amala (16) dorgici. elcin ambasa-be jun gar-de (17) takūraha manggi. tereci amasi julesi ishunde (18) elcin-be takūrame hūwaliyame acaha ofi. g'aldan (19) cering teni dzang-de manja fuifure niyalma-be (20) takūraki seme (21)(++) amba ejen-de baifi songkoi yabubuha. jaisang (22) halio-be ududu mudan elcin obume takūrafi. (23) (++) amba ejen kesi isibume. halio-be tuwara sain (24) seme g'aldan cering donjifi. halio-be mujakū (25) kenehunjeme icakūšame tuwambihe...(頁18)(2)...gajin (3) rincin bi ceni manja fuifure mejige-be donjifi. (4) ere kanagan-de ukcame tuciki seme gūnifi (5) meni katun-de bithe jasifi ulame g'aldan (6) cering-de baire jakade. teni mimbi sindafi (7) tucibuhe. bi jun gar-i baci jurara-de (8) g'aldan cering mini baru. te simbe amasi (9) da bade unggimbi. neneme sinde buhe dorgi (10) duin niyalma-be gaifi tucici ojorakū. (11) meni jun gar-i niyalma-be inu gamaci (12) ojorakū. sini niyalma-be si gamame gene. (13) ladak gurun-de isinaha manggi. mini manja (14) fuifume genehe elcisai dzang-de isinaha (15) mejige-be dacilafi. sini beye jai dzang-de (16) dosi. elcisa aika dzang-de isinahakū bime. (17) si foihorilame geneci. sinde ai gese ojoro-be (18) boljoci ojorakū. erebe gūnin-de tebu. (19) tubet ba-i mejige-be gaifi minde jasi. (20) bi kemuni hoise manglii-be dalabufi dehi (21) niyalma-be gaifi. yerkim-i jugūn-deri simbe (22) tuwašatame ladak-i bade benebumbi. si ladak-i (23) bade tefi. cargi tanggūt ba-i mejige (24) gaire-be. bi sinde akdahabi. mini ubai (25) eiten baita-be. si gemu sambi. ehe sain (26) seme cihai gisurekini. minde heni hūwanggiyarakū (27) seme hendufi. mimbe manglii-i sasa jurambuha...(頁20)(19)...gajin rincin bi (20) ere aniya nadanju sunja se oho. te (21) ergen bahafi ibagan-i baci ukcame tucifi. (22)(++) dergi manjusiri amba ejen-i fucihi bade isinjiha. (23) bucecibe inu korsoro ba akū. tubet ba-i (24) mejige-be gaifi g'aldan cering-de isibure (25) gūnin minde heni akū. unenggi ere gese (26) ehe gūnin bici. g'aldan cering-ni minde (27) afabuha mejige gaifi isibu sehe gisun-be. (28) geli tucibume alara mujanggao. ai ocibe. (29) ambasa erebe kimcifi uthai mini gūnin (30) ya ergide ojoro-be saci ombi. tere (頁21) (1) anggala. bi ladak-i baci. ebsi jidere-de (2) meni katun buya mini baru. (3)(++) dergi manjusiri amba ejen-i kesi ujen. dorgi (4) tulergi-be ilgarakū emu adali tuwambi. si (5) dzang-de isinaha manggi. jun gar-i eiten (6) mejige-be heni ume gidara. gemu yargiyan-be (7) jafafi (8)(++) hesei takūraha amban. tubet-i giyūn wang-de (9) ala seme tacibuhabi. uttu ofi. buya mini (10) donjiha saha eiten babe. gemu yargiyan-be (11) tucibume alaha sembi...

附錄四

(頁314)(7)...jai neneme jun gar baci ladak-i bade (8) benjifi jasi lumbu miyoo-de tebuhe lama gajin rincin. (9) jun gar-i elcin cimet sei gajiha dzang-de benefi (10) icihiyame tanggūt sumbarani sebe polonai-de (11) afabufi jun gar ursei dzang-de isinara onggolo. (12) doigonde gorokon bade guribukini. ainaha seme jun gar (頁315)(1) urse-de acabuci ojorakū seme hese wasimbuha bihe. (2) te ukcafi tucike uksin joonai-i alaha bade. lama (3) gajin rincin-be g'aldan cering. umesi derenggei icihiyafi (4) benjibuhe. terei gisun mudan-be tuwaci. kemuni g'aldan cering-de (5) hing sere muru bi. musei tubet ba-i mejige-be gaifi (6) jun gar-i urse-de firgembure-be boljoci ojorakū sembi. (7) erebe sobai-de bithe unggifi giyūn wang polonai-de (8) narhūšame getukeleme afabufi lama gajin rincin. sumbarani (9) sebe niyalma tucibufi sereburakū dorgideri saikan seremšeme (10) tuwakiyakini. kemuni neneme wasimbuha hese-be dahame. jun gar-i (11) urse dzang-de isinara onggolo. doigonde gorokon bade (12) guribufi tebukini. ainaha seme jun gar-i urse-de (頁316)(1) acabuci ojorakū sehe..

附錄五

(頁344)(13)... gajin rincin serengge. ladak ba-i (14) niyalma. jun gar-i bade goidame tehe. (15) g'aldan cering imbe unggire-de. dzang-ni (16) mejige-be gaisu seme tacibuha babi. (17) erebe tuwaci. yargiyan-i kenehunjecuke. te (18) jun gar-i elcisa dzang-de manja fuifume (19) jidere-be dahame. gajin rincin sebe (20) gorokon bade guribufi. jun gar-i urse-de (21) acabuci ojorakū. dorgidere saikan seremšeme (22) tuwakiyakini seme (23)(++) tacibume hese wasimbuhangge umesi inu. buya (24) polonai bi mini akdaci ojoro diba (25) bangyang-be tucibufi. te uthai jasi (26) lumbu-de unggifi sereburakū dorgideri (27) saikan seremšeme tuwakiyabume. jun gar-i (28) elcisa dzang-de isinjire hanci oho manggi. (29) polonai bi gajin rincin-be faksikan-i jasi (30) lumbu-i wargi ergi juwan inenggi on-i dubede (31) bisire g'amba sere hoton-de guribufi tebuki. (32) kemuni diba bangyang-de ciralame tacibufi. (33) sereburakū dorgideri saikan seremšeme tuwakiyabume. (34) ainaha seme meni tubet ba-i mejige-be (35) gaifi. jun gar-i urse-de firgembure-de (36) isiburakū obuki sehe...

附錄六

(002452)(16)...neneme (17) lama gajin rincin jun gar-ci dzang-de (18) jihe manggi. mini ama giyūn wang polonai (002453)(1) nenehe dzang-ni baita-be icihiyara amban-de (2) alafi (3)(+) wesimbufi amargi dzang-ni jasi lumbu-i miyoo-de (4) tebufi jenduken niyalma-de afabufi (5) tuwakiyabumbihe. ere aniya aniya biyade (6) gajin rincin-be tuwakiyaha lama (7) lobdzang coidan. mini ama-de alibume (8) boolaha bithede gajin rincin nadanju se (9) funcehebi. duleke aniya jorgon biyade (10) nimeku bahafi cun cun-i ujelefi jorgon (11) biyai gūsin-de nimeme akū ohobi sehebi. (12) mini ama beye nimere jakade. amban-de (13) donjibume jabduhakū. gajin rincin serengge. (14) jun gar-ci jifi (15) (+) wesimbufi amargi dzang-de tebuhe niyalma. (16) te nimeme akū oho-be dahame. be (17) ai gelhun akū amban-de donjibume (18) boolarakū. erei jalin alibuha sehebi…

A Limited View on the Relationship of the Qing Court, Dzungar Khanate, Tibet, and Ladakh in Early 18th Century Centering on Ladakh Lama Gajin Rincin

Chen Zhu

Gajin Rincin from Ladakh was a disciple of the Fifth Panchen Lama. He lived in Tashilhunpo Monastery for more than 40 years. During Dzungaria Mongol's occupying Tibet, he was appointed by the Fifth Panchen to Dzungaria at the request of the Elder Ceringdondob, and had lived there for more than 20 years. After the Fifth Panchen's parinirvana, Gajin Rincin was sent back to Ladakh. He wrote to Ladakh's Queen to request the chieftain of Dzungaria—Galdan Cering and was sent back to Tibet. The minister stayed in Tibet and Junwang Polonai acquired the information about Dzungaria from him. The chieftain of Dzungaria frequently freed Tibetan lamas when sending envoys on pilgrimage trips to Tibet. Emperor Qianlong twice required Tibet to send Gajin Rincin to Beijing. Because of Polonai's objection, Gajin Rincin was not able to make his trip to Beijing.

《乾隆朝滿文寄信檔譯編》的史料價值特點略析

杜家驥

《乾隆朝滿文寄信檔譯編》（以下簡稱《譯編》），是（北京）中國第一歷史檔案館所藏乾隆一朝的滿文"寄信檔"影印件與所譯漢文的合編。共收乾隆朝滿文寄信檔4311件，譯成之漢文近200萬字，由中國第一歷史檔案館滿文部王小紅、關孝廉等翻譯，2011年於（湖南長沙）嶽麓書社出版，16開精裝版24冊。

這部《譯編》出版時，曾由筆者作"序"簡要介紹其史料價值，本文再作一些補充。

一、"寄信檔"的性質與由來

寄信檔，是寄信類公文所歸入檔案類別的總稱。寄信，屬於上諭的一種。上諭，是皇帝發給行政機關或官員的諭旨[①]，主要由軍機處按皇帝旨意撰擬[②]，皇帝審定後發出。上諭的下達有三種方式：①由軍機處轉交内閣發佈，稱爲"内閣奉上諭"或"内閣奉旨"，多屬於重大政令佈告臣民共知者，所以又稱"明發上諭"；②軍機處封交中央部院等機構，稱爲"軍機交片"[③]；③軍機處封交兵部捷報處遞發，稱爲"寄信"。寄信主要是由皇帝所在的宮廷發給京城以外的地方、邊區官員的上諭，類似於現代郵寄信函的形式，因發自宮廷，所以又稱"廷寄"。如果皇帝在外地，則隨行軍機處官員將上諭發給在京機構官員，也稱寄信。寄信上諭的特點是"或速、或密"[④]。速，是寄遞迅速，或可稱之爲"快遞"，根據不同速度要求，寄信件上標明日行四百里、五百里、六百里等標記；密，是指該寄信屬機密文件。寄信有滿、漢文兩種，是根據接信物件而

---

① 大而言之，上諭有諭，有旨。從原則上講，諭，是皇帝主動發佈的指令；旨，是皇帝應官員的請示而做出的批覆性指示。也有因官員奏請而廣泛發佈的諭令，區分又很難嚴格，因而通常又將皇帝下發的諭與旨統稱爲上諭。

② 軍機處設立前，主要由内閣爲皇帝撰擬，某種上諭又有議政處或南書房撰擬者。軍機處爲皇帝撰擬諭旨，初由軍機大臣承旨後回軍機處草擬，後由軍機大臣口授與軍機章京草擬。

③ 胡思敬《國聞備乘》卷一《改題爲奏》。

④ 嘉慶《大清會典》卷三《辦理軍機處》。

定。一般而言，如果接信者是旗人官員（主要是滿洲旗人官員，也包括某些蒙古旗人、漢軍旗人官員），是用滿文寄信；接信官員是漢人，則用漢文寄信⑤。

凡上諭，發出前均抄錄存檔，爲《上諭檔》。由軍機處以寄信形式寄發者，還另抄錄存檔，即爲“寄信檔”，這就是寄信檔的由來。今（北京）中國第一歷史檔案館所藏滿文寄信檔，爲乾隆、嘉慶、道光、咸豐、同治幾朝的。

此次印刷的《乾隆朝滿文寄信檔譯編》，所收乾隆朝滿文寄信檔的時間範圍，是乾隆十五年至二十一年、二十六年至六十年。所缺年份，或有可能是湮失。這只是推測。

二、接收寄信官員的對象及接收滿文寄信官員的範圍

瞭解接收寄信官員的物件及接收滿文寄信官員的範圍，以及滿文“寄信”與漢文“寄信”接收者的不同，可大致明瞭該寄信的内容性質及其價值，也便於有針對性地查閱某方面的内容。

首先應交代接受寄信者的範圍。前文說過，寄信主要是由皇帝發給京城以外的地方、邊區官員的上諭。另外，如果皇帝在外地，其隨行軍機處官員將上諭發給在京機構官員，也稱寄信。而寄信接受者的主體，是前者，而且是地方或邊區較高級的、職任重要的官員。按接收諭旨之官員的級别等，又分爲“字寄”和“傳諭”兩種，嘉慶《大清會典·辦理軍機處》載：凡寄發給“經略、大將軍、欽差大臣、將軍、參贊大臣、都統、副都統，辦事、領隊大臣，總督、巡撫、學政，曰軍機大臣字寄”；寄給“鹽政、關差、藩臬，曰軍機大臣傳諭”。會典所列舉的接收寄信的對象，都是職位較高、職任重要的官員。有明確品級的總督、巡撫及駐防將軍、都統、副都統，是一二品大臣，其他以“字寄”稱之的接受寄信的職官，雖沒有明確品級，但其身份地位是相當於一二品大臣的。清代，一般是身份地位在一、二品及重要文職三品者，才稱“大臣”。欽差大臣，是受皇帝差遣查辦事務的大臣。參贊大臣、辦事大臣、領隊大臣，是皇帝派駐漠北蒙古、新疆、西藏、青海等地管理軍、政事務的官員。總督、巡撫爲各省行政長官。學政，是各省掌管官方教育事務的最高官員，身份高於從二品的布政使。其經略、大將軍，則是領兵出征的統帥。以上都是“大臣”級的官員其他以“傳諭”稱之的接受寄信的職官，藩、臬，即布政使、按察使，在各省督撫之下。布政使，從二品，管民政、財政方面事務；按察使，正三品，掌刑事、驛站等事務。他們都是省級官員，在高級官員之列。鹽政、關差都是帶有欽差性的較重要的職官，爲兼職，無明確品級。鹽政，是各大鹽區職司鹽務的最高專職官；關差，是各稅關職司收稅的主掌官，又稱關監督。寄信，也主要是與這些職官之職責有關的内容，由以上介紹可知，無論是“字寄”與一二品的高級官員，還是“傳諭”的官員，其基本的上諭内容，都應是較重要的事務。

⑤　在乾隆朝寄信檔中，也發現發給滿漢官同一内容的寄信都用滿文，如乾隆三十二年二月初六日，發與直隸總督漢人方觀承、山西巡撫滿人彰寶解送革職侍郎海明一事的寄信，就是用滿文。這只是個别特例。

在上述接收寄信的官員中，總督、巡撫、布政使、按察使及欽差大臣等，都是滿、漢參用。就乾隆一朝而言，任總督、巡撫者，滿人及蒙古旗人較多，尤其是總督；鹽政、關差，絶大部分是旗人，尤其是滿洲旗人；任布政使、按察使者，漢人居多；學政，絶大部分是漢人。其他如駐防將軍、都統、副都統，派駐漠北蒙古、新疆、西藏、青海等地管理軍、政事務的將軍、各種大臣，都是滿洲、蒙古旗人，主要是滿洲旗人，在漠北蒙古任職者，還有藩部蒙古王公。其領兵的臨時統帥經略、大將軍，也主要是滿洲王公、大臣。

《乾隆朝滿文寄信檔譯編》所記的接收寄信之人，又不僅僅是上述《大清會典》所舉的官員。如前所述，皇帝在外地時，隨行軍機處發給京城機構官員的上諭，也用寄信，這些官員有留京王大臣，内閣大學士，部院長官尚書、侍郎，宗人府王公、皇子，内務府總管大臣，八旗各特種兵營統領，宫中侍衛等。另外，前述《大清會典》未列舉而接收寄信的地方官員還有：提督、總兵，爲各省緑營最高專職武官，滿漢參用；陵寢、避暑山莊總管，由旗人主要是滿洲旗人充任；奉天府府尹，爲奉天府管理民政事務的長官，滿缺；織造，是内務府三旗包衣的專缺。此外，接收寄信者還有藩部蒙古、回部、西藏等少數民族的王公、任職官員、喇嘛教首領活佛等。以上陵寢、避暑山莊總管，奉天府尹，織造及其他滿人官員，以及藩部蒙古、回部、西藏等少數民族的王公、任職官員、喇嘛教首領活佛等，發與他們的寄信，也是用滿文。

其中發給駐防將軍、都統、副都統，及派駐漠北蒙古、新疆、西藏、青海等地管理軍政事務的將軍、各種大臣及喇嘛教活佛的寄信，又佔有較大比例。因而八旗駐防及邊疆民族地區事務，構成了這部《乾隆朝滿文寄信檔譯編》的重要内容特點。以下重點介紹這方面的内容及其史料價值。

三、乾隆朝滿文“寄信檔”的主要内容及其價值特點

前文述及，《乾隆朝滿文寄信檔譯編》的重要内容，是八旗駐防及邊疆民族地區事務[⑥]。在説明這方面的史料價值之前，有必要先介紹乾隆朝這些屬於寄信物件的職官：

直省八旗駐防官的寄信對象，有八名將軍，七名專城副都統。分别是：西安、寧夏、江甯（南京）、杭州、荊州、廣州、福州、成都將軍；熱河、密雲、山海關、青州、涼州、京口、乍浦副都統。

東北有盛京、吉林、黑龍江三將軍，副都統有十一個，分别是：錦州、熊岳、吉林、甯古塔、伯都訥、三姓、阿勒楚喀、拉林（乾隆三十四年裁）、齊齊哈爾、墨爾

⑥ 此前，李剛《乾隆朝滿文寄信檔概況及其特點》一文，從宫廷、内政與八旗、政法、財政、軍務、農業、畜牧業、礦產、交通、文化、自然災害、宗教、少數民族事務、中外關係等方面，簡要介紹了乾隆朝滿文寄信檔的内容，與本文角度不同。文載鄒愛蓮主編《清代檔案與清宫文化：第九届清宫史研討會論文集》，北京：中國檔案出版社，2010年。

根、黑龍江副都統。

山西省北部有綏遠城將軍、歸化城土默特副都統，直隸省北部有察哈爾都統，都與蒙古事務有關。

漠北蒙古：烏里雅蘇台所駐定邊左副將軍一人，參贊大臣二人（其中蒙古王公擔任一人）；漠北蒙古四部，每部副將軍一人，也是中央所設官，以各部蒙古王公擔任；庫倫辦事大臣二人（其中蒙古王公擔任一人）；科布多參贊大臣一人。

新疆：伊犁，將軍一人、參贊大臣一人、領隊大臣五人。伊犁鎮總兵一人。塔爾巴哈台，參贊大臣一人、領隊大臣二人。烏魯木齊，都統一人、領隊大臣一人。古城、巴里坤、庫爾喀喇烏蘇、吐魯番，領隊大臣各一人。烏魯木齊提督一人，巴里坤總兵一人。哈密，辦事大臣、幫辦大臣各一人。喀什噶爾，參贊大臣一人（乾隆三十年至五十一年移駐烏什）、幫辦大臣一人。英吉沙爾，領隊大臣一人。喀喇沙爾、庫車、阿克蘇、烏什，辦事大臣各一人。葉爾羌，辦事大臣、幫辦大臣各一人。和闐，辦事大臣、幫辦大臣各一人。

青海，西寧辦事大臣一人。

西藏，駐藏辦事大臣二人。

此外，寄信物件還有章嘉呼圖克圖、各盟盟長、喀爾喀蒙古四部汗、王公等。

以上眾多官員中，直省八旗駐防官，統八旗兵駐防各省軍事要地，皇帝對這些駐防八旗高級官員的寄信上諭，反映了八旗各種具體軍事政令、鎮戍措施的實施，以及皇帝對地方軍事統治的直接掌控。

這部《譯編》所編入的寄信檔，大部分又是發與在邊疆民族地區任官者的廷寄，其對象，就是上列東北、大漠南北蒙古、新疆南北兩路、青海及西藏所設的官員，以及少數民族王公、宗教首領等。因而邊疆、民族事務，以及邊疆地區與鄰國關係事務，也構成了這部《譯編》内容的突出特點。以下分地區列舉一些寄信諭旨，以見此類史料所反映的邊疆、民族事務的某些具體内容，以及清廷的治理措施。

東北地區。乾隆二十六年四月初七日，寄諭黑龍江將軍綽勒多等，著將德勒赫爾等補爲厄魯特首領。乾隆二十七年四月初六日，寄諭盛京將軍清保，著嚴緝滿洲脱逃披甲。乾隆二十七年四月二十四日，寄諭吉林將軍恒祿，務將朝鮮國邊民越界之事查明具奏。乾隆二十七年六月二十五日，寄諭黑龍江將軍綽勒多，著將俄羅斯人越境之處確查具奏。乾隆二十七年十一月十五日，寄諭晉魯巡撫、東三省將軍等，著將偷參拒捕在逃各犯務必拿獲。乾隆二十九年正月十八日，寄諭盛京將軍舍圖肯，著將高麗案犯解送盛京秉公審理具奏。乾隆二十九年三月二十三日，寄諭舍圖肯等，著派刑部之員前往盛京會審朝鮮國兵殺人一案。乾隆四十一年十二月二十日，寄諭吉林將軍富椿，著查明吉林所屬地方有無流民集居。乾隆四十四年九月初七日，寄諭盛京將軍福康安，著留心訓練盛京滿洲兵，務令技藝精強。乾隆五十四年十二月十七日，寄諭東三省將軍等，著嗣後情罪重大案件皆須具奏，交部核定。乾隆五十五年五月二十九日，寄諭盛京將軍嵩椿等，著將前奏汪清等邊門外有地可墾緣由據實回奏。乾隆五十六年四月二十一日，寄諭盛京等處將軍、大臣，告歸安南國之黎光睿等遣地安插，毋令脫逃。等等。

漠南、漠北蒙古地區。乾隆二十六年五月二十三日，寄諭副都統弘晥等，將本年察哈爾地方牲畜孳生情形查明具奏。乾隆二十七年九月二十一日，寄諭察哈爾八旗都統巴爾品，著將富德牧廠現有馬畜人口數目查明具奏。乾隆二十六年五月初一日，寄諭定邊左副將軍成衮扎布等，將來歸之厄魯特等安置。乾隆二十六年六月初八日，寄諭桑齋多爾濟等，派遣沙克都爾等赴藏辦理認定哲布尊丹巴呼畢勒罕。乾隆二十七年正月二十九日，寄諭桑齋多爾濟等，著派三都布多爾濟等前往辦理邊界事務。乾隆二十七年十二月二十日，寄諭成衮扎布，著派貝子瑚圖靈阿等前往查辦諸木琿等恣意妄爲之舉。乾隆二十八年五月三十日，寄諭福德，著喀爾喀會盟之事由桑齋多爾濟商酌辦理。乾隆二十八年六月十二日，寄諭成衮扎布等，著飭交察達克等妥善辦理俄羅斯事宜。乾隆二十八年七月十七日，寄諭成衮扎布等，著將喀爾喀遊牧向外遷移。乾隆二十八年八月二十二日，寄諭成衮扎布著暫不出兵剿辦哈薩克。乾隆二十八年九月初四日，寄諭副都統福德，著將恰克圖貿易暫停之處候旨施行。乾隆二十九年二月初一日，寄諭成衮扎布等，著將俄羅斯所建房屋木柵樁子盡行拆毁。乾隆三十一年三月二十一日，寄諭定邊左副將軍成衮扎布，著嗣後派通蒙語經歷練之員往查卡倫。乾隆三十二年閏七月初十日，寄諭綏遠城將軍巴祿，著派官兵查拿入室行盜殺人之喇嘛。乾隆三十五年四月初十日，寄諭綏遠將軍諾倫等，著將軍、副都統和衷勤勉辦事。乾隆三十五年十二月二十六日，寄諭欽差戶部侍郎索琳，查辦欲毒和碩格格誤毒侍女一案。乾隆三十六年三月初六日，寄諭喀喇沁郡王喇特納錫第，嚴拿涉案在逃之蒙古侍衛歸案。乾隆三十六年三月十八日，寄諭駐庫倫辦事大臣瑚圖靈阿，允准俄羅斯更換其在京喇嘛等。乾隆三十六年八月十五日，寄諭章嘉呼圖克圖，酌量日期帶哲布尊丹巴呼圖克圖來避暑山莊。乾隆三十六年十二月十六日，寄諭車布登扎布等，著問車淩烏巴什願遷換牧所與否。乾隆三十七年五月十四日，寄諭喀喇沁貝子瑚圖靈阿，往赴辦案前務必至避暑山莊請訓。乾隆三十八年二月二十六日，寄諭察哈爾都統常清，著逐款查明移駐官兵之馬匹如何料理。乾隆三十八年八月二十一日，寄諭卓索圖盟長瑚圖靈阿等，著將達什馬駝與在彼檔案核對。乾隆三十八年十一月二十七日，寄諭定邊左副將軍瑚圖靈阿等，著留意土爾扈特、烏梁海互相結姻。乾隆三十九年十二月十四日，寄諭察哈爾都統常清等，著即招徠商民開礦挖煤變價抽稅。乾隆四十五年十二月初三日，寄諭哲里木盟盟長齊默特多爾濟，著查釀酒鋪民是否苦累蒙古人。乾隆四十六年七月初七日，寄諭巴林郡王巴圖補授昭烏達盟盟長，並來木蘭覲見。乾隆四十七年八月十八日，寄諭阿拉善親王羅卜藏多爾濟等，著赴烏蘭察布盟，會審浮報奴僕數目案。乾隆四十九年五月十五日，寄諭阿拉善親王旺沁班巴爾等，揀選厄魯特兵親率前往協剿逆回。乾隆四十九年七月二十六日，寄諭庫倫辦事郡王蘊端多爾濟等，著遣員會同俄羅斯於恰克圖議事。乾隆五十四年八月二十五日，寄諭喀爾喀郡王蘊端多爾濟，著來年伴送哲布尊丹巴呼圖克圖入覲。乾隆五十九年二月十七日，寄諭喀爾喀郡王蘊端多爾濟，著諮文俄羅斯准予更換京城之喇嘛學生。乾隆五十九年七月二十三日，寄諭烏里雅蘇台將軍恒瑞，著赴科布多會同勘查卡倫應否外移事。等等。

新疆地區。乾隆二十六年正月二十五日，寄諭參贊大臣阿桂等，將伊柱查勘哈薩克遊牧之處從速奏報。乾隆二十六年三月初九日，密寄舒赫德與額敏和卓，變通辦理回子安置事。乾隆二十七年二月二十二日，寄諭參贊大臣阿桂等，著將如何處置越界哈薩克人等之處即行奏聞。乾隆二十七年九月初十日，寄諭參贊大臣阿桂等，著新到伊犁之察哈爾等除孳息牲只外俱令墾田。乾隆二十七年十一月初八日，寄諭伊犁將軍明瑞，著驅逐越境遊牧之哈薩克等。乾隆二十七年十二月十五日，寄諭永貴，著發書嚴飭浩罕額爾德尼伯克妄自稱汗。乾隆二十七年十二月二十七日，寄諭永貴等，著由伊犁調取進剿巴達克山等處官兵。乾隆二十八年七月二十九日，寄諭伊犁將軍明瑞，著將偷入遊牧之哈薩克等驅逐出。乾隆二十九年二月十二日，寄諭伊犁將軍明瑞等，著於雅爾、塔爾巴哈台等處預先備造營房以便駐兵。乾隆二十九年十一月初一日，寄諭吐魯番郡王額敏和卓，著其早些到京覲見。乾隆二十九年十二月二十七日，寄諭伊犁將軍明瑞，著將來歸之厄魯特策伯克安插伊犁。乾隆三十年四月二十三日，寄諭伊犁將軍明瑞等，著各回城大臣諸事悉聽伊犁將軍節制。乾隆三十年五月十三日，寄諭伊犁將軍明瑞等，著烏什城克後毀城將回人遷往村莊居住。乾隆三十年五月三十日，寄諭禮部尚書永貴，著此赴喀什噶爾辦事切不可淩賤回人。乾隆三十年九月二十四日，寄諭伊犁將軍明瑞等，著將烏什免殺回人分送各省賞給大臣官員爲奴。乾隆三十一年三月十八日，寄諭伊犁將軍明瑞等，著遷葉爾羌等地無業回人至烏什屯田。乾隆三十二年二月二十九日，寄諭烏什參贊大臣永貴等，回子夥同哈薩克等販貨貿易自應飭禁。乾隆三十四年四月初五日，寄諭西北路將軍、回子各城大臣等，著嚴禁内地犯人逃往外藩。乾隆三十六年八月初一日，寄諭杜爾伯特親王車淩烏巴什，著徐行於八月二十五日到避暑山莊。乾隆三十七年四月初十日，寄諭伊犁將軍舒赫德等，現遣乾清門侍衛等帶西洋人前往繪圖。乾隆三十七年十一月二十九日，寄諭伊犁將軍舒赫德，查明和碩特遊牧被災情形酌情周濟。乾隆三十七年十二月二十六日，寄諭伊犁將軍舒赫德等，哈密郡王伊薩克到後授爲領隊大臣學習行走。乾隆三十八年閏三月十一日，寄諭塔爾巴哈台參贊大臣伊勒圖等，著奏聞渥巴錫有何言語如何辦理。乾隆三十八年四月初二日，寄諭伊犁將軍舒赫德，著飭渥巴錫好生管束屬下人等。乾隆三十八年四月二十四日，寄諭伊犁將軍舒赫德，著將渥巴錫遊牧移往珠勒都斯地方。乾隆三十九年三月二十一日，寄諭伊犁將軍伊勒圖等，著飭渥巴錫等可與喀爾喀台吉結姻。乾隆五十年正月初八日，寄諭吐魯番領隊大臣尚安等，著籌辦吐魯番等地增兵屯田事宜。乾隆五十三年七月初八日，寄諭喀喇沙爾副都統德勒格楞貴，著准民人開墾閑地立界以免爭端。乾隆五十三年八月二十五日，寄諭駐各回城大臣等，著嚴加管束發配爲奴之邪教徒。乾隆五十四年十一月二十一日，寄諭各回城大臣，著各城伯克懇乞入京叩賀萬壽宜分別酌情辦理。乾隆六十年三月二十七日，寄諭烏魯木齊都統宜綿，將打死商民之回人即行正法示警，尚屬妥協，著新疆命案不可拘於成例，宜果決辦理。等等。

西藏、青海地區事務。乾隆二十七年八月二十日，寄諭章嘉呼圖克圖，著將達賴喇嘛呼畢勒罕坐床典禮之折抄送班禪等。乾隆二十七年十一月十六日，寄諭駐西寧辦事副都統留保柱，著將土觀呼圖克圖派人護送來京。乾隆二十八年八月十七日，寄諭副都統留保柱，著將哲布尊丹巴呼圖克圖呼畢勒罕帶到永安湃朝覲。乾隆三十年七月十八日，寄諭駐藏副都統傅景，著將賀達賴喇嘛受戒諭旨宣諭知之。乾隆三十九年十二月初九日，寄諭駐藏辦事内大臣伍彌泰等，著從藏簡選大喇嘛來雍和宫教經。乾隆四十四年十一月初八日，寄諭西寧辦事副都統銜法福禮，著留西寧盡心辦理青海番子等事宜。乾隆四十五年六月十六日，寄諭駐藏辦事大臣保泰，著自己作主果斷留心勤辦藏務。乾隆四十五年九月初三日，寄諭六阿哥，著將達賴喇嘛冊稿寄給班禪額爾德尼閱看。乾隆四十七年五月初二日，寄諭駐藏辦事尚書博清額，著准嘎辰伊錫嘉木燦爲巴克什喇嘛。乾隆四十七年六月初四日，寄諭章嘉呼圖克圖，著若有班禪呼畢勒罕轉生消息即行奏聞。乾隆四十七年十二月二十日，寄諭駐藏辦事尚書博清額等，著賞達賴喇嘛等以賀班禪靈童轉世。乾隆四十九年正月十一日，寄諭駐藏辦事尚書博清額等，著將三種文字諭旨送達賴喇嘛等閱看。乾隆四十九年五月十八日，寄諭西寧辦事侍郎留保住，著揀選青海厄魯特兵剿辦逆回。乾隆五十一年五月三十日，寄諭西寧辦事大臣普福，著照前任辦理裁撤卡倫之事。乾隆五十一年六月二十八日，寄諭駐西寧辦事大臣普福，著留心辦理章嘉呼畢勒罕轉世事宜。乾隆五十一年九月二十三日，寄諭駐藏辦事大臣留保住等，著主辦藏務之印不給第穆呼畢勒罕。乾隆五十一年十二月二十五日，寄諭駐西寧辦事大臣普福，著留心羅布藏丹津滋事。乾隆五十二年十二月十八日，寄諭駐藏辦事大臣慶麟，著傳諭達賴喇嘛章嘉呼圖克圖呼畢勒罕轉世事。乾隆五十五年七月十三日，寄諭駐藏頭等侍衛雅滿泰，將舒濂與達賴喇嘛兄弟結交等情據實奏聞。乾隆五十六年三月十二日，寄諭陜甘總督勒保等，著通諭青海蒙古令各自防範遊牧牲畜被盜。乾隆五十六年五月初六日，寄諭駐西寧辦事大臣奎舒，著轉諭濟嚨呼圖克圖馳速赴藏辦事。乾隆五十八年二月初八日，密寄駐藏辦事尚書和琳，著嗣後掣簽認定各呼畢勒罕。乾隆五十八年二月十三日，寄諭西寧辦事大臣特克慎，著西寧呼圖克圖之呼畢勒罕亦由金瓶掣定。乾隆五十八年四月初一日，寄諭駐藏辦事尚書和琳等，將蒙古掣簽確定呼畢勒罕事轉諭達賴喇嘛等。乾隆五十八年十一月二十九日，寄諭駐藏辦事尚書和琳等，著將確定呼畢勒罕事項作爲各任交代事。乾隆六十年三月十二日，寄諭尚書松筠，著將有無私請拉穆吹忠問卜確定呼畢勒罕之處查明具奏。等等。

清代邊疆民族事務異常複雜，上舉寄信内容，又是其複雜事務中的重要之事，諸如駐兵鎮守，邊境卡倫巡查，兵將調撥；邊區民族官員之任用，民族王公之任職、朝覲、會盟；各遊牧部落之間的地域地界問題；内附者的安置；畜牧、墾田、貿易、開礦、收税等經濟事務；少數民族之間、少數民族與漢人之間糾紛及其刑案之處理；民族宗教首領如活佛之轉世、認定，喇嘛的設置、誦經、賞賜等；邊區與鄰國之邊界、貿易、越境人之處理，等等。寄信所反映這類事務，是清代邊疆治理的重要内容。

寄信檔與其他檔案一樣，是在行政過程中自然形成，不像編修的書籍文獻那樣是爲了給後人看以致帶有編纂者的主觀意識及有意取捨，所以檔案所反映的史事相對客觀、真實。另外，所反映的史事内容也較具體細緻，這一點也不同於後人編纂的文獻，而正是史事内容的這種具體細緻，爲今人的深入研究提供難得的資料。以清代四大活佛之一的漠北蒙古哲布尊丹巴轉世一事爲例。由於哲布尊丹巴活佛世代轉世於漠北喀爾喀蒙古汗、王公家族，不僅造成某部不利於控制的强勢，而且還常引起該地區蒙古王公貴族之間的紛爭，不利於清中央對該地區的統治，因而乾隆帝決意將哲布尊丹巴活佛的轉世由漠北轉移到西藏，無論其手段如何，這一事件的客觀結果是應予正面肯定的。此事，在《清高宗實錄》中記載得非常簡單，只有一條，即卷六四六，在哲布尊丹巴圓寂三年後的乾隆二十六年十月丁丑日，乾隆帝上諭將哲布尊丹巴轉世靈童已選于藏區之事，通知喀爾喀蒙古四部汗、王公，文字如下："諭曰：第穆呼圖克圖奏：查訪裹塘第巴阿木布木之孫，生時異兆甚眾，喜誦梵經，計距哲布尊丹巴呼圖克圖涅槃甫及十月，疑即其呼畢勒罕等語。哲布尊丹巴呼圖克圖爲眾喀爾喀等尊信甚深，涅槃時曾有百年後轉回本處之語，遍訪無蹤。兹據奏正與前言相符，朕甚欣悅，除遣沙克都爾堪布等赴藏面問，先將此諭喀爾喀汗王公台吉等知之"。約150字。而在寄信檔中，則僅該呼必勒罕的轉世由漠北轉移到藏區一事（不計培養、坐床等事），就有多條，内容甚詳，約1900字，文字超過實錄十幾倍。兹迻錄於下。

上諭喀爾喀四部汗王等在理塘訪得哲布尊丹巴之呼畢勒罕

乾隆二十六年十月十二日

諭喀爾喀四部汗、王、公、台吉等：朕前曾諭西藏第穆呼圖克圖，哲布尊丹巴呼圖克圖為全喀爾喀信奉之大喇嘛，現已圓寂數年。遍訪喀爾喀蒙古地方，至今未現呼畢勒罕轉世之兆。呼圖克圖年邁弟子等曾稱，哲布尊丹巴呼圖克圖傳記所載，呼圖克圖之呼畢勒罕百年後將返回本土，不在喀爾喀地方轉世。朕深為眾喀爾喀人眾擔憂，為使喀爾喀各部弘揚佛法，唯斯哲布尊丹巴呼圖克圖之呼畢勒罕，不分地域，早日確定，著第穆呼圖克圖留心尋訪。今據第穆呼圖克圖奏稱，卑僧遵旨留心查訪喀爾喀、衛藏、喀木、阿木達爾等地，訪得理塘地方第巴阿木布木之子丹怎古木布生有一子，乃父母夢中所孕，惟有抓得玻璃佛之吉兆，且其降生時，屋頂出現彩虹，現正值冬季，可見山上發放烏布藏（ubzang）的人，如得黄花般的吉祥之兆。今此童喜好誦經，常服黄色衣冠，人甚清秀。自哲布尊丹巴呼圖克圖圓寂至此幼童降生，恰為十個月，諒必哲布尊丹巴呼圖克圖呼畢勒罕是也。故不敢隱瞞，謹具奏聞。等語。哲布尊丹巴呼圖克圖，乃全喀爾喀人等信奉之大呼圖克圖，其呼畢勒罕轉世，事關重大。自哲布尊丹巴呼圖克圖圓寂以來，走訪喀爾喀蒙古各處，未有呼畢勒罕出世之兆，而呼圖克圖傳記内又載有百年後返回本土之語，朕方降旨第穆呼圖克圖四處尋訪。第穆呼圖克圖乃西藏之諾們罕，傳承達賴喇嘛法度之大呼圖克圖，今伊訪獲理塘第巴阿木布木之孫，有諸多吉兆，確認系哲布尊丹巴呼圖克圖之呼畢勒罕，且與哲布尊丹巴呼圖克圖傳記所載恰為吻合，諒必無誤。朕甚欣悅。著先將此情傳諭喀爾喀四部汗、王、公、台吉等，以令歡悅。頃因哲布尊丹巴呼圖克圖之呼畢勒罕一事，已遣沙克都爾堪布等前往西藏。俟伊等抵達後，再詢第穆呼圖克圖，並即加以訪察，其呼畢勒罕可愈加明晰也。屆時，再定加恩延禮儀式，頒旨宣諭全喀爾喀人等。今日先行傳諭，以使喀爾喀汗、王、公、台吉等咸俱歡悅。

善慶抄，甯泰校對。

附件　章嘉呼圖克圖致第穆呼圖克圖之函件

大國師章嘉呼圖克圖密函諾們罕第穆呼圖克圖

呼圖克圖所寄理塘第巴阿木布木之孫係哲布尊丹巴呼圖克圖之呼畢勒罕之信函、奏疏，我已恭呈禦覽。奉旨：此幼童既有如此諸多吉兆，諒必是哲布尊丹巴呼圖克圖之呼畢勒罕也。朕曾傳諭呼圖克圖，哲布尊丹巴呼圖克圖傳記內載，哲布尊丹巴呼圖克圖之呼畢勒罕，百年後將返回本土，不在喀爾喀地方轉世之語，與此次尋訪相符。著將朕之前旨繕入第穆呼圖克圖奏疏內，先行傳諭喀爾喀汗、王、公。並將此諭旨及呼圖克圖奏疏再行謄寫，一併寄與第穆呼圖克圖。此諭旨送達後，便是喀爾喀所遣沙克都爾堪布抵達西藏之時，第穆呼圖克圖奉旨，可照此曉諭伊等，所見徵兆若可作為實據確定，朕甚欣悅。再，沙克都爾堪布等到達之前，亦須密諭班禪額爾德尼、拉穆吹忠，俟沙克都爾堪布等抵達後，伊等如能面問確認，其事即成矣。欽此欽遵。將呼圖克圖奏疏再行謄寫後，與傳諭喀爾喀汗、王、公之諭旨，一併寄往。請呼圖克圖照此諭旨，遵行辦理。為此寄信。

善慶抄，甯泰校。

寄諭章嘉胡圖克圖著擬回覆第穆呼圖克圖之文

乾隆二十七年正月二十一日

大學士·領侍衛內大臣·忠勇公字寄章嘉呼圖克圖

乾隆二十七年正月二十日奉上諭：集福等奏，為哲布尊丹巴呼圖克圖之呼畢勒罕一事，寄諭第穆呼圖克圖之旨已轉遞。第穆呼圖克圖現已將理塘幼童出生之際，顯露奇異之兆，確係哲布尊丹巴呼圖克圖之呼畢勒罕之事，告知喀爾喀沙克都爾堪布；班禪額爾德尼亦已明示此童即係哲布尊丹巴呼圖克圖之呼畢勒罕。現將第穆呼圖克圖與沙克都爾堪布磋商後，寄往章嘉呼圖克圖之唐古特文書二包，一併呈奏。等語。觀集福等所奏語氣，伊等略似猶疑，故將此事稍延遲。朕將朱批、伊等原折及第穆呼圖克圖等寄與呼圖克圖之唐古特文書二包，一併寄與呼圖克圖閱看。著呼圖克圖閱後，將回覆之文，並譯其唐古特文字，一併具折，送至行營。朕閱後再發。欽此。遵旨寄信前來。

將此送京，交與章嘉呼圖克圖。恩憲抄，松年校。

寄諭駐藏辦事副都統集福等著沙克都爾堪布即行返回

乾隆二十七年正月二十八日

大學士·領侍衛內大臣·忠勇公字寄駐藏辦事副都統、第穆呼圖克圖乾隆二十七年正月二十八日奉上諭：第穆呼圖克圖、沙克都爾堪布等寄與章嘉呼圖克圖之書，呼圖克圖業已譯奏。先前第穆呼圖克圖寄請章嘉呼圖克圖轉奏之疏内稱，理塘之丹澤古木布之子係哲布尊丹巴呼圖克圖之呼畢勒罕，朕當即頒諭衆喀爾喀知之，伊等咸俱歡悦。今經哲布尊丹巴呼圖克圖徒弟沙克都爾堪布及班禪額爾德尼、拉穆吹忠驗證，俱確認理塘丹澤古木布之子為哲布尊丹巴呼圖克圖之呼畢勒罕，可謂此事已確定無疑。既然如此，著沙克都爾堪布即行返回。如何迎請呼畢勒罕一事，另行降旨。著傳諭集福等，轉諭沙克都爾堪布遵行，並諭第穆呼圖克圖知之。欽此。遵旨寄信前來。

將此寫信加封，與集福等之奏事同匣送發。恩憲抄，松年校。

從這幾份檔案可以看出，乾隆皇帝爲使哲布尊丹巴之轉世由漠北轉移到西藏，可謂用心良苦、設計周密。所謂在哲布尊丹巴圓寂後“遍訪喀爾喀蒙古地方，至今未現呼畢勒罕轉世之兆”，明顯是虚語托詞。事情很簡單，若認定轉世於此地，總會發現“轉世之兆”。若先已認定不在此地轉世，便無論如何也不會出現轉世之兆了。檔案中已透露出，是乾隆帝首先主動“傳諭呼圖克圖：哲布尊丹巴呼圖克圖傳記内載，哲布尊丹巴呼圖克圖之呼畢勒罕，百年後將返回本土，不在喀爾喀地方轉世之語”，然後“降旨第穆呼圖克圖”在藏地尋訪。第穆呼圖克圖是按照乾隆的意旨在藏地尋訪，乾隆對其尋訪的結果又確定爲“諒必無誤”。隨即告知喀爾喀原哲布尊丹巴呼圖克圖之徒弟沙克都爾堪布，以及西藏的班禪額爾德尼，並派遣沙克都爾堪布等前往西藏，再經第穆呼圖克圖審核，以及沙克都爾堪布及班禪額爾德尼、拉穆吹忠驗證，以確認訪得的理塘丹澤古木布之子爲哲布尊丹巴呼圖克圖之呼畢勒罕。隨後於乾隆二十七年正月二十八日寄信給駐藏大臣集福，轉傳沙克都爾堪布即行返回漠北喀爾喀蒙古，以迎請呼畢勒罕。

總之，滿文“寄信檔”大部分是皇帝直接指示邊疆民族地區官員以及蒙古王公、喇嘛教大活佛等的上諭，具體詳細地反映了乾隆朝邊疆民族地區所發生的各重大事件及清廷的處理措施，以及對邊疆民族事務及邊境、對外事務的管理，爲研究這些方面的問題提供了詳實細緻的珍貴史料，這些滿文上諭，又是漢文檔案及文獻中所沒有的，這是其主要資料價值所在。

該寄信檔還有少部分是皇帝指示直省督撫以及皇帝出巡外地時發給京城官員的上諭，反映了皇帝對中央及地方高級官員的掌控，以及對各種機要事務的處理。限於篇幅，本文在這些方面就從略了。

四、餘論與總結

最後，還有一個問題需要分析，就是發給滿官爲主的旗人官員的上諭是用滿文寄信，而且廷寄又有機密的特點，那麼這種做法，是否意味著滿文寄信檔是防避漢人官員而有“秘密内容”？這也涉及到滿文寄信檔内容的性質問題。本文認爲，以滿文廷寄發給滿官上諭的做法，並非爲了防避漢官漢人而將秘密内容發與滿官。理由有以下四點：

（1）寄信是“廷寄”與官員個人的單管道聯繫方式，這種形式本身就已經具有保密性，沒有必要在文字形式上再進行保密，即使是用漢文寄信上諭，只要接收寄信的滿人官員不洩露，也可達到保密效果，不一定必須使用滿文才可保密。而所以用滿文，是另有其原因，詳見第（4）點分析。

（2）從當時的社會背景看，寄信上諭也沒有防避漢人的必要。清代雖有滿漢矛盾，但自康熙中期以後就緩和了，滿漢官是合作關係而並非敵對關係，不存在漢官對皇帝發與滿官的上諭搞破壞、作敵對行爲的可能，況且滿文也並非是用於密件的密碼性文字，漢官也有會滿文的。因爲從順治六年到道光十八年的科舉，每科選進士入庶常館爲庶起士，都有一定名額的漢人庶起士學習清書也即滿文[⑦]。如果漢官有破壞、敵對動機，也很容易將滿文上諭翻譯，遠非破譯密電碼那樣困難。

（3）滿文寄信上諭的内容也沒有必要防避漢官，比如如何管理駐防八旗官兵，如何治理邊疆民族，及這些方面具體事務的如何處理，以及與俄國、朝鮮等鄰國關係事務的辦理等滿文寄信的主要内容，都是滿漢聯合的清王朝管理國家、實施統治的事務，都沒有必要防避漢官。滿文上諭中還有一些是閑雜事務，就更沒有防備漢人的必要了（見後述）。至於有些標明“密寄”的滿文寄信，也並非爲了防備漢人，如乾隆三十四年七月初五日大學士密寄定邊左副將軍喀爾喀扎萨克和碩親王成袞扎布，因杜爾伯特汗索諾木袞布病故，需確定繼承人。乾隆懷疑索諾木袞布之子是否親生，或有無異情之處，著成袞扎布留意，私下詢查。再如乾隆三十六年七月二十八日，密寄戶部侍郎、總管内務府大臣、署理步軍統領英廉，著密查三格在京家產即奏，這三格並非漢人，此密旨也無需防備漢人。又如乾隆三十六年十一月二十八日，密寄伊犁將軍，因安置數萬來歸之土爾扈特人，要注意參與此事的厄魯特後裔巴圖濟爾噶勒得力與否，有無勒索物件之處，據實遇便密行奏聞，爲此密寄。再如乾隆六十年五月初六日，“密寄定親王綿恩著率步軍統領官員等星夜前往查抄伍德府邸”的諭旨等等。這些寄信諭旨所以用“密寄”，是強調該檔内容應特別保密，告誡接收人不應洩密，而不是以滿文的文字形式進行保密。所防備的，也不是針對漢人，而是告誡收信滿人官員對滿、漢官等所有人都不能講，以防洩露出去。所以凡屬密件，都特別強調或標識是“密寄”。

而寄信所以寄給個人，是因爲地方官、邊疆官員的行政都是長官個人負責制，而不像中央機構，是堂官（也即長官）多人負責制。也正因此，皇帝在外地而發給北京中央機構官員的寄信，就不一定是寄給個人了。所以，寄發給地方、邊疆行政之滿文上諭只寄給長官個人，但並非是爲了保密才寄給個人的。

（4）發與滿官的寄信上諭之所以用滿文，初步推測，主要是爲了保持滿文這一“國語”的地位及其延續存在，以免逐漸廢棄消失。這是事關滿族作爲主體統治的地位、形象的大問題。當然這只是滿族皇帝的一廂情願而已，但可以看到他們在這方面所

---

⑦ 邸永君《清代翰林院制度》，北京：社會科學文獻出版社，2002年，131—133頁。

做的努力與良苦用心。滿族皇帝以滿文發給滿洲旗人爲主的旗人官員寄信上諭，皇帝也要求這些官員奏報請示政務的公文用滿文，並借此檢查他們的滿文水準，迫使他們使用而不丟棄滿文。這部《乾隆朝滿文寄信檔譯編》就不時有乾隆帝申飭某大臣滿語不通、質問某官員奏摺内的滿文是自己寫的還是他人代寫、強調只有哪種個别公文才可用漢文、訓諭官員好好學習滿語，要求官員讓下屬官員、子弟學習滿語等等的寄信。也正因爲滿文寄信上諭主要是爲了讓收信的旗人官員熟悉滿語，以至那些閑雜事務也用滿文以上諭發給滿人官員。如寄諭大學士來保，將葡萄枝未送熱河之處回奏；寄諭都統新柱等，將葉爾羌等地所產蜜餞送京；寄諭理藩院尚書新柱，著將葉爾羌地方醫治肩足藥水乘便送京；傳諭駐辟展辦事侍郎德爾格，著將吐魯番桑樹枝乘便送京；諭粵海關監督李永標將碗碟式樣從速辦理事；寄諭禮部尚書永貴等，著將沙布達里紅桃樹刨幾株乘便送京；寄諭伊犁將軍明瑞等，著乘送野雉之便送幾隻鴨子品嘗其味；寄諭吉林烏拉將軍恒祿，將辦理演戲所用角鹿送來；寄諭新柱等，著將所送頂翎暫且收存屆時再行賞戴，等等。而需要深入研究的，倒是在邊疆民族地區的任官上，清朝皇帝爲何任用滿蒙旗人，而不任用漢人。初步分析，這是出於行政之適宜方面的考慮。因不屬本文討論内容，此處從略。

基於以上幾點認識，進一步認爲，滿文寄信檔並沒有防避漢人的秘密内容。以滿文廷寄皇帝的諭旨，與滿漢關係問題無關，其寄信内容的性質，也沒有因爲用滿文而具有的秘密性。在清代的檔案資料中，很多都是或者只有漢文，或者只有滿文，皆各具唯一性，本文所介紹的滿文寄信檔，就只有滿文而無漢文，因而有其獨特的史料價值，爲漢文檔案所無。又因爲該滿文寄信基本都是發與滿官爲主的旗人官員及某些蒙古王公、活佛等的上諭，而在邊疆民族地區任官者，主要是滿官爲主的旗人官員及某些蒙古王公，因而有關邊疆民族地區管理的内容佔有相當大的的比例，成爲乾隆朝滿文寄信檔的重要價值特點。

A Brief Analysis of the Value of *Collection of Translated Letters in Manchu under Qianlong's Reign* as a Historical Source

Du Jiaji

This article offers an introduction to *Collection of Translated Letters in Manchu under Qianlong's Reign* published by the Yuelu Press in 2011.

被遺棄的歷史碎片：1772年大喇嘛羅卜藏堅贊奉乾隆皇帝之托忒文奏摺

葉爾達

在中國第一歷史檔案館所藏軍機處滿文錄副奏摺中，保存著18—19世紀托忒文檔案文書，而且數量可觀，涉及範圍較廣。其內容主要是18世紀30年代至19世紀初期，準噶爾部、哈薩克、回疆、土爾扈特部與清廷之間交往的書信。這些軍機處滿文檔案中得以保存下來的托忒文文書，對研究18—19世紀衛拉特歷史以及當時中亞周邊民族關係史，提供了重要的第一手資料。其中，部分文書與1771年從伏爾加河流域東歸的土爾扈特部歷史有關，尤爲珍貴。在土爾扈特部東歸有關的文書中，有一份1772年大喇嘛羅卜藏堅贊奉清朝乾隆皇帝的奏摺。

羅卜藏堅贊是伏爾加河流域拉布緊巴・咱雅班第達・那木海扎木蘇之呼圖克圖庫倫[①]的大喇嘛，是18世紀末期土爾扈特部宗教界的重要人物。1771年，渥巴錫汗率領土爾扈特部，離開伏爾加河流域時，作爲呼圖克圖庫倫的大喇嘛，羅卜藏堅贊曾經參與東歸最高級別的秘密會議，並與渥巴錫汗等共同策劃了返回準噶爾故里的宏大計劃。由此，呼圖克圖庫倫也成爲東歸不可缺少的重要組成部分。

呼圖克圖庫倫的東歸之舉，進一步證明了生活在伏爾加河流域的宗教界是支持土爾扈特部回歸準噶爾的。他們與渥巴錫汗等同樣持有離開伏爾加河流域的堅不可摧的意志，可歌可泣。然而關於呼圖克圖庫倫有關的歷史，一直未被關注，並沒有引起學術界的足夠重視。

2004年，道・乃岱、劉昆黎主編的《東歸歷史文化論文集》一書中，曾作爲附錄，影印出版過此奏摺[②]。由此，在中國第一歷史檔案館沉睡上百年、鮮爲人知的重要文書

① 呼圖克圖庫倫：“庫倫”蒙古語爲“küriye”,是指圓形營地。古代蒙古社會遊牧集團經常以“küriye”爲單位建立營地。藏傳佛教傳播到蒙古地區後，喇嘛們以蒙古包組成圓形營地“küriye”爲中心傳播佛教。庫倫就是蒙古包爲營地的佛教寺廟，類此情況在蒙古地區常見，不足爲奇。比如，拉布緊巴・咱雅班第達・那木海扎木蘇從拉薩學法回到準噶爾後，建立了衛拉特大庫倫。大庫倫迅速成爲17世紀衛拉特社會最大的佛教中心。大庫倫爲佛教的傳播以及托忒文的普及做出了巨大的貢獻。今蒙古國首府烏蘭巴托前身也是由另一個大庫倫演變而來的。17世紀，烏蘭巴托屬於喀爾喀佛教最高領袖一世哲布尊丹巴之扎營地，由此稱其爲大庫倫。20世紀初期，蒙古革命勝利後，改名爲烏蘭巴托，並成爲蒙古國首都。通遼市庫倫旗是內蒙古唯一的喇嘛旗。其名稱由來也是同樣的道理。

② 道・乃岱、劉昆黎主編《東歸歷史文化論文集》，烏魯木齊：新疆大學出版社，2004年，455頁。

得以公開。但是遺憾的是由於種種原因，一直未引起學者們的注意。時隔9年，即2013年，加·道山、謝·吾諾爾著《扎雅班第達及他的沙比納爾》一書中不僅再次影印出版此奏摺，並且轉寫成胡都木文③，同時簡單地介紹了大喇嘛羅卜藏堅贊的生平事蹟，爲今後的研究奠定了良好的基礎④。

可見，這一份重要的奏摺，已經進入學界的研究視野之內，並爲我們進一步探究留有空間。奏摺記載了啓奏的目的、當時的背景及呼圖克圖庫倫的人口數量等信息。還記載著關於大喇嘛羅卜藏堅贊生平的重要內容。本文將圍繞上述零星的歷史碎片，探究呼圖克圖庫倫東歸時期的歷史記憶。

一、托忒文文書的拉丁文轉寫及其譯註

（一）拉丁文轉寫

1. rab žeb mpe xutuqtuyin xubilγan čečen šabaranggiyin
2. ǰurγalduqči šabi badbačang rǰ lčan sōgüdči
3. boqdu eǰeni tumen amuγülang erinei , badbačang rǰ lčan bi
4. eǰilü bayiqsan xutuqtuyin šabi geqči mingγan
5. medeǰi bayilai bi, ubaša čebeq dorči xoyor
6. boqdu eǰeni altan xōrmōyiγōyisu bariyin geǰi güneldügü
7. čaqtu ǰōb gelčeǰi eǰilēse nidanun ǰil übüliyi
8. dund sariyin xōrin yēsun-dü mini ōburiyin šabi
9. nige mingγan ōrgü nüǰi
10. boqdu eǰen-dü güčēn ōgüe geǰi irebe bide odō mini
11. ene šabinariyin učiri
12. boqdu eǰen ayiladaxu

（二）譯註

譯：

拉布緊巴·呼圖克圖（1）轉世靈童薛禪夏仲（2）的第六弟子羅卜藏堅贊（3），跪拜聖主皇帝（4），問候安康。我羅卜藏堅贊，曾掌管在伏爾加河流域呼圖克圖沙比（5）千戶。渥巴錫（6）與策伯克多爾濟（7）兩商議要歸附聖主皇帝之時，我贊同了

---

③ 胡都木文，衛拉特人至今稱回鶻體蒙古文爲“胡都木文”，即傳統的蒙古文之意。

④ 加·道山、謝·吾諾爾《扎雅班第達及他的沙比納爾》（蒙古文），烏魯木齊：新疆人民出版社，2013年，290頁。

他們的觀點。並於去年仲冬貳拾玖日（8），爲了歸附聖主皇帝，帶領我的弟子千戶，從伏爾加河流域東歸。今，關於我沙比納爾相關的事宜，由聖主皇帝來決定。

註：

（1）拉布緊巴·呼圖克圖（rab ǰeb mpe xutuqtu）：17世紀衛拉特高僧拉布緊巴·咱雅班第達·那木海扎木蘇（1599—1662）。他是四衛拉特著名的宗教家、語言學家、文學家、翻譯家。屬四衛拉特和碩特部古魯格青鄂托克尚哈斯氏人。其父親爲拜巴噶斯汗。1616年，拜巴噶斯汗⑤率領四衛拉特諸部皈依黃教。在皈依黃教的盛會上，爲了考慮政教的長久結緣，四衛拉特諸諾顏承諾，各自選一子，派往拉薩，並且立即履行。1617年，咱雅班第達代替盟主拜巴噶斯汗之子，受比丘戒，出家爲僧，並前往拉薩學習佛法⑥。1629年，以他超群的智慧，折服眾人，在拉薩獲得佛學最高榮譽拉布緊巴稱號⑦。1638年，他起程拉薩之前，分別謁見四世班禪和五世達賴喇嘛，並帶著在蒙古地區弘揚佛法的使命和重托，離開了雪域聖地，踏上回歸準噶爾的征程，1639年到達準噶爾故里塔爾巴哈台。他沒有辜負西藏黃教高僧喇嘛所寄予的厚望，回到準噶爾便開始於四衛拉特以及七旗喀爾喀弘揚佛法，名揚四海⑧。1648年，他對回鶻體蒙古文進行改革，創制了托忒文，並翻譯了近180部佛教典籍⑨。他爲西藏和衛拉特的政教利益盡心盡責，於1662年，前往拉薩的途中，在青海柴達木盆地的哈吉爾圓寂。

清代蒙古佛教術語中“呼圖克圖”爲高層喇嘛的尊稱，尤其是對轉世的格根等均使用“呼圖克圖”稱呼。而“拉布緊巴呼圖克圖”是拉布緊巴·咱雅班第達·那木海扎木蘇的稱號。據《拉布緊巴·咱雅班第達傳——月光》的記載，在1640年，一次開光塔的佛教活動上，西藏佛教格魯派高僧温薩活佛說：“雖然我的名望比他高，但是他的學問比我大”，並且賜給他“拉布緊巴呼圖克圖”的稱號。

拉布緊巴·咱雅班第達·那木海扎木蘇是四衛拉特歷史上最著名的高僧，因此，常被尊稱爲“拉布緊巴呼圖克圖”或“呼圖克圖格根”。

（2）轉世靈童薛禪夏仲（xubilγan čečen šabarang）：薛禪夏仲是17世紀衛拉特高

---

⑤ 拜巴噶斯汗：和碩特部人，固始汗之兄。17世紀初期四衛拉特盟主。長子鄂齊爾圖台吉，幼子阿布賴巴圖爾。1616年，四衛拉特在拜巴噶斯汗的率領下皈依黃教。

⑥ 1616年，四衛拉特皈依佛教時，四衛拉特諸諾顏各選其子一人，出家爲僧，並派遣到拉薩學經。由此更加鞏固西藏和衛拉特的政教關係。拉布緊巴·咱雅班第達·那木海扎木蘇爲何代替拜巴噶斯之子出家爲僧？史料中沒有更多的記載。也許拜巴噶斯之子鄂齊爾圖台吉與阿布賴巴圖爾未出生或年幼，所以拜巴噶斯以拉布緊巴·咱雅班第達·那木海扎木蘇來代替自己的兒子前往拉薩。

⑦ 拉布緊巴稱號：學習佛法，精通聲明、因明、醫方明、工巧明、內明等五明者獲得此稱號。據拉布緊巴·咱雅班第達·那木海扎木蘇傳《月光》所記載，當時，拉布緊巴·咱雅班第達·那木海扎木蘇在拉薩獲得拉布緊巴稱號時，未錯一字，折服眾人，名揚四海。

⑧ 拉布緊巴·咱雅班第達·那木海扎木蘇奉四世班禪額爾德尼與五世達賴喇嘛之命，於1638年從拉薩起程，1639年到達和碩特部首領鄂齊爾圖台吉營地哈爾巴蓋。當時，固始汗屢次邀請五世達賴喇嘛到蒙古地區，但是西藏紅教與黃教間的矛盾日益激化，進入白熱化階段，黃教隨時被毀滅的危機。因此，五世達賴喇嘛不能親自光臨蒙古地區的特殊情況下，以拉布緊巴·咱雅班第達·那木海扎木蘇來代替自己，在蒙古地區弘揚佛法。

⑨ 托忒文的倡議者是和碩特部拜巴噶斯汗長子鄂齊爾圖台吉和幼子阿布賴巴圖爾。

僧拉布緊巴·咱雅班第達·那木海扎木蘇轉世靈童，是藏族。如上述，1662年，咱雅班第達圓寂。兩年後，即1664年，薛禪夏仲在拉薩附近的哈拉浩特轉世。不久，在五世達賴喇嘛的親自指引下，衛拉特大庫倫的諸弟子以及相關人士共同前往哈拉浩特，並認定了轉世靈童。1666年，薛禪夏仲到五世達賴喇嘛處受比丘戒。雖然準噶爾部貴族以及衛拉特大庫倫的弟子們多次請求五世達賴喇嘛，把轉世靈童接回準噶爾，但是因年幼等緣故而推辭，未能派遣。至於後來轉世靈童未能來到準噶爾的直接原因尚未找到明確記載。也許噶爾丹的崛起以及大庫倫的解散，導致轉世靈童繼續留在西藏。值得一提的是，羅卜藏堅贊自稱是薛禪夏仲的第六弟子，而且掌管伏爾加河流域咱雅班第達的沙比納爾。由此可以推測，轉世靈童薛禪夏仲曾經與伏爾加河流域的拉布緊巴·咱雅班第達·那木海扎木蘇的沙比納爾有一定的來往。

（3）羅卜藏堅贊（badbačang rǰ lčan）：掌管伏爾加河流域呼圖克圖庫倫的大喇嘛。是17世紀衛拉特高僧拉布緊巴·咱雅班第達·那木海扎木蘇轉世靈通薛禪夏仲之第六弟子。關於他的生卒年、民族及生平事蹟等，我們知道的甚少。據該奏摺記載，他曾參與策劃東歸的秘密會議，並與渥巴錫汗等商議擬定了回歸準噶爾的計劃，是當時伏爾加河流域土爾扈特部宗教界中舉足輕重的歷史人物。

（4）聖主皇帝（boqdu eǰen）：清朝乾隆皇帝。

（5）呼圖克圖沙比（xutuqtuyin šabi）："呼圖克圖（xutuqtu）"爲尊稱，是指拉布緊巴·咱雅班第達·那木海扎木蘇。蒙古語中"呼圖克圖（xutuqtu）"專指高僧喇嘛。"沙比（šabi）"是弟子之意。

（6）渥巴錫（ubaša）：阿玉奇汗曾孫，伏爾加河流域土爾扈特部首領渥巴錫汗(1743—1775)。1761年(乾隆二十六年)1月21日，其父敦羅布喇什卒，渥巴錫承襲汗位，成爲土爾扈特部汗。1771年春，率領土爾扈特部十幾萬人離開了伏爾加河流域，歷經八個多月的長途跋涉，回到準噶爾故里。1775年1月9日(乾隆三十九年)，渥巴錫汗病故，終年33歲。

（7）策伯克多爾濟（cebeq dorči）：策伯克多爾濟(？～1778)，渥巴錫汗堂侄，1771年伏爾加河流域土爾扈特部東歸時期的重要領袖之一。

（8）去年仲冬貳拾玖日（nidanun ǰil übüliyi dund sariyin xōrin yēsun）：1771年仲冬貳拾玖日。因此，該奏摺寫於1772年。此處，大喇嘛羅卜藏堅贊告知乾隆皇帝，沙比納爾東歸的時間、目的等。

二、關於托忒文奏摺相關的歷史碎片

本奏摺是迄今爲止我們所發現的唯一一份從伏爾加河流域東歸的拉布緊巴·咱雅班第達·那木海扎木蘇沙比納爾[10]，奉清廷的托忒文文書。全文只有12行，以簡略的語句

[10] 沙比納爾是"沙比"的複數。

寫成，其中包含不少關於伏爾加河流域呼圖克圖沙比納爾有關的重要歷史信息，爲研究呼圖克圖庫倫，提供了可靠的依據。

第一，據奏摺開頭部分可以得知，奉奏摺的是大喇嘛羅卜藏堅贊，並且他是托忒文創制者拉布緊巴·咱雅班第達·那木海扎木蘇轉世靈童薛禪夏仲的第六弟子。

第二，關於伏爾加河流域生活的拉布緊巴·咱雅班第達·那木海扎木蘇沙比納爾的人數方面，此奏摺也有重要的記載。

1676年，準噶爾霸主和碩特部鄂齊爾圖車臣汗⑪與新興崛起的厄魯特部噶爾丹⑫之間發生了決戰。這是一場決定準噶爾政治走向的重要歷史事件。此役，最終以鄂齊爾圖車臣汗的大敗而告終。此事不僅在準噶爾內部，而且在中亞周邊也引起了巨大的震動。噶爾丹則趁機統轄天山南北，成爲準噶爾部新領袖。和碩特部鄂齊爾圖車臣汗是拉布緊巴·咱雅班第達·那木海扎木蘇最大的施主，他是弘揚佛法之最有力的支持者。自1639年拉布緊巴·咱雅班第達·那木海扎木蘇從雪域西藏返回準噶爾至1676年鄂齊爾圖車臣汗戰敗爲止，衛拉特大庫倫，均以和碩特部的遊牧地爲中心傳播佛法。鄂齊爾圖車臣汗的失利，爲衛拉特大庫倫帶來了不小的渲染，而且最終導致大庫倫沙比納爾的分裂。

大庫倫的多數沙比納爾堅持留在準噶爾，但一部分則主張前往拉薩，投靠五世達賴喇嘛；另一部分卻主張前往伏爾加河流域，投靠土爾扈特部。其結果，大庫倫的部分沙比納爾約千人，在阿其圖確吉喇嘛⑬及其鄂齊爾圖車臣汗的哈屯土爾扈特部人多爾濟喇布坦⑭的帶領下，離開了準噶爾，西遷到伏爾加河流域的土爾扈特部，由此想擺脫噶爾丹的鋒芒。

鑒於師傅在佛教上的名望，剩餘大庫倫的諸沙比納爾則提出，拉布緊巴·咱雅班第達·那木海扎木蘇是四衛拉特之上師，對沙比納爾而言，無施主的區別之主張，繼續留守準噶爾。由於拉布緊巴·咱雅班第達·那木海扎木蘇是和碩特部人，其最大的施主也是和碩特人，對噶爾丹而言，大庫倫已經對其失去政治意義，反而對他的統治弊多利少。大庫倫的喇嘛們無論提出任何主張，準噶爾部新汗噶爾丹已經不相信他們了。爲此，大庫倫屢次遭受噶爾丹手下人有意圖的迫害，而噶爾丹則置之不理，順水推舟。尤其是噶爾丹揮戈東征喀爾喀時，缺乏兵力，竟然從大庫倫喇嘛中強行徵兵，而且強迫七百餘人參軍。其中除了少數幾個喇嘛活著回來外，大部分死於戰場或被噶爾丹手下人

---

⑪ 和碩特部鄂齊爾圖車臣汗：四衛拉特部盟主拜巴噶斯汗之長子，創制托忒文的倡議者之一。噶爾丹汗崛起之前準噶爾的最大霸主。1640年，曾參與過《衛拉特法典》制定會議。1666年，五世達賴喇嘛封其爲“車臣汗”。

⑫ 噶爾丹：厄魯特部綽羅斯氏人，巴圖爾琿台吉第六子。1670年，繼承洪台吉位的問題上，巴圖爾琿台吉諸子間互相殘殺，噶爾丹兄僧格在內訌中被殺害。次年，在其父親最親密的盟友和碩特鄂齊爾圖車臣汗的幫助下，順利繼承了洪台吉位。1678年，達賴喇嘛贈以“博碩克圖汗”稱號。後東征喀爾喀，並與清朝發生摩擦，戰敗的噶爾丹博碩克圖汗1697年病故。

⑬ 阿其圖確吉喇嘛：拉布緊巴·咱雅班第達·那木海扎木蘇弟子之一。據拉布緊巴·咱雅班第達·那木海扎木蘇傳《月光》所記載，他得到師傅的厚愛，是大庫倫的重要人物之一。

⑭ 多爾濟喇布坦是土爾扈特部人。所以鄂齊爾圖台吉戰敗後，她選擇了自己的故里，前往伏爾加河流域。

所迫害。可見，大庫倫無疑被毀於噶爾丹之手。

投奔伏爾加河流域的千餘沙比納爾，立刻得到土爾扈特部阿玉奇汗[15]的支持。在土爾扈特人的幫助下重建庫倫，繼續弘揚佛法，被稱爲呼圖克圖沙比納爾。1771年，渥巴錫汗率領土爾扈特部東歸時，呼圖克圖沙比納爾於大喇嘛羅卜藏堅贊的引導下，再次回到準噶爾。當時，清廷把呼圖克圖沙比納爾分爲四個蘇木，並安置於伊犁河上游特克斯。在特克斯，呼圖克圖沙比納爾沒有忘記自己的使命和職責，又在此地建立庫倫，被稱爲呼圖克圖庫倫。至此，呼圖克圖沙比納爾大約有8000餘人，分别生活在新疆伊犁哈薩克自治州特克斯縣和鞏留縣。

此奏摺清楚地記載著，當時生活在伏爾加河流域的呼圖克圖沙比納爾人口達到千戶的重要信息。雖然該奏摺前邊“千戶”之“戶ōrgü”字的一半已經模糊不清，但是奏摺的後半部分再次提到此事。鑒於此，到了1771年，在伏爾加河流域的呼圖克圖沙比納爾至少達到幾千人。這是關於從準噶爾遷徙至伏爾加河流域呼圖克圖沙比納爾人口相關的重要記載。

第三，期望呼圖克圖沙比納爾得到清朝妥當的安置，是本奏摺主要目的所在。

時光在流逝，東歸途中，經歷了異常的艱難，無家可歸，疲憊不堪的呼圖克圖沙比納爾必須迅速得到救濟和安置。他們不能長期的等待，要短期内脱離窘迫已極的被動處境，不然其後果是不堪設想的。

作爲大喇嘛，羅卜藏堅贊極爲清楚所面臨的困境。一言以蔽之，這些周邊因素便促成大喇嘛羅卜藏堅贊與清廷積極接觸，主動推進沙比納爾歸附清廷的進程，從而進一步敦促大清國，力保妥善安置。同時我們要知道，得到清廷的安置是有條件的，必須第一時間稟報乾隆帝，呼圖克圖沙比納爾爲何東歸的緣由、目的，否則其結果是不言而喻的。

大喇嘛羅卜藏堅贊通過本奏摺，給清廷明確地傳遞出，作爲呼圖克圖沙比納爾，東歸是爲了歸屬清朝聖主的重要信息。由此，便於消除乾隆皇帝的疑慮，得到朝廷的寬容和接納。

毋庸置疑，奏摺最突出“渥巴錫與策伯克多爾濟兩商議要歸附聖主皇帝之時，我贊同了他們的觀點，並於去年仲冬貳拾玖日，爲了歸附聖主皇帝，帶領我的弟子千戶，從伏爾加河流域東歸”的核心内容。告知清廷，大喇嘛羅卜藏堅贊爲首的呼圖克圖沙比納爾是支持東歸的，並願意歸附清朝。通過該奏摺，大喇嘛把東歸呼圖克圖沙比納爾的真正目的和意圖表露得淋漓盡致，極具説服力。旨在排除清朝的懷疑和疑慮，從而順利得到有效的安置。

此類内容的奏摺不僅僅是大喇嘛羅卜藏堅贊一個人的舉措。據中國第一歷史檔案館軍機處滿文録副奏摺之中的托忒文文書，當時包括渥巴錫汗在内的策伯克多爾濟、舍楞、巴木巴爾(渥巴錫族弟)、達什敦杜克等策劃東歸的上層人物，均奉伊犁將軍或乾隆

⑮ 阿玉奇汗（1640—1724年），是伏爾加河流域土爾扈特部第三代汗，統治土爾扈特部52年。在他的統治時期，土爾扈特部勢力達到巔峰。

皇帝相同內容的奏摺，清楚地說明東歸的最終目的。鑒於此，東歸的大部隊接近準噶爾後，其土爾扈特部主要領袖人物全體商議，儘量以各自的名義與清廷取得聯繫，表達自己的心願和目的，保護各自和全體東歸人員的集體利益。此舉措關係到東歸的成敗，不容忽視，可謂用心良苦。大喇嘛嘛羅卜藏堅贊也不一例外地遵行這一重要策略。同時，大喇嘛嘛羅卜藏堅贊不僅代表呼圖克圖沙比納爾，而且他還代表伏爾加河流域東歸的宗教界最高領袖，所以其奏摺意義不凡。

總之，1772年，大喇嘛羅卜藏堅贊奉清朝乾隆皇帝的托忒文奏摺，不僅記載了呼圖克圖庫倫相關的一些重要信息，更是在決定諸沙比納爾最終安置問題的關鍵時刻所寫成。同時與全體東歸土爾扈特部的最終命運息息相關，具有進一步探討的空間。

三、呼圖克圖沙比納爾歷史之今後研究展望

作爲研究的補充資料，本文應需要查閱和利用其他的多語種檔案來進一步完善和論述。只運用托忒文奏摺是遠遠不夠的。在衛拉特學中，利用滿文、中文、俄文、托忒文、回鶻體蒙古文等多語種檔案的研究，無論是現在還是今後，都是衛拉特歷史研究所無法阻擋的新現象，只運用一種文字檔案，不可能完全解決所遇到的相關研究問題。尤其是本論文關聯的一些歷史問題，應運用更多的滿文檔案來作爲其補充，那樣更加有說服力，遺憾的是筆者未能做到這一點。

歷史是人類所創造的，隨著時光的流逝，其一部分無情地被後人所遺忘。與此同時，逐漸地那些證明歷史的史料也將無形的流失。但在有些遺棄的歷史痕跡中，那些流失的史料確實以不同的形式繼續存在，並且等待人們去發現它。有的以黃金家族編年史的形式遺留，有的卻被遺忘在檔案文庫無人問津，沉睡上百年。更有趣的是，有的甚至變成歷史學家最厭倦，最不信任的神話傳說而活鮮的傳承，更爲廣泛流傳。這成爲歷史學家無法證明其由來，而又不得加以解釋的棘手問題。在現存的歷史史料中，書面的也罷，口傳流行的也罷，都傳遞著豐富多彩的歷史元素。也許這些零星碎片，經過考證，有時候會成爲連接歷史的點和線。

我認爲應該重視這些歷史遺留下的零碎斷片似的資料。無論是從研究方法上，還是發現問題的角度上，它有不可忽視的價值。近幾年，筆者曾發表過幾篇托忒文文書方面的論文。與大題目的論文相比，雖然顯得微小不足、爲此飽受同領域的研究者們的質疑，甚至責難等。我們應該懂得，無論是哪個時代都不可能給我們留下完整無缺的研究資料。這樣說，我不是爲了想早點擺脫那些責難，更不是爲了翻一筆舊帳，辯護自己。我所研究的那些殘意淺見，不值得繼續討論。但是，文章結束之際，不得不再次回到我所說的歷史碎片上來。在研究探索過程中，那些零星碎片，有時候起到貫穿一個個細節的關鍵內容，有成爲打開謎團的一把鑰匙的作用。

大喇嘛羅卜藏堅贊所奉托忒文文書就是這樣一份歷史的碎片。於是我們不能把它視

爲只是片言隻語，在它的背後，牽係著回到準噶爾之幾千名沙比納爾的最終命運。

東歸後，大喇嘛羅卜藏堅贊被清廷安置在雍和宫，未能與東歸的沙比納爾一起在特克斯生活。我們尚未清楚清廷把大喇嘛羅卜藏堅贊安置於雍和宫的動機和最終目的。而近幾年，中國第一歷史檔案館與雍和宫管理處已經共同編輯出版了20餘冊雍和宫有關的檔案史料。然而，我們卻一點都不了解大喇嘛羅卜藏堅贊1772年後的歷史足跡。這些公開的檔案，或許將彌補我們所忘記的歷史缺憾。應在今後的研究中進一步挖掘和利用。

被安置於特克斯河流域的沙比納爾後裔，迄今依然續寫著屬於他們自己的歷史。而我們還沒有全面研究這些不辭萬里，前來準噶爾的“不速之客”，被清廷安置的整個過程。望這份托忒文文書將成爲其研究的連接點，補充續寫沙比納爾遺棄多年的歷史。

因爲資料的欠缺等諸多緣故，衛拉特歷史研究一度陷入低谷。目前，運用托忒文檔案研究衛拉特歷史的較少。雖然托忒文檔案只是多語種檔案中的一種，但同時也是多語種檔案中最重要的一部分。顯然，本文寫作目的更加明確。希望今後大家更多的利用多語種檔案，更加深入地研究衛拉特歷史，展現多語種檔案的魅力。進一步展現多語種檔案所隱藏的另一個衛拉特世界。

近幾年，中國第一歷史檔案館大量影印出版或翻譯出版衛拉特歷史有關的多語種檔案文獻，爲衛拉特歷史的研究帶來了新的機遇。我們堅信，不久的將來，還會繼續公開更多的衛拉特學相關的檔案文書。這些無疑進一步推動衛拉特歷史的深入研究，進一步恢復和連接那些被遺棄的歷史記憶。

從國際衛拉特學近幾年的重要發展趨勢可以看出，今後，衛拉特歷史與文獻的研究將迎來新的高峰，並且是我們所期待的發展方向。筆者希望在這一研究過程當中，理應把沙比納爾歷史作爲一個重要課題來深入探討，更加體現他們的社會歷史地位。

清廷把呼圖克圖沙比納爾怎樣安置的？其實相關的大量滿文檔案已經影印出版。只要運用這些得以公開的檔案文書和中國第一歷史檔案館所藏滿文以及其他文種檔案，勢必更加清楚地瞭解他們所經歷的真實歷史。沙比納爾是社會的特殊群體，他們在衛拉特的歷史進程中發揮過重要的作用。尤其在對托忒文的傳播以及佛教典籍的翻譯以及宗教的發展功不可沒。我們期待，呼圖克圖沙比納的歷史早日得到全面系統地研究。這也是本文所寫作的最終目的。

Da Lama Lobszangjanzan's Tod Mongolian Memorial to Emperor Qianlong in 1772: A Forgotten Piece of History

M.Erdemt

Among the Manchu memorials collected in the Military Confidential Department of The First Historical Archives of China, some Tod Mongolian documents of 18th-19th centuries are preserved. The number of these documents is large and they cover many fields. Among the documents related to the event of Torguts' returning to their homeland, there is a Tod

Mongolian memorial dedicated to Emperor Qianlong by Da Lama Lobszangjanzan. This document is the only document written to the Qing by the Shabinar of Labjimba Zayabandida Namhaijamszu, who came back from the Volga River basin. The whole text has 12 lines, but it contains very important information about the Khutukhtu Shabinar in the Volga River basin. This imperial memorial serves as a rare piece of material to study the Khutukhtu Kuree.

《塔爾巴哈台奏稿》與嘉慶時期新疆北部邊政研究*

華　立

一、天理圖書館與《塔爾巴哈台奏稿》

位於奈良縣天理大學校園內的天理圖書館，是日本國內爲數不多的藏有相當數量滿文圖書資料的圖書館之一。根據1980年代後期整理時的統計，該館收藏有約三百種滿文圖書，其中十五種爲檔冊即清代奏摺抄本[①]，本文要介紹的《塔爾巴哈台奏稿》（書號：829.44／263）便是其中之一。

這部奏稿爲藍布封套線裝本，一函六冊，抄錄上起嘉慶元年（1796）四月，下迄嘉慶二十五年（1820）十一月有關塔爾巴哈台的數十篇奏摺及相關上諭。全書絶大部分爲滿文，僅有幾篇爲漢文。從其形式看，應當屬於清代官員的私抄本。每冊封面分别用漢文題寫"塔爾巴哈台奏稿　自某年至某年"。

根據書中的館藏章，可知該書乃昭和28年即公元1953年4月28日，由天理教本部贈送給該圖書館從而成爲館藏的一部分，但對於在此之前的來龍去脈則鮮知其詳。不過至今保留在封套内的一張早期整理者留下的便條上寫著"題簽玉振道人自筆"等字樣，加上書上蓋有一種形狀特殊的收藏印，這些都提示我們，本奏稿與天理圖書館收藏的其他幾部奏摺抄本如《伊犁奏摺》等，同屬一個來源，而"玉振道人"則是收藏人中島竦的别號。據《撫山中島先生略年譜》[②]的記載，中島竦出身于有漢學淵源的家庭，父親中島撫山也是漢學家，他本人生於1861年，卒於1940年，曾於1902—1915年間旅居北京，不過由於事隔久遠，又缺少記述，使我們現在已經很難對中島氏本人是如何成爲這些奏

---

* 本文曾於2013年在中國人民大學清史研究所滿文文獻研究中心主辦的"首屆國際滿文文獻學術討論會"上報告，收入本書時作了修訂。

① 參見河内良弘、趙展《天理圖書館藏滿文書籍目錄》，載天理圖書館刊《ビブリア》第84號，1985年。

② 《撫山中島先生略年譜》，1941年私家版（據http://ja.wikipedia.org/wiki/中島撫山）；又參見日本久喜市公文書館編《中島撫山の生涯》《中島敦とその家系》等圖錄。

摺抄本的收藏人的作更進一步的追蹤[③]。

塔爾巴哈台地處清代新疆最北部，西控哈薩克，北扼俄羅斯，東北接壤科布多，東南連接烏魯木齊轄境，西南緊鄰新疆軍政中心的伊犁，有“爲伊犁烏魯木齊之屏藩，實新疆西北之雄鎮”之稱，駐劄參贊大臣一員，領隊大臣兩員。地理位置的特點決定了有關邊防的事務佔據塔爾巴哈台政務的中心，而如何管理好轄境内外的各種遊牧部族(集團)，如哈薩克、額魯特、察哈爾、土爾扈特，保證卡倫沿線和境内外地區的安寧，又構成其政務最關鍵的部分。另一方面，從邊疆行政時空上的前後延伸看，嘉慶朝的塔爾巴哈台事務，上承開創局面的乾隆朝，下與走向動盪的道、咸時期相連接，是一個在走向成熟同時又孕育著種種變化的中間階段，有許多值得關注的地方。

迄今爲止，人們在論及清代塔爾巴哈台時，大多主要依據有限的幾種漢文典籍，如《清實錄》《欽定新疆識略》及《塔爾巴哈台事宜》等[④]。然而《清實錄》和《欽定新疆識略》並非專論塔爾巴哈台，記述分散，内容有限，《塔爾巴哈台事宜》雖然針對當地公務，但成書于嘉慶十年（1805），後來的情況不包括在内。還要強調指出的是，當地與清廷的公文往還至少到道光時期仍以滿文爲主，所以滿文史料的發掘和運用對於這方面的研究無疑是至關重要的。

近年，中國第一歷史檔案館對館藏滿文錄副奏摺的整理取得很大進展，加之出版了《清代邊疆滿文檔案目錄》，給研究者打開了一條接觸、利用滿文檔案的通道，造福學林，功不可謂小。但是對於一般研究人員來說，要想經常接觸深藏館内且浩如煙海的檔案文書，實在談何容易。從這個意義上來說，藏於天理圖書館的，幾乎全爲滿文的《塔爾巴哈台奏稿》，作爲嘉慶年間第一手原始記錄的抄本，就有了不容忽視的實貴價值。

據筆者所知，天理圖書館收藏的多種清代奏摺抄本中，只有《伊犁奏摺》和《（固慶）奏摺檔》曾被介紹[⑤]。而富含重要史料内容的《塔爾巴哈台奏稿》至今仍很少爲學界所知，更談不到研究利用，令人遺憾。爲此，筆者不揣譾陋，願勉力嘗試，作一初步的介紹，目的是抛磚引玉，引起同行學者對這部奏稿以及此類資料的重視，使其得以發揮應有的作用。限於準備的時間和篇幅容量，本文將著重介紹該奏摺抄本的構成特點與篇目概要，同時摘譯部分文書來舉要說明其史料價值，至於更深入的史料分析和專題論述則擬留待今後。

---

③ 根據日本學者加藤直人在新近出版的《清代文書資料の研究》（東京：汲古書院，2016年）書中的介紹（見第116—117頁，及第135—137頁），於此對中島竦的生平再作些補充：①旅居北京期間他在京師警務學堂任職，與川島浪速過從甚密；②他本人為蒙古學家，亦通蒙古語，在京期間撰寫了《蒙古通志》一書，此書由民友社於1916年出版。該書前言中他提到自己利用了“奏稿”等史料，這或許有助於瞭解他與天理圖書館所藏奏折抄本結緣的由來；③另撰有《清朝史談》（善鄰書院支那語講義錄，第7號，1918年），有跡象表明他還略知滿文；④有詩作傳世，見村山吉廣等著《玉振道人詩存》，明德出版社，2012年。

④ 此外還可舉出吴豐培私藏的《乾嘉道哈薩克史料》和《塔爾巴哈台志略》等油印本。不過前者收入的漢文奏摺主要是乾隆朝的，嘉慶朝僅一篇，後者爲光緒年間所撰，内容側重建省時期。

⑤ 如加藤直人《天理大学所蔵〈伊犁奏摺〉について》，載《史叢》第32卷，1983年；《天理大学藏、グキン（固慶）の奏摺について——とくに科布多叁賛大臣時代の奏摺を中心として》，載神田信夫編《日本所在清代档案史料の諸相》，東京：東洋文庫，1993年。

二、《塔爾巴哈台奏稿》内容簡介

1. 關於題名、具奏人和抄寫格式

在進入正題之前，首先應就這部抄本的題名、具奏人、以及抄寫格式稍作説明。

奏稿一詞通常的含義，應指一份奏摺尚處於起草階段，未經正式成文上奏的狀態，也就是英文中的draft一詞，嚴格説來並不符合本書的情況。因爲本書中抄寫的是業經奏出的奏摺以及後來奉到的硃批，而非草稿，或許叫做奏牘更爲妥當。但是事實上目前可見的不少類似的清代奏摺私抄本也被題作“奏稿”，這也許是一種約定俗成的用法，其中的“奏”指奏摺，而“稿”則相對於刻本，強調其爲手寫本吧。

關於具奏人，也就是奏摺的作者，本書不是某一位而是多位官員奏摺的彙集，其中既有嘉慶年間歷任塔爾巴哈台參贊大臣如伍彌烏遜、貢楚克扎布、策巴克、果勒明阿、興肇、達慶、愛星阿、祥保等直接具奏朝廷的，還轉抄了伊犁將軍保甯、松筠、晉昌等人的部分奏摺，但主題都圍繞著塔爾巴哈台。從嘉慶元年到嘉慶末年，先後有十四人被任命爲此地的參贊大臣，但唯一先後三度受命，總計在任時間長達十年之久的是貢楚克扎布（嘉慶元年至七年、嘉慶十五年至十六年、嘉慶二十一年至二十四年三度就任），其他人長或兩年，短則數月，而抄本中收錄最多的也正是貢楚克扎布的奏摺。作爲一種揣測，此書也許是他命人抄集成冊保存，而後又輾轉流出的。因爲貢楚克扎布在嘉慶二十四年（1819）卸去塔爾巴哈台參贊大臣之職後調任烏魯木齊都統，直到嘉慶二十五年十月纔奉召由新疆返回北京，應當是他最有可能來主持這件事情[⑥]。

共計六冊的抄本原未標頁，根據筆者手中的複製本計算，包括封面封底，共計265雙頁，抄寫格式爲每單頁八行。因年久褪色，用紙的格式已經不太清晰，但大體可以辨認爲單線竪行，每頁上部有三道横行，行距較近，是用來書寫抬頭格式的。不同于奏摺正本，抄寫人在這裏沒有完全遵循上奏時的書寫格式，比如：①省略了有上奏人姓名的第一行而直接從第二行抄起，這就需要通過内容來判定上奏人姓名；②抄寫成於多人之手，不同文書的抄寫字跡大小不齊，有時字跡非常密集，甚至到了不易辨認的程度，書體也不盡一致；③多數文書在結尾處開列具奏時間和奉到朱批的時間（年月日），但也有少數欠缺。筆者曾經將抄本與中國第一歷史檔案館的滿文錄副目錄相對照，發現有相當一部分可以互見，但也有一少部分在檔案館的目錄中不見記載。

---

⑥ 貢楚克扎布，蒙古鑲白旗人，歷任科布多參贊大臣、塔爾巴哈台參贊大臣、察哈爾都統、烏魯木齊都統等職，嘉慶二十五年十月自新疆還京。參見章伯鋒編《清代各地將軍都統大臣等年表（1796—1911）》，北京：中華書局，1965年；以及阿拉騰奧其爾等編著《清代新疆軍府制職官傳略》，哈爾濱：黑龍江教育出版社，2000年。

2. 文書篇目概要

爲了便於瞭解這部抄本的内容全貌，筆者製作了下面的文書篇目一覽表（表1）。不同于其他一些清代新疆奏摺的私抄本，如Nicola Di Cosmo和堀直兩位教授先後介紹過的《嘉慶十一年七月起至十二年清漢奏檔》⑦，本書各册封面不具目次，又省略了正式奏摺中開篇第一行的具奏人姓名，所以表1中的具奏人名係筆者根據文中内容判斷，而“標題或内容概要”一欄，凡滿文折片係筆者根據内容概括，漢文折片採用了文書原來的標題。JQ或DG分别是嘉慶朝或道光朝的略寫，“具奏人”及“具奏日期／硃批日期”欄中加（ ）者係筆者根據相關内容推斷，無從推斷者空缺，文件序號也是筆者爲了方便説明而附加的。限於筆者的滿文能力，其中或不免有所錯漏，尚祈方家指正。

表1 文書篇目一覽

文件序號	所在册	具奏日期／硃批日期	具奏人	標題或内容概要	與其他史料之互見
01	1	JQ1.4.11/同年6.11	伊犁將軍保寧	奏請准許伊犁・塔爾巴哈台之察哈爾、額魯特營官員未出痘者取道北路赴熱河入覲	一史館滿文錄副
02	1	JQ1.5.18/同年7.26	塔參贊大臣伍彌烏遜	奏報派兵驅趕達爾達木圖、烏蘭托洛蓋山中私挖金礦之民人	仁宗實錄
03	1	JQ2.4.24/同年6.19	塔參贊大臣貢楚克扎布	察哈爾官兵隨綠營官兵學習種田已滿三年請准其返回遊牧	一史館滿文錄副
04	1	JQ2.11.20/同年3.1.24	塔參贊大臣貢楚克扎布	本地犯兵人數減少挖煤人手不足請招民採煤	一史館滿文錄副
05	1	(JQ3)	軍機大臣	遵旨議覆塔爾巴哈台犯兵減少請招民挖煤事	
06	1	JQ3.6.11/同年9.13	塔參贊大臣貢楚克扎布	請照伊犁之例每年一度查看塔爾巴哈台孳生牧場,變賣老殘不育牲畜	一史館滿文錄副
07	1	JQ4.2.1/同年3.17	不詳	遵旨封禁達爾達木圖等產金之地並查看當地情形	
08	1	JQ4.6.22/同年8.9	塔參贊大臣貢楚克扎布	本地察哈爾人衆生活改善,請停止立產銀兩一項，分别情形酌賞(附漢文清單)	一史館滿文錄副
09	1	JQ4.10.19/	塔參贊大臣貢楚克扎布	奏聞哈薩克王杭霍卓病故情形	一史館滿文錄副
10	2	JQ5.閏4.26/同年6.14	塔參贊大臣貢楚克扎布	奏報與科布多該管大臣商定,於今春各派官員至交界處共同建立鄂博	
11	2	JQ5.6.25/同年8.12	塔參贊大臣貢楚克扎布	奏報前來貿易之哈薩克人中談論已故杭霍卓之王位承襲事稱卓勒齊堪勝此任	一史館滿文錄副

⑦ 見堀直《回疆社会経済史研究とマンジュ語史料—佐口透氏所蔵の一文書の紹介》，載《滿族史研究通信》第10期，2001年。

续表

文件序號	所在冊	具奏日期／硃批日期	具奏人	標題或内容概要	與其他史料之互見
12	2	(JQ5.4.27)	伊犁將軍保甯	請准許援引前例由杭霍卓之長子江霍卓承襲王位	一史館滿文錄副
13	2	(JQ5.4.27)	伊犁將軍保甯	杭霍卓弟卓勒齊派人遞呈請求由其承襲王位	一史館滿文錄副
14	2	JQ5.7.12	伊犁將軍保甯	奏報領隊大臣珠勒剛阿前往哈薩克致祭杭霍卓,詔封江霍卓爲王並察看當地情形後返回	一史館滿文錄副
15	2	JQ5.8.28/同年10.16	塔參贊大臣貢楚克扎布	奏報哈薩克公庫庫岱派人遞呈,控告沙爾珠墨特鄂托克人搶其牲畜情形	一史館滿文錄副
16	2	(JQ5.8)	(塔參贊大臣貢楚克扎布)	塔爾巴哈台參贊大臣致哈薩克公庫庫岱信	
17	2	JQ5.12.28/同年6.2.19	塔參贊大臣貢楚克扎布	奏報已在與科布多交界處建立鄂博,請分别賞賜土爾扈特、阿勒泰烏梁海人等	
18	3	JQ6.3.18/同年5.6	塔參贊大臣貢楚克扎布	請賞給在塔爾巴哈台辦理漢文算寫事務的前知縣葉陽八品頂戴	一史館滿文錄副
19	3	JQ6.3.18/同年5.6	塔參贊大臣貢楚克扎布	本地官倉積糧多達八年,請照例准許每年每石報減損耗糧一鬥	一史館滿文錄副,又見事宜
20	3	JQ6.11.21/同年7.1.10	塔參贊大臣貢楚克扎布	拜讀皇帝爲桑乾河決口而作詩賦,讚頌皇恩浩蕩	
21	3	JQ7.9.6/同年10.27	伊犁將軍松筠、塔參贊大臣策巴克	奏報命令塔爾巴哈台各卡倫嚴防哈薩克人私入卡倫内遊牧及盜竊牲畜等事	一史館滿文錄副
22	3	(JQ 7) 漢文片		酌添台卡兵丁以敷差遣等事	
23	3	JQ7.10.8/同年11.28	塔參贊大臣策巴克	塔爾巴哈台事務繁多,請准許管理遊牧領隊大臣特克慎協理	一史館滿文錄副
24	3	JQ8.1.25/同年閏2.17	塔參贊大臣興肇	恭賀軍營大功告成剿滅白蓮教匪	一史館滿文錄副
25	3	JQ8.閏2.2/同年3.24	塔參贊大臣策巴克	請賞授發遣塔爾巴哈台效力之葉陽縣丞再留任三年	一史館滿文錄副
26	3	JQ9.3.25/同年5.16	塔參贊大臣興肇	奏請對塔爾巴哈台委筆帖式年滿後酌情賞罰	一史館滿文錄副
27	3	JQ9.6.27/同年8.21	塔參贊大臣興肇	請增賞塔爾巴哈台察哈爾、額魯特愛曼藍翎	一史館滿文錄副
28	4	JQ10.1.2/同年3.2	伊犁將軍松筠等	奏請將塔爾巴哈台東北一帶卡倫交專責領隊大臣碩雲保管理,另命管理額魯特領隊大臣巡查南邊七卡倫	一史館滿文錄副

续表

文件序號	所在冊	具奏日期 / 硃批日期	具奏人	標題或內容概要	與其他史料之互見
29	4	JQ10.6.24/同年7.19	伊犁將軍松筠等	奏報會議卡倫管理並塔爾巴哈台哈薩克遊牧徵收租馬等事	一史館滿文錄副
30	4	JQ10.6.24/同年7.19	伊犁將軍松筠等	奏報哈薩克公博普派人來塔爾巴哈台遞呈請安	一史館滿文錄副
31	4	JQ10.9.9/同年10.28	伊犁將軍松筠等	議定會勘塔爾巴哈台科布多交界卡倫	一史館滿文錄副
32	4	JQ10.9.9/同年10.28	伊犁將軍松筠等	奏報土爾扈特親王車淩烏巴什請求明年親自入藏熬茶事	
33	4	JQ11.1.26/同年3.25	塔參贊大臣達慶	奏報前知縣葉陽中風後病重身亡	一史館滿文錄副
34	4	JQ11.5.24 漢文折		請于伊犁烏魯木齊商民百姓內雇覓能看煤苗之人前來	
35	4	JQ 12.4.28/同年6.18	塔參贊大臣達慶	爲奉旨申飭無限恐懼，叩謝天恩遵辦事	一史館滿文錄副
36	4	JQ12.9.6/同年10.27	塔參贊大臣達慶	奏報與後任大臣愛星阿交接事	
37	4	(JQ12)	塔參贊大臣達慶	遵旨辦理哈薩克互控案	
38	4	JQ12.9.22/同年11.14 漢文折	伊犁將軍松筠等	奏爲欽遵諭旨詳審哈薩克控案,分別誡飭兩造輸服並查參歷任失察之參贊領隊大臣恭折奏請聖鑒事	新疆識略，又見仁宗實錄
39	4			哈薩克公卓勒齊台吉哈木巴爾等遵照聖諭在將軍參贊大臣前具呈	
40	4	JQ12.9.22/同年11.14		土爾扈特親王車淩烏巴什由藏返回叩謝天恩並請求明年赴熱河朝覲	一史館滿文錄副
41	4	JQ12.11.23		奏報核查倉廒事	
42	5	JQ13.3.5	塔參贊大臣愛星阿	請將年滿主事德興再留任兩年辦理糧餉	一史館滿文錄副
43	5		塔參贊大臣愛星阿	爲得賜禦制木蘭記叩謝天恩	一史館滿文錄副
44	5		伊犁將軍松筠等	奏報哈薩克台吉等遣人前來請安	
45	5	JQ13.8.15 /同年10.6 漢文折	伊犁將軍松筠等	奏爲遵旨會議塔爾巴哈台加屯事宜酌定章程事	
46	5	(JQ13)	塔參贊大臣祥保	土爾扈特墨爾根哈屯請將屬下人不安分之人逐出	一史館滿文錄副
47	5	JQ14.1.4/同年2.2	塔參贊大臣祥保	請將捉拿哈薩克盜馬賊有功之察哈爾驍騎校補授佐領	一史館滿文錄副
48	5	JQ14.4.11/同年5.28	塔參贊大臣祥保	爲緝拿浦大芳等三十一名惡犯有功得旨交部議敘叩謝天恩	一史館滿文錄副

续表

文件序號	所在冊	具奏日期/硃批日期	具奏人	標題或內容概要	與其他史料之互見
49	5	JQ14.7.11/同年8.29	塔參贊大臣祥保	爲得賜皇帝御筆叩謝天恩	一史館滿文錄副
50	5	JQ15.4.27/同年6.17 漢文折	伊犁將軍晉昌（?）	奏爲遵旨議定塔爾巴哈台額魯特等應解烏魯木齊官兵口食羊折銀交付恭請叡鑒事	
51	5	JQ15.5.6/同年6.24	塔參贊大臣祥保	土爾扈特公貢格車淩及其母墨爾根哈屯請求邀科布多活佛來牧地念經	一史館滿文錄副
52	5	JQ15.12.13/同年16.2.2	伊犁將軍晉昌等	奏報土爾扈特親王來城貢伯勒克馬並請安	
53	6	JQ16.3.18/同年4.9	塔參贊大臣貢楚克扎布	爲佐領希拉布錯譯托忒文呈文請交部議處並自請處分	一史館滿文錄副
54	6	JQ16.4.24/同年6.13	塔參贊大臣貢楚克扎布	請就辦理侍衛扎拉芬阿一案與新任參贊大臣那彥寶交接	一史館滿文錄副
55	6		伊犁將軍晉昌	哈薩克公卓勒齊病故,請准其子台吉薩爾特襲爵	
56	6	JQ22.2.1/同年3.24	塔參贊大臣貢楚克扎布	奏報經由伊犁返回塔爾巴哈台	
57	6	JQ23.3.27/同年5.14	伊犁將軍晉昌	奏報哈薩克公庫庫岱請求撥給牧地並賞給屬下頂戴	一史館滿文錄副
58	6	(JQ23)		爲庫庫岱事接到軍機大臣寄來上諭	
59	6	JQ25.5.1/同年6.26	伊犁將軍晉昌	庫庫岱經奉旨申飭，現具呈認錯	一史館滿文錄副
60	6	無/JQ25.5.12	伊犁將軍晉昌	遵旨查辦額魯特孳生官牛倒斃事	
61	6	JQ25.11.11/DG1.1.5奉到JQ25.12.10所降諭旨		請以伊犁、塔爾巴哈台之察哈爾、額魯特兩營所牧放官牛賞給貧困者	

互見欄之略稱說明：仁宗實錄=《清仁宗實錄》
事宜=《塔爾巴哈台事宜》
新疆識略=《欽定新疆識略》
一史館滿文錄副=中國第一歷史檔案館藏軍機處滿文錄副奏摺

3. 篇目統計

（1）根據筆者的計算方式，全書共61件文書，包括奏摺、來文、片等，該奏摺所奉到硃批及所附清單未單獨計算。其中用漢文書寫的有奏摺4件，片1件和附在滿文奏摺後的清單1件，其他全爲滿文。

（2）奏摺的上奏時間始于嘉慶元年四月十一日，截止于嘉慶二十五年十一月十一日，大體涵蓋嘉慶一朝(除了十七年到二十一年以及二十四年空缺)，其年代分佈如下：

元年—2篇　二年—2篇　三年—1篇　四年—4篇　五年—8篇
六年—3篇　七年—3篇　八年—2篇　九年—2篇　十年—5篇
十一年—2篇　十二年—7篇　十三年—5篇　十四年—2篇　十五年—3篇
十六年—3篇　十七年至二十一年—0篇　二十二年—1篇　二十三年—2篇
二十四年—0篇　二十五年—2篇　時間不詳—2篇

（3）各冊封面用漢字標注本冊內容的年代起止(如前所述，當係收藏者玉振道人即中島氏題)，但與實際內容未盡相符，第一冊內容起于嘉慶元年，止于嘉慶四年（1799），而封面標注作“至嘉慶三年”，以下各冊也依次錯位，需要注意。

三、《塔爾巴哈台奏稿》文書舉要——兼談本書特色與史料價值

清王朝主要依靠滿蒙等八旗官員辦理邊疆事務，有關軍政事務的奏摺文書曾長期以滿文爲第一公用語，這一點已經成爲治清代邊疆史者的共識。在塔爾巴哈台這樣的西北邊陲，甚至長期未設立專職的漢文書寫人員。因此要深入瞭解當地邊政治理的過程細節，滿文檔案不僅是必不可少的基本史料，還往往是一般漢文文獻、史料無法替代的寶貴原始記錄。爲了充分發揮滿文史料對清史歷史的作用，在整理利用現存檔案的同時，努力發掘各種奏摺的私抄本，也是不容忽視的重要環節。就本書而言，有如下特點值得重視：

第一，雖然抄寫中有少數錯字、脫字，以及未保留具奏人姓名等的缺點，但總體上保存了奏摺文書所具有的特性，其中相當一部分可與中國第一歷史檔案館所藏軍機處滿文錄副奏摺互見，可視同現存檔案的“副本”，屬於第一手資料。

第二，因爲所收奏摺的時間跨度爲嘉慶一朝，許多奏摺在內容上前後銜接，有連續性，內容也緊扣當地的各項政務，不像更晚時期形成的一些滿文奏摺抄本，大量爲謝恩摺，變得程式化，內容也多雷同。

第三，若從內容上粗作區分，則全書中有關哈薩克者最多，達19篇以上，幾近三分之一，涉及爵位承襲、收取租馬、進卡越冬、請求賞賜等事項，以及處理哈薩克與額魯特、土爾扈特之間頻繁發生的草場糾紛和牲畜盜竊案件；其次關於駐守當地的察哈爾、額魯特等營遊牧官兵的管理，包括執行軍務及解決各營生計問題，計8篇；有關土爾扈特牧場、入藏熬茶、延請活佛念經等事項的6篇；涉及官員人事的8篇；有關卡倫巡查挪移及劃界問題的4篇；有關採金挖煤等涉及內地民人的4篇；其他爲雜項，如公務交接，蒙賜謝恩等。全書內容明顯地偏重處理境內外各遊牧部族事務以及與此緊密關聯的卡倫邊防問題，這既表現出本書編者對政務關心的重心之所在，也符合塔爾巴哈台地方行政的特點。

第四，滿文奏摺常能提供一些漢文文獻或檔案所不反映的詳細而重要的情節，從而爲我們揭示出當地社會和對外關係狀況的深層，一個極好的例子就是嘉慶四年到五年

(1799—1800)，圍繞哈薩克右部首領杭霍卓死後王位承襲爭議的處理而形成的一系列奏摺。下面就以有關此事件的記載爲例，作些具體介紹⑧。

還在17世紀，哈薩克草原已分爲三部，也稱三玉玆。進入18世紀後，各部爲在沙俄和清兩大帝國之間謀求自保，採取對兩方都通使的所謂“兩屬”方針，但地理位置不同，各部與兩方的親疏程度也不同。小玉玆位置最西，更靠近沙俄，其他兩部則與清廷長期保持密切關係。乾隆二十二年（1767）清軍討平準噶爾後，中玉玆即左部首領阿布賚最先接受清軍招撫，遣使朝貢，而後大玉玆即右部首領阿布勒比斯也向清廷遣使入貢⑨，這個阿布勒比斯就是杭霍卓的父親。乾隆四十八年（1783）阿布勒比斯死後，杭霍卓以長子身份承襲王爵，次子卓勒齊得授公爵。然而事實上，杭霍卓並非阿布勒比斯親生之子，其生父乃是小玉玆首領巴喇克，因巴喇克病故後其母改適阿布勒比斯，阿布勒比斯遂養以爲長子，幾年後生下卓勒齊，所以二人是異父同母的兄弟，這種複雜的親緣關係後來成爲本次襲爵之爭的起因⑩。

杭霍卓管理右部事務達十六年，嘉慶四年病故，清廷多次稱讚他辦事“盡力奮勉，非常恭順”，由誰來接替他的位置，能否平穩過渡，事關今後境内外之安定大局，恰恰在這件事上，出現了卓勒齊與杭霍卓之子江霍卓相爭，各自要求清廷作主的局面。如何妥善處理此事，涉及到清廷治理哈薩克的基本方針，也考驗清朝的外交和管理手法，不可謂不重要。然而關於這個問題，如僅看漢文史料，就可能因爲過於簡略而被忽略。比如《清仁宗實錄》，關於此事概略到只有嘉慶四年十一月丁丑（二十三日）的一句話：“以故哈薩克王杭和卓子江和卓襲爵”，一語帶過；再如《欽定新疆識略》卷十二的《外裔》部分，記載也很簡略，而且將此事列在了下一年，稱“嘉慶五年，杭霍卓病故，奉旨襲王爵（指江霍卓）”，雖然提到其叔父卓勒齊曾“呈遞夷稟，欲襲王爵，經伊犁將軍保甯奏駁在案”，透露出這當中經歷了曲折，但完全未涉及詳情。因此，江霍卓究竟何時襲爵，爲什麼上舉兩書的記載時間出入甚大，所謂卓勒齊欲襲王爵卻遭到奏駁的前因後果如何，清廷和直接負責邊疆事務的伊犁將軍等人又如何應對了這件事，等等，凡此種種，筆者在漢文史料中未能求到任何具體線索，卻通過《塔爾巴哈台奏稿》的一組滿文奏摺找到了明確答案（見表1中的09、10、12—15號文書），理清了事件全貌，現簡述於下：

（1）據09和10號文書，可知嘉慶四年十月十九日塔爾巴哈台參贊大臣貢楚克扎布首先聞訊並向朝廷奏報了杭霍卓病故一事，但他同時接受了卓勒齊的回字呈文，將大意譯出附在自己奏摺後呈報，又稱讚卓勒齊早已協助杭霍卓辦事，能服眾，可以繼承其兄管理本部事務，推薦之意顯然。嘉慶帝對貢楚克扎布的人選推薦很不以爲然，但硃批上

⑧ 有關此事件全過程的研究，參見筆者《嘉慶四—五年哈薩克王位承襲問題與清廷的對應方針》，《故宮博物院八十華誕暨國際清史學術研討會論文集》，北京：紫禁城出版社，2006年。

⑨ 據《欽定新疆識略》（文海出版社影印本，1965年，下同），卷十二《外裔》，阿布勒比斯向清廷遣使之事在乾隆二十三年（1758）。

⑩ 事見《欽定新疆識略》卷十二之《哈薩克世次表》。

沒有直接指定其他人選，只是警告他不得擅自介入哈薩克內部事務，偏袒一方是大忌。

（2）13—15號的三份文書爲伊犁將軍保甯的奏文和所奉到的硃批。可知保寧就此事上奏的時間略遲于貢楚克扎布，而意見也與彼完全相左，他全力推薦杭霍卓的長子江霍卓襲爵，理由是應沿用乾隆朝在阿布勒比斯去世後時處理王位承襲問題的成例，以杜絶其他人的覬覦和由此而來的各種紛爭，求得平穩過渡。他的建議完全符合了嘉慶帝的心意，隨即降旨以江霍卓襲爵。

（3）諭旨在嘉慶四年十二月發出，然而正值冬季，風雪阻路，宣旨人員無法前往右部，不得不等到開春以後，所以當衆宣佈江霍卓襲爵一事拖延到了第二年，中間相隔約半年，這就解釋了爲什麼《清仁宗實錄》和《欽定新疆識略》的記載在時間上有較大出入，前者是頒旨時間，而後者是向哈薩克部衆宣佈的時間。

（4）更有意味的是，在等候宣旨的幾個月中，卓勒齊不甘坐等失敗，曾以強硬態度派人再到伊犁遊說活動，而保寧爲了確保清廷旨意的貫徹，對卓勒齊遣來之人採取既壓又拉的態度，示以威嚴又曉以利害，最終使卓勒齊就範聽命。據11號文書中貢楚克扎布奏報，宣旨之後，來塔爾巴哈台貿易的哈薩克人對江霍卓襲爵一事表示悅服，卓勒齊亦無異議，風波平息。以上的整個過程，爲瞭解清朝在治理西北邊疆特別是處理哈薩克事務上的方針與手法提供了一個具體而生動的實例。

14號文書最能體現保寧爲貫徹清廷意圖而採取的交涉手法，但因全文過長，這裏僅作節譯，將其中一部份進行滿漢文對譯，以示一斑。史料的漢文爲筆者所譯，下附滿文原文的羅馬字轉寫，原文的換行用“／”號隔開表示，省去了抬頭等格式。轉寫規範參考了河內良弘的《滿洲語文語文典》⑪。

14-1

據大學士、伊犁將軍、公保（甯）奏，為奏聞事。頃有哈薩克公卓勒齊差遣阿哈拉克齊達爾札等前來伊犁，向奴才交伯勒克馬，並帶來一封回字信，奴才接信令譯出大意後閱看，該信所言甚為無理，大意為阿布勒比斯死後，因杭霍卓年長，王位由杭霍卓承襲，(然)杭霍卓乃巴喇克之子，今杭霍卓既故，王位勿予江霍卓，奈曼鄂拓克遊牧事務應由我管理，王位、遊牧、阿勒巴圖（＝屬民）均勿交江霍卓，勿因王位之事令我內部起紛爭之事（等語）。

aliha bithei da ili i jiyanggiyūn gong boo ini baci / wesimbuhengge, / donjibume wesimbure jalin. eikan hasak gong jolci ahalakci darja sebe ili de takūrafi, aha de / belek morin alibunme, emu afaha hoise hergen alibuha be, aha afabufi murušeme ubaliyambufi tuwaci / bithede arahangge hon getuken akū, amba muru abulbis nimeme akū manggi, hanghojo ahūcilaha ofi, wang ni / hergen be hanghojo de buhe, hanghojo oci barak i jui, te hanghojo nimeme akū oho, wang ni hergen be giyanghojo

⑪　河內良弘《滿洲語文語文典》，京都：京都大學學術出版會，1996年。又，這部分節譯的滿漢文對譯蒙中國第一歷史檔案館滿文部張莉女士審閱，多有指教，在此謹致衷心的謝意。

de burakū, / naiman otok i nuktei baita be bi kadalame icihiyambi, wang ni hergen, nukte albatu be gemu giyanghojo de burakū, / wang ni baita i jalin, mini dolo ume becen jaman i baita dekdebure sere jergi gisun arahabi,

14-2

查得，乾隆四十八年經塔爾巴哈台參贊大臣惠齡處就哈薩克王阿布勒比斯身故後其子杭霍卓遣人來報之事上奏時，太上聖主所降旨內稱，此王位應著其長子杭霍卓承襲。此後，關於杭霍卓乃阿布勒比斯養子等情由，全然不必提及，但作不知了事。日後倘伊弟、阿勒巴圖等因不肯心服前來控告，再視情況辦理可也，欽此欽遵，等語。（中略）俱記錄在案。

baicaci, abkai / wehiyehe dehi jakūn aniya de tarbagatai i hebei amban hoiling ni baci hasak wang abulbis nimeme akū / oho manggi, ini jui hanghojo niyalma takūrafi, inde bolanjiha babe / wesimbuhede, / ten i dergi enduringge ejen i wasimbuha / hesei dorki, ere wang ni hergen be giyan i ini ahūngga jui hanghojo de sirabuci acambi, ereci hanghojo abulbis i / ujiha jui sehe jergi turgun be fuhali jonoro be baiburakū, damu sarakū arame sereburakū oci wajiha. talude / amaga inenggi ini deote labtu sa gūnin daharakū turgun be tucibume habšaha manggi, jai acara be tuwame icihiyakini sehebe / gingguleme dahafi（中略）gemu dangsede ejehebi,

14-3

今奴才保（甯）、領隊大臣等分別與卓勒齊遣來之阿哈拉克齊、達爾札等見面問話。據達爾札稟稱：自卓勒齊處為該王位承襲之事派伊等前來伊犁，借向大聖主遞交呈文之便，給將軍請安，並貢伯勒克馬，亦將此事稟告。達爾札口頭所稟與呈文中所寫相同。伏思，太上聖主施恩冊封杭霍卓為王以來，所有交辦諸事均恭敬辦理，這些年來，該哈薩克中全無異言，即伊弟兄中也全未聞有爭議之事。杭霍卓病故後，塔爾巴哈台參贊大臣貢（楚克札布）處寫信給奴才，奴才以杭霍卓這些年來較之其父阿布勒比斯更加恭順誠心，極為奮勉盡力行事，杭霍卓之長子江霍卓平日已經跟隨其父學習辦理遊牧事務，且人聰穎，有福相等情，謹具奏聞，請聖主睿鑒，即施恩將杭霍卓之王位由伊長子江霍卓承襲，等語。奉到聖旨後，奴才即謹遵諭旨，派遣領隊大臣珠爾剛阿攜帶致祭杭霍卓和封王之敕書，以及賞賜綢緞，從伊犁出發，前往彼等遊牧地，宣佈冊封江霍卓為王等，奴才保（甯）業已具奏在案。

ede aha boo meyen i ambasai sasa jolci i takūraha ahalakci darja / sebe acafi fonjici, darja i gisun Jolci i baci ere wang ni hergen be sirabure baitai jalin mimbe takūrafi, / ili de jifi, / amba enduringge ejen de wesimbure bithe alibure ildun de, jiyanggiyūn i saimbe fonjime, belek morin alibume, ere / baita be donjibume jihe seme alambi, darja i anggai alaha gisun i muru inu bithede arahangge adališambi, kimcime gūninci, / ten i dergi enduringge ejen kesi isibume hanghojo be wang fungnehe ci yaya afabuha baita de gemu ginggun ijishūn i / hing seme facihiyašame icihiyaha bime, ere utala aniya ceni hasak sai dorgi umai encu gisun akū, uthai / ceni ahūn deo i dorgi inu umai temšere leolecere be fuhali donjihakū, jakan hanghojo nimeme akū oho manggi, / tarbagatai i hebei amban gun i baci aha de jasinjiha nerginde, aha i baci hanghojo ere utala aniya ini / ama abulbis ci kemuni ginggun ijishūn i hing seme umesi kiceme fašame abuha, hanghojo i ahūngga jui / giyanghojo an i ucuri uthai ini ama hanghojo dahalame nuktei baita be tacime icihiyambime, hono / sure getuken hūturingga banjiha babe ginggulame / donjibume wesimbufi / ejen genggiyen i bulekušefi, uthai / kesi isibume hanghojo i wang ni hergen be ini ahūngga jui giyanghojo de sirabukini seme / hesei bithe wasimbuha ofi, aha i baci / hese be ginggulеme dahame meyen i amban jurgangga be tucibufi, hanghojo de hisalabume, wang fungnere jalin wasimbuha hese bithe, šangnaha suje be suwaliyame tukiyebufi, ili ci jurambufi, ceni nukte giyanghojo be wang fungneme unggihe babe jakan aha boo ginggulеme / donjibume wesimbuhebi,

14-4

現卓勒齊特地派人來伊犁與我會面，就該王之爵位事愚昧不明擅自遞信請求，實為不敬。顯系妄存僥倖而故意試探，理應挫折其妄求之心，嚴加訓斥曉諭。為此奴才告訴達爾札等，我素知杭霍卓為阿布勒比斯長子，至於伊乃巴喇克子之事，非但大聖主不知曉，我自身亦全未得知，倘若果真如此，阿布勒比斯病故時，卓勒齊年紀已不小，卻未將此情呈出，卓勒齊這些年來又為何恭順地協助杭霍卓，親密熱心地辦事呢?

te jolci cohome niyalma takūrafi ili de jifi, aha be acafi, ere wang ni hergen be kiceme uttu balai hūlhi / lamba i baime bithe alibuhangge, jaci ginggun akū, iletu jabšan be kiceme balai erehunjeme cedekušeme yabuhabi, giyan i ini balai / erehunjere gūnin be musebume ciralame neileme ulkibume tacibume afabuci acame ofi, aha i baci darja de hanghojo oci abulbis i / ahūn jui seme mini beye sahangge goidaha, bark i jui sehengge / amba enduringge ejen sarakū sere anggala, tetele meni beye fuhali bahafi sarakū, unenggi uttu oci, abulbis nimeme akū oho nerginde, / jolci inu se ajigen akū, ainu ere turgun be tucibume alibuhakū, jolci ere utala aniya aiseme hanghojo de / ginggun ijishūn i aikilame haji halahūn i baita icihiyaha ni,

14-5

按我天朝之例，所有人但無過失，亡故後，父之官爵俱由其子繼承，無令他人繼承之例。若無子嗣，于伊兄弟中選人承襲之例，想必卓勒齊也早知曉。去年杭霍卓病故之事經塔爾巴哈台參贊大臣寄信與我,由我奏聞大聖主後，大聖主洞鑒杭霍卓這些年來恭順效力，即施天恩降旨將杭霍卓之王位著伊長子江霍卓承襲，並降旨獎賞卓勒齊，為此賞給綢緞。現我處謹遵聖旨一併辦理致祭杭霍卓以及冊封江霍卓承襲王爵事，業已派遣大臣珠（勒剛阿）攜帶敕書自伊犁出發前往爾遊牧處所宣示。大聖主即天，爾哈薩克王位之缺乃大聖主施恩，降旨著某人繼承即由該人繼承，不但卓勒齊不得妄求，也非我能擅自辦理之事。現在業已奉有諭旨，而卓勒齊稱杭霍卓乃巴喇克之子，此王位應由伊來承襲等語前來要求，甚為不敬。顯係僥倖妄求之糊塗行為，實屬非是。倘若我將卓勒齊如此擅自糊塗奏請之事向大聖主奏聞，大聖主明察後,必定降旨責怪：雖說哈薩克們生性愚昧，然卓勒齊乃多次進京朝見領受深恩之人，何以也如此糊塗耶！則卓勒齊豈能承受？我也不能不明事理代你奏聞大聖主。

meni / abkai gurun i kooli de, yaya i niyalma, waka endebuku akū oci, akū oho manggi, ama i hafan i hergen be gemu jui de / sirabumbi, gūwa niyalma de sirabure kooli akū, aika enen lakcifi juse akū oci, teni ahūn deo i dorgici sonjofi / sirabure kooli be gūnici jolci inu sambidere, tuleke aniya honghojo nimeme akū oho babe tarbagatai i hebei amban i / baci minde jasinjiha nerginde, mini baci / amba enduringge ejen de donjibume wesimbuhede, / amba enduringge ejen, hanghojo ere utala aniya umesi ginggun ijishūn i faššame yabuha be / genggiyen i bulekušefi, uthai / abkai kesi isibume hanghojo i wang ni hergen be ini ahūngga jui giyanghojo de sirabukiniseme / hesei bithe wasimbuha bime, kemuni jolci be sainšame hese wasimbufi, ede suje šangnaha, jaka nimi baci emgeri / hese be gingguleme dahame hanghojo de hisalabure, giyanghojo be wang sirabure jalin, meni ju amban be tucibufi, / hesei bithe be tukiyeme benebume ili ci jurambufi, suwani nukte de unggihe, / amba enduringge ejen uthai abka,suweni hasak wang ni oron be / amba enduringge ejen kesi isibume wede sirabume / hese wasimbuci, uthai wede bahabumbi, jolci balai baici ojorakū sere anggala, inu umai menisalifi icihiyaci ojoro baita waka, ne emgeri / hese wasimbuha bime, jolci, hanghojo be barak i jui ere wang ni hergen be giyan i inde sirabuci acambi seme baime alibuhangge jaci / ginggin akū, iletu jabšan be kiceme balai erehujeme cedekušeme yabuhabi, umesi waka oho, mini baci jolci i uttu / balai hūlhi lamba i alibuha babe aika / amba enduringge ejen de donjibume wesimbuci / amba enduringge ejen genggiyen i bulekušehe manggi ojorakū hasak sai bani udu hūlhi bicibe jolci ududu mudan gemun hecen de dosifi / genggiyen be haragašafi ujen kesi be aliha niyalma, ainu inu uttu hūlhi ni seme / wakašame hese wasimbure oci, jolci alime mueembio, bi inu gelhun akū ini funde / amba enduringge ejen de donjibume wesimbuci ojorakū,

14-6

頃接大聖主所降之旨內有：江霍卓年紀尚少，未大經事，而卓勒齊年長曉事，為卓勒齊協助江霍卓辦理遊牧事務，不但特意施恩賞給綢緞，還必因卓勒齊竭力辦事甚好而另外加恩。等語。據聞杭霍卓、卓勒齊二人，乃一母所生，杭霍卓在時，對卓勒齊親切關照。卓勒齊也跟從杭霍卓，同在一處度日，卓勒齊凡事對其傾心聽從行事。現伊兄杭霍卓身死，卓勒齊理應憐愛照看伊侄兒江霍卓，好生教導培養，何敢就王（位）之事忽然變心，生出（分別）你我之心耶。（中略）再者，卓勒齊聰明有福相等，我亦素知，故對其頗為關愛，卓勒齊對我也向來恭敬行事，為此我特意寫回信給他，教導他明瞭是非，幡然醒悟。

jakan / amba enduringge ejen wasimbuha hesei dorgi giyanghojo be se asigan asuru baita dulebuhekū, hono jolci be giyanghojo ci se ahūncilaha baita / ulhimbi seme, jolci be giyanghojo de aisilame nuktei baita be icihiabure jalin, kesi asibume cohome jolci de suje / šangnaha teile akū, jolci be facihiyašame yabuhangge sain oci, kemuni inde encu kesi isibumbi seme / hese wasimbuhabi, donjiha bade hanghojo jolci juwe niyalma emu eme i banjihangge ofi, hanghojo bisire fonde, jolci be umesi gosime / tuwambi, Jolci hanghojo be inu umesi kuduleme sasa emu bade banjimbime, jolci eiten de gemu imbe hungkereme gūnin / dahame yabuhai jihe, te ini ahūn hanghojo i beye wajifi, jolci giyan i ini jalahi jui giyanghojo sebe gosime tuwašatame sain i / tucibume yarhūndame hūwašabuci acara dabala, ai jembi wang be kiceme gaitai ututu gūnin kūbulifi si bi sere gūnin tebuci ombini,（中略）jai jolci i sure getuken hūwašara muru bisire be bi daci same ofi uthai imbe / umesileme gosimbime, jolci inu mimbe umesi kundulenghi jihe be dahame, te bi cohome afabure bithe arafi, inde / uru waka be ileme getukeleme neileme tacibume jorišame ulhebume afabuha.

四、結　　語

現有的研究成果中不缺乏對清朝治理新疆政策的宏觀考察。然而同在新疆，不同地區的治理對象不同，邊疆行政也各有特點，需要因地因時地具體探討，方能讓我們對清王朝的邊疆治理有更切中和深刻的認識。清朝在乾隆中葉將新疆納入版圖後，參考準噶爾遊牧王國時代的治理佈局，把軍政中心放在北疆伊犁，同時在烏魯木齊、喀什噶爾和塔爾巴哈台三處設置參贊大臣，其中烏魯木齊於乾隆三十七年（1772）將參贊大臣改爲都統，喀什噶爾的參贊大臣則經歷了乾隆三十年（1765）烏什事變之後一度移置烏什，以後重新移回原處的變遷。筆者以爲，這三處參贊大臣的設置，實際上反映了清廷對治理新疆的一種行政佈局，那就是，在伊犁將軍之下，以烏魯木齊參贊大臣和後來的烏魯木齊都統治理有大批內地民人移居，與內地聯繫密切的東路地區；以喀什噶爾參贊大臣治理天山南路的回疆，處理回部事務；而以塔爾巴哈台參贊大臣坐鎮伊犁北方，保障西北邊防並處理各種遊牧民族事務。因此研究嘉慶時期塔爾巴哈台的邊疆行政，需要立足于一個更廣大的視野來看待其意義，把它當作考察清中期新疆邊政管理的一個重要視窗。而本奏稿所包含的豐富滿文史料將爲我們打開這扇視窗，並勾勒出立體生動的場景畫面。

A Study on the *Memorial by Taerbahatai* in Its Relation with the Qing Court's Frontier Policies Regarding Northern Xinjiang during Emperor Jiajing's Reign (1522-1566)

Hua Li

Taerbahatai played an important role in Qing court's policy of defending its northwestern frontiers. It is especially a place in which people of different ethnicities (for example, Kazak, Oirat, Charhar, and Torghut) lived together, and a strategic spot for the protection of the Kalen(卡倫) borderline.Previous scholarship on Taerbahatai is mainly based on Chinese materials, but the communication between the Taerbahatai local government and the Qing court, till Emperor Daoguang's reign (1821-50), was carried out mainly in Manchu. This paper introduces *Memorial by Taerbahatai*, a collection of several dozens of Qing court documents currently in the Tenri Central Library, Japan, to the academic world and hope that their historical value will be properly evaluated and recognized.

民國時期有關蒙地墾殖的兩種珍稀文獻

忒莫勒

從清廷爲防止内地窮民貧極生亂，危及統治，而施行“借地養民”，開墾蒙地的政策起，三百多年來，隨著移民的不斷湧入和墾殖面積的持續增加，造成蒙古地方草原面積劇減、自然環境惡化、蒙漢主客易位及蒙古族固有文化漸趨式微等重大變化。這種變化有目共睹，如此顯著，自然會引起學術界的關注，從而使“蒙地墾殖”成爲持續不衰的研究對象，產生了相當數量的研究論著。本文將介紹並刊佈民國年間有關蒙地墾殖的兩種珍稀文獻，以供相關研究者參考利用。

其一，《蒙古旅京同鄉會反對在蒙古境内移民屯墾宣言書》（Mongγol-un neyislel-dür baγudalaǰu büküi nigen nutuγ-un yeke qural-ača mongγol-un kiǰaγar-tur irgen-i negülgen čeriglejü atar-i eǰelen qaγalburilaqu yabudal-i qariγučaǰu iledken ügülegsen bičig），蒙古文；鉛印；單面印刷；一張，規格爲60.5厘米×48厘米。原件存於内蒙古社會科學院圖書資訊中心，其上端遭鼠齧而殘損，所缺文字難以還原。詳見圖1。

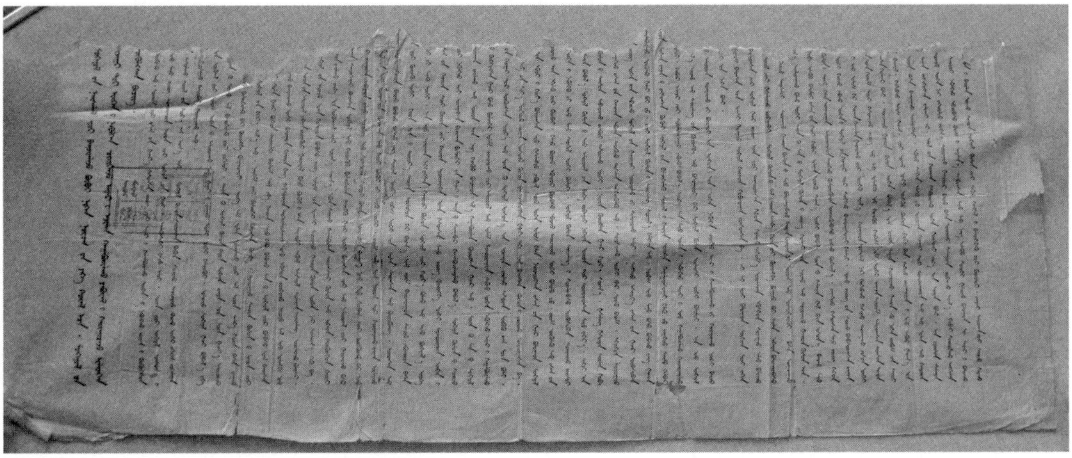

圖1

就目前所知，該《宣言書》係海内外存世孤品[①]。幸運的是，筆者在黄成垙編著的

① 見《中國蒙古文古籍總目》（*Dumdatu ulus-un erten-ü mongγol nom bičig-ün yerüngkei γarčaγ*）（下冊），第12365號《蒙古旅京同鄉大會反對移民軍墾蒙疆的宣言》，北京：北京圖書館出版社，1999年，2087頁。國外相關目錄未見著錄。

《內蒙自治問題》中找到該《宣言書》的漢譯文，全文如下：

蒙古旅京同鄉會反對在蒙古境內移民屯墾宣言書

為宣言事。茲者，政府以裁兵屯墾、移民實邊為詞，欲以凶兵遊兵，佔據蒙古土地，誠滅絕蒙族至毒之方策也。蒙人聞之，不禁忿恨，函電交馳，共同反對。人之恒言，國民生計，因地不同。漠北地極嚴寒，惟宜遊牧，故蒙人歷數千百年以來，生於斯，食於斯，恒以遊牧為業，其人口殷繁之地，馬牛駝羊亦因之而多。蒙古原野純為牧場，以漢人視之，皆為曠廢之地，棄而不墾，反若甚可惜者。殊不知我蒙古地方，不敷牧畜，一遭亢旱，水草立形缺乏，牲畜多半餓斃，民生即大感困難。其氣候稍暖，可適耕種者，內蒙則南部數旗。自前清以來，內地人民，負販來茲貿易，及屢次避難來墾種者，為數既多，我土著之蒙人，反失遊牧之場，生計困難，流離失所，壯者迫而為匪，老弱轉於溝壑，室毀人亡者，不知凡幾！間有困於鄉里，勉學為農者，亦以習慣不同、子種弗宜，以致田園荒蕪，入不敷出。數年之間，田產蕩盡，散而之四方者，又不知凡幾！墾種流毒，於蒙古既如是之甚，今若政府挾威（持）〔恃〕力，遽以極多數裁撤之凶兵，與無產之遊兵，移於蒙地，將僅存之少許牧場，使之任意墾田，恐蒙人畏匿逃亡，更甚於前，將見屯田所至之區，即我蒙人被逐之地，牧場漸迫，生計立窘。此移民屯墾佈滿蒙境之日，即我蒙族逃亡滅絕之時也。彼歐美黃種人被滅於白種人也，亦以其土地被白種人佔據之故。噫嘻！鵲巢鳩居，不謂號稱五族共和之中華民國先於蒙族行此最毒之計，言念及此，能毋瞋目切齒耶？或曰：政府移民，意不惡也，將使蒙人學耕種之方，以自存也。果爾，則蒙人生計之困難，既如前述，天災人禍，層出不窮，以目前之地方疲敝，生計萬分困難，政府何不施以救濟之方？乃非惟置若罔聞，且提倡內地兵民，使之入於蒙境，試問政府果有自解之說乎？至若使蒙人學習耕種，語雖近是，然以數千百年天然遊牧之場，習俗相沿已久，遽使改習耕種，學農學圃，何言之易耶？若謂緩以學之，則似此移民屯墾，竊恐蒙人（末）〔未〕諳耕種，田產已歸人有，而蒙人將無以自存矣。此為蒙人生存方面計，不能不反對移民屯墾者一也。

自民國以來，外蒙早已獨立，直奉屢起戰爭，蒙古地方，感受兵燹之慘劫，盜賊蜂起，焚殺搶掠，備遭塗炭。蒙人以馬牛駝羊為生產，一被搶奪，家徒壁立，非同腹地人民，雖被搶掠，田產猶存，尚不至於落魄，故蒙人受兵匪禍患之深，當十倍於內地人民。政府苟不歧視，自應拯諸水深火熱之中，使之休養生息，猶慮不濟，乃以被裁之凶兵，及無籍之遊民，雜處此土，何也？今軍人稍受教育，及紀律嚴明者，皆以衛國，其被裁者，大抵不守紀律，將來裁兵愈多，盜賊愈多耳。且內地人民，但於故里有立錐之地，決不輕離鄉井，其窮而安者，縱桑梓無所棲跡，亦於鄉里中覓親友可託者依附之。似此冒風沙，遊邊疆者，恐皆見憎鄉里，為奸誘刁滑之民也必矣。此等亂兵野民，於關防嚴密之內地，猶有犯上作亂之慮，若敗而群之，移於蒙境，是猶縱虎歸山，為患曷可勝言！勢必奪人之財以為財，攘人之羊以為食，直以蒙人為渠等魚肉，烏能安居樂業，以自食其力耶？政府於此等兵民不能教養於腹地，而散處於邊境，尚能冀其樂天命以歸（盡）〔善〕乎？若防其為變，派兵監剿，則彼等既熟悉蒙地形勢，必結合土匪，此擊彼竄，詎有已時？且蒙人深罹匪患，難望升平，將無枝棲之地矣，勢將（挺）〔鋌〕而走險。設一旦激成大變，則眾怒難犯，蒙人將忘身以思逞，政府將恃何術以弭之耶？縱禍患或不至如此之甚，然盜賊得財，均而分之，自然化為共產黨，染成赤化，又安保其不由西北傳染及於內地乎？夫政府裁兵屯墾，移民實邊，本欲為內地求幸福，而反致禍機之潛伏，我蒙人何辜，代人受此損失，一息尚存，詎能忍氣吞聲？此關於蒙地安寧，不能不反對移民屯墾者二也。屯墾移民，在漢唐時代，雖屢行於蒙境，然當時之蒙境，實漢唐敵人之土地也。歐洲列強，亦以侵人土地，殖養己民為主義，然皆對其他種族，方行此至毒之計。前清帝國專制時代，非不知實行殖民政策，及佔人土地，然於蒙境固未嘗行此滅絶蒙人之策。今則五族共和，號稱平等，譬猶五人合股營商，雖資本有大小之異，而號產應無爾我之分，故無論何時，亦宜和衷共濟，以期商業發達，未聞反驅夥人之妻子而侵蝕其資產者也。自民國以來，十四年中，對於蒙人始終優待，此次政變猶複特頒明令，申明優待條件照舊有效。該項條件，無非為保護蒙人原有之私產，及代籌生計。今若在蒙古境內，屯田移民，是重苦吾蒙民，奪吾蒙民生計，亦即樹優待之旗，行虐待之實，並前清不若，不亦虛有共和之名耶？彼被武力征服之土地，其土著之人民，稍一受其壓迫，尚思反抗，矧我蒙古本係中華民國主人之一份子，詎能忍而受之？此在政治方面言之，不能不反對屯墾移民者三也。

現在蒙古各牧場，地瘠氣寒，風沙為害，播以五穀，難期生長；雖有氣暖可耕之地，然每年可耕時期，不過百日，百畝之獲，不及內地五畝，一人必耕田千百畝，方足贍一家之用，較之生成遊牧事業迥殊，並不能多養數口之家。今若在蒙境實行屯墾移民，結局不過驅逐多數蒙人，容留少許凶兵遊民耳！在蒙人方面，則感受無涯之痛苦，在國家方面，並無絲毫裨益。且以遊牧為業，亦國民殖富之一道，世界上以此立國甚多，今政府縱不能廣為提倡，豈可恣之轉令損失？若蒙境內屯墾，則原有之牧場皆當廢棄，向所謂馬牛駝羊、皮革毛張之出口貨，亦因之減少，我國農工並軍人需用之毛織物、皮革品，自必仰息外人，是不啻自塞利源，不惟蒙人無以生活，亦妨礙國家富殖之策。此為國家殖富方面計，不能不反對屯墾移民者四也。

以上各條弊害，係就蒙古已經開墾之經驗事實上，推究將來，勢所必至，理有固然；非文之以詞，潤之以色者也。政府果能容納蒙人意見，顧全大局，應將裁撤無用之士卒，使之各回原籍，與其故里中貧民共同耕作，各覓生活之方。再於蒙地使蒙人任意牧畜，則漢蒙國民相安無事，而蒙人感激政府實無涯涘。非然者，大難橫於目前，蒙人至死反抗。其以屯墾移民，諛諂政府者，即我蒙人之仇敵，决不與之共天！除分别呈請外，特此宣言，以呈諸邦人君子，幸乞加以援助，則蒙古幸甚！國家幸甚[②]！

該《宣言書》未署撰寫和印刷時間，從文内“自民國以來，十四年中，對於蒙人始終優待，此次政變猶複特頒明令，申明優待條件照舊有效”句來看，當撰成並印製於1925年春季民國政府臨時執政段祺瑞召開善後會議以後。所謂“此次政變”，即1924年10月下旬馮玉祥在北京發動的武裝政變。而1925年春季，民國政府内政部擬具移民計劃，在善後會議上倡言：“青海、西藏地極廣漠，最宜屯墾。餘如東三省及察哈爾、綏遠等處，開拓本具規模，交通日臻便利。倘由各統兵長官體察情形，量移裁汰之兵以謀屯墾之益，事半功倍，計無善於此者。”[③]一時間輿論紛紛，應和者眾。這應該是該《宣言書》產生的歷史背景。

《宣言書》文字明晰，直抒胸臆，所言是否有理有據，自有研史者分析評判，本文不擬置喙。令人詫異的是，處於絶對弱勢的蒙古民族，竟能直斥民國政府“以裁兵屯墾、移民實邊爲詞，欲以凶兵遊兵，佔據蒙古土地，誠滅絶蒙族至毒之方策也”。而當局雖不爲蒙人意見所動，卻也未聞加害言者，足見其時言論頗爲自由，官方對輿論的鉗制，遠遜於後來國民黨之專制獨裁政府。

另外，從印製時間和鉛字字形來看，《宣言書》是由北京蒙文書社印製的。因爲當時國内尚無其他蒙文印社，而且此鉛字出自蒙文書社主人特睦格圖（漢名汪睿昌，内蒙古卓索圖盟喀喇沁右旗人）之手，字體獨特。

其二，東北政務委員會蒙旗處農墾宣傳圖案，蒙漢文對照。石印，單面印刷，規格爲53.5厘米×38.7厘米。現存102、103號兩張，民國十九年（1930）八月一日印行。該宣傳圖案始自何時，共有多少號，因資料限制，無從稽考。現存兩號係經我推薦，2016年3月下旬内蒙古圖書館由呼和浩特市某書商處重金購藏者，據説得自遼寧省瀋陽市，僅此兩張。就目前所知，該宣傳圖案係海内外存世孤品。詳見圖2。

該宣傳圖案下邊框外所署之滿、蒙文爲“蒙旗處印行”，“蒙旗處”三字爲滿文音寫，餘爲蒙古文。

考蒙旗處於1928年冬設於瀋陽，是東北邊防軍總司令長官張學良專門辦理東北蒙務的機構。1929年，指導監督遼、吉、黑、熱各省區地方政府的東北政務委員會成立後，蒙旗處隸於其下，處長袁慶恩。除該宣傳圖案外，蒙旗處還出有蒙漢文對照之機關刊物《蒙旗旬刊》（*Mongγol qosiγun-dur tarqaγaqu arban edür-ün darumal*）。

1928年中國國民黨主政後，國民政府在蒙古地區建省，大力推行放墾移民和屯墾政策。以張學良爲首的東北當局即以“開發利源，鞏固國防”的名義，在原内蒙古哲里木盟地方大肆放墾，掠奪蒙旗土地，以安插裁汰的兵員及編餘軍官等。其所建之興安區

② 黄成垿《内蒙自治問題》，最新印書社鉛印本，民國二十四年（1935）六月，81—84頁。（ ）内小字爲原文誤字，〔 〕内爲正字。

③ 《内政部移民計劃消納裁兵議案》，中國第二歷史檔案館編《善後會議》，北京：檔案出版社，1985年，210頁。

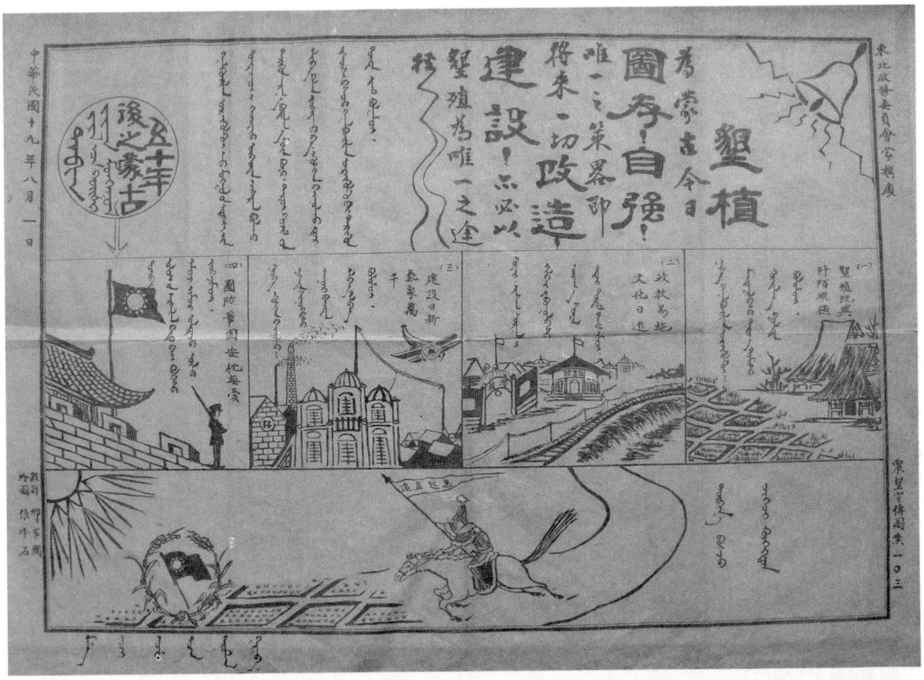
東北政務委員會宣傳處
墾植
爲蒙古今日
圖存！自强！
唯一之策畧，即
將來一切政治
建設！亦必以
墾殖爲唯一之途徑
五十年後之蒙古
中華民國十九年八月一日
(一)墾植既興 阡陌縱橫
(二)政教易施 文化日進
(三)建設日新 繁榮萬千
(四)國防鞏固 安枕無憂

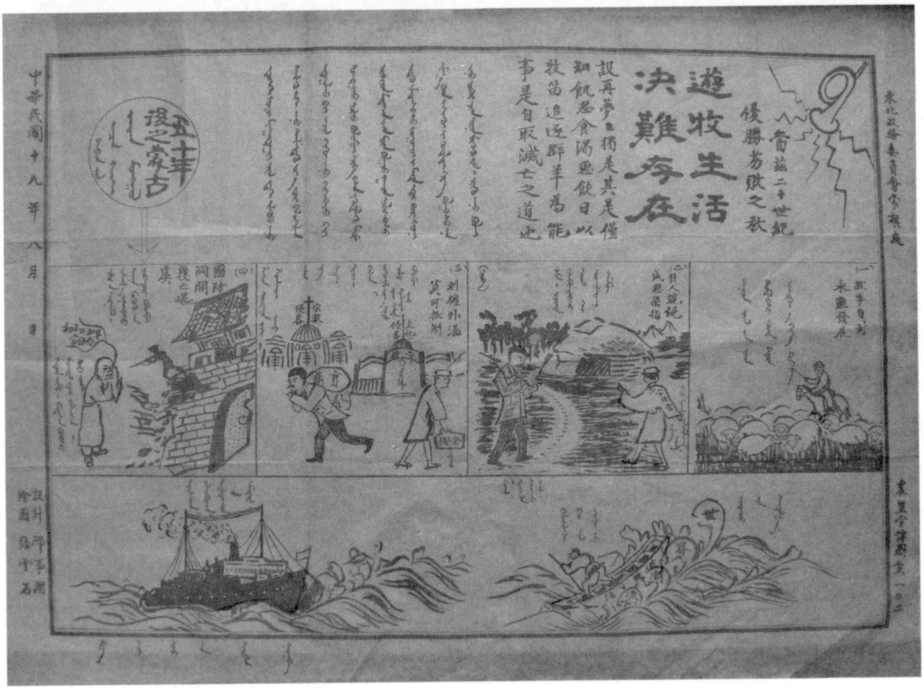
東北政務委員會宣傳處
遊牧生活
決難存在
當茲二十世紀
優勝劣敗之秋
設再夢夢，務是其是，僅
知飢思食渴思飲，日以
牧畜追逐群羊爲能
事，是自取滅亡之道也
五十年後之蒙古
中華民國十九年八月一日

圖2

屯墾區，試辦時期，範圍即以遼寧省洮安縣、黑龍江省之索倫設治司（今分屬內蒙古興安盟阿爾山市、科爾沁右翼前旗扎賚特旗和呼倫貝爾市的扎蘭屯市）爲主，以扎薩克圖（科爾沁右翼前旗）、鎮國公（科爾沁右翼後旗）、圖什業圖（科爾沁右翼中旗）、扎賚特等蒙旗爲輔。興安區屯墾公署初設洮安，後遷至王爺廟（今烏蘭浩特市），直接隸屬於東北政務委員會。其轄下三個團、兩個墾殖局及其他機構，分别駐於索倫、科爾沁右翼前旗葛根廟、王爺廟和科爾沁右翼後旗鎮國公府等地[④]。1929年，國民政府又通過《籌備移民殖邊辦法》，擬定移殖東三省辦法三項[⑤]。1930年5月召開的蒙古會議又通過蒙藏委員會提出的《蒙古農業計劃案》和《蒙古墾殖計劃案》，進一步推動對蒙旗的放墾[⑥]。顯然，該宣傳圖案的印行，是蒙旗處配合東北當局的開墾，專對蒙旗做的輿論宣傳。

該宣傳圖案以圖爲主，以文爲輔，簡明扼要，通俗易懂。採用這種宣傳方式，自然是由於當時蒙旗教育尚不發達，文盲眾多，若僅靠文字宣傳，影響難免有限；而圖畫直觀生動，民眾樂見，容易奏效。

通覽該宣傳圖案，其主旨不外乎宣揚農業比遊牧業先進，蒙人若堅持其傳統的遊牧生活，"是自取滅亡之道"，而欲圖自強及發展，"必以墾殖爲唯一之途徑"。在"五十年後之蒙古"的欄目標題下，第102號以"永難發展""引人覬覦""利權外溢""國防洞開，覆亡堪虞"來恐嚇蒙人，第103號則以描繪"墾殖既興，阡陌縱横""政教易施，文化日進""建設日新，氣象萬千""國防鞏固，安枕無憂"，蒙古"急起直追"的未來美景來勸誘。平心而論，其恐嚇之詞並非盡爲虛妄，有一定的合理成分，但其描繪的未來美景，則絶對是欺人的幻象。

以往的歷史早已證明，蒙地一經放墾，必然導致蒙漢主客易位，蒙人最終喪失傳統的土地所有權，從而使自身的固有文化式微乃至斷絶。换言之，蒙地放墾，對漢族而言，是生存空間的擴大，是漢文化圈的擴張，放墾帶來的地方繁榮，是漢民族及漢文化的繁榮；對蒙古族原住民而言，則是生存空間的壓縮和自主權的喪失，是蒙古文化圈的縮小和蒙古文化的衰落。在缺乏人權和民族平等意識的當時，在民國統治者利用一切權勢打造統一的"國族"這一想像的民族共同體的政治背景下，這種結果是必然的。不管今天學術界對蒙墾的認識如何分歧，倘無偏見，誰都無法否認這一事實。如果國家的興盛和大民族的繁榮須以侵害各小民族的利益，甚至使其滅亡爲前提，那麼這種興盛和繁榮必然會遭到各小民族的抵制，這就是以往民族矛盾和鬥爭的主要根源。

綜上所述，這兩種孤品文獻客觀地反映了民國官方（即漢族一方）和蒙旗對蒙墾的不同看法及主張，是瞭解和研究民國年間蒙地墾殖的第一手資料，具有重要的史料價值；對近代中國蒙古文印刷史而言，亦是不可多得的實物資料，稱之爲文獻珍品，當不爲過。

---

④　《興安屯墾區》，《東北年鑒》，東北文化社，民國二十年（1931）五月，203—208頁。

⑤　義都合西格主編《蒙古民族通史》第五卷（上），呼和浩特：內蒙古大學出版社，2002年，335—337頁。

⑥　《蒙古會議彙編》（決議案），蒙藏委員會編印，1930年，36、40頁。

On Two Rare Texts Related to the Cultivation of Mongolian Wasteland in the Era of Republic of China (1912-1949)

Tuimer

This paper brings to people's attention the "Declaration of the Beijing Mongolian Association's Opposing Immigration and Cultivation of Wasteland in Mongolia"and a propaganda poster issued by the Northeastern Political Affairs Committee (No. 102 and 103), two valuable texts for the study of the cultivation of Mongolian wasteland in the era of Republic of China. I find that the Declaration was printed in 1925 by Mongolians to respond to the Ministry of Domestic Affairs' propaganda to farm in Mongolia; the poster was made to support the government policy of cultivating wasteland in Mongolia. The two pieces reflect the different perspectives of viewing the cultivation of Mongolian wasteland in the era of Republic of China (1912-1949).

關於正黃旗滿洲副都統卜舒庫滿漢合璧碑

張 闊

北京師範大學敬文講堂和演播樓之間，矗立著一座清朝康熙二十三年（1684）的滿漢合璧碑，右側爲漢文，左側爲滿文，漢文部分題爲“副都統拖沙喇哈番謚剛壯卜舒庫碑文”（以下簡稱“卜舒庫碑”）。卜舒庫碑於2004年初在北師大校園内發現，曾引起了一定的社會關注①。然而，或許是由於深藏校園，該碑未能得到學術界的進一步關注，新近出版的《北京地區滿文碑刻拓片總目》一書，也未收入該碑②。目前，對該碑的學術研究以王明澤《五十載黌舍蔽風雨三百年舊碑現真容——北師大校園内清初正黃旗滿洲副都統卜舒庫墓碑初探》③一文爲代表，該文詳細介紹了卜舒庫碑的形制特點，出現在北師大校園内的原因以及圍繞該碑發生過的一些歷史故事，是一篇生動詳實的介紹性文章。不過，該文並未涉及卜舒庫碑的滿文部分，對墓主本人卜舒庫的生平介紹也較爲簡略，尚有進一步探討的必要。

一、漢文錄文

王明澤《五十載黌舍蔽風雨三百年舊碑現真容——北師大校園内清初正黃旗滿洲副都統卜舒庫墓碑初探》一文的漢文錄文，有個别缺字、錯字，另外標點也不盡正確，在此重新錄文：

---

① 媒體對該碑的報導，最早來自于《京華時報》2004年2月24日A09版，此後人民網等媒體進行過轉載，可參見網址：http://www.people.com.cn/GB/shehui/1062/2356279.html，最後訪問日期2017年4月2日。一些文物、古跡、攝影愛好者，也曾在博客、貼吧等地對該碑進行過介紹，可參見網址：http://blog.sina.com.cn/s/blog67e994ec01010dmm.html，最後訪問日期2017年4月2日。

② 北京市民族古籍整理出版規劃小組辦公室滿文編輯部編《北京地區滿文碑刻拓片總目》，瀋陽：遼寧民族出版社，2015年。該書作爲北京地區少數民族古籍目錄叢書之六，充分吸收了前人成果，是目前收錄北京地區滿文碑刻拓片最全的目錄，比之前收錄拓片最多的《全國滿文圖書資料聯合目錄》多出85種，然並未收入卜舒庫碑。需要注意的是，該書66頁收入有“布舒庫及妻張氏誥封碑”，這塊碑主的名字同卜舒庫一樣，滿文均爲bušuku，但並非同一人。

③ 王明澤《五十載黌舍蔽風雨三百年舊碑現真容——北師大校園内清初正黃旗滿洲副都統卜舒庫墓碑初探》，《首都博物館叢刊》2004年，總第18期，93—96頁。

碑額：

敕建

正文：

副都統拖沙喇哈番謚剛壯卜舒庫碑文

朕惟國家於疆場勤事之臣，畀[④]之恩寵,無間存歿,以表壯猷[⑤]而風[⑥]有位[⑦]。尤必考其成績，錫以嘉名，用備飾終之禮典，綦[⑧]重也。爾卜舒庫素嫻韜畧，累立戰功，爰自偏裨，擢為副帥。屬粵西逞亂，禁旅徂征，以爾熟練於戎行，俾往助張乎撻伐。不意宣猷未竟，奄逝遽聞。朕眷迺舊勳，殊深軫悼。念此馳驅之績，實推果敢之才。槩其生平，謚曰剛壯。於戲！垂竹帛之芳名，忠由賈勇；著褒寵之大義，典在旌勞。申賁綸章，勒之貞石，有光幽壤，不亦休歟！

康熙貳拾叁年肆月貳拾叁日立

二、滿文錄文

該碑的滿文部分從左自右共7列，除極個別字跡損泐外，保存完好。現轉寫如下：

碑額

hesei ilibuha
敕建

正文

1：meiren i janggin bime tuwašara hafan amcame dacun mangga gebu buhe
副都統　拖沙喇哈番　追謚　剛壯　名號　給
bušuku i bei bithe
卜舒庫　之碑文

2：bi gūnici gurun boo jase jecen i baita de kicehe amban be dosholome gosire be
朕　惟　國家　邊疆　之事務　勤勉　大臣　寵愛　仁愛
isibume bisire akū de kiyalarakū amba bodogon be iletuleme tušan de bisirengge
給　存歿　宏大　計謀　表彰　職任　有的

④ 畀：賜予之意。《尚書·洪範》："帝乃震怒，不畀洪範九疇。"對應的滿文爲isibumbi。

⑤ 壯猷：宏大的謀略之意。《詩經·小雅·采芑》："方叔元老，克壯其猶。"鄭玄箋："猶，謀也；謀，兵謀也。"對應的滿文爲amba bodogon。

⑥ 風：顯揚、表彰之意。對應的滿文爲huwekiyebumbi。

⑦ 有位：指居官之人。對應的滿文爲tušan de bisirengge。

⑧ 綦：極、很之意。《荀子·王霸》："夫人之情，目欲綦色，耳欲綦聲，口欲綦味，鼻欲綦臭，心欲綦佚。此五綦者，人情之所必不免也。"對應的滿文爲umesi。

be huwekiyebure de geli urunakū terei gung ilibuha babe kimcifi.
鼓舞 又 必定 那 功 建 將此 詳察

3：sain gebu bume duben be temgetulere dorolon be yongkiyabumbi kooli umesi
嘉名 給 終 旌表 禮 使完備 典 非常

ujen ai bušuku si daci arga bodogon be urebufi nurhūme afaha gung ilibure
重 卜舒庫爾 向來 計謀 熟習 連續 征戰 立功

jakade tuttu buya tušan ci tukiyefi meiren i janggin sindaha jaka guwangsi golo
所以 微職 抬升 副都統 補授 恰逢 廣西省

4：facuhūrafi dorgi cooha be dailabume unggire de simbe cooha dain be
作亂 禁軍 使征討 差遣 將爾 軍旅

dulembuhe seme cohome afara dailara de aisilabume unggihe bihegūnihakū
經歷 特意 使征戰 協助 派遣 不料

bodogon be tucibume wajire unde de gaitai akū ojoro jakade bi sini neneme
計謀 使出 完畢 尚未 忽然 去世 因爲 爾 先前

faššaha bihe gosime
奮勉 痛惜

5：dolo ambula sembi kiceme yabuha gung be gūnime kengse lasha i yabun be
心 甚 勤 行 功 考慮 果斷 品行

yargiyan i maktambi bisire fon be kimcifi amcame dacun mangga gebu buhe ai
真心 稱讚 生平 詳察 追謚 剛壯 名號 給 噫

šusihe dangse de sain gebu tutajingge baturulame faššara tondo ci banjinambi
牌子 檔冊 嘉名 來留存 勇往 奮勉 忠心 生成

saišame wesihulere amba
誇獎 尊重 大

6：jurgan be iletulerengge joboko be temgetulere kooli bi tuttu iletuleme hesei
義 表彰 勤勞 旌表 典 有 所以 表彰 聖旨

bithe wasimbufi bei wehe folobufi (有損泐) fejergi be eldembuhe ere inu
降 碑石 使刻 下 使彰顯 這 亦

umesi wesihun kai
非常 崇高 啊

7：elhe taifin i orin ilaci aniya duin biyai orin ilan de ilibuha
康熙 二十三年 四月 二十三日 立

該碑的滿文部分和漢文部分内容基本一致，但相較漢文部分而言，滿文部分更加通俗易懂、易於理解[9]。該碑作爲滿漢合璧碑，也符合清代北京地區旗人碑刻文字以滿漢

⑨ 北京市民族古籍整理出版規劃小組辦公室滿文編輯部編《北京地區滿文碑刻拓片總目》前言，5頁。

合璧爲主的特點[10]。

三、卜舒庫簡要生平事蹟

卜舒庫去世時的身份是正黄旗滿洲副都統，級別爲正二品。根據康熙朝《大清會典》的記載，康熙十八年（1679）規定，二品官員的石碑規格爲“麒麟首，高二尺八寸；碑身高八尺，闊三尺二寸；龜趺高三尺四寸”[11]。而根據王明澤的測量，該碑通高4.2米，碑身寬1.02米[12]，與康熙朝的規制大體相符。碑文記載的“朕眷迺舊勳，殊深軫悼。念此馳驅之績，實推果敢之才。槩其生平，謚曰剛壯”，可以反映出康熙帝對卜舒庫的厚愛。作爲一個出身、官職均不算特別顯赫的武官，能受到康熙帝的青睞，當主要源自其較爲突出的軍事才能。但是，碑文中僅有“素嫻韜略，累立戰功”等寥寥數語，並未揭示出其具體戰功。所幸《八旗通志初集》《滿名臣傳》《國朝耆獻類征初編》和《清史稿》等史料中有其傳記，爲我們瞭解卜舒庫的生平事蹟提供了可靠的材料。其中，《八旗通志初集》的記載最爲詳細，且多其他文獻所不載的獨家史料，價值最高，不過也有訛誤之處；《滿名臣傳》和《國朝耆獻類征初編》内容基本一致，均來源於清國史館的大臣列傳，史料價值次之；《清史稿》的記載系承襲《滿名臣傳》《國朝耆獻類征初編》而來，但進行了大量删減，最爲簡略，史料價值最次[13]。

卜舒庫[14]本姓文車亨氏，後賜姓吴魯氏，世居葉赫地方。其父那爾泰自幼隨清太祖努爾哈齊、清太宗皇太極等征戰，曾授“半個前程”，並任“牛錄額真”[15]。順治六年（1649）從征大同鎮總兵姜瓖叛亂時，同其子噶達渾、那什庫一同戰歿。

卜舒庫爲那爾泰的長子，同樣很早就隨清軍征戰，其軍事生涯大體可分爲兩個階段。

第一個階段爲順治年間參加的對南明政權的戰爭。

---

⑩ 參見劉小萌《關於江甯將軍額楚滿文誥封碑》，《滿語研究》2001年第1期，8頁。

⑪ 康熙《大清會典》卷一百四十，《工部・墳塋》。

⑫ 王明澤《五十載贊舍蔽風雨三百年舊碑現真容——北師大校園内清初正黄旗滿洲副都統卜舒庫墓碑初探》，93頁。

⑬ 參見鄂爾泰等修，李洵、趙德貴主點《八旗通志初集》卷一百五十一，《布恕庫傳》，長春：東北師範大學出版社，1985年，3842—3843頁；《滿名臣傳》卷十九，《布舒庫列傳》，國史館原本；《國朝耆獻類征初編》卷二百七十二，《布舒庫傳》，周駿富《清代傳記叢刊》，臺北：明文書局，1985年，第166冊，205—209頁；趙爾巽等《清史稿》卷二百五十八，《布舒庫傳》，北京：中華書局，1977年，9835頁。

⑭ 《八旗通志初集》寫作“布恕庫”，《滿名臣傳》等寫作“布舒庫”。

⑮ 蔣良騏《東華録》卷六記載：“（順治四年）十二月，改世職昂邦章京爲精奇尼哈番，梅勒章京爲阿思哈尼哈番，甲喇章京爲阿達哈哈番，牛錄章京爲拜他喇布勒哈番，半個前程爲拖沙喇哈番。”（北京：中華書局，1980年，89頁）“半個前程”即拖沙喇哈番，滿文爲“tuwašara hafan”，乾隆年間漢文譯爲雲騎尉。“牛錄額真”滿文爲“niru i ejen”，爲“箭主”之意，天聰八年改名“牛錄章京”，滿文爲“niru i janggin”，漢文爲佐領。

順治五年（1648）正月，曾投降清朝的金聲桓、王得仁等因不滿其所得權勢與地位，重新反叛清朝，佔據江西地區[16]。三月，清朝以譚泰爲征南大將軍，同都統何洛會等統兵進討。閏四月下旬，譚泰、何洛會等軍隊迫近江西，他們兵分兩路，譚泰部進攻九江，何洛會部進攻饒州。卜舒庫時任護軍校，隨何洛會部進攻饒州。他作戰勇猛，進攻饒州府不用雲梯，第二個登上了城樓[17]。

順治十四年（1657）十二月，清朝乘南明永曆政權內訌和孫可望降清的機會，兵分三路進軍西南：吴三桂、李國翰部由漢中南下四川，進攻貴州；羅托部由湖南進攻貴州；卓布泰部由湖南取道廣西北攻貴州[18]。卜舒庫隨卓布泰部出征。永曆政權由於內訌不斷，實力受到很大削弱，特别是李定國平定孫可望叛亂後，將大量精兵抽調雲南，導致貴州前線防禦空虚，使清軍進展順利。順治十五年（1658）五月，卓布泰部攻佔貴州獨山、都匀。九月，卓布泰部由都匀進攻安龍，李定國命李成爵部駐扎于涼水井（今貞豐縣），阻擊卓布泰部清軍。

卜舒庫作戰英勇，在涼水井大敗李成爵部。他在此後的戰鬥中同樣發揮出色，“首沖敵陣，奮擊斬殲甚眾”，“先眾踰險而上，遂奪其寨。定國復列象陣來犯，布舒庫率眾力戰，逐北四十里”，連續在雙河口、魯溝等地大敗李定國部。此役對南明永曆政權造成了沉重打擊，頭號將領李定國連戰連敗，屬下部將戰死者三十餘人，兵民死難者不下三四十萬人，且多歷年征戰之精鋭，從此被迫撤出貴州，退保雲南[19]。

由於這些戰功，卜舒庫授拖沙喇哈番。返回京師以後，卜舒庫擢任章京，值宿左翼門。某晚，順治帝打算巡幸上駟院，命令打開左翼門，卜舒庫當日值守，嚴格遵守制度，堅決不開門。順治帝震怒，命令下慎刑司議罪，鞭笞一百。不久之後順治帝有所反悔，對卜舒庫恪盡職守的品格非常讚賞，對他說：“爾所行甚當，爲君上守門，理宜如此敬嚴。”[20]

康熙年間，卜舒庫繼續受到重用。康熙二年（1663），晉升參領[21]。康熙十二年（1673），吴三桂等發動叛亂，史稱“三藩之亂”。當時八旗軍隊的主力都前往參戰，各旗都統、副都統多參與出征，八旗印務暫時歸本旗參領署理。旋因八旗旗務十分重要，康熙帝不放心交由參領署理，將七旗的印務收繳大臣兼管，惟認爲卜舒庫“公正無私”，保留了其印務，可見對卜舒庫的信任。康熙十六年（1677），進一步擢升卜舒庫

---

⑯　可參考顧誠《南明史》，北京：中國青年出版社，1997年，473—495頁。

⑰　《八旗通志初集》卷一百五十一，3842頁。

⑱　可參考顧誠《南明史》，900—923頁；另卓布泰，《國朝耆獻類征初編》作“卓卜特”，顧誠《南明史》引《清世祖實錄》《明清史料》作“趙布泰”；郭影秋《李定國紀年》作“卓布太”。

⑲　郭影秋《李定國紀年》，152—153頁。

⑳　《八旗通志初集》卷一百五十一，3842頁。

㉑　《滿名臣傳》《國朝耆獻類征初編》均作“康熙二年”，《清史稿》做了模糊處理，作“康熙初”。惟《八旗通志初集》作“康熙九年”。筆者暫在此採納“康熙二年”說。因爲《滿名臣傳》《國朝耆獻類征初編》絶大部分的稿本都來源於清國史館歷朝所輯的大臣列傳，已經屬於比較原始的史料，其記載比較可靠，而《八旗通志初集》則屬於孤證。

爲正黃旗蒙古副都統，晉議政大臣，成爲正二品高官。這就是碑文中所說的“卜舒庫素嫻韜略，累立戰功，爰自偏裨，擢爲副帥。”

第二個階段爲康熙年間參加的平定三藩叛亂的戰爭。

康熙十二年，吴三桂、耿精忠、尚之信等三藩在南方發動叛亂，一時間佔據雲南、貴州、廣西、廣東、福建、湖南等省份。清朝最初由於準備不及，節節失利。此後不斷增兵，剿撫並用，恩威並施，至康熙十五年（1676）時，逐漸扭轉了被動局面，在浙江、福建戰場均有很大進展[22]。但在江西戰場，戰爭形勢卻仍十分危險。江西地處湖南、廣東、福建等省之間，爲兵家必爭之地，雙方都很清楚其戰略地位，對其反復爭奪。吴三桂除四處增兵江西外，於康熙十五年二月別遣高得捷、韓大任攻陷吉安。吉安是江西的戰略重鎮，“平定湖南，全賴吉安大兵接應”[23]，簡親王喇布等派遣額楚等將領對吉安進行了長期圍攻，然而圍困近一年，仍沒有攻克。

在這種形勢下，康熙帝非常憂慮，他傳諭喇布等：“諸路大兵俱各殫力殺賊，惟江西一路屢厪朕憂，爾等圍困吉安既已逾年，乃縱賊盡令逸出，又不恤人民，肆行侵掠。”[24]加強了對江西的軍力部署。康熙十六年二月，他派遣卜舒庫同都統勒貝、護軍統領哈克三前赴江西參贊軍務。臨行前，康熙帝特意在養心殿接見卜舒庫，賜刀一口，諭令他：“簡親王年幼，未諳行兵之事。無論兵將，遇敵有不奮勇前驅者，爾即以是刀先斬後奏。”賦予了卜舒庫便宜行事之權。太皇太后孝莊對卜舒庫也是關愛有加，以卜舒庫年事已高，在炎熱天氣下出征，賜其乳餅解渴。

卜舒庫等尚未趕到江西時，韓大任因吉安糧盡援絶棄城逃走，轉戰甯都、樂安等地。卜舒庫與提督趙賴等合師圍攻，在永豐將韓大任兩路截擊，將其擊敗。此後韓大任部不敢輕易出戰，相持月餘後潰逃，卜舒庫率兵追及，斬首千余人，韓大任殘部逃入福建。康熙十七年（1678）正月，卜舒庫會同哈克三等在福建老虎洞鞍子嶺大敗韓大任部，最終導致韓大任向康親王傑書投降。

康熙帝對湖南戰場最爲重視，一直將湖南作爲平叛的主戰場[25]。攻克江西以後，卜舒庫等西進湖南，與征南將軍穆占會師郴州[26]。吴三桂見狀，調兵增援湖南，欲決一死戰。六月，他令胡國柱、馬寶等圍攻衡州的門戶永興。卜舒庫攜火炮同署理副都統尼雅翰等駐守於永興河岸抵禦，長期相持。永興之戰極其慘烈，清軍都統宜里布、護軍統領哈克三戰歿。只是由於八月十七日吴三桂病亡，永興之圍才最終解除。此後，清軍進展迅速，勢如破竹。卜舒庫同穆占等進攻耒陽，吴三桂女婿夏國相等敗逃。康熙十八年（1679）二月，平定常寧，後與穆占合師進攻永州城。卜舒庫另遣一路軍隊向西、向南接連收復新田、寧遠、道州、永明、江華各城，招降叛軍陳邦賢等將領300余人。他

㉒ 有關三藩之亂的背景、過程，可參考劉鳳雲《清代三藩研究》，北京：中國人民大學出版社，1994年。

㉓ 劉鳳雲《清代三藩研究》，274頁。

㉔ 《清聖祖實録》卷六十六，康熙十六年四月辛未。

㉕ 劉鳳雲《清代三藩研究》，279頁。

㉖ 《清史稿》卷二百五十九，《哈克三傳》，9849頁。

命令陳邦賢等攻克廣西全州、興安，並別遣一部向南連克灌陽、恭城、富川[27]。此後北上，與簡親王喇布會師于武岡。至此，卜舒庫在湖南的軍事行動宣告結束。

康熙十八年底，湖南、廣西、四川大局已定，清軍決定兵分三路進入雲貴。康熙十九年（1680）二月，以簡親王喇布、鎮南將軍莽依圖、總督金光祖和降將馬承廕等爲東路軍，由廣西進軍雲南，卜舒庫則剛剛調爲正黄旗滿洲副都統，也在軍中。然而，清軍剛剛部署完畢，馬承廕在吴三桂之孫吴世璠的唆使下佔據柳州復叛。卜舒庫會同喇布、莽依圖、金光祖等平叛，於六月攻克柳州府，馬承廕降。七月，以疾病卒於軍中。這就是碑文中所說的“屬粵西逞亂，禁旅徂徵，以爾熟練於戎行，俾往助張乎撻伐。不意宣猷未竟，奄逝遽聞”。

由此可見，卜舒庫在順治朝平定南明政權和康熙朝平定三藩之亂的重大戰爭中都發揮了比較重要的作用，他作戰勇猛，戰功突出，一步步從低級軍官晉升到副都統。又由於他具有剛正的品格，深得順治帝、康熙帝的賞識與信任。在平定三藩叛亂的戰爭結束后，康熙帝爲表彰諸位將領、官員的貢獻，賜予了他們高規格的誥封碑、墓碑和諭祭碑，卜舒庫墓碑就是其中之一。

On the Stele with Both Chinese and Manchu Inscriptions Dedicated to the Manchu Vice-general Bushuku of Plain Yellow Banner

Zhang Kang

The stele with both Chinese and Manchu inscriptions dedicated to the Manchu Vice-general Bushuku of Plain Yellow Banner was made in 1684. It was later found in the Beijing Normal University. This article is a preliminary study of Bushuku's stories based on these bilingual inscriptions.

[27] 此段歷史，《八旗通志初集》記載爲康熙十七年，“是年六月，率前鋒兵隨大軍拔道州、全州及新田、東安、湘陰諸縣，進取永州府，敗賊於白水市、哲里橋、蔡家店諸處，遂下永州府”，3842—3843頁。所記明顯錯誤，完全不符合戰爭進程。事實上，這些地區發生在永興之戰之後的康熙十八年，《滿名臣傳》等記載正確。《清聖祖實錄》卷八十，康熙十八年三月丁酉條記載，“征南將軍都統穆占疏言，臣等遣人齎敕前往新田、寧遠、道州諸處招撫”；三月丙午條記載，“征南將軍都統穆占疏報，臣等率領官兵追擊常甯縣賊眾”，“揚威大將軍和碩簡親王喇布疏報，二月初七日遣副都統雅哈喇等進取耒陽縣”等，都與《滿名臣傳》等記載相吻合。

蒙古國通史著作中所記之Ts.丹巴道爾吉

劉迪南

一

Ts.丹巴道爾吉（Цэрэн-Очирын Дамбадорж）1899年出生於大庫倫附近的額勒貝格阿木古蘭蘇木（Элбэг Амгалан сум，今蒙古國首都烏蘭巴托近郊），童年時曾經當過喇嘛。1913年在俄羅斯的俄文學校裹學習過三年俄語。此後回到大庫倫接受了兩年中學教育。後來參加電報班的學習。1920年到1921年參加了蒙古人民革命，從事電報工作。此後還負責過蒙古人民黨[①]的出版和宣傳工作。1922年曾短期出任蒙古人民黨主席一職。1924年8月，蒙古人民黨第三次代表大會之後擔任蒙古人民黨中央委員會總書記，直到1928年4月，有學者將這一時期稱爲“丹巴道爾吉政權時代”[②]。蒙古人民革命黨第七次代表大會後丹巴道爾吉被撤銷一切職務，解往莫斯科，1934年在蘇聯去世。

1955年出版的《蒙古人民共和國通史》[③]一卷本、1966—1969年出版的《蒙古人民共和國通史》[④]三卷本中的第三卷（下文簡稱爲1969年通史）、1995年出版的《20世紀蒙古史綱》[⑤]（下文簡稱爲史綱）和2003年出版的《蒙古國史》[⑥]五卷本中的第五卷（下文簡稱爲2003年通史）這四部由蒙古國[⑦]官方出版的通史著作都將丹巴道爾吉視爲1924年至1928年期間蒙古人民革命黨內“右派”的代表人物，只是蒙古國民主改革之前出版的兩部通史和民主改革後的兩部通史對其褒貶不一。1969年通史將丹巴道爾吉評價爲“缺乏馬克思主義政治理論知識、深受小資產階級思想毒害”、民族主義者、右傾機

---

① 蒙古人民黨，1925年改稱蒙古人民革命黨。

② 參見〔日〕二木博史著，烏力吉套格套譯《丹巴道爾吉政權對內蒙古革命的援助》，《蒙古學信息》2002年第1期，26頁。另見二木博史《丹巴道爾吉政權的敗北》，《東京外國語大學論集》第42號，1991年，256頁。

③ БНМАУ-ын түүх, БНМАУ-ын ШУА, ЗХУ-ын ШУА, УБ, 1955.

④ БНМАУ-ын түүх, 3 боть, УБ, 1966, 1968, 1969.

⑤ Хорьдугаар зууны Монгол (Түүхийн тойм), Монгол Улсын Шинжлэх Ухааны Академийн түүхийн хүрээлэн, УБ, 1995.

⑥ Монгол Улсын түүх, 5 боть, Монгол Улсын ШУА-ийн Түүхийн Хүрээлэн, УБ, 2003.

⑦ 1924—1992年稱蒙古人民共和國，1992年，改稱蒙古國。

會主義者、挑撥蒙蘇友誼[⑧]等。然而，1995年史綱和2003年通史則認爲以丹巴道爾吉爲代表的蒙古人民革命黨的“右派”是民族民主主義者，是爲了蒙古民族國家的利益敢於與蘇聯和共產國際對抗的、有骨氣的政治家。本文利用蒙古人民革命黨會議決議、共產國際對蒙古的相關指示、會議記錄以及書信等檔案材料，對蒙古國不同時期出版的通史著作關於丹巴道爾吉的不同記載和評價及其形成原因做深入細緻的研究，在廓清基本史實的基礎上，把握蒙古國不同時期的通史著作對於同一歷史人物做出不同記載和評價的深層原因，探討寫史語境對歷史寫作造成的深刻影響。

二

1924年8月4日，蒙古人民黨第三次代表大會召開。此次會議將非資本主義道路作爲蒙古國家的發展道路。關於蒙古國家發展之路的選擇問題，當時共產國際派駐蒙古的代表E.仁欽諾（Элбэгдорж Ринчино）與時任副總理的S.丹增（С.Данзан）發生了激烈的爭執。仁欽諾批判說：“你們要麼跟著丹增走右傾道路，走向人民的災難、民族的災難、走向毀滅的地獄；要麼向左走向自由、民主的陽光大道，二者必選其一。”[⑨]1924年8月，丹增以“背叛人民黨第三次大會決議”的罪名被處以死刑。丹增死後，丹巴道爾吉出任蒙古人民黨中央委員會主席。按照前述四部通史中的記載，既然丹巴道爾吉和丹增同樣都是所謂的“右派分子”，那麼丹巴道爾吉理應與丹增一樣，成爲被打擊和鬥爭的對象，爲什麼1924年蒙古人民黨第三次代表大會打倒丹增之後，卻再次選擇了同爲“右派”的丹巴道爾吉出任蒙古人民黨中央委員會主席呢？此外，蒙古人民黨第三次大會上確立了蒙古國的非資本主義發展道路，在此次會議上被選爲黨中央主席的丹巴道爾吉執政期間卻執行了反對非資本主義發展的政策？比較蒙古國民主改革之前出版的兩部通史和民主改革之後的兩部通史中的相關記載，會發現關於丹巴道爾吉的記載和評價存在問題。事實上，丹巴道爾吉並不是從始至終就是“右傾”的，而是經歷了一個“先左後右”[⑩]的轉變過程。

三

1924年8月4日至9月1日召開的蒙古人民黨第三次代表大會期間，丹巴道爾吉與仁欽諾聯合打擊丹增，他在會議發言中談到：“丹增已經成爲蒙古的第二個大汗。如果他今晚就要殺我們怎麼辦？丹增已經叛變了。必須把他強行帶來。……逮捕丹增的任務交給

---

⑧ 參見《蒙古人民共和國通史》第三卷（蒙古文），烏蘭巴托，1969年，247頁。

⑨ O.巴特賽汗《蒙古民族主權國家的建立之路（1911—1946）》（蒙古文），烏蘭巴托，2007年，193頁。

⑩ 參見巴巴爾（Б. Баабар）《蒙古人：遊牧與定居》（蒙古文），烏蘭巴托，2006年，455頁。

仁欽諾。”[11]這與前述仁欽諾在此次會議發言中批評丹增是右派、人民的敵人等記載兩相呼應。丹增被除掉之後，丹巴道爾吉擔任蒙古人民黨中央委員會主席。從1924年8月到1926年，丹巴道爾吉接受共產國際的領導，努力使蒙古人民革命党發展成爲共產主義政黨，成爲共產國際的成員党。1926年丹巴道爾吉在共產國際執行委員會東方局會議上發表講話中談到："蒙古人民黨（蒙古人民革命黨——引者注）中間不時地出現共產黨黨員，他們的人數逐年增加，不知應該使他們成爲專門的團體，還是繼續留在黨內，共產國際必須就此給出指示。”[12]1926年1月23日共產國際執行委員會就蒙古問題所做的決議中指出："提到在蒙古建立共產主義性質的組織問題，現下除了建立小組進行馬克思、列寧主義的宣傳教育之外，建立有領導權的黨派或者在人民革命党中間建立共產主義小組尚不可以。”[13]這時的共產國際以蒙古人民革命黨發展爲共產主義政黨時機未到爲由，拒絕了丹巴道爾吉的請求。在該決議中還提到，"仁欽諾同志今後不再參與蒙古事務爲宜"[14]。仁欽諾從蒙古人民革命黨第三次代表大會開始與丹巴道爾吉結成同盟，一方面打擊蒙古人民革命黨內的敵對勢力，另一方面對付來自共產國際的政敵——雷斯庫洛夫（Т.Рыскулов）。1925年，丹巴道爾吉任黨中央主席期間，蒙古人民革命黨在未與共產國際商討的情況下，驅逐了共產國際代表雷斯庫洛夫。1925年8月13日共產國際執行委員會東方局做出決議，支持雷斯庫洛夫的立場。最終雷斯庫洛夫在與仁欽諾的權力鬥爭中獲得勝利。1926年，仁欽諾被召回蘇聯，此後再未回到蒙古。

作爲仁欽諾的同盟，丹巴道爾吉執行的政策也從1926年下半年開始發生變化，在"左""右"之間搖擺。《共產國際和蒙古》中收錄了1927年8月2日共產國際駐蒙古代表阿瑪噶耶夫（М.И.Амагаев）與丹巴道爾吉的談話記錄。這一記錄反映了從1925年到1927年丹巴道爾吉的政策變化，以及所謂黨內"右派"的情況。丹巴道爾吉在談話中提到"意識到自己在黨內激烈的鬥爭中所執行的政策開始出現較大的右傾"[15]，並爲自己的某些政策辯護。例如關於將蒙古人民革命黨發展爲共產主義政黨的問題。丹巴道爾吉曾經明確表示，蒙古人民革命黨最終應該發展成共產主義政黨。1927年10月15日，丹巴道爾吉寫給共產國際執行委員會委員彼得洛夫（Ф.Ф.Петров）的信中談到："雷斯庫洛夫我們兩人認爲蒙古人民革命党是蒙古未來的共產黨。扎木查拉諾一直認爲是激進的民主黨。……我個人認爲應該爲蒙古人民革命党發展成爲共產黨而努力。在党的臨時綱領中也記錄了這一想法。共產國際認爲現在改變蒙古人民革命黨的路線是不對的。因此作爲中央委員會主席我也認爲蒙古人民革命黨是人民革命政黨。”[16]由於共產國際的明確指示，即蒙古人民革命黨內暫時不能出現共產主義派別，也不能組建獨立的

---

⑪ 《蒙古人民革命黨的歷史道路》（蒙古文），烏蘭巴托，1995年，41頁。

⑫ 蒙古國檔案管理局、俄羅斯國家檔案局《共產國際和蒙古》文獻彙編（蒙古文），烏蘭巴托，1996年，124頁。

⑬ 《共產國際和蒙古》，126頁。

⑭ 《共產國際和蒙古》，126頁。

⑮ 《共產國際和蒙古》，147頁。

⑯ 《共產國際和蒙古》，187頁。

共產主義政黨。因此，丹巴道爾吉認爲自己是在接受了共產國際的指示之後，作爲蒙古人民革命党的領導人保持該党的資產階級政黨性質[17]。由此可見，直到1927年丹巴道爾吉仍然是接受和執行共產國際指示的。這一時期出現的所謂黨內“右派”，從阿瑪噶耶夫的記錄看來，其內部也並非十分團結。在前述四部通史中所謂黨內“右派”領導人策仁道爾吉（Б.Цэрэндорж）、丹巴道爾吉、扎丹巴（Н.Жадамба）、格伦僧格（Г.Гэлэгсэнгэ）等人之間存在各種各樣的矛盾，暗地裏向共產國際代表彼此揭發和攻擊。僅以策仁道爾吉和丹巴道爾吉的關係爲例便可窺全豹。

1926年1月，蒙古人民革命黨接受共產國際的指示，驅逐黨內領導層中間的舊官吏。2003年通史中記載，時任總理的策仁道爾吉遞交辭呈。丹巴道爾吉詢問策仁道爾吉，策仁道爾吉說自己年高體弱，在執行政策中可能出現了某些傾向。但是剛剛獲得獨立的蒙古非常需要策仁道爾吉這樣的領導人。因此，黨中央委員會沒有接受策仁道爾吉的辭呈。在爲他慶祝六十歲生日之際，宣佈他繼續留在黨政領導集體當中[18]。2003年通史將丹巴道爾吉、策仁道爾吉並列，認爲他們是“黨政領導人共同協商治國，執行提高人民生活水準的路線，因而一步步接近和面臨反對外國力量和共產國際的局面。他們所執行的民族民主路線絲毫未曾動搖，爲保護它而鬥爭，證明了他們是繼承蒙古政治傳統的、有骨氣的政治家”[19]。然而，在蒙古人民革命党領導層的鬥爭中，策仁道爾吉和丹巴道爾吉並不像2003年通史中所記載的那樣，是執行相同政策的“右派”政治家，而是屬於敵對的兩個派系——“老派”和“新派”。策仁道爾吉曾是丹增的積極支持者，是蒙古人民革命黨內“老派”的代表人物。丹增被打倒之後，在黨內具有較大影響力的策仁道爾吉成爲丹巴道爾吉等人的鬥爭對象。另外，按照共產國際關於清除黨內領導層中的舊官吏的指示，1925年蒙古人民革命黨第四次代表大會前夕，丹巴道爾吉提出罷免策仁道爾吉的總理職務。但是1925年11月11日共產國際執行委員會東方局會議上做出的“有關蒙古人民共和國政府首腦提名問題的決議”[20]否定了丹巴道爾吉的意見。其中提到：“第一，在剛剛穩定的蒙古，爲了不使其政治局勢惡化，對於罷免策仁道爾吉一事要極爲謹慎；第二，要在蒙古政府中加強左派力量，與此同時策仁道爾吉留任總理職位一年是比較合適的；第三，如果在國家大呼拉爾會議過程中出現必須撤換策仁道爾吉的極端情況，決定支援阿莫爾擔任總理。”[21]由此可見，策仁道爾吉留任總理一職的問題並非蒙古人民革命黨中央委員會努力保護執行民族民主政策的政治家而積極鬥爭的結果，而是接受共產國際指示的結果。1927年，丹巴道爾吉與阿瑪噶耶夫的談話中再次證實了這一點。“丹巴（丹巴道爾吉的簡稱——引者注）回答說，我們早就認爲驅逐老派很重要。但是共產國際不同意。我們一直利用扎木查拉諾和策仁道爾吉等人。如果共產

---

⑰ 《共產國際和蒙古》，148頁。

⑱ 《蒙古國史》第五卷（蒙古文），烏蘭巴托，2003年，157頁。

⑲ 《蒙古國史》第五卷（蒙古文），烏蘭巴托，2003年，160頁。

⑳ 《共產國際和蒙古》，117頁。

㉑ 《共產國際和蒙古》，117—118頁。

國際認爲應該驅逐老派，我們就執行，執行的時候在黨的大會上大概也不會出現什麽激烈的鬥爭。現在策仁道爾吉休假三個月，大概不會回來工作吧。如果他自己主觀上希望回來工作的話，我們就説些不讓他擔任政府首腦的話就夠了。這樣他就不會再糾纏部長的職位了。”[22]丹巴道爾吉並不希望策仁道爾吉繼續出任總理，只是礙於共産國際的決議，蒙古人民革命黨中央委員會才留用了策仁道爾吉。1928年2月，策仁道爾吉去世，由阿莫爾繼任總理。可見，關於蒙古政府總理一職的任免仍按照1925年11月共産國際就此做出的決議執行。

四

1924年至1928年間，即“在共産國際第五次代表大會和第六次代表大會之間，共産國際一再搖擺和反復”[23]。在此期間，斯大林逐漸掌握了共産國際的實際領導權。他將蘇聯對外政策與共産國際的戰略相融合，蘇共政治局逐漸代替共産國際執行委員會成爲共運指導中心，開始推行斯大林提出的“一國建成社會主義”理論和革命的第三階段理論[24]。在這樣的背景下，從1927年下半年，特别是從1927年9月召開的蒙古人民革命黨第六次代表大會開始，共産國際在蒙古扶持來自地方的“左派”力量，使得這些黨内的“弱勢”一躍成爲掌權的强勢力量。這一過程中，丹巴道爾吉從積極支持和執行共産國際的指示轉向支援黨内“右派”，開始與來自地方的“左派”進行鬥爭，其所推行的政策出現“左”“右”搖擺的特點，因而逐漸失去了共産國際對他的信任。1927年8月31日，阿瑪噶耶夫在給共産國際執行委員會東方局提交的報告《有關地方派反對右翼的鬥爭和我們的目標》中提到：“中央派如果發起堅決的鬥爭的話，我們一定要支持地方派。關於丹巴道爾吉，從全面的形勢來看，雖然最近他發表了‘左’的言論，甚至展開了‘左’的工作，但可能還會向右轉，與右派聯合。無論如何，不可能預料丹巴道爾吉的立場。因爲丹巴道爾吉會在大會上考慮大多數的意見，爲保住自己的政治地位，繼續已經開始的蜕變，在大會上犧牲掉目前合作鬥爭的右派同志也未可知。”[25]阿瑪噶耶夫對丹巴道爾吉在“左”“右”間搖擺的情況比較瞭解，在該報告中明確提出了對待丹巴道爾吉的策略：“如果丹巴道爾吉與右派聯合的話，我們當然也要把他驅逐出去。”[26]丹巴道爾吉感到共産國際的政策變化，開始爲自己辯護。1927年10月15日，丹巴道爾吉致信給共産國際執行委員會負責蒙古事務的彼得洛夫。信中提到：“如果共産國際認爲我的工作有什麽不對，請直接告訴我。我們會努力改正。共産國際在贊許我們工作的同

㉒ 《共産國際和蒙古》，150頁。

㉓ 〔美〕赫爾穆特·格魯伯著，達洋譯《斯大林時代的共産國際内幕》，北京：中國展望出版社，1989年，23頁。

㉔ 參見《斯大林時代的共産國際内幕》，20頁。

㉕ 《共産國際和蒙古》，173頁。

㉖ 《共産國際和蒙古》，174頁。

時，共產國際的正式代表卻不知何故要轉向其他方向，這會使我們逐漸感到迷惑。”[27]從《共產國際與蒙古》中收錄的相關文獻看，從1927年下半年開始，共產國際代表阿瑪噶耶夫明確表示在蒙古人民革命黨內出現中央派和地方派、老派和新派的矛盾鬥爭，共產國際必然要支持地方派。曾經得到共產國際支援的丹巴道爾吉也多次表示，如果地方派發起鬥爭，自己一方只能進行堅決的鬥爭。1928年1月19日，彼得洛夫給丹巴道爾吉的回信中支持了阿瑪噶耶夫的觀點和做法，他說：“關於阿瑪噶耶夫同志的工作，我個人尚未對他的具體工作方法做定性總結，但是我認爲他所執行的路線基本上是正確的。在提拔來自地方的下層人民的代表以及保持蒙古人民革命黨的統一問題上，他所執行的政策與共產國際的路線一致。”[28]從1927年底到1928年初，丹巴道爾吉與共產國際關係逐漸惡化。1928年初，丹巴道爾吉開始公開反對共產國際，以共產國際的政策和指示不適合蒙古的具體情況爲由，拒絕接受共產國際的指示。丹巴道爾吉提出“我們的黨不是受共產國際控制的共產黨，我們要成爲真正的秉承民族主義的人民革命黨……”[29]共產國際對丹巴道爾吉的態度感到不滿。1928年3月22日，共產國際執行委員會駐蒙古代表萊特（Райтер）和索特尼克夫（Сотников）就蒙古人民革命黨如何看待彼得洛夫的信以及蒙古人民革命黨的內部狀況致密電給共產國際東方書記處，其中談到丹巴道爾吉與共產國際代表關係惡化，公開反對共產國際的情形：“丹巴道爾吉以謹慎的方式反映出對共產國際和蘇聯的不友好態度。”[30]並“勸說中央委員會委員反對共產國際。……他說：‘我們不會併入共產國際，我們不會遵守他們的紀律。’”[31]丹巴道爾吉拒絕接見共產國際的代表，對其“採取了不妥協的立場。”[32]丹巴道爾吉的強硬態度立刻引起的共產國際的重視。共產國際認爲丹巴道爾吉的目的在於“在共產國際的大旗下，依靠蘇聯的幫助走自己的道路。……因此，僅僅在名義上維持與共產國際的關係”[33]。面對這樣的局面，共產國際執行委員會於1928年9月10日派遣以什梅拉利（Б.Шмераль）爲首的代表團來到蒙古。此前，蘇聯共產黨（布）確認了共產國際執行委員會就蒙古問題做出的決議，在該黨中央委員會政治局會議上就共產國際執行委員會所派代表的任務做出了明確指示。“支持左派（地方派），在共產國際執行委員會制定的政治、經濟路線的基礎上將他們組織起來；至少在（蒙古人民革命）党的領導機構中保有左派的優先地位。但是將權力都集中在左派手中的時機未到……”[34]得到蘇共（布）中央和共產國際

㉗ 《共產國際和蒙古》，192頁。

㉘ 《共產國際和蒙古》，220頁。

㉙ 《20世紀蒙古史綱》，58頁。

㉚ 《共產國際和蒙古》，224頁。

㉛ 《共產國際和蒙古》，224頁。

㉜ 《共產國際和蒙古》，224頁。

㉝ 《共產國際和蒙古》，225頁。

㉞ 蒙古國政府辦公廳總檔案處、蒙古國科學院國際問題研究所，俄羅斯國家檔案問題管理辦公廳、俄羅斯國家社會政治歷史檔案館《蘇聯共產黨（布）關於蒙古國的文件（1920—1952）》，文獻彙編，烏蘭巴托，2002年，255頁。

明確指示後，什梅拉利對蒙古所處的革命階段做出了總結和評價。他認爲蒙古“尚處於革命的第二階段，即反對封建階級而進行鬥爭的階段。這一階段不久將結束，進入發展的第三階段，即非資本主義的發展階段。”[35]這顯然是這一時期實際掌控共產國際的斯大林關於革命三階段理論在蒙古的翻版。在此基礎上，什梅拉利提出了全面支持蒙古人民革命黨內“左派”力量，批評丹巴道爾吉等人疏遠共產國際的行爲。[36]1928年10月，在蒙古人民革命黨第七次代表大會上將丹巴道爾吉、扎丹巴、格伦僧格、策旺·扎木查拉諾（Цэвээн Жамсранов）批爲“右派”，從党的領導集體中清除出去，並提出由A.阿莫爾、O.巴達爾胡（Ө.Бадрах）、P.根敦（П.Гэндэн）、V.道爾立克扎布（В.Дорлигжав）、G.索德諾木（Г.Содном）、H.喬巴山（Х.Чойбалсан）、Z.希傑（З.Шижээ）、B.額勒德布奧其爾（Б.Элдэв-Очир）等人組成黨中央委員會。從黨中央委員會新成員來看，的確是按照蘇共（布）中央委員會的指示，支持左派（地方派）代表進入党的領導集體中，且佔很大比例。丹巴道爾吉與左派（地方派）進行的鬥爭不符合共產國際在蒙古推行政策，最終在殘酷的政治鬥爭中失敗。1928年12月16日，第七次代表大會剛落幕，丹巴道爾吉與扎丹巴等人即被送往莫斯科，至1934年因病在蘇聯去世，其間再未回到蒙古。

五

從丹巴道爾吉執政的歷史，可以看到20世紀20—30年代蒙古的局勢是蒙古人民革命黨內部鬥爭、蘇聯和共產國際對蒙古政策的調整變化兩個變數交織作用的結果。事實上，一方面蒙古人民革命黨內部鬥爭是客觀存在的，另一方面蘇聯和共產國際爲了實現在蒙古的利益而執行干涉蒙古國內政的政策也是不可否認的。但是蒙古國出版的通史著作中關於丹巴道爾吉的歷史記載卻呈現出完全否定和全面肯定的兩種截然不同的觀點。蒙古國民主改革之前出版的兩部通史中對丹巴道爾吉均著墨不多，主要集中在丹巴道爾吉是黨內右派領導人，是執行反蘇、反共產國際的錯誤路線的敵對分子等描述上。而民主改革之後的兩部通史都將丹巴道爾吉描述爲秉承蒙古政治傳統、執行民族民主路線、與蘇聯和共產國際抗衡的、有骨氣的政治家。值得注意的是，不管是否定丹巴道爾吉的記述，還是對其做肯定記述的通史，所使用的文獻材料主要集中在1927年下半年到1928年之間。這正是丹巴道爾吉的政策逐漸“右傾”的時期。這些材料均有關共產國際執行的對蒙政策和丹巴道爾吉等所謂“右派”與之抗衡的鬥爭。經過上述分析可知，1924年蒙古人民黨“三大”上丹增被打倒之後，進入從1924年下半年到1928年所謂的“丹巴道爾吉政權時期”。這一時期，根據丹巴道爾吉所執行政策的性質大致可分爲前後兩個時期：前期從1924年下半年到1927年上半年；後期從1927年下半年到1928年。四部通史都

㉟ 《蒙古國史》第五卷（蒙古文），烏蘭巴托，2003年，163頁。

㊱ 《蒙古國史》第五卷（蒙古文），烏蘭巴托，2003年，163頁。

將記述重點集中在丹巴道爾吉執政後期，即開始抵制和反對共產國際指示的階段，而回避了丹巴道爾吉執政前期——其所執行政策的基本特點是迎合和接受共產國際及蘇聯的指示，加強自己在黨内的領導力量。顯然，四部通史對丹巴道爾吉所涉及的歷史進行了選擇性記述。這種選擇是歷史寫作者的立場和寫史語境共同作用的結果。

蒙古國民主改革之前的兩部通史受到意識形態的限制，從維護蘇聯和共產國際利益的角度出發，不可能爲1928年蒙古人民革命黨“七大”上被打倒的丹巴道爾吉辯護，因此回避了1924年下半年開始到1927年間丹巴道爾吉積極迎合和接受共產國際指示的歷史。民主改革之後的兩部通史則將1924年之後蒙古國家政治、經濟等方面出現問題的主要原因歸結爲蘇聯和共產國際等外部政治力量的干涉和控制。因此，著重強調作爲“右派”代表人物的丹巴道爾吉是秉承民族民主的政治傳統，與蘇聯和共產國際抗衡的政治家，而對其執政前期與共產國際媾合的情況避而不談。從蒙古國民主改革之前的兩部通史和民主改革後的兩部通史對丹巴道爾吉這一重要的歷史人物及其相關歷史事件的選擇性記述，可以清晰地看到蒙古國歷史寫作中存在對已發生的客觀歷史進行選擇性記述和評價，以配合寫史語境的現實需求的現象。

The Ts.Dambadorj Depicted in the Works on the General History of Mongolia

Liu Dinan

Ts. Dambadorj served as the chairman of the Mongolia People’s Revolutionary Party Central Committee from 1924 to 1928. He was a very important political figure in the early stage of the People’s Republic of Mongolia. However, there is scanty information about Dambadorj in Mongolian historical works and even the limited information is problematic. Based on the published Mongolian People’s Revolutionary Party’s resolutions, the instructions of the Communist International to Mongolia, and various other archival materials, this article examines the controversial opinions about Dambadorj in the four different works on the General History of Mongolia published in different periods. I argue that the writing of Mongolian history has been deeply embedded in its specific social and historical context.

從醫學人類學與醫學史交叉視角試論蒙古族的整骨療法

財吉拉胡

一、緒　　論

蒙古族的整骨療法，與傳統醫學和薩滿教有著密切的關係。換言之，整骨療法是連接蒙醫學與薩滿教的一種醫療文化。目前，在內蒙古自治區科爾沁地區、呼倫貝爾地區，以及在蒙古國都存在著蒙古族的整骨療法。傳統的整骨療法已經成爲蒙醫學獨立的一門學科。

當代整骨師多數受過蒙醫學高等教育，並且持有醫師執照。然而，在科爾沁、呼倫貝爾，或者在內蒙古的某一個偏僻的鄉村地區，都能發現一些沒有受過高等教育而進行接骨的整骨師。這些整骨師大多在薩滿教文化的環境中生成。特別是在呼倫貝爾地區的整骨師候選人（candidate）在薩滿巫師的指導下通過參加薩滿式生成儀式後才能成爲一名整骨師。因此，蒙古族的整骨師與薩滿教有著千絲萬縷的聯繫，他們用傳統的手技治愈骨折、脫臼、腦震蕩、五臟六腑的震蕩等。

蒙古族的整骨療法源遠流長，聞名于世。然而，學者對其發展的來龍去脈議論紛紛。一種觀點是將其歷史追溯到13世紀成吉思汗時期戰時外傷史[①]；另一種觀點則將其範圍限制爲包氏整骨，認爲它發源于18世紀娜仁・阿柏沃都斡（女薩滿）[②]；再者，一種保守的說法則稱蒙醫整骨療法的歷史與蒙古族的遊牧文化一樣悠久，而且它淵源于蒙古族原生態宗教——薩滿教。然而，到目前爲止學術界尚未找到相關的可信性資料，只是根據神話傳說推測出該觀點。

就醫學史研究而言，要探索某一個醫學學科的由來已經失去其研究意義。比如，一些學者只顧研究蒙醫整骨療法的來龍去脈，試圖利用一些文獻資料（遺憾的是，其實我們幾乎找不到一本可信性資料，其文獻信息僅存在一些口述史或傳說裏）來推敲它的由來並再編蒙醫整骨療法的發展史，卻忽略了考察它在當今內蒙古社會群體裏延存下來的

---

① 早在20世紀80年代，蒙醫史學家巴・吉格木德根據漢文文獻以及《蒙古秘史》相關記載，提出該觀點。其相關內容，參見巴・吉格木德《蒙醫簡史》（蒙文版），赤峰：內蒙古科學技術出版社，1985年，49—56頁。

② 科爾沁蒙醫整骨師包金山根據內蒙古科爾沁地區整骨世家口述史提出此觀點，其相關內容，參見包金山、白哈申《祖傳整骨》（蒙文版），呼和浩特：內蒙古人民出版社，1984年，1—15頁。

醫療實踐的社會意義和文化意義。也就是在以政府公認的西醫、中醫、蒙醫等制度醫學爲主導的多元醫療體系的社會背景下，或者更嚴格地說，以西醫爲主導，中醫和蒙醫被邊緣化的醫學制度裏，整骨療法在接骨復位方面仍然起著替代醫療的作用。

本文將從醫學人類學與醫學史的交叉視角試圖探究整骨療法的歷史意義及其醫療實踐的現實意義。其問題所在和立題論證立築於結合近年文化人類學與醫學文化史的研究方法，以分析現存于多元醫療體系中的蒙醫整骨療法爲手段，在總結蒙醫整骨史研究的基礎上，參考了近期本土醫療文化的田野調查資料。因此，本文不是力求回答科學意義上講的關于蒙醫整骨學和整骨師的接骨技術等較有議論的其學科內在的若干問題，而是以文化人類學和醫學史的交叉研究來考察和認識社會、文化和歷史意義上的整骨療法、整骨師的生成過程及其醫療行爲。

二、探究整骨療法的文化根源

作爲本土醫療文化，整骨療法雖然產生在遊牧文化的基礎上，但它在漫長的歷史進程中歷經社會變動和文化變遷，經受外來醫療文化，諸如西醫學、中醫學、藏醫學的沖擊和影響。它以綜合性醫療文化現象在多元醫療體系中仍然發揮其獨特的可持續性機能。因此在蒙古族文化與外來文化的碰撞和混淆過程中，它構築了以宗教、科學、文化融爲一體的獨具特色的傳統的醫療體系。在重新提倡科學主義的今天，它構建了療法上的規格化，體系上的制度化和理論上的合理化。筆者認爲，整骨療法以這種歷史、社會、文化爲背景，孕育出不同的流派。其一是以科學主義爲本的學院派所形成的當代蒙醫整骨學流派；其二是以親族世襲制爲主的包氏整骨學流派；其三是以薩滿教信仰爲本的本土整骨學流派。在21世紀，逐漸萌芽出來的這三種流派並不是孤立地存在，而是由包氏整骨學巧妙地融合了相互排斥的學院派和本土派。本著再構築蒙醫整骨療法史，以下將詳細例舉探討這種醫療文化現象。

比較研究本土醫藥文化的歷史與現狀是較爲複雜的課題，需要用歷史人類學的研究手法加以調查分析其文化演變過程。這種課題在尊重歷史的基礎上通過田野調查來記錄和分析第一手資料，觀察當事人的文化特征、語言表達、以及思想觀念，並檢討它在當地社區中的認知和認可程度，以此達到分析一個固定的社會群體裏的醫療文化的多樣性、普遍性、特殊性、動態性。雖然人類學調查中的客觀性和主觀性在田野調查中通常相互碰撞，但研究的焦點力求放在調查對象——“他者”的特殊性上。

醫學人類學家在田野調查中關注民間醫療（或民俗醫療）時，要求觀察調查對象的特殊性。也就是在掌握“他者”的特殊性後，要求從文化視角解釋醫療現象並將醫療文化體系化，即探究醫療與當地社會群體和文化間的相互作用。在文化人類學研究裏，對文化的表現應用不同的理解視角。對此，需要精確的方法論。人類學家爲了從文化視角全面解釋民間醫療，在參與考察過程中采用“文化主位”（emic）和“文化客位”

（etic）的研究方法。主位研究，是指站在局內人的立場看待所調查研究的文化對象。研究者不是以自己的思想觀點認識“他者”的文化，而是盡可能從當地人的視角去理解文化，通過聽取當地提供情況的人，即報道人所反映的當地人對事物的認識和觀點進行整理和分析。這種研究方法將報道人放在更重要的位置上，把他的描述和分析作爲最終的判斷。同時，主位研究要求研究者對研究對象有深入的了解，熟悉他們的知識體系、分類系統，明了他們的概念、話語及意義，通過深入的參與觀察，儘量像本地人那樣思考和行動。而客位研究是研究者以文化外來觀察者的角度來理解文化，以科學家的標准對其行爲的原因和結果進行解釋，用比較的和歷史的觀點看待民族志提供的材料。這樣在研究理論和方法上，要求研究者具有較爲系統的知識，並能夠聯繫研究對象實際材料進行考察和分析。因此，要正確分析和描寫一種醫療文化，需要結合“文化主位”和“文化客位”的研究方法和立場。

以蒙醫整骨療法爲例，整骨師是在整骨療法的語境裏具有動態技能的客觀存在體。在文化相互作用的具體條件下，它處在社會和文化的相對穩健的整體裏，作爲一種施術者或者一種文化因素，滿足患者和社會群體的需求，同時適應當時社會和群體的文化結構，促進整骨療法的發展。根據上述的文化主位的研究方法，醫學人類學通過研究整骨師的生成過程以及接骨的醫療行爲，整體上了解整骨療法的發展脈絡，以及認識它所適應的社會環境。甚至，通過在不同層面上相互比較不同地方的整骨師的生成過程，從文化視角進一步了解整骨療法。

如上所述，整骨師主要活躍在內蒙古科爾沁地區和呼倫貝爾地區。但由于這兩個地區在社會、文化等方面都有其地方性特點，其整骨師的生成過程、整骨療法的特點也有所不同。同時，兩個地區的整骨師也有共同點。比如，內蒙古東部地區的整骨師，作爲一種動態的個體活躍在包容整骨療法的社會群體裏。他們所掌握的傳統的技藝，不是在高等院校裏所學到的醫學內容，而是祖傳的、手教口傳的、適合于當地人文環境和社會需求的特殊醫療技藝。

分析和研究整骨療法史是科學史研究中所說的內在的（internal）——內史研究範疇，也就是從一個學科的內在變化來分析該體系的發展。比如，包金山曾從20世紀80年代開始著書立說探究了整骨療法的發展；吉格木德也從傳統蒙醫的角度探討了急救外科與整骨技術的歷史進程。下面簡要探討蒙醫整骨療法的發展史。

三、重組整骨療法史

巴・吉格木德[③]和包金山[④]都已翔實地闡述過蒙醫整骨療法史，故這裏不做贅述，只做一簡要介紹。綜觀蒙醫發展史，關於蒙醫整骨的發展脈絡，有以下三個觀點。其一

③ 關于蒙古族整骨療法史，詳見巴・吉格木德《蒙醫簡史》（蒙文版）。

④ 包金山、白哈申《祖傳整骨》（蒙文版），1—32頁。

是整骨療法來源于蒙古族遊牧文化。也就是說，長期的遊牧生活或相互征戰不斷引起骨折、脱臼和臟腑器官震蕩等創傷，從而萌生了野外或戰地急救技術，積累了整骨經驗，使之發展成爲現在的整骨療法。比如，除了元朝時期的蒙古士兵掌握著創傷技術外，明末清初的綽爾濟墨日根、覺羅伊桑阿、以及世稱蒙醫整骨療法奠基者娜仁·阿柏等醫家都掌握著超人的整骨技術[⑤]。由于蒙古族遊牧文化的性質所決定，本土的整骨療法幾乎沒有留下著書立説的文獻資料，只是零散地被記載在漢文文獻或在口述史裏，因此難免得出以上的結論。

其二是，當代蒙醫整骨療法來自于科爾沁地區包氏祖傳整骨療法。在内蒙古近現代史上，包氏整骨療法不僅吸收了印藏醫學體系的蒙醫基礎理論和診治方法，而且也吸收了西醫人體解剖知識，並逐漸形成獨立的整骨學科[⑥]。從包氏整骨世家的考證來看，從娜仁·阿柏起家並世襲傳承的包氏整骨經近三百年的歷史。而今世的包氏整骨師將自身的接骨術不斷地與傳統蒙醫和西醫理論相結合，使之成爲有理論體系，有文字記載的專門學科。

其三是整骨療法源於蒙古族薩滿教[⑦]。這是因爲由薩滿巫師掌握蒙古族早期的治病方法和整骨技術，而且薩滿教信仰主宰了蒙古族的精神世界。在藏傳佛教傳入蒙古地區以前，薩滿教主宰著蒙古族的精神世界，並且承擔著族人的健康管理和防病治病。當藏傳佛教傳入蒙古地區之後，藏醫學也傳入蒙古高原並本土化[⑧]。從那時起，蒙古族的本土醫療文化受到藏醫的影響，並逐漸脱離薩滿教的掌控，而後來也受到西醫的影響。可是，正如人們固有的生存機制似乎不太容易接受外來文化的制約一樣，或者如果一種外來文化要制服本土文化並逐漸將其内部結構改變，進而融入到本土文化中，需要漫長的歷史進程和文化變容的過程一樣，蒙古族整骨療法，由于它的文化特性，藏醫學、中醫學、以及西醫學傳入蒙古地區以來的數百年來，仍然保存著薩滿教的色彩。實際上，普及於蒙古地區的藏傳佛教並沒有完全佔據整個蒙古族的精神世界，薩滿教在蒙古族的精神世界裏仍然佔據其應有的地位，因此出現了宗教意義上的折衷調和的混淆現象。比如筆者在人類學調查中發現[⑨]，在内蒙古東部科爾沁地區和呼倫貝爾地區以及在蒙古國居住的部分蒙古族仍然信仰薩滿教。而這些地區的薩滿巫師並不是古代的純薩滿—黑方嚮

---

⑤ 巴·吉格木德《蒙醫學史》（蒙文版），赤峰：内蒙古科學技術出版社，2002年，130—131、157頁；旺欽扎布《蒙古族的整骨學》（蒙文版），瀋陽：遼寧民族出版社，1997年，9—13頁。

⑥ 包金山、白哈申《祖傳整骨》（蒙文版）；包金山《論中國蒙醫整骨技術的發展》，李迪主編《中國少數民族科學技術史研究》第三集，呼和浩特：内蒙古人民出版社，1988年，138—144頁；包金山《包氏祖傳整骨學》，呼和浩特：遠方出版社，1997年。

⑦ 額日很巴圖《科爾沁薩滿教初探》（蒙文版），《民族師範學院學報》1983年第2期，149—162頁；巴·額爾很巴圖《論蒙古人的巫師、整骨師、醫師》（蒙文版），《蒙醫藥》1983年第7期，7—22頁。

⑧ 關於藏醫學傳入蒙古地區的詳細内容，參照巴·吉格木德《蒙醫學史》（蒙文版），79—199頁。

⑨ 参見財吉拉胡《内モンゴルにおけるシャマニズムと民俗医療》，東京：日貿出版社，2015年。

的薩滿[⑩]，他們借用佛教信仰和實踐來鞏固和提高在蒙古族精神世界裏的地位。這樣一來，宗教也在一個社會或一個群體裏以多樣性的方式出現，並形成一個和諧的混淆的文化範疇。今天的整骨技術起初是被薩滿教巫師所掌握，後來接受了藏傳佛教和藏醫文化，後來又接受了中醫學和西醫學基礎理論和診治技術。即，蒙古族整骨療法既有薩滿教信仰的宗教性，又有醫療技術的科學性。筆者主張將這種療法的統合現象納入到醫療體系的多元體範疇裏。

一些學者從醫療人類學的角度分析蒙醫整骨療法在內蒙古現代化社會裏生存的原因，指出在薩滿教的文化傳統裏由世襲制傳承的整骨師以滿足患者的需求和靠近現代醫學的手段來維持其生存狀態和身份地位。由于受到中國市場經濟的影響，一些整骨師不得不打破了以故土爲本的傳統觀念，離開故土走進都市，和其他醫學體系並存在現代化社會裏[⑪]。雖然如此，在本文裏，筆者是從另一個視角簡明分析其歷史傳承和宗教與科學的交叉境界裏存續的傳統整骨療法現狀。

傳統的蒙古族整骨療法是屬于民俗療法或民間療法的範疇。它是指醫者利用熟練的手法或技巧將患者的脫臼或骨折部位巧妙地復位或接合的一種無疼痛的療法。雖然傳統的整骨療法保持著其固有的遊牧文化和薩滿文化特征，但是現代意義上的蒙醫學整骨療法是統合了蒙古族的本土整骨技術、藏醫骨傷技術和中醫的推拿按摩法以及西醫的骨傷科理論而構成的。因此我們可以將它的参与者（actor）分類成兩種。一種是沒有接受過蒙醫學和西醫學高等教育的本土整骨師——民間醫；另一種是既受過高等教育，又接納了制度醫學（在內蒙古，蒙醫、西醫和中醫是屬于公認的制度醫學）理論的整骨師——醫師。他們不僅在內蒙古的鄉村而且在城市裏行醫。基于這種實際情況，蒙醫整骨史研究不能夠拘泥于它的歷史過程，而是應該著重考察世襲至今的傳統醫療實踐，將它定位在內蒙古的多元醫療體系中，總結和探索它的發展規律。

四、醫學多元論與整骨療法

醫學多元論（medical pluralism）是在1976年由美國醫學人類學家Leslie提倡的觀點。在他看來，在固定的一個社會或一個群體裏，醫學以多元體模式並存。患者根據自

⑩ 蒙古族古代薩滿巫師分爲“黑方嚮”和“白方嚮”兩種。以筆者的田野調查看，目前蒙古國和內蒙古科爾沁地區出現了“黃方嚮”的薩滿巫師。關於蒙古族薩滿巫師的流派或種類，詳見敖·普日布《蒙古薩滿教》（蒙文版），烏蘭巴托：ADMON，1999年。

⑪ Saijirahu, “Bone-Setting Therapy in Eastern Inner Mongolia”, *Alternative Medicine*, Germany: MA-Verlag, 2006, pp. 63-69; Li Narangoa and Li Altanjula, “From Shamanist Healing to Scientific Medicine: Bonesetters in Inner Mongolia”, in Ole Bruun and Li Narangoa（eds.）, *Mongols from Country to City: Floating Boundaries, Pastoralism and City Life in the Mongol Lands*, Denmark: NIAS Press, 2006, pp.237-253; サイジラホ《内モンゴルのフルンボイル地域におけるシャマンとバリャーチの加入儀礼》，《日本とモンゴル》2011年第122號，111—129頁。

己的認知和病痛情况自由地選擇任何一種醫療體系，以此達到治病的目的[12]。可以說，這是Leslie將通過人類學田野調查所搜集到的第一手資料與中國和印度的醫療現狀做一比較，以文化相對主義觀點分析而得出的結論。他看到的是，在傳統的社會裏，雖然有了西醫的普及，人們的治療行爲，在某種程度上，還是依賴他們固有的本土醫療文化。關於這一點，更早些時候的西方人類學家在他們的田野調查中已經開始應用了文化相對主義的研究方法分析本土文化的認知和智慧的合理性。

就文化人類學的學術史而言，20世紀初，人類學已進入西方列強利用進化論和人種論把殖民地統治正當化的時代。文化相對主義就是強烈反對這種思潮而誕生在美國，並影響了世界人類學的發展。文化相對主義是指每一種文化都有其獨創性和充分價值，一切文化的價值都是相對的，是平等的[13]。人類學家要了解一種民俗或一種文化時，需要將它定位在構築這些要素的本土文化和社會中。也就是說，任何一種文化要素擁有適應本土的生存學和發展趨勢。如上所述，當人類學家進行研究某一種文化現象的時候，不能夠以自己所生長的社會和文化環境，以及所掌握的知識作爲標准來定位和觀察“他者”的文化，而是儘量脫離自己出自的思維和思考方式，賴以當地的社會和文化環境來分析其研究對象。同時在承認那些文化的歷史意義和現實意義、生存價值的基礎上進行比較研究。

在文化變爲多樣化的現在，醫學多元論視角顯然有利于理解世界任何一個國家和地區的醫療體系及其現狀。以西方醫學已經普及到世界每一個角落爲前提條件，醫療人類學從20世紀后半期開始關注醫療的多元體現象，即傳統醫學如何生存在現代化社會裏，傳統的人們如何接受現代醫學等等。在內蒙古的多元醫療體系中，作爲本土文化的整骨療法也接受外來醫療文化的影響。20世紀末，整骨療法開始利用西醫診療技術，如，利用X射綫技術進行診斷，應用消毒方法預防負傷部位的發炎和感染，使用點滴來催促康復，並結合中醫推拿按摩的經絡和取穴手法進行整骨等來完成整骨治療。如此醫療文化的多樣性構築了一個適合于現代社會的治療學科。美國醫學人類學家Kleinman對這種多樣性醫療文化現象提出了綜合性的解釋模式。

Kleinman在從20世紀70年代至80年代通過對當時的台灣和北美社會進行醫療人類學田野調查，對醫學、精神醫學與文化間的相互關係構築理論框架，分析了醫療保健體系的內部構造。他指出，在一個社會群體裏，醫療保健體系是由大衆（或民間）部門（popular sector）、職業部門（professional sector）、和民俗部門（folk sector）來構成。疾病最初是由個人、家庭、社會網、社群的信仰和行動來給予定義，並在大衆部門中接受醫療實踐。其二是有組織的職業部門。在他看來，在西方，醫學科學則是醫療的職業部門，而在中國，西醫和中醫均是職業治療部門。其三是指非職業性的與宗教信仰

---

⑫ Charles Leslie, *Asian Medical Systems: A Comparative Study*, Berkeley: University of California Press, 1976; Leslie, Charles & Young, Alan., *Paths to Asian Medical Knowledge*, Berkeley: University of California Press, 1992.

⑬ 莊孔韶主編《人類學通論》，太原：山西教育出版社，2002年，15頁。

和民俗文化有關聯的治愈行爲，則是醫療保健體系中的民俗部門[14]。這種解釋模式似乎適合于解釋任何一個社會群體裏的任何一個醫療體系，但是正如圖1所顯示的一樣，在內蒙古的多民族地區裏，醫療保健體系的內部構造是由職業部門和民俗或稱民間部門所構成。整骨療法在多元醫療體系裏位于科學與宗教、制度醫學與民間醫療、現代與傳統的交叉點上。

整骨療法在內蒙古的多元醫療保健體系的內部構造中的位置如下：

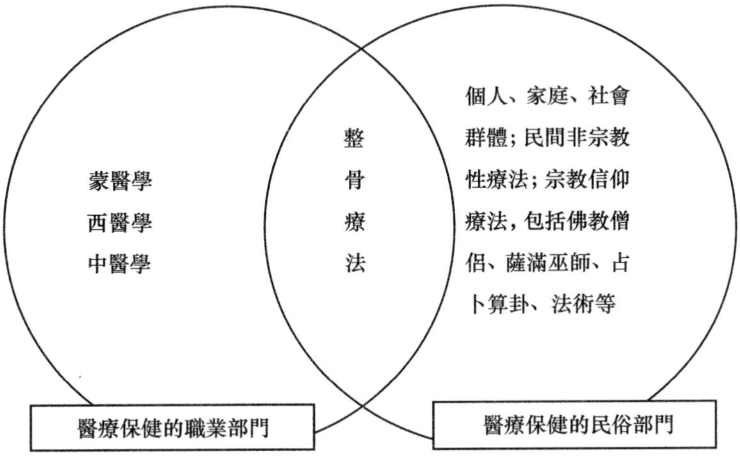

圖1 內蒙古多元體醫療保健體系內部構造與整骨療法的定位

從圖1所顯示的結構看，整骨療法則處在兩大領域的重疊境界裏，這是因爲大多數整骨師既不是蒙醫學出身，又不是西醫學出身，因此國家沒有明文規定授予他們行醫執照，他們也沒有資格參加執業醫師資格考試，但是他們擁有衆多的信賴于他們的患者群和其家族群，地方政府或有關部門相應給他們接骨行醫機會，允許或默認他們在鄉鎮衛生院或城市醫院工作。從他們擁有接骨的特殊手藝而走嚮職業化這一點來看，他們屬於醫療保健領域的職業部門。然而，多數的整骨師相信他們的接骨技能是由他們的祖靈傳輸給他們的，或一種超自然的力量賜予他們治病醫術。由于他們崇拜神靈，信仰薩滿教或佛教，認爲神或佛就是給他們帶來整骨的能力或力量，因此這種整骨療法也屬于民俗醫療部門。筆者通過田野調查記錄了不少有關鄉村整骨師的生成過程和接骨實踐。下面通過個案研究來說明整骨療法在多元醫療體系中的現存意義，探討其科學和宗教之間的定位意義。

五、宗教和科學的交叉——整骨療法

科學史和文化人類學同樣以合理主義態度觀察、認識、分析事物的發展。科學的發

⑭ Kleinman,A., *Patients and Healers in the Context of Culture: An Exploration of the Borderland between Anthropology, Medicine, and Psychiatry*, Berkeley: University of California Press, 1980, pp.49-60.

展和現代化是通過實踐來驗證它的存在是合理的。科學史研究者利用考察文獻資料以及整理和分析科學的發展規律並試圖確認和重組相關的學科史，而文化人類學家雖然注重田野調查但很難脫離各自所出自的社會和文化根源。早在20世紀初，美國文化人類學之父博厄斯（Franz Boas, 1858—1942）曾經在他的著作裏强調，人類不存在人種和文化的優劣之分⑮。要觀察“他者”的文化，應該避免從自己所出自的文化視角去分析，公平地從“他者”的文化角度觀察“他者”的文化。這種觀點對後來的美國人類學的文化相對主義的産生奠定了基礎。雖然，當時的人類學已經認識到，任何一種文化有它自身的形成、生存、發展的規律等相對地觀察“他者”文化的認知和態度，然而，合理主義思想根深蒂固地佔據西方人類學家的研究視野。

從合理主義來看，科學與宗教有其根本上的區別。在普通情況下，科學是知識體系化或者實踐經驗的總稱，也是自然、人文、社會等各學科的總稱。即，人類所發現、積累、甚至進一步體系化，並得到大衆認可的普遍真理或者普遍規律的應用。而宗教，在普通情況下，是以超人或超自然的存在爲主的觀點，同時以這種觀點爲基礎的信仰思維、儀式行爲、裝置、組織來形成的社會團體。在人類學的萌芽階段，學者們爲了分清科學和宗教的性質而努力。對科學和宗教的性質和區別，這裏不做詳細分析，而是簡要介紹在人類學早期歷史上，人類學家們對此持何觀點。在早期的人類學史上，不少學者就宗教與科學的相互關係進行了討論。比如，人類學社會進化論者泰勒（E.B. Tylor, 1832—1917）把宗教作爲自己研究的一個重要對象。在他看來，宗教從animism（泛靈信仰）演變而來的。Animism是看一切事物或者自然現象时都帶有靈魂的一種思維⑯。即，animism是宗教的初級階段。繼泰勒的觀點，英國古典人類學家弗雷澤（James George Frazer, J.G., 1854—1941）提出了巫術—宗教—科學的進化論模式。他認爲，在人類的精神史上，巫術的産生與發展先于宗教。他把巫術歸結爲模仿巫術和接觸巫術的兩種類型。即，同類相生或果必同因的模仿巫術；物體一經相互接觸，在中斷實體接觸後還會繼續遠距離的相互作用的接觸巫術。並且他總結出那是僞科學⑰。

到了醫學人類學奠基者里佛兹（W.H.R. Rivers, 1864—1922）的時代，將人類世界觀分類爲巫術的、宗教的、自然的三種。雖然受到社會文化進化論思想的影響，他認爲每種世界觀均會衍生出各自獨特的病因學觀念，由于其病因解說的不同而導致治療方法的差異⑱。不久，馬林諾夫斯基（B.K. Malinowski, 1884—1942）通過人類學田野調查和對原住民進行的科學性觀察和合理性思考，提出以下的觀點。在現代人看來所謂不合理的宗教儀式和巫術所擁有的象征性行爲以及他們所敘述的神話故事，與科學性地被組

---

⑮ Franz Boas, *Mind of Primitive Man*, West Port, Conn.: Greenwood Press, 1911.

⑯ Edward Burnett Tylor, *Primitive Culture: Researches into the Development of Mythology, Philosophy, Religion, Language, Art, and Custom*, 2vols, London: John Murray, 1871.

⑰ James George Frazer, *The Golden Bough: The Roots of Religion and Folklore*, London: Macmillan, 1922（1890）, pp.1-26.

⑱ W. H. R. Rivers, *Medicine, Magic, and Religion*, London: Routledge, 1924, pp.6-7.

織下來的實用性的行爲是帶有其區別性而並存下來。因此，原住民的社會群體裏也混沌著文明社會的因素⑲。

文化人類學和科學史領域裏很早就有過對巫術、宗教和科學的相互關係及其關聯性的有關爭論，並且一直延續至今，但從未得到過明確的結論。現在的文化人類學也並沒有中斷過對上述三大領域的分析和研究。比如，美國人類學家坦柏赫（S.J. Tambiah, 1929—2014），在南亞和東南亞地區進行田野調查後研究泰國佛教和精靈信仰、斯里蘭卡的民族紛爭、傳統國家論等以後，在他的一本關於人類學理論的著書叫《巫術、科學、宗教和合理性的範圍》中重新談論到巫術、科學、宗教等領域的相互關係、普遍性和特殊性。他批判性地議論到上述的人類學家在西方文化結構和合理主義概念的整合結構中論述巫術、宗教、科學的定義和所涉及的領域，從合理主義觀點斷定巫術是錯誤了的科學，並應用進化論的模式將兩者觀念公式化。同時，他又認爲，從現實意義來講，巫術和科學是相互補充的、多元地構築有秩序的文化狀態⑳。

由此可見，科學和宗教是沿著自身內部的自然法則影響著人類的精神和物質世界，並從不同的角度主宰了人們的思維和行爲。顯然，與以征求普遍主義爲目的的世界三大宗教相比，以儀式行爲求存的薩滿教在征服人們的思維的功能性上遜色一籌。可是在以本土爲基礎的薩滿教也有它的特殊性，也就是以易懂的祖靈觀來世襲或轉世思維來牢牢扎根在部分蒙古族群體的信仰世界裏。他們以治病和薩滿教儀式爲手段生存在現代社會群體裏。

筆者在田野調查中發現，蒙古族整骨師信仰薩滿教或佛教，相信祖靈諸神所主宰的超自然的存在支配著他們的治療行爲並能夠給他們帶來力量，助他們一臂之力，有效地接骨。因此，他們每日祭拜祖靈或神靈。同時，一些整骨師又賴于科學的可靠性和有效性，力圖借助科學理論解釋世襲的整骨療法。帶有這種複雜的思維方式和治療行爲的整骨師，作爲傳統的文化象征，生存在擁有合理主義思想的專業醫師和帶有神秘主義色彩的薩滿巫師之間㉑。也就是，他們徘徊在科學（醫學）和宗教（薩滿教）的交界處。以祖靈和血統爲權威的整骨體系的世襲制在內蒙古東部蒙古族社會群體裏保持著其治療效能的社會秩序來滿足患者的身心需求㉒，以此來鞏固和改善其生存方式。

以下個案研究是筆者從2002年至2008年間斷斷續續在內蒙古科爾沁地區和呼倫貝爾草原對整骨師在不同的薩滿教文化圈裏的生成過程進行了文化人類學田野調查的內容。在同樣的蒙古族文化圈中帶有不同文化次元和亚文化色彩的這兩個地區孕育出的整骨師

⑲ B. K. Malinowski, *Magic, Science and Religion and Other Essays,* Glencoe: The Free Press, 1948.

⑳ Stanley Jeyaraja Tambiah, *Magic, Science, Religion and the Scope of Rationality*, Cambridge: Cambridge University Press,1990.

㉑ アルタンジョラー《都市社会に生きる呪術・宗教的治療者》，《千葉大学ユーラシア言語文化論集》2006年第9號，163—183頁。

㉒ Saijirahu, "Bone-Setting Therapy in Eastern Inner Mongolia" , *Alternative-Medicine*, Germany: MA-Verlag, 2006, pp.63-69；財吉拉胡《多元的医療体系における民俗医療者》（前半），《日本モンゴル学会紀要》2008年第38號，19—34頁。

卻帶有不同的生成過程和治病技能。

個案1

內蒙古科爾沁地區是科爾沁薩滿教和包氏整骨療法的發源地。衆所周知，包氏整骨的祖先娜仁・阿柏是薩滿巫師，而且歷代包氏整骨師通過血緣關係的世襲制來成爲接骨者，並得到社會群體的認可。他們普遍信崇祖先並相信祖靈的存在。從筆者的田野調查看，在科爾沁地區除了包氏家系的整骨師以外還存在著衆多的整骨師，他們同樣信崇祖靈的存在。科爾沁的一些整骨師在他們的生成過程中普遍體會到患一種原因不明的病症，且經歷了常作各種夢以及按著夢中出現的祖靈的旨意去治病的過程。況且，他們各自的身心痛苦通過給患者接骨的治療行爲方能消失。雖然這些薩滿式神話讓人聽起來很神秘，但它明示了文化人類學家所關注的一種治療模式，那就是，他們通過實現“通過禮儀”（也稱過渡儀式）[23]以及象徵性治療效果[24]來達到生成並能在社群裏生存的目的。同時，在他們經歷長年的身心痛苦或苦難的過程中，他們的身份也從一種個體轉移到另一種個體。由于個體身份的變化，該個體對社群或社會起到的作用和影響也有所不同。

內蒙古通遼市科左後旗甘旗卡鎮在駐的B氏（女，在2005年7月份的田野調查當時56歲），在年輕時患了一種原因不明的病痛。症狀是關節疼痛、腿腫、身體不適、夢多。並且該症狀反復發作。當事人（患者）去醫院就醫，但病因不明，治療無效果，故只好求治于薩滿巫師。薩滿巫師告訴她：“給人接骨病痛則愈”。另外，她經常夢見一位白發老人，在夢中要求她當一名整骨師。她按他的忠告開始給人接骨，結果她自身的病痛逐漸消失，整骨手技也不知不覺提高。她告訴筆者，她和她家族信奉祖靈和白龍神。

類似于這種個案在科爾沁地區屢見不鮮。個案中的當事人都有一個共同點，那就是委托人（client）普遍患過一種病痛，即人類學所定義的巫病或薩滿病（shamanic illness），並通過夢幻和修行（祖靈附體）的薩滿教成巫過程的模式來生成整骨師。在這種過程也就是在薩滿教的文化和社會環境中體會從一個委托者自我（患者）到整骨師自我（治療者）的身份變換過程[25]。值得一提的是，科爾沁整骨師基本沒有受過醫學高等教育，但他們的整骨技術超群，療效顯著，深得人們的信賴。

在科爾沁整骨師的生成過程中，不存在以下要提到的呼倫貝爾地區蒙古族布里亞特

㉓　通過禮儀是傑納普在20世紀初提出的觀點，他認爲，人的一生在每一個轉折點都有一次禮儀，人們通過這種禮儀從人生的一個階段向另一個階段過渡，並獲得新的社會地位。他把過渡禮儀分爲分離（separation）、邊緣或界限（margin or limit）、聚合（aggregation）。

㉔　治療的象徵性效果論是結構主義人類學家列維・斯特勞斯提出的觀點。其詳細內容參見：C. Levi=Strauus, *Structural Anthropology*, Basic Books, 1963, pp.186-205.

㉕　日本學者島村一平調查研究蒙古國布裏亞特人的薩滿教後也提到，布里亞特薩滿教裏也存在“患者變成治療者”的現象。其詳細內容，參見島村一平《“患者”が“治療者”になるということ—モンゴル・ブリヤート人のシャーマニズムの事例から》，《現代のエスプリ》，東京：至文堂，2005年第458號，52—62頁。

人和巴爾虎人整骨師那樣以薩滿教爲基礎的整骨師生成儀式。科爾沁整骨師嚴格遵循包爾只斤氏族的血緣關係和世袭傳統，崇信祖靈或祖先。一些整骨師患一種相似于薩滿病的病患，並且在他們身上出現夢幻現象，同時以治病爲目的，成爲薩滿巫師或佛教喇嘛的入室弟子。在薩滿巫師的指導下，通過接骨復位等治療實踐，病痛逐漸痊愈，成爲整骨師。從薩滿教的性質和嚴格的規定看，近年的科爾沁整骨師，雖然與薩滿教有關聯，但他們自身不是薩滿巫師。另一方面，薩滿巫師也能實施整骨治療。

個案2

內蒙古呼倫貝爾草原是蒙古族、達斡爾族、鄂温克族等民族居住的地方。薩滿教仍然殘存在這些族群裏，對人們保持身心健康發揮著應有的作用。在呼倫貝爾，各民族的薩滿巫師聚集在一起進行薩滿教活動，比如敖包祭奠、祖先祭奠、成巫儀式等是他們常舉行的宗教儀式。薩滿式整骨師也要通過薩滿教成巫儀式才能得以生成並被社會認可。關于呼倫貝爾蒙古族布里亞特人和巴爾虎人的整骨師，Humphrey 和Onon[26]、Knecht等學者都進行過調查研究，試圖將整骨師定位在薩滿教研究中。比如，Knecht在比較研究薩滿巫師的成巫過程和整骨師的生成過程的基礎上，得出以下結論。即，整骨師祭拜各自的祖靈，進行與薩滿巫師類似的成巫（生成）儀式，獲得整骨師的行醫“執照”[27]。近年，筆者對呼倫貝爾地區蒙古族布里亞特人和巴爾虎人薩滿教進行的人類學調查也已經證明了Knecht提出的觀點。也就是，呼倫貝爾地區的整骨師在生成過程中患一種類似于薩滿病（巫病）的病痛，而且通常請薩滿巫師診斷治療。同時，在祖靈（附体在萨满巫师身上的）的要求下完成整骨師的生成過程，開始崇信祖靈。最後，在薩滿巫師的指導下參加整骨師的生成儀式，成爲整骨師。但是，值得一提的是，在整骨師生成儀式中，作爲當事人的整骨師候選人不會像薩滿巫師一樣出現祖靈附體現象。即，薩滿巫師可以完成整骨師的醫療行爲，但是整骨師不具備薩滿巫師的其它功能[28]。

總結和比較以上的個案，得出以下的結論。整骨師在呼倫貝爾地區和科爾沁地區同樣在薩滿教文化的語境下生成。雖然他們的生成過程不同于薩滿巫師的成巫過程，即整骨師候選人不具備祖靈附體的技能，但他們必須和薩滿巫師一樣經歷“通過禮儀”（過渡儀式）才能成爲整骨師。同樣，他們和薩滿巫師候選人一樣患一種原因不明的病患——巫病。同時，這種病痛往往被醫院告知無法診治，最終患者或者其家族只好求治于當地的薩滿巫師。在通過薩滿巫師的診斷後被認爲受祖靈干擾或附體而患此種病患，如果在薩滿巫師的指導下，在通過禮儀中接受祖靈的旨意，並給人接骨的話病痛會逐漸消失。因此，委托者決定加入薩滿門派，並參加或參與入巫（加入）禮儀。此後，他就

㉖ Humphrey, C. & Onon, U., *Shaman and Elders: Experience, Knowledge, and Power among the Daur Mongols*, London Oxford University Press, 1996, p.51.

㉗ Knecht, Peter, “Initiation Rituals of Shamans and Folk Healers in Hulunbeir, Inner Mongolia: Similarities and Dissimilarities”, *SHAMAN*, 2010, Vol.18, No.1-2, pp.87-104.

㉘ 財吉拉胡《内モンゴルにおけるシャマニズムと民俗医療》，225—248頁。

被成認爲整骨師，也得到族群的認可。

無論是在科爾沁的受農耕文化影響而變成的半農半牧區，還是在呼倫貝爾市的蒙古族、達斡爾族、鄂温克族等各民族雜居的遊牧地區，薩滿教的成巫過程和整骨師的生成過程，雖然在形式上有所不同，但是在從一種社會身份轉换成另一種社會身份的轉移方式方面有一定的内在聯繫。即使是出自于整骨世家，他們還是沿著嚴格的世襲制或者受祖靈的旨意接受祖先的整骨技能，也就是整骨師的生成過程始終受到薩滿文化的影響。他們患一種原因不明的病痛——巫病，或者時常在夢中受到祖靈的暗示或旨意，並在薩滿教的超自然世界裏傳授到接骨技術。同時，虽然他們受到薩滿教巫師的占卜的啓發才得以發揮自己的接骨技能，在薩滿巫師指導下參加生成儀式，獲得整骨師的身份，但是他們仍然嚴守在文化人類學所提及的親族血緣關係並把它當做生成和接骨的權威機制。

阿諾德・凡・傑納普（Arnold van Gennep, 1873—1957）在《過渡禮儀》中曾經提到，人的一生，從生到死，經歷人生中所發生的每一件事情，而且在每一個生長時期均獲得各種身份並發揮其各有的作用。在所屬的社會裏，爲了發揮其人生每一個階段的作用而舉行一連串的禮儀[29]。在上述的整骨師生成過程中，當事人的人生在原有的狀態、正在過渡中的點位、過渡後的狀態等方面，即在身份、職業、地位等方面發生了質變。人類學家維克特・特納（Victor Turner, 1920—1983）曾經關注，一種文化因素從一個固定的點位轉移並過渡到另一個固定的點位的過程中的臨界點上的模棱兩可的間隙性，也就是在這兩個點位接觸點上的“境界”（閾限，liminality）裏所發生的人際關係的特性和文化的象征性。同時他強調這種禮儀（儀式）行爲變换成現實的原動力（dynamics）所發揮的作用[30]。整骨師從通過相當長的身份過渡期，從儀式過程中的患者再生到現實意義上的整骨師，並得到當地社會群體的認可。這種身份的轉换和對社會起到的不同作用類似于一位醫學生通過常年地修學獲取醫師執照並能夠行醫的過程。

醫學人類學家Helman提到，在一個社會群體的任何一個階段裏都會發生體現社會變化的儀式行爲。它是與在人的每一個生命環節到社會地位，即任何一個個體的身心到社會的任何一個階段裏所發生的變化有關。在這個階段裏所發生的儀式行爲彰顯著從一個身份地位轉移到另一個身份地位的個體的變化[31]。本文所論述的蒙古族傳統整骨療法的文化變容來説，生成爲整骨師的過程和儀式行爲，是從一個普通的個體身份轉變成特殊的個體身份——整骨師的轉換過程，是從患者到整骨師的變化過程，他的變化會對個體或者社會都産生作用性的變化。

㉙ Arnold van Gennep, *The Rite of Passage,* London: Routledge and Kegan Paul, 1909.

㉚ Victor Witter Turner, *The Ritual Process: Structure and Anti-structure*, Chicago: Aldine Publishing Company, 1969, pp.94-130.

㉛ Cecil G Helman, *Culture, Health and Illness*, London: Arnold, 2002, p.160.

六、結　　論

本論文在簡要介紹蒙古族傳統整骨療法史的基礎上，從醫療人類學的文化視角和研究方法分析與整骨療法相關的文化象征、整骨療法的現狀以及社會文化意義。從文化人類學的文化相對主義視角出發，與分析一種文化的內部結構的“文化主位”和“文化客位”的研究方法相結合，詳細分析蒙古族整骨療法在內蒙古多元醫療體系中的定位，以及整骨師的生成過程。我們不難發現，整骨師在蒙古族傳統社會結構最小單位——氏族、家族、以及蒙古族本土文化——祖先和祖靈崇拜和薩滿教信仰的社會文化氛圍中形成。同時，傳統整骨師的生存環境以及接骨的象征性行爲，在心理和精神方面依賴于薩滿教或佛教，但在接骨技術方面一定範圍和程度上依賴科學技術。因此，蒙古族傳統整骨療法具有科學（醫學）的和傳統文化（薩滿教）的雙重性格。從醫學人類學視角看，它是與內蒙古多元醫療體系和薩滿教相關的文化現象。這種特殊性的療法在其他醫療學科裏很少見的。

An Attempted Discussion on the Mongolian Therapy of Bonesetting from an Interdisciplinary Perspective of Medical Anthropology and Medical History

Saijirahu

Related to both Mongolian medicine and Shamanism, Mongolian therapy of bonesetting has a long history. This article introduces the history of bone-setting therapy in Mongolia, and then examines its relevant cultural meanings and present situation from a medical anthropological perspective. Finally, this article argues that Mongolian therapy of bone setting is a mixture of both modern medicine and traditional Mongolian medical idea and practice.

The Indictment of Ong Qa'an: The Earliest Reconstructable Mongolian Source on the Rise of Chinggis Khan*

Christopher P. Atwood

The *Secret History of the Mongols* (hereafter *SHM*) is the earliest extant work of Mongolian historiography. As I have argued, the work was substantially written in 1252 by a nativist partisan of Möngke Qa'an who disliked the foreign models that had gained prominence under Öködei Qa'an. His chief concern was to illustrate by appeal to past examples how the fratricidal conflict of Möngke's rise would, if properly explained, strengthen, not harm, the empire (Atwood 2007a, 2007b, 2008/09).

Once dated to 1252, the question of sources becomes vital for the evaluation of the Mongol empire. Of the possible old companions of Chinggis Khan only Naya'a, "Shiki" Qutughu, and the widows of Jochi Qasar are known to have been still alive.① Not surprisingly, the role of Naya'a and Qutughu were clearly exaggerated in the *SHM*, and Jochi Qasar's history of difficult relations with his brother was given a much more favorable spin by the Secret Historian.② Reminiscenses of these persons thus undoubtedly found their way into the composition of the *SHM*.

But material traceable to reminiscenses of these persons, probably collected through

---

* In 2012, I presented an earlier version of this paper at a meeting of the Japan Mongolia Society in Tokyo. At that meeting Professor Futaki Hiroshi was present, and encouraged me in my research on this topic. In gratitude for his encouragement, it is my pleasure to present the more developed results of my research on the occasion of his retirement from teaching.

① In Atwood 2007b, I pointed out that Naya'a's long memories of Chinggis Khan's childhood were cited by Rashīd al-Dīn as already famous in Öködei's time. What I missed in that publication was that elsewhere Rashīd al-Dīn notes that Naya'a lived into the time of Möngke Qa'an as well. See Rashid ad-Din/Khetagurov, p. 187; Rashid ad-Din/Smirnova, p. 91; Rashiduddin/Thackston, pp. 105, 162-63. On Shiki Qutughu and the ladies of Jochi Qasar, see Rashid ad-Din/Khetagurov, p. 107; Rashid ad-Din/Smirnova, p. 52; Rashiduddin/Thackston, pp. 47, 135.

② The "Secret Historian" is my term for the anonymous author of the work, who completed a first draft in the seventh moon of 1252, and probably continued to make small additions into the early years of Qubilai Sechen Qa'an's reign.

interviews or listening to their stories, does not constitute the narrative core of the *SHM*. Were there other, written, sources used for the compilation of the *SHM*? Can these sources be identified? In previously published papers, I have identified both a biography of Jürchedei and a genre of traditional commented genealogies as two written sources used by the *SHM* author. Genealogies of Chinggis Khan cited by Rashīd al-Dīn, the *Yuan shi*, and *SHM* can be shown to have been repeatedly edited and revised, not as a process of oral remembering and forgetting, but rather as a result of scholarly handling of written texts (Atwood 2012). Similarly, the Mongolian-language biography of Jürchedei, originally produced in the reign of Öködei Qa'an to justify the Uru'ud house's claim to preeminence over the Mangghud house led by the descendants of Jürchedei's rival Quyildar, was first cited directly by the *SHM* and then in abbreviated fashion and in Chinese translation by the *Yuan shi* tradents (Atwood 2015a).③But while the genealogy is a structuring element in the early part of the *SHM,* after the birth of Chinggis Khan it could no longer function as the narrative skeleton on which the various stories would be hung. And the biography of Jürchedei was clearly not the main structuring narrative for the *SHM*'s story of the rise of Chinggis Khan since the *SHM* omitted the biography's material on Ja'a Gambo's year-long reign as Chinggis Khan's client over the Kereyid domain after Ong Qa'an's death.

Methodologically, as the case of Jürchedei shows, a crucial element in identifying the sources of the *SHM* is comparison with other sources, such as Rashīd al-Dīn's *Compendium of Chronicles*, the *Yuan shi*, and the "Campaigns of Chinggis Khan," or *Shengwu qinzheng lu.* The latter source is the one most similar in coverage to the *SHM*, and is in turn fundamental to the two later sources' history of Chinggis Khan. For many years now, I have been investigating this text from the point of view of both textual studies and history. When approached together, the relevant parts of all four of these main sources exhibit patterns of similarity and difference that resolve the text into particular pericopes or textual elements in ways that recall the Four Gospels, that classic instance of

---

③ "Tradent" is a term originally taken from Biblical philology, which has been found useful also in Tibetan philology (Mayer 2010; Hirshberg 2012). It refers to an editor or compiler of a text within a literary-cultural context in which anonymity and direct citation at length of predecessors' work were valued features of the composition process. It is thus very appropriate for those anonymous scribes, working under the famous supervision of scholars or political figures, who compiled the dynastic histories and *Veritable Records*. For works in which the source material was handled with greater freedom, such as the *Secret History of the Mongols*, I prefer to speak of an author, even if much of the work was based on previous texts.

interrelated narratives on a single life.④ The most revealing of these pericopes, and the key to the source criticism of the *Secret History of the Mongols* is the Indictment of Ong Qa'an, by which I designate the sequence of speeches that Chinggis Khan directs to Ong Qa'an and his other former allies after being defeated in the battle of Qala'aljid Sands in spring 1203. In this paper I will present this "Indictment" text and two narratives associated with it, demonstrating that they form the earliest known Mongolian-language historical source.

Before proceeding, however, the relationship of the annals of Chinggis Khan found in the *Campaigns of Chinggis Khan*, Rashīd al-Dīn's *Compendium of Chronicles*, and the *Yuan shi* ought to be briefly explained. As Professor Yoshida (2005) and others have already noted, the main part (part Ⅱ) of Rashīd al-Dīn's "History of Chinggiz Khan," the Basic Annals (chapter 1) of the *Yuan shi*, and the annals of Chinggis Khan in the *Campaigns of Chinggis Khan* (about 80% of that text) are far more similar to each other than either is to the *SHM*. As I argue in my forthcoming critical edition of the *Campaigns of Chinggis Khan*, this is because all three texts on Chinggis Khan are derived from the *Veritable Record of Chinggis Khan* (Chinese *Taizu shilu* 太祖實錄) which was presented in Chinese to Qubilai Qa'an in 1287 (*Yuan shi*, 14.294; cf. Allsen 2001, 96). But a thorough examination of the internal evidence of the annals of Chinggis Khan in the *Campaigns of Chinggis Khan* and the *Compendium of Chronicles* shows that both were unquestionably derived from a single Mongolian-language original.⑤ Internal evidence further shows that this Mongolian original must actually have been written sometime before 1279.⑥The presentation of the Chinese version to Qubilai Qa'an thus took place a decade or so after the actual composition of the original text. The text we now know as the *Campaigns of Chinggis Khan* was produced when the Chinese-language *Veritable Records* of Chinggis Khan and Öködei Qa'an were abridged (that of Öködei rather heavily, that of Chinggis Khan only slightly) and combined to form a continuous narrative of the rise of the Mongol empire. This appears to have occurred in the latter part of the reign of Ayurbarwada Buyantu Qa'an (r.

④ The term "pericope" is also taken from Biblical philology. Originally used for short selections from the Bible which are to be read on given Sundays or feast days, it is used by extension for any relatively brief narrative or other textual block which is relatively self-contained and so is susceptible to being moved or copied as a unit by a tradent.

⑤ I thus must disagree with the later Professor Y. Irinchin (2001, 374-83, cf. 232, 241) and "Piruz" (pen-name of Prof. Liu Yingsheng 劉迎勝) who argued (1993) that the *Campaigns of Chinggis Khan* was originally written in Chinese and only later translated into Mongolian.

⑥ In §29 of the *Campaigns of Chinggis Khan*, there is a note which Rashīd ad-Dīnalso found in his Mongolian original, saying that Ay-Buqa was "now" (*jin* 今) the ruler of the Öng'üt or White Tatars (Wang [1926] 1962, preface, pp. 2b-3a/4-5; Jia 1979, preface, 1b). Since Zhou Qingshu周清澍(2001, 66-68) has since demonstrated that Ay-Buqa reigned from 1252 to 1279, 1279 is the latest possible date for the composition of the Mongolian original.

1311-1320).⑦ My research indicates that the *Veritable Record of Chinggis Khan* (henceforth abbreviated as *VR*) was transmitted almost completely in both the *Campaigns of Chinggis Khan* and in Rashīd al-Dīn's *Compendium of Chronicles*. The contents of the Mongolian original dating from the 1270's is thus completely reconstructable, and as a result, I will refer not to the *Campaigns of Chinggis Khan* or the *Compendium of Chronicles* separately but to the *VR* as reconstructed.⑧

The Indictment of Ong Qa'an

The Indictment appears in two forms, once in the *SHM* and once in the *Veritable Record of Chinggis Khan* (*VR*). The latter is then the source for the text as it appears in the *Campaigns of Chinggis Khan*, and the annals of Chinggis Khan in the *Compendium of Chronicles* and the *Yuan shi*. I have tabulated the structure of the Indictment in the two texts in Table 1. The literary relationship of the two texts is obvious, even at first glance. Perhaps about 70% of the text is word for word identical, taking into account the inevitable compression resulting from translation from Mongolian into classical Chinese. The organization is also broadly similar: a series of speeches that charge Chinggis Khan's enemies with ingratitude and mistreatment of him. These speeches begin with Ong Qa'an and then address several Mongols (in the narrower sense) who were still serving Ong Qa'an's camp. It concludes with directions on how they should send messengers to him if they wish to reply.

In detail, however, there are considerable differences in organization. There are also a few pericopes completely absent in one or the other. Features of the text make it clear that both versions, *SHM* and *VR*, are altered versions of an original text, one which on the whole is closer to that of the *VR*. As I will show, the Indictment proper is also connected to narratives leading up to it which have a clear relationship of literary dependence with

⑦ I thus disagree with William Hung (1951, esp. pp. 472-73, 480-81) who treats the *Campaigns of Chinggis Khan* as a draft of the *Veritable Records*. By contrast, I see it as a worked derived from the already completed *Veritable Records* of the early Mongol emperors.

⑧ This reconstruction will be published in full in my critical edition of the *Campaigns of Chinggis Khan*. The correspondences with text of the Campaigns of Chinggis Khan and Rashīd ad-Dīn's "History of Chinggiz Khan, Part II" are given in the tables 7 and 8. These will also help to locate my references to the section nos. (§) for the *Veritable Record of Chinggis Khan*.

it.[⑨] This relationship is actually clearer when the *VR* and *SHM* versions of this Indictment are considered together than when they are considered separately. Pericopes missing from one or another versions of the Indictment are often found elsewhere in those narratives. For example, consider the following pericopes of the *SHM* missing in the *VR*:

(1) How Chinggis brought Ong Qa'an into his own *küre'en.*

(2) How Ong Qa'an sent a birch-bark box of blood to Chinggis Khan.

And the pericopes of the *VR* missing from the *SHM*:

(3) How Ong Qa'an did not donate Merkid plunder to Chinggis.

(4) How Chinggis Khan brought back Ja'a Gambo from North China and sacrificed his own kinsmen for him.

(5) How Chinggis Khan captured the very Tatars, etc., with whom Ong Qa'an is now threatening him.

Three out of five of these pericopes are found in both the *SHM* and the *VR*, only not necessarily in the Indictment. Thus 1) is found in *SHM* §151 and 177 (Indictment) and *VR* §11.2; 2) is found in *SHM* §178 (Indictment) and *VR* §27.2; and 3) is found in *SHM* §157 and *VR* §§12.2 and 24.4 (Indictment).[⑩] There are also duplications of pericopes attested in the Indictment proper found elsewhere. The following pericopes are duplicated elsewhere:

(1) How Yisükei helped Ong Qa'an many times (duplicated in *SHM* §150 and *VR* §11.1).

(2) How Chinggis's four champions rescued Ong Qa'an's son from the Naiman (duplicated in *SHM* §§159-63 and *VR* §§13.2-15.1).

(3) How they agreed not to let a serpent's tooth (=slanderer) poison their relations (duplicated in *SHM* §164).

That the Indictment proper is related to an Indictment narrative which was a separate, written source for both the *SHM* and the *VR* is confirmed by the analysis of *SHM* §150, which describes how Chinggis Khan's father Yisükei helped Ong Qa'an many times. There are several peculiar things about this passage. First of all it suddenly speaks of Ong Qa'an as if he had not been mentioned before (*Kereyid-ün Ong Qa'an bürün* "As for Ong Qa'an of the Kereyid"), even though he appeared many times before in the history. Secondly, it cites Chinggis Khan's first meeting with Ong Qa'an from the Indictment

⑨ I use the term "literary dependence" here to indicate a relation between two historical texts in which verbal similarity is so close that copying of either one from the other or both from a third source must be presumed. It is roughly equivalent to what in a different literary-cultural context may be called "plagiarism."

⑩ The section numbers (§) are those in my critical edition of the *Campaigns of Chinggis Khan*, based on the chapter divisions in Rashīd ad-Dīn's "History of Chinggiz Khan, Part II." For the corresponding locations of in the *Campaigns of Chinggis Khan* and *Compendium of Chronicles* text, see tables 7 and 8, respectively.

as one where Chinggis Khan had power and assisted an Ong Qa'an in flight. Yet in the previous *SHM* narrative, it is the other way around: Chinggis and his brothers being in poverty reestablish the ties of *anda* with Ong Qa'an (§96).⑪ This contradiction indicates that the *SHM* has here two alternative accounts of how Chinggis Khan came to re-establish the ties of *anda* with Ong Qa'an, one from a narrative connected with the Indictment, and one from another source.⑫

Thirdly in the sentence introducing this passage we see the only example in the whole *SHM* of the title *qa'an* being used for To'oril/Ong Qa'an or Yisükei. (Elsewhere the first is always Ong Qan, while Yisükei is always titled Ba'atur in texts not connected with the Indictment).⑬ Such a sudden use of a different form for a commonly seen name is best explained as marking an intrusive text—and since this intrusive text is an abbreviated duplication of the Indictment, it is clear where this intrusion comes from. While harmonization between Ong Qan and Ong Qa'an is too easy to be a useful diagnostic indicator, the use of Qan or Qa'an at all for Yisükei clearly marks the origin of the text in the Indictment and its associated narrative. Yisükei is called Qan in §§96, 105, 150, 151, 164, and 177. Every one of these instances is either actually from the Indictment (§177), from a displaced quotation from it (§§150, 151, 164), or from a brief reference to an episode (the declaration of *anda*) which stems from it (§96, 105). In other contexts (§§50, 54, 56, 59, 61, 62, 66-68, 70, 11, 130, and 140), he is always called Yisükei Ba'atur. The only place where the two terms mix is §164 which has one use of Ba'atur and one use of Qan. It is likely that the use of Ba'atur here is a harmonization of a text which originally

---

⑪ In *VR* §11, which is parallel to *SHM* §150, the text also newly introduces Ong Qa'an even though his brother Ja'a Gambo has already appeared. In this case, I would argue that the *VR* version is citing the *SHM*'s version which had a reversed order in which Ja'a Gambo's meeting with Chinggis Khan is placed before, not after, the recounting of the ties of *anda* and fatherhood with Yisükei and Chinggis.

⑫ One may also note as another possible doublet the dispatch of the messengers Taghai and Sö'ekei (transcribed variously as Sükegei~Sügegei~Sö'egei in the c. 1400 version of the *SHM*) by Chinggis Khan to Ong Qa'an. This happens once in *SHM* §126 to announce the first enthronement of Chinggis Khan and once again in the Apologia (cited in *SHM* §151 and SWQZL §11.2) to assist Ong Qa'an in his privation. The *SHM*'s distinctive early meeting is likely a doublet of the later meeting described in the Indictment narrative.

⑬ This surprising use of Qa'an~qahan for both Ong Qa'an and Yisükei was already noted by Cleaves in his notes (1982: 79, n. 14, 15) and by de Rachewiltz (2004a: 550). De Rachewiltz argues this is a later "editorial or scribal error" made in the *SHM* text. This is extremely implausible. Directed editorial revision would result in more than one alteration. Inadvertent alteration by a scribe used to writing "Qan" would occur early on where the name Ong Qan first occurs (for example in §96). Nor would any scribe inadvertently write Yisükei Qa'an, since the absolutely usual term in both empire and subsequent sources was Yisükei Ba'atur. My argument here, that *qa'an* is a remnant of a preceding usage found in the *SHM*'s source, is far more consistent with scribal usage. Of course, such an argument would mean that the Secret Historian used as a source a MS that postdates 1229, which in turn sets the *SHM* date well after 1229.

had only Qa'an~Qan.

The coherence of the Indictment and its associated narrative as a distinct source on the early life of Chinggis Khan is further illustrated by its many other divergences from other accounts. Divergences include:

(1) In the *VR* text of the Indictment (§24.2), Taichu is titled *qiru* (Chinese *qilu* 乞魯; Persian *qūrī*), a title attributed to him nowhere else in the *SHM* or *VR*.

(2) Chinggis Khan entitles himself the *cha'ud-quru~cha'ud-quri* (SHM §179; *VR* §24.10), a title which is explained elsewhere (*VR* §8, *SHM* §134) but not used elsewhere.⑭

(3) Ja'a Gambo (*VR* §24.2) is said to have resided in Jauqud or North China before coming back and allying with Chinggis Khan. Outside the Indictment, however, where he came from is never stated (*SHM* §150 and *VR* §10).

(4) Chinggis Khan's attack on Seche Beki and Taichu Qiru, elsewhere attributed to their violation of his commands (*SHM* §§130, 136-127; *VR* §§7, 9, 11), is in the *VR* text of the Indictment (§24.2) linked to the return of Ja'a Gambo and Chinggis Khan's alliance with him.

(5) Seche Beki and Taichu Qiru are said to be sons of Bartan Ba'atur in the Indictment (*SHM* §179; *VR* §24.7) but elsewhere are said be sons of Sorqaqtu Yürki (*SHM* §§49, 122).⑮

(6) To'oril the son of Jegei-Qongtoqar is an extremely minor figure outside the Indictment, appearing only once in *SHM* §166 as co-conspirator with Jamuqa. Yet he is treated in the Indictment as a genuine contender for power among the Mongols (*SHM* §180; *VR* §24.9).

(7) The Indictment records texts related to Möngner Ba'atur (*VR* §24.11) and Sö'ekei Je'ün⑯ (*SHM* §181) which have no parallel elsewhere and appear to be taken from some otherwise lost story cycle.

Clearly, the Indictment represents a strikingly different version of the rise of Chinggis Khan, one which had a different cast of characters, different episodes, different titles, and even different genealogical links than the one which the *SHM* author has made standard today. Alongside the Indictment proper, there is also a narrative text which reviews the history of the relationship of Yisükei and Chinggis with Ong Qa'an. As my source-critical

⑭ As is discussed in my source-critical commentary to §7.3-§8, this title was seen as relatively and both the *SHM* and the *VR* wished, in their own different ways, to associate Chinggis rather with the higher title *jeutau(shi)*.

⑮ Although omitting the key character in the most best extant texts of the *SWQZL* (and such an omission is likely a sign of editorial hesitation between the original reading and an emended reading), the passage in Rashid ad-Din/Smirnova p. 87, preserves the reading of the original Mongolian text. I have discussed this passage and the associated issues of varying genealogical texts at length in Atwood 2012.

⑯ Read as Sükegei, Sügegei, or Sö'egei in the early Ming transcription of the *SHM*.

commentary has tried to establish, this narrative is a major narrative that was (next to the *SHM*) the *VR*'s longest single source for the *VR* and possibly thelongest source for the *SHM* as well, although the *SHM* appears to be much less dependent on source material than the *VR*.

I wish to now return to the differences between the extant versions of the Indictment in the *SHM* and the *VR*. Which one better reflects the original? The evidence indicates that the *VR* preserves the original text better. First, note the areas already mentioned in which the *VR* preserves the older text:

（1）The *VR* preserves the usage of Qa'an for Ong Qa'an and Yisükei Qa'an in the relevant pericopes throughout; the *SHM* attempts to change them.

（2）The *VR* preserves the titles *qiru* and *cha'ud-quru* for the Borjigid rulers, which the *SHM* omits.

（3）The *VR* preserves more of the distinctive pericopes than the *SHM*. Particularly that of Ja'a Gambo coming from Jauqud (North China), that of Chinggis Khan capturing the Tatars and others for Ong Qa'an, and the Möngner Ba'atur are omitted from the *SHM* but preserved in the *VR*.

（4）The *VR* Indictment preserves several place names found nowhere else: Abji'a-Buqa-Ge'ü, Tületen Tülenggü Jalsutan, Jalinggü, KökünPass (§24.1), Namu'u-To'orin Ghuchin-Na'ur, the mountain of Qab-Qara Qaltarqa, and the Ghurban-Baljus River (§ 24.11).

By contrast, of all the distinctive features of the Indictment, the *SHM* preserves only the genealogy of Seche Beki and Taichu, the story of To'oril, and the story of Sö'ekei Je'ün. Clearly this suggests a much heavier editorial hand on the part of the *SHM* author, something which conforms to what we know of the two histories otherwise.

Further confirmation that the *VR* preserved more of the original text's structure can be gleaned from the one striking difference in the content (as opposed to their order) of the pericopes themselves. This concerns the rivalry of Mongol commanders to wake up early and drink fermented mare's milk (*esüg*) from Ong Qa'an's special goblet as a mark of status. In the *SHM*, Chinggis Khan's rival in this was Jamuqa (§179), while in *VR*, it is the otherwise obscure Sö'ekedei To'oril (a.k.a. To'oril *De'ü*)[17] (§24.9). It is a well-known principle of source criticism that where the same episode is assigned to a famous character or an obscure one, the version with the obscure one is likely to be the original. Clearly this speaks for the *VR* preserving the original version.

Finally there is the much tighter and dramatic organization of the *VR*'s Indictment.

---

⑰ Not, of course, to be confused with To'oril Ong Qa'an.

Indeed one can see that the Indictment is perhaps the only place where the *VR*'s account is more powerful than that of the corresponding passage in the *SHM*. One element adding to this is the numbering of the benefits Chinggis Khan did for Ong Qa'an, which is concluded by his outraged cry "Father Ong Qa'an, when once did you benefit me? I benefited you like that all of these times—you join them in frightening me!" (§24.6). Was the numbering original or added in by the *VR* tradent? I think the numbering too must be original. The evidence is in the first numbered benefit. As it stands in the *VR*, this numbered benefit—"This is the first thing in which I benefited you"—follows a description not of how Chinggis benefited Ong Qa'an, but of how his father Yisükei did so. So the numbering as cited in the *VR* is not actually cogent as it stands. Yet we know from parallels in the *SHM* and in the duplicated text elsewhere in the *VR* that the original Indictment text concluded the description of Yisükei becoming *anda* with a further account of how Chinggis Khan rescued Ong Qa'an and treated him as father. Once that text is restored, then the numbering make perfect sense. In other words, the original text of the Indictment (as reconstructed by comparison with *SHM*) would appear to fit the numbering scheme better than the actual text we have in the *VR*, which is a good pointer that the numbering was in the original.

Assuming, therefore, that the *VR* structure is primitive, but that the *SHM* has included some material not otherwise found in the *VR*'s version of the Indictment, the primitive arrangement of the text may be reconstructed as in Table 2. The one piece of material from the *SHM*'s Indictment which I have not included in my conjectural restoration of the original text is the pericope "How Ong Qa'an sent a birch-bark box of blood to Chinggis Khan." That is because the *VR*'s parallel to this pericope is found not in the Indictment, but in §27.2. There, Ong Qa'an sends the birch-bark box of blood to Qasar after having been fooled by Qasar. The dramatic gesture of shedding his own blood (even if only by pricking his little finger) is thus given an ironic twist in that Ong Qa'an is actually being fooled by Chinggis and Qasar. The *SHM* improves its dramatic qualities, by making Ong Qa'an send this little box of blood as a sign of his remorse. Since moving this gesture from its *VR* context to the *SHM* context clearly enhances its dramatic significance, and such gestures are, when not eliminated, never the focus of the *VR* narrative, I think the *VR* placement here is clearly primary.

The Indictment Narrative

At this point, let us return to those passages outside the "Indictment of Ong Qa'an" that show literary dependence on it. In the text of the *VR*, they first appear in §10-§11.2, where we find Ja'a Gambo appearing first and then a thematic introduction to the history of Yisükei and Chinggis Khan's interaction with Ong Qa'an. Now, comparing the *VR* with the *SHM*, it seems that the *VR's* immediate source was *SHM*'s §150-151b (all but the final sentence, which may be classified as §151c). Like *SHM* §150a, the *VR*'s account of Ja'a Gambo's coming to join Chinggis Khan is immediately followed by a retrospective on the relations of Chinggis Khan and his father Yisükei Ba'atur with Ong Qa'an and the Kereyids and how they both helped him in his exile (*SHM* 150b=*VR* §11.1 and *SHM* 151b=*VR* 11.2). As I argued above, this information is definitely of a common source with the text of the "Indictment of Ong Qa'an" cited in *VR* §24-25 and *SHM* §§177-81, which both the *VR* and *SHM* consulted independently. Indeed much of it is itself a disaggregation and chronological rearrangement of the information contained in non-chronological format in that Indictment.

Since the language of this disaggregated information is very similar in the *VR* and the *SHM* and clearly shows literary dependence, there are two possibilities: ①the Secret Historian performed this disaggregation and resequencing, which was then followed by the *VR* tradents. According to this scenario, the *VR* did also independently consult the "Indictment" but for the narrative retelling simply followed the existing effort of chronological resequencing done by the Secret Historian; or ② the Indictment was itself part of a larger work focusing on Chinggis Khan's relationship to the Kereyid, in which the Indictment material was used twice, once in chronological fashion in the narrative section, and once in a rhetorical fashion in the Indictment text proper. Between these two possibilities, the second is clearly to be preferred. The reason for this preference is that the narrative material from the Indictment is so clearly contradictory to the *SHM*'s own unique material. As seen in Yoshida Jun'ichi's lengthy analysis, the merger of the *SHM*'s original material in §§96, 104-108, 113, 115, and 126 with that derived from the "Indictment" in §§150-51 and 157-164 produces a series of confusions and doublets about their first contact that is almost impossible to unravel (Yosida 2005, 94-165). Such a long set of contradictions is best explained if the *SHM* author was already confronted with a prestigious narrative that could not be ignored. If the only text was the Indictment proper, the *SHM* could easily have chosen to simply keep its own narrative, and just cite the Indictment proper, which would have left the contradictions much less blatant. Moreover, the *SHM* deleted material from its version of the Indictment proper which is found in its version of the Indictment narrative. Why delete information from the Indictment proper, where its chronological problems are not obvious, only to include it in the narrative where they are obvious? Finally, as can be seen in many *VR* passages, particularly further on,⑱ the *VR* version of parallel passages in the Indictment narrative has additional information not found in the *SHM* version of the Indictment, showing that it had an independent source giving a narrative that was linked to, but separate from, the Indictment proper.

Since we know that the *VR* had access to the "Indictment" text (and indeed gives a more accurate representation of it than the *SHM*), it can thus be assumed that it also had access to this narrative material also attached to it. Thus common language with the *SHM* at any point can be ascribed to either direct use of the *SHM* or common use of the "Indictment" narrative. The two possibilities can only be separated by more detailed textual scrutiny. In this paper I cannot reproduce my detailed comparison of the two texts, which will appear in my forthcoming critical edition and study of the *VR*. But it will suffice here to say that around the Indictment proper was composed another text, which I call the "Indictment Narrative" which in the *SHM* and the *VR* can be traced from the first mention of Ja'a Gambo, up to the overthrow of Ong Qa'an and his death, and Chinggis Khan's reorganization of his people into tens, hundreds, and thousands. The contents of this "Indictment Narrative" are summarized in Table 3.

As I discussed with regard to the Indictment proper, one of the clearest diagnostic marks of the Indictment and its narratives is the use of the title Qa'an (or Qan) for Yisükei. As is well-known, his usual title is Ba'atur, and this is the only title used for him in parts of the *SHM* not clearly derived from the Indictment. Thus the use of "Yisükei Qa'an" creates a presumption that material derives from this Indictment narrative. It is accordingly extremely important that in Rashīd al-Dīn this distinctive usage is encountered once and only once. In the texts he took from the *VR*, Rashīd al-Dīn changes all Yisükei Qa'an's into *Yisūkāy Bahādur*. There is, however, one point in his account of the Kereyid nation where Rashīd al-Dīn has *Yisūkāy Qa'an* and this is in a text which has many other features of the Indictment narrative:

> It has been found in another book in Mongolian that Qurjaqus Buyruq Khan dwelt in a place called Orta Balghasun,⑲ and he had given Gürkhan and Ongkhan a *yurt* in Yagh-Yabghan and Taytemür Tayshi and Yulamaghus one in Qaraghas-Boroghus,

⑱ See §§11.3, 12.1-15.1, 18, 21.1-21.2a, 21.2b, 21.3, 22.1-2b, 22.2c, 22.3-5, and 23 (cf. §§11.4, 16, 20.3).

⑲ Turco-Mongolian "Middle Town." This must be a late corruption of Ordu Balīq "Palace Town," the original Uyghur name of their capital, not far from Qara-Qorum. It is the present-day ruins of Kharbalgas.

saying, "If they are together, they will not live in peace.[20] After my death they will not leave the Keräyt *ulus* alone from night till morning or from morning till night." Therefore he kept them apart.

His wife, Töräghaymīsh, used to practice magic, and every time he went hunting, she would immediately bring him down. Since he was suffering at her hands, he ordered two concubines of his to kill her, and so they did. After that he was worried about his sons and wanted to conceal from them what he had done. Seizing upon some pretext, he killed the two concubines.

After a time Buyruq Khan also died. Ongkhan said to Taytemür Tayshi and Yulamaghus, "When our father was alive we used to shoot arrows and bet we would not miss. Why should now Alchitay be chief of the people?" And he lured them from their places to himself. When he had the chance he attacked them both, and they went to Toqtā for protection. Toqtā said, "Why should we expose ourselves to attack for their sakes?" He seized them both and sent them to Ongkhan, who killed the two of them on the spot.

After that Gürkhan said, "The water in my elder brother's eyes had not yet dried, and the skin on his back had not hardened. You kill my elder brother and destroy the younger. What will happen to the *ulus*?" Therefore he chased Ongkhan away and plundered his goods.

Ongkhan was fleeing with a hundred men when Yisükei Qa'an happened by and took him up. After that he said, "We should be friends with this man and become *anda*with him." "Friendship with him is not advisable," said Qutula Qa'an, "for we know him. It would be better to become *anda* with Gürkhan, for he is a gentle man with a good disposition. This man killed his own brothers and sullied his lance with their blood. Now that he resembles a wild ox struck by an arrow and a wild ass with a heavy burden around its neck, he has come under our protection." Yisükei Ba'atur refused this advice and became friends and *anda* with him. He raided Gürkhan, drove him away, and gave his *ulus* to Ongkhan.[21]

Within Rashīd al-Dīn's history this plus pericope is obviously an intrusive addition.

---

⑳ I follow Chen Dezhi (2012: 450-453), in identifying Rashīd ad-Dīn's Yāgh and Yābghān with the headwaters of the Zag and Zawkhan rivers on the south slopes of the Khangai in Bayankhongor and Zawkhan provinces, and his Qārāghās and Būrūghūs with the valleys of the Kharaa and Boroo Rivers in Central and Selenge provinces. The *-s* appears to be a plural denoting the people living along the river.

㉑ Rashid ad-Din/Khetagurov, pp. 129-30; Rashiduddin/Thackston, p. 63; Rashīd ad-Dīn/Romaskevich, et al., pp. 263- 65. In citing Rashīd ad-Dīn's text, I have given those Mongolian names and terms of whose form I have confident in a conservative restoration of the Mongolian form, preserving the consonants and word breaks, but disambiguating the vowels. Those whose original form is uncertain I have left in a transcription of the Persian.

That it is late is demonstrated by its absence from most manuscripts[22]—it is found only in the Tashkent, Istanbul, and Tehran Museum MSS—and even more by the fact that despite the intrinsic interest of the material in it, its contents are not cited anywhere else in the *Compendium of Chronicles*. Rashīd al-Dīn is an extremely repetitious compiler and generally will include any interesting episode in the life of Chinggis Khan at least twice and sometimes three times (the story of Tayang Qa'an worshipping the head of Ong Qa'an, for example, is found in the account of the Kereyid, the account of the Naiman, and in the "History of Chinggiz Khan, Part II"[23]).

That its inclusion was not envisaged when Rashīd al-Dīn's Kereyid chapter was first composed is equally obvious from its clumsy placement. Just before this insertion, Rashīd al-Dīn is speaking about Marghuz and how he was killed by the Golden Khan working hand in glove with the Tatars and how his wife avenged him. Immediately after this insertion, he continues with "Marghuz had two sons, Qurjaquz Buyruq and Gürkhan"—obviously this belongs immediately after the death of Marghuz, and not separated by a narrative that begins with Marghuz's son Qurjaquz Buyruq as already old and continues from there into the next generation. Evidently Rashīd al-Dīn was given access to this text late in his compilation process and had it inserted somewhat carelessly (roughly one paragraph too early).

That he was given to it in written form, as a Mongolian book, is explicitly stated: "It has

---

㉒ The issue of the "plus pericopes," as they may be called, found in the Tashkent and Istanbul MSS, has been extensively discussed by Shiraiwa (1993), Shimō (1996a; 1996b), Akasaka (1996), and Uno (2003, 2011). (The term "plus pericope," adopted on the model of Homeric philology's "plus verses," is preferable to terms such as "deletions" or "enlargements" as it does not prejudge the issue of whether the material has been "added to" or "deleted from" the original text.) Briefly, I agree with the conclusions of Shiraiwa, Akasaka, and Uno that these plus pericopes are additions to the text, added in a later stage of the composition, and not subtractions from the original text, as Shimō argued. However, as Rashīd al-Dīn explicitly states in the Kereyid plus pericope I am dealing with here, I believe these plus pericopes are all or mostly derived from manuscripts newly accessed by Rashīd al-Dīn, not from oral sources as Shiraiwa has posited. Moreover, with regard to the Tehran Majlis MS, which Uno calls one of the "first edition" (*shohan* 初版) manuscripts, I believe that it was produced by collating a manuscript of the "first edition" type, probably one close to the Saltykov-Shchedrin or London MSS, with one of the "enlarged" (*zōho han* 増補版) MSS close to the Tashkent or Istanbul MSS. (The presence of the Kereyid and Naiman plus pericopes in the Tehran Museum MS which otherwise seems not to be an "enlarged" MS is likely to be explained in the same fashion.) Thus the features that make it look at certain places more derived than the Istanbul MS, as Shimō argued, are indeed really indications of (partial!) derivation from the Istanbul MS or something like it. I hope to address this issue in a future paper.

㉓ Rashid ad-Din/Khetagurov, pp. 132, 137; Rashid ad-Din/Smirnova, p. 134; Rashiduddin/Thackston, pp. 65, 68, 192.

been found in another book in Mongolian (*kitāb-ī dīgar mughūl-ī*)" ㉔ Its origin in a more or less "raw" translation of Mongolian is visible in its literal transcription. For example, Rashīd al-Dīn usually abbreviates the word-root *qara* "black" by omitting the first *alef* in a literal transcription, but here the first *alef* is written in the name *Qārāghās*(Qaraghas). There is throughout a systematic confusion of *q* and *gh*, with *bālqāsūn* where we would expect *bālghāsūn*, *māghūs* where we would expect *māqūsh*, and *ghāymīsh* where we would expect *qāymīsh* (Rásonyi and Baski 2007, s.vv. Maquš and Qaymïš). Similarly, in Qurjaqus, Rashīd al-Dīn's spelling is usually Turkicized with a final *-z*, but here it is left in the Mongolian form with a final *-s*. And of course in the first instance of Yisükei, he is called *Yīsūkāy Qā'ān* although in the second instance he reverts to the more habitual spelling and writes *Yīsūkāy Bahādur*.

Thematically as well, the issue of fratricide, Ong Qa'an's character flaws, the Kereyid court, the importance of spatial movements in creating unity or division, women's magic are all themes that are distinctive of the Indictment narrative's main part as I have outlined it above. Moreover this particular narrative is in contents a version, complete with information not found elsewhere, of the story found in *VR* §11.1 and §24.1 (=*SHM* §150b and §177, lines 5819-5822, 5824-5826, and 5828-5834 in the de Rachewiltz transcription text). I thus conclude that Rashīd al-Dīn's "other book in Mongolian" is in fact what I call the "Indictment" narrative.

Rashīd al-Dīn added one other pericope to his account of the Kereyid late in its composition, and this source too seems to be linked (although not quite as indubitably) to the concerns of the Indictment narrative. This is the list of summer and winter pastures inserted at the beginning of the chapter. Again it is found only in a few mss (Tashkent, Istanbul, and Tehran Museum MSS) and is clearly intrusive—instead of beginning with appropriately general statements about thc Kereyid being a nation with powerful monarchs who converted to Christianity, are related to the Mongols, and live in the Onan-Kelüren area, as do other mss, these mss begin with a rather off-putting list of obscure Mongolian names arranged in a table (see Table 5 and the discussion in Boyle 1973 and Atwood 2015b). If Rashīd al-Dīn intrudes two different pericopes into the near-final version of one chapter, it is natural to wonder if these two pericopes stem from new access to the same source. One

---

㉔ Rashid ad-Din/Khetagurov, p. 129; Rashiduddin/Thackston, p. 63; Rashīd ad-Dīn/Romaskevich, et al., p. 263. This reference to an "other book" indicates that what immediately preceded it, about Ong Qa'an's grandfather Marghuz (Rashid ad-Din/Khetagurov, p. 129, Rashiduddin/Thackston, pp. 62-63; Rashīd ad-Dīn/Romaskevich, et al., p. 259-63), also came from a book on the Kereyid. I would guess that material in Rashid ad-Din/Khetagurov, pp. 111-14 and 129, Rashiduddin/Thackston, pp. 50-52 and 62-63, and Rashīd ad-Dīn/Romaskevich, pp. 194-204 may derive from this same book.

of the distinctive features of the "Indictment" narrative as I have reconstructed it from the *SHM* and *VR* is its careful delineation of seasonal chronology and geography. The place names listed include several found in no other source except for the "Indictment" and its narrative. Moreover the transcriptions are also distinctive, with the use of the *madde* to represent Mongolian *-iy-* in *tariyad* and the *hamze* over an undotted "tooth" to represent the juncture between the vowel final stem and the genitive case in Oro'-in.[25] I thus propose that this key to the territorial structure of the Kereyid kingdom was included in the main part of the "Indictment" narrative, either as an introductory key, as in Rashīd al-Dīn's text, or as an appendix.

The Indictment Narrative Continuation

A similar analysis of the material in the*VR* and the *SHM* about the fall of the Naiman and their conquest by Chinggis Khan likewise shows traces of common ancestry in a source with many common themes shared with the Indictment. But somewhere between §§28a and 30.2 of the *VR*, the transcription system used by the *VR* tradent undergoes a sharp change, accentuated by occasional changes in the translation glosses assigned to place names (for example Keltekei) or even Mongolian spellings (for example Temegei vs. Temgei). The only explanation for this can be that in between these two sections, the *VR* tradent began using a new document, translated separately from the previous Indictment narrative. At the same time, however, the original Mongolian language (as seen in the *SHM* parallel) and the themes of §§29 and 30 contains close similarities with the language and themes of the Indictment narrative, such that this latter section cannot easily be separated from the Indictment narrative as a whole. I thus regard this second part as a separately written continuation of the Indictment narrative, one which begins with this section and continues to the final destruction of the Merkid and Naiman enemies.

That a separate Naiman Indictment Narrative existed alongside the Kereyid Indictment Narrative is confirmed by the presence in Rashīd al-Dīn's biography of the Naiman house of intrusive pericopes that exactly parallel the intrusive pericopes in his biography of the Kereyid house. Again this material is a late addition found only in the same few mss (Tashkent, Istanbul, and Tehran Museum MSS), and not cited anywhere else. It begins with a story that describes the failings of the Naiman:[26]

㉕ The two cases would read literally *tar'āt* and *ūrū'-in*, which I read as a representation of Mongolian *tariyat* "farms" and *oroi-yin* "of the summit," respectively.

㉖ Rashid ad-Din/Khetagurov, pp. 135-36; Rashīd ad-Dīn/Romaskevich, et al., pp. 289-91.

Prior to the time of Chinggiz Khan, the rulers of the Nayman were Nārqīsh Tayang and Inayāt Qa'an.[27] When they attacked the Qïrqïz, Inayāt Qa'an presented gifts nine times nine to his elder brother Nārqīsh Tayang. Nārqīsh summoned him forward and took his head in his embrace. When they parted he said, "It is as though we have no one to make us presents, or I do not want you." Inayāt Qa'an's sons were Buyruq and Tayang. While Tayang Khan was away, Buyruq decamped and passed so close by his tents that the tent tops loaded on camels could be seen from Tayang Khan's tents. Tayang Khan said, "I too am a ruler. If Buyruq comes and descends here, the choice is his. If he doesn't come, the choice is his." Buyruq did not descend and left. Tayang said, "We had made ready to receive him as a guest. Now that he has gone, let us host ourselves." During the banquet Qūbādkīn Qūr said while playing the lute, "When Inayāt Qa'an and Nārqīsh Tayang were together, would you think they had not made every man of the Nayman a prince and every woman a lady and that many children had not been born? You two were like the horn of a bull antelope and the horn of a cow, a pair. Now that you two brothers do not agree, the Nayman nation, which billowed like waves in the sea, will be broken and dispersed." When Tayang Khan heard these words, his cheeks flushed and he said, "Say to Buyruq that we were wrong. Wait for us in an appropriate place until we come. Whether he comes out to greet us or not, the choice is his." In reply Buyruq said, "The proverb is well known: oft times a people reaches greatness but does not have understanding, and oft times they reach goodness. After this, if we are in good health we will come together." So saying, he decamped and departed in another direction. Since they were brothers and could not agree, God altered their condition.

This passage is then directly followed by a table of summer and winter camps, just like that of the Kereyid (see Table 6). Again the evidence that this text (story and table alike) is a late addition to the *Compendium of Chronicles* is overwhelming. The other material on the Naiman contains both geographical description, stories of the previous khans, and of the stubbornness of Buyruq and his feud with Tayang. Yet the present rather more circumstantial account of each of these themes is not referenced at all. Likewise the evidence that this was written on the same model as the previous material on the Kereyid is also overwhelming. The format of the listing of the summer and winter camping grounds is more or less identical. Narratively the story has a story of the time before Chinggis Khan, which yields a foreshadowing (prolepsis) of the kingdom's fall, verbalized

---

㉗ *Anyāt* in the Tashkent MS and *Aynāt~Īnāt* in the Istanbul, and Tehran Museum MSS. I tentatively read the name as a version of *'Ināyat* (Arabic for "care," see Ahmed 1999, s.v. Inayat, p. 81), found among the Sultans of Delhi. Such an Arabic origin name seems unlikely among the Naiman—could it be Syriac?

by a prediction, and the failed attempted of one of them (Tayang Khan) to do something about it. In terms of titles, it is striking that *Inayāt* is given the title Qa'an, completely contrary to Rashīd al-Dīn's usual usage of *khān* (which he follows for his sons Tayang and Buyruq). Use of *qa'an* for pre-Chinggisid rulers is a distinctive feature of the main body of the Indictment narrative as well. This passage then confirms the unity of the early Kereyid narrative with the listing of camps and that both passages were from a single written source or sources of which Rashīd al-Dīn acquired a Persian translation late in his composition process.

Adding this distinct material in Rashīd al-Dīn to the results of my source critical analysis of the *SHM* and *VR*'s account of the fall of the Naiman kingdom, the contents of this Naiman Indictment Narrative may be seen in Table 4.

The Literary Relationship of the Three Reconstructed Texts

The analysis so far has reconstructed three documents that are closely related in theme. All of them portray the rise of Chinggis Khan in a way that focuses on the faults and mistakes of the Kereyid and Naiman rulers far more than on the virtues of Chinggis Khan. All of the documents are purely prose and give relatively little vivid description. They also share a similar focus on seasonal chronology and movements. But while the three appear to have circulated sometimes together, perhaps as a single document, at other times, they must have circulated separately. Thus while it seems that Rashīd al-Dīn got access to a copy of the Kereyid and Naiman indictment narratives together, the *VR* tradents appear to have accessed and translated the two narratives separately, thus explaining the divergent transcriptions used for the same names.

Moreover, there are internal differences between the three documents, showing that they were composed separately, albeit according to a single template. Thus comparing the narrative about the Kereyid ruler Qurjaqus Buyiruq cited in Rashīd al-Dīn's translation from the Kereyid Indictment Narrative with the "Indictment of Ong Qa'an," there are significant differences. While Rashīd al-Dīn's citation gives much of the back story, the two are not entirely consistent, however. Leaving aside the question of the different name of one of the brothers of Ong Qa'an who is killed (Yulamaghus in Rashīd al-Dīn's citation and Buqa-Temür in the Indictment), which may be a result of textual corruption in Rashīd al-Dīn's transmission, there is also details in *VR* §24.1 and *SHM* §177 not found in the Rashīd al-Dīn's citation: that there are 40 brothers, that Ong Qa'an at first pretended not to know where his brothers Tai-Temür Taishi and Buqa-Temür/Yulamaghus were, and that

Ong Qa'an presented his daughter Huja'ur to win over Toqto'a as his ally. It is possible that Rashīd al-Dīn's citation from the Kereyid account is abbreviated, but up until the last sentence, where the presence of the usual *ba'atur* title for Yisükei alerts us to the Rashīd al-Dīn's desire to harmonize and abbreviate the narrative, the account seems to be fairly full. The implication is that the "Indictment" narrative was not written by the same hand as the "Indictment" itself. Indeed, there is some evidence from the transcriptions that the Indictment proper was translated and transcribed separately from the main body of the Indictment narrative, although the evidence is not as unambiguous as it is for the division of the narrative into a main Kereyid part and a Naiman continuation. It is likely therefore that the "Indictment" proper predates the "Indictment" narrative, which was written to supply it background. Once the narrative was written, the "Indictment" proper must have been incorporated into it at the appropriate point, but apparently the Indictment proper continued to circulate separately, and was thus first transcribed and translated separately by the *VR* compilation team as preparation for compiling the *VR*.

I therefore hypothesize that the Indictment narrative was originally commissioned by a separate author to give a context for the Indictment proper which was already recognized as an important document of the imperial founding. But this separation in composition in which a pre-existing Indictment proper was fitted into a separately composed narrative after is indicated by the degree to which the narrative does not actually explain many of the distinctive names and episodes of the Indictment proper. For example, the story of Möngner Ba'atur and the political role of Sö'ekedei To'oril as found in the "Indictment" are not explained in the "Indictment Narrative", which focuses very tightly on the Kereyid political context. There also appears to be even differences in names—the Buqa-Temür of *VR* §24.1 (=*SHM* §177, l. 5821) appears to correspond to the Yulamaghus of the opening of the Indictment narrative. Similarly there are certain stories found in the Indictment which did not find their way into the narrative as I have reconstructed it. For example the story of the pledge at Jorghol Qun, found in the Indictment in *VR* §24.5a and *SHM* §177 (lines 5805-13 in the de Rachewiltz text) is not actually found in the Indictment narrative.[28] It is also notable that the language of the Indictment proper (separate from the reaction of Ong Qa'an who says *Ai soyiluq*), does not contain the rather distinctive Turkic vocabulary of the later part of the Indictment narrative. For these reasons, I believe that Indictment and the Indictment narrative's main body were composed not just separately, but also by different persons in quite different contexts. Similarly, the Indictment narrative's Naiman

---

㉘ The *SHM* pericope in §164 (ll. 5031-36 in the de Rachewiltz text) which places this pledge within the context of the episode after the rescue of Ilqa from the Naiman contradicts the placement in the Apologia proper and I regard it as the Secret Historian's effort to pull this phrase out of the Apologia proper and put it into the narrative.

continuation also lacks the Turkicized vocabulary and spells some words differently in Mongolian (Temegei vs. Temgei). Thus while clearly written on the model of the Indictment narrative's main Kereyid part, it appears to have been written by a different hand. While the Indictment was perhaps transmitted in imperial family circles from the time of Chinggis Khan as a record of his view of the conflict, the Kereyid narrative appears to have been composed by a Kereyid or Öng'üt, with a significantly Turkicized vocabulary.

The Indictment narrative contains a number of distinctive features of vocabulary and language. First of all the narrative is mostly prose, but with a few sections of poetry (at least as cited in the *SHM*). Compared to other sources I have reconstructed, such as the Source, the Indictment narrative makes relatively little use of reported speech to advance the narrative, although it uses this device more than the *VR*. As I mentioned, the account uses *qa'an* for figures like Ong Qa'an, Chinggis Khan, and even Yisükei Qa'an throughout, although all the sources citing it, whether the *SHM*, Rashīd al-Dīn, or the *VR* tend to eliminate these peculiarities. The *VR* and *SHM* also show the form Hula'anu'ud-Qud for the toponym elsewhere found as Hula'an-Qud. As seen in the *SHM* which preserves the distinctive features of its Mongolian, the narrative also stands out for the large number of Turkic words, such as *soyiluq*, *torluq*, and *törülmishi*, the word *altan terme* for the golden palace tent which in Mongolian was named the *Shira ordo*, the use of the exclamation *ayi~ai*, and religious vocabulary of *jalama*, *elbesü*, *abui*, and *babui*.[29] It also shows a surprising use of the feminine ending *-bi* even when the speaker or subject is male. Much of this vocabulary was not understood by the later translators of the *SHM*, and some, such as the term *sha'al*, appears to have been misunderstood as *saqal* even by the Secret Historian (see the discussion of the term Tetig Sha'al in my forthcoming book). As with the transcriptions, both the *VR* tradent and *SHM* compiler appear to have eliminated the more distinctive language early on; it appears from *SHM* §174 on (not in *VR*, but between §§22 and 23) and becomes frequent particularly after the Indictment proper.

Thematically and politically, the "Indictment" narrative places the Kereyid kingship at the center of the story. The narrative begins with the Kereyid rulers and their divisions, shows how the assistance of Yisükei and Chinggis preserved this Kereyid polity, and yet in the end how Ong Qa'an's personal failures led to his fall and the replacement of the Kereyid dynasty with that of Chinggis Khan. Similar failings on the part of the Naiman and Merkid rulers led to their fall soon thereafter, as told in the Indictment narrative's continuation. Chinggis Khan's childhood, and his dealings with the Tayichi'ud, Jamuqa,

---

㉙ Most of these terms can be found in the *index verborum* of Cleaves's translation (1982), as well as in that to de Rachewiltz's translation and commentary (2004).

the Tatars, and other eastern rivals are virtually ignored. His rise is thus portrayed not as the formation of a new state, but as the replacement of a dynasty in an existing kingdom.

The focus on geographical terminology also underlines the centrality of the Kereyid realm (this would be even clearer if, as I hypothesize, the source really does begin with a geography of the Kereyid court and army's camping spots). The careful delineation of seasonal camps emphasizes the regular occupation of fixed pastures, and the actual places mentioned are largely in the center of Mongolia. They also emphasize the times when Chinggis Khan and Ong Qa'an nomadized together, occupying the same court (see also §24.9). The dating also implies the same point. Although the source uses the animal cycle dates, not reign dates, the seasonal dating begins with the meeting of Ong Qa'an and Chinggis Khan in the Black Forest, implicitly in the late autumn of 1199 or 1200. To begin the dating at that point is to imply that only after his meeting with Ong Qa'an do Chinggis Khan's affairs become sufficiently important to date.

Empire-era readers of this source were aware of this distinctive Kereyid-centric approach. In translating the *VR*'s statement "Qurjaqus Buyiruq Qa'an had passed away," the Chinese translators used *bēng* 崩, the special word used for the death of a sovereign. It is not clear what the Mongolian equivalent was but it evidently used terminology which pictured the Kereyid monarch as the legitimate ruler of the Mongolian plateau. (It is probably significant the *SHM* omits any equivalent phrase; presumably the Secret Historian did not accept this Kereyid-centered picture of Chinggis Khan's rise and so would not accept that anyone outside of Chinggis Khan's family could be a legitimate sovereign in Mongolia.) Although Rashīd al-Dīn did not get direct access to the Indictment narrative until late in his composition process, when he did he placed the selections from it in his narrative of the Kereyid kingdom, confirming that it was seen as a story of the Kereyid in particular.

Date and Models of the Indictment and Indictment Narratives

What are the dates of the Indictment of Ong Qa'an and its two narrative supplements? Obviously the conclusion that it was used separately by both the SHM and *VR* compilers puts its date before those two texts, that is, before 1252 in the case of the *SHM* and before 1276-79 in the case of the *VR*. The version they both used, however, cannot be too early. As I have shown, however, the Indictment uses the title *qa'an* for Yisükei. Given that the use of the title qa'an for Mongol rulers is generally understood as a post-1229 innovation, due to Öködei Qa'an's assumption of that title, this suggests a *terminus post quem* for the Indictment and its narratives after 1229. The suggested dating would thus be in the reign of Öködei Qa'an or shortly thereafter, which I have independently posited as the reign in which both a new Uyghur history (Atwood 2013), and Mongolian biographies of Jürchedei and the Öng'üt royal house were composed (Atwood, 2015a; Atwood 2014). The evidence is thus beginning to accumulate that the ground work of Mongolian historiography was laid in the reign of Öködei Qa'an with the composition of biographies of Chinggis Khan's commanders, written to justify the position of their descendants in the new order, and narrative sources focusing on the Mongol conquest and replacement of the Turco-Mongolian kingdoms to the west—Kereyid, Naiman, and Uyghur. Alongside these documented works, it is likely that genealogies and sayings of Chinggis Khan and others among the pre-conquest Mongols were also being written down (indeed the Indictment itselfi is an extended example of a *bilig* or wise saying of Chinggis Khan, albeit in prose). But not until the reign of Möngke Qa'an did the anonymous Secret Historian make an attempt to draw these materials together in a connected narrative which took the focus away from the faults of the earlier Kereyid and Naiman khans and put it on the virtues of the Onon-Kherlen Mongols and the rise of Chinggis Khan.

What models, if any, did the authors of the Indictment and Indictment Narratives have? Given the documented origin of the Mongolian script in a very conservative adaption of the Uyghur script, it would be natural to look to Uyghur writings for possible precursors of these writings. Tragically, however, almost no Uyghur historiography survives, although recent fragmentary discoveries show that a historiography of Uyghur kings did exist (Zieme 2009; Zhang and Zieme 2011). More distantly, the core of the Indictment of Ong Qa'an shares the numbering of the enemy's faults that is also seen in the enumeration by Liu Bang 劉邦 of the ten crimes of Xiang Yu 項羽.[30] It also shares at least one image with the "Call to Arms" (*xi* 檄) issued by Yuan Shao 袁紹 against Cao Cao 曹操 , that of the subordinate general (Cao Cao or Chinggis Khan) being a mere falcon on the hand of the supreme ruler (Yuan Shao or Ong Qa'an).[31]But the rhetorical deploymentof this image is quite different, being used in Yuan Shao's "Call to Arms" to denigrate Cao Cao, but by Chinggis Khan in his Indictment of Ong Qa'an to advertise his own willingness to serve Ong Qa'an, and hence highlight that latter's ingratitude. While these famous indictments in Chinese history may have established patterns of speech that then influenced Turkic and Uyghur rhetoric, at present no more specific influence can be traced.

㉚ See the passage "the Prince of Han berates Xiang Yu" (*Hanwangshu Xiang Yu* 漢王數項羽) in Sima Qian 1982, 8.376; cf. Sima/Watson 1993, pp. 72-73.

㉛ See de Crespigny 2010, pp. 128-35.

Conclusion

The research presented above leads to two important conclusions. Firstly, a methodological one, that source criticism is an absolutely essential methodology for illuminating the intellectual history of the Mongolian-speaking peoples in the thirteenth century. Although relatively few works have survived in Mongolian, much of the Persian and Chinese historiography of the Mongol empire consists of translations from Mongolian, often cited more or less verbatim with little or only careless editing. The identification of such source documents will vastly expand our corpus of works from the Mongol empire written in the Mongolian language. Secondly, the "Indictment" and the "Indictment" Narratives as hereby reconstructed present a substantially different picture of the rise of Chinggis Khan from that canonized by the *SHM* or the *VR*. This narrative portrayed Chinggis Khan's rise not as the results of developments among the Onon-Kherlen Mongols, but as the capture of an already existing and expanding Kereyid-centered kingdom by one of its disgruntled provincial commanders—Chinggis Khan. This view of the rise of the Mongol empire, already adumbrated in recent scholarship (Munkh-Erdene 2011) deserves further study and consideration.

Bibliography

Ahmed, Salahuddin. 1999. *A Dictionary of Muslim Names*. New York: New York University Press.

Akasaka Tsuneaki赤坂恒明. 1996." '*Go zoku fu*'Mongoru bunshi to 'Shūshi' shoshahon"「五族譜」モンゴル分支と「集史」諸写本. *Waseda Daigaku daigakuin bungaku kenkyuuka kiyou* 早稲田大学大学院文学科研究紀要, vol. 41, no. 2, pp. 27-41.

Akasaka Tsuneaki 赤坂恒明. 2005. *Juchi-ei shoseiken shi no kenkyū*ジュチ裔諸政権史の研究. Tokyo: Kazama-shobo.

Allsen, Thomas T. 2001. *Culture and Conquest in Mongol Eurasia*. Cambridge: Cambridge University Press.

Atwood, Christopher P. 2007a. "The Date of the *Secret History of the Mongols* Reconsidered." *Journal of Song-Yuan Studies* 37, pp. 1-48.

Atwood, Christopher P. 2007b. "Informants and Sources for the *Secret History of the Mongols*." *Mongolian Studies* 29, pp. 27-39.

Atwood, Christopher P. 2008/09. "The Sacrificed Brother in the *Secret History of the Mongols*." *Mongolian Studies* 30/31, pp. 189-206.

Atwood, Christopher P. 2012. "Six Pre-Chinggisid Genealogies in the Mongol Empire." 2012. *Archivum Eurasiae Medii Aevi*, vol. 19, pp. 5-57.

Atwood, Christopher P. 2013. "The Uyghur Stone: Archaeological Revelations in the Mongol Empire." In *The*

Steppe Lands and the World beyond Them: Studies in Honor of VictorSpineion his 70th birthday, ed. Florin Curta and Bogdan-Petru Maleon, pp. 315-343. Iaşi: Editura Universităţii "Alexandru Ioan Cuza."

Atwood, Christopher P. 2014. "Mongols, "Historiography and Transformation of Ethnic Identity in the Mongol Empire: The Öng'üt Case." *Asian Ethnicity*, vo. 15, no. 4, pp. 514-34.

Atwood, Christopher P. 2015a. "Alexander, Ja'a Gambo and the Origins of the Image of Jamugha in the Secret History of the Mongols." In *Neilu Ouya lishi wenhua guoji xueshu yantaohui lunwenji*内陸歐亞歷史文化國際學術研討會論文集[Proceedings of the International Conference on History and Culture of Central Eurasia], edited by Terigün 特力更and Li Jinxiu 李錦繡, Höhhot: Inner Mongolian People's Press, pp.161-176.

Atwood, Christopher P. 2015b. "Imperial Itinerance and Mobile Pastoralism: The State and Mobility in Medieval Inner Asia." *Inner Asia*, vol. 17, no.2, pp.293-349.

Boyle, John Andrew. 1973. "Summer and Winter Camping Grounds of the Kereit." *Central Asiatic Journal* 17, pp. 108-110.

Chen Dezhi. 2012. "The Kerait Kingdom up to the Thirteenth Century." In *Chinese Scholars on Inner Asia*, trans. Roger Covey, ed. Luo Xin, Bloomington: Indiana University pp.411-61.

Cleaves, Francis Woodman. 1982. *Secret History of the Mongols*. Cambridge: Harvard University Press.

de Crespigny, Rafe. 2010. *Imperial Warlord: A Biography of Cao Cao 155-220 AD*. Leiden: Brill.

de Rachewiltz, Igor, trans. and ed. 2004a. *The Secret History of the Mongols: A Mongolian Epic Chronicle of the Thirteenth Century*. Leiden: E.J. Brill, 2004. 2 vols., continuous pagination.

Hirshberg, Daniel Alexander. 2012. *Delivering the Lotus-born: Historiography in the Tibetan Renaissance*. Ph.D. Dissertation, Harvard University.

Hung, William. 1951. "Transmission of the Book Known as *The Secret History of the Mongols*." *Harvard Journal of Asiatic Studies*, vol. 14, pp. 433-92.

Irinčin, Y./Yilinzhen 亦鄰真, ed. Jaqadai Čimeddorǰi, Borǰigidai Oyunbilig, and Jiγačidai Buyandelger. 2001. *Y. Irinčin-ü mongγol sudulal-un bütügel-ün čiγulγan/Yilinzhen Menggu xue wenji*亦鄰真蒙古學文集. Höhhot: Inner Mongolia People's Press.

Jia Jingyan 賈敬顏. 1979 (乙未 [1955], error for己未[1979]). *Shengwu qinzheng lu jiaoben* 聖武親征錄校本. Beijing: Minzu University mimeograph.

Mayer, Rob. 2010. "Authors, plagiarists, or tradents?" *Kīli kīlaya: Discoveries and research hypotheses in Tibetan Buddhism from the Oriental Institute, Oxford University* (blog). http://blogs.orient.ox.ac.uk/kila/2010/10/09/authors-plagiarists-or-tradents/

Munkh-Erdene, Lhamsuren. 2011. "Where Did the Mongol Empire Come From? Medieval Mongol Ideas of People, State and Empire." *Inner Asia*, Vol. 13, No. 2, pp. 211-37.

Pilusi 皮路思 [Piruz]. 1993. " 'Shiji-Buzu zhi-Zhalayi'r zhuan' yanjiu 《史集・部族志・札剌亦兒傳》研究." *Menggu shi yanjiu* 蒙古史研究, vol. 3, pp. 1-10.

Pelliot, Paul, and Louis Hambis, trans. and ed. 1951. *Histoire des Campagnes de Gengis Khan:* Cheng-wou ts'in-tcheng lou. Leiden: E.J. Brill.

Pelliot, Paul, and Louis Hambis, ed. Igor de Rachewiltz. 2004. "Index of Mongol and Chinese Proper and Geographical Names in the *Sheng-wu Ch'in-cheng lu*聖武親征錄." *East Asian History* 28, pp. 45-52.

Rashid ad-Din, trans. L.A. Khetagurov, ed. A.A. Semenov. *Sbornik letopisei*. Vol. I, part 1. Moscow: Academy of Sciences Press, 1952.

Rashīd ad-Dīn, Faẕlallāk͟h, ed. A.A. Romaskevich, A.A. Khetagurov, A.A. Ali-Zade. *Dzhāmi' at-Tavārīkh*, vol. 1, part 1, *Kriticheskii text*. Moskva: "Nauka," 1968.

Rashid ad-Din, trans. O.I. Smirnova, notes by B.I. Pankratov and O.I. Smirnova, ed. A.A. Semenov. *Sbornik letopisei*. Vol. I, part 2. Moscow: Academy of Sciences Press, 1952.

Rashīd al-Dīn Faẕlāllāh Hamadānī, ed. Muḥammad Rawshan and Musṭafī Mūsawī, ed. *Jāmi' al-Tawārīkh*. 4 vols. Tehran: Nashr-i Alburz, 1383/1994.

Rashiduddin Fazlullah, trans. and ed. W.M. Thackston. *Jami'u't-Tawarikh: Compendium of Chronicles: A History of the Mongols*. Cambridge: Harvard University Press, 1998-1999. Three volumes with continuous pagination.

Rásonyi, László, and Imre Baski. 2007. *Onomasticon Turcicum: Turkic Personal Names*. Bloomington: Indiana University. 2 vols.

Shimō Satoko. 1996a. "Three Manuscripts of the Mongol History of *Jāmi' al-Tawārīkh*. With Special Reference to the History of Tribes." *Études mongoles et sibériennes*, vol. 27, pp. 225-28.

Shimō Satoko. 1996b. "Ghâzân Khan and the *Ta'rîkh-i Ghâzânî*—Concerning Its Relationship to the "Mongol History" of the *Jâmi' al-Tawârîkh*." *Memoirs of the Toyo Bunko*, vol. 54, pp. 93-110.

Shiraiwa Kazuhiko 白岩一彦.1993. " 'Shūshi' Teheran shahon (Iran Kokumin Gikai Toshokan shahon 2294 ban) ni tsuite" 「集史」テヘラン写本（イラン国民議会図書館写本2294番）について. *Oriento*オリエント, vol. 36, no.1, pp. 55-70.

SHM: *Secret History of the Mongols*. Consulted in the following editions, concordances, and translations:

Cleaves, Francis Woodman. *The Secret History of the Mongols*. Cambridge: Harvard University Press, 1982.

Rachewiltz, Igor de. *Index to the Secret History of the Mongols*. Bloomington: Indiana University, 1972.

Rachewiltz, Igor de, trans. and ed. *Secret History of the Mongols: A Mongolian Epic Chronicle of the Thirteenth Century*. Leiden: E.J. Brill, 2004. 2 vols., continuous pagination.

Wulan 烏蘭.*Yuanchao mishi (jiaokanben)*元朝秘史 (校勘本). Beijing: Zhonghua shuju, 2012.

Sima Qian 司馬遷, ed. Pei Yin裴駰, Sima Zhen司馬貞and Zhang Shoujie張守節. *Shiji*史記. Beijing: Zhonghua shuju, 1982.

Sima Qian, trans. Burton Watson. *Records of the Grand Historian*. Vol. I, *Qin Dynasty*; Vol. 2, parts 1 and 2: *Han Dynasty*.Revised edition. New York: Columbia University Press, 1993.

Uno Nobuhiro 宇野伸浩. 2003. "Rashīdo-uddīn 'Shūshi' no z ō ho kahitsu no purosesu"ラシード・ウッディーン「集史」の増補加筆のプロセス.*Ningen kankyō gaku kenkyū* 人間環境学研究, vol. 1, pp. 39-62.

Uno Nobuhiro 宇野伸浩. 2011. " 'Shūshi' dai 1 kan 'Mongoru shi' no kōtei tekisuto wo meguru shomondai" 「集史」第1巻「モンゴル史」の校訂テキストをめぐる諸問題. In *Mongoru shi kenkyū:*

genjō to tenbō モンゴル史研究：現状と展望, ed. Yoshida Jun'ichi, pp. 44-64. Tokyo: Akashi shoten.

Wang Guowei 王國維, ed. [1926] 1962. "Shengwu qinzheng lu jiaozhu聖武親征錄校注." In *Menggu shiliao sizhong* 蒙古史料四種. Facsimile rpt. Taiwan: Cheng-chung Press, pp. 1-220 (1a-107b).

Yosida Jünyiči [Yoshida Jun'ichi], trans. Čenggel. 2005.《*Monggol-un niğuča tobčiyan*》*-u sudulal: Yosida Jünyiči Proféssor-un ögülel-ün tegübüri.* Beijing: Nationalities Publishing House, 2005.

Yuan shi 元史, ed. Song Lian 宋濂. Beijing: Zhonghua shuju, 1976.

Zhang Tieshan and Peter Zieme. 2011. "A Memorandum about the King of the *On Uygur* and His Realm." *Acta Orientalia Academiae Scientiarum Hung.*,vol. 64, no. 2, pp. 129-59.

Zhou Qingshu周清澍. 2001. *Yuan Meng shizha* 元蒙史札. Inner Mongolia University Press.

Zieme, Peter. 2009. "Ordo Uluš, Solmı, and Bešbalık." *Acta Orientalia Academiae Scientiarum Hung.*,Vol. 62 (3), 255–266.

Table 1　Structure of the Indictment of Ong Qa'an

SHM§§177-181	*VR*§§24-25
Arqai Qasar and Sö'ekei Je'ün dispatched	Arqai (Je'ün?) dispatched
Preface locating Chinggis Khan	Preface locating Chinggis Khan
Words to Ong Qa'an	Words to Ong Qa'an
Appeal to allow the people to live in peace	The Five Benefits
How they agreed not to let a serpent's tooth (=slanderer) poison their relations	1. How Yisükei helped Ong Qa'an many times
Comparison of Ong Qa'an and Chinggis with two wheels of a cart	2. How Chinggis Khan brought back Ja'a Gambo from Ja'uqud and sacrificed his own brothers for him
Speaking of old days	3. How Chinggis Khan donated Merkid plunder to Ong Qa'an
How Yisükei helped Ong Qa'an many times; How Chinggis brought Ong Qa'an into his own *küre'en*	4. How Ong Qa'an did not donate Merkid plunder to Chinggis; How Chinggis's four champions rescued Ong Qa'an's son from the Naiman
How Chinggis Khan donated Merkid plunder to Ong Qa'an	5. How they agreed not to let a serpent's tooth (=slanderer) poison their relations; how Chinggis Khan captured the very Tatars, etc., with whom Ong Qa'an is now threatening him
How Chinggis's four champions rescued Ong Qa'an's son from the Naiman	
Chinggis Khan asks Ong Qa'an to send messengers	Appeal to allow the people to live in peace; comparison of Ong Qa'an and Chinggis with two wheels of a cart

续表

SHM§§177-181	*VR*§§24-25
Ong Qa'an reply	Words to Altan and Qochar
Ong Qa'an confesses his guilt	How they wish to kill him; how Chinggis only accepted the throne after Seche and Taichu and Altan and Qochar declined; how well Chinggis Khan would have served them
How Ong Qa'an sent a birch-bark box of blood to Chinggis Khan	Charge to Altan and Qochar to preserve the headwaters of the 3 rivers
Words to Jamuqa	Words to Sö'ekedei To'oril
How they once all dwelt together and drank from Ong Qa'an's same goblet	How To'oril is hereditary slave and hence his hopes of power is vain
	How they once all dwelt together and drank from Ong Qa'an's same goblet;
Words to Altan and Qochar	Words to Altan and Qochar
How they wish to kill him; how Chinggis only accepted the throne after Seche and Taichu and Altan and Qochar declined; how well Chinggis Khan would have served them	Warning that Ong Qa'an may soon grow tired and suspicious of them as he has of Chinggis Khan
Warning that Ong Qa'an may soon grow tired and suspicious of them as he has of Chinggis Khan	Words to Ong Qa'an
Charge to Altan and Qochar to preserve the headwaters of the 3 rivers	Call on him and Chinggis's Mongol rivals to send messengers to Chinggis; the path they should travel by east or west
Words to To'oril	Ong Qa'an's reply
How To'oril is hereditary slave and hence his hopes of power is vain	Ong Qa'an confesses his guilt
Words to (N)ilqa Senggum	
How he as the birth son has been jealous of Chinggis as adoptive son	
Call on him and Chinggis's Mongol rivals to send messengers to Chinggis	
(N)ilqa Senggüm's reply	Ilqa Senggün's reply
Ilqa Senggün expresses his resentment and defiance of Chinggis Khan	Ilqa Senggün expresses his resentment and defiance of Chinggis Khan
Sö'ekei Je'ün remained behind at To'oril's with his wife and children	

Table 2 Reconstructed Original Sequence of the Indictment of Ong Qa'an

Arqai Qasar and Sö'ekei Je'ün dispatched		
Preface locating Chinggis Khan		
Words to Ong Qa'an		
	The Five Benefits	
		1. How Yisükei helped Ong Qa'an many times; How Chinggis brought Ong Qa'an into his own *küre'en*; How Chinggis Khan treated Ong Qa'an as father
		2. How Chinggis Khan brought back Ja'a Gambo from Ja'uqud and sacrificed his own brothers for him
		3. How Chinggis Khan donated Merkid plunder to Ong Qa'an
		4. How Ong Qa'an did not donate Merkid plunder to Chinggis; How Chinggis's four champions rescued Ong Qa'an's son from the Naiman
		5. How they agreed not to let a serpent's tooth (=slanderer) poison their relations; How Chinggis Khan captured the very Tatars, etc., with whom Ong Qa'an is now threatening him
	Appeal to allow the people to live in peace; Comparison of Ong Qa'an and Chinggis with two wheels of a cart	
Words to Altan and Qochar		
	How they wish to kill him; How Chinggis only accepted the throne after Seche and Taichu and Altan and Qochar declined; How well Chinggis Khan would have served them	
	Charge to Altan and Qochar to preserve the headwaters of the 3 rivers	
Words to Sö'ekedei To'oril		
	How To'oril is hereditary slave and hence his hopes of power is vain	
	How they once all dwelt together and drank from Ong Qa'an's same goblet	
Words to Altan and Qochar		
	Warning that Ong Qa'an may soon grow tired and suspicious of them as he has of Chinggis Khan	
Words to Ilqa Senggün		
	How he as the birth son has been jealous of Chinggis as adoptive son	
	Call on him and Chinggis's Mongol rivals to send messengers to Chinggis; The path they should travel by east or west	
Ong Qa'an's reply		
	Ong Qa'an confesses his guilt	
Ilqa Senggün's reply		
	Ilqa Senggün expresses his resentment and defiance of Chinggis Khan	
Arqai Qasar returns; Sö'ekei Je'ün remained behind at To'oril's with his wife and children		

Table 3 Reconstructed Contents of the Indictment narrative, main part

VR passage; cf. references to parallels in direct discourse	parallels (§=sections in *SHM*, ll.= lines in the de Rachewiltz text)	Date and/or Location	Content
n.a.	Rashid ad-Din/ Khetagurov, pp. 126-27		Summer and Winter camps of the Kereyid
n.a.	Rashid ad-Din/ Khetagurov, pp. 129-30		Qurjaqus Buyiruq Qan divides his sons' camp grounds because they cannot get along Töre-Ghayimish does magic to harm her husband's hunting She is killed by Qurjaqus Buyiruq who then dies.
§11.1; cf. §24.1	Rashid ad-Din/ Khetagurov, p. 130;§150b; cf. §177, ll. 5819-5822, 5824-5826, and 5828-5834		Ong Qa'an tricks his brothers and with alliance of Toqto'a kills them; Gür-qan drives him off; Yisükei Qa'an rescues him against Qutula Qa'an's advice and they become *anda*
§11.2, cf. §18.2	§151a-b; cf.§152 (ll. 4620-4625) and §177 (ll. 5822-5823 and 5904-5916)		Erke-Qara and Ïnanch Qan drive Ong Qa'an off to Qara-Kitad; Ong Qa'an escapes again, rescued by Chinggis Khan
§11.3, cf. 24.1 (last sentence)	§164 (ll. 5025-5029); cf. §177 (ll. 5916-5918) and §96	late autumn; Black Forest	Chinggis Khan recognizes Ong Qa'an as father
§10; cf. §24.2, cf. §11.4	§150a, cf. §187b	winter	Chinggis Khan recalls Ja'a Gambo from Jauqud, plunders the Merkid and Seche Beki and Taichu's Yörkin to give him people
§12.1, cf. §24.3	cf. §177 (ll. 5919-5924)	autumn	Chinggis Khan plunders the Merkid and gives the booty to Ong Qa'an
§12.2, cf. §24.4a	§157		Ong Qa'an plunders Merkid, makes Toqto'a's sons submit but gives nothing to Chinggis Khan
§§13.1-14.1, cf. §24.4b	§§158b-159a, 160; cf. §177 (ll. 5925-5931)	winter	Ong Qa'an and Chinggis Khan attack the Naiman, capture Yedi Tobluq; battle with Naiman at Baydaraq Belchir. Ong Qa'an secretly deserts the battle line and disappears. Jamugha first incites Ong Qa'an against Chinggis Khan
§14.3, cf. §24.4c	§162b, cf. §177 (ll. 6001-6004)		Merkid sons of Toqto'a revolt and return to their father

续表

§14.4a	§161 (except last sentence); cf. 177 (ll. 5931-5934)		Chinggis Khan also leaves the battle site to Sa'ari Steppe
§14.4b, cf. §24.4d	§162a, cf. §177 (ll. 5934-6001)		Ong Qa'an and Ja'a Gambo plundered by Naiman
§15.1, cf. §24.4e	§163, cf. §177 (ll. 6004-6014)		Ong Qa'an pleads for assistance to Chinggis Khan who sends his "four champions," who rescue Ong Qa'an. Ong Qa'an pledges to return this favor.
§16	§§96-98 and 107; §141, 144, 148	Bürki Cliff	Ong Qa'an and Chinggis Khan successfully attack Tayichi'ud
§18	§151b-152a, 152c-153a (ll. 4608-13 and 4627-4703)	winter; Kelüren to Quba-Qaya; then Ong Qa'an to Quba-Qaya, Chinggis to Chegcher mountain	Conspiracy of Kereyid commanders against Ong Qa'an; their indictment of Ong Qa'an's bad behavior
§20.3	§153	1202; summer at Dalan Nemürges; autumn at Ulghui-Silyü'eljid Rivers	Chinggis Khan battles against the Tatars; Altan, Qochar, and Daritai engage in irregular plunder and are punished.
§21.1-21.2a	§§141-43, 148 (last sentence)	autumn	Coalition of forces with Buyruq Qa'an and Jamugha attack Chinggis and Ong Qa'an; maneuvers by the Aral Wall; battle at Köiten; Jamugha plunders his own people
§21.2b		winter; Chinggis Khan at Abji'a Köteger; Ong Qa'an at Berke Sands	
§21.3	§165		Chinggis Khan seeks marriage alliance; rebuffed
§22.1-2b	§166-67	1203; spring	Jamugha and Ilqa convince Ong Qa'an to break with Chinggis Khan
§22.2c			Ong Qa'an's men burn our grass
§22.3-5	168-§170a	Aral Wall to Silüyeljin River to Qala'aljid Sands	Ilqa and Ong Qa'an plot against Chinggis Khan who is twice warned; the battle at Qala'aljid Sands ends when Chinggis's men wound Ilqa
	§174		Qada'an deserts his family and comes to Chinggis, saying that because of Ilqa's wounds, Ong Qa'an will not pursue him

续表

§23	§176-177a	Or Nu'uand Keltekei Hill to Qalqa River to Tüngke Lake	Disposition of Chinggis's troops; he wins over the Qonggirad
§§24-25	§§177-181		Indictment proper in which Chinggis Khan reviews his behavior towards Ong Qa'an and others and defends it (internal structure reconstructed in commentary on §§24-25)
§26.2	§183a		Qasar deserts his family and returns to Chinggis Khan
§26.3		Ong Qa'an at Qid-Gholughad	
§26.4			Daritai and others conspire against Ong Qa'an; their conspiracy is discovered and some flee to Chinggis Khan, others to the Naiman
§27.1-2a		autumn, Chinggis Khan from Baljuna to Onan headwaters	Chinggis Khan holds great assembly to plan conquest of Ong Qa'an
§27.2b-2c	§§183b-185a, 187b, 187c	after battle, Chinggis winters at Abji'a Köteger	Chinggis Khan sends Qali'udar and Cha'urqan to decoy Ong Qa'an into an ambush; Ong Qa'an ambushed and he and Ilqa flee; Kereyid plundered and divided among the Mongols
§27.3	§§188a, 189a, 189c (ll. 6526-6529, 6531-32, 6608-09)		Ong Qa'an and Ilqa flee; Ong Qa'an killed by the Naiman generals; his head sacrificed to by the Naiman qa'an, but the result is unpropitious
§27.4a			Ilqa flees to Isina, Tibetans, and finally Kucha, where he is killed
§27.4b			Summary statement of the end of Ong Qa'an.
§28a	§§191a, 191c, 192b	winter, Chinggis hunts at Temegei steppe	In the hunt, Chinggis Khan divides his people into thousands, hundreds, and tens, appoints stewards, and enrolls day and body guards, and *ba'atud* for Qasar

Table 4 Reconstructed Contents of the Indictment narrative continuation:

VR passage, and references in direct discourse	parallels (§=sections in *SHM*, ll.= lines in the de Rachewiltz text)	Date and/or Location	Content
n.a.	Rashid ad-Din/ Khetagurov, pp. 135-36	Before Chinggis Khan	Early divisions in the Naiman and the Buyruq-Tayang feud
n.a.	Rashid ad-Din/ Khetagurov, p. 136		Summer and winter camps of the Naiman
§29a	§§190b, 189b		Naiman's Tayang Qa'an sends a message to Ala-Qus speaking of a Mongol emerging to overthrow Ong Qa'an and inviting them to join in stealing Chinggis Khan's quiver
§30.1a	§190c-191a (ll. 6620-6704)	1204, spring Tülkül Che'üd of Temge Steppe	Assembly to discuss war with the Naiman; Belgütei and Odchigin demand war.
§30.2	§193 to §196 (ll. 6734, 6802-6805, 6824-25, 6831-6903, 6913-7004, 7033-34, 7128-7133, 7135-7201)	autumn, Keltekei Mountain to Orqan R, to Naqu Qun	Qubilai and Jebe goes as vanguard; battle order of the Naiman side; Naiman see how weak the Mongol horses are and Tayang Qan proposes to retreat; Tayang Qan is goaded into action; Qasar holds the center while Chinggis directs the battle formations; Jamugha comments on the Naiman's incapacity and escapes; Naiman lose the battle.
§31c	§§197a, 198b, 198d (ll. 7205-08, 7303-06, 7323-24	1204, autumn	Chinggis Khan campaigns against the Merkid and spoils Toqto'a of the Merkid, who escapes with his sons; Half the Merkid revolt and Chinggis appoints Chimbai to suppress them; he destroys the Merkid fortress
§33.2a,	§158 (ll. 4906-08),)	Sogha'u River and the Ulugh Tagh Mountain	Troops sent against Buyruq Qan of the Naiman beyond the Altai; he is captured while falconing
§§33.2b, 36.2,	§198c (ll. 7309-7322		Küchülüg and Toqto'a join up and then flee across the Ertish; Qutugha of the Oyirad submits to the Mongols and guides them to Toqto'a and Küchülüg; in the attack Toqto'a is killed by an arrow, and Küchülüg flees to the Gür Qa'an of the Qara-Khitay. Toqto'a's sons flee to the Qipchaqs
§44	§236		Sübe'edei with iron shod carts pursues Toqto'a's sons to the Chem River and destroys them
§47	§237		Jebe pursues Küchülüg to Sarïgh-Qol and destroys him

Table 5 Nomadic Itinerary of the Kereyid Khan and Army

(source: Rashid ad-Din/Khetagurov, pp. 126-27; Rashīd ad-Dīn/Romaskevich et al., p. 252)

Particulars of the *yurts* of the Kereyid peoples (*āqwām*) by *yaylaq* [summer camps] and *qishlaq* [winter camps]:

Yaylaq [summer camps]

personal (*khaṣṣeh*) *yurt* of Ong Khan:		That of his army (*cherig*):	
		Right Hand	Left Hand
Dalan-Dabāz	Küse'ür Na'ur	Tületen Jalsutan Elet Tariyat	Abji'a-Köteger *Ūrūt Ūkūrūt* Elet Tariyat

Qishlaq [winter camps]

Ong'in Müren	Oroi-yin Körken	*Tūsh Burāwū*
Shira Qulusun	Ötegü Qulan	Jala'u Qulan

Table 6 Nomadic Itinerary of the Naiman Ruler and his Ordo

(source: Rashid ad-Din/Khetagurov, pp. 136; Rashīd ad-Dīn/Romaskevich et al., p. 291)

Yaylaq[summer camp]:

Tālāq the *yurt* of their king (*pādishāh*)	*Jājīr Nāwūr* place of his *ordo*

Qishlaq[winter camp]:

Ādrī Abqeh a mountain	*Baqras* *Ūlūm*	*Ājīrīq* *Nāwūr*	*Alā-Yatrīnk* a river

Table 7 Correlation of the section divisions of the *Veritable Record of Chinggis Khan* with the text of the Campaigns of Chinggis Khan

My divisions	Pelliot divisions	Wang Guowei text	Jia Jingyan text
§1	§§1-2 (pp. 1, 12)	1a-3a/7-11	I. 1a-4b
§2	§3 (p. 17)	3a-4a/11-13	4b-6b
§3	§§4-6 (pp. 24, 35, 139-40)	4a-12b/13-30	6b-19b
§4	§§6-7 (pp. 139-40, 148)	13a-14b/31-34	20a-24b
§5	§7 (p. 148)	14b-15a/34-35	25a-25b
§6	§7 (p. 148)	15b-17a/36-39	25b-27a
§7	§§8-9 (pp. 169-70, 191)	17a-19a/39-43	27a-31b
§8	§9 (p. 191)	19a-20a/43-45	31b-33a
§9	§10 (p. 214)	20a-21a/45-47	33a-34a
§10	§11 (p. 224)	21a-22b/47-50	34a-35a
§11	§12-13 (pp. 230, 257)	22b-24b/50-54	35a-39a
§12	§14 (p. 264)	25a-26b/55-58	39a-41b
§13	§15 (pp. 293-94)	26b-27a/58-59	42a-43b
§14	§15 (pp. 293-94)	27a-28b/59-62	43b-47a
§15	§§15-17 (pp. 293-94, 381, 386)	28b-30a/62-65	47a-50a
§16	§§17-18 (pp. 386, 389-90)	30a-31b/65-68	50b-52b
§17	§19 (pp. 392-93)	31b-32a/68-69	52b-53b
§18	§§20-21 (pp. 416, 422)	32a-34a/69-73	54a-57b
§19	§§21-22 (p. 422)	34a-35a/73-75	57b-59a
§20	§§22-23	35a-38b/75-82	59a-67b
§21	§§24-26	38b-42a/82-89	I. 67b-II. 73a
§22	§§26-27	42a-46b/89-98	II. 73a-83a
§23	§27	46b-47b/98-100	83a-85a
§24	§§28-30	47b-58b/100-122	85a-112b
§25	§30	59a-59b/123-124	112b-113b
§26	§§31-32	59b-62b/124-130	113b-121b
§27	§§33-34	63a-65a/131-135	122a-129a
§28	§35	65a-65b/115-116	129a
§29	§36	65b-66a/136-137	129a-132a
§30	§37	66b-69b/138-144	132a-141a
§31	§38	69b-70b/144-146	141a-145a
§32	§39	70b-71a/146-147	145a-145b
§33	§40	70a-71b/147-148	145b-147b

续表

My divisions	Pelliot divisions	Wang Guowei text	Jia Jingyan text
§34	§41	71b/148	147b-148a
§35	§41	72a-72b/149-150	148a-149b
§36	§42	72b-73a/150-151	150a-151a
§37	§§43-44	73a-75b/151-156	151a-158b
§38	§45	75b-76a/156-157	II.158b-III. 160b
§39	§§45-49	76a-82a/157-169	III. 160b-179b
§40	§§50-51	82a-86b/169-178	179b-193a
§41	§§51-53	86b-88a/178-181	193a-195b
—㉜	§53	88b/182	195b-196a
§42	§54	88b-89a/182-182	196b-197b
§43	Material not found in *SWQZL* mss, reconstructed from Rashīd al-Dīn and *YS* text		
§44	§55	89a-89b/183-184	197b-199a
§45	§55	89b-90a/184-185	199a-199b
§46	§56	90a-91a/185-187	200a-202b
§47	§57	91a/187	202b-203a
§48	§57	91a-92b/187-190	203a-206a
§49	§58	92b/190	206a-206b
§50	§59	92b/190	206b
§51	§§59-61	92b-95a/190-195	206b-214b
§52	§61	95a-95b/195-196	215a-217b
§53	§61	95b/196	217b-218a
§54	§62	96a-96b/197-198	218a-219b
§55	§63	96b/198	219b-220a
§56	§64	96b-97b/198-200	220a-220b
§57	§65	97b/200	220b-221a
§58	§66	97b-98a/200-201	221a-221b

Table 8 Correlation of the section divisions of the Veritable Record of Chinggis Khan with the text of Rashīd al-Dīn's *Compendium of* Chronicles

The following gives the correlation of my divisions with those of the text of the "History of Chinggiz Khan, Part II" in Rashīd al-Dīn's *Compendium of Chronicles*. Note: only those cases where the Rashīd al-Dīn text is actually derived from that of the *Veritable Recordof Chinggis Khan* are included. "Cf." indicates those passages derived from

㉜ This is interpolated matter which was added in the Ming dynasty to the text of the *Campaigns of Chinggis Khan*.

the *Veritable Record* but which are not placed in proper sequence in the "History of Chinggiz Khan, Part II," but was distributed either to his "Tribal" section, his pre-Chinggisid biographies, his "Chronology of Chinggiz Khan," or the biographies of his sons. In the case of the "Chronology," however, I give the pages only where it adds significant information to that provided by the main text.

My divisions	Persian text of Rashīd al-Dīn/ Rawshan and Mūsawī	Russian Translation (Kh=Khetagurov; Sm=Smirnova; V=Verkhovskii)	English translation of Thackston
§1	309-12, cf. 284, 269, 188-89	Sm: 74-76, cf. 58, 47, Kh: 181-82	152-53, cf. 139, 132, 100-01
§2	325-27	Sm: 84-85	159
§3	327-331	Sm: 85-88	159-61
§4	331-33	Sm: 88-90	161-62
§5	333-34	Sm: 90	162-63
§6	334-35	Sm: 90-91	163
§7	335-37	Sm: 91-92	163-64
§8	337-38	Sm: 92-93	164-65
§9	338-39	Sm: 93-94	165
§10	339-40	Sm: 94	165
§11	359-63	Sm: 108-11	174-76
§12	364	Sm: 111	176
§13	365-66	Sm: 112-13	176-77
§14	367-68	Sm: 113-14	177-78
§15	369-71	Sm: 114-16	178-79
§16	371-72	Sm: 116	179-80
§17	372-74	Sm: 116-17	180
§18	374-75	Sm: 118	180-81
§19	375-77	Sm: 118-19	181-82
§20	377-79	Sm: 119-21	182-83
§21	379-381	Sm: 121-22	183-84
§22	381-386	Sm: 122-26	184-86
§23	386-87	Sm: 126-27	186-87
§24	387-93	Sm: 127-31	187-90
§25	393	Sm: 131	190
§26	393-94	Sm: 131-32	190-91
§27	395-98	Sm: 132-34	191-92
§28	398-399	Sm: 134-35	192-93
§29	414-15	Sm: 146	201

续表

My divisions	Persian text of Rashīd al-Dīn/ Rawshan and Mūsawī	Russian Translation (Kh=Khetagurov; Sm=Smirnova; V=Verkhovskii)	English translation of Thackston
§30	415-18	Sm: 146-48	201-03
§31	418-19	Sm: 148-49	203
§32	420, 135, 570	Sm: 149-50, cf. Kh: 143-44, Sm: 252-53	203, cf. 73, 288-89
§33	420-21	Sm: 150-51	203-04
§34	421-22, 135, 576	Sm: 151, cf Kh: 144, Sm: 253	204, cf. 73, 289
§35	422, 143, 576	Sm: 151, cf. Kh: 150, Sm: 253	204, cf. 77, 289
§36	422-23	Sm: 151-52	204-05
§37	423-26, 135, 573	Sm: 152-54, cf. Kh: 144, Sm: 254	205-06, cf. 73, 289-90
§38	440-441	Sm: 163	213
§39	441-48, 763, 785-86	Sm: 163-70, cf. V: 94, 108	213-220; cf. 374, 384
§40	449-54	Sm: 170-75	220-24
§41	454-55	Sm: 175-76	224-26
§42	455-56	Sm: 176-77	226
§43	456	Sm: 177	226
§44	456-57	Sm: 177-78	226-27
§45	458, 105, 106	Sm: 178, cf. Kh: 122, 123	227, cf. 58, 59
§46	459-60	Sm: 178-79	227-28
§47	460	Sm: 179	228
§48	cf. 143-44, 575	cf. Kh: 151, Sm: 256	cf. 77-78, 291
§49	cf. 575-576	cf. Sm: 256	cf. 291
§50	cf. 576	cf. Sm: 256	cf. 291
§51	496, 519-20; cf. 576-77, 733, 763-64, 786-787	Sm: 203, 219; cf. Sm: 256-57, cf. V: 78, 94-95, 109	245; cf. 291; cf. 359, 374, 385
§52	cf. 577	cf. Sm: 257	cf. 291
§53	528, cf. 577	Sm: 224, cf. 257	257, cf. 291
§54	528, cf. 577	Sm: 225, cf. 257	257, cf. 291-92
§55	530-31	Sm: 226	257-58
§56	536	Sm: 230	260-61
§57	536-37	Sm: 230	261
§58			

The Influence of Mongol Beliefs on the Law in the Mongol Empire

Florence Hodous

Introduction

The influence of Mongol beliefs, and of shamanism in particular, is of importance for understanding the law in the Mongol Empire. Although some aspects of Mongol influence have already been dealt with, this paper aims to give an overview of the influence of Mongol beliefs as well as a deeper insight into how some of those beliefs affected particular aspects of the rise of the Mongols as well as their legislation and legal practice.

Moreover, this paper will argue that the influence of Mongol beliefs goes beyond bloodless execution methods and a preference for certain numbers, and that the very flexibility and adaptability underlying shamanism is also what underlies much of the Mongol approach to legal practice. Thus the inherent flexibility in shamanism – its experiential nature – is helpful in understanding not only Mongol 'tolerance' towards many different religions, but also their flexible, in fact 'tolerant', approach to the law, a tolerance which has been sometimes obscured by the research focus on the Yasa or supposed law-code of Chinggis Khan.

Shamanism and the Soul

Though the precise definition and essence of shamanism remain a matter for debate, most definitions agree that it is based on a foundation of animism, that is, the belief that 'spirits' inhabit many natural features of the landscape as well as representing animals or ancestors.① Some also hold that shamanism is characterised by the belief that the soul can leave the body, thus enabling the shaman's soul to reach distant places to interact with the spirits.②

The idea that the soul can leave the body, is worth considering. While this is often seen in terms of the journey of the shaman's soul to distant spiritual regions in order to negotiate with the spirits, in fact there were many situations related to absence of soul. Thus during sleep or drunkenness for example, the soul is not fully "there." ③ Certain types of illness, also, may entail a weakening or absence of the soul. It is thus of interest when Vassaf, the great Persian historian of the Ilkhanate, writes that "the testimony of one who is wounded and [whose wounds] are not healing is not accepted in law." ④ Although he connects this with the noted Mongol dislike of boasting, it is difficult to see what the connection is, and more likely in fact there is an allusion to shamanistic beliefs here. Perhaps a person who had been wounded and whose wound was not healing was considered to have less "soul", and therefore ineligible to be a witness. To my knowledge there are no actual legal cases recorded where a witness was disqualified because of this issue, nevertheless, it shows how Mongol beliefs affected their view of the law and its proper procedure.

Shamanism and the Death Penalty

As has been noted by previous researchers,⑤ Mongol beliefs profoundly affected the

① Giuseppe Tucci and Walther Heissig, *Die Religionen Tibets und der Mongolei*, Stuttgart: Kohlhammer, 1970, pp. 350-351; Marie-Lise Beffa, "Le concept de tänggäri, 'ciel', dans l'Histoire secrète des Mongols," Études *mongoles et sibériennes* 24 (1993), p.218; Marie-Dominique Even, "L'Au-delà dans les représentations religieuses des Mongols," in P. Servais (eds.) La Mort et l'au-delà: Une rencontre de l'Orient et de l'Occident, Louvain-la-Neuve: Academia-Bruylant, 1999, pp.166.

② Antti Ruotsala, *Europeans and Mongols in the Middle of the Thirteenth Century: Encountering the Other*, Helsinki: Finnish Academy of Sciences, 2001, p.26; Jean-Paul Roux, *La religion des Turcs et des Mongols*, Paris: Payot, 1984, pp.157-158; this aspect may not be true of all forms of shamanism, see Caroline Humphrey, "Shamanic Practices and the State in Northern Asia: Views from the Center and Periphery," in Nicholas Thomas and Caroline Humphrey(eds.) *Shamanism, History, and the State*, Ann Arbor: University of Michigan Press, 1994, pp.197-200.

③ Andrei A.Znamenski, *Shamanism: Critical Concepts in Sociology*, London: RoutledgeCurzon, 2004, 3 vols, p. 253.

④ 'Abd al-Muhammad Āyatī, *Taḥrīr-i tārīkh-i Vaṣṣāf*, Tehran: Mu'assasah-i Muṭāla'āt va Farhangī, 1993, p. 83; Vaṣṣāf al-Ḥaẓrat, 'Abd Allāh ibn Faẓl Allah, *Geschichte Wassaf's*, trans. by Hammer-Purgstall, ed. by Sibylle Wentker, Wien: Verlag der Österreichischen Akademie der Wissenschaften, 2010, vols. 1-3, p.80.

⑤ Zeng Daiwei曾代偉, "Meng Yuan fading sixing kaobian蒙元法定死刑考辨," *Jurists Review*法學家2004 (05), pp. 60-69, Xu Yuchun徐昱春, *Yuandai fadingxing kaobian*元代法定刑考辨, PhD Thesis, Xinan Zhengfa daxue 西南政法大學, 2009, pp. 43-44; Roux, Jean-Paul, *La mort chez les peuples altaïques anciens et médiévaux*, Paris: Maisonneuve, 1963, p. 80.

use of the death penalty in their empire, and specifically how the death penalty was implemented. In the Mongol view not all methods of execution were equal. It was of paramount importance whether or not blood was shed on the ground during an execution. Thus, when Hülegü Khan killed the Abbasid caliph Al-Musta'sim Billah in Baghdad, the unfortunate caliph was wrapped in carpet and trampled to death (by horses).⑥This execution method, though blood was undoubtedly shed, still counted as 'bloodless', because the blood did not touch the ground.

In order to uncover the reasons for the importance of 'bloodless' executions (usually reserved for Mongol nobles as well as foreign potentates such as the caliph), it is necessary to go back to the concept of soul and the Mongol practice for slaughtering animals. Sheep, horses and other animals were slaughtered without shedding their blood on the ground, usually through slitting open the belly and squeezing the heart.⑦As Jean-Paul Roux rightly noted, this indicates a belief that all blood, and not just that of nobles or rulers, should be preserved within the body rather than shed on the ground.⑧

Specifically, it appears that blood that was shed on the ground was considered 'lost', and could no longer be part of the exchange between humans and the animal world of 'life-force', which was so important to Mongol shamanistic beliefs. In this exchange, blood (and 'life-force' more generally) was considered to circulate to the animal world and back again to the tribe; and just as the preservation of blood within the carcass of an animal helped ensure the symbolic appearance of further animals of the same species in the wild, so the 'proper' death of a person (where blood was not shed and the bones were not burnt) would ensure that the person could become an ancestor, that their spirit would be well-disposed

⑥ Bar Hebraeus, Gregory John, *The Chronography of Gregory Abū'l Faraj... commonly known as Bar Hebraeus*, trans. by E. A. Wallis Budge, Amsterdam: Philo Press, 1976, 2 vols. pp.431; Other sources, such as Grigor of Akanc', *History of the Nation of the Archers*, trans. Robert P. Blake and Richard N. Frye, Cambridge: Harvard University Press, 1954, pp.333-334, say that he was starved to death; but not a single source implies that his blood was shed.

⑦ Juvaynī, 'Aṭā Malik ibn Muḥammad, *Ta'rīkh-i-Jahān-gushā*, ed. by Mīrzā Muḥammad Qazwīnī, London: Luzac, 1912, 3 vols, p.162; Juvaynī, 'Aṭā Malik ibn Muḥammad, *Genghis Khan: The history of the world-conqueror*, trans. by John Andrew Boyle, intro. by David Morgan, Manchester: Manchester University Press, 1997, p.206; Al-'Umarī, Ibn Faḍl Allāh, *Das mongolische Weltreich: al-'Umarī's Darstellung der mongolischen Reiche in seinem Werk Masālik al-abṣār fī mamālik al-amṣār*, Arabic text and trans. by Klaus Lech, Wiesbaden: Harrassowitz, 1968, pp.8-9 (Arabic), p.96 (German translation); MarcoPolo, *The book of Ser Marco Polo, the Venetian, concerning the kingdoms and marvels of the East*, trans. by Sir Henry Yule and revised by Henri Cordier, London: John Murray, 1903, 2 vols. p.420; Aigle, Denise, "Le grand Jasaq de Gengis-Khan, l'Empire, la culture mongole et la Sharî'a," *Journal of the Economic and Social History of the Orient*, 47/1 (2004), p.66.

⑧ Roux, Jean-Paul, *La mort chez les peuples altaïques anciens et médiévaux*, Paris: Maisonneuve, 1963, pp.77-79.

towards the living, and that their life-force would be available to re-circulate to the tribe.⑨

Secondly, blood that was shed on the ground was perceived as having negative consequences for the person or persons carrying out the execution, and this irrespective of whether the execution was considered justified or not. Rather, the enormity of the consequences depended on the stature of the person being executed, and followed the logic of vengeance. Thus, the blood of nobles, if shed on the ground, was to be feared not because nobles were in a different category from everyone else but because they were powerful.

As a consequence of the Mongol preference for bloodless execution methods, the 'privilege' of such an execution was usually accorded to 'nobles', and withheld from commoners, in order to make a social distinction. Therefore, by executing a person and shedding his blood, the executioner was saying two things: "Your blood will not contribute to the further life of your tribe" and "You are so powerless that even your blood shed on the ground will not harm me."

But the history of executions in the Mongol Empire raises another question. Who, fact, was a 'noble', that is, entitled to a bloodless execution method? The steppe Mongols differentiated between long-standing 'noble' families and commoners; the same noble families, in fact, continued to hold power, or aspire to power, for decades and centuries in Central Asia, with less change than one might expect.⑩ With Chinggis Khan's rise to power, his descendants were considered noble. Closer scrutiny, however, suggests that the ranks of 'nobility' changed over time.

In fact the history of the death penalty mirrors the power struggles in the Empire and some of the key moments in its establishment. Although Chinggis Khan's descendants were considered noble, and attained the highest status of all the lineages in the Mongol Empire, their status was not unchallenged. It appears to be no coincidence that it is precisely at the moment of the Toluid 'coup d'état', when the descendants of Chinggis Khan's fourth son Tolui took power from the Ögödeids, the descendants of his third son, that there is talk of spilling the blood of Chinggisid princes:

> When Güyük died, the imperial prince Batu Khan made a great meeting of the imperial relatives, and suggested enthroning Möngke. Uighur Bala said: "Shiremün is the emperor [Ögödei]'s grandson, we should enthrone him. Moreover the previous

---

⑨ Hamayon, Roberte, *La chasse à l'âme: esquisse d'une théorie du chamanisme sibérien*, Nanterre: Société d'ethnologie, 1990, pp.397-402, pp.568-569; see also Jean-Paul Roux, *La religion des Turcs et des Mongols*, Paris: Payot, 1984, p.157.

⑩ David Sneath, *The Headless State: Aristocratic Orders, Kinship Society, and Misrepresentations of Nomadic Inner Asia*, New York: Columbia University Press, 2007, p.165.

emperor [Ögödei] often said that he would be capable of ruling all-under-heaven." None of the great ministers dared to say anything. Menggeser alone said: "What you say is true; when the previous empress enthroned Güyük, how come you didn't say anything? Batu Khan holds very firmly to the last words of the previous emperor. If there are those of a different opinion, I suggest to decapitate them." Then those present no longer dared to differ, and Batu Khan enthroned Möngke.⑪

When Menggeser threatened to behead the opponents of Möngke, including of course the princes, the threat was not just to kill them but to dishonour them and prevent their lineages from continuing. It seems no coincidence that this threat came from a jarghuchi and extremely powerful person, whose responsibilities are described as similar to those of a minister, and who later led the trials of many of those who had not come to the quriltai or had otherwise opposed Möngke.⑫ This was a key moment when the new qa'an Mongke sought to increase his own power and standing at the expense of imperial princes.

Moreover, as the Toluid coup involved proposed changes to execution methods, so the beginning of the Yuan dynasty also involved actual changes to execution methods. A very short time after the adoption of the reign title Yuan (in early 1272), Qubilai abolished the legal code previously in force under the Jin dynasty, known as the Taihelü. This indicated his willingness to take charge and devise his own solutions to questions such as how to appropriately punish Chinese people who had committed crimes.

After the Taihelü was abolished, a change can be seen in the execution methods that were used. That execution methods changed from this point is certain, though there has been considerable controversy on what exactly the changes were, due to uncertainty as to the meaning of the terminology in the Chinese sources. However, according to the latest research by Zhou Sicheng, while strangulation may have existed during the Yuan dynasty in theory in the context of the 'five punishments system', in practice it was not implemented.

From the documents preserved in the Yuan Dian Zhang, one can see that before Qubilai abolished the Taihelü code, strangulation is mentioned several times, since strangulation

---

⑪ *Yuan Shi*元史, ed. by Song Lian宋濂, Beijing北京: Zhong hua shu ju中華書局, 1976, p.3055 定宗崩，宗王八都罕大會宗親，議立憲宗。畏兀八剌曰：“失烈門，皇孫也，宜立。且先帝嘗言其可以君天下。”諸大臣皆莫敢言。忙哥撒兒獨曰：“汝言誠是，然先皇后立定宗時，汝何不言耶？八都罕固亦遵先帝遺言也。有異議者，吾請斬之”。The threat is reflected also in Rashid's account, according to whom Batu said, "Seat [Möngke] on the throne! And any creature that disobeys the Yasa will lose his head." Rashīd al-Dīn, *Rashiduddin Fazlullah's Jami'u't-tawarikh: Compendium of Chronicles*, trans. by Wheeler M. Thackston, Cambridge, MA: Department of Near Eastern Languages and Civilizations, Harvard University, 1998-1999, 3 vols, p. 403.

⑫ Rashīd al-Dīn, *Rashiduddin Fazlullah's Jami'u't-tawarikh: Compendium of Chronicles*, trans. by Wheeler M. Thackston, pp.407-409.

and beheading were the standard execution methods in the Jin code. However after Qubilai abolished the Taihelü, strangulation is no longer mentioned. Instead we have various expressions including ‘qiao le 敲了’, which had been taken to mean ‘beating to death’.⑬ Careful comparison between the documents shows however that it was used as a synonym for the ‘death penalty’ which in turn, meant in practice decapitation.⑭

The *Jingshi dadian*, parts of which are preserved in the *Guochao Wenlei* [Categorized documents of the dynasty] compiled by Su Tianjue 蘇天爵, says clearly that “in terms of the death penalty, there was beheading but no strangulation.” ⑮ Therefore, during the Yuan dynasty there existed the situation – anomalous in terms of Chinese legal history – where a commutation of beheading meant exile, and not strangulation.

In order to explain this unique situation we need look no further than the influence of Mongol shamanistic beliefs on the implementation of the death penalty. Zhou Sicheng reached the same conclusion as this author on the matter: the main reason why strangulation was no longer used is that Qubilai did not want Chinese commoners to be treated in a way that was traditionally reserved for Mongol nobles.⑯ Using decapitation exclusively meant that strangulation or other bloodless execution methods could be reserved for those whom Qubilai judged merited it.

Finally, further changes seem to have taken place later during the dynasty. While during the 13th century, executions of imperial princes were by bloodless methods, thus differentiating them from the common populace, during the 14th century this was no longer necessarily the case. In other words, the descendants of Chinggis Khan were no longer ‘noble’ simply through the fact of being his descendants, and the actual rulers were differentiating themselves more sharply from the imperial princes – the number of which kept growing and who thus posed increasing problems for the dynasty.

This is true both for the Ilkhanate and the Yuan dynasty. In the Ilkhanate Qonqurtai, a son of Hülegü, was still accorded a bloodless execution method in 682/1283-4, and had

---

⑬ Zeng Daiwei曾代偉, “Meng Yuan fading sixing kaobian蒙元法定死刑考辨”, pp. 60-69.

⑭ Zhou Sicheng周思成, “Yuandai xingfa zhong de suowei ‘qiao’ xing yu ‘you zhan wu jiao’ zhi shuo bianzheng元代刑法中的所謂“敲”刑與“有斬無絞”之說辨正,” *Beijing shifan daxue xuebao*北京師範大學學報 2015 (2), pp.154-159.

⑮ Su Tianjue蘇天爵, *Guochao wenlei*國朝文類, Shanghai: Shangwu yinshuguan, 1936, juan 42. See also contradictory statements from Yuan dynasty documents – which, however, Zhou Sicheng holds to be less reliable.

⑯ In Florence Hodous, *Toluid Dynamics of Asia: flexibility, legality and identity within Toluid institutions* (PhD Thesis, SOAS, University of London, 2013), pp.187-190, I reached the same conclusion, though based on the earlier (and it seems, erroneous) view point that the Yuan dynasty used be heading and beating to death as regular execution methods.

his back broken.⑰ Later in 703/1303–4 however, Vassaf records that prince Horqudaq was beheaded.⑱

In Yuan China, around the same time in 1302, prince Gammala, the son of Jingim and grandson of Qubilai, was put to death. If, as Zhou Sicheng holds "putting to death" meant in practice decapitation, he may have been decapitated. In 1338 another imperial prince, Chechegtu, a descendent of Chinggis' younger brother Belgütei, was put to death by public execution at one of the city gates in Dadu; such public executions usually involved beheading. He was executed on the authority of the powerful minister Bayan, who was attempting to curtail the rights of imperial princes.⑲

Thus, execution methods in the Mongol Empire were clearly influenced by shamanistic beliefs, as well as a transition from attention to principles – especially the principle not to shed the blood of 'nobles' – towards a situation where the rulers tried to determine themselves who was worthy of an honorable execution and who was not. As a result, executions which were seen as honorable were increasingly reserved for the khans themselves, and denied to both nobles and ordinary Chinese. This is because qa'ans used execution methods as one way of setting boundaries between the privileged and the not privileged, and of demonstrating their power over their subjects. From tribal leader needing to respect the traditions within a shared culture, the transition to powerful emperor, ready to impose his own will and find his own solutions to current situations, was complete.

Shamanism and Beatings

Beating was another punishment in the Mongol Empire which was influenced by their beliefs. This influence is seen particularly strongly in China, where legislation specified fixed numbers of strokes to be used for different gradations of culpability. While up until the Song and Jin dynasties, the numbers of strokes were usually specified as multiples of ten, the Mongols made a radical break and instead specified numbers of strokes ending in 7, such as 17, 27, 37, and so on. This change was specific to the Yuan dynasty only, as the following Ming dynasty reversed these changes and restored the stroke numbers to multiples of ten.

⑰ Vaṣṣāf al-Ḥaẓrat, 'Abd Allāh ibn Faẓl Allah, *Kitāb-i Vaṣṣāf al-Ḥaẓrat*, Bombay: Muḥammad Mahdī Iṣfahānī, 1852/1853, p.125; Āyatī, *Tahrīr*, 74.

⑱ Vaṣṣāf al-Ḥaẓrat, 'Abd Allāh ibn Faẓl Allah, *Kitāb-i Vaṣṣāf al-Ḥaẓrat*, p.465; 'Abd al-Muhammad Āyatī, *Taḥrīr-i tārīkh-i Vaṣṣāf*, Tehran: Mu'assasah-i Muṭāla'āt va Farhangī, 1993, p.273.

⑲ Xin Yuanshi新元史, ed. by Ke Shaomin柯劭忞, Taipei, 1956, juan 112.

Wang Penglin makes the case for regarding numbers and their symbolic meanings as integral to the shamanistic belief system. For example the number three represents the three cosmic regions, heaven, earth, and the underworld, whereas seven or nine can be associated with the number of branches of the Cosmic Tree.[20] Among the Mongols, it is the number 9 that seems to have had this association. Significant due to being a multiple of 3x3,[21] in the Secret History of the Mongols this number is associated with religious rituals as well as dramatic events in the life of Chinggis Khan.[22]

The number seven as well as those ending in seven on the other hand may have had negative connotations. While a few references in the Secret History are neutral or positive, such as the seven years of the 'Western campaign', several are negative or specifically associated with the idea of punishment. Thus, the young Temüjin was first abducted at the age of seven (and then again at the age of 13);[23] and where beatings are mentioned in the Secret History they involve 3, 7 and 37 strokes. Another example related to punishment is that Jamuqa, Chinggis' erstwhile companion, had the princes of the Chinos boiled alive in seventy cauldrons, though it should be noted that 'seventy' also had the meaning of 'many, all'.[24]

The imperial edict of Qubilai Qa'an reducing the numbers of strokes in beatings from multiples of ten such as 50 and 110 to numbers ending in seven such as 47 and 107 reads as follows:

> "Qubilai established the punishments in all-under-heaven: beating with the light stick, beating with the heavy stick, penal servitude, exile, and strangling, these five punishments. For beating with the light and heavy sticks, he said: 'Heaven forgives [the criminal] one stroke; earth forgives [the criminal] one stroke, and I forgive [the criminal] one stroke. If previously the punishment would have been 50 strokes, beat him only 47 timcs; if thc punishment would have been 110 strokes, beat him 107

⑳ Wang Penglin王彭林, "The Power of Numbers in Shamanism A Patterned Explanation of Shaman Names in Inner Asia", Central Asiatic Journal, 55/1 (2011), p.92; Jean-Paul Roux, "Les chiffres symboliques 7 et 9 chez les Turcs non musulmans," *Revue de l'histoire des religions*, 168/1 (1965), p.47, p.52; see also Larry Moses, "Triplicated Triplets: The Number Nine in the Secret History of the Mongols," *Asian Folklore Studies* 45 (1986), p.288.

㉑ Larry Moses, "Legends by the Numbers: The Symbolism of Numbers in the Secret History of the Mongols," *Asian Folklore Studies* 55/1 (1996), p.80, p.88.

㉒ Larry Moses, "Triplicated Triplets: The Number Nine in the Secret History of the Mongols", pp.287-294; Larry Moses, "Legends by the Numbers: The Symbolism of Numbers in the Secret History of the Mongols," p.75, p.89.

㉓ *The Secret History of the Mongols, a Mongolian epic chronicle of the thirteenth century*, trans. and commentary by Igor de Rachewiltz, Leiden; Boston: Brill, 2004,§ 152.

㉔ *The Secret History of the Mongols, a Mongolian epic chronicle of the thirteenth century*, trans. and commentary by Igor de Rachewiltz, Leiden; Boston: Brill, 2004, § 129, and commentary p. 752. See Ferdinand D. Lessing, *Mongolian-English Dictionary*, Berkeley and Los Angeles: University of California Press, 1960, p.223.

times.'" ㉕

The explanation given for this change, that round numbers were reduced to numbers ending in seven for leniency's sake, as pointed out already by Ch'en Heng-chao,㉖would seem to be a Chinese gloss on a decision which reflected Mongol beliefs. Zheng Sixiao 鄭思肖 (1241-1318)'s description of Mongol customs lends weight to the idea that the number seven had a negative meaning. He describes Mongol burial customs as follows:

"The custom of the Tatars is that when a person dies, without asking parents or descendants, they expose the corpse, and the elders and the young members of the family [the expression reflects Mongolian *aqa* and *ini*] give seven lashes of the whip and cry out: "Go now, and do not return to our house." ㉗

Thus the Mongol use of the number seven, due to its association in Mongol beliefs and customs with punishment and death, was anchored in Yuan legislation. That the emphasis on the number 7 was not just theory but affected the practice of how punishments were carried out can be seen from the collection of Yuan dynasty legal cases, the Yuan Dian Zhang. This document shows government decisions about difficult-to-decide cases that were sent up from the provinces. In many of these cases, where a beating is ordered the number of strokes ends in seven.㉘The modification of stroke numbers in Yuan China was possible because officials dealing with these cases at the local level usually felt they should obey orders that came from the Yuan emperor.㉙

That the significance of the number 7 for Mongols was reflected in beatings in the Ilkhanate as well as in Yuan China, has been noted by Ma'dankan.㉚ The difference was

---

㉕ Ye Ziqi 葉子奇, Cao mu zi 草木子, ch. 3, quoted in Xu Yuchun徐昱春, *Yuandai fadingxing kaobian* 元代法定刑考辨, PhD Thesis, Xinan Zhengfa daxue西南政法大學, 2009, p.35.

㉖ Ch'en, Paul Heng-Chao, *Chinese legal tradition under the Mongols: the Code of 1291 as reconstructed, Princeton*, NJ: Princeton University Press, 1979, p.49.

㉗ Xu Yuchun, *Yuandai fading xing kaobian*, p.117. Zheng Sixiao例如，南宋人鄭所南記錄了蒙古人處理死者屍體的方法："韃靼風俗，人死，不問父母子孫，必揭其屍，家中長幼各鞭一七下，咒其屍口：'汝今往矣，不可復入吾家!'庶斷爲祟之跡。及荼毗，刀斷手足肢體爲三四段，刀破攪腹腸，使無滯戀之魂。若葬，亦以刀破腹翻滌腸胃，水銀和鹽納腹中，刀斷手足肢體，疊小，馬革裹屍，乃入棺"。The practice of exposure of the corpse reflects Mongolian shamanistic beliefs that the 'life-force' of the dead person needed to return to nature. It may not have been practiced regularly but persisted as an ideal. Hamayon, "Le Chamanisme: Fabrique de Chance."

㉘ Xu Yuchun, *Yuandai fading xing kaobian*, pp.108-112. Only in a small number of cases, the number of strokes is a multiple of ten.

㉙ Hodous, Florence, "Clash or compromise? Mongol and Muslim law in the Ilkhanate (1258-1335)" in: Anna Krasnowolska, Renata Rusek-Kowalska (eds.), *Studies on the Iranian World II: Medieval and Modern*, Krakow: Jagiellonian University Press, 2015, pp.193-194.

㉚ Ma'dan'kan, *Ma'ṣūmah, Bih yāsā rasīdagān dar 'aṣr-i Īlkhānī [The Chastisement in the Ilkhanid Period]*, Tehran: Markaz-i Nashr-i Dānishgāhī, 1996, p.9.

however that in the Ilkhanate numbers of strokes ending in 7 were not formalized through any legislation, and might not have been reflected in local legal officials' verdicts even if they had been. This was because the local Islamic legal officials, the qadis, unlike local officials in China, since their authority came from religion rather than the state, did not feel the need to base their judgments on edicts from the Mongol khans.

The use of the number 7 in beatings can be seen in several punishments imposed by Mongols in the Ilkhanate. In 1263 when Hülegü sent Altaju against the trouble-making head of the Saljuqid dynasty of Fars, Saljuq Shah, Altaju refused to massacre the population of Shiraz, against the advice of his attendants. When a rebellion broke out, Altaju was given 17 strokes for refusing to follow the advice.[31] In 1303 when the Ilkhan Ghazan got news that his army had been defeated in Syria, he was disturbed. In the year 1303 he prepared a committee of advisors and judged the generals. The Ilkhan ordered that they be beaten with 87, 77 and 37 strokes according to their rank.[32] Some falconer officers of Ghazan were given 77 strokes each by an *ilchi* (envoy) for requisitioning fodder and provisions when in fact the court had provided for their needs.[33] In addition, the case of Abatai Noyan involves the number 70; he was given 70 strokes for not having taken good care of Jumghur, Hülegü's son, whom he was meant to bring to Hülegü.[34]

Unlike in China there was no formal mechanism for the use of stroke numbers involving 7 to be implemented at the local level. Nevertheless, there are a few cases involving such numbers. Three watchmen in the time of Abaqa were given 70 strokes for falling asleep on the job by Baha al-Din son of Shams al-Din Juvayni, who was then governor of Isfahan.[35] Another example concerns a Shiite maulana who erased the word 'not' from the inscription "May God curse those who do not curse Ibn al-'Alqami"[36], which in the years following the conquest of Baghdad used to be written on the gates of madrasas, houses and

---

[31] Vaṣṣāf al-Ḥaẓrat, 'Abd Allāh ibn Faẓl Allah, *Kitāb-i Vaṣṣāf al-Ḥaẓrat*, p.192; 'Abd al-Muḥammad Āyatī, *Taḥrīr-i tārīkh-i Vaṣṣāf*, p.111.

[32] Vaṣṣāf al-Ḥaẓrat, 'Abd Allāh ibn Faẓl Allah, *Kitāb-i Vaṣṣāf al-Ḥaẓrat*, p.414; 'Abd al-Muḥammad Āyatī, *Taḥrīr-i tārīkh-i Vaṣṣāf*, pp.248-249; Rashīd al-Dīn, *Jāmi' al-Tavārīkh*, p.1315; Rashīd al-Dīn, *Rashiduddin Fazlullah's Jami'u't-tawarikh: Compendium of Chronicles*, p.657.

[33] Rashīd al-Dīn, *Jāmi' al-Tavārīkh*, p.1523; Rashīd al-Dīn, *Rashiduddin Fazlullah's Jami'u't-tawarikh: Compendium of Chronicles*, p.753.

[34] Rashīd al-Dīn, *Jāmi' al-Tavārīkh*, p.1064; Rashīd al-Dīn, *Rashiduddin Fazlullah's Jami'u't-tawarikh: Compendium of Chronicles*, p.519.

[35] Vaṣṣāf al-Ḥaẓrat, 'Abd Allāh ibn Faẓl Allah, *Kitāb-i Vaṣṣāf al-Ḥaẓrat*, p.62; 'Abd al-Muḥammad Āyatī, *Taḥrīr-i tārīkh-i Vaṣṣāf*, p.35.

[36] Ibn al-'Alqami was a Shia advisor of the last Caliph al-Musta`sim.

karavanserais. He received 70 strokes for this offense.[37] This episode occurred not long after the Mongol conquest of Baghdad and it is conceivable that the chastisers imitated a Mongol practice.

Shamanism and Negotiation

In shamanism as practiced by the Mongols, the shaman's task was not simply to communicate with the spirits, but also to negotiate with them. This is seen most vividly in forest shamanism, practiced by those Mongols who had hunting, rather than animal husbandry as their main livelihood. As the intermediary between the human world and the (super)natural world, the shaman's task was to assure a good exchange with nature – to ensure the success of the hunt, while trying to minimize and delay the return of 'life-force' which flowed, through illnesses and death, backfrom humans to nature.

This was achieved through an 'alliance' with nature, conceived of as a symbolic marriage between the shaman and a representative animal from those the Mongols hunted, such as the deer or moose. Crucially, this ceremony took place each year anew, and the outcome was by no means predetermined or the same every year. The degree of hunting 'luck' obtained depended on the performance of the shaman in 'wooing' his bride, and the community, through annual games, also participated in order to gain more 'luck.'[38]Thus, the central importance of play and of negotiation in the shamanistic outlook becomes apparent.[39]The relationships with the spirits were constantly being renegotiated with the community's participation.

It is in this light that we can see the story, reported by the Secret History as well as by Rashid al-Din and the Yuanshi, of Tolui Khan's 'sacrifice' on behalf of his older brother, the Qa'an Ögödei. The Secret History reports:

…Ögödei Khan fell ill. When he lost his speech and was in great distress, various

---

㊲ Vaṣṣāf al-Ḥaẓrat, 'Abd Allāh ibn Faẓl Allah, Kitāb-i Vaṣṣāf al-Ḥaẓrat, p.42; 'Abd al-Muhammad Āyatī , *Taḥrīr-i tārīkh-i Vaṣṣāf*, p.23; Vaṣṣāf al-Ḥaẓrat, 'Abd Allāh ibn Faẓl Allah, *Geschichte Wassaf's*, vol. 1, p. 83 [Persian], p. 80 [German translation].

㊳ Lacaze, Gaëlle, "Rite de renouveau ou fête nationale: la lutte et le tir à l'arc dans les jeux virils mongols," *Études mongoles et sibériennes* 30-31 (1999-2000), p.101, p.105, p.115, p.121.

㊴ Hamayon, "Des usages de 'jeu' dans le vocabulaire rituel du monde altaïque," *Études mongoles et sibériennes* 30-31 (1999-2000), pp.14-17; Roberte Hamayon, *La chasse à l'âme: esquisse d'une théorie du chamanisme sibérien*, Nanterre: Société d'ethnologie, 1990, pp.598-599; Roberte Hamayon, "Le chamanisme: Fabrique de chance." See also Aubin, "Jeux, fêtes et loisirs chez les nomades: le cas de la Mongolie à l'époque communiste," *Anthropos* 2012 (107), pp.87-102.

> shamans and soothsayers were ordered to divine the cause of the illness. They said, 'The lords and rulers [i.e. the spirits] of the land and rivers of the Kitat are plundered and their cities are destroyed.' When they divined by inspecting the entrails of victims and said to the lords and rulers of the land and rivers, 'We shall give, as substitute for the Qa'an, people, gold and silver, cattle and food', the illness did not abate and they [the spirits] raged even more violently. When they divined further by inspecting the entrails and said, 'Could a person from the Qa'an's family serve as a substitute?', the Qa'an, opening his eyes, requested water, drank it and asked, 'What has happened?'[40]

Here one can see clearly the negotiations with the spirits over 'life-force', which in this instance Tolui, the younger brother, sacrifices for the sake of his elder brother. When the shamans give him a potion to drink, Tolui declares: 'I am drunk!', and dies, whereupon Ögödei recovers from his illness. This transaction took place as Ögödei was invading northern China, supposedly to appease the spirits of that area.

This propensity to negotiate rather than condemn, even when faced with new situations, can be seen in the wider Mongol approach to religion in their empire. It has often been noted that the Mongols showed considerable tolerance towards other faiths, and this has been correctly linked not to any modern notion of religious tolerance, but to their subsuming of other religions within their shamanistic worldview.[41] 'Religions' were categorized and accepted (or not, as in the case of Confucianism), while shamanism was the overarching worldview. In fact, shamans were never treated as representatives of 'a religion', but simply as shamans. They were ordinary persons within the Mongol registration system, and not a clerical service category.[42]

But while Mongol flexibility and tolerance in matters of religion has often been recognized, their approach towards the law has not often been seen in this light. In fact the place of negotiation and conciliar decision-making in Mongol legal practice is well documented, particularly for the so-called 'joint courts' (yuehui約會) in Yuan China.[43] Where people of different ethnicities or different occupational categories were involved in a legal case, these cases were often decided by a conference of the representatives

---

㊵ *The Secret History of the Mongols, a Mongolian epic chronicle of the thirteenth century*, trans. and commentary by Igor de Rachewiltz, § 272.

㊶ Christopher Atwood, "Validated by Holiness or Sovereignty: Religious Toleration as Political Theology in the Mongol World Empire of the Thirteenth Century," *International History Review*, 26/2 (2004), pp.237-256.

㊷ Christopher Atwood, "A Secular Empire? Religions, Estates, and Tax Exemptions in the Mongol Empire," paper delivered at Thunder from the Steppes: New Perspectives on the Mongol Empire, UC Berkeley, USA, 30 September 2016, online at: https://www.youtube.com/watch?v=YZNJTGaaZbs.

㊸ Cho Wonhee, *Beyond Tolerance: The Mongols' Religious Policies in Yuan-dynasty China and Il-khanate Iran, 1200-1368*, PhD thesis, Yale University, 2014, pp.110-145.

of each of the categories. This flexibility and willingness to negotiate with others was also characteristic of Yuan-dynasty administration, which involved daily conferences of officials, so that decisions were mostly taken together (through negotiation) rather than in autocratic style. The place of negotiation in shamanism likewise accords with the Mongol approach to law and to administration.

Therefore, it is the emphasis on negotiating and discussing that should be considered characteristic of Mongol law. While there may have been a law code, known as the Yasa, promulgated by Chinggis Khan or his successors, the evidence for it is shallow and certainly it did not stand above Chinese laws and other laws of the subject peoples,[44] rather, what stood above the laws of the subject peoples as well as Mongol laws was the idea that everything can be negotiated, discussed and decided as a group – an idea which may well come from shamanism.

---

[44] Narenchaogetu那仁朝格圖, "Chengjisihan 'Da Zhasa' yanjiu zhong de ji ge wenti成吉思汗《大札撒》研究中的幾個問題," *Menggu shi yanjiu* 蒙古史研究 (2007), p.46; Li Yunian李玉年, "'Da Zhasa' dui Yuan chao li fa de yingxiang ji qi zai zhonghua faxi zhong de diwei《大札撒》對元朝立法的影響及其在中華法系中的地位," *Shilin*史林 2007（3）, pp.77-86.

Арван Зургадугаар Зууны Үеийн “Хоньчин” Гэх Цолыг Тодлох нь

Боржигдай Оюунбилэг

Нэг, Монгол Сурвалжис дах Хоньчин

Хоньчин хэмээх үг анх“Арван Буянт Номын Цагаан Түүх”(“Цагаан Түүх”хэмээн товчилно)-д гарчээ. “Цагаан Түүх” -н зохиогдсон он цагыг одоо болтол нотлон тогтоож чадаагүй. Оршилд нь өгүүлснээр тус судрыг Өн (元) улсын Шизү хаан Хубилай зохиож, арван зургадугаар зууны хойно хагаст амьдарч байсан Ордосын ноён сэцэн хунтайж нэмж зохиолоо гэжээ. Үгээр эс болгож зарим нь түүнийг Өн улсын үеийн бүтээл гэдэг. Гэвч“Цагаан Түүх”-д тэмдэглэсэн төр ёс Өн улсын үеийн бодит байдалтай нийцэхгүй тул зарим нь түүнийг арван долдугаар зууны үеийн бүтээл мөн, Хубилай хааны зохиосон гэдэг нь зөвхөн эртнийх болгож хуучирхан хэлсэн төдий гэдэг. “Цагаан Түүх”-н чухам хэзээ зохиогдсоныг түр үл өгүүлье. Гэвч наад захдаа арван зургадугаар зууны сүүлчээс урьд зохиогдсон гэдэг нь ямар ч эргэлзээгүй.

“Цагаан Түүх”-д бурхан шашин, хаан төр хоёрыг зэрэгцүүлэн ханы төр эрх биш бурханы номын ёсоор жолоодуулан улс иргэнийг засах хэрэгтэй гэх үзэл суртлыг ухуулахын дагуу монголын ном ертөнцийн хоёр ёс жич түүний дүрэм байгуулал, арга хэмжээг өгүүлсэн болно. Шаштирт төр шашны хоёр ёсыг баригч олон зэргийн номын тушаалтад болон төрийн түшмэдийг жагсаан тэмдэглэсэн байна. Тэрхүү тэмдэглэлээс үзвэл, хааны дараа засгийг явуулагч олон түшмэдийн эрхин Ану Хоньчин гэгч ажээ. Хоньчинд гурав буй, нэгдүгээр нь тэнгэрлэг хаадын байгуулсан үнэн дээд номын рашааныг хамаг амьтанд ханатал уулгаж бүрэн хоёр үнэн дор эндүүрэлгүй аварваас үнэн мөрт удирдагч биеийн шүтээн Хоньчин; хоёрдугаар нь эртний Богдосын байгуулсан хууль үлгэрийн ёсоор амьтны тус дор сайн үгсийг соён соёрхож бүрэн энх төрөөр гар газар хөл хөсөр амарлуулваас улсыг засагч зарлигийн шүтээн Хоньчин; гуравдугаар нь их төр чин болохуй цагийн ёсыг Харал Майны их улс дор туулгажбүрэн хар дайсныг арга хүчээр дарангуйлан чадвааc Иргэн Орхоныг сахигч зүрхний шүтээн Хоньчин[1]."Цагаан Түүх"-ээс үзвэл, хаан хүмүүн харъят гурван их үйл буй."нэгдүгээр, хоёр ертөнц дор аврагч амгалангийн дээд үйл; хоёрдугаар, Иргэн Орхоныг засахыг оногч жаргалангийн дээд үйл; гуравдугаар, улсыг сахихын явдлыг ухагч үйлсийн дээд үйл хийгээд буюу". Гурван Хоньчины тушаал нь гэвэл Богд хаадын гурван их үйлийг эрхлэн гүйцэтгэх явдал. Хаан хүний гурван их үйл гэгч, агуулгаас нь үзвэл, бурхны ном, дотоод засаг болон цэргийн үйл энэ гураваас гадуур үгүй. Гэтэл Өн улсын үед бүх улсын бурхан шашны үйлийг Сүнжин Өн хамаарч, Диширигээр ахлуулж, дотоод засаг болон цэргийн үйлийг тус тус Жоншу Шин болон Чүмой Өн мэдэж байв. Эдгээр байгууллагад ер нь Хоньчин гэх түшмэл байхгүй. Өн улсын төр мөхөснөөс хойших монголын хаан төрд ч арван зургадугаар зууны далаад он хүртэл ерөөсөө Хоньчин гэх түшмэлийн цол байсангүй.

Хоньчин цол Монгол түүхэн сурвалжист анх илэрсэн нь 1607 онд зохиогдсон шүлэглэсэн тигийн он дараалласан бичиг "Эрдэнэ Тунамал Нэрт Судар Оршив"(Алтан Хааны шүлэгчилсэн намтар, залгаад "Алтан Хааны Тууж"гэж товчилоё)-д юм. Уул бичигт 1578 онд Монголын Монголжин—Түмэд түмний эзэн Алтан хаан болон Түвдийн Гэлүгбагийн бүлгийн тэргүүн их лам Содномжамц хоёр Хөх Нуурын Цавчаалын сүмд уулзалдсаныг тэмдэглэжээ. Тэр чуулган дээр говийн өврийн баруун гарынхан түвдийн бурны шашиныг Гэлүгбагийн бүлгийн номлолыг албан ёсоор төрийн шашин болгож, хоёр талаараа тахилын орон өглөгийн эзний харилцаа тогтоож, нэр цол өгөлцсөн байна. Алтан хаанаар Содномжамцад Очир Дарь Далай Лам цол өргөж, Содномжамцаар Алтан хаанд Алтан Хүрдийг орчуулагч номын хаан цол өргөв. Дараа нь хоёр талын дээд лам нар болон ноёд түшмэддээ нэр цол өгөлцөв. Монголын талынхнаас "Баян багшийг Энэтхэг Түвд Монгол гурван хэлийг тал соёрхож, Баясгалант бурхны номуудаас орчуулж хэлмэрчилсэний тулд багш Аяюушийг Ананд Манзушир Гүүш цол соёрхож багш нарын охь болгожээ. Басаар ном ертөнцийн үйлсийг үл эндэн явуулахын тул Гидидэй дор Үйзэн Сэцэн Хоньчин цол соёрхож түшмэдийн эрхин болгожээ. Үнэхээр хамгийг мэдэгч хутагт далай эхилэн борсан хуврагуудыг үлэмж Ганжуур Данжуур ном бурхныг залж шашны зүг дор хүчээ өгөв хэмээн Сарманыг Уран Тангараг Даян Хиа цол соёрхож дай дархан болгожээ. Үйзэн зайсанг шашны зүг дор хүчээ өгч өнгөрсний тул олон хөвгүүнийг нь Саранг үлэмж хайрлаж Үйзэн Зайсан цол соёрхож, үргэлжид далай ламыг хичээнгүйлэн

---

[1] " Арван Буянт Номын Цагаан Түүх Нэрт Судрын Эх Оршив. Энэ шаштир хэмээх", Өвөр Монголын Нийгмийн Шинжлэх Ухааны Хүрээлэнгийн номын сангийн хадгаламж, Э дэвтэр, pp.5 r-v.

залж хүчээ өгсний тул Самударъя цол соёрхож Дай Дархан болгожээ.”②. Үүнээс үзвэл, багш нарын охь нь Гүүш цол соёрхогдож, түшмэдийн эрхин нь Хоньчин цол соёрхогдсон ажээ. Туужийн саяын агуулгаас үзвэл, Хоньчин цол монголын түшмэдийн эрхин болсон нь 1578 оноос эхэлсэн бололтой бөгөөд тэр нь мөнхүү түвдтэй холбоотой болох ажуу.

Саган Сэцэний “Эрдэнийн Товч”1662 онд зохиогдов. Уул номд Цавчаалын сүмийн уулзалт дээрх өргөмжлөл соёрхол болон өмнө хойнох хэргүүдийг нэлээд дэлгэрэнгүй өгүүлсэн байна. Тэнд өгүүлснээр, 1566 онд Ордосын Сэцэн Хунтайж Шилэмжигийн гурван голын уулзвар Түвд улсыг оруулаад“Асдуг Очир Түми Санхасба гурван хийгээдийгмонголын газар авч ирэн, Очир Түми дор....Гүвэй Он Хоньчин цол өгч түшмэдийн тэргүүн болгон өргөжээ”③гэжээ. Гуравдугаар дүрийн далай ламаар Очир Дүмийг урьд төрөлдөө түвдийн Гадамбагагийн бүлгийн үүсгэгч Брумсдун багш (1005-1064)-н хэлмэрч, дараа нь Сэцэн хаан болон Сасхияагийн их баш Өн улсын Дишири Пагба лам хоёрын хооронд хэлмэрч болж байлаа④гэжээ. Тэрээр гурван голын түвдүүдийн дунд их нэр төртэй байсныг үүгээр мэдэж болно. Тэрээр Сэцэн Хунтайжийн тунхагласан Арван Буянт номын цаазыг орчуулж, далай лам болон Алтан хаан нарын хоорондох чухал хэлэлцээрүүдийг хэлмэрчилсэн ба 1578 оны Цавчаалын уулзазлт дээр “Гүндин Гүвэй Он Хоньчин”цол⑤соёрхогдсон байна. Үүнээс үзвэл, өмнө өгүүлсэн “Асдуг Очир Түми Санхасба гурван хийгээдийг монголын газраа авч ирэн, Очир Түми дор....Гүвэй Он Хоньчин цол өгч түшмэдийн тэргүүн болгон өргөжээ”гэгч нь 1566 онд Очир Түмийг монголд авчирсан болон 1578 онд “Гүндин Гүвэй Он Хоньчин”цол өгсөн хойно өмнөх хоёр учрыг нийлүүлэн хэлж байгаа ажээ. Очир Түми лүгээ хамт Хоньчин цол өгөгдсөн хүнд бас Схүми багш гэж буй, тэрээр Бсүхэ Хоньчин цол өгөгдөв⑥. Энэ хүн доод Дукам(одоогийн Үйшүгээс гаднах Хөх Нуур, Гансу, Сичуаны харъяан дах Түвд газар)-н багш, Бсүхэ гэгч төрсөн нутаг нь, Схүми гэгч аймгийнх нь нэр, аль нь ч гээд өөрийнх нь нэр биш. Чэн Чинг Ингийн судалснаар, Схүми гэгч Түвдийн нэг аймаг, Өн улсын үеэс нааш

② “Эрдэнийн Тунамал Нэрт Судар Оршив”, 30r-v.

③ Саган Сэцэн: “Эрдэнийн Товч”, Их Хүрээний хуулбар,71r;烏蘭：《〈蒙古源流〉研究》，瀋陽：遼寧民族出版社，2000年，366頁。Улаан зохиож Алтанбагана орчуулсан“‘Эрдэнийн Товч’- н судлал”(доош Монгол хэвлэл хэмээн товчлоё), Лиао Нингийн үндэсний хэвлэлийн хороо, -2005,560 дугаар нүүр.

④ Саган Сэцэн:“Эрдэнийн Товч”, Их Хүрээний хуулбар,76r; 烏蘭《〈蒙古源流〉研究》，瀋陽：遼寧民族出版社，2000年，428頁。Монгол хэвлэл, 653 дугаар нүүр.

⑤ Саган Сэцэн:“Эрдэнийн Товч”, Их Хүрээний хуулбар,77v; 烏蘭《〈蒙古源流〉研究》，瀋陽：遼寧民族出版社，2000年，第430頁。Монгол хэвлэл, 657 дугаар нүүр.

⑥ дээрхтэй адил.

эдүгээ болтол туж Хөх Нуурын Хайнаны Түвдийн өөртөө засах Жоуг-н Гүн Хө Шэнь, Гүвэй Дө Шэний орчмын газруудад аж төрж байв[⑦]. 1570 онд Алтан хааны Түвдэд морилж Дукамийн газраас Ашин лам болон Схүми Бсүхэ-г авчиржээ. Тэд нар Монгол түвдийн улс төрийн явалцаа болон соёлын солилцоонд хүнд нэмэр оруулсан байна.

"Алтан Хааны Тууж"-д түшмэдийн эрхин болгон өргөгдөгчийг "Үйзэн Сэцэн Хоньчин Гидидэй"гэсэн байхад Саган Сэцэний номд харин "Гүндин Гүвэй Он Хоньчин Очир Дүми"гэжээ. Миний үзхээр, хоёр номд өгүүлсэн тэр хоёр хүн хэрэг дээрээ нэг л хүн байж мэднэ. Түми гэгч энэ нэр хүмүүст Түвд үсгийг үүдэгч хэмээгдсэн ТүмиСамбудааг эрхгүй санагдуулна. Түмигийн Монгол бичлэг нь Дүмэй, Дүми лүгээ ойролцоо, "Цагаан Түүх"-д даруй Түмэйг Түми гэж бичиж байгаа юм. "Самбуда"-г монгол бичигт бас "Самбударьяа"хэмээн орчуулдаг, Түмигийн цол болно. Миний бодолд, ОчирТүми гэгч Гидидэйн цол болж таарна(Очир гэгч Самкрит үг, Алмас гэх утгатай, энд цол болов. Түми гэгч Түмигийн монголчилсон дуудлага). Срунзанкамбу-нгавъят сайд, түвдийн бичгийн үүтгэл Богд Түмигийн нэрээр нэрлэгдсэн бололтой. Энэ учрыг хойно бас өгүүлнэ.

"Эрдэнийн Товч"-н холбогдох тэмдэглэлүүд Хоньчин гэх цол үнэхээр түвдөөс ирэлтэйг улам дахин лавшруулан нотолжээ. Алтан хааны 1578 онд Очир Түми-д соёрхсон "Гүндин Гүвэй Он Хоньчин"гэх цол бол Монгол Түвд холилдсон цол[⑧]бөгөөд түшмэдийн эрхин болох нэр төрийг нь илт харуулсан байна. Гүвэй Он гэгч Чингис хааны Мухулайд соёрхсон цол, тэр үедээ энэ цол нь Мухулайг говийн өврийн хамгийн дээд захиргааны сайд болгосон байв. Монголын Гүвэй Он цол лугаа тэнцүүлж болох түвдийн Хоньчин цол нь лавтай бас нэг ер бишийн учиртай байгаа.

Хоёр, Хоньчины Ирэлт

Хоньчины ирэлтийг сүвэгчилэхэд дараах хэдэн зүйлийг анхаарах хэрэгтэй. Юуны өмнө, Их Монгол Улс буюу Өн улсын үед болон арван зургадугаар зуунаас өмнөх монголын хаан төрд ерөөс Хоньчин гэх түшмэл буюу цол байгаагүй; дараа нь, өмнө дурьдаад өнгөрсөн монгол сурвалжисын мэдээнээс үзвэл Хоньчин гэх

⑦ 陳慶英《陳慶英藏學論文集》(上冊)，北京：中國藏學出版社，2002年，474頁。

⑧ Гүндин болон Гүвэй Он хоёр яриангүй Хятад үг, гэвч Монгол хэлэнд зээлдэн орсны хойно дуудлага нь монголжуун болоод Монгол цол болов.

цол түвдөөс иштэй бололтой: тэгвэл Хоньчин нь түвдөд бол дээд зэргийн түшмэл буюу цол, монголын Гүвэй Он цол лугаа тэнцүүлэн хэлэлцэж болно.

Их Монгол улс буюу Өн улсын үед Түвдөд хамгаас дээгүүр, хамгаас алдартай нь Боньчин байжээ. Боньчины Түвд бичлэг нь Дпувачэн, утга нь Их Ноён. Боньчины талаар Чэн Дө Жи(陈德芝)дэлгэрэнгүй судалгаа хийж, урьд хожид“Ой Сангийн Боньчиныг тодлох нь”, “Ой Сангийн Боньчиныг дахин өгүүлэх нь”⑨гэх хоёр өгүүлэл нийтлүүлж, дэлгэрэнгүй бодитой баримтууд болон лавдуун баттай нотолгоогоор Боньчин бол түвдүүд Өн улсын хаадын зарлигаар томилогдон Ой Сангийн газар орны дээд захиргааны түшмэлийг дуудсан дуудлага мөн, анхандаа Үй Сангийн гурван цүлхийн цэрэг иргэний түмний ноён(烏思藏三路軍民萬戶)-г хэлж байснаа хожимдож ирээд Үй Сангийн Сөн Үйши(乌思藏宣慰司)-г байгуулсны сүүлээр Сөн Үйшн түшмэл (宣尉使) -г хэлэх болжээ гэж үзэв. Чэн Дө Жи Түвд шаштир“Хятад Түвдийн судрын чуулган”дах хамаа бүхий тэмдэглэлийг ашиглан тайлбарласан нь нэг, Өн улсын үед Түвд орон бүхэлдээ хаан төрийн эзэмшил дэх нэг мужийн дэсийн захиргааны орон бөгөөд гурван цүлх(Дукам, Дусмад, уй Санд хуваагдаж байв. Энэ нь яриангүй “Өн Улсын Судар”-т тэмдэглэгдсэн түвдийн гурванЦүлэг. Хоёр, Бончин бол Цүлгийн захиргааны тэргүүлэгч, хамаат газрынхаа төр шашны хэргийг эрхлэн шийтгэнэ. Түвдийн гурванЦүлэгтус бүр нэг Боньчинтой байжээ. Гурав, Бончин бол хаанаар Дишири лүгээ зөвшиж, хаан төрөөс томилдог түшмэл, хаан, дишири хоёрын зарлигаар эрхээ хэрэгжүүлнэ. Дөрөв, анх уй Сангийн Бончин Санжаасанбуд олгосон түшмэлийн цол нь “(гурван)Цүлгийнцэрэг иргэнийгмэдэх түмний ноён”, хожим нь олонх бончинд цөм“....зэргийн гурван цүлхийн Сөн Ойши до Өнсуй”гэх цол олгож байв⑩.

“Эрдэнийн Товч”-д тэмдэглэсэн арван зургадугаар зууны түвдийн ноён Очир Түмигийн Хоньчин гэх цол нь Их Монгол буюу Өн улсын үеийн түвдийн Бончин байж таарна. Учир нь,

Нэгд, Бончин гэгч угаас түвдийн хамгийн дээд захиргааны түшмэлийн ерийн дуудлага, утга нь Их Ноён, Өн улс, Мин улсын үеийн судар бичигт тодорхой тэмдэглэл буй. Өн улс Мөхснөөс сүүлээр, хаан төрөөс томилсон Сөн Үйшн их ноён гэж байхгүй болсон боловч, Мин улстай нэг үед амьдарч байсан түвдийн түүх соёлыг сайн мэддэг лам нар бол Бончин цолын Түвд дэх хүнд их байр суурыг гийтэл ойлгоно. Иймээс Очир Түмид эрхэм цол олгохдоо санаатайгаар Бончиныг сонгоод монголын Гүвэй Он цол лугаа зэргэцүүлэн тавьжээ.

---

⑨ 南京大學歷史系元史研究室編《元史及北方民族史研究集刊》第八期，南京，1984年; 蕭啓慶主編，許守泯協編《蒙元的歷史與文化——蒙元史學術研討會論文集》，臺北：臺灣學生書局，2001年，213—244頁。

⑩ 陳得芝《再論烏思藏“本欽”》，《蒙元的歷史與文化——蒙元史學術研討會論文集》，233頁。

Хоёрт,гэтэл Очир Түмигийн цол нь Бончин биш, харин Хоньчин. Хоньчин гэх энэ бичлэгийг Монгол хэлэнд Хоньчин, Гунчин, Хоньжин, Гунжин гэх мэтийн хэд хэдэн янзаар дуудаж болно. Тэгвэл, бид юунд Хоньчин нь даруй Бончин (Дпувачэн)мөн гэж хэлж байгаа вэ гэвэл, энэ нь Түвд хэлний нутгийн аялгуунд холбогдоно.

Өмнө нь өгүүлсэн мэтээр, Очир Түми гэгч голын уулзварын Шилимжи нэрт газрын түвдийн ноён. Японы эрдэмтэн Санто Хөсаши (佐藤長)-н саналаар бол, гурван гол гэдэг нь Бэй Чуан, Си Чуан, энэ Чуаны зэргийн Шинин Фу хавийн гурван гол, Шилимжи нь Шинин хотыг хэлж буй. Ямагүчи Чойху(山口瑞鳳)-н үзхээр, Шилимжи нь түвдийн түүх сударт гардаг gser mo Ijongs-н газар, тэр ньХатан гол(黃河)Да Шиа гол(大夏河)болон Тао Хө гол(洮河)-н уулзвараас өмнөш байрлах Лин Тао(臨洮)газрыг хэлж буй. Инүяэ Осаму(井上治)–н үзхээр, тэр нь одоогийн Шининийг хэлж буй. Шилимжи гэгч нь Ши Нин муж(Шинин Фуг хэлж буй)гэх үгийн гажсан хэлбэр болно. Дундад улсын эрдэмтэн Жорунгагийн үзхээр, тэр нь Чин улсын үеийн Суо Ли Ма Чуан(瑣力麻川)-г хэлж буй. Улаанаар Ямагүчи Чойху-н үзэлтийг зөвшөөрөх маягтай, Шилимжи нь Лин Тао-г хэлж байгаа болов уу⑪гэжээ. Гэвч Сэцэн хунтайж түвдөд ороод Ариг, Схүмигийн зэргийн аймгийн ноёд болон лам нарыг олзолсноор тулгуурлаад, бичээчээр Ада Чэн Чин Ингийн дурдлагийг нэн илүү таалж байна. Чэн Чингийн Ингийн өгүүлэхээр:“Хутагтай Сэцэн хунтайжийн энэ удаагийн ажиллагаа Хөх Нуурын орд хөвөөнөөс өмнөш бууж, одоогийн Хөх Нуур мужийнХайнаны түвдийн өөртөө засах Жоу Гүн Хө Шэнээс Гүвэй Нан(貴南)Шэнь,(同德)Тун Дө Шэний орчим хүрсэн байна. Шилимжи гэгч Хатан голын монгол нэрийдэл, энэ хэдэн Шэнь яг сайхан Хатан голын тохойн хоёр эрэгт байрлаж буй, эртнээс аваад умар зүгээс Хөх Нуур Түвдийн өндөрлөгт орох чухал замын боомт мөн. Гүй Нан Шэний Ша Гөү Хө гол(沙溝河), Ман Ла голын(茫拉河)урсхал орон болон Тун Дө Шэний Ба Чү голын (巴曲河)сав газар нь цөм уур амьсгал дулаан, тариалахад тохиромжтой, эрт цагт тосгончилон тариалж байсан тэмдэглэл буй. Энэ гурван гол цөм зүүн өмнө зүгээс Хатан голд нийлэн ордог тул түвдүүдийн заншлаар эндэхийг “Ман Ба Ша Сүн”орон гэдэг, утга нь Ман Ла, Ша Гөү, Ба Чү гурван голын газар гэсэн үг. Хожим нь Мин улсын үед Хөх Нуурын монголчууд Ман Лагийн талаар Хөх Нуурыг захирах суурин болгож байсан нь мөн энэ газар болно”⑫гэжээ.Гурван гол

⑪ 以上所說的詳細情況和出處，參考井上治《ホトクタイ=セチエン=ホンタイジの研究》，風間書房，2002年，33—34頁。

⑫ 陳慶英《達賴喇嘛活佛轉世的發展——索南嘉措和雲丹嘉措》，陳慶英編著《活佛轉世及其歷史定制》，北京：中國藏學出版社，2010年，81頁。

гэгч даруй Хөх Нуурын Хайнаны түвдийн өөртөө засах Жоу-н Ман Ла, Ша Гөү, Ба Чү голын сав газар. Түүхэн дээр эдгээр газар нь Дусмадорон, даруй Амдуугийн хойд хэсэг байжээ. Эндэх Түвд хүмүүс Амдуу аялгуугаар хэлэлцдэг. Түвд хэлийг Ой Сангийн аялгуу(төв түвд),Камийн аялгуу(Сичуан, Юнан, Түвдийн зүүн ба Хөх НуурынҮйшү зэргийн газар)болон амдуу аялгуу(Үйшүгээс гаднах Хөх Нуур, Гасугийн түвдүүд)гэж гурав хуваадаг. Түвд хэлний аялгууг судалсан бүтээлээс үзвэл, Амдуу аялгуу нь түвдийн гурван хи аялгууны доторх хамгийн эртнийх нь юм. Бусад аялгуутай адилтгавал, Амдуу аялгуу нь нэн илүү өөрийн онцлогтой, ялангуяа авианы талаар бусад аялгуутай адилгүй тал маш олон бий. Амдуу аялгуу дотроо бас хэд хэдэн аман аялгуу болж ялгарна, Чү Ай Тан(瞿靄堂)-н хувиарласнаар бол, малжих орны аман аялгуу(Хөх Нуур болон Сичуаны хэсэг түвдийн өөртөө засах Жоу),тариалах орны аман аялгуу(Хөх Нуур мужийн Хуа Лун Хотонгийн өөртөө засах Шэнь, Шүн Хувагийн Саларын өөртөө засах Шэнь, Лө Дү Шэний хэсэг газар), хагас тариалах, хагас малжих орны аман аялгуу(Хөх Нуур мужийн Хуван Наны Түвдийн өөртөө засах Жоу-н Түн Рэн Шэнь, Гансу мужийн Ган Наны Түвдийн өөртөө засах Жоу-н Шиа Хө Шэнь), Доу Фу-н аман аялгуу(Сичуан мужийн Ган Зи-н түвдийн өөртөө засах Жоу-н Доу Фу Шэнь, Лү Хөвэ Шэнь)зэрэг дөрөв буй⑬.Ман Ла, Ша Гөү, Ба Чү-н гурван голын газар нь түүхэн дээрээ Амдуугийн малжих орны аман аялгууны оронд хайртай байв.

Амдуу аялгууны хамгийн чухал онцлогийн нэг нь авианы онцлог болно. Манай сэдэвтэй нягт холбогдох нь Амдуу аялгууны нийлмэл гийгүүлэгчийн хувиралтын асуудал. Түвд хэлний нийлмэл гийгүүлэгч гэгч нь нэг үгэнд үеийн эхэнд болон эцэст давхарлан орох гийгүүлэгчийг хэлж буй, жишээ нь dbang –н db бол нийлмэл гийгүүлэгч. Зарим эрдэмтэдийн зааж гаргаснаар, эртний Түвд хэлэнд нийлмэл гийгүүлэгч маш олон байжээ, бараг 280 гаруй хүрч байв, бүтэц нь ч тун будьлаантай, хоёрмоссон гийгүүлэгч, гуравмссан гийгүүлэгч, цаашлаад дөрөвмөссөн гийгүүлэгчхүртэл байв, гэвч орчин цагийн Түвд хэлэнд гуравмассан, дөрөвмөссөн гийгүүлэгч байхгүй болжээ⑭. Амдуу аялгууны нийлмэл гийгүүлэгч нь голдуу хоёрмоссон гийгүүлэгч, түүний дотор dp-н авианы хувиралт манай анхаарлыг ихээр татаж байна. Ван Шуан Чөн(王雙城)-н судалгаанас үзвэл, Амдуу аялгууны нийлмэл гийгүүлэгч dp-н авиа нь түүний олон аман аялгуунд цөм нэг л адилаар дуудагдна, даруй [xw] болно. Тэр dpav bo (баатар)-р жишээ болгож, Амдуугийн эл аман аялгуунд тус үгийг яаж дуудхыг нэг бүрчлэн үзүүлжээ.

⑬ 瞿靄堂、勁松《漢藏語言研究的理論和方法》，北京：中國藏學出版社，2000年，600—669頁。

⑭ 王雙城《藏語安多方言語音研究》，上海：中西書局，2010年，135—136頁。

Түүнийг бүтээлийг хүснэгтчилэн үзүүлбэл[15]

Аман аялгуу	Зэ Кү	Тиян Жүн	А Рвү	Шияа Хө	Хуа Лун	Ма Чү
Дуудлага	XWA WO	XWA WO	XWA WO	XWA WO	XWA WO	XWA WO

Үр дүн нь маш тодорхой, дуудлага нь цөм [XWA WO] болно. Амдуу аялгууны dp-нь xw- болж хувирсан тухай Ван Шуан Чөн маш сайсан тайлбар хийсэн байна. Түүний өгүүлсэн нь Амдуу аялгууны "[x] нь угтвар гийгүүлэгч d-ээс ирэлтэй, (Түвд И Үй)бичигт даруй 黑үсгээр энэ d-г илэрхийлсэн байна, жишээ нь, dkar po (цагаан)-г黑葛兒播 гэсэн мэт. Тэгвэл түүний дараах [w] нь лав-р-ээс ирсэн байх ёстой. Харин -р- нь дуугүй гийгүүлэгч болхоор өмнөх d нь[x] болсон байна"[16]. Энэ маш зүйтэй. Тодорхойлууштай нь гэвэл, Ван Шуан Чөнгийн өгүүлсэн "Түвд И Үй"бичиг бол Мин улсын Си И Гуан(四夷館)-ны найруулан орчуулсан бүтээл, нэлээд эртний Амдуу аялгууг харуулж буй. Эрдэмтэд түүнийг "Талын И Үй"гэдэг. Энэ "Тйлын И Үй"Дай Чин улсын үед найруулсан "Түвд И Үй"-с нэн их хэлний судалгааны өртөгтэй. "Талын И Үй"-д 黑үсгээр угтвар гийгүүлэгч d-г илэрхийлсэн жишээ бас олон буй, тухайлбал, dman:黑慢(доор), dpyid:黑畢(хавар), dmag:黑罵(цэрэг), dgon:黑觀思礫(сүм)гэх мэт[17].

Энд хүрээд асуудал үндсэндээ шийдвэрлэгдсэн байна."Бончин"-ны Түвд бичлэг нь dpon chen, Амдуу аялгууны дуудлага нь [xwon chen] болно. [xw] авиа нь эхний гийгүүлэгч [x]-н нөлөө ба монголжих явцыг дамжаад Монгол хэлэнд шууд [q] болсон байна. Dpon chen-г монгол бичигт хөрвүүлбэл Бончин болно, гэтэл Амдуу аялгууны [xwon chen]-г бол харин Хоньчин гэж байна. Үнэнийг хэлхэд, Амдуу аялгуунд бодит хэрэглээ дунд иймэрхүү жишээ газар сайгүй тааралдана. Жишээ нь《苯教》-г Лхас аялгуунд [bon bo] гэхэд Амдуу аялгуунд [xwon bo] гэдэг. Иймээс Монгол хэлний Хоньчинг Хоньчин гэж унших нь зөв, тэр бол Амдуу аялгууны [xwon chen]-ны монголжсон хэлбэр. 16дугаар зууны Монгол Хятад хэлний байдлаар渾臣гэх үсгээр хөрвүүлж болно.

Гурав, тодорхойлууштай нь гэвэл, Түвд хэлний Бончин яагаад Хоньчин гэх энэхүү Амдуу дуудлагаар монголчуудын дунд орж ирсэн бэ? тэр нь тус үгийн монголд орж ирсэн цаг, оронтой холбоотой. Товчоор хэлхэд, энэ үг монголд уламжлагдан орж ирсний ард нь Амдуугийн түвдүүд зогсож байжээ. 1543 онд

⑮ Дээрхтэй адил, 172,174 дүгээр нүүр.

⑯ Дээрхтэй адил, 177 дугаар нүүр.

⑰ 聶鴻音、孫伯君《〈西番譯語〉校錄及匯編》，北京：社會科學文獻出版社，2010年，196、197、199頁。

Алтан хаан урьд хожид хоёр удаа Гамж орчмын Ширай голыг товтлож, 1570 онд улам цааш "доод дукам"-н түвдийг уулгалсан байна[18].Доод Дукам гэдэг нь Ган Нан, Хөх Нуур орчмын түвдийн газрыг хэлж буй. Яг тэр удаа дээр "Ариг Санхарчисгэв. Грүү Гэлүмбүм. Сардан Саринскэв гурван үнэн. Улс иргэн хийгээдийг ахалж аван. Ашин лам. Схүми Бсүхэ багш хоёр тэргүүлэн олон Түвдийг авч иржээ"[19]. Ашин лам бол Амдуугийн их лам, түүнийг гуравдугаар далай лам Содномжамцын нагац аав нь гэдэг. Энэ хүний Алтан хааны шашинд орход үзүүлсэн хүнд их нөлөөний тухай "Алтан Халтан Хааны Тууж"-д дэлгэрэнгүй тэмдэглэл буй. Түүний гарамгай зүтгэлээс болж 1578 онд далай лам, Алтан хаан хоёр Цавчаалын сүмд уулзах үед түүнд Эцэг лам цол олгосон байна. Түүнтэй хамт ирсэн Схүми Бсүхэ Номч Алтан хаан болон баруун гарын бурхны шашны үйлд мундаг нэмэр оруулав. Хэдийгээр түүхэн бичиг дэх тэмдэглэл маш товчхон боловч, Цавчаалын уулзалт дээр тэр бас Бсүхэ Хоньчин цол соёрхогджээ. Энэ нь түүний эрх байрын хөнгөн бусыг харуулж буй. Түүхэн баримтаас үзхэд, Ашин лам Аригийн хүн, түнтэй хамт ирсэн Номч нь Схүмийн хүн. Чэн Чин Ин зааж гаргасан нь: "эндэх Ариг гэгч вүвдийн нэг аймгийн нэр, тус аймаг тэр үедээ эдүгээгийн Хайнаны түвдийн өөртөө засах Жоу болон Горлоогийн түвдийн өөртөө засах Жоу-н уулзварын Хатан голын хоёр эргээр нүүдэллэн малжиж байв. Схүми нь бас түвдийн нэг аймгийн нэр, тус аймаг нь туждаа Хайнаны түвдийн өөртөө засах Жоу-н Гүн Хө Шэнь болон Гүвэй Дө Шэнээр тархаж байв"[20] гэжээ.Үүнээс гадна, өмнө өгүүлэсн Очир Түми бол гурван голын уулзварын Шилимжи-н Түвд, даруй одоогийн Хайнаны түвдийн өөртөө засах Жоу орчмын газар. Бас гуравдугаар дүрийн далай лам түвдэд буцах үедээ Дүнхэр номын хаан Ёндонжалцанг Алтан хааны тэнд илгээж, Монголд түр биеийн ор болгож суулгав. Энэ Дүнхэр номын хаан 1557 онд дунд Камын газар төрж, Хөх Нуурын Дүнхэр хийд (Хуван Өн Шэний харъяанд буй)-н хоёрдугаар дүрийн Дүнхэр хутагт болсон байна. Хожим нь Хөх Нуур, Сичуаны олон газраар тооров. Алтан хааны тахилын лам болоод хожим нь Дүнхэр Манзуушир хутагт хэмээн алдаршив. Тэр үеийн баруун гарын доторх эрх хүндтэй эхэс ламын нэг нь болно. Эдгээр эхэс лам нарын гарал,өнгөрөлт болон Алтан хаан нарын зэргийн баруун гарын Монгол ноёд лугаа харилцаа нь 16дугаар зуунд Монголын баруун гарынхан бурхны шашинд орход түвдийн талаас шүтэлцэж байсан нь Ой Сан биш, харин Амдуу болохыг илтгэж байна. Номын багш нарын Монголд авч ирж байсан Түвд соёл нь Амдуугийн өнгө

⑱ 烏蘭《〈蒙古源流〉研究》，418—420頁，註88，註90。Монгол хэвлэл 638-642 дугаар нүүр.

⑲ 烏蘭《〈蒙古源流〉研究》，364頁。Монгол хэвлэл, 559 дүгаар нүүр.

⑳ 陳慶英《達賴喇嘛活佛轉世的發展——索南嘉措和雲丹嘉措》，82頁。

будаг өтгөн байсан ба Амдуу аялгуу яриангүй түүний доторх нэг хэсэг нь болно. Бончин гэх үг Хоньчин гэх дуудлагаар монголд уламжлагдан орж ирсэн нь бүр мөсөн Амдуугийн лам нарын учир юм.

Монгол хэлний цол Хоньчин Амдуу аялгууны онцлогтой нь гэдрэгээ уул үг Алтан хааны баруун гарын монголчууд Ган Нан, Хөх Нуур орчмын түвдүүдийг дагуулсны дараа сая монголд орж ирсныг гэрчилж байна. Их Монгол орон, Өн улсын үеийн Монгол Хятад сурвалжсыг шинжилвээс, Монгол Өнийн үед тэмдэглэгдсэн оноосон нэрс үндсэндээ цөм Ой Сангийн аялгууны онцлогтой. Энэ нь хойд түвдийн Сасхияагийн бүлгийн лам нар Монгол Өнийн төрд хүнд чухал нөлөөтэй байсан лугаа зайлшгүй холбоотой. Энэ тухай бид Өн улсын үеийн сурвалжисаас хүчтэй баримт олж чадна. Монгол Дөрвөлжин үсгийн авиаг тэмдэглэх нь маш оновчтой, үүнийг даяар мэдэж буй. Өн улсын үеийн Дөрвөлжин үсгийн сурвалжисаас цөөн хэдэн Түвд хүний нэрийг эрж олно. Жишээлбэл, seŋghedpal нь seng ge dpal-н хөрвүүлэг; dorji-ŭaŋgčug нь Түвд үг rdo rje dbang phyug-н хөрвүүлэг; rinčendpal нь rin chen dpal-н хөрвүүлэг; ešes güŋga нь Түвд үг ye shes kun dga-н хөрвүүлэг[21]. Эдгээр жишээнд dbang-г ŭaŋ гэж, dga-г ga гэж, dpal-г dpal гэсэн нь цөм Ой Сангийн аялгууны авианы онцлогийг тусгаж буй. Өн улсын үеийн Хятад хэлний хөрвүүлэг Дөрвөлжин үсгийнх мэт оновчтой биш боловч уул хэлний авианы онцлогийг мөн тусгаж чаддаг. “Өн Улсын Судар”-т даруй цөөн Түвд хүний нэрийг хөрвүүлэн бичсэн байна. Хэдэн диширийн нэрээр жишээлхэд, 相家班гэгч нэр түвдөөр seng ge dpal, 班үсгээр dpal-н дуудлагыг тэмдэглэв(сүүлийн -l-ийг- n-ээр тэмдэглэв):相儿加思巴гэгч нэр түвдөөр sangs rgyas dpal, 巴үсгээр dpa (сүүлийн –l-ийг огооров):旺处儿临藏 гэгч нэр түвдөөр dbang phyug rgyal mtshan,旺 үсгээр dbang-н дуудлагыг тэмдэглэв[22]. Эдгээр жишээнээс Өн улсын үеийн Монгол Хятад хоёр хэлэнд Түвд хэлний Ой Сангийн авиагаар суурь болгож байсныг олж харна. Иймээс хэрвээ Түвд хэлний Бончин (dpon-chen) Монгол, Өн улсын үед Монголд уламжлагдан орж ирсэн бол Монгол сурвалжист тэмдэглэгдэхээр барахгүй, дуудлага нь лавтай Хоньчин биш, харин Бончин болно. Хоньчин гэх энэхүү Амдуу аялгууны дуудлага лавтайяа 16дугаар зуунд говийн өврийн монголчууд Амдууг түрэн эзэлсний дараа сая монголд уламжлагдан орж ирсэн байгаа. Харин Өн улсын үед орж ирсэн боломж байхгүй юм.

Дөрөв, бас нэг асуудлыгавч үзэх хэрэгтэй. Даруй 16 дугаар зууны Монгол түвдийн хаад ноёдын холбоонд юунд заавал хоньчиноор монголын түшмэдийн

㉑ D. Tumurtogoo, *Mongolian Monuments in ‘Phags-pa Script: Introduction, Transliteration, Transcription and Bibliography*, Taipei:Institute of Linguistics, Academia Sinica, 2010,pp.13’29,76’94.

㉒ 《元史》卷二百二列傳第八十九《釋老傳》，北京：中華書局，1983年，4519頁。

эрхинийг цоллох вэ? тэр нь ямар онцгой утга чанартай вэ? бичээчийнүзхээр, тэр нь хэрэг дээрээ тэр үеийн Монгол түвдийн төр шашны түрүүчүүдийн улс төрийн зорилт болон тус зорилтийн дагуу авч байсан арга хэмжээнүүдтэй холбоотой.

Олны мэдэж байгаагаар, 1578 оны Цавчаалын сүмийн уулзалт дээр, Гэлүгбагийн тэргүүн Содномжамц болон түмэдийн Алтан хаан тунхаглан, Содномжамцыг Өн улсын Дишир Пагбагийн хувилгаан, Алтан хааныг Хубилай Сэцэн хааны хувилгаан гээд, чуулганд орсон Монгол түвдийн бусад ноёд ихэсийг цөм эртний Энэтхэг, түвдийн мэргэдийн хувилгаан гэв. Тэд үүгээр дамжуулан хүмүүст далай лам Содномжамц болон хүрд орчуулагч Алтан хаан хоёюулаа эртний хувилгаан хааны үеийн төр шашныг тэгш явуулсан хэмээх тогтоолыг дахин байгуулах гэж байгаагаа илэрхийлсэн байна. Үүний тул тэнд зарлан, Алтан хаанаар удирдуулсан Монгол нь эртний энэтхэгийн Махасамади хааны байгуулж, Шагжамуни бурхан засварлаж, түвдийн гурван хүрд орчуулагч хааны залгамжилсан хуучин ёсыг мөрдөж монголд шинэ төр ёсыг тогтооно гэжээ. Иймхүү тэр үеийн баруун гарын засаг төрд буй болж байсан аливаа шинэ хэрэг учир нь цөм эртний Энэтхэг түвдийн богдос болон Хубилай Сэцэн хаан, Дишири Пагба ламын ариун дархан Им тамгатай байв. Цавчаалын чуулган дээр, ордосын ноён Сэцэн хунтайжаар түвдийн хүрд орчуулагч хааны явуулж байсан гэгдэх Арван Буянт номын цаазыг тунхаглаж, Монгол түвдийн шар харынхан харилцан нэр цол өгөлцөж, өөр өөрийн эртний Энэтхэг Түвд болон Өн улсын үеийн урьд дүрээ хүлээн зөвшилцөж, номын эхртэд болон төрийн сайдууд бас цөм эртний хоёр ёс лугаа тохиролцсон нэр цол хүртжээ. Түүний дотор түшмэдийн эрхин нь Хоньчин цол өгөгдөв. Яагаад Хоньчин гэв? Хэрэг дээрээ "Цагаан Түүх"-д нэгэнт хариултыг нь өгчээ. Уул номд тэмдэглэснээр, эртний энэтхэгийн олноо өргөгдсөн Махасамади хаан анх төр шашны хоёр ёсыг тогтоож, хойно Замбуу Тивийн арван зургаан их улс цөм хоёр ёсыг явуулсан байна. Тэр үед түвдийн Хомшим Бодьсадваагийн хувилгаан Срунзанкамбу хамаг амьтныг аврахын тулд Түми Анугийн хөвгүүн Түми Юүхэ-г энэтхэгт томилон илгээж, бурхны зохиосон үсэг болон эртний богдосын байгуулсан төр шашны хоёр ёсны дөрвөн төрийг суралцуулав. Түми эрдэм сураад буцаж ирсэнд хаан баясч түүнд Түми Самбуа(Самбуда) цол соёрхож, гурван зуун жаран сайдын эрхин их ноён болгож, нэгэнГшана наян найман түмэн Түвд улсд хоёр ёсны дөрвөн төрийг байгуулжээ. Хойно, Монгол газарт Очирбанийн хувилгаан Чингис хаан төрж төр шашны хоёр ёсыг байгуулав. Сасхияагийн их лам Гунгаанинбуугийн эс үзүүлсний ёсоор Манзуширын хувилгаан Хубилай монголын хаадын урагт төрж Махасамади хааны байгуулж, Шагжамуни бурхны засварласан, түвдийн гурван хүрд орчуулагч хааны залгамжилсан, Чингис хааны мөрдөн явуулсан улс иргэнийг засах хоёр ёсыг явуулахаар шулуудаж, хоёр ёсны дөрвөн төрийг байгуулж, хааны өмнөөс ертөнцийн төрийг баригч түшмэдийн тэргүүн гурван Хоньчинг томилсон байна.

Энэ үлгэр нь манайд арван зургадугаар зууны Алтан хааны байгуулсан төр нь Махасамади хаанаас эхлэн, Шагжамуни бурхан, түвдийн хүрд орчуулагч гурван хаан, Чингис хаан болон Хубилай хаан нарын нэгэн мөрөөр залгамжилсан төр шашны хоёр ёсыг явуулагч тэрхүү ариун дархан улс болохыг хэлж өгч буй. Төрийн цогцолборын талаар, сайд түшмэдийн зэрэглэл нь ч нэгэн мөрийнх байв. Срунзанкамбу их ноён томилж, гурван зуун жаран сайдын эрхин болгосон бол хубилай бас гурван Хоньчин тавьж түшмэдийн тэргүүн болгов. Алтан хаан бас Хоньчин гэх түшмэл томилж түшмэдийн эрхин болгов, зорилго нь гэвэл улсынхаа цогцолборыг эртний богдосын байгуулсан ариун төр лүгээ нэгэн мөрт оруулах явдал болно. Сонирхолтой нь гэвэл, “Цагаан түүх”-д Срунзанкамбугийн түшмэдийн эрхинийг монголоор их ноён гэв, Түвд хэлний Бончины монголчилгоо болно, Амдуу аялгуугаар бол Хоньчин болно. “Эрдэнийн товч”-д Очир Түмийгээс гадна, бас нэг Бсүхэ Хоньчин гэж буй, иймээс тэр үед Алтан хаан лавтай гурван Хоньчин (хэдийгээр гуравдугаар нь хэн гэснийг тэмдэглээгүй боловч) томилжээ. Түүнчлэн арван зургадугаар зууны үед монголын төрийнхөн түшмэдийн эрхинээ бас Хоньчин гэж байсан нь илэрхий хянуур нямбайгаар тохируулсны үр дүн мөн. Ингэд үзвэл, Алтан хаан болон гуравдугаар далай ламын өргөмжилсөн тэр анхны Хоньчин Очир Түми гэгч нь лавтай түүний уулын нэр биш, харинСрунзанкамбугийн их сайд Түмигийн цол мөн, тэр цол нь яриангүй бас онцгой утга чанарыг агуулж байгаа.

“Манигабум”, “Срунзанкамбугийн гэрээс”гэх мэтийн түвдийн нэртэй сангийн номуудад Түми СамбудагаарСрунзанкамбугийн зарлигаар Түвд үсгийг зохиосныг тэмдэглэж байгаа боловч Срунзанкамбу түүнд ямар нэгэн зэрэг цол олголоо гэж тэмдэглээгүй. “Цагаан Түүх”, “Алтан Хааны Тууж”болон “Эрдэнийн Товч”-н зэргийн Монгол сурвалжисын тэмдэглэл нь Алтан хааны ойр тойрондох Амдуугийн ихэс лам нар түвдийн сангийн номын үлгэр хуулийг ашигласны дээр бас Монгол Өн улсаас нааших Түвд монголын харилцааны үнэн хэрэгтэй уялдуулан, улмаар сангийн ном дах үлгэрийг Монгол түвдийн түүхтэй авцалдуулж, Алтан хаанд төр шашныг тэгш явуулах бурхны шашны улсын бүрэн дүүрэн онол сургаалыг зохиож өгөөд, харгалзах сайд түшмэлийн зэрэглэлийг ч гаргаж өгснийг харуулж байна. Хоньчин бол түүний доторх нэг жишээ[23]. "Цагаан Түүх"-н тэмдэглэлээс үзвэл, гурван Хоньчин нь бурхны шашны бие, хэл, сэтгэлийн гурван үйлийг бэлгэдэж буй, энэ нь ерийн ертөнцийн төрийн сайд түшмэлээс эрс ондоо, бас ч түүний шашны өнгө будаг өтгөнийг илэрхийлж байна.

Гурав, Урьдах хүмүүсийн Хоньчины тухай тайлбарыг шүүмжлэх нь

Монгол судлалынхан Хоньчины утга чанарыг тайлбарлах гэж оролдсоор иржээ.

Хоньчин нь түшмэдийн эрхин, эрт үеийн Чингис хааны тахилгад ч Хоньчин нь түшмэдийн доторх дээд зэргийнх мөн гэжээ. Тэр өгүүлэхдээ, "Цагаан түүх"-д дурьдагдсан гурван Хоньчин бол бурхны шашны бие, хэл, сэтгэлийн гурван үйлийн ертөнцийн хэрэг дэх бэлгэдэл, тэдний ажил үүрэг нь харгалзах гурван үйл, даруй шашны, дотоод засгийн болон цэргийн үйлийг шийтгэх Зайсан болход оршино гэжээ[24]. Үүнээсээ улбаалан Саганстэрээр Хоньчинг Хубилай хааны үеийн олон түшмэдийн эрхин болсон их сайд мөн гэжээ. П. Ратсчнэвски (P.Ratsvhnevsky) " 'Цагаан Түүх'-н зохиогдсон асуудал" гэх үзэлтээ зааж гаргасан нь "Цагаан Түүх"дэх цөөн бус түшмэлийн цол нь харгалзсан Хятад нэрийдэл байхгүй, Хятад нэрийдэлтэй цолын тоо нь ч Өн улсын үеийн бодит тоотой нийцэхгүй. Ийм "Цагаан Түүх"Хубилай хааны үеийн бүтээл болох боломжгүй, цаашлаад Өн улсын үеийнх ч биш гэжээ[25]. Саганстэр энэ үзэлтйг нь эс зөвшөөрөв.

Саганстэр онцгойлон зааж гаргасан нь: "Цагаан Түүх"-д байгаа түшмэдийн жагсаалтыг монголын их хааны түшмэлийн зэрэглэлийн төсөл гэж ойлгох хэрэгтэй. Энэ төслийн нэг хэсэг нь илэрхий Хубилай хятадын хаан ордод суухаас өмнө эрт үеийн монголын их хаадын үед нэгэнт бүрэлдсэн бөгөөд зарим чухал чухал тушаалын ор нь бэлгэдэлийн утгатай байв, яг тэрхүү бэлгэдэлийн

㉓ Гүндин Гүвэй Он Хоньчин хоёр утгатай. Өн улсын үеийн Түвд Гүндин Гүүш гэх цол байв, маш өндөр шашны эрх хүндтэй. Энд Гүн Гүндин хоёр үсгийг авч хэрэглэсэн нь түүний хамгийн дээд шашны эрх байртай гэх утгыг нь илтгэв. Гүвэй Он гэгч монголын хамгийн дээд ноёны цол, Хоньчин нь түвдийн хамгийн дээд ноёны тушаал. Энэ нь тэр үед баруун гарынхны хөөрөгдөж байсан түвдийн хүрд орчуулагч хаанаас нааш Чингис хаан, Хубилай хааны нэгэн мөрөөр залгамжилсан төр шашныг тэгш явуулах ёсыг илтгэж буй.

㉔ Klaus Sagaster, *Die Weisse Geschichte (čaγan teüke): Eine mongolische Quelle zur Lehre von Beiden Ordnungen Religion und Staat in Tibet und der Mongolei*, Harrssowitz, 1976, S.114, p.287.

㉕ Klaus Sagaster, *Die Weisse Geschichte (čaγan teüke): Eine mongolische Quelle zur Lehre von Beiden Ordnungen Religion und Staat in Tibet und der Mongolei*, Harrssowitz, 1976, S.114, p.287.

утгатайгаасаа орон тоо нь бас бэлгэдэлийн чанартай. Жишээ нь Хоньчин нь даруй гурав буй, учир нь энэ тушаал нь бурхны шашны бие, хэл, сэтгэл гуравын бэлгэдэл мөн. Бид “Цагаан Түүх”дэх түшмэдийн жагсаалт бол Хубилай, пагба хоёрын байгуулахаар төсөөлсөн монголын бурхны шашны улсын түшмэдийн зэрэглэл мөн болохыг эндүүрч үл болно. Тэд төр шашны хоёр ёсыг тэрхүү улсынхаа голлох Идэлоги болгохоор төсөвлөж байв. Гэвч түүхэн хүрд тэгж иргээгүй, иймээс “Цагаан Түүх”-н түшмэлийн зэрэглэл нь Өн улсын үеийн бодит байдалтай зөрөөтэй болжээ гэв. Иймэрхүү танилтын суурин дээр Саганстэр дараах мэт дүгнэлтэд хүрэв:“миний таамаг буруу биш юм бол, ‘Цагаан Түүх’ дэх түшмэдийн зэрэглэл нь Хубилай хааны үед анх үүсчээ. Гэвч тэр нь бурхны шашны улсын түшмэлийн зэрэглэл болсны хувьд бичгийн сургаалын зарчмаар суурьлуулсан Өн улсын засаг төрд бараг бодит үйлдэлтэй болж чадсангүй нь илэрхий”[26] гэв.Саганстэрийн энэ онолоор бол, Хубилай хаанаар бурхны шашны улсын ойлгогдохуунаар хөтөлбөрлүүлсэн төр шашныг тэгш явуулах улсын цогцолбор байгуулахаар төсөөлж байсан, “Цагаан Түүх”-д байгаа Хоньчин гэх мэтийн Өн улсын түшмэдийн зэрэглэлд байдаггүй зэрэг тушаал нь яг сайхан тэрхүү төсөөллийнх нь бодит илрэл мөн. Түүний энэ үзэлтээс үзвэл,“Цагаан Түүх”-д тэмдэглэгдэж байгаа тэдгээр зэрэг тушаал нь ч бүр Хубилай хааны байгуулахаар төлөвлөсөн тэр хүслэнгийн улсын цогцолбор болох бөгөөд Хоньчин нь хүслэнгийн улсын түшмэдийн зэргийн эхэнд нь байгаа болно. Саганстэрийн сэтгэмжилсэн нь тун сонин. Тэр“Цагаан Түүх”-н агуулгыг Хубилай хааны байгуулах гэсэн боловч эс бүтсэн бурхны шашны улсын төсөөлөл гэв. Иймээс Өн улсын төрийн тогтолцоо, сайд түшмэдийн зэрэглэл болон түшмэдийн цолын“Цагаан Түүх”-тэй ийн зөрөөгөөр Саганстэрийн сэтгэмжлэлийг няцаах гэгч талаар хэрэг. Учир нь Саганстэрийн үзхээр, өмнөх нь бичгийн сургалтны зарчмаар байгуулагдсан Өн улсын бодитой төрийн цогцолбор: хойнох нь бол Хубилай хааны бурхны шашны номлолын дагуу төсөөлж байсан хүслэнгийн улсын хийсвэр зохиомж. Харин энд миний үзхээр, Хубилай хааны өөрийнх нь ажиллагаа болон Өн улсын төрийн түүхээс Хубилай болон түүнийг залгамжлагчдаар хятадын уламжлалаас ондоо ямар нэг “Бурхны Шашны Улс”-г байгуулах оролдлого хийснийг огт олж хараагүй. Хубилайгаар эхлүүлсэн Өн улсын хаад болон Аригбөх, Хайдуугаар ахлуулсан талын ноёдын хооронд хятадын хуулиар явуулах уу эсвэл нүүдлийн Ханлигийг байгуулах уу гэдэг асуудлаар удаан жил тэмцэлдэж байсан боловч, бурхны шашны ёсоор улс байгуулах уу эсвэл

---

[26] Klaus Sagaster, *Die Weisse Geschichte (čaγan teüke): Eine mongolische Quelle zur Lehre von Beiden Ordnungen Religion und Staat in Tibet und der Mongolei*, Harrssowitz, 1976, S.114, pp.285-286.

бичгийн сургаалтны зарчмаар улс байгуулах уу гэдгийг ер мартуулж байгаагүй. Өн улсын хаад ихэс бурхны шашныг хүндлэж байсан боловч ерөөс төр шашныг тэгш явуулах, бурхны шашны ёсоор төр барих гэх мэтийг туушлууж байсангүй.

Иймээс Саганстэрийн сэтгэмжлэл түүхийн үндсээр дутмаг юм. Одоо бид"Цагаан Түүх"-д түшмэдийн эрхин хэмээгдсэн Хоньчин цол үнэндээ Амдуу аялгууны Хоньчин болохыг тодолсон ба тэр нь 16 дугаар зууны сүүлийн хагаст саяа Монгол хэлэнд орж ирснийг мэдсэн тул Саганстэрийн сэтгэмжлэлийг үгүйсгэхэд нэн илүү баримт төгөлдөр болжээ. Хубилайг үнэхээр бурхны шашны хүслэнгийн улс байгуулахаар төсөөллөө гэж бодход, төсөөллийн доторх түшмэдийн эрхинээ юундаа түвдийн нэг цөлхийн ахлагчийн Сүн Ойшийн ерийн дуудлагаар цоллох аж? Тэр ерийн дуудлага нь яагаад бас Амдуу аялгууных болж болох билээ?

Үүнээс гадна, Хоньчины тухай ондоо бас хэдэн зүйлийн тайлбар буй. Жишээ нь, 1980 онд Дорнотив "Эрдэнийн Товч"-г тайлбарлахдаа тус үгийг 觀沁гэж орчуулан бичээд[27], түүнийгээ "Түвд хэлний хэлмэрч"гэжээ. Гэвч үндэслэлээ хэлвэл үгүй.1981 онд Лиаогийн Сүвэ "Цагаан Түүх"-г эмхэтгэн хэвлүүлэхдээ "Хоньчин нь бараг ёслолын хэргийг эрхэлдэг түшмэлийн цол бололтой, Өвөр Монголын Ордост байгаа Чингис хааны тахилгад засуулчныг одоо болтол Хоньчин гэж буй"[28] гэжээ. Сайшаалаар харин Хоньчин нь бараг 官人-ны ондоошил, "Үжин", "Фүжин"нь цөм 夫人-ны авиачлага болох мэт. Энэ хоёр үгийн эцсийн үе 真，普болон Хоньчины-жин нь цөм Хятад үг人-ны авиачлага мөн. Иймээс Хоньжинг Гунжин гэж уншвал зохино гэжээ. Дай Хун И, Буян өгүүлэл бичиж, Хоньжин нь анхандаа ерөөлчийг хэлж байв, хожим нь засуулчин болов, хамгийн сүүлд захиргааны эрхийг барьсан их ноён болсон гэжээ. Энэ нь урьдах олон саналыг ялгалгүй үлдээлгүй тэрчлэн хүлээн авч[29], тэдгээр саналуудыг уул үгийн адил бус үеийн агуулагдахуун гэж үзсэн хэрэг болно.

Дээрх хэдэн зүйлийн саналыг цөм итгэмжлэхэд бэрх. Чингис хааны тахилгын засуулчин түшмэл Хоньжин нь Хоньчиноос улирч ирсэн юм."Цагаан Түүх"-н нэгэн бичмэлд тэмдэглснээр, Чингис хааны тахилгын ерөнхий засуулчин нь Хоньчин (бичлэг нь ойролцоо болхоор Хоньжин гэж дууддаг байв)[30] гэжээ.

㉗ 道潤梯步《新譯校注蒙古源流》，呼和浩特：内蒙古人民出版社，1980年，357頁。

㉘ Лиао Сүвээ эмхэтгэн тайлбарласан:"Арван Буянт Номын Цагаан Түүх", Өвөр Монголын ардын хэвлэлийн хороо.

㉙ Сайшаал болон Дай Хун И, Буян нарын үзэлтийг доорх бүтээлээс лавлаарай. 戴鴻義、鮑音《〈白史〉歡津考述》，《内蒙古民族師院學報（哲學社會科學・漢文版）》1991年第2期，25頁。

㉚ "Монгол Улсын Арван Буянт Номын Цагаан Түүх Нэрт Судар Оршив",Монгол улсын номын сан,Улаанбаатар, 5061\96, 2943.3,4,602,Ib.

Өмнө өгүүлсэнчлэн, Хоньчин гэх энэ үг анх Ордос, Түмэдийн дотор уламжлан орж ирээд хамгийн дээдтүшмэлийн цолоор ойлгогдох болжээ. Имйээс энэ цол Чингис хааны тахилгын дээд засуулчны цол болох нь тийм ч хачирхалтай хэрэг биш. Дурьдууштай нь энэ түшмэлийн цол Их Монгол, Өн улсын үед байгаагүй, харин арван зургадугаар зуунаас хойш саягарсан юм. Сайшаалын үзэлт хэдийгээр зарим авиа зүйн үндэслэл байгаа боловч бодит амьдралын дунд тавихад ёсонд үл нийцнэ, учир нь тушаалын үйл нь тодорхой байгаа түшмэл (бас хамгийн дээд захиргааны түшмэл)-г官人 гэх мэтийн ерөнхийлсөн нэрээр цоллодоггүй юм.

Дөрөв, Дүнэлт

Дээр өгүүлснийг хураангуйлвал дараах хэдэн зүйлийн дүгнэлтэд хүрнэ.

Хуучин Монгол бичгийн“Цагаан Түүх”-г Хоньчин гэж уншвал зохино, түвдийн Бончин (Дпувачэ, их ноён гэх утгатай,Өн улсын үеийн түвдийн Сүн Жиншитүшмэлийн хар ярианы дуудлага)-ны Амдуу дуудлага, хятадаар渾臣 гэж уншвал зохино.

Хоньчин гэх үг арван зургадугаар зууны дунд үеэр Монгол хэлэнд уламжлагдан орж ирэв. Хоньчины монголд уламжлагдан орж ирсэн нь Алтан хаан тэргүүлэн монголын баруун гарынхан Ган Нан, Хөх Нуурын зэргийн Амдуу түвдийн газарт түрж орсны үр нөлөө, мөн ч Амдуугийн Түвд лам нар Алтан хаанд ухаан зааж төр шашныг тэгш явуулах ёс тогтоохыг дурьдсаны үр нөлөө юм. Хоньчин Алтан хааны төр дээрх хамгийн дээд түшмэлийн цол, бас ч Алтан хааны Амдуугийн Түвд лам нарын дэмжлэгээр төр шашныг тэгш явуулах шашны улсыг байгуулж, биеэ энэтхэгийн Махасамади хааны байгуулж Шагжамуни бурхныг засварласан, түвдийн хүрд орчуулагч гурван хааны залгамжилсан, Чингис хаан, Хубилай хааны уламжилсан тэрхүү ёст шашны улсын тэргүүн болгон чимэглэж, түүгээрээ монголын их хааны дээгүүр давамгайлан гарах гэсэн онол ба үйлдлийн доторх чухал нэг үйл явц мөн.

“Цагаан Түүх”бол арван зургадугаар зууны дурсгал бичиг. Тэр нь үнэндэ Амдуугийн Түвд лам нар болон Монгол лам нар түвдийн сангийн ном жич түүний номлолыг мөрдөж, бас зарим Монгол сурвалжисыг ашиглан, Хубилай хааны нэрийг өмнөө барьж, Сэцэн хунтайжийг “сан гаргагч”болгож зохиомлоор найруулан гаргасан бүтээл мөн.

A Study of the Sixteenth Century Mongolian Term *Qončin*

Borjigidai Oyunbilig

At the end of the sixteenth century, after the Altan Khan was converted to Tibetan Buddhism, among the right-wing Mongolian appeared a glyph called *qončin*, which refers to Mongolian state chief executive. This article I demonstrates that *qončin* is a common appellation of *dpon chen*, a Tibetan Amdo-dialect term that shares the Mongolian pronunciation as qončin. The original name refers to the highest chief executive Xuanweishi, Tibetan regional governor in the Yuan dynasty. According to Tibetan Amdo-dialect, "ben qin" was pronounced as "hun chen", which gradually became qončin according to Uighur Mongolian. The change shows the historical and cultural background of Amdo Tibetans in the Ming. It also reveals that Tibetan Buddhism played an important role in Altan khan's regime.

Жаруудын хоёр хошууны нийгмийн зөрчил: 19 дүгээр зууны сүүлч 20 дугаар зууны эхний хэрэг явдлуудаар сэдэвлэх нь

Оюунгэрэл

Оршил

Цагийн байдал тогтворгүй үед нийгмийн зөрчил хурцдаж байсан ямар нэгэн газарт амархан мөргөлдөөн буюу тэмцэл үүсдэг. 1912 онд Жаруудын зүүн хошууны хэрэг явдал яг энэ цаг үед үүсч тэндэх нийгмийн дотоодод нуугдаж ирсэн зөрчил мөргөлдөөнийг улс даяар ил үзүүлсэн юм. 1911 оны 10-р сард Дайчин улсын дундад өмнөд оронд хувьсгалын шуурга босч байсан үеэр умард хязгаар оронд Халх Монгол тусгаар тогтсоноо тунхаглаж, Богд хааны засгийн газрыг байгуулсан байна. Тус жилийн эцэст Халхын зүүн хэсэгтэй зах нийлж байсан Хөлөн Буйрт тусгаар тогтнох хэрэг явдал үүсэв.1912 оны 8-р сард бас Жирмийн чуулганы Хорчины баруун гарын өмнөд хошуунд Утай вангийн дагуулга дор Халхын тусгаар тогтнолыг цуурайтан боссон хэрэг явдал үүсчээ. Тус жилийн сүүлээр Жаруудын зүүн хошууны туслагч тайж Гомбожав болон тайж Түмэн-Өлзий нар хошууны ардыг дайчлан урван босов. Энэ хэрэг явдал хошууны язгууртнуудын дундах зөрчил мөргөлдөөн, бэлчээр нутаг хагалагдсан, хошууны монголчуудын аж амьдрал гачигдсанаас шалтгаалжээ. Үүнтэй холбогдох өнгөрсөний судлалд хэрэг явдлын үүссэн шалтгаан ба Иргэн улсын засгийн газраас дарангуйлсан, Жаруудын зүүн хошуунд хоёр засаг оршсон, Жаруудын хоёр хошууны бэлчээр нутаг хагалагдсан тухай нэлээд нарийн судалсан байна. Өгүүлэлд тус хэрэг явдлын үүсэлтэд үндэс болж байсан буюу өнөөдөр болтол арай тодруулан гүнзгийрүүлж чадаагүй явдлуудыг шижимлэн задалж, Монгол хошуу нутгийн судалгаанд нэмэр болохыг хичээсэн юм.

Нэг, Хэргэм зэргийн булаалдаан

Жаруудын зүүн баруун хоёр хошууны язгууртадын дундах зөрчил анх эхэндээ засаг залгамжлах учир дээр товойн илэрчээ. Энэ хоёр хошуунд засаг залгамжлах зууралдаан 19 дүгээр зууны жараад онд гарч байсан юм.① Жаруудын зүүн хошууны аравдугаар үеийн засаг бэйл Сайнжаргал 1861онд（Түгээмэл Элбэгтийн 11-р оны 2-р）өвчнөөр нас барав.② Түүнд хөвгүүн үгүй, Гадаад Монголын Төрийг Засах Явдлын Яамнаас тус хошууны засаг бэйлийн угсаа төрлийн дотроос чуулганы явдалд нэвтэрч, үсэг бичиг мэддэг, хувь бүхий хэдэн хүнийг сонгож, түүний дотроос шилж тогтооно гэсэнд хошууны тайж язгууртан дотор зууралдаан гарч заалдлага болов.③ Хошууны хэд хэдэн тайж зууралдаанд холбогдсон бөгөөд тэд Бээжинд орж нэр холбон заалджээ. Эцэст нь Сайнжаргалын бага дүү Дамиранванжил нь ламаасаа шарыг шувтлан хар болж, 1866 онд（Бүрэнт Засагчийн 5-р он）Жаруудын зүүн хошууны засаг бэйлийг залгамжилж тус хошууны засгийн залгамжийн зууралдаан дуусчээ.

Жаруудын зүүн хошууны засгийн залгамжийн зууралдаан дууссаны дараа жил, даруй 1867 оны 5-р 5өдөр（Бүрэнт Засагчийн 6-р оны 4 сарын шинийн хоёр）Жаруудын баруун хошууны арван нэгдүгээр үеийн засаг төрийн дархан бэйл Норовранчин өвчнөөр нас барав, түүнд бас хөвгүүн үгүй. Засгийн сонголтод Норовранчины эхээс Норовранчины дүү Төвд-Энхдэнийг, Норовранчины бэлэвсэн хатнаас Төвд-Энхдэний хөвгүүн Санба, даруй Норовранчины ач хүүг сонгосноос тэд нарын хооронд санал нэгдэхгүй эсэргүүцэлдсэн байв. Хоёр талаараа Бээжинд хүрч тус тусын өргөдлийг өргөж булаалдаан болов. Шүүн байцааж тасалсаны дүнд бэлэвсэн хатны ач Санбааг үрчилж засаг залгамжлах гэсэн гуйлт зөвшөөрөгджээ.④ Санбаа жаруудын баруун хошууны арван хоёрдугаар

---

① 忒莫勒《民國元年昭烏達盟扎魯特左旗事變研究》，《中國邊疆史地研究》1995年第4期。

② 〔Япон〕Тачибана Макүто（橘诚）「辛亥革命後における内モンゴルの二元的政治構造—ニザサグ制をめぐって」, тооко гадаад хэлний их сургуулийн Ази Африкийн Хэл Соёл Судлах Газрын эрдэм шинжилгээний сэтгүүл *"Ази Африкийн Хэл Соёлын Судлал"*,73дугаар хугацаа, 2007оны 101-127 дугаар нүүр.

③ 烏雲格日勒：《清末民初扎魯特左右二旗官私墾研究》, in *QUAESTIONES MONGOLORUM DISPUTATAE*, vol 5，2009;《奉天地方勢力與蒙旗土地開墾》，沈衛榮主編《西域歷史語言研究集刊》第四輯，北京：科學出版社，2011年，413—419頁；2дугаар өгүүллийн монгол орчуулга, "Мүгдэний газар орны хүчирхэг эрх ба монгол хошууны газар шороо", *Жаруудын Мүүх Соёл* ,тэргүүн боть, Өвөр Монголын Сурган Хүмүүжлийн хэвлэлийн хороо, 2011он, 39-50 дугаар нүүрт байгаа.

④ Оюунгэрэл, "Бүрэнт Засагчийн онуудад Жарууд хоёр хошуунд гарсан засгийн залгамжийн зууралдаан", *Монгол Судлалын Асуулт ба Маргалдаан*, 2011он, 199-206 дугаар нүүр.

үеийн засаг бэйл болов. Тус хошууны засгийн залгамжийн зууралдаан ингээд дуусчээ.

Жаруудын хоёр хошуунд гарсан засгийн залгамжийн зууралдаан нь Дай Чин гүрний сүүлчийн үед Монгол хошууны дотоод дахь зөрчил хурц ширүүн болж ирснийг шууд тусгасан бөгөөд жаруудын хоёр хошууны улс төр нийгмийн тогтуун бус болж байсныг үзүүлсэн юм. Түүний чухал нэгэн шалтгаан гэвэл засаг бэйлийн нэр хүнд, цаашлан удам угсаанд гарсан доройтол болно. Адилхан цаг үед буюу түүнээс сүүлээр засгийн залгамжийн зууралдаан бусад хошуунд ч үүсч байсан юм. Монгол хошуудын дотоод дахь зөрчил жич түүнээс болсон тогтуун бус байдлыг үндсээр нь арилган сайжруулах чадал ба боломж Дай Чин гүрэнд байсангүй. Тийм мөртлөө монгол хошуудад үүсч байсан тэдгээр зөрчил мөргөлдөөн нь гэдрэг улс гүрний төрийн ноёрхол доройтон суларсаны шинж тэмдэг болжээ.

Хоёр, Язгууртадын Дундах Бусад Зөрчил

Дай Чин улс мөхтөлөө Жаруудын хоёр хошуунд засгийн залгамжийн зууралдаан гарсан эсэхийн тухай тэмдэглэл дахиж олдсонгүй. Гэвч тайж язгууртадын дунд Бээжин хүртэлх заалдлага бас ч гарч байсан юм. Дундад улсын нэгдүгээр түүхийн архивын данс бичигт Бадруулт төрийн эхний үед гарсан нэгэн заалдлагыг тэмдэглэжээ.⑤ 1876 оны 11-р сарын 14 өдөр（Бадруулт Төрийн 2-р оны 9-р сарын 29）-ний Рөхөгийн хошууг захирагч сайд Рүэй-Лиэн（rui lian\瑞聯）-ны айлтгалд доорхи мэт тэмдэглэжээ. Зүүн Жарууд бэйл хошууны тайж Буянбаяр нараас Рэнчиннойров тус хошууны бэйлийг залгамжилсанаас нааш, хошууны туслагч болон түүний доорхи хүмүүс хуучин вангийн ордыг нурааж эд хогшлийг булаасан, онгон булшны бэлчээрийг шатаан хүн амьтны амийг хороосон, алба татварыг илүү татварласан, туслагч Сүгдэржав бие өнгөрсөн бэйлийн хатантай хөл гартай болсон гэж Гадаад Монголын Төрийг Засах Явдлын Яаманд заалдсан байлаа.

Энэ заалдлагад Жаруудын зүүн хошууны туслагч Сүгдэржав, туслагч Эринчинжаргал, бэйлийн бэлэвсэн хатан Янчин голлон заалдагджээ. Заалдагчдад Буянбаяртай хамт бас Содномдорж гэгч хүн байв, тэр хоёулаа бүр Жаруудын зүүн хошууны тайж. Буянбаярын эцэг нь тайж Сэрүв гэсэн хүн байжээ, Буянбаярыг

---

⑤ Дундад Улсын Нэгдүгээр Түүхийн Архивт хадгалагдаж байгаа данс, *ордны Шинхун цохолбортой айлтгалын бичиг*, дансны дугаар 3-5070, дансны гарчиг: 《奏爲審明東扎魯特旗台吉爭襲貝勒一案》.

бага байхад нь төрлийн авга нь үрчилэн тэжээж дэд зэргийн тайж залгамжилсан байв. Тус хошууны аравдугаар үеийн засаг бэйл Сайнжаргал бол Буянбаярын төрсөн том ах нь, арван нэгдүгээр үеийн засаг бэйл Дамиранванжил бол Буянбаярын төрсөн бага дүү нь байжээ. Дамиранванжил засаг бэйл залгамжлаад дэмий удсангүй өвчнөөр нас барсан ба түүнд үр хөвгүүн үгүй болохоор ах Буянбаярынх нь хөвгүүн Рэнчиннойровыг түүнд үрчлүүлж засаг бэйлийг залгамжлуулжээ. Рэнчиннойров засаг бэйлийг залгамжлах үед нас бага байсан ба бие өнгөрсөн засаг бэйлийн хатан Янчин түүнийг өөрийн гараараа өсгөж, төрсөн эцэг эхээс нь зайдуулахаар чармайжээ. Энэ нь Буянбаярын гэр бүлийн дургүйцлийг хүргэсэн байна. Содномдорж нь Буянбаяр лугаа нэг гэр төрлийн тайж, тэрээр бас засаг бэйлийн хэргэм зэргийг олохоор оролдож ялагдсан түүхтэй байжээ, бас хулгайн хэрэгт ороогдож чуулганы даргын яаманд зарга хөөж өр ширэнд дарагдаж байв. Буянбаяр болон Содномдорж ийнхүү хошуу яам болон засаг бэйлийн хатантай өшилдөж 1875 он （Бадруулт төрийн тэргүүн он）-д Бээжинд хүрч Гадаад Монголын Төрийг Засах Явдлын Яаманд заалдлагын бичиг өргөсөн байв.

Дай чин улсын тогтоолоор зарга заалдлагыг эрх биш хошуу яам, чуулганы газар, жанжин буюу хошууг захирагч сайдын яамаар дамжиж Гадаад Монголын Төрийг Засах Явдлын Яаманд хүргэнэ, эндээс хаанд мэдүүлж эцсийн шийтгэлийг гаргадаг байжээ. Гэтэл Жаруудын зүүн хошуунаас гаргасан энэ удаагийн заалдлага нь доороос дээш явуулах хэдэн явцыг өнгөрсөнгүй харин шууд Гадаад Монголын Төрийг Засах Явдлын Яаманд хүргэсэн байв. Гадаад Монголын Төрийг Засах Явдлын Яам энэ хэргийг Рөхөгийн хошууг захирагч сайдын газар буцааж явуулсан ба Рөхөгийн хошууг захирагч сайд Рүэй-Лиэн-с энэ заргийг гардан шийтгэсэн байв. Заалдлагад холбогдсон хүмүүсийг дуудан өчиг буюу гэрч авсаны үр дүнд заалдагч Буянбаяр, Содномдорж оронгүй газар овоо босгож заалдагдагчийг гүтгэсэн гэсэн ялд орсон бөгөөд бас шууд Бээжинд хүрч заалдлага хийсэн нь зарга хөөх албаны дүрэм тогтоолыг зөрчсөн болохоор давхар яллагдахад хүрчээ.

Энэ заргад дээр заалдагч хоёр хүн, заалдагдагч гурван хүнээс гадна бас Жаруудын зүүн хошууны есдүгээр үеийн засаг бэйл Бумбасэрэнгийн бага хатан Ригжидмаа, аравдугаар үеийн засаг бэйл Сайнжаргалын татвар хатан Шилийнзориг, Буянбаярын хатан Нансалмаа, тайж Субадай зэрэг язгуууртад холбогджээ. Эдгээр хүмүүс Жаруудын зүүн хошуунд авч хэлбэл нэр төртэй, байр суурьтай хүмүүс байсан нь ярианкгүй, энэ зарга засаг бэйлийн гэр бүл, бэйлийн залгамжлагч, хошуу яамны туслагч тайжид хошууны бусад тайж язгуууртад ханамжгүй байсныг тусгасан юм. Өөрөөр хэлбэл, нийгмийн дээд давхаргын дотор ээдрээтэй будилаантай зөрчил оршиж байжээ. Заргийг шийтгэсэн үр дүнд заалдагч нь ялагдаж ялд унажээ, заалдагдагч нь ялгүй өнгөрчээ.

Дээрхи шийтгэл тус хошуунд нэгэнт ил болсон зөрчил мөргөлдөөнийг намдааж дийлсэнгүй юм. Түүнийг энэ удаагийн зарга заалдааныг дагалдан гарсан өөр нэгэн заалдаанааас мэдэж болно. 1877 оны 11-р сарын 4 өдөр（Бадруулт төрийн 3-р оны 3-р сарын29）Рөхөгийн хошууг захирагч сайд Ян Шү（yan xu\延煦）-с Жаруудын зүүн хошууны бэйлийн бэлэвсэн татвар хатан Шилийнзориг Бээжинд заалдлага хийж, дээр оны заргыг шүүхэд тушаасан өчгийг дахин хянан шүүхийг өргөн гуйсныг эс зөвшөөрсөн угийн шүүн тасалсан ёсоор байлгахыг гуйсан байв.[⑥] Түүний дараа сарын эхэнд цэргийн эрхэн сайдын газар Ян Шү-н гуйснаар болгоо гэсэн хааны зарлигийг тосчээ. Цэргийн эрхэн сайд ийнхүү Жаруудын зүүн хошууны язгууртан болон тэд нарын гэр бүлийнх нь Рөхө, Бээжингээр зарга хөөж эрх зэрэг булаалдацгааснаас хошууны дотоод дахь тогтуун бус байдал улам хэцүүдэж байсан нь мэдээжийн хэрэг болжээ.

Гурав, Хошууны Монголчуудын Гачигдал

1906 оноос эхлэн Жаруудын хоёр хошуунд бэлчээрийг тариан газар болгон хагалах явдал төрийн бодлогын хүчтэй түлхэлт дор түргэн мөртлөө урагштай явагдаж байв. Жаруудын хоёр хошууны өмнүүрх газар нутаг малын бэлчээр байснаасаа тариан газар болж, 1908 онд шинэ байгуулагдсан Кайлү Шэний（開魯縣）харъяанд харъяалагдав. Энд нутагшиж байсан хошууны монголчуудад бэлчээр явцуурсан гачигдал тулгарч эхлэв. Тэд нарын доторх хэсэг малчид нутаг уснаасаа салж умарш нүүдэллэж хошууны дундуур буюу хойгуур орж нутагшин сууцгаах болжээ.

Кайлү Шэн байгуулагдсаны дараахан Шэн-н харъяанд орсон газарт нутаг бэлчээрийн булаалдаан гарав. Жаруудын баруун хошууны улсын түшээ гүн Ролмаажавын уг нутаг хошууны өмнүүрх Голын Жаланы[⑦] газарт байжээ, эндэх нь хошуунаас анх түрүүнд хагалуулахаар мэдүүлсэн газар дотор багтан орсон

---

⑥ Рөхөгийн хошууг захирагч сайд чичингийн（麒慶）айлтгал:《遵旨查辦蒙古爭襲案件》, *ордны Шинхун цохолбортой айлтгалын бичиг*, Өвөр Монголын Их Сургуулийн Монгол Түүх Судлах Газарт хадгалагдаж байгаа гар хуулбар.

⑦ 《邸鈔》, Бээжингийн номын сангийн хэвлэлийн хорооноос хэвлэсэн 2004 оны хэвлэл,17дугаар дэвтэр, Бүрэнт Засагчийн долдугаар оны арван нэгэн сарын арван зургааны өдөр; *"Дай Чин улсын Мо Зун хааны магад хууль"*, 247 дугаар дэвтэр, Бүрэнт Засагчийн 7-р оны11 сарын шарагчин үхэр өдрийн тэмдэглэл.

байжээ. Ролмаажав гүнгээс нутаг дээр нь овоотой, бас сүмийн газар болон яаманд алба хаагчдын аж амьдралын газар буй хэмээн нэгэнт дээслэн хэмжсэн газар дотроос нутаг усны газраа буцааж авахаар 1908 оны эцсээр буюу 1909 оны эхээр хошуу яамаар дамжуулж дээш өргөдөл гаргажээ.⑧ Түүний өрөгдлийг тухайн үеийн Рөхөгийн хошууг захирагч сайд Тинжие（廷傑）хянаад үнэнхүү байдалтай нийцмүй хэмээн тодлож нэгэнт дээсэлсэн газар дотроос дээд, дунд, доорд дэсийн газар нийлэн 200 цэн буцааж өгөхөөр зөвшөөрсөн байв. Ролмаажав гүн эцэстээ гүнгийн ордоноос ойрхон газраас дээд дэсийн газар 12 цэн, дунд дэсийн газар 66 цэн 40мо, доорд дэсийн газар 169 цэн 40мо, нийт 247 цэн 80 мо газрыг буцааж олжээ. Угийн зөвшөөрсөн 200 цэн газраас хэтэрсэн боловч, Ролмаажав гүнгээс энэ газар болбоос нутгийн овоо болон сүм хийдийн чухал газар хэмээн илдэр хаяхгүй байснаас мөн тэр ёсоор болгожээ, 1910 он（Хэвт ёстын хоёрдугаар оны дөрвөн сарын арван нэгэн）-д Рөхөгийн хошууг захирагч сайдын газраас энэ хэсэг газарт тариан газраас ялгагдах газрын гэрч бичиг бөглөн өгөхөөр болжээ.

Тухайн үеийн Жаруудын хоёр хошууны монголчуудад авч хэлвэл нэгэнт хоёр зуугаад жил нутагшсан нутагт нь газар тариа хагалах болсон нь үерийн догшин урсгалд дайрагдсанаас ч хэцүү учир байсан юм. Тэд нар мал малжихад дассанаас биш, тариа тарихыг өчүүхэн ч ухааraагүй байжээ. Гэнэт тариа тарьж эхлэхэд амьдрахын эрхэнд гарах зам эрэлхийлэх л хэрэг болжээ. Иймхүү Жаруудын хоёр хошуунд нутаг бэлчээрийн асуудал болон түүнээс болсон зөрчил 20 дугаар зууны эхэнд, даруй газар дээслэн хагалаж эхэлсэн анхны үеэс гарч иржээ. Ролмаажав гүнгийн нутгийн газраа эргүүлж авсан учир бол даруй түүний бодит жишээ болно. Тэрээр гүнгийн хэргэм зэрэгтэй, нийгмийн байр суурьтай бөгөөд түүний нутгийн овоо, сүм хийдийн газрыг угийн хэвээр байгуулах гэсэн шаардлага нь Монгол газар орон буюу Монголчуудад зориулсан ёс дүрэмтэй нийцэж байсан болохоор хошууг захирагч сайдын газарч түүний шаардлагыг няцааж чадалгүй, нэгэнт тариан газар болсон газрыг эргүүлж өгчээ. Хэрэв тийм биш байсан бол, албан яамнаас түлхэн ахиулж байсан газар хагалах урсгалыг хэрхэн сөрж дийлэх ажээ.

Энэ учрын дараа, тодорхой болж байсан зүйлүүд гэвэл Ролмаажав гүнгийн уг нутгийн малын бэлчээр, уул ус, сүм овооны газар түүнээс цэн, мо мэтийн газар хэмжих нэгжийн хэмжээтэй болсон нь яриангүй. Бас Ролмаажав гүнгийн газар нутгаа эргүүлж авсан нь зөвхөн нэгэн онцгой жишээ төдий л, тэр мэт газар нутгийн булаалдаан бүхэн шийдвэрлэгдэж дийлэхгүй байсан нь мэдээжийн хэрэг.

---

⑧ Дундад Улсын Нэгдүгээр Түүхийн Архивт хадгалагдаж байгаа данс, *ордны шинхун цохолбортой айлтгалын бичиг*, дансны дугаар 04-51, дансны гарчиг:《奏爲審明蒙古京控案件原告詞虚酌擬辦理》.

Бэлчээр нутгаа алдагсад буюу шинэ бэлчээрт шилжигсэд адилхан амьдрал ахуйн гачигдалд тулгагдаж байв. Тэр нь цаг төрийн үймээний дунд аргагүй ширүүсч байв.

Дөрөв, Тэнүүлч Иргэдийн Мүйвээлэг

1911 онд нэгэн бүлэг тэнүүлчид Жаруудын хоёр хошуунд орж ирээд хошууны ардыг үймүүлэн түйвээж, айлган дормжилж, булаан дээрэмдэж хоёр хошууны амар тайвныг алдуулжээ. Жаруудын зүүн хошууны тайж Түмэн-Өлзий засаг бэйлийн заавар дор хошууны цэргийг дайчилж тэдгээр тэнүүлчдийг үлдэн хөөж цохин дарангуйлав. Үүнээс болж Түмэн-Өлзий хүн алсан амин61 хэрэгт ороогдсон ба түүнийг баривчлахаар Мүгдэн мужийн цэрэг хошууны газарт орж ирэв. Түмэн –Өлзий хошуу нутгийн өмнөөс түйвээгч тэнүүлчийг арилгасан боловч хошууны засаг бэйл хэргээс зайлж аливаа хариуцлагыг түүний зүг түлхэж орхисон байжээ. Үүнээс болж Түмэн-Өлзий Мүгдэний цэрэгтэй эсэргүүцэлдсэнээр барахгүй хошууны засаг бэйлтэй ч эсэргүүцэлдэх болсон байна.⑨ Жаруудын хоёр хошуунд орж ирсэн тэдгээр тэнүүлчид хэн байсан, хэрхэн, юунд орж ирсэн тухай бичиг материалаас тодруулах баримт олж чадаагүй. Зөвхөн өнөөдрийн Жарууд хошуунд тэд нарыг хааны "жаран нэгэн тооми" хэмээн, хааны хатад татварын төрхөм төрлөөр бүрэлдсэн оргодол тэнүүлчин гэх яриа уламжлагдан иржээ. Энэ яриаг оронгүй газар овоо босгосон биш гэдгийг гэрчилж дийлэх баримт хэсэг олджээ. Тэр нь 1912 оны сүүлчээр Иргэн улсын засгийн газраас Монгол хошуудыг тохинуулж, бүгд найрамдахыг ухуулан Иргэн улсын төр засгийг бэхжүүлэх үүднээс Зуу Одын чуулганы хошуудад томилсон Жөү Жэн Чао-н（周正朝）мэдүүлэт дотор байгаа.⑩ Жөү Жөн Чао 1912 оны 11-р сарын сүүлчид Зуу Удын Чуулганд ирсэн ба бусад зургаан хошууг дамжиж 1913 оны 1-р сарын сүүлчээр Ар Хорчин хошуунд хүрч ирээд тус хошууны засаг ван Базаргэрдээс Жаруудын Зүүн Хошуунд гарсан хэрэг явдлын шалтгааны тухай лавлаж сонссон байна. Базаргэрдийн хэлснээр хэдэн арван тэнүүлч иргэд Жаруудын зүүн хошуунд орж

---

⑨ *Жаруудын Нэрт Хүмүүс*（1840-1949）, Балжинням голлон найруулав, Өвөр Монголын Соёлын хэвлэлийн хороо, 2007 он, 18-26 дугаар нүүр; Түймэрийн өгүүлэл《關於民國元年昭烏達盟扎魯特左旗事變的研究和思考》, "*Жаруудын Мүүх Соёл*" тэргүүн боть, Өвөр Монголын Сурган Хүмүүжлийн хэвлэлийн хороо, 2011 он, 138-158дугаар нүүр.

⑩ 周正朝著《昭烏達盟記略》，内蒙圖書館編《内蒙古歷史文獻叢書》之四，呼和浩特：遠方出版社，2008年：Түймэрийн өгүүлэл《關於民國元年昭達盟扎魯特左旗事變的研究和思考》, "*Жаруудын түүх соёл*" тэргүүн боть, Өвөр Монголын Сурган Хүмүүжлийн хэвлэлийн хороо, 2011 он, 138-158 дугаар нүүр.

ирээд түйвээж байсан ба хошуу засаг бэйлээс Шэний яаманд тэнүүлчдийг үлдэн хөөхийг шаардсан боловч хамаарсан газар байхгүй, үүнээс болж хошууны олны дургүйцлийг хүргэжээ. Энэ чимээг Жөү Жэн Чао их ерөнхийлөгч болон улсын явдлын хорооны монгол түвдийн хэргийг шийтгэх хороонд дамжуулан мэдүүлсэн байв.

Базаргэрдийн хэлсэн зүйл итгэмжтэй юм. Учир нь тэрээр тухайн үеийн Зуу Удын Чуулганы дарга байв. Чуулганд хамаарагддаг аль нэгэн хошуунд гарсан Хэрэг явдлыг чуулганы даргын газарт эхлээд мэдүүлж ирэх тогтоолтой. Бас, Ар хорчин хошуу болон Жаруудын баруун хошуу өмнөш хойш их урт зах нийлж байснаас зэргэлдээ хошуунд гарч байгаа том хэрэг явдлын тухай чимээ сураг хажуугийн хошуунд тэр даруй дамжигдан орох нь их боломжтой. Гэвч тэдгээр тэнүүлчдийг хэрхэн шийтгэсэн тухай Базаргэрд цаашид хэлсэн эсэхийг бүү мэд, Жөү Жэн Чао бас лавшруулан дээш мэдүүлсэн зүйл байхгүй. Хэдийгээр ийм боловч өнөөдрийн Жарууд хошуунд уламжлагдан ирсэн яриа ба тухайн үед Базаргэрдийн төв засгийн газраас ирсэн тохинуулах түшмэлд хэлсэн зүйлийг үндэслэвэл 1911 оноос 1912 оны хооронд Жаруудын хоёр хошуу, онцгойлон Жаруудын зүүн хошуу нь тэнүүлч иргэдийн түйвээлэгт учирч, нийгэм ахуй үймээнтэй амар тайван биш байжээ.

Харин хэдэн аравхан тэнүүлч иргэд монгол хошуудад хэрхэн ийм гүн нөлөө гаргасан гэдэг нь харин сэтгүүштэй зүйл болох юм. Тэд нарын ард ямар нэгэн хүчтэй түшиг тулгуур байсангүй гэж үү? Лавтай нэгэн зүйл байсан юм. Тэр нь өөр зүйл биш, даруй, Дай Чин улсын Монгол хошууны газар нутгийг хагалаж тариалах орон болгох гэсэн төрийн бодлого болон энэ төрийн бодлогын дор гарч ирцгээсэн газар орны засаг захиргааны хамааралтын систем болно. 1906 оноос Жаруудын хоёр хошууны газрыг хэмжин хагалаж эхлээд 1908 онд түүний суурин дээр Кайлү Шэн байгуулагдлаа. Энэ алхам маш түргэн явагдаж охорхон хоёр жилд Шэн байгуулах алхамд хүрсэн нь даруй улсын төрийн бодлого хүчтэй тууштай байсны үр дүн байжээ.

Төгсгөл

19 дүгээр зууны сүүлч 20 дугаар зууны эхээр Жаруудын хоёр хошуунд оршиж байсан зөрчил мөргөлдөөнүүд, нооролдож байсан зарга заалдаанууд нэг нэгтэйгээ уялдаа холбоотой байсныг дээр өгүүлснээс олж харна. 1912 онд Гомбожав, Түмэн-Өлзий нар бослогын туг өргөмөгцөө Жаруудын зүүн хошууны вангийн ордныг

дайрч засаг бэйл Рэнчиннойров ба туслагч тайж нарыг баривчилж байсан учир, аль эрт түүний дээр зуунд гарсан засгийн залгамжийн зөрчилдөөнөөс эх аваттай ч байж мэдэх юм. Түмэн-Өлзийгийн Халх Монголын Богд хааны засгийн газарт өргөсөн бичигт бас түүний гэр бүл дээд үеийн засаг бэйлтэй зөрчилтэй байсныг тусгаж байсан юм.[11]

Хошууны дээд давхаргад орших байсан зөрчил газар нутаг хагалагдахад нэн өргөн хэмжээний нийгмийн зөрчил зүг шилжсэн байна. Хошууны тайж язгууртнаас эгэл ард хүртэл газар хагалах догшин урсгал дунд амьдралын сууриа алдаж гачигдлыг амсах болов. Гомбожав нарыг даган боссон хошууны тэдгээр малчин ард бол даруй тэдгээр хүмүүс байсан байлтай.

On the Social Conflicts of Two Jarud Banners: Centering on Several Cases in the Late 19th to Early 20th Centuries

Oyungerel

This article illustrates the socialconflict of two Jarud Banners from late nineteenth century to early twentieth century in discussing the Mongolian nobles' fighting for power. The conflicts revealed the dilemma the Mongolian Banner people faced and the problems caused by immigrants during the time under discussion. What occurred in the two Jarud banners in those decades provides important clues to the understanding of Mongolian history in the late 19th and early 20th centuries.

⑪ Тачибана Макүтогийн дээр ишлэсэн өгүүлэлд Түмэн-Өлзийгийн тухай Монгол улсын архиваас олдсон материалыг ашигласан байв. Тэр материалд Түмэн-Өлзий бол Галдан Бошготийг дайлах дайнд гавъяа байгуулж туслагч гүнгээр өргөмжлөгдсөн Гэндэнгаваагийн хойчис байсан ба Гэндэнгаваа үхсэний хойно тухайн үеийн Жаруудын зүүн хошууны засаг бэйл Гэндэнгаваагийн туслагч гүнгээр өргөмжлөгдсөн жуух бичгийг галдаж хаяснаас доош залган хэргэм залгамжилж чадаагүй таван үе хоосон яваа ба үүнийг залган өргөмжлөхийг Богд хааны засгийн газраас гуйжээ гэсэн байна. Яриангүй нэг талаар энэ өргөдлийн агуулга үнэн мөнтэй нийцэх эсэхийг тодлох чухалтай, гэвч нөгөө талаар Жаруудын зүүн хошууны тайж язгууртадын дунд аль эрт зөрчилтэй байсныг харуулж байгаа юм.

Улсын түшээ гүн С.Жамьян монгол шунхан Данжуурыг Наянт вангаас залсан түүхээс өгүүлэхүй

Ж.Урангуа Г.Баярмаа

Удиртгал

Улаанбаатар хот дахь Монголын Үндэсний төв номын сангийн “Үнэт ховор номын бичил музей”-д Дэлхий дахины түүхэнд томоохон байр эзлэх Бурхан багш өөрөө номлосон амны эш айлдвар болох “Ганжуур” (108 боть), түүний тайлбар болох “Данжуур” (226 боть) хэмээх хоёр их хөлгөн судар залаастай байдаг. Ганжуур гэдэг нь монголоор “Зарлигын хураангуй” гэсэн утгатай бөгөөд эртний Энэтхэгийн Трипитака буюу гурван аймаг савын ном, мөн 1260 гаруй нэр төрлийн номыг багтаасан судар билээ.Улсын төв номын санд Нартаан[①] барын “ Ганжуур” 102 боть, Дэргэ[②] Ганжуур 100 боть, Хүрээ барын Ганжуур 105 боть, Монгол шунхан барын Ганжуур 108 боть, Жалзэтэм барын Ганжуур 111 боть, Бичмэл долоон эрдэнийн Ганжуур 108 боть, Бичмэл алтан Ганжуур 101 боть, Монгол бичмэл Ганжуур 76 боть, Нартаан барын Данжуур 212 боть, Монгол шунхан барын Данжуур 226 боть, Бичмэл алтан “ Данжуур” 212 боть зэрэг хосгүй судар номнууд хадгалагдаж эрдэмтэн, судлаачдын хүртээл болж байна. Тэдгээр дотор 9 эрдэнийн Ганжуур нь Дэлхийд ганц гэгдэх хосгүй судар 56 × 22см хэмжээтэй хар цаасан дээр алт, мөнгө, зэс, шүр, сувд, оюу, номин, тана, ган зэрэг есөн эрдэнээр бүтээгдсэн, нийт 142 ботиос бүрддэг[③]. Мөн Монгол Ганжуурыг 1977 онд Энэтхэгийн Дели хотноо Рагу Вера гэх эрдэмтэн хуулбарлан хэвлэсэн нь эдүгээ Улсын Төв номын сан, Гандантэгчилэн хийдийн номын сан, МУИС-ийн

---

① Нартаан- төвд Ганжуур, Данжуурыг 1741 онд хэвлэсэн газар.

② Дэргэ- төвд Ганжуур, Данжуурыг 1733 онд бараар хэвлэсэн газар.

③ Есөн эрдэнийн Ганжуурыг 1819 онд бичсэн ба Монголын V Богдод Далай лам өргөсөн барьсан. Их Хүрээний Зүүн дацан буюу Дашчойнпэл дацанд 1841 оноос залагдаж байсан.

номын сангуудад хадгалагдаж байна

Ганжуурын тайлбар болох Данжуур нь Энэтхэг, Түвэдийн эрдэмтэдийн бичсэн их бага таван ухааны шастирууд, 3427 нэр төрлийн ном зохиолыг багтаасан 107 839 хуудастай, 23 × 72.5см хэмжээтэй их хөлгөн судар юм. Данжуурын доторх ном зохиолоос монголчууд тус оронд буддын шашин дэлгэрч эхэлсэн тэр цагаас эхлэн орчуулж эхэлсэн бөгөөд Данжуурыг бүхэлд нь орчуулж хэвлэх ажлыг XVIII зууны тэргүүн хагаст Жанжаа хутагт Ролбийдорж, Ширээт хутагт Лувсандам бийням тэргүүтэй 200 орчим гүүш түвэд хэлнээс монгол хэлэнд орчуулаад 1742-1749 онд Бээжинд модон бараар барлан 226 ботиор хэвлэсэн олон хүний хамтын бүтээл юм. Үүнийг Монгол шунхан Данжуур гэдэг.

Монголын Үндэсний номын санд хадгалагдаж буй “Монгол шунхан Данжуур” нь дэлхийн хэмжээнд цорын ганц хувь аж. Халхын ван Наянтын хувийн санд байсан уг бүтээлийг Судар бичгийн хүрээлэнгийн захирал Онгодын Жамъянгүн, Ширнэндамдин жонон ван нар 1925 онд Наянт вангаас авч, Улсын номын санд хадгалуулсан түүхтэй. Улмаар уг бүтээлийг хадгалах тухай Наянт вантай хийсэн тусгай гэрээ байгуулж улмаар хожим нь чулуун дээр сийлж бүтээсэн бөгөөд тэр нь өдгөө Улсын номын сангийн дотор үүдэнд тавьсан байгаа.

1995 онд Монгол Улсын Засгийн газрын 241 тогтоолоор Монгол шунхан Данжуурыг тус улсын хосгүй үнэт өвд бүртгэн авсан юм. 2011 онд ЮНЕСКО-гийн “Дэлхийн дурсамж” хөтөлбөрийн олон улсын зөвлөлдөх хорооны ээлжит X бага хурлаар дэлхийн хосгүй үнэт 45 өвийг дэлхийн баримтат өвд бүртгэхэд “Монгол шунхан Данжуур”, “Лу. Алтан товч” бүтээл багтсан юм. Эл хоёр бүтээл нь дэлхийн баримтат өвд бүртгүүлсэн[④] Монголын анхны бүтээл болсноороо онцлогтой. Улмаар 2013 оны 6 сард Монгол Улсын хосгүй үнэт соёлын өв болох “Есөн эрдэнийн Ганжуур” судар нь ЮНЕСКО-гийн “Дэлхийн дурсамж” олон улсын өвд бүртгэгдсэн билээ.

Энэхүү өгүүлэлд Судар бичгийн хүрээлэнгээс Жамьян тэргүүтэй хүмүүсийг Дундад улсын Бээжин, Хөх хот, Шанхай зэрэг газруудад 1923-1925 онуудад удаа дараа томилон илгээж, монгол үсгийн Ганжуур, Данжуурыг хэрхэн эрэн сурвалжилж олж ирсэн тухай түүхэн эх сурвалжууд дээр тулгуурлан өгүүлэх болно.

④ ЮНЕСКО-гийн уг жагсаалтанд одоогоор 238 баримтат өв бүртгэгджээ.

Судар бичгийн Хүрээлэнгийн үйл ажиллагаа ба С.Жамъян гүн

1921 онд Монгол оронд Ардын засаг тогтоосны дараахан 1921 оны 11 сарын 19-нд эрдэм шинжилгээний төв байгууллага болох Судар бичгийн хүрээлэнг байгуулж,"*...тус улсад урьд дэлгэрээгүй олон боловсон улсын элдэв хэлний бичиг дэвтэр, шастир түүх зэргийг цуглуулан өөрийн хэлэнд орчуулж, ялангуяа Европын олон улсын боловсрол, гэгээрлийн хэрэгт тустай дэвтэр ном үйлдэж, олон ард түмний оюун ухааныг нэмэгдүүлэх ба эрдэм соёлд боловсрох элдэв оньсон арга заавper нийтэд дэлгэрүүлэн гүйцэтгэх...шинжлэх ухаанд боловсруулах*"⑤ зорилт тавьжээ. Ингээд эл үйл хэрэгт зориулан анхны Номын санг тус хүрээлэнгийн дэргэд байгуулхад Хүрээлэнгийн анхны захирал С.Жамьян,хичээнгүй сайд Б.Цэрэндорж, профессор Ж.Цэвээн, түүхч манжич Ч.Бат-Очир нар хувийнхаа номын сангаас хувь нийлүүлсэн 2000 номоор дэвсгэр хийж байгуулжээ. Хүрээлэн мөн тус орны хаана ямар ном судар байгааг мэдүүлэхээр тусгай хүмүүс томилон явуулж байжээ. Тийнхүү томилогдон явсан хүмүүст улааны бичиг шийтгэн олгосон бичиг өдгөө Үндэсний төв Архивын Судар бичгийн хүрээлэнгийн хөмрөгт олон буй. Нэгэн жишээ татваас:

"*Монгол улсын засгийн газраас хуудас өргөх учир, Олноо өргөгдсөний 11 оны 12 дугаар сарын 2-нд манай хүрээлэнд 4 дүгээр удаа хуралдсан тогтоолын 3-р зүйлд, харьяат хүрээлэнгийн гишүүн гүн Дашнямыг Үзэмчин, Олнигууд, Цахарын зэрэг газраар монгол үсгийн дармал олон судар номыг эрж сурвалжлах учир 3 сарын хугацаагаар явуулах явдлыг нэгэнтэй хэлэлцэн тогтсон тул ...*" ⑥г.м.

1923 оны байдлаар Судар бичгийн хүрээлэн худалдан авч хураан хадгалсан Дэргэ барын төвд үсгийн Данжуур ба Нартаан Ганжуур нижгээд гүйцэт, монгол бичгээр 300-аад ном, Орос ба Европ зүгийн 1300, хятад бичгээр 1000-аад, манж бичгээр 50-иад ном дэвтэр буй болжээ. Эртний түүх, соёлын дурсгалт зүйлс авчирч өгсөн хүмүүсийг сайшаан шагнаж байжээ. Мөн түүнчлэн эх түүхийн ном зохиол, гадаадын уран зохиол зэргийг орчуулж хэвлүүлэн гаргасан нь 20 мянган

⑤ МАН-ын III их хуралд Судар бичгийн хүрээлэнгийн өмнөөс Ж.Цэвээний баяр хүргэж хэлсэн үг.*Ардын эрх*сонин.1924.8.14 №19.

⑥ Үндэсний Төв Архив. Фонд 23. Данс 1, хадгаламжийн нэгж 4.

дэвтэр болжээ⑦.

Улсын сангаас Судар бичгийн хүрээлэнд 1921 онд 3000 лан, 1922 онд 1 түм 8 мянга 675 лан 50 фун, 1923 онд 7 түм 5 мянга 340 лан 80 фун олгосныг⑧ үзвээс Хэмжээт цаазат Ардын засагт төр тус оронд шинжлэх ухааны мэдлэг түгэн дэлгэрүүлэх хийгээд боловсруулах чухал газар болох тул онцгойлон анхаарч төсөв мөнгө олгож, албан хаагчдын орон тоог зүй зохисоор нэмэгдүүлж байжээ.

Монгол улсын сүүлчийн эзэн хаан Богд Жавзандамба хутагт 1924 онд таалал төгсч, Богдын номын санд хадгалагдаж байсан монгол, түвэд, манж, хятад зэрэг хэл дээрх олон мянган ном, судар тус номын санд шилжин иржээ. Ингээд Номын сан 1924 оны эцэст 30 мянган лан мөнгөний үнэ бүхий 5000 шахам боть номтой болсон байлаа. Номын санг бүрдүүлхэд тус орны ард иргэд, ялангуяа Чингисийн Алтан ургийн зарим ноёд болон сэхээтэнүүд чухал үүрэг гүйцэтгэсэн байх агаад, түүний дотор Онхоодын С.Жамъян чухал байр суурь эзлэх амуй.

С.Жамьян Сэцэн хан аймгийн Ачит вангийн хошуу, одоогийн Дорнод аймгийн Баянтүмэн сумын нутаг Баянбулган хэмээх газар XVI жарны хөх хулгана жил буюу 1864 онд Онгод овогтой ард Сангажавын гэрт төржээ. Бага наснаасаа гэрээр нутгийн бичигтэй хүмүүсээр үсэг бичиг заалган сурч, 1880 оноос хошуу тамгын газрын дагалдан, тал, жинхэнэ бичээчээс эхлэн аймгийн Чуулганы жасаа, жанжны газар болон Их шавийн Шанзудовийн яаманд бичээч, эх зохиогч, занги, зайсан зэрэг албан ажлыг хашиж явсан агаад улмаар Монгол улсын Сангийн яамны дэд сайд, Ардыг гэгээрүүлэх яамны анхны сайд,одоогийн Шинжлэх Ухааны Академийн эх үүсвэр болох Судар бичгийн хүрээлэнгийн анхны эрхэлсэн сайдын албыг хашиж явжээ. Тэрбээр мөн Буриад Монголын Эрдмийн Хүрээлэнгийн жинхэнэ гишүүн бөгөөд Лувсанданзаны "Алтан товч" хэмээх ховор нандин сурвалж, монгол Данжуурын 226 боть зэрэг олон чухал номсудрыгэрин сурвалжлан залж, Улсын номын санг үндэслэн байгуулсан гавьяат хүмүүн болой. Жамьян өөрийгөө, *Халх Монголын дорд бичээч буюу болхи өвгөн* хэмээн бичсэн байдаг бөгөөд тэрбээр дэвшилт үзэлтэй бичгийн хүмүүн, тухайн үеийн төр, соёл, шинжлэх ухааны нэрт зүтгэлтэн,

Судар бичгийн хүрээлэнгийн анхны дарга Онход овогт Сангажавын Жамъян

⑦ *Монгол Ардын намын хоёрдугаар их хурал*(Баримт бичгүүд). 1923 оны 7-8 сар. УБ.,1974, т.121.

⑧ *Монгол Ардын намын хоёрдугаар их хурал*(Баримт бичгүүд). 1923 оны 7-8 сар. УБ.,1974, т.122.

сурган хүмүүжүүлэгч байсан билээ.

Жамъян абугай Судар бичгийн Хүрээлэнг байгуулмагц, ховор чухал судрыг эрэн сурвалжилж цуглуулах, Монголын ноёдын гэрийн үеийн бичмэл-удмын бичиг, данс эвхмэл, хошуу нутгийн газрын зураг сэлтийг яаравчлан авах, мөн гадаадын ном зохиолыг сонгон цуглуулж орчуулах, тухайн үеийн эрдэм чадалтай хүмүүсийг эл хэрэгт татан ажиллуулах, сургууль болонбүх нийтэд бичиг үсэг, ном эрдмийг түгээх, түүхт газар ус, хөшөө дурсгалыг судлуулах зэрэг олон ажилд чин зүтгэлээр хичээнгүйлэн зүтгэсэн байна. Эх орныхоо соёл шинжлэх ухаан, ардын боловсролыг хөгжүүлэх үйлст оруулсан түүний хувь нэмрийг тэмдэглэж тус улсын нийтийн номын санг С.Жамъянгийн нэрэмжит болгосон байна.

ДИУ-аас монгол шунхан Данжуурыг залах бэлтгэл ажил хийсэн нь

Жамъян гүн хаана ямар ховор ном судар байгааг эрэн сурвалжлуулхаар хүмүүс томилон явуулхын зэрэгцээгээр өөрийн биеэр гадаад явж Монголын түүх, соёлд хамаарах бүтээлүүдийг худалдан авах, залах ажлыг хийж гүйцэтгэжээ. Энэ ажлын хүрээнд Жамъян өөрийн биеэр 1923, 1925 онд хоёр удаа Хятад явсан байна. Эхний удаад ном судар эрин сурвалжлах ажлаар явж, улмаар 1925 онд ном судруудыг авчирсан байна.

Хоёр удаагийн явалтын аян замын тэмдэглэл ҮНС-гийн гар бичмэлийн хөмрөгт хадгалагдаж байгаа бөгөөд тэр нь 72 хуудастай, дэвтэрлэсэн, хэмжээ нь 0.5 агаад муутуу цаасан дээр, хар бэхээр бичсэнбайна.[⑨] Мөн хоёр удаагийн томилолтонд зарцуулсан мөнгөний данс ҮТА-д[⑩] мөн хадгалагдаж байна.

Ингээд Жамъян эхний удаад Олноо өргөгдсөний 13 онд буюу 1923 оны 9 сарын 23-ны морин цагт Нийслэл Хүрээнээс гараад, нийтдээ 101 өдөр явжээ. Нийслэл Хүрээнээс 23-нд гараад 27-ны өдөр Чуулалт хаалганд хүрчээ. Дараа өдөр нь галт тэргэнд сууж цааш явсан бөгөөд энэ завсар хэдэн цагт ямар өртөөн дээр зогссонг тэмдэглэсэн байх бөгөөд 28-нд Бээжинд хүрч Сүн жу сим сүмд буужээ. Тэрээр ном судар бичиг агуулах авдар сав, боодол төхөөрч аваад Сижимын хаалганаас галт тэргэнд сууж нэгдэх өдөр Чин кү гэх мэтчилэн хэдэн цагт ямар өртөөн дээр зогссонг бичжээ. Олон газраар явж ном судар бичгүүд эрэн сурвалжилж яваад

⑨ Улсын Нийтийн Номын сан. Гар бичмэлийн фонд 2270\96.

⑩ ҮТА.Ф23.Д1,хн 58, хуудас 7-26.

эргээд Бээжинд буцаж иржээ.Дагуулж авсан Хишигт[11]ийг Жан Цзякоуд явуулсан бөгөөд тэрээр мөн Бээжинд эргэн иржээ. Тэд олон сүм дуганаар орж, судар эрэн сурвалжилжээ. Дараа нь Цахар, Баргын нутгаар явжээ. Замын тэмдэглэлд,

1. Бээжин хотын зүүн хаалганы зүүн өмнө Махгалын сүм хэмээх монгол хурал хурдаг нэгэн сүм буй. Тэнд монгол Ганжуур зэрэг олон ном буй. Ном худалдахгүй хэмээмой.

2. Сун жу шим сүмийн ард түвд, монгол ном хэвлэж худалдах нэгэн пүүс буй.

3. Юнхэгүн сүмийн баруун этгээд дор түвд, монгол ном хэвлэж худалдаалах нэгэн пүүс бий.

4. Халх күяны баруун өмнө газарт түвэд, монгол ном хэвлэж худалдаалах нэгэн пүүс буй.

5. Чянмын хаалганы баруун өмнө нэлээд хол Люличан хэмээх газар манж, хятад ном худалдах олон пүүс бий.

6. Тун Гийн мин хаалганы зүүн этгээд хотын гадна элдэв зүйлийн ном бичгийн үйлдвэр хэмээх нэгэн бага зээл буй. Энэ бага боловч хэрэг бүтээж чадах хуучин зээл хэмээмой.

7. Шар хотын зүүн этгээдэд орших .... шим хэмээх сүмийн өмнө этгээдэд ном худалдах хятад пүүс бий.

8. Хөрөгсуду уулын хойт этгээдэд их Чилуст Күман хэмээх хаалганаас хойно Хү Лү тан Жи хэмээх өндөр сүмийн баруун этгээдэд муруй гудамжны зүүнтээ Шиан жи хэмээх газар ном бичиг, бурханы зэрэг элдэв зүйлийн хуучин юм худалдаалах хятад зээл буй.

9. Их Хэрэмийн хойт этгээд баруун Тан ши ман хэмээх хаалганы гадна өглөө эрт, шөнийн цагт гарах нэгэн хэсэг дэлгүүрт хуучин, бурхан, номын зэрэг элдэв зүйлийн юм худалдаалах задгай газрын нэгэн их дэлгүүр бий.

10. Тан ван Жо хэмээх манжийн нэгэн ванд худалдах монгол Ганжуур нэг боть буй хэмээсэн боловч худалдаалах үнийг нь хэлж мэдэхгүй байна.

11. Халх күяны сүмийн газар нэг хүнд хятад боть, тод монгол Ганжуур нэг боть байна. Түүнийг 2200 янчаанаас наашөгөхгүй гэнэ гэж нэгэн монгол хэлтэй өвгөнөөс сонсов.

12. Монгол хошуудад монгол үсгийн Ганжуур дармал буй, бичмэл буй. Бээжинд ирээд худалдахад үнэ болон тээврийн хөлсийн хамт 3200, дармалыг 2200 янчаанаас инагш үгүй хэмээмой.

13. Долоон нуурын Хөх сүмийн газар монгол Ганжуур буй. 2200 ланд худалдана

⑪　Хишигт- Ардыг гэгээрүүлэх яамны галч, хэлмэрчээр явсан.

гэнэ.

14. Хөх хотын Зуугийн сүмд монгол Ганжуур, Данжуур буй боловч худалдах эсэхийн тодорхойгүй гэсэн сураг буй. Тиймээс тэнд биеэр очиж хэлэлцэх, эсвэл Ганжуур номыг лам хүнээр захин хэлүүлж болох юм.

15. Өөр сүмүүдэд бас Ганжуур буй гэж сонсосон боловч зарим нь зарахгүй, зарим сүмд хүрч очих зам нь хүнд, зарим газарт хүрэхэд замд нь дээрэмчин тонуулчид буй учир аюултай хэмээн нарийн тэмдэглэн авчээ. Цааш Бээжинд явахад нэр бүхий 23 номыг хаанаас хэдэн хувь авахыг тэмдэглэжээ. Ингээд эдгээр тэмдэглэлээс үзэхэд Жамъян нар олон газраар орж, хаанаас ямар ном судар авч болохыг олж мэдсэн бөгөөд тэдгээрийн үнэ өртөг нэлээд өндөр байсан бололтой.

Энэхүү эхний явалтаар Жамъян гүн Бээжин хотноо суух Халхын сэцэн ван Наянтаас⑫ монгол үсгийн Данжуурын бүрэн ботийг авахаар тохиролцсон бөгөөд эргэж ирээд эл асуудлыг зохих газруудад мэдэгдэж, улмаар хэрхэн шийдсэн тухай Наянтын уугуул нутгийн захиргаанд мэдэгдэхдээ,

“*Илгээх бичиг*

Монгол ард улсын Судар бичгийн хүрээлэнгийн бичиг

Цэцэрлэг мандал аймгийн Хан өндөр уулын хошууны Тамгын хэргийг шийтгэгч нарт илгээв. Явуулхын учир. Мөнөөхөн монгол үсгийн Данжуур ном эрин олж ирүүлхээр томилон гаргасан Эрдэнэ жинон ван Ширнэндамдин⑬, харьяат хүрээлэнгийн дарга Жамьян нараас Бээжин хотноо суух харьяат Монгол улсын Сэцэн чин ван Наянтын өвөг дээдсээс тахигласаар ирсэн монгол үсгийн Данжуурын бүрэн ботийг манай Судар бичгийн хүрээлэнд өгч үүрд хадгалуулах ба гагцхүү Сэцэн чин ван Наянтад буй бүхий судар ном болох зэрэг явдлыг хэлэлцэн тогтоож монгол, нанхиад хоёр үсгийн гар бичгийн эхийг төлөвлөж хүргэн ирсэн тухай дор манай хүрээлэнгээс зөвшөөрөн баталж дөрвөн хувь ёсчлон бичиглэж зохих газруудаар тамга дарж уг судрыг залж авчируулхаар тушааж, гэрээ бичгүүдийг авахуулаад мөнхүү Ширнэндамдин,

⑫ Наянт- Халхын Сайн ноён хан аймгийн Сэцэн чин вангийн хошууны засаг, чин ван хэргэмтэй. Тус хошуу нь Ардын засгийн эхэн үед Цэцэрлэг мандал аймагт багтаж байв. Хошууны анхны засаг буюу дээд өвөг нь Шалгарсан баатар, зүтгэлт чин ван эфү Цэрэн юм. Цэрэнд манжийн ааан Цахарт газар, албат ард олгосон бөгөөд тэдний удмынхан хэдэн үеэрээ манжийн хаадтай ураг барилдсан аж. 1911 оны Үндэсний хувьсгал ялмагц Богд хаан Наянт ванг Хүрээнд ирж, улсын албанаа зүтгэсүгэй хэмээсэнд тэрбээр 1916 онд Нийслэл Хүрээнд очиж зүтгэнэ гэдгээ илэрхийлсэн боловч тэр нь биелэлээ олоогүй.

⑬ Ширнэндамдин(эрдэнэ жинон ван, 1868-1931он) Түшээт хан аймгийн Эрдэнэ жинон вангийн хошууны засаг ноён. хиад яс, Боржигон овогт, Гэрсэнз Жалайр хунтайжийн удам. Дархан чин ван Пунцагцэрэнгийн төрлийн авга ах гүнгийн зэрэг гутгаар зэрэг тайж Цэрэндоржийн ахмад хөвгүүн, дэд зэрэг тайж байсан бөгөөд Богд хаанаас жүн вангийн хэргэм хүртэсэн. Монгол төр, нийгмийн зүтгэлтэн.

Жамьян нарыг Бээжин хотноо дахин илгээсэн бөлгөө. Эдүгээ харьяат хүрээлэнгийн дарга Жамьянгаас хамтаар томилон гаргасан Ширнэдамдины хамт явж Бээжин хотноо ирж Сэцэн чин ван Наянт лугаа учирч гэрээ бичиг 4 хувь хийж, зохих газруудаар тамга даруулж, өөр өөрийн гарын үсгийг даруулж, Сэцэн чин ван, Эрдэнэ жинон ван нар нэжгээд хувийг авч, харьяат хүрээлэн болон Сэцэн чин ваны харьяат хошуу хоёр газарт хадгалуулав. Монгол, нанхиад 2 хувь бас шунхаар хэвлэсэн монгол үсгийн Данжуур ном 226 ботийн баринтаг хүргэн ирсэнг манай судар бичгийн хүрээлэнд хамтаар байна. Хүлээн авсанг байцааваас,

Монгол үсгийн Данжуур ном болвоос дэлхий дээрээс эрж олоход бэрх чухал ховор эрдэнэ эгнэгт мөн бөгөөд Сэцэн чин ван Наянт монгол үндэс угсаагаа өчнөөн үе хүртэл халтал марталгүй энэ мэт чухал эрдэнэ мэт сударыг туслан өгсөн нь үнэхээр сайшаалтай бөгөөд одоо хөшөө чулуу байгуулах ба чулуу шохойгоор сүм үйлдүүлж залах зэрэг хэргийг эдүгээ даруй идэвхийлэн гүйцэтгэхээс гадна тэдний уул хошууны тамгын газраа хадгалуулах гэрээ бичгийн нэгэн хувийг зарлага хүмүүнд абахуулан Цэцэрлэг мандал аймгийн Хан өндөр уулын хошууны тамгын хэрэг шийтгэгч дор хүргүүлэн явуулав.

БНМАУ-ын 15 оны 8 сарын 18"

Энэхүү бичгийг Судар бичгийн Хүрээлэнгийн дарга Жамъян 8 сарын 24-нд МАУ-ын Ардыг гэгээрүүлэх яам. ДИУ-ын Бээжин хотноо суух Цэцэрлэг мандал аймгийн Сэцэн чин Наянт, Ширнэндамдин нарт илгээжээ⑭.

Хоёрдахь удаагийн буюу 1925 оны томилолтын үр дүн

Ингээд Жамъян 1925 онд Бээжинруу урьдын адил Эрдэнэ жонон ван Ширнэндамдин, Хишигт нарын хамт явах болжээ. Архивын баримтыг үндэслэвэл тэрбээр урагш замд гарахын өмнө Дотоод яаманд энэ тухай мэдээлсэн бичиг илгээхэд:

"Монгол ард улсын дотоодыг хамгаалах яамнаас.

Судар бичгийн хүрээлэнгээс гадаад орнуудад, тухайлбал Думдад улсын Бээжин, Хөх хот зэрэг газраас Монголын эх түүхэнд холбогдох чухал бичиг зүйлийг олж ирэхээр хүмүүс явуулах гэж байгаа нь зүйтэй. Гэвч Богд хан уулын аймгийн Богд хан уулын хошууны Ширнэндамдинг явуулхыг татгалзаж байна. Өөр хүнийг томилон явуулна уу.

---

⑭ ҮТА. Фонд 23. Данс 1,хадгаламжийн нэгж 72, нугалбар 24.

Ерөнхий дарга...

Комиссар..

Ерөнхий хэлтсийн дарга.. Баяр

Арван тавдугаар оны 8 сарын 24" ⑮

гэсэн хариу өгсөнбайх агаад түүнд Ширнэндамдинг яагаад явуулхыг хүсэхгүй байгааг тайлбарлахдаа, түүний өвөг дээдэс манж нартай ураг барилдаж байсан гэдгийг дурьджээ⑯.Гэвч Жамъян гүн Эрдэнэ жинон ван Ширнэндамдин болон Хишигтийн хамт төлөвлөсөн ёсоор замд гарчээ. Тэдэнд Судар бичгийн хүрээлэнгээс 1925 оны 8 сарын 24-ны өдөр олгосон зам явах бичигт:

"*Монгол ард улсын Судар бичгийн хүрээлэнгээс үнэмлэх тамга дарсан бичиг шийтгэн олгосон учир.*

Эдүгээ манай судар бичгийн хүрээлэнгээс ДИУ-ийн харьяат Бээжин, Хөх хот ба жич Их зуу, Улаанцав, Шилийн голын чуулганы Цахар хошууны зэрэг газраар явж монгол үсгийн Ганжуур, Данжуур ба Монгол улсын эх түүхэнд холбогдох судар бичиг зүйлийг эрэн олж авчруулхаар харъяат хүрээлэнгийн сурвалжлагч гишүүн Ширнэндамдиныг дагалдах хүмүүн нэгийг хамтаар томилон гаргаж явуулсны тулд зам дор тохиолдох газар орны эрх баригчид ба цагдаа, цэрэг, ард нар учрыг мэдэж тусламуй, үзүүлэн хамгаалж шулуун шудрага өнгөрүүлэх ажааму. Үүний тул үнэмлэх тэмдэг дарсан бичиг шийтгэн олгов. Хэрэг дуусмагц эргүүлэн хураалгаваас зохимой" ⑰гэж бичжээ.

Жамъян гүнгийн аян замын тэмдэглэлээс

Судар бичгийн Хүрээлэнгийн мөнөөх төлөөлөгчид 1925 оны цагаан сарын 26-ны өдөр Улаанбаатараас гарч, Жанчхүү хүртэл 5 хоног явсан бөгөөд тэнд 5 хоносон байна. Жанчхүүг нэвтэрсэний гаалийн төлбөрт 10 янчаан төлжээ. Жанчхүүгээс Бээжин хүртэл галт тэргээр яваад Бээжингийн Сижимын хаалганд буусан байна. Энэ тухайд Жамъян бичихдээ: " *Банчин эрдэний 15 равжинбаагийн модон үхэр жилийн туулай сарын шиний гуравны цагаан луу бүрбуу ирстэй өдрийн*

⑮ ҮТА, Фонд 23. Данс1,хадгаламжийн нэгж 72, нугалбар 4.

⑯ Дархан вангийн хошууны ноёдын дээд үе нь Манжийн хааны давхар эфү, мөн II Богд Жэвзүндамбын ойрын төрөл юм. Ширнэндамдингийн хувьд хошуу нутагтаа мал хөрөнгөөр баян байснаас гадна Бээжин хотод тусгай хашаатай, гучин хэдэн жангийн байшин, хоёр зуу гаруй му хэмжээний тариалангийн газар мөн Хөх хотод хашаа байшин, газар зэрэг өмч хөрөнгөтэй байжээ \Монгол Улсын Тагнуулын ерөнхий газрын Тусгай Архивд. Ф-1,Т-1,хн-ц-2993\1\\.

⑰ ҮТА, Ф.23. Д.1,хн 72, н.29.

морин цагийн эхэнд Бээжин хотод буусныг тэмдэглэвээ.Энэ нь түвэд зурхайн цагаан сарын шинэ болой" гэжээ Тэрбээр замын тэмдэглэлийг маш чамбай бичжээ. Тухайлбал,

"5- нд 20 газар явж шуурга шуурч байсан учир Хар ус хэмээх газар хонов.

Маргааш нь 6-нд мөн 20 газар явж Улаанхудаг хэмээх газар үдлээд цааш 20 газар яваад Сэцэн чин ван Наянтын өртөөний газар хоноглов.

7- нд 60 газар явж Завсар хэмээх газар монгол айлд хонов.

8-11-нд Цахараар явав.

12-нд На вангаас судар тушааж өгөхөөр гаргасан түшмэл Хишигдалайг Бээжин оруулхаар явуулав. 20 хоног яваад 3 сарын шинийн 5-нд эргэж ирэв.

11-нд Сэцэн чин ван На-гийн хуучин сүм хэмээх сүмийн газар Хишигдалайн хамт очиж монгол Данжуурын 226 боть номыг бүртгэж хүлээж аваад 15 үхэр тэргэнд ачиулаад буусан газраа хүргүүлж ирэв

19–нд судар номын зэрэг зүйлийг тэмээнд ачиж Хүрээний зүг хөдөлжээ. Зам зуур дээрэм тонуулд өртөж болох байсан тул сүм хийд бараадан явсаар4 сарын 12-нд Нийслэл Хүрээнд ирвээ" гэх мэтчилэн бичсэн байна.

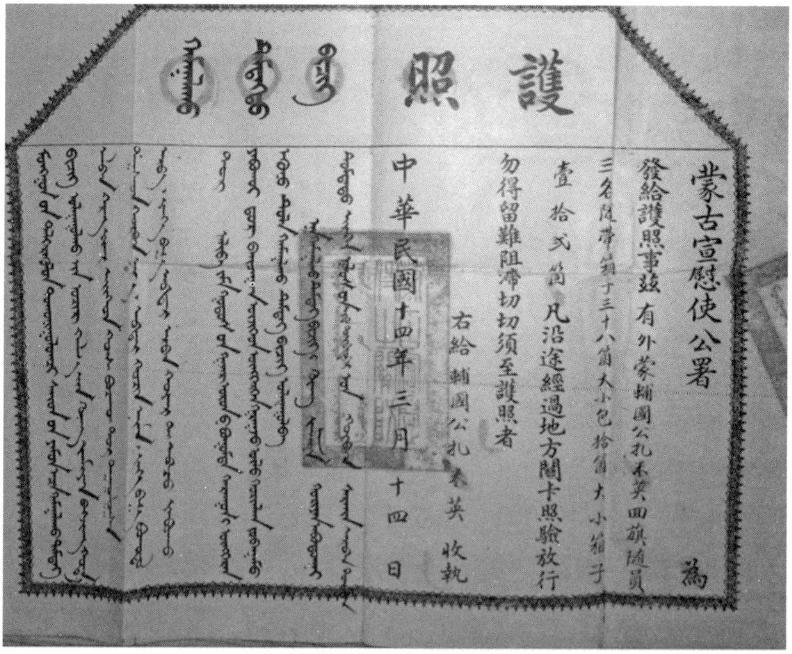

護照

蒙古宣慰使公署 為

發給護照事茲有外蒙輔國公札木英四旗隨員

三名及帶箱子三十八箇大小包拾箇大小箱子

壹拾弍箇 凡沿途經過地方關卡照驗放行

勿得留難阻滞切切須至護照者

右給輔國公札木英收執

中華民國十四年三月十四日

*Жамьян гүнд Хятадаас эргэн ирэхэд олгосон замд үзүүлэхХамгаалах тэмдэгт бичиг*⑱

⑱ ҮТА, Ф23, Д1,хн 72 нугалбар 3.

Жамъян гүнд олгосон энэхүү Хамгаалах тэмдэгт бичгийг үгийг сийрүүлвээс: "*Хамгаалах тэмдэгт бичигт Монгол дэлгэрүүлэн тохинуулагч сайдын яамнаас хамгаалах тэмдэг бичиг олгуулахын учир Халхын гүн Жамъяан Бээжин хотноо албан хэргээр ирсэнээс хойш буцах дагуулсан дагах эр , авдар 38 их, бага боодол 10,их бага авдар 12-той авч явхад аливаа зам хуудасын газар орны боомт харуулыг өнгөрөн явхад байцаан үзээд өнгөрөн гаргаж үл хориглон зовоомуй. Үүний тулд хамгаалах тэмдэгт бичиг олгов. Энэ хамгаалах тэмдэг бичгийг гүн Жамъян хураан автугай. Думдад иргэн улсын 14 –р он 3 сарын 14*" гэ бичсэн байх бөгөөд энд Эрдэнэ жонон ван Ширнэндамдингийн нэрийг бичээгүй байна.

Эх сурвалжид тэмдэглэснээр,

"*Данжуур ба бусад судар бичиг зүйлийн хамтаар нааш тээлгэхэд Данжуур залж буй сүмийн газраа тариалангийн иргэд эзлэн суусан ба жич бас өдөр шөнийн цагт зэвсэг бүхий дээрэм хулгай үргэлжлэн явж булаан дээрэмдэх хэрэг тасралтгүй болсон газар болох учирт уул сүмээс нэлээд хол өнгөрөн Цахар Данжуурыг залж аваачуулахад 16 үхэр тэргэнд ачуулж, 5 хоног явж аваачуулсан ба бас уг судрыг авдарт агуулах, жийрэглэх, боох, баглах зэрэг ажлын явдлыг цөм тэрхүү Аюуш хэмээх айлын хүнээр бүрмөсөн төхөөрүүлжээ*" [19]

Цахарын сүрэг хошууны Шашныг бадруулагч сүмд тахиж байсан монгол Данжуур залах тухайд Монголын тал Наянт вантай тохиролцсон хэдий боловч Цахар хошууны хэдэн хүн Данжуурыг залуулахгүй хэмээсэн учир дахин Наянт вангийн гаргаж өгсөн хүн Хишигдалайг Бээжин-рүү буцаан явуулж, арга хэмжээ авсны ачаар саяа бүтжээ.

Ингээд Жамъян аян замдаа хэрхэн сайн явж ирсэн тухайгаа,

"*Өргөх нь.*

Эрдэнэ жинон ван, асралт ноён таны түмэн амгаланг эрж өргөх нь. Доорд өвгөн Жамьян хэрэг бүтэх үгүй болох бий хэмээн үнэхээр сэтгэл зовнин хүлээж суутал асралтай ноён таны өршөөл тэтгэмжээр санаандгүй шидаргу бүтэвээ. Үүн дор доорд Жамьян Хишигдалайн хамт уг сүмийн газар хүрч шунхаар барласан монгол Данжуурын түвд, монгол нэгэн боть, манж нанхиад нэгэн боть эдгээр хоёр анги, бүгд 226 ботийг огт сэв үгүйбээр бүрнээ хүлээн авч ачуулан, сууж байсан ажлын гэрийн газар буулгаж, тэнд авдар саванд агуулан төхөөрч гүйцэтгэсэн. Арван ёсөнд замын нөхдийн хамт аялалд гарав. Урьд хийлгэсэн авдар савны хэмжээ байдал нь урьд чингэлэгтэй ба зургаан боть агуулах дор тун сайхан

---

[19] ҮТА, Ф23, Д1, хн 48.

тохирсон ба жич, замын эхэнд ба Хүрээнээ тус тус хүрсэн тухай бүрий захидал өргөн барих явдлыг хамтаар гаргаж,

Доорд өвгөн Жамьян ёслов. Даруй бараалхах их баярын сайн өдөр” [20]*гэж Эрдэнэ жонон ванд бичсэн байна. Ингээд дээр дурьдсан хоёр баримтаас үзэхэд буцах замд Ширнэндамдин, Жамъянгийн хамт яваагүй бөгөөд Хишигт, Жамъян нар зам зуур саадгүй сайн явж Монголдоо ирэхэд нь Жонон ван дэмжлэг үзүүлсэн бололтой.*

Сэцэн ван Наянт,

“БНМАУ-ын Судар бичгийн хүрээлэнгийн хэргийг эрхлэгчид нар таны тус тусын амгаланг эрж бариулхын учир, үүний тулд:

Наянт миний өвгөдийн үеэс тахисан Данжуур шүтээнийг манай монгол улсын Бүгд Найрамдах ардын эрхт засгийн газар, тусгай байгуулсан Судар бичгийн хүрээлэнд залсугай хэмээн ван Ширнэндамдин, дарга Жамъян нар ирж хэлсэнд

Наят вангаас залсан монгол шунхан Данжуур[22]

---

⑳ ҮТА, Ф23, Д1,хн 72 нугалбар 2

㉑ Зургийг“*Судар бичгийн алтан сан (Монгол Улсын үндэсний баримтат 108 өв)*”УБ.,2013 номноос авав.

хэдүй миний бие амь биеийн мэнд авралд эрдэнэ шүтээн мөн боловч анх үндэс угсаа цөм нэгэн гэрийн учир журам хүндийг бодож чин үнэнээс баринтагтай бүрэн боть 226-ийн гадна энэ учир харилцан зөвшөөрч батлан тогтоосон монгол, иргэн үсгийн гэрээ бичиг дөрвөн хувь цөм үсэг зурж, хоёр хувийг хойш дагалдуулан мөнхүү ван Ширнэндамдин, дарга Жамъян нарт үзүүлж залгуулан хүргүүлсэн бөлгөө..."[22]

Хятадаас ном судар олж ирэхэд зарцуулсан мөнгөний тухайд

Эхний явалтанд холбогдох нэгэн дансанд, *Юнхэгүн газрын хэдэн лам судар бичиг бүхий газрыг заах ба сурвалжлах зэргээр энд тэнд явсан зүйл буй учирт шагнасан 15 янчаан, ... Бээжинд байгуулсан Монгол бичгийн хорооны " Чингис хааны цэдиг" хэмээхийг 100-г хэвлүүлсний үнэд өгсөн 170 янчаан, ... Бээжинд байгуулсан Монгол бичгийн хороонд монгол, хятад үсэг хавсарсан дөрвөн бичгийг хэвлүүлэхээр өгсөн 6 янчаан, ... туслагч Рашпунцагийн шүүмжлэх хавсарсан Дай Юаны бичгийг Монголоор бичүүлэхээр Цахар Зодважав амбанд өгсөнд 30 янчаан, ... Их Юань улсын мандсан төрийн хөх судар хэмээх бичиг 12 дэвтрийг бичүүлэхэд хөлс ба цаасны үнэ хамт өгсөн 20 янчаан, ... Сүнжүсэ сүмийн зүүн хүрээнд суудаг Гаваасамбуу хэмээх ламаар Баруун Хан улсын бичиг бичүүлэхийн хөлс ба цаасны үнэ хамт өгсөн 35 янчаан, ... Бээжин дэх Монгол бичгийн хороонд Ляо, Алтан хоёр улсын түүх 20 дэвтэр, Хятад бичгийг Монголоор орчуулгахад тэрхүү хорооны дарга Харчин вангийн Тэмгэт хэмээх хүн лүгээ хэлэлцэж, үнэ хөлсөнд өгсөн 571 янчаан, ...,*[23] гэх мэтээр тэмдэглэсэн байх ажээ. Иймхүү тэрбээр явсан газар бүхэндээ ном судар сураглаж явжээ. Мэдээлэл өгсөн хүнд мөнгө өгч байжээ. Зарим номыг хэвлүүлэн авчээ. Тухайлбал, дээрхи Чингис хааны цэдиг буюу Хураангуй Алтан товч зэрэг Монголын түүхийн чухаг сурвалжууд болон мөн англи бичгээр Юан улсын Хубилай хаан, Өлзийт хааны явдлын тэмдэглэл мөн түүнчлэн Юан улсын хаадын зураг, Чингис хааны шарилын ордон ба хар тугийн зураг, төрөл бүрийн толь бичиг гэх мэт олон ховор нандин зүйл авчирчээ. Мөн Хятадын түүхийн олон зохиол худалдан авчээ. Түүнчлэн ном бэлгэнд ирсэн тухайд, " *Цахар Адуучин хошууны Ган дүтүн хэмээх Цэрэндонров үнэгүйгээр өгсөн манжаар ном орчуулахад хэрэглэх, үлгэр орчуулахад хэрэглэх, манж монгол үсэг*

---

[22] ҮТА, Ф23, Д1, хн 55

[23] ҮТА, Ф23, Д.1, хн 48.

таарулахад хэрэглэх бичиг хэмээсэн 11 дэвтэр 3 дугтуйтай" ㉔ хэмээн баримтад дурджээ. Харамсалтай нь энэ ном өнөөдөр сураггүй болсонг Ш.Чоймаа дурьдсан байна.㉕

"Монгол Улсын 15 онд Дарга Жамъян монгол үсгийн Данжуур ном залах зэргээр ДИУ-ын нийслэл Бээжин хотноо одоход албанаа зарцуулхаар хүлээн авч явсан ба зарцуулсан мөнгөний тоо зэргийг тодорхойлон өргөх данс"-нд тэмдэглэсэнээр,

"*Ардыг гэгээрүүлэх яамнаас тушаан олгосон- 612 янчаан*

Судар бичгийн хүрээлэнгээс олгосон- 3700

Ардыг гэгээрүүлэх яамны сайд Жамъян, Данжуур залах хэрэгт туслан явуулсан Эрдэнэ жинон ван Ширнэндамдин, хэлмэрч бөгөөд Ардыг гэгээрүүлэх яамны галч Хишигт нарт 15 оны илүү 10 сарын шиний гурванаас 2 сарын хэрэглэлд олгосон-600 янчаан.

Мөнгө нь хүрээгүй учир зээл авсан-6974 янчаан 14 мөнгө

Зарцуулсан нь:11 886 янчаан 14 мөнгө"

Энэ завсар Цахарын адуучин сүргийн нутагт Данжуур залж байсан хуучин сүмийг Данжуур шинээр залах шинэ сүм хоёрыг нэгтгэн нэгэн шүтээн буй болгох, газар усыг нь тахих хэрэгт Жамъян 15 янчаан хандивлажээ. Мөн сүмийн зул хүжинд 400 янчаан хандивлажээ㉖. Мөн ачаа тээшийг Цахараас Замын- Үүд хүртэл тээлгэхэд ачих тэмээ 25, унах тэмээ 5, тэргэнд хөллөх тэмээ 1-ийн хамт 31 тэмээний хөлсийг бусад зүйл лүгээ хамтатган тэмээ нэг бүрийг 30 янчааны хөлс бодож өгсөн 930 янчаан㉗ гэж унаа хөсгийн талаар тэд бичсэнг үзвээс үлэмжхэн хэмжээний ном судрыг өмнө газраас олж ирсэн байх аж. Монголын түүх, соёлд хамаарах эдгээр чухал ном судрыг авчирах замд гай зэтгэргүй явах тухайд Бээжингийн монгол сүм болох Юнхэгүн хийдэд ном уншуулж, тахиалга үйлдэж, сэржим өргүүлэх зэргээр Данжуур тэргүүтэй судар номоо бүрэн бүтэн залж ирэхийн тухайд бүхий л арга чаргыг хийсэн байна.

㉔ Мөн фондод.

㉕ МУҮНС 1921-2011. *Эрдэм шинжилгээний хурлын илтгэлийн эмхтгэл*. УБ.,2011, т.54.

㉖ ҮТА. Ф23.Д1,хн 58, хуудас 7-26.

㉗ ҮТА, Ф23, Д1, хн48.

Наянт вантай байгуулсан гэрээ, гэрээг чулуунд сийлсэн нь

Жамъян гүн 1923 оны явалтаар Сэцэн ван Наянтаас Данжуурын бүрэн ботийг хүлээн авхаар тохиролцсон байх бөгөөд 1924 онд бэлтгэл ажлуудыг хийжээ. Тухайлбал, Сэцэн ваны хүссэний дагуу гэрээ байгуулж, улмаар гэрээг чулуунд сийлэн хөшөө хийх ажлын бэлтгэлийг хийжээ. Чингээд 1924 оны 12 сард гэрээний эх хувийг бэлэн болгожээ. Түүнд:

Гэрээ бичиг байгуулахын учир:

Сэцэн чин ван Наянт

Бээжинд буудлан суух Халхын Сайн Ноён хан аймгийн засаг, хошой Чин ван Наянтын Цахарын сүрэг хошууны[28] *Шашныг бадруулагч сүмд тахиж байсан Монгол үсгийн бүрэн Данжуур ном нэгэн эхийг эдүүгээ Их Хүрээний Ардыг Гэгээрүүлэгч яамны Судар Бичгийн Хүрээлэнгээс томилон ирсэн төлөөлөгч Түшээт хан аймгийн Эрдэнэ жонон жүн ван Ширнэндамдин, Их шавийн түшээ гүн Жамъян нь Бээжинд ирж Сэцэн чин ван Наянт лүгээ зөвлөлдөн хэлэлцэж тогтоод, дуртайяа Сэцэн чин ван Цахар хошууны Шашныг бадруулагч сүмд хураан тахиж байсан монгол үсгийн Данжур ном бүтнээрээ Их Хүрээнийн Ардын Гэгээрүүлэгч яамны Судар бичгийн хүрээлэнд залан аваачин дахин шүтэж, үүнээс хойш энэ номыг батлан хадгалах учирт хоёр тал нүүр залгуулж хэлэлцэн тогтоосон 9 зүйлийг үүрд хичээн дагаж явах хэрэгтэй. Үүний тул энэ гэрээ бичгийг байгуулан тогтоов.*

Нэгдүгээр зүйл: Энэ Данжуур ном болвоос Сэцэн чин ван Наянтын дээд өвгөөс үлдээн ирсэн судар ном болой. Эдүүгээ Эрдэнэ жонон жүн ван Ширнэндамдин нар бичигт аривлаж авчирмой хэмээгээд Сэцэн чин ван дуртайяа энэ Данжуур номыг их бүрэн хэмээн авч ирвээ хэмээн хэлэлцэн

㉘ Тус хошууны нутгийг Наянт вангийн дээд өвөг эфү Цэрэнгийн хатан Манжийн гүнжид Энх-Амгалан хаанаас оо энгэсэгний зардалд зориулж шагнасан гэдэг эл газрын зарим хэсгийг эфүгийн удмынхан хятад тариачдад түрээслүүлэн ашиг олдог байсан гэж тэмдэглэсэн зүйл буй.

гагц үүний басхүү Сэцэн чин вангийн буй бүхий ном судар хэмээмой.

Хоёрдугаар зүйл: Энэ Данжуур ном болвоос бүрнээ нийт 226 боть, дагалт Хишигдалай бүрнээ Жонон ван нарт дутагдалгүй тушаан өгөв.

Гуравдугаар зүйл: Энэ Данжуур номыг үүрд Их Хүрээний Ардыг Гэгээрүүлэгчи яамны Сударбичгийн Хүрээлэнд хичээнгүйлэн хураан тахиж огт бусад хүний дураар салган ямагт гадагш гарган уншихаар ба бус газарт нүүлгэн хүргэхгүй болмой.

Дөрөвдүгээр зүйл. Энэ Данжуур номыг хожмын өдөр хэрэв бус хүмүүн гараад ирэхдээ хэвлэн дарж авмой хэмээх учир гарваас эрхгүй Сэцэн чин ванд мэдэгдэн зөвлөн тогтоосон хойно сая үйлдэж болмой.

Тавдугаар зүйл: Энэ Данжуур номыг хожмын өдөр муу хүн гарч гүйваас хуралдах ба Данжуурыг бус хүнд зээлэн өгч хуурмагдах учир гарах болвоос Сэцэн чин вангаас байцаан мэдээд даруй албан яамнаа мэдүүлж цааз хуулиар ял шийтгэхээс гадна бас тоо ёсоор төлүүлэн авмой.

Зургадугаар зүйл: Энэ Данжуур номын хожмын өдөр хэрэв эвдрээд бүрэн хүчингүй болвоос тэр цагт даруй мөрийг нь харъяанд байсан газрын хүн нараас засалцан нөхүүлж гүйцэтгэх хэрэгтэй.

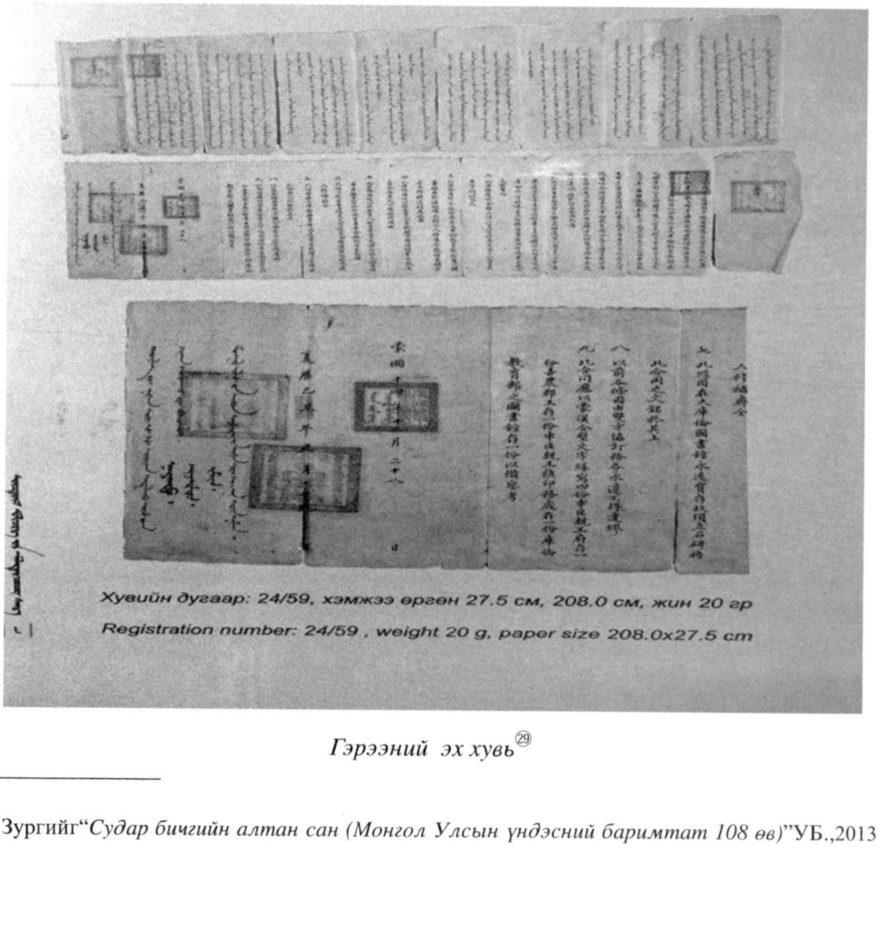

Гэрээний эх хувь[29]

---

[29] Зургийг"*Судар бичгийн алтан сан (Монгол Улсын үндэсний баримтат 108 эв)*"УБ.,2013 номноос авав.

Долдугаар зүйл: Энэхүү номыг Судар бичгийн Хүрээлэнд үүрд эрдэнэчлэн хадгалах тул энэ гэрээ бичгийг хөшөө чулуун дээр сийлж тавьмой.

Наймдугаар зүйл: Урьдах зүйл бүхнийг 2 этгээдээс нааш залгуулж хэлэлцэн тогтоосон тул үүрд дагаж буцаан хэн ч зөрчиж үл болмой.

Ёсдүгээр зүйл: Энэ гэрээ бичгийг монгол, нанхиад 2 зүйлийн үсгээр хавсаран дөрвөн хувь бичиж Сэцэн чин ван эфүд нэгэн хувь, Жонон хотон ванд нэгэн хувь, Сэцэн чин вангийн Халхын газар нэгэн хувь, Хүрээний Ардыг Гэгээрүүлэх яамны Судар бичгийн хүрээлэнд нэгэн хувь тус тус болгоод хамтруулж, хянан байцаажээ.

Монгол Улсын арван дөрөвдүгээр он, арван сарын хорин найман Наянт, Ширнэндамдин, Жамъян

Монгол шунхан Данжуурыг Монгол улсын Судар бичгийн хүрээлэнд үүрд хадгалах 9 зүйл бүхий энэхүү гэрээг монгол, хятад хэлээр 4 хувь үйлдсэн нь шинэ Монгол улсын ном соёлын талаарх анхны гэрээ байв. Энэ нь муутуу цаасан дээр хар бэхээр монгол, нанхиад бичгээр бичсэн, нугалбар гэрээ бичиг юм.

Наянт ван уг гэрээг чулуунд сийлж үлдээхийг хүссэн бөгөөд Судар бичгийн хүрээлэнгийн захирал С.Жамъян эл ажлыг Н.Дэндэвт үүрэгджээ. Н.Дэндэв бол монгол бичгийг гарамгай сайн эзэмшсэн, гарын дүйтэй нэгэн байсан бөгөөд 1924 оны 2 сараас Голын музейн[30] даргаар ажиллаж байв. Н.Дэндэв хөшөөг ямар янзаар хийх үлгэр авахаар Дамбадаржаа хийдийг зорьж тэнд байдаг бичээст хөшөөний маягийг дууриалган загвар хийж Жамъян захирлаар батлуулсан гэжээ. Улмаар Шожоон Баансан гэдэг чулуучин хятад хүнд шавь орж, суралцжээ. Сургууль хийж дуусаад хөшөөний чулууг Хүйн голын цаанаа орших Гур буйрын улаан толгой гэдэг газраас адилавтар хэмжээтэй боловч нэг нь арай уртавтар хоёр хавтгай чулуу сонгон авч, хятадуудад хөлс өгч чулуугаа авчиржээ. Тэгээд 3 сарын турш гэрээг чулуун дээр сийлэх явцад Дэндэв ихэд ядарч, тус ажлыг дуусгаж чадалгүй орхижээ. Хөшөөг анх Дархан вангийн хашаанд[31] хийж эхлэсэн бөгөөд дараа нь тэрээр Голын музейн дарга болмогц уг хөшөөг музейн хашаанд зөөвөрлөсөн байжээ.

---

[30] Богд хааны өвлийн ордонг хэлж байна.

[31] Тухайн үед Судар бичгийн Хүрээлэн Дархан вангийн хашаанд байрлаж байжээ.

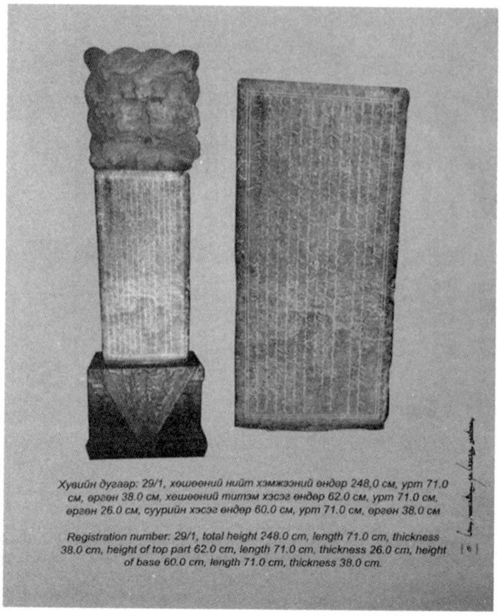

Н.Дэндэв чулуунд сийлсэн гэрээ бичиг[32]

Бадамлянхуа цэцгэн суурь, бичээстэй пайлуур чулуу, оройн хэсэг бүхий боржин чулуугаар бүтээсэн хөшөөний суурийн нүүрэн ба ар талын гол хэсэгт нь дээрээс доод тал хүртэл хошуулдан сийлсэн чандмань хээ байх бөгөөд алхан хээгээр эмжиж, дээд талд нь гурван цэцэг дүрсэлжээ. Хөшөөний зүүн дээд хэсэгт Сэцэн чин ван Наянтын тамгыг, орой буюу дээд хэсэгт хоёр луу дүрсэлжээ. Хөшөөний баруун дээд хэсэгт Монгол улсын Ардыг гэгээрүүлэх яамны тамгыг сийлсэн байна.

Дээрхи бүхнийг хураангуйлан нэгтгэн дүгнэвээс

Нэг мянган есөн зуун хорин нэгэн оны Үндэсний хувьсгал ялснаас хойш 4 сарын дараа нийт ард түмэнд үйлчлэх анхны номын сангийн үндэс суурь тавигдаж, 1921 оны 11-р сарын 9-нд Ардын засгийн газрын 24-р хурлын тогтоолын 3-р зүйлд Судар бичгийн хүрээлэн байгуулахаар зааж улмаар уг хүрээлэнгийн үүрэг зорилго, зохион байгуулалтыг тодорхойлж засгийн газарт оруулснаар 1921 оны 11-р сарын 19-нд хүрээлэнгийн дүрмийг баталж судар бичгийн хүрээлэнг албан ёсоор байгуулжээ.

㉜ Зургийг*Судар бичгийн алтан сан* (Монгол Улсын үндэсний баримтат 108 өв)УБ.,2013 номноос авав.

Судар бичгийн хүрээлэнгийн байшин

Энэхүү хүрээлэнгийн /одоогийн Шинжлэх ухааны Академи/дэргэд гүн О.Жамъян, бичээч Ч.Бат-Очир, Д.Дашням, эрдэмтэн Ж.Цэвээн нар хувийнхаа номыг нийлүүлэн 2000 номоор анхны номын санг байгуулсан байна. Дээрх тогтоолд зааснаар Судар бичгийн хүрээлэнг Орос зөвлөх түшмэл С.А.Козины алба байрлаж байсан байшинд байгуулахаар тогтож, хүрээлэнгийн албан хэрэгцээнд зориулан 3000 лан мөнгө олгосон байна. Судар бичгийн хүрээлэнгийн анхны чухал баримт бичиг болох хүрээлэнгийн дүрмийг 15 зүйлтэйгээр баталж түүндээ эх орны түүх, соёлын холбогдолтой бичмэл болон хэвлэмэл ном зохиол цуглуулах ба орчуулж олшируулах талаар заасан: *"Олон улсын ном судар ба сургуулийн бичгүүдээс аль чухал хэрэглэхийг нь өөрийн хэл бичигт түүвэрлэн оруулж олон ардыг сурган боловсруулж оюуныг судлуулах"* гэсэн зорилтыг нэн даруй хэрэгжүүлж эхэлжээ. Энэ зорилтын хүрээнд монголчуудын түүх, соёлд хамаараах ном судруудыг эрэн сурвалжилан олж авах зорилт тавин ажилласан байна. Эл хэрэгт олон түмний оролцоо чухал байсан бөгөөд эл хэрэгт томоохон хувь нэмэр оруулсан хүн бол Сайн ноён хан аймгийн засаг, хошой чин ван Наянт юм.

Наянт ван өвөг дээдсийнхээ олон үе тахигласаар ирсэн Данжуурыг Судар бичгийн хүрээлэнд хадгалуулхаар өгсөнөөс гадна мөн 1921 оны сүүлчээр Монголд өөрийнхэн хошуунд хадгалагдаж байсан Ганжуурыг хандивлажээ.Энэ тухайд Судар бичгийн хүрээлэнгийн баримтын хөмрөгт:

"*Сэцэн чин ван Наянтын хошуунаас монгол үсгийн Ганжуур хүргэхээр түшмэл тайж Бадрах 35 үхэр тэргийн хөсөгтэй*" [33] ирсэн гэх баримт болон өөр нэгэн баримт болох.

"*Судар бичгийн хүрээлэнгийн сайд түшмэдээс Монгол ардын засгийн газар хуудас өргөн мэдүүлэх учир.*

Эдүгээ Сайн ноён хан аймгийн Сэцэн чин ван Наянтын хошуунаас залж хүргүүлэн ирсэн монгол үсгийн Ганжуур судар нэг зуун дөрвөн ботийг уул

---

(33) ҮТА, Ф23, Д1, хн 5

хошуунаас дагаж хүргэж ирсэн тайж Бадрах нараас хүлээн авсан явдлыг засгийн газар хуудсаар өргөн мэдүүлсүгэй" ㉞зэргээс үзэхэд Сэцэн чин ван Наянтын өвөг дээдэс манжийн гүнжтэй ураг барилдаж эфүд өргөмжлөгдөж байсан хийгээд Наянт өөрөө хэдүйвээр олон жил хилийн чанадад амьдарч, бусдын төрд хүчин зүтгэж байсан хэдүй ч Монгол эх орноо гэсэн зүйл түүний сэтгэлийн үзүүртөчүүхэн төдий ч байсныг гэрчлэх зүйл㉟ бол тэрбээр Энэтхэгийнсоёлын I-XII зуунд хамаарах уран зохиолын дээж болсон ном судрын монгол орчуулгыг Монгол улсдаа бэлэглэсэн явдал юм.

Судар бичгийн хүрээлэн Сэцэн ван Наянтыг хүрээлэнгийнхээ сурвалжлагч гишүүнээр бүх насаар нь сонгож, үлэмжхэн шан харамж өгсөн байна. Тухайлбал баримтанд дурдсанаар:

"*Сэцэн чин ван Наянтад Монгол Данжуурыг залуулсан тухайд хүрээлэнгээс барьсан есөн есөн наян нэгэн бэлгийн, харамжинд Халх журмаар таацуулан цагаан морь 72-т нэг бүр 8 лан, цагаан атан тэмээ 9-т 50 лан, булган монг..? 9-т нэг бүр 25 лан, мөнгөн буйл бурантаг 9-т нэг бүр 6 лангаар бодож 945 ланд таацуулан барьсан 1320 янчаан*" ㊱хэмээн тэмдэглэсэн байна.

Ийнхүү Халхын нэгэн ван хэдэн үеэрээ тахисаар ирсэн монгол Ганжуур, Данжуурыг найдвартай газар хадгалуулах хэргийг гүйцэлдүүлсэн бөгөөд Монгол улс ч дэлхийд хосгүй бүтээлийн монгол орчуулгын бүрэн бүрдэл судрыг улсынхаа сан хөмрөгт авч чадсан түүхтэй.

Наянт ван өөрийнхөө хөрөг зургийг (1 метр хэмжээтэй) тус хүрээлэнд бэлэглэсэн бөгөөд тэр хөрөг зураг Судар бичгийн хүрээлэнгийн номын санд буй㊲хэмээн эх сурвалжид тэмдэглэсэн байх боловч өдгөө тэр зураг хаана байгаа нь тодорхойгүй байна.

Жич тэмдэглэхэд, Наянт вангийн намтар, үйл хэргийн талаарх судалгаабараг

㉞ ҮТА.Ф. 23, д.1, хн.3, х.7

㉟ Наянт ван Бээжинд очиж байсан монгол ноёдод зохих хэмжээгээр туслан, дэм болдог байсан тухай түүхэн баримтууд буй.

㊱ ҮТА, Ф23, Д1, хн 48.

㊲ ҮТА. Ф.23, д 1, хн 45 стр 3. Подарок Учкому- гэсэн оросоор бичсэн бичиг.

хийгдээгүй[38] *байгаа бөгөөд судлаачаа хүлээж буй сэдвийн нэгэн билээ.*

Гэрээг сийлэж босгосон хөшөө. Улсын Нийтийн Номын Сан

A Study of Duke C. Jamiyan's Request for Tibetan Buddhist Canons from King Nayant

J. Urangua Г. Bayarmaa

This article introduces the historical records about Mongolian diplomats Shanghal's and Khukjehoto's two trips to Peking between 1923 and 1925 under Duke O. Jamiyan's reign. Duke O. Jamiyan received Tibetan Buddhist Cannon Tanjur painted in Mongolian from King Nayant in 1925. Printed with the xylography technology between 1742 and 1749 at Peking, the Tanjur canon in Mongolian consisted 226 volumes.

㊳ О.Оюунжаргал Наянтад холбогдох 2 өгүүлэл нийтлүүлжээ. "Богд хаант Монгол улс ба Бээжинд суух чин ван Наянтын харилцаа", Монголын сэргэн мандалтын эхэн, олон улсын эрдэм шинжилгээний хурлын эмхтгэл,УБ.,2011, тал 199-206"; "Сайн ноён аймгийн Сэцэн чин вангийн хошууны "цахар" сумны тухай" *Quastiones Mongolorum Disputatae*,VII,Tokyo, 2011, pp.1-20.

-Тайваны Лан Мэйхуа 2011 УБ хотноо хуралдсан "Монголын тусгаар тогтнол ба монголчууд" олон улсын эрдэм шинжидгээний хуралд" Наянт ван ба ДИУ" илтгэл тавин хэлэлцүүлжээ.

-Ж.Урангуа. "Дархан чин ван Пунцагцэрэн Бээжинд Засагт туслах яамны хэлэлцэх түшмэлээр одохдоо инагш чанагш харилцсан тухай тэмдэглэл" Quastiones Mongolorum Disputatae, VII, Tokyo, 2013, pp. 41-50.

Нүүдэлчин Малчдын Суурьшлын Тухай Шинжлэх нь

Кодама Канаку

Өвөр Монголыг хамарсан нийт улсын чанартай элсжилтийг зогсоож, нутаг бэлчээр, газар шороо, аж ахуйг хамгаалах хөдөлгөөн өрнөсөн байна. Ингээд нүүдэлчин орны бэлчээрийн мал аж ахуйг хязгаарлаж, малчдыг суурьшуулах бодлого хэрэгжүүлж байгаа юм. Энэ явцад малчдын аж амьдрал, ахуй ёс, зан заншилд ихээхэн өөрчлөлт гарч байгааг анхааран сонирхож байгаа.

Нэг. Монгол малчдын суурьшсан явц байдал

Засаг төрөөс малчдыг суурьшуулах бодлогыг хэрэгжүүлэх явцад, ӨМӨЗО-ны эл газрын малчдын суурьшин малжих амьдрал нилээд хэвшмэл үзэгдэл болж, сүүлийн жилүүдэд нүүдлийн амьдрал нь эцсийн шувтаргаандаа оржээ[①].

Дундад Улсад малчдыг суурьшин амьдрахыг уриалж ухуулсан нь 1958 оны ардын нэгдлийн үеэс эхлэлтэй юм[②] шиг байна. 1980 онд газрыг хувь хүнд даатгасан явдал нь суурин амьдралд шилжихэд түлхэц болжээ.

Хувь хүнд нутаг бэлчээрийг хуваан даатгаснаар малчдын нутаг бэлчээрээ хайрлан хамгаалах ухамсрыг дээшлүүлэх ба үүрэг хариуцлагыг чангатгах гэсэн зорилготой юм[③]. Нутаг бэлчээрийн өвс ургамлыг сэргээх зорилгоор “*өвсний хүрээ*” байгуулж, айл бүр газар нутгаа хувьчлан хашаалснаар бараг нүүдэл

---

① Caroline Humphrey and David Sneath, *The End of Nomadism?: Society, State, and the Environment in Inner Asia,* Durham, NC:Duke University Press, 1999.

② Tony Banks, “Pastoral Land Tenure Reform and Resource Management in Northern Xinjiang: A New Institutional Economics Perspective”, *Nomadic peoples*, New Series, Vol. 1, No. 2 (1997), pp. 55-76; David Sneath, “Spatial Mobility and Inner Asian Pastoralism,” in C. Humphrey and D. Sneath, *The End of Nomadism?: Society, State, and the Environment in Inner Asia*, pp.218-277.

③ Ou Li, Rong Ma and James R. Simpson, “Changes in the nomadic pattern and its impact on the Inner Mongolia steppe grassland ”, *Nomadic Peoples*, No. 33 (1993), pp. 63-72.

үгүйгээр малжих болсон байна. Үүнээс үүдэн нийт малын тоо толгой аажмаар цөөрөх болсон[④] гэж зарим эрдэмтэд үзэж байна. Энэ талаар бодитой тоо баримт дурдаж тодорхойлох чухал юм. Малыг хашаалснаар нутаг орны өвс бэлчээрийг сэргээж чадна хэмээн үзэж байжээ [⑤]. Үүнийг ч мөн өнгөрсөн олон жилийн туршлагаар нэгтгэн дүгнэвэл зохилтой.

Нүүдлийн хэв маягийн амьдралыг эцэслэх шалтгаан нь нэгт, нүүдлийн мал аж ахуй бол эмх замбараагүй бөгөөд газар нутгийг зохистой ашиглаж чаддаггүй[⑥]; Хоёрт, хүн амын өсөлт ба аж ахуйн хөгжлийн явцад газар нутгийг нийтээр өмчлөх нь орчин тойрныг хайр найргүй эвдэн сүйтгэж байна[⑦] хэмээн үзэж байсанд оршино. Эдгээр үзэл нь Хартины "*нийтийн өмчлөлийн гуниг*" хэмээх онолын нөлөөгөөр нийтийн өмчид багтах нутаг бэлчээр болон газар доор буй эх баялаг нь хэмжээ хязгааргүй ашиглагдаж сүйтгэгдэх болно хэмэн ойлгож байжээ [⑧]. Гуравт, зах зээлийн аж ахуйн хөгжлийг даган, малчдын үйлдвэрлэлийн идэвхжил дээшилж, "*бэлчээрийн даац хэтрүүлэх*" үзэгдэл гарна гэж үзэж байв .

Мал малжилын тухай иймэрхүү ойлголтод суурилаж, Өвөр Монгол Оронд нутаг бэлчээрийг хувьчлах бодлого анх удаа өрнөж эхэлсэн [⑨] ба маш хурдан өргөжин тэлсэн. Малчид хувьчилж авсан нутаг бэлчээрээ хамгаалан тор татаж битүүмжлэсэн байна. Бусдын малыг дотогш оруулахаас сэргийлэх гэдэг нь даруй өөрийнхөө малыг ч гадагш гаргахгүй[⑩], өөрийн хувьчилж авсан бэлчээртээ л хашаалж малжих төдий болж, нүүдлийн малжил нь үндсэндээ боломжгүй болсон байна. 1997 оноос "*нутаг бэлчээрийн хувьчилалынгэрээ*"-г хэрэгжүүлж, малчид 30 жилээр хувьчилах эрхийг батлав. Ингээд нутаг бэлчээрээ тор татан хашаалах нь малчдын суурьших эхлэл болсон.

---

④ 色音《蒙古遊牧社会的変遷》，呼和浩特：内蒙古人民出版社，1998年，146頁。

⑤ 周建中、大槻恭一、神近牧男「中国内蒙古自治区における牧畜業の変遷」『沙漠研究』，5(1), 1995, pp.71-84.

⑥ 清水幸雄、奥田進一「中国の草原環境保護制度—中華人民共和国草原法における草原保護の実効性について—」『清和研究論集』2，1995, pp.94-95.

⑦ Hong Jiang, *The Ordos Plateau of China: An Endangered Environment*, Tokyo:United Nations University Press, 1999, p.83.

⑧ Garrett Hardin, "The Tragedy of the Commons," *Science*,Vol. 162, No. 3859 (Dec. 13, 1968), pp. 1243-1248.

⑨ Caroline Humphrey and David Sneath, *The End of Nomadism?: Society, State, and the Environment in Inner Asia,* p.54.

⑩ Tony Banks,"Pastoral Land Tenure Reform and Resource Management in Northern Xinjiang: A New Institutional Economics Perspective", p.31.

Хоёр . Ган хуурай нутгийн байгалийн гамшиг

Эх хуурайн чанартай ган хуурай оронд амьдрах малчдад авч хэлбэл, ган хавсарган нь байгалийн хамгийн аюултай гамшгийн нэг болох юм [11] .

Ган гачгийн улмаас их тооны мал хорогддог. Зүүн Африкийн *Туркана (turkan)*-гийн жишээнээс үзэхэд тэндэхийн малчид бүх малынхаа хагсаас үлүү хувийг гантай жил алдсан байдаг [12]. Монгол орны газар нутгийн бас нэг өвөрмөц байдал бол өндөрлөг газарт оршдог. Үүнээс үүдэн байгалийн гамшиг болох цагаан зуд[13] нүүрлэх аюул тулгарч болох юм. Жишээлбэл, 1977 онд ӨМӨЗО-ын Шилийн гол аймагт болсон цагаан зуднаар нийт хошуу малын 25.4% нь үхэж хорогджээ[14]. Монгол Улсын мал аж ахуй 1999-2002 оны хооронд цагаан зуданд дайрагдан, улсын нийт толгой мал сүргийн гуравны нэг нь хорогдсон байдаг [15]. Тэр дундаа үхэр 40%-аар хорогдсон байна[16]. Ган хавсаргатай зуны улиралд өвс бэлчээрийн тарчиг муугаас болж, мал сүргийн шим тэжээл хүрэлцэхгүй, хүч тарга авч амжихгүй бол өвлийн цагаан зуданд хохирол сүйдэл их нэмэгддэг[17]. Тиймээс ган хагсарганаас болсон хохирол нь цагаан зуд тохиоход улам ихсэнэ. Энэ мэтээр ган хагсарга нь малчдад маш их хохирол авчирдаг. Гэвч ган гачигтай жил ч бай, хуурай гандуу ч бай гэсэн эрс тэс уур амьсгалтай нутаг орны цаг уурын онцлог

---

⑪ 篠田雅人、森永由紀「モンゴル国における気象災害の早期警戒システムの構築に向けて」『地理学評論』78(13), 2005, pp.928-950.

⑫ マケイブ, J・ターランス「災害と生態人類学：東アフリカ大旱魃（1971-81，1984-85）と牧畜民トゥルカナ族」スザンナ・M・ホフマン, アンソニー・オリヴァー＝スミス，若林佳史訳『災害の人類学』，明石書店，2006，pp.57-75.

⑬ Зуд нь цагаан зуд ба хар зуд гэж байдаг. Цагаан зуд нь их цас, шуурга зэрэг хавсарсан их хэмжээний цас орохоор мал цасан доорхь өвсийг идэж чадахгүйгээс болоод, үхэж хорогдохыг хэлнэ. Хар зуд нь ихээр хүйтрэн, цас нь мөс болж хөлдөж, мал ус өвсөөр дутагдан үхэхийг хэлнэ.

⑭ 包海岩「内モンゴルにおける雪害による家畜死について—シリンゴル盟を事例に—」『アフロ・ユーラシア内陸乾燥地文明』，2012(3)，p.75.

⑮ Batima P, B Bold, T Sainkhuu and Myagmarjav Bavuu,"Adapting to Drought, Zud and Climate Change in Mongolia's Rangelands,"in Neil Leary, James Adejuwon, Vicente Barros and Ian Burton (eds.) *Climate change and adaptation*, London : Earthscan Publications, 2009, p.199.

⑯ バトゥール・ソイルカム「モンゴル牧民経営の展開とゾド対応に関する考察：1990年代以降の市場経済化過程を対象に」『農業経営研究』31，2005，p.4.

⑰ Begzsuren, S., J. E. Ellis, et al., "Livestock Responses to Droughts and Severe Winter Weather in the Gobi Three Beauty National Park, Mongolia", *Journal of Arid Environments* 59-4(2004), pp.785-796.

учир малчид ган хагсаргатай зохицож амьдрах туршлагтай болжээ[18]. Монголын өндөрлөг газар байгалийн гамшигаас урдчилан сэргийлэх арга бол “*отор*” хийх арга юм[19]. Түүнчлэн гамшигтай байгалийн тэмцэхэд төр засгийн дэмжлэг ч маш чухал. Нийгэм журамт нийгмийн үеийн Монгол Улсад засгийн газраас гамшигт дайрагдах үеийн отор болон оторт хэрэглэх бордоо өвсний бэлтгэлийг шаардаж сануулдаг[20] байжээ. Иймээс нийгэм журмын үеийн Монгол Улсад байгалийн гамшигаас үүдэх их хэмжээний хохирлоос зайлсхийж чадаж байв. Дээр дурдсан 1999-2002 оны хооронд монгол улсад болсон их хохирол нь нийгэм журамт нийгэм сүйрсний дараагаар болсон явдал бөгөөд төр засгийн[21] сануулга дутаснаас болсон гэж судлаачид үзэж байна. Гамшигаас сэргийлэх явцад төр засгийн дэмжлэг чухал байдаг. Монгол Улсад тус удаагийн гамшиг нүүрлэхэд төр засгийн үйл ажиллага дутсанаас малчдын мал хөрөнгө ихээр сүйдэж, олонхи малчид гол амжиргаагаа залгуулдаг малаасаа салж, хот зүг бараадан амьдрах болсон байна[22]. Өвөр Монголд гамшигаас зайлах засгийн газрын дэмжлэг их байдаг.

Гурав. Бэлчээрийн даац хэтрүүлэн малжсан гэдэг үзэлтийн тухай

Малчдын оршин тогтнох нийгмийн орчин ахуй хувиран өөрчлөгдөж байдаг ч байгалийн гамшигт үзэгдэл болдгоороо болж байдаг. Суурин амьдрах болсон малчид ган гамшгийг аргацаан, байгаль дэлхий, орчин тойрноо хэрхэн сэргээн нөхөж байгааг миний бие нилээд анхааран ажиглаж ирсэн юм. Энэ тухай би өөрөө Өвөр Монголын Өөртөө Засах Орны Ордос хотын Үүшин хошуунд хээрийн шинжилгээ хийж, тухайн орны малчдын газар шороо, усны эх баялгийн

---

⑱ Glantz, M. H., and N. S. Orlovsky, “Desertification: A review of the concept”, *Desertification Control Bulletin*, vol.9, 1983, pp.15-21.

⑲ 利光有紀「“オトル”ノート—モンゴルの移動牧畜をめぐって—」『人文地理』35(6), 1983, pp.548-559.

⑳ David Sneath, “Property Regimes and Sociotechncal Systems: Rights over Land in Mongolia’s Age of the Market”, in Katherine Verdery and Caroline Humphrey (eds.) *Property in Question: Value Transformation in the Global Economy*, BERG, 2004.

㉑ Чин Улсын үед байгалийн гамшигаас учирсан хохирлыг сэргийлэхийн тулд орон нутгийн засгийн ордон, төвийн засгийн ордон идэвхтэй дэмжлэг туслалцаа үзүүлж байжээ. Тухайлбал, засгаас малын тоо толгой хорогдсон байдлаас шалтгаалж, чадлын хирээр хохирол нь их үед мөнгө өгч, мал, амуй будаа, цай худалдан авч хуваан өгдөг байжээ. Шууд мал өгөөд амьдралыг нь тэтгэн дэмжиж байлаа гэсэн мэдээ бас байна.

㉒ 尾崎孝宏「モンゴル国東部牧畜地域における開発と移住」伊藤亜人先生退職記念論文集編集委員会編『東アジアからの人類学—国家・開発・市民』，風響社，2006，pp.207-222.

ашиглалтаар жишээ болгон тусгай сэдэвт өгүүлэл нийтэлсэн билээ㉓. Үүшин хошуунд тохиосон ган гачиг бол гэнэтийн үзэгдэл биш, харин гуч гаруй жилийн турш хур тундас муу байснаас болсон юм㉔. Суурьшуулан малжих явцад авсан ган хавсаргыг аргацаах арга бодлого гэдэг нь улирал хуваан ээлжлэн малжих, услалтаар өвс бордоо тарих, ойжуулах, хатаасан өвсийг ашиглах зэрэг газар шороо болон усны эх баялгийг эрчимтэй ашиглахыг хэлнэ. Энд дурдууштай нь эдгээр эх баялгийн ашиглалт нь мал малжихад зориулсан явдал болно. Мал сүрэг бол малчдын хувьд тэдний орлогын нэг чухал эх үүсвэр юм.

Гэтэл тэр мэтээр нутаг сэлгэж, хошуу малаа адгуулахыг бэлчээрийн даац хэтрүүлж, орчин тойрныг эвдэж байна гэж㉕ үзэх нь арай өрөөсгөл мэт. Африкийн нүүдлийн амьдралын судалгааны бодит үр дүнгээс үзэхэд, “ *бэлчээрийн даац хэтрүүлснээс*” орчин тойрон эвдрэх гол шалтгаан мөн гэдэг дүгнэлт буруу болсон нь илхэн байна. Яагаад гэвэл нэгт, нүүдлийн аж байдалд бэлчээрийн даац хэтрүүлнэ гэдэг үзэгдэл гарахгүй㉖. Учир нь хур тундасны хэмжээ тогтворгүй, ган гачигтай нутаг оронд нүүдлийн мал нь тухайн аж ахуйдаа зохицон нүүдэллэж байдаг. Харин зохих орон зай ээлдэг, суурин амьдралаар баримжаа болгосон “*бэлчээрийн даац хэтрүүлэх*” гэдэг ухагдахуун нь нутаг сэлгэдэг нүүдлийн хэв маягтай огт таарахгүй юм. Ган хуурай газар оронд нүүдлийн амьдрал тохиромжтой гэх үзэл нь тухайн ган хуурай орны ус хур тогтворгүй байдаг аж ахуйн системд үндэслэж бий болсон юм㉗Ган хуурай орны аж ахуй нь цаг уур хийгээд өвс бэлчээрийн ургацын байдалтай зохицон амьдардаг өвсөн тэжээлтэй амьтны зохицож үржих тэнцвэрээс шалтгаалж байдаг㉘. Хур ус элбэг, өвс ургамал шим тэжээл сайтай бол мал амьтан өсөж үржинэ. Гэтэл хур тундасны хэмжээ жил бүр тогтвортой бус нутаг оронд өвс ургамлын гарц харилцан адилгүй учир өвс бэлчээр муудсан жил өвсөн тэжээлт мал амьтны тоо толгой ч буурч, бэлчээрийн

㉓ 児玉香菜子「定住モンゴル牧畜民の砂漠化対策—中国内モンゴル自治区オルドス市ウーシン旗の事例から」岸上伸啓編『開発と先住民』，明石書店，2009年，pp.137-155.

㉔ 児玉香菜子「中国内モンゴル自治区オルドス地域ウーシン旗における自然環境と社会環境変動の50年」『地球環境』10(1), 2005, pp.71-80.

㉕ Zhu, Zhen and Tao Wang, “Trends of Desertification and Its Rehabilitation in China”, *Desertification Control Bulletin*, 22, 1993, pp.27-30.

㉖ Melvyn C. Goldstein, Cynthia M. Beall, and Richard P. Cincotta, “Traditional Nomadic Pastoralism And Ecological Conservation on Tibet’s Northern Plateau”, *National Geographic Research*,6(2), 1990, pp.139-156.

㉗ Ellis, J. E and Swift., D.M, “Stability of African Pastoral Ecosystems: Alternate Paradigms and Implications for Development”, *Journal of Range Management*. Vol.41, No.6(1988), pp.450-459.

㉘ 縄田浩志:「干ばつ」『沙漠の事典』，丸善株式会社，2009，p.20.

даацдаа зохицдог[29]. Иймээс хур тундас, өвс бэлчээрийн гарц байдлыг харгалзан, нүүдэллэж малжих арга нь бэлчээрийн даац ба малын тоо толгойн тэнцвэрийг тогтоох хамгийн тохиромжтой арга болно. Африкийн мал аж ахуйн талаархь судалгааны үр дүнг Монгол орны нүүдлийн аж ахуйн судалгаатай уялдуулж чадсан Хамьфрай (Humphrey) болон Снензи (Sneath) нарын нүүдлийн мал аж ахуйн тухай судалгаанаас эхлэн[30] ойрын жилүүдэд Монгол судлалын хүрээнд нүүдэллэн малжих уламжлалын тухай шинэ судалгаа шинжилгээний ажил эрчимтэй өрнөж байна. Тэдгээр судлаагаар дамжин нутаг сэлгэж нүүдэллэн малжих нь ган хуурай орны байгаль ахуйд зохицсон хамгийн тохиромжтой аж амьдрал болно гэсэн дүгнэлтэд хүрсэн байна[31]. Үнэхээрийн энэ дүгнэлтийг бид бас цааш анхаарч судлах ёстой юм. Хоёрт, "*бэлчээрийн даац*" гэх ухагдахууны тухай авч үзэхэд, мал аж ахуй эрхэлдэг орны байгалийн уур амьсгалын системийн үндэслэл нь тухайн жилд орсон хур тундас, өвс ургамлын шим тэжээл, гарц болц болон мал амьтны хүч тарга, тэвээргэ салшгүй холбоотой юм. Өвс ус, цаг улирлын өнгөтэйгээ зохицон мал амьтны тоо толгой аяндаа бэлчээрийн даацтайгаа тохирдог юм. Ган хуурай орны хувиралт ихтэй байгалийн орчин ба жилийн хур тундасны хэмжээ адил бус байдаг байдалтай уялдуулан, малын тоо толгойг албаар хязгаарлаж, "*бэлчээрийн даац*"-д зохицуулна гэдэг нь боломжгүй явдал ажээ. Учир нь адил бус төрлийн мал амьтны өвс бэлчээр, усны онцлогийг ч мартаж болохгүй[32]. Гуравт, орчин ахуй эвдэгдэж байгаа шалтгааны тухай, өвс бэлчээр ургамал судлалын эрдэмтдийн үзэл бодол, засгийн газрын бодлого ба тухайн орон нутгийн ард иргэдийн үзэл бодол хоорондоо адилгүй байна[33]. Миний үзэхээр орчин ахуй эвдрэх нь мал амьтантай холбоотой бус, харин ган хавсарга[34]-аас шалтгаалсан байж болно. Учир нь ган хавсарга өнгөрч, бороо хур

㉙ 孫暁剛『遊牧と定住の人類学』，昭和堂，2012，p.7.

㉚ Caroline Humphrey and David Sneath,*The End of Nomadism?: Society, State, and the Environment in Inner Asia,* pp.218-277.

㉛ 上村明「土地制度の歴史と現在」藤田昇・加藤聡史・草野栄一・幸田良介編『モンゴル草原生態系ネットワークの崩壊と再生』，京都大学学術出版会，2013年，pp.316-338.

㉜ 太田至「アフリカの牧畜民社会における開発援助と社会変容」高村泰雄・重田眞義編『アフリカ農業の諸問題』，京都大学学術出版会，2005（1998），pp.288-318.

㉝ Williams, Dee Mack, *Beyond Great Walls*, Stanford: California: Stanford University Press, 2002；楊海英「家畜と土地をめぐるモンゴル族と漢族の関係」『民族学研究』55(4), 1991, pp.455-468.

㉞ Хээрийн шинжилгээний газар судалгаа хийхэд, тухайн газрын хүн ард нутаг бэлчээр муудсан шууд шалтгаан нь ган гачгаас боллоо гэсэн. Гэвч, Өвөр Монголын Үүшин хошуунд ч гэсэн хөрс шороо муудах нь уур амьсгалын уршиг төдий биш, харин суугуул ард иргэдийн тоо нэмэгдсэн болон тал хээр газрыг ихээр хагалсан байдал зэрэг нийгмийн чанартай шалтгаан их нөлөөлсөн байна.

элбэг болбол бэлчээрийн өвс ургамал дахин урган сэргэж болно[35]. Өвс ургамал сайн болбол мал амьтан аяндаа үржил сайтай болж, харин өвс бэлчээр муу бол мал амьтны тоо толгой аяндаа цөөрч, бэлчээрийн даацдаа уялдан зохицно. Энэ тухай би 1997 оноос эхлэн хориод жилийн хугацаанд Өвөр Монгол оронд хийсэн хээрийн шинжилгээний туршлагадаа түшиглэж дүгнэсэн юм. Анх Өвөр Монголд очиж, мал маллагаас хүртэх ашиг шимийн баялгийг ихэд гайхсан билээ. Юуны өмнө бэлчээр бол мал аж ахуйн оршин тогтнох үндсэн суурь мөн гэдгийг таньж мэдсэн юм. Нүүдэллэн малждаг монголчууд бол мал хийгээд бэлчээрээ адилхан хайрлаж, хамгаалж байж малждаг юм. Олон зуун жилийн байгаль болон нийгмийн хувиралтад зохицон малжиж ирсэн монголчуудын туршлага ба онол үзлийг мартсанаас болж, бэлчээрийн даац хэтэртэл малжиж байна гэх ойлголт ухамсар бий болсон шиг байна. Нүүдэлчин малчид бол үр ашгийн араас улайран хөөцөлддөг хөрөнгөтөнтэй адил биш, харин ган гачгийг аргацааж, цаг улирал, байгаль эх дэлхийтэйгээ зохицож, зах зээлийг ашиглах амьдралын хүч бүхий баялаг туршлагтай цаг уурыг тэнцвэржүүлэгчид юм.

A Study on Inner Mongolian Herdsmen's Life after Their Being Resettled

KODAMA Kanako

In order to prevent desertification and preserve grasslands, policies to ban grazing and to resettle herdsmen have been implemented in certain areas in China for many years. This article investigates the living condition of Inner Mongolian herdsmen after their being resettled.

㉟ 児玉香菜子「変わりゆく内モンゴル、オルドスの社会と文化」『善隣』417，2012，pp.12-19.

Оуэн Латтиморын дурсамж CHINA MEMOIRS хэмээх номын Хятад орчуулгад гарсан асуудал

Нарангэрэл

Нэг. Латтиморын тухай

Америкийн ууган Монголч эрдэмтэн Оуэн Латтимор (Owen Lattimore,1900-1989) бол дэлхийн Монгол судлалд дорвитой хувь нэмэр оруулсан хүн мөн. Түүний нэг нас үлгэр домгийн өнгө будаг ялгам, хүүхэд бага насаа Чин улсад өнгөрүүлж, сургуулийн жилүүдээ Швед, Англид өнгөрүүлээд,19 настайдаа дахиад Хятадад ирж, арилжаачин, сэтгүүлч зэрэг янз бүрийн ажил хийж байгаад, түүх газар зүйн судалгаанд сонирхолтой болжээ.Тэгээд 1926 онд уулын ажлаасаа гарч, судалгааны ажилд шилжээд, Монгол орны хөдөө нутаг олон газраар морь тэмээгээр аялж явсан бөгөөд Монгол багшид шавь орж, Монгол хэлийг нэвтэрхий сайн сурчээ. Хэлний хувьд тэр бас Хятад хэл болон Орос хэлэнд нэвтэрчээ. Тэр мөн биеэрээ Умардын нүүдэлчдийн тархаж бүхий бүс нутгаар явж өнгөрүүлсэн бөгөөд тухайн үеийн Хятад улсын хил хязгаарыг дагаж, дотоод азийн орнуудыг хөндлөн гулд аялсан бараг цорын ганц эрдэмтэн байхаа.

Тэрээр 1927 онд анхдагч бүтээл Туркестанд нэвтрэх элсэн зам (1928) хэмээх номоо бичсэнээс хэлээд Өндөрлөгийн татарчууд (1930), Манж-мөргөлдөөний голомт (1932), Манжийн харьяаны Монголчууд (1934), Хятадын дотоод Ази дахь хязгаар бүс (1940), Монгол аялал (1941), Азийн шийдвэр (1945), Хятадын товч түүх (1947), Азийн байдал (1949), Азийн бэлчир (1950), Гүтгэлийн зовнил (1950), Монголын үндэстний үзэл ба хувьсгал (1955), Нүүдэлчид ба хувьсгалчид (1962), Монголыг дахин сурвалжилсан нь (1962) зэрэг Монголын түүхтэй холбогдолтой хориод ном бичсэн бөгөөд 100 гаруй эрдэм шинжилгээний өгүүлэл нийтлүүлсэн юм. Дилав хутагт (1982) болон Хятадын тухай дурсамж (1990) бол Исуну Фужико (磯野富士子)–тай хамтран туурвисан сүүлчийн бүтээлд багтана.

Их эрдэмтний сонгодог бүтээлүүд нь Герман, Франц, Япон зэрэг олон хэлэнд орчуулагдаж хэвлэгджээ. Гэтэл Монгол, Хятад хэлнээ орчуулагдсан зүйл их цөөхөн буй. Ялангуяа Хятад хэлнээ орчуулагдсан нь 中國的亞洲内陸邊疆 (2005) болон тус шүүмжид өгүүлэн бүхий дурсамжаас өөр юм байхгүй шиг буй.

Хоёр. CHINA MEMOIRS-ын тухай

Хятадын тухай дурсамж буюу CHINA MEMOIRS бол Латтиморын нас барахаасаа өмнө бэлтгэсэн бүтээл болох бөгөөд орчин үеийн Монголын түүхтэй их бага ямар нэг хэмжээгээр холбогдох дуртгалын туурвил болно. Нарийвчлан уншвал Монголын түүхтэй холбогдох түүхт хэрэг учрыг нэхэмжлэн санагалзсан ба уулзаж танилцсан хүнээ дурсан ярьсан агуулга цөөнгүй буй. Латтиморын сэтгэл дотор Дэ ван, Дилав хутагт, Мэрсэ нар мөн тодохон дурсан санагдаж байна гэдгийг ярианых нь нарийн зүйлсээс бид ойлгож болно. Латтимор насаараа Монголын тухай сэтгэж судлаж ирсэн болохоор ер нь санамсартай санамсаргүй Монголтой холбогдуулан хуучилдаг нь бас ойлгомжтой хэрэг юм. Намтрын хуудаснаа орчин үеийн Хятад-Азийн хязгаар бүс орны улс төрийн гүн хувиралын дүрс зураг харагдана. Хоёрдугаар дэлхийн дайн яг гал хөгдөө байсан зангилгын цагт ерөнхийлөгч Рузвельтын заалтын дагуу Чан Кай Шигийн зөвлөгчөөр томилогдон Америкаас Чунчинд ирж ажиллажээ. Түүнээс өмнө 1920-1930-аад онд тэр нэгэнтээ Хятадын олон газраар явсан бөгөөд мөргөлдөөний голомт зүүн хойд орон ба хувьсгалын голомт ЯньАн зэрэг газарт болсон түүхийг биеэрээ үзэж байсан ажээ.

Түүний Хятадад өнгөрүүлсэн өдөр хоногийг нь дурсан сануулж тэмдэглэж үлдээх чухалтай хэмээн өтөл үед нь шахамдуулж тус дурсамжийг туурвиж гаргасан нь үнэндээ Исуну Фужикогийн хувь нэмэр болох ёстой. Исуну Фужико (1918-2008) бол Японы нэрт Монголч эрдэмтэн мөн. Дайнаас өмнө Японы охидын их сургуулийн Англи хэлний салбарыг дүүргэж, 1943-1945 оны хооронд Өвөр Монголд ирж,хээрийн шинжилгээний ажил хийж байжээ. Сүүлээр нь Японы охидын их сургууль, Токио их сургууль, Английн Лидс их сругуульд багшилж байснаа 1966-1989 он хүртэл Латтимортай хамтран судалгааны ажил хийжээ. Өгүүлэн бүхий дурсамжийн бүтээл бол Латтиморын өөрийн бичсэн ном биш. Тоочилтын яг уг хэвээр нь буулгаж сийрүүлсэн зүйл ч биш, харин эмх замбараагүй ярьсан зүйлүүдийн тэмдэглэж засаж найруулаад, хэвлэлд бэлтгэх бүх ажлыг Исуну Фужико голлон гүйцэтгэсэн юм. Уг номыг Токио их сургуулийн хэвлэлийн хорооноос 1990 онд Англи хэлээр хэвлэсэн бөгөөд мөн Исуну

Фужикогийн орчуулсан Япон хэлний хэвлэл нь ラティモア：中国と私 гэдэг нэрээр 1992 онд Мисузу Шиёобу хэвлэлийн хороогоор хэвлүүлжээ.

Англи хэлний уг номын дэлгэрэнгүй гарчиг нь CHINA MEMOIRS,Chiang Kai-shek and the War Against Japan гэдэг. Уг номын Хятад хэлний орчуулах ажлыг Шанхай дахь Фудан их сургуулийн профессор Ван Ши(王熙) зохион байгуулаад бодитой орчуулах ажлыг Y Шин Бу(吴心伯)доктор болон Лю Юн То(劉永濤) доктор хийжээ. Дээр дурдагдсан Токио их сургуулийн хэвлэлийн хорооноос гаргасан Англи хэлний хэвлэлийг үндэслэж 蔣介石的美國顧問——歐文・拉鐵摩爾回憶錄 гэдэг нэрээр Фудан их сургуулийн хэвлэлийн хороо хэвлүүлэв. 1996-1997 оны хооронд хоёр удаа нийт 11000 ширхэг хэвлэн тархаажээ.

Гурав. Хятад орчуулгад гарсан алдаа

Дээр дурдсанчлан хоёр удаа түм гаруй дэвтэр хэвлэснээр уншигчдын дунд нэлээд тархсан байгаа нь эргэлзээгүй. Гэвч уг номыг Англи хэлнээс орчуулахдаа хариуцлага алдсан байдал гарчээ.Ярианrгүйэдгээр алдаа бол зөвхөн Монгол түүхийн мэдлэггүй орчуулагч нь ганц хүний гэм буруу биш. Хянаж нягталсан,зохион байгуулсан, хаа хаанаа ч цөм хариуцлагагүй хандсанаас болжээ. Эсвэл Хятад орчуулагчдын хувьд авч хэлвэл Монголын түүхтэй холбогдох агуулга нь төдий л чухал зүйл биш хэмээн юмны тоонд бодсонгүй болохоор иймэрхүү эрдэм шинжилгээний ёс журмыг зөрчсөн үйлийг зориуд үйлдэж байх магад. Энэ бол нийт уншигчдыг бүр хүндэтгэж байхгүй явдал болно.

Уг Англи номтой нь тулгаж үзэхэд Хятад орчуулгад нь осол цалгай зүйл цөөн бус оршиж байна. Энд бодитой жишээгээр асуудлыг тодорхойльё.

（1）Уг номын 26-27-р хуудсанд доорх мэт агуулга буй. Гэтэл үүнийг Хятад орчуулгад оруулсангүй тэр чигээр нь хассан байна.

In Manchuria I was shocked to see that while the Chinese could rightly claim that they suffered from foreign imperialism, there was also a second level of Chinese imperialism against the Mongols. The Chinese were encroaching on Mongol-inhabited territory, taking land from them, driving them out--a bit like Europeans in America driving out the Indians. Clearly, the military colonization by the Chinese was not strengthening the Chinese position, but instead was preparing the Mongols to accept (and in some cases to welcome) any Japanese aggression against the Chinese that would put an end to the Chinese aggression against the Mongols. At the same time, the Japanese military were deliberately practicing a policy of treating the Mongols more humanely than the Chinese did. Some of the Mongols, however, were beginning to realize that this meant, especially in northeast Inner Mongolia where the Japanese were already strong, the transformation of the Mongol economy so that the Mongols, instead of being independent owners of their own herds, were in danger of becoming just-to use an American expression-cowboys on ranches owned by the Japanese. Again at this time, because of the Revolution in Northern (Outer) Mongolia in 1921, there was already a very strong echo of Soviet influence. The Mongols were the object of Chinese propaganda, Japanese propaganda, Soviet propaganda, and Northern propaganda.

This, however, did not immediately lead me to spend a lot of time studying political theories. I was not concerned with who was right theoretically. Questions like: Is capitalism better than socialism? Or is socialism better than communism? did not concern me. My awakening to politics was in a different way. I saw that the people in whose lives the Japanese, Chinese, and new communist commissars of Northern Mongolia were interfering were not interested in what these overlords said in their respective propaganda but in what they did. At the stage, everybody was making promises, but they were doing things only to take power into their hands.

During the time of hasty collectivization in Northern Mongolia (1921-31), many Mongols, including poor herdsmen, were coming into Inner Mongolia. I began to find that quite a number of these refugees, after having been in Inner Mongolia for a while, were saying: Oh, God! It's worse here than what we ran away from. And many of them were actually doing a reverse emigration, going back to where they had come from. On the other hand, I found that Inner Mongolian intellectuals were saying: We must not just let the real power pass from Chinese hands into Japanese hands. We must organize an Inner Mongolian nationalism witch will aim for independence, or at least autonomy.

Тэгвэл дээр сийрүүлсэн зүйлийг дараах байдлаар орчуулж болно,

"Хятадчууд харийн ээрхэг түрэмгийтний дарлалыг амсжээ гэдэг боловч Манжид харин Монголчуудад чиглэгдсэн Хятадын ээрхэг түрэмгий ёс оршиж буйг би үзээд цочин гайхжээ. Хятад хүн Монголчуудын сууж байсан орон нутагт түрэмгийлэн орж, тэднийг нутаг уснаас нь хөөж явуулаад газар шороог нь булаан авчээ. Энэ нь Америкт болсон Еврол хүн Индианчуудыг хөөж явуулсан хэрэгтэй адилавтар юм. Хятадын зэвсэглэлийн колоничлол нь Хятадчуудын байр суурийг бэхжүүлж чадсангүй нь илхэн байжээ. Үүний эсрэг Монголчууд Хятадын түрэмгийллийг зогсоохын төлөө Японы Дундад улс зүг довтлох ажиллагааг хүрээлжээ. Зарим тохиолдолд угтан авсан

байна. Мөн энэ үед Японы цэргийн талынхан зорилготойгоор Хятадын бодлогоос давуу хүмүүнлэг бодлогоор Монголчуудад хандаж байв. Гэтэл Монголчуудын нэг бүлэг нь ялангуяа Японы нөлөө маш хүчтэй нэвтэрч бүхий Өвөр Монголын зүүн хойд хэсэгт гарсан Монголын мал аж ахуйн өөрчлөлт дунд Монголчууд өөрсдөө биеэ даасан малын эзэн болж чадах биш, харин Америкийн маягаар яривал Монголчууд нь Японы эзэгнэх малжилын талбайд малчин хүүхэд болж хоцрох аюултай байгаа юм. Ахивал Ар монголд 1921 оны хувьсгал болсноор Совет засгийн нөлөө нэгэнтээ маш хүчтэй болж буй. Монголчуудын хувьд Хятад, Япон, Зөвлөлт хийгээд Ар Монголын суртал ухуулгад үйлдэгдэж байжээ.

Гэтэл үүнд би даруйхан улс төрийн онол монолыг хэдий чинээ цаг зарцуулж судлах болсон биш, хэнийх нь онол нь зөв гэдэгт би сонирхол байхгүй. Хөрөнгөт ёс нь нийгэм журамт ёсоос нэн сайн гэх үү, эсвэл нийгэм журамт ёс нь хөрөнгөт ёсоос улам давуулаг гэх үү? гэх мэтчилэн надад тэдгээрийг ойшоох сонирхол байхгүй. Харин улс төрийн талаар миний анхаарлыг татсан нь ондоо зүйл байлаа. Миний харснаар тэдгээр Япон, Хятад ба шинэ Ар Монголын коммунист гишүүн аль алиных нь талаас ч олныг нөлөөлж байх боловч хүмүүс харин тэднүүсийн хэнийх нь ухуулгад сонирхолтой байгаа биш, гол нь тэднүүсийн бодитой юу хийсэн гэдгийг анхаардаг юм. Тухайн үед тэднүүс бүр амлах боловч бодитой хийдэг нь гэвэл зөвхөн эрхийг гартаа оруулах явдал төдий юм.

1929-1931 оны хооронд Ар Монголд албаар хамтралыг яаравчилан биелүүлсэн бөгөөд энэ үед ядуу ардыг багтаасан нэлээд тооны Монголчууд Өвөр Монголын нутагт дүрвэж орж иржээ. Тэдгээр дүрвэгсэд Өвөр Монголд хэсэг хугацаа амьдарсны сүүлээр зарим нь ай тэнгэр минь ээ. Энд чинь манай зугтаж гарч ирсэн газраас ч хол муу байна гэж ярихыг нь би ойлгож эхлэжээ. Олонхи нь эргэж уг нутагруугаа буцаж байна. Өвөр Монголын сэхээтэд Бид эрх мэдлээ Хятад хүний гараас Япон хүний гарт шилжүүлэх явдлыг хийж болохгүй. Бид эрх биш тусгаар тогтнохын төлөө наад зах нь өөртөө засах эрх авахын төлөө Өвөр Монголын үндэстний үзлийг зохион байгуулах хэрэгтэй гэж ярьж байсныг би анзаарчээ.

（2）Мөн дээрхтэй адил 110-111-р хуудсанд доорх мэт нэлээд дэлгэрэнгүй агуулга буй.

The first assignment Chiang gave me was to write three memoranda, on the Northeast, Mongolia, and Sinkiang. Of course, the northeast was easy. All I had to say was that northeast was completely Chinese and that after the war no echo should be left of the bogus Manchukuo, which the Japanese had proclaimed under the pathetic boy Emperor, the last of the imperial Manchu house.

Mongolia was delicate. Inner Mongolia was under Chinese sovereignty, though the eastern half of it was under Japanese occupation. Outer Mongolia, after a genuine nationalist revolution backed by Soviet Russia, proclaimed an independent republic (the first to call itself People's Republic) since the early 1920s. With strong Soviet backing, they had crushingly defeated Japanese troops in a series of border conflicts in 1939. But China had never recognized its independence and never did until it had to accept the result of a plebiscite in Outer Mongolia (October 1945). Roosevelt, at the Yalta conference, had promised Stalin that he would persuade Chiang to agree to the arrangement in exchange for the Soviet entrance into the war against Japan.

To this day, however, most Chinese think that all Mongols are one of China's minorities . A Mongol friend of mine told me that when attached to the Mongol embassy in Peking, he had gone into one of the shops reserved for foreigners. They refused to serve him saying that if he was a Mongol, he belonged to China. It took a lot of argument, backed by his passport, before they would allow him, as a foreigner, to buy what he wanted. I had to circle cautiously around that subject, knowing the deep commitment of both Mongols and Chinese.

In the same way, in my memorandum on Sinkiang (where, under the Chinese government of today, there has been a continuing settlement by Chinese colonists that have drastically changed the demography of the province), I had to be sensitively aware of the fact that it is unreasonable to expect any Chinese to accept the historical truth that the Turkish-speaking people of Central Asia always have had more apprehension for being swamped by Chinese colonization than for the extension into their territories of the power of the Russians as a people—not the state power of Tsarist Russia or the Soviet Union. It was so in the old days of Manchu and Tsarist Empires—and it is still the same under today's firm Communist rule on both sides of the frontier.

On the subject of Tibet I did not write a memorandum, explaining to Chiang Kai-shek that I had never traveled in the country and did not know the language. I could tell that my frank declaration of my own limitations gave him confidence in me.

Дээрх зүйлүүдийг мөн Хятад номд бүгдийг орчуулсангүй хаячихжээ. Үндсэн утга нь доорх мэт,

Чан Кай Ши анх надад өгсөн даалгавар бол зүүн хойд, Монгол, Шинжаны тухай меморамдум (санууламж бичиг) бичих ажил болно. Яриангүй зүүн хойдын тухай бол амархан юм. Зүүн хойд цөм Хятадынх болохоор Японччууд

өнөө эмгэнэлтэй хүүхэд - Манжийн төрийн сүүлчийн хааныг орой дээрээ өргөж тунхагласан тоглоомын Манж улс -ыг дайны дараа хог тас юу ч үлдээж болохгүй гэж бичсээр богоо.

Монголын тухай бол болгоомжлох хэрэгтэй юм. Өвөр Монгол нь Хятадын ноёрхолд байх боловч зүүн хэсгийг Япон эзлээд буй. Ар Монгол нь Зөвлөлт Оросын тусламжаар үнэнхүү үндэстний үзлээс үүссэн хувьсгалыг өнгөрүүлж, 1920-иад оны эхний үеэс тусгаар тогтносон бүгд найрамдах улс (Бүгд найрамдах ард улс хэмээн нэрлэсэн анхны улс) байгуулсныг тунхаглажээ. Мөн 1939 онд хүчирхэг Зөвлөлтийн зэвсэгт дэмжлэг дор, тасралтгүй үргэлжилж байсан хилийн мөргөлдөөн дунд Япон цэргийг ялсан байна. Гэвч Хятадууд ерөөс Ар Монголын тусгаар тогтнолыг хүлээн зөвшөөрөх санаагүй байжээ. Эцэстээ 1945 оны 10 сард болсон Ар Монголын бүх ардын санал хураалтын дүнд Хятадын талаас Бүгд найрамдах Монгол ард улсын тусгаар тогтнолыг хүлээн зөвшөөрөхгүй байхын аргагүй болжээ. Өмнө нь Рузвельтээр Ялтийн бага хурал дээр Сталинд хандан Зөвлөлтийг Японы эсрэг дайнд татаж оруулах нөхцлийн хариуд Ар Монголын ард түмний санал хураалтын хэрэгжүүлэлтийг Чан Кай Шигээр хүлээлгэх гэснийг амлажээ.

Гэтэл өнөөдөр хүртэл Монголчууд бол бүр Хятадын доторх цөөнх үндэстний нэг нь мөн хэмээн олонхи Хятад тэгэж санадаг. Миний нэг найзын ярихаар, тэр Бээжинд суугаа Монголын элчин сайдын газар ажиллаж байхдаа гадаадын хүнд зориулалттай дэлгүүрт ороод бараа авах гэхэд, дэлгүүрийн эзэн түүнийг чи хэрвээ Монгол хүн бол Хятадад харьяалагдах ёстой хэмээн бараагаа өгөөгүй гэнэ. Тэгээд паспортоо гаргаад баахан маргалдаад сая авдаг бараагаа авч чадсан гэнэ. Би энэ асуудлын тойронд Монгол Хятад хоёр талын гүнзгий сэтгэл зүйн талаарх ойлголттой байхаараа нэлээд сайн сэтгэж болгоомжтой бичих хэрэгтэй байжээ.

Үүнтэй адилаар Шинжангийн тухай меморамдум гэвэл (тэнд өнөөдрийн Хятадын засгийн газрын доор ч гэсэн Хятадын колоничлогчдын ажиллагаа үргэлжилсээр буй бөгөөд тус орны хүн ам зүйн талд эрс хувиралт гаргачихжээ), би нэгэн бодит байдалд мэдрэл цочирдом сэрэлт олжээ. Энэхүү түүхийн үнэн байдлыг Хятадчууд яасан ч мэдрэхгүй юм. Тухайлбал, төв Азийн Турк хэлтний үндэстэн маань өөрийн нутагт нь Оросчуудын хүч (хаант Орос буюу Зөвлөлт засгийн эрхийг зааж байгаа биш) түрж орж ирэхээс илүү Хятадын колоничлолд дарагдаж дуусахаас айн хэлмэж байна. Энэ байдал хуучин Манжийн засгийн үе ба хаант Оросын үе ч гэсэн, хилийн хоёр талаар хүчирхэг коммунист дэглэм тогтсон өнөөдөр ч гэсэн бүр адилхан юм.

Төвдийн тухай меморамдум бичихээс би татгалзав. Миний бие тэр газар хүрч үзээгүй. Төвд хэл ч мэдэхгүй гэдгээ Чан Кай Шид тайлбарлаж хэлсэн. Өөрийн хүрэлцэхгүй талаа үнэн цагаанаар тодорхойлсон маань хэрэг дээрээ Чан Кай Шийн итгэлийг олсон хэрэг байхаа.

（3）Мөн дээрхитэй адил. 210-211-р хуудсанд.

At that time, De Wang was uncertain as to do about the situation. His idea for the future was a kind of federated republic in witch both Inner and Outer Mongolia, Tibet, and Sinkiang would be their own independent republics under the overall sovereignty of China. I rather agreed with his idea at the time. He wanted these ideas to be known in the United States. I said I would do what I could, but I knew it would be difficult. De Wang at that time had some illusions about the United States. The United States stood for self-determination, as had been proclaimed by President Wilson.

Already in the middle of the 1930s, De Wang had asked me: Is there any chance that American influence can be brought to bear on autonomy for the Mongols? I had to answer: No, none what-soever. The American doctrine is the integrity of China,and that is why the United States is against the Japanese occupation of the northeast and the creation of Manchukuo. The American concept of the integrity of China is that Tibet, Mongolia, and Sinkiang are all part of China. You simply will not find any body in Washington who can see or understand the problems of minorities in China. At that time, to most of the Americans, what was a Mongol? A Mongol was some sort of Chinese talking a funny dialect.

As has been described before, De Wang, being unable to resist the Chinese, had practiced the ancient tactic of slow-moving sabotage by carrying out Chinese orders, when he was forced to do so, as ineffectively as possible. Under the Japanese occupation, he continued the same policy. He never had any illusions about the Japanese. I learned later, though De Wang himself said nothing about it, that under the Japanese occupation of Inner Mongolia, he had a number of assistants whom he knew to be Communists in contact with the People's Republic of Mongolia. He did not care whether someone was a Marxist or of any other kind of political conviction. The only thing that mattered to him was whether that person was interested in the unity and future of the Mongolian people.

In spite of being a very high-ranking prince, De Wang was not against the idea of Mongolia becoming a republic. He was an honest man who had a real sense of devotion to his own people. As we see in the history of Mongolia, every time that

Mongolian people nearly got something, they would be betrayed by some princes and high lamas selling out for their own personal advantages and to guarantee their titles. De Wang had been trying to unite and develop Inner Mongolia to give all the Mongols a feeling of being a part of the Mongol nation and not simply members of a tribe. Preservation of ranks and privileges of the princes was not his concern. That was the last time I saw him. Having tried some resistance against the Communist regime in the southwestern part of Inner Mongolia, he surrendered. I was told that, having been reeducated , he worked in the library in Huhehot until his death in 1966. I think he was a very tragic figure.

Гэтэл дээрхи агуулгуудыг Хятад орчуулгад: “早在30年代中期，德王就曾問我: “美國有沒有可能對蒙古自治施加影響？” 我只得回答說: “不，不會有這種可能。美國的原則是中國的完整，那就是爲什麼美國反對日本佔领東北和建立滿洲國。美國關於中國完整的觀念是，西藏、蒙古和新疆都是中國的一部分。你幾乎難以在華府找到一個能夠看到或瞭解中國少數民族問題的人。” (Хятад хэвлэлийн 198-р хуудас) гэсэн байна. Өөрөөр хэлбэл, уул бүлгийн дотор зөвхөн нэг жижиг хэсгийг сонгож орчуулаад ихэнх агуулгыг нь орхигдуулсан байна. Уг бүлгийг миний бодохоор дараах байдлаар бүтэн орчуулбал таарна,

Тэр үед Дэ ван байдлыг яаж харгалзах тухай оновчтой арга олоогүй. Тэр Монголчуудын ирээдүйн тухай холбооны бүгд найрамдах хэлбэрийг сэтгэж, ийм хэлбэрээр Хятадын бүгд найрамдах эрх доорх ар өвөр Монгол, Төвд, Шинжан тус тусдаа бие даасан бүгд найрамдах улсын байгууламж хэрэгжүүлэхийг төсөөлж байв. Тэр үед би түүний үзэлтийг маш дэмжиж байжээ. Дэ ван энэ бодлогоо Америкт мэдэгдэх хэмээн хүсэж байснаа, энэ мөн нэлээд төвөгтэй хэрэг байгаа гэдгийг би мэдэж байвч чадлын хэрээрээ тус болъё гэж түүнд хэлжээ. Тэр үед Дэ ван Америкт хий хүсэл өөврлөж Вильсон ерөнхийлөгчийн тунхагласан шиг Америкчууд үндэстний өөрөө шийдвэрлэх (self- determination)-ийг дэмжинэ гэж итгэж байжээ.

1930-аад оны дундажаар Дэ ван Монголчуудын өөртөө засах явдалд Америк нөлөө өгөх бол уу? Тийм боломж байх уу? хэмээн надаас асуухад, би: Байхгүй, тийм ямар ч боломж алга. Америк бол Хятадын нутаг дэвсгэрийн бүрэн бүтнийг хамгаалах бодлогыг баримталж байх болохоор Японччууд зүүн хойдыг эзлэн Манж улс байгуулсаныг эсэргүүцэж байна. Хятадын нутаг дэвсгэрийг бүрэн бүтэн байлгах тухай Америкийн үзэлтээр бол Төвд, Монгол болон Шинжан цөм Хятадын нэг хэсэг юм. Хятад дахь цөөнх үндэстний асуудлыг ойшоож үзэх буюу ойлгодог хүнийг чи Вашингтонд нэгийг ч эрээд олохгүй гэж хариулахаас өөр аргагүй. Тэр үед Америкчууд үндсэндээ бүр

Монгол гэж ямар хүн буй? Хачин аялгатай Хятадын нэг салаа биз ээ гэх л ойлголттой.

Дээр тодорхойлсон шигээр Дэ ван Хятадын эсрэг тулж чадахгүй болохоор хуучин аргыг хэрэглэн хойргодуу овор авч байжээ. Хятадын талаас ирэх зарлигийг дагахгүй үл болох байдал доор ч гэсэн тэр чадахын дотор хойш сууж удаашруулж байдаг. Дэ ван Японы ноёрхолын үед ч гэсэн энэ бодлогоо баримталж байсан бөгөөд тэр ерөөс Японд хий хүсэл өөврлөж байсангүй. Япон Өвөр Монголыг эзэлсэн тэр үед тэр дэргэдээ Бүгд найрамдах Монгол ард улстай холбоотой хэдэн хүнийг ажиллуулж байжээ гэдгийг сүүлд нь би өөр хүнээс дуулсан юм. Дэ ван тэд нарын коммунист намын бүрэлдэхүүнд байхыг ч мэдэж байдаг боловч хэн нь марксист, эсвэл аль нэг нь ямар улс улс төрийн сүсэгтэй гэдэгт ямар ч сонирхол байхгүй. Түүнд авч хэлбэл цорын ганц чухал зүйл гэвэл, хэн нь Монгол үндэстний нэгдэл ба ирээдүйн хувь заяаны төлөө санаа тавьж байх эсэхийг анхаардаг.

Дэ ван хэдийгээр өндөр байр суурьтай ван боловч Монголд Бүгд найрамдах улс байгуулах санаачлагыг ерөөс эсэргүүцсэнгүй. Тэр бол эрхэм дээд үнэнч шударга хүн юм. Өөрийн үндэстнийхээ төлөө үнэнхүү биеэ зориулсан хүн юм. Монголын түүхнээс үзвэл, Монголчууд ялалтолмоор байх үе бүрт, ер нь тэдгээр хувийн эрх ашигаа хамгаалах гэсэн ван гүн болон дээд лам нарын урваж тэрсэлсэнээс болж ялагдаж дуусдаг. Дэ ван бол Өвөр Монголыг нэгтгэж хөгжүүлж, бүх Монголчуудыг ямар нэгэн аймагт харьяалуулах биш, харин нэг Монгол үндэстний бүрэлдэхүүн гэдэг ухамсартай болгохын төлөө чармайжээ. Түүнд авч хэлбэл, байр суурь, вангийн эрх мэдлээ хамгаалах гэдэг ажиг ч үгүй зүйл билээ.Энэ бол миний Дэ вантай уулзсан хамаг сүүлчийн удаа билээ. Тэр Өвөр Монголын баруунөмнүүр коммунист засгийн эсрэг босох оролдлого хийгээд ялагджээ. Сүүлээр нь өөрчлөгдөөд Хөх хот дахь номын санд (Номын сан биш харин "соёл Түүхийн гэр" хэмээх хаалттай газар байжээ —нарангэрэл) ажиллаж байгаад 1966 онд нас барсан гэж дуулдсан юм. Дэ ван бол нээрээн түүхийн эмгэнэлт хүн мөн.

Дашрамд, тус дурсамжид Дэ вангийн тухай мэдээлэл бага бус харагдах нь дурдууштай. Тухайн үеийн Монголын өөртөө засах асуудал дээр, Хятадын талаас зүйл зүсмийн их бага цэргийн эрхтэн Дэ ванг тарчилган зовоож байсан. Тухайн үед Чан Кай Ши ч арга байхгүй, тэр үнэхээр Өвөр Монголын нэгдсэн байгууламжийг зохион байгуулах гэсэн Дэ вангийн зорилтыг дэмжих санаа байвч бодитой хийж чадахгүй. Пү Зуо И мэтийн хүмүүс хөндлөнөөс нь саад үзүүлж, Монголчуудын хүсэл шаардлагыг юугаар ч үздэггүй. Монгол гэвэл үзэн ядан хорсон уурлаж байсан тэр хүний тухай Пү Зуо И бол Монголын өөртөө засахыг эрс эсэргүүцдэгээр барахгүй, үндэстэн ялгалын талаар туйлширсан хэлбийх үзэлтэй хүн юм гэж Латтимор биеэрээ Пү Зуо И-тэй уулзаж ярилцсан явдлаа тэмдэглэж буй. Латтимороор Монголчуудад өөртөө засах эрх олгох ёсны тухай маш хичээнгүй бөгөөд болгоомжтой сануулж хэлэхэд, Пү Зуо И дэлбэ уурлаж: Монголчуудын дотор чи би шиг ийм боловсон хүн байхгүй. Монголчууд бол хүн биш, адгуус мал шүү дээ. Хэрвээ зарагдвал идэш хаяж өгнө. Үгүй бол жанчиж цохихоос өөр аргагүй гэв. Эдгээр мэдээлэл нь тухайн үеийн Өвөр Монголын баруун хэсгийн улс төрийн байдал, тухайлбал Батхаалганы өөртөө засах хөдөлгөөнд холбогдох хүчир бэрхшээлтэй орчин ахуйг ойлгоход нэлээд чухал зүйл болно. Энэ хэсэг агуулга Хятад хэвлэлд хэдийгээр энд тэнд хассан ор мөр харагдавч үндсэн агуулга нь байж байна. Англи хэвлэлийн 30-31-р хуудсанд, Хятад хэвлэлийн 25-26-р хуудсанд лавлаарай.

（4）Мөн дээрхитэй адил, 27-28-р хуудсанд, тухайн үеийн улс төрийн зөрчилт байдалтай холбогдуулан, Мэрсэ (Гуо Дао Фу)-ийн хорлогдсон буюу ор сураггүй алга болсон тухай Латтимор чухал мэдээлэл өгч буй. Тухайлбал Мэрсээг Хятадчууд хөнөөжээ гэдэгт эргэлзээгүй байжээ.

Уг номын агуулга нь доорх мэт,

In September 1931, a few days after the Munkden Incident, Merse suddenly appeared in Peking, very agitated, very nervous. It was obvious that he was getting in touch with other Inner Mongolian Mongols in Peking, though he would not tell me anything in detail. They must have been discussing: What do we do as Mongols? What will the Japanese intervention in Manchuria mean for the Mongols? When he went back to Hailar, his hometown, he was arrested and shot. Hailar was still in the hands of one of Chang Hsueh-liang’ s generals who had not immediately surrendered to the Japanese but had kept on fighting for some time. (Chang Hsueh-liang was the son of Chang Tso-lin, the warlord of the Northeast who had been assassinated by the Japanese in June 1928.)

The general was afraid that Merse might bring some Mongols over to the Japanese side. Merse had been the head of school for training Mongol interpreter-bureaucrats for Chang Hsueh-liang’s administration of the eastern part of Inner Mongolia. Just as Indian nationalists flourished among the English-educated Indians, such educated Mongol nationalists were often produced in this kind of school under Chinese rule. The way in which Merse had been conducting his school seems to have invited the suspicion of the Chinese authorities. He had, moreover, a record of having collaborated, for a period, with Japanese policy at the time of the Russian and Mongolian Revolutions.

Хятад орчуулгыг нь үзвэл,

1931年9月，瀋陽事變發生後數日，墨斯突然出現在北京，他顯得非常不安，非常緊張。顯然他正同在京的其它外蒙古人聯繫，儘管他不告訴我詳情。他們肯定一直在商量："作為蒙古人我們該怎麼辦？日本干涉滿洲對蒙古人意味著什麼？"當他回到故鄉海拉爾時，就被逮捕並被處死了。海拉爾仍然在張學良的一位將領手中，他沒有馬上投降日本人，而是堅持戰鬥了一陣子（張學良是東北軍閥張作霖之子，1928年6月，張作霖被日本人謀殺）。這位將領擔心墨斯會帶領一批蒙古人投靠日本。墨斯曾是一所學校的校長，該校為張學良治理東蒙訓練蒙古翻譯官。正如同印度民族主義者在接受英國教育的印度人中蓬勃發展一樣，受過教育的蒙古民族主義者也常常在漢人統治下的這類學校里產生。墨斯的辦學方式似乎引起了中國當局的懷疑。

Энд үндсэн зүйлүүд нь гарч байвч, ойлгомж муутай буюу утга балархай болсон бөгөөд улаан мөр алдагдсан явдал харагдаж байна. Мөн Inner Mongolia-ийг Ар Монгол хэмээн буруу орчуулсан ба хүний нэрийн тогтсон бичлэгийг хэрэглэсэнгүй өөрөөр бичсэн буй.

Дээрх уг номын агуулгыг нарийвчлан уншаад гол санааг нь товчилж бичвэл,

1931 оны 9 сард, Мүгдэний хэрэг хувьсал гарсанаас хэдэн өдрийн дараа, Мэрсэ гэнэт Бээжинд ирээд Өвөр Монголчуудтайгаа холбоо авалцаж, Японычуудын хүч нэвтэрч орж ирсэн байдал доор манай Монголчууд чухам яалтай буй? гэх асуудлыг яаравчлан зөвдөлцөж, байдал түйлын бачим тулгам байжээ. Тэгээд тэр Хайлаартаан буцангуут баривчлагдаж хорлогджээ. Тэр үеийн Хайлаар Японручуудын гарт ороогүй, харин Жан Шүэ Лианы эрхшээлд байв. Мэрсэ нэг бүлэг Монголчуудыг дагуулаад Японыг дагах магад хэмээн Хятадын тал сэжиглэжээ. Учир нь Мэрсэ урьд нь Орос-Монголын хувьсгал дэгдсэн үед бас Японтай нийлсэн өнгөрөлттэй буй. Тэр зүүн хойдох Монгол хошуудын багшийн сургуулийн захирал байхдаа үндэстний үзэлтэй Монгол залуучуудыг хүмүүжүүлж байсан нь мөн Хятадын талд сэжиглэгдсэн байна.

（5）Дээрх (1) (2) (3) (4)-т голдуу уншигчидын сонирхон судлахад лавлалт болох болов уу хэмээн Хятад орчуулгад орхигдсон агуулгуудаас анзаарсан хэмжээндээ чадан ядан орчуулж үзүүлэв.

Хятад орчуулгад гарсан алдаа үүгээр зогсохгүй, зарим хүний нэрийг буруу бичиж буй. Тухайлбал, Мэрсэ буюу Гуо Дао Фу-ийг 墨斯, Бөхөхишиг

(Монгол утгын сургаалын хурлыг үүсгэн байгуулагч)-ийг 布格格色戈 , Хангин Гомбожавыг 甘勃加・漢金 , Онон Өргөнгөөг 歐農・烏金吉 буюу 烏爾金吉・歐農, Б.Ринчиныг 倫瑟 , Ц.Дамдинсүрэнг 達丁兹倫 гэх мэтчилэн зөрүүлсэн зүйлүүд буй. Хятадчилагч-д арай таатай санагдахгүй хачин хачин нэр болохоор хайш яаш хандсан учир болох мэт.

Түүхэн газарзүйн утга дээр хэрэглэгдэж байгаа газрын нэр буюу бүс нутгийн нэр, жишээлбэл манж буюу манжийн нутаг (Manchuria) гэдгийг 東三省 гэх мэтээр орчуулаад болох эсэх тухай мөн эргэлзээтэй санагдана.

Дээр дурдсанаас гадна, Англи хэвлэлд байх агуулга харин Хятад хэвлэлд харагдахгүй байдал бас буй. Энд нэгд нэгээр ярихгүй.

Ерөнхийлээд хэлбэл, бид түр мэргэжлийн түвшинийг ярихгүй ч гэсэн, наад захын эрдэм шинжилгээний ёс горимын хувьд авч үзвэл, ямар ч тайлбар уучлалтгүйгээр шууд хасах буюу дураар засаж орчуулах гэдэг бол хэтэрхий зохисгүй байдал гэж хэлэхээс өөр аргагүй. Уншигчидын талд яривал, иймэрхүү тохиолдолд уг сурвалжтай нь дахин тулган сийрүүлж шалгах шаардлага байгаа бөгөөд мэргэжил нэгтэй эрдэмтэд мөн энэ талаар зохих анхаарал тавих ёстой байгаа гэж бодно.

Ном зүй

[1] Owen Lattimore, compiled by Fujiko Isono, *CHINA MEMOIRS: Chiang Kai-shek and the War Against Japan*, Tokyo:University of Tokyo Press, 1990.

[2] 磯野富士子整理，吴心伯譯《蔣介石的美國顧問—歐文・拉鐵摩爾回憶錄》，上海：復旦大學出版社，1996年。

[3] 磯野富士子編訳『ラティモア：中国と私』，みすず書房，1992年。

[4] Ү.Туяа найруулан зохиов.Олон улсын Монгол судлалын тойм, ӨМСХХ,1999.

A Reexamination of the Chinese Translation of Owen Lattimore's *China Memoirs*

Narangerel

This paper re-examines the Chinese translation of Owen Lattimore's *China Memoirs: Chiang Kai-Shek and the War against Japan*, a very important work for the study of modern Chinese history. This article introduces the Lattimore's main academic achievements in the field of modern Mongolian studies and points out the mistakes slipped in during the translation process.

Наран улсын нэрт монголч эрдэмтэн

Л.Чулуунбаатар

Токиогийн Гадаад Судлалын Их Сургуулийн Монгол судлалын салбарын профессор, доктор Хироши Футаки багштай би, 1974 онд Токиогийн Гадаад Судлалын Их Сургуулийн Монгол судлалын салбарыг төгсгөөд 1976-1978 онд Монгол Улсын Их Сургуульд монгол судлалын мэргэжлээр мэргэжил дээшлүүлэхээр ирсэн үед нь анх уулзсан билээ. Би ажилчны 3 жил, цэргийн 3 жилийг туулж,хал үзэж, халуун чулуу долоосон амьтан Футаки багшийг Монголд ирдэг тэр жил нь МУИС-ийн Хэлбичгийн факультетийн Монгол хэлний ангийн оюутан болоод байв. Насаараа Фтаки багш бид хоёр бараг ойролцоо болович надаас нэг ах 1951 онд нарлаг Япон орондоо төрсөн хүн байв. Эрдэмийн төлөө шунан дурладаг нь оюутан бидний бахархлыг төрүүлж, үлгэр жишээ болдог байж билээ. Түүний тасралтгүй эрдэмд шамдан зүтгэж байсны нь 1980 онд Токиогийн Гадаад Судлалын Их Сургуулийн магистрантур төгссөн, 1984 онд Япон улсын Хитобашийн Их Сургуульд докторын(Ph.D) зэрэг хамгаалсанаас нь харж болох юм. Ялангуяа манай ангийн япон хэлний сонгоныхон түүнээс олон зүйл асууж лавлан үнэт туслалцаа авдаг байсныг би мэдэх юм. Дараа нь намайг Англи улсын Лондонгийн Их Сургуульд 2 жил багшлаад 1991 онд буцаж ирэхэд Футаки багш Монгол Улсын Их Сургуульд япон хэлний зочин профессороор ирж дахин багштай уулзах азтай завшаан тохиосон билээ. Тэр үеийн япон хэл сурч байсан манай сургуулийн оюутнууд хичээлээ ойлгомтой, заах арга сайтай заадаг хэмээн хэлэлцдэг нь сонор мялаадаг байсан. Учир нь тэрээр Монголд ирэхээс өмнө 1984-1989 онд Өмнөт Солонгос улсын Дайжонгийн мэргэжлийн коллежид япон хэлний багшаар 5 жил багшилсан арвин баян туршлагатай нэгэн байсан тул оюутнуудынхаа хайр хүндэтгэл хүлээж, япон хэл сурах их хүслийн галыг нь асааж өгсөнд байгаа юм. Тэр цагаас хойш эрдэм шинжилгээний хурал, олон улсын монголч эрдэмтний хурал зэрэгт байнга тааралдаж, санал бодлоо солилцон, ном бүтээлээ солилцдог болсон билээ.

Сурсан мэдсэнийхээ зах зухаас зааж, олон япон шавьтай болох азтай нэгэн завшаан надад тохиосон нь эрхэм хүндэт Футаки профессорын урилгаар Япон улсын Токиогийн Гадаад Судлалын Их Сургуульд монгол хэлний зочин профессороор уригдан 2005-2008 онд ажилласан явдал байсан юм. Энэ 3 жил бол Футаки багш болоод бусад багш нартай хамтран ажиллаж, япон хэл болоод түүх соёл, зан заншил, ахуй амьдралын олон зүйлийг суралцсан аз жаргал, баяр баяслын он жилүүд байсан. Тэр үед ажиглаж байхад Футаки багш нөр их хөдөлмөрч хүн байв. Хичээл номоо заачихаад орой галт тэрэг зогсохоос өмнөхөн л ширээнээсээ ховхорч бараг сүүлчийн гэлт тэргээр гэртээ харьдаг байсан дадаж сурсан заншилтай байв. Тэгээд харьсаар, энэ тэрээ янзалсаар шөнийн 2 цаг орчимд унтдаг байсан байх. Ийм болохоор нойроо сайн авахын тулд бараг л өглөөний 10 цаг хүртэл унтах дадалтай болсоны нь мэдэлгүй нэг хоёр удаа өглөө эрт утасдаж тав тухы нь алдуулсандаа одоо болтол гэмшиж явдаг юм. Футаки багшийн өрөөгөөр ороход цонхноос бусад бүх ханаар нь ном өрөөстэй, тэдгээр өрөөтэй номын урдуур хэд хэдэн үеэр давхарлан хураасан үй олон ном сэтгүүлтэй, ширээний голд хоёр ширээн дээр компьютер болон хувилагч, бусад хэрэгслээ өрж, зөвхөн нэг хүн багтах зайгаар орж гардаг үнэхээр эрдэмийн өргөө байдагсан. Ном болоод лавлах материал хамаг юмаа эндээ гарын дор байлгадаг болохоор тийнхүү орой болтол ажилладаг байсан байх. Номы нь хааяа нэг зэрвэс ажиглахад хорхой хүрмээр ном олон байх. Монголоор сайхан ярьж, бас бичнэ. Хааяа нэг монголоор бичсэн өгүүллээ уншаад өгнө үү хэмээн өгөхөд нь үг үсгийн алдаа засахаас өгүүлбэрийн бүтэц, найруулгыг засах юм ер гардаггүйсэн. Монгол хэлэнд ус цасын баталгаа нь түүний монголоор гаргасан ном бүтээл, орчуулгын бүтээлээс нь харагддаг юм.

Монголын түүх соёлын талаар нилээд бүтээл туурьвиснаас “Монголын түүх, соёл” хэмээх бүтээлийн эмхтгэл ном 2004 онд Хөх хотод хятад хэлээр хэвлэгдэж, “Монголчуудын түүх соёлын өвийг мөшгөхүй” хэмээх монгол, англи, орос хэлээр туурвисан бүтээлийн эмхтгэл ном 2002 онд Улаанбаатар хотноо хэвлэгдсэн байна. 2005 онд XIX зууны үеийн Монголын хуучин газрын зураг дээр судалгаа хийж Кимура Акира багшийн хамт “Монголын хуучин газрын зураг дээр газар нутгийг тэмдэглэсэн нь” хэмээх 26 хэвлэлийн хуудас томоохон бүтээлийг туурвисан байна. Монголчууд бидний тэр болгон анзаарддаггүй манжийн үеийн болон автономатын үеийн газрын зургуудыг нарийн судалж, судалгааны эргэлтэд оруулсан нь Монголын түүхийн хоосон орон зайг нөхөхөд үнэт зүйл болсон юм. Тийм болохоор сүүлийн үед Монголд гарсан монголын түүхийн бүтээлүүдэд түүний түүхийн бүтээлүүлээс олонтоо иш татсан байдаг. Монголын түүх соёлыг судлах нөр их ажлын хажуугаар монголын түүхийг японы уншигчдад танилцуулах зорилгоор “БНМАУ-ын түүх”-ийн 3-р ботийг япон хэлэнд доктор

К.Окада, Х.Имазуми багш нарын хамт орчуулж 1988 онд хэвлүүлжээ. Мөн монголын түүх, соёл, сурвалж судлалын чиглэлээр 60-аад эрдэм шинжилгээний өгүүллийг монгол, япон, орос, англи хэлээр туурьвиж Япон, Монгол, Орос улсын эрдэм шинжилгээний сэтгүүлүүдэд хэвлүүлсэн байна. Гадаад олон хэлний сурвалжуудыг бүтээлдээ ажилладаг нь түүний олон хэлний мэдлэгтэй холбоотой юм. Тэрээр монгол хэлнээс гадна англи, орос, хятад, герман, солонгос хэлний мэдлэгтэй, олон хэлэнд цагааширсан гүүш билээ. Тэр чанараараа 1999 оны 3-р сараас 10-р сар хүртэл Англи улсын Кембрижийн Их Сургуульд зочин судлаач, 1999 оны 10-р сараас 2000 оны 1-р сар хүртэл Герман улсын Бонны Их Сургуульд зочин судлаач, БНХАУ-ын олон сургуулуудад зочин судлаачаар ажиллаж байсан билээ.

Түүний хичээл зүтгэлээр Токиогийн Гадаад Судлалын Их Сургуулийн Монгол судлалын салбарт монголын түүх, соёл, хэлний талаар ном, зохиол, сонин сэтгүүлийн баялаг сан хөмрөг бүрэлдсэн нь монголыг судлаач оюунтан нарын сургалтын чухал хэрэглэгдэхүүн болж байна. Монголд ирэх бүрдээ номын дэлгүүрээр заавал орж, шинээр гарсан болон хуучны ховор номуудыг мөнгө хайрлалгүй худалдан авдаг байсан билээ. Тийм болохоор ажлын өрөө нь номоор дүүрэхээс аргагүй юм.

Япон улсын нэрт монголч эрдэмтэдийн нэг профессор, доктор Хироши Футаки Токиогийн Гадаад Судлалын Их Сургуулийн Монгол судлалын салбарыг удирдаж, япон, монгол оюутан, магистер, докторант нарт монгол судлалын хүндтэй мэргэжлийг эзэмшүүлэх нөр их ажлыг эрхэлж байхдаа Монгол улсын Их, Дээд сургуулиудын хооронд хамтын ажиллагааг хөгжүүлэхэд болон Монгол-Японы эрдэмтэдийн хооронд хамтын ажиллагааг гүнзгийрүүлэхэд онцгой анхаарал хандуулан ажиллаж байсан. Түүний энэхүү хичээл зүтгэлийг үнэлж 2006 онд МУИС-ийн Монгол Хэл Соёлын Сургуулийн хүндэт доктор цол, 2007 онд Монгол улсын хүндэт одон "Алтан гадас" одонгоор шагнасан билээ.

Ном эрдэмийн далайд цуцалтгүй сэлж, арвин ном бүтээлийн эзэн болж, түмэн шавь нарынхаа мөнхийн бахархал, хайр хүндэтгэл хүлээсэн Футаки багшийн өлмий бат оршиж, эрдэмийн ундарга нь улам ундарч байхын өлзийт ерөөл дэвшүүлье.

FUTAKI Hiroki, a Renowned Japanese Scholar in the Field of Mongolian Studies

L.Chuluunbaatar

FUTAKI Hiroki, a meritorious scholar of the Tokyo Foreign Studies University in the field of Mongolian Studies, has achieved tremendously in Mongolian Studies. This article summarizes in Mongolian his works, praising his efforts to build academic connections between Japan and Mongolia.

『理藩院則例』の一規定とその背景

—道光3年のハルハ居住民人家屋焼き払い事件を事例に—

佐藤憲行

はじめに

本論は、『理藩院則例』収録の清代モンゴルにおける民人管理関連規定が制定された背景とその意義について、現地檔案史料を用いて考察することを目指すものである。

日本や中国における清代モンゴル史研究は『清実録』、『大清会典』、『理藩院則例』などの漢文編纂史料を基本資料として出発した。法制史料に依拠する研究は自ずと制度史研究が中心であったが、その問題点は、岡洋樹が指摘したように、抽出された行政社会制度がそのまま社会構造とされた点にあった①。一方、モンゴル国ではSh.ナツァグドルジの一連の研究②に代表されるように、檔案史料を利用した社会経済史研究が中心であり、一次史料に基づく社会史像は既存の漢文編纂史料からは抽出できないディテールを持っていた。だが一次史料を用いながらも行政制度の枠組みを法制史料の規定に求めた結果、そこから導かれたザサグ旗像は日本の制度史研究が導出したものと同じであった③。史料環境の未整備（檔案史料の非公開）や社会体制の影響（発展史観）などそれぞれに理由はあるにせよ、両者に共通するのは法制史料を内容の批判的検討を欠いたまま利用した点にある。

清朝の外藩モンゴル統治関連の基本法である『蒙古律例』を基礎に、『理藩院則例』（以下では、便宜的に『則例』とする）は嘉慶22（1817）年に編纂された。その後数回の改訂を経た後、理藩院の改組に伴い、光緒34（1908）年に『理藩部則例』となった。清朝の各種法制史料、特に『蒙古律例』に対する法制史の角度からの研究

---

① 岡洋樹「清代モンゴルの社会・行政統治構造理解をめぐる試論」早稲田大学モンゴル研究所編『モンゴル史研究-現状と展望-』，東京：明石書店，2011，p.259.

② Нацагдорж,Ш., *Манжийн эрхшээлд байсан үеийн Халхын түүх*, Улаанбаатар, 1963. Нацагдорж,Ш., *Монгольн феодализмын үндсэн замнал*, Улаанбаатар, 1978.

③ 岡洋樹「清代モンゴルの社会・行政統治構造理解をめぐる試論」早稲田大学モンゴル研究所編『モンゴル史研究-現状と展望-』，pp.261-262.

は、古くから国内外で多くの蓄積がある。島田正郎による『蒙古律例』の極めて詳細な逐条研究[④]があるほか、『蒙古律例』や他の法制史料と『則例』の比較、版本研究など既に多くの論考があり、その分野も多岐にわたる[⑤]。しかし、採録されている各規定の制定された背景などに関する研究は、島田の逐条研究がやや近いものの、それ以外はきわめて少ない[⑥]。

しかし、1990年代以降、モンゴルや中国などでは檔案史料の公開が進み、外国人でも一次史料を用いた地域社会史研究が可能となっており、既に多くの成果が国内外で発表されている[⑦]。かかる史料環境の変化により、『理藩院則例』を初めとした編纂史料収録記事の背景、記事の批判的な検討が可能となってきている。これは、現地社会の実態と清朝の編纂法例史料の関係について、更に踏み込んだ研究が可能となったことを意味する。

かかる問題意識を持ったうえで、本稿では一つの事例研究として、『則例』巻34辺境「庫倫等処分別逐留種地貿易商民」規定と、道光3-4（1823-1824）年に起こったハルハ中北部居住の民人家屋焼き払い事件、及びこれに端を発した民人らによる訴訟問題を取り上げる。清代のハルハ中北部のザサグ旗、シャビ属下の地方では、18世紀中期以降、民人耕作者や商民が増加し、現地モンゴル人との間で摩擦が生じており、しばしば欽差大臣による問題処理と、諭旨によって章程が定められていた[⑧]。中でも、家屋焼き討ち事件は『清実録』にも記事があり、耕作地の民人が都察院に出向

④ 島田正郎『清朝蒙古例の研究』，東京：創文社，1982.

⑤ 主な研究として，達力扎布「《蒙古律例》及其与《理藩院則例》的関係」『清史研究』2003年第4期，pp.1-10；「有関乾隆期《大清会典則例・理藩院則例》稿本」『中国辺境疆民族研究』第4輯；趙雲田「関於乾隆朝内府抄本《理藩院則例》」『清史研究』2012年第4期，pp.89-90；楊選第「近年来清朝《理藩院則例》的整理研究概况」『内蒙古社会科学（漢文版）』1999年第3期，pp.76-81；Баярсайхан,Б. *Монгол цаазын бичиг,* Улаанбаатар, 2001 などがある。なお『蒙古律例』に関する先行研究，清代モンゴル法制史研究に関する先行研究と問題点については，萩原守『清代モンゴルの裁判と裁判文書』，東京：創文社，2006，pp.37-45が簡潔にまとめている。

⑥ 萩原守は清代モンゴルの裁判制度に関する研究の中で、17世紀末以降のモンゴルにおける法規定の変遷を、檔案史料を用いて考察している（萩原守『清代モンゴルの裁判と裁判文書』）。

⑦ ハルハ・モンゴルの社会構造研究に関するものだけでも，岡洋樹『清朝モンゴル盟旗制度の研究』，東京：東方書店，2007；中村篤志「清代モンゴルの比丁冊に見るタイジの血縁分枝集団」『東洋学』2003，第90号，pp.110-190；「清代モンゴル旗社会におけるタイジの血統分技と属民所有」『山形大学歴史・地理・人類学論集』2005，第6号，pp.27-45；「清朝治下モンゴル社会におけるソムをめぐって：ハルハ・トシェート・ハン部左翼後旗を事例として」『東洋学報』2011，第93（3）号，第366–342頁；堀内香里「清代中期以降におけるハルハ・モンゴル旗内の社会関係調整機能について—セツェン汗部中前旗の「離脱」案件を通して」『内陸アジア史研究』2013，第28号，pp.75-100;「清代後期ハルハ・モンゴルの旗内行政統治における印務処の機能について」『東北アジア』2015，第19号，pp.59-78などがある。

⑧ 18世紀中期—19世紀前半のハルハ中北部の民人耕作者の管理問題の概要については，佐藤憲行『清代ハルハ・モンゴルの都市に関する研究—18世紀末から19世紀半ばのフレーを例に』，東京：学術出版会，2009，第6章を参照。

いて訴えを起こした一大スキャンダルであったが、従来の研究では取り上げられることは少なく、『則例』採録の規定との関係について言及するものは皆無であった[⑨]。筆者はフレーとその穀物供給地である耕作地の関係を論じた際に、この問題を取り上げ、欽差ウリヤスタイ将軍ゴルフンガ（golfungga：果勒豊阿）が上奏した民人管理規定と『則例』巻34の4つの規定の関連性を指摘した[⑩]。しかし史料の制約から、事件の詳細、規定が定められた背景や要因などは検討できなかった。

本稿では、モンゴル国立歴史公文書館（МҮҮТА）フレー辦事大臣衙門フォンド（フォンド番号：M-1）、中国第一歴史檔案館所蔵の公文書史料を用いて、民人家屋焼き討ち事件を再検討し、その背後にあった問題の考察、道光4年に制定された規定内容の検討と『則例』との比較を行う。その上で、この規定が定められた意義を考えてみたい。

1.『則例』規定及び民人家屋焼き討ち事件の概要

1.1「庫倫等処分別逐留種地貿易商民」

まず『則例』巻34 辺疆「庫倫等処分別逐留種地貿易商民」に採録されている、フレーの商民やハルハ中北部耕作地居住の民人関連の計4条の規定について、改めてその内容を確認する。なお、原文には条目数は振られていないため、ここでの「第~条」はあくまで便宜的なものである。

第1条はトシェート・ハン部内イベン地方居住の民人耕作者に関する管理規定である。ここでは嘉慶8年の執照保有者の居住を許可すると共に、民人管理に内地の保甲制を導入すること、当該旗ザサグによる毎月の稽査、また旗印務処が往来する民人

⑨　『清実録』や『大清会典』などにはこの規定と事件の関係を示す部分はほとんどないため，漢文法制史料を主な史料とした研究では両者の関係への言及はない。（矢野仁一『近代蒙古史研究』，東京：弘文堂書房，1925；田山茂『清代に於ける蒙古の社会制度』，東京：文京書院，1953など）一方、現地の檔案史料を用いたОчирは、事件の概要と当時制定された規定を概説している。しかし，この規定が『理藩院則例』採録のものであるとは指摘していない（Очир. A, *Монгол-Хятадын худалдааны харилцаа*，Улаанбаатар, 1995, 24-р тал）。

⑩　佐藤憲行『清代ハルハ・モンゴルの都市に関する研究—18世紀末から19世紀半ばのフレーを例に』，pp.356-359。またОчир編纂の史料集には「道光4年5月11日付烏里雅蘇台将軍よりモンゴルにおける民人農民を統制することについて皇帝に上奏し定めた一件」として合計9条からなる規定のキリル文字転写が採録されている（Очир, A.（энх）, *Ар Монгол дахь хятадын худалдаа-хүүлэл(1751-1911)*. Улаанбаатар, 1988, 122-125-р тал）。このうちの第4、7-9条は、道光版『則例』巻34辺禁「庫倫等処分別逐留種地貿易商民」の全4条と内容がほぼ同一である（佐藤憲行『清代ハルハ・モンゴルの都市に関する研究—18世紀末から19世紀半ばのフレーを例に』，p.385）。

に印文を交付しフレーの理藩院章京へ報告することなどを指示している[⑪]。

第2条は地方交易に出るフレー商民の管理に関する規定である。従来の3か月期限の小票の交付を廃止し、理藩院章京が目的地の遠近を鑑みて交易期間を決定し、新たに交付する印票に目的地、貨物数、商民名、その風貌などを記録し、目的地のザサグ旗もこの民人らが期限内に戻るよう取り締まることを命じている。また債権回収に赴く民人に対しても、牧地内における帳房の設置のみ許可し、家屋建築を禁止している[⑫]。

第3条は執照を持たずに牧地にやってくる民人の取り締まりに関するものである。各旗のザサグや協理タイジらには流民の取り締まり強化と、見つけた場合にはすぐに辦事大臣衙門に送ることを、盟長に対しては理藩院章京と会同して巡察することをそれぞれ指示しており、処理を怠った際には関係者を厳しく処罰するとしている[⑬]。

第4条は嘉慶8年の執照保有者計153名の交易活動、及び死亡者・高齢者などの処遇などに関する規定である。モンゴル人との交易は年内に清算させ、翌年への返済繰り越しと負債の合算を禁止すること、死亡した者の帳簿や家屋を理藩院章京が嘉慶8年の章程に沿って処理すること、高齢・体の障害により原籍に戻れない者は理藩院章京がフレー辦事大臣に呈報した上でその処置を検討し理藩院に報告することを指示している[⑭]。

全て民人管理に関わる規定であるが、細かく見ると、①嘉慶8年の執照保有者関連（第1条、第4条）、②3か月期限の小票関連（第2条）、③無票の流民関連（第3

⑪　『則例』は満、漢、モンゴルの3言語から編纂された。ここでは漢語版の該当部分を以下に示す。尚、『蒙古律例』や『則例』の翻訳については達2003が詳しい。「一、在図什業図汗部落内伊琫地方種地民人、領有嘉慶八年執照者、准其在彼居住種地。応用長工人数、遵照内地稽査保甲之例、設立門牌、詳註姓名、籍貫、令該扎薩克按月稽査。如有来去者、立即以印文報明庫倫管理商民事務章京、另行更換。庫倫管理商民事務章京接拠印文、即咨覆該扎薩克存案、以便稽査。如不実力奉行、将該庫倫管理商民事務章京並扎薩克一併厳参治罪。」

⑫　「一、庫倫街市商民情願前往各扎薩克旗下貿易者、不准用三箇月小票、著於庫倫管理商民事務章京處請領印票、由該章京處量其道路遠近、酌定限期、將前往何旗貿易所帶係何貨物、并該民人年貌註明票内給發、一面行知該扎薩克稽査、務於限内催令旋回。貿易處所、只准支搭帳房、不准苫蓋房間、如逾限不回者、著該扎薩克立即拏送庫倫管理商民事務章京處、照例治罪。」

⑬　「一、各游牧処所著該扎薩克協理台吉不時留心稽査。如有無票私行潜往游牧之民人立即厳拏呈送庫倫大臣処照例治罪。毎年仍著該盟長会同庫倫管理商民事務章京巡査一次、如有無票民人棲止、将該扎薩克等厳衆治罪。」

⑭　「一、承領嘉慶八年執照票張、准在遊牧種地之民人一百五十三名。如有与蒙古等交相貿易者、其賬目著該盟長、扎薩克、商卓特巴、会同庫倫管理商民事務章京、按年詳査。俱令年清年款、不准新陳相接。如有身故者、其賬目房間、著該庫倫管理商民事務章京、照八年奏定章程辦理。如有年老廃疾不能回籍者、臨期咋何安置、著該管理商民事務章京呈明該辦事大臣等、酌奪辦理報院。」

条）と、民人の執照（印文）の有無、その種類[15]によって規定が異なっている。そもそも、18世紀に対ジュンガル戦線の清朝軍がハルハ・モンゴルに駐屯するようになって以降、ハルハ・モンゴルには本格的に商民が進出した。清朝はモンゴルでの商民の自由な活動を許さず、交易地の指定など幾度となくその政策を変更した[16]。ジュンガル部戦線の終了後も、商民は所定の衙門より1年期限とした執照の交付を受けてからモンゴルへ向かい、目的地到着後には現地衙門の稽査を受け、牧地へ交易に出る場合はさらに3か月期限の印文の交付を受けることが定められていた。第2条に出てくる「小票」[17]とはここで出てくる3か月期限の印文を指す。

また以下で繰り返し出てくる「嘉慶8年の執照（大票）」とは、同年に嘉慶帝の諭旨を得て、ハルハ中北部を流れるセレンゲ河、オルホン河などの河川流域に点在する耕作地に居住する民人に対して交付した執照を指す。その保有者にはモンゴル人に対する債権回収終了まで彼らに現地での居住、耕作や交易への従事を認めていた[18]。

本稿の目的は『則例』に採録されているこれらの規定が定められた経緯、及び各規程の背景にあった問題を検討することである。次にこの規定制定に深く関係する、道光3～4年のハルハ耕作地民人家屋焼き討ち事件を概観する。

1.2 道光3～4年の事件の概要

『宣宗実録』には、この事件に関連する記事が2件採録されている[19]。以下はこの2つの記事をまとめたものである。

道光3年11月、ハルハ居住の渠士信[20]ら7人は京師に赴き、フレーの管理商民事務額外員外郎シャンガンタイ（šanggantai：尚安泰）とモンゴル官員らが、商民を駆逐しその家屋を焼き払ったことを訴えた。渠らはフレーの章京より小票の交付を受け、牧地に家屋を建てて住んでいた。該旗ザサグも賄賂目当てにその居住を認めていたが、負債が多額となったため彼らを旗から駆逐することを企図した。報告を受けたフレー辦事大臣らは嘉慶8年の章程を精査せずに、シャンガンタイらを派遣して民人らの家屋を焼き払った。理藩院はこの処理が不当であるとして、ウリヤスタイ将軍ゴル

---

⑮ モンゴルで活動する商民の交付した票については、近藤富成「清代帰化城遠隔地交易路」『東京都立大学人文学報』1995，第257号，pp.51-87，p.61参照。ただし、本稿に出てくる票の名称・役割と異なっている。当時のモンゴルでは、地方によって票の種類や名称が異なっていたと考えられる。

⑯ 18世紀のハルハ・モンゴルにおける対商民政策の変遷についてはОчир, А. *Монгол-Хятадын худалдааны харилцаа*：10-25-р талが詳しい。

⑰ 本稿ではこの3か月期限の票を、史料原文を除き、以下全て「小票」とする。

⑱ 18世紀半ばより19世紀前半にかけての、ハルハ中北部居住の民人耕作者の管理については、佐藤憲行『清代ハルハ・モンゴルの都市に関する研究—18世紀末から19世紀半ばのフレーを例に』第6章を参照。

⑲ 『大清宣宗実録』巻61 道光3年11月辛巳（17日）の条、及び同巻66道光4年3月庚寅（27日）の条。

⑳ 史料中には、「渠士佶（kioi sy gi、kioi ši gi）」、「渠士洁（kioi ši giyei）」と複数の表記があるが、本稿では便宜的に「渠士佶」で統一した。

フンガをフレーに派遣して、現地調査及び問題処理にあたらせることなどを上奏し、道光帝の裁可を得た。

翌道光4年3月、ゴルフンガが事件処理案について上奏した。嘉慶8年の章程は極めて妥当なものであるが、年1回の理藩院章京による現地調査は甚だいい加減であり、流民の不在を報告する甘結を現地から取るのみであった。そのため、流民は400人以上にまで増加し、牧地を占拠してモンゴル人に商品を掛け売りしていた。その中、トシェート・ハン部ナムジルドルジ旗の協理ゴンスレンは、彼らの駆逐を企図し，辦事大臣に訴えた。シャンガンタイらは、民人を駆逐して、その家屋を焼き払った。ところが、誤って嘉慶8年の執照保有者の王万隆宅をも誤って焼き払っていた。

ゴルフンガは自身の現地調査の結果を踏まえた上で、嘉慶8年の章程制定後の牧地における流民の増加は、理藩院章京やザサグ、官員らによる取り締まり不足が原因であるとした。そこで①協理ゴンスレン、故ザサグ・ヤダム、更には嘉慶8年以降の歴代のフレー辦事大臣、理藩院章京、トシェート・ハン部盟長らを処罰の対象とすること、②家屋を失った民人に対する弁済、③訴えを起こした渠士信ら7人は嘉慶8年の執照保有者ではないため、その債権をすぐに清算させて原籍に返すこと、④再び民人を旗内に収容することがあれば、新たに定めた章程に照らして処理すること、⑤民人への負債返済に関する新たな章程を定めること、などを上奏し、道光帝より裁可を得た。

以上が事件の概略である。本稿で取り上げる『則例』採録の規定と直接関係するのは、この「新たに定めた章程」と「民人への負債返済に関する新たな章程」である。

2. 理藩院章京シャンガンタイによる民人家屋焼き払い

民人渠士信らが京師に出向いてまで訴えを起こす引き金となったのが、理藩院章京シャンガンタイによる耕作地・牧地居住の民人家屋焼き討ち、及び彼らの駆逐であった。しかし、そもそもなぜ彼はそのような過激な処理を取ったのだろうか。その背景、原因は『清実録』の記事からは知ることはできない。そこでここでは、シャンガンタイとフレー辦事大臣ユンデンドルジらの間で交わされた文書から、この問題を探ってみたい。

2.1 家屋焼き払いに至るまでの経緯

道光元年（1821）、トシェート・ハン部西ナムジルドルジ旗は無票の民人を旗内から駆逐することを、フレー辦事大臣ユンデンドルジらに請願していた。ユンデンドルジは着任したばかりの理藩院章京シャンガンタイを現地に派遣し民人の駆逐を命じた。彼は無票の民人58人を駆逐したことを大臣に伝えたが、実際には現地の村長

(gašan i da)[21]らに民人らを追い出すことを任せただけで、自ら確認したわけではなかった。事実、民人らは全く旗から出ておらず、ザサグ旗側は再び辦事大臣に対し、問題の解決を請願してきた。ユンデンドルジらはシャンガンタイを問題の重要さを理解していないと叱責し、再び西ナムジルドルジ旗、同じく小票保有者や流民の駆逐を求めてきたツェリンドルジ旗、シャビ属下のイベン、ボルガルタイ、慶寧寺などに派遣し、その調査と逮捕を指示した[22]。このように、シャンガンタイは以前の自身の職務怠慢を叱責された上で、現地に再度派遣されていた。このことはその後の彼の問題処理に少なからぬ影響を与えたと思われる。

シャンガンタイは道光3年2月11日、辦事大臣衙門が派遣した協理ナムジルドルジ、ザヒラグチ・ダルマジャブらと共にフレーを発った。まずザサグ・ツェリンドルジ旗内のkeruku orkiraの地に赴き、協理ゴンスレンが駆逐を請願した4人の民人を旗印務処に連行し尋問した。同旗のモンゴル人や旗内に雑居するシャビ属下ダルガ・ゴンチグ・オトグの者らと交易をしていた渠士信、范鳴全、任際通の3人は小票保有者で、もう一人の田豊盈も任際通の夥計であり[23]、全員モンゴルの牧地で交易を行う所定の手続きを踏んでいた。だが彼らは各自、旗内にそれぞれ柵や家を建てて居住しており、それを旗印務処にも伝えていなかった。シャンガンタイはこの点に注目し、ユンデンドルジらに以下のように伝えた。

> 査するに、以前に民人らにハルハ部のザサグ旗の牧地で家や柵を建てて居住することを、既に諭旨による禁例があるため、民人渠士信、范鳴全、任際通、田豊盈らによく理解させ、各家の柵から物品を外に持ち出させ、この空の柵を、商民への戒めとして官員(=シャンガンタイ)とモンゴル官員が共同で倒し、また倒した柵木を燃やさなければ、愚かな商民らは(家を)再建して事件を起こすやもしれないため、後日問題が起らぬよう全て燃やし、土地を清浄にし…[24]

ここで彼が挙げた禁例とは、嘉慶8年章程中の「惟嗣後、不准另墾地畝、添建房

㉑ 檔案史料中には18世紀後半より、ハルハ中北部の耕作地に「gašan i da」と呼ばれた民人が出てくる。当時、モンゴルの牧地に居住する民人管理において、保甲制が敷かれていたとは考えにくく、ここでは便宜的に「村長」と訳した。この人物と理藩院章京、現地の旗印務処、シャビのオトグなどとの関係などは不明な点が多く、今後の課題となる。

㉒ МУҮТА. М1. Д.1 ХН. 820 24a-27b(辦事大臣衙門行文檔:道光3年正月15日付フレー辦事大事より、庫倫理藩院章京シャンガンタイ、署理盟長参贊公ツェリンジャブら宛文書内引用部分)、МУҮТА. М1. Д.1 ХН. 820 100a-100b(辦事大臣衙門行文檔:道光3年2月11日付フレー辦事大臣より、フレー庫倫理藩院章京シャンガンタイ、署理シャンゾドバ・ダーラマ・ロブサンダンジンら宛文書内引用部分)。

㉓ 民人らの漢語名はМУҮТА. М1. Д.1 ХН. 3762 Нуг.20を参照した。

㉔ МУҮТА. М1. Д.1 ХН. 3762 Нуг.8(折子:道光3年2月15日付庫倫管理商民事務額外員外郎シャンガンタイより、庫倫辦事大臣宛文書)。

屋、侵占遊牧処所」を指す[25]。この禁令を根拠に渠士信ら4人のほか、同旗内の他の民人の家屋も焼き払い[26]、民人らに対して借金を回収する者は帳幕のみ建てることを許すことを改めて通知した。このような家屋焼き討ちという手荒な処置に対し、辦事大臣ユンデンドルジらが咎めた形跡はなく、事実上黙認していた。

2.2 嘉慶8年の執照保有者と流民の関係

シャンガンタイは次にシャビ属下のイベン、ボルガルタイ、慶寧寺に赴き、ツェリンドルジ旗同様、嘉慶8年の執照保有者以外で、家屋を建築した民人を処罰し、無票の民人を同地から駆逐した。ここで彼は嘉慶8年の執照保有者の現況の変化が起こりつつあることを伝えている。以前は、執照保有者が亡くなったり原籍に帰ったりした場合、毎年の稽査の際に執照を回収して、档冊から名前を削除し理藩院に呈報していた。ところが、

> このうち、以前にいた夥計や雇った民人らが次第に亡くなり、名前を削除したが、一人きりで残って耕作や交易に従事して暮らす民人らがおり、彼らは一人では暮らせないため、1人、2人、3人と、無票の民人を雇っている者もいる[27]。

と、執照保有者やその夥計らが次第に減少し、単独で活動できない民人の中には、無票の民人を雇う者も現れていた。シャンガンタイは彼らが雇う無票の民人らを全て追出しようとしたが、独り身の民人らは、

> 小人らは今は天涯孤独であるばかりか、耕作をして暮らす術もない。願わくば、小人ら各自に、1人でも、2人でも、3人でも雇い人を残して頂きたい。そうすれば、小人らは各自雇った者の名前や数を書き、所轄の衙門とこの地の所轄のシャビの処に同じく報告し、今後は決して雇人を増やさないことにしよう[28]。

と、雇った民人の数や名前を所轄の衙門に報告すること、以後人数を増やさないことを条件に、少数の雇い人を残すことをシャンガンタイに請願した。そこで、シャンガンタイは辦事大臣ユンデンドルジらにこれに関する指示を仰いだ。ところがユンデン

---

[25] 『大清仁宗実録』巻118、嘉慶8年8月丙寅（8月28日）。

[26] ただし、京師に出向いた渠士信ら7人は理藩院の取り調べの際、2月14日にモンゴル官員が多くのモンゴル人を引き連れてきて民人らの家屋を焼き払い、シャンガンタイは逆に官員らが燃やすのを止めようとしたという。（軍機処満文奏摺録副檔号03-3719-029）（道光3年11月17日付管理理藩院事務大学士長齢奏摺　査訊庫倫客居民渠士佶控稟由）ことの真偽については、シャンガンタイや同行したモンゴル官員らの供述がないため不明である。

[27] МУУТА. М1. Д.1 ХН. 3762 Нуг.12（折子：道光3年2月26日付フレー辦事大臣より、庫倫管理商民事務章京シャンガンダイ宛文書）。

[28] МУУТА. М1. Д.1 ХН. 3762 Нуг.12（折子：道光3年2月26日付フレー辦事大臣より、庫倫管理商民事務章京シャンガンダイ宛文書）。

ドルジは民人らの請願は嘉慶8年の章程に反するとして、無票の者だけでなく、嘉慶8年交付の執照保有者でも単独で耕作できない者は原籍に追い返すことを指示した[29]。

シャンガンタイは大臣の指示に従い、この3か所に居住する無票の民人、小票保有者の柵や家屋を全て焼き払い、ツェリンドルジ旗同様に罰を科した。嘉慶8年の執照保有者に雇われていた無票者も全て雇用関係を打ち切らせて耕作地から追い出した[30]。

シャンガンタイは続いてザサグ・ナムジルドルジ旗内のケシェートへ向かった。ところが、ここで嘉慶8年執照保有者及び小票保有者合計90人余が、モンゴル人からの早期債権回収を求めて連名で訴状を呈し、イベンやボルガルタイのような強引な処理を拒否した[31]。シャンガンタイは訴えを主導した数名の村長を捕えて一旦フレーに戻るが、すぐにイベンなどの（執照を保有する）民人耕作者や多くの流民が理藩院章京の衙門に集まってきて、同じくモンゴル人からの迅速な負債返済を請願した。曰く「今回の調査で家屋を失い住処が無くなった上に、ザルガチらが民人を追い出すことを知り、現地のモンゴル人らは負債を返済しようとしなくなった」ためだという。ユンデンドルジは債務関係の有無や負債額の多寡など不明な点が多いため、シャンガンタイに更なる調査を指示した[32]。しかしこの処置に不満を抱いた民人らは、フレー満洲大臣広慶に呈報し問題処理を託した。しかし広慶も結局動かぬままだったため、渠士信らは京師に赴き都察院に同様に負債返済を訴え出るに至った[33]。これにより事態は理藩院が知るところとなり、欽差大臣の派遣という大きな問題に発展したのである。

流民の増加の原因が関係各処の取締り過怠にあったことは言うまでもない。問題はシャンガンタイが彼らの債権を無視して、嘉慶8年の章程を根拠に耕作地から追い出したことであった。彼が違法居住を問題視して民人らを処罰したことは、家屋焼き討ちの是非は別として、必ずしも誤った処理とは言えないだろう。しかし、モンゴル居住の民人管理には常に債権問題が付きまとう。そこを無視して「論旨（＝章程）」に沿った処理を行ったがゆえに、彼の処理は『実録』にあるように誤ったものとなっ

㉙　МУҮТА. М1. Д.1 ХН. 3762 Нуг.12（折子：道光3年2月26日付フレー辦事大臣より、庫倫管理商民事務章京シャンガンダイ宛文書）。

㉚　МУҮТА. М1. Д.1 ХН. 3762 Нуг.13.（折子：道光3年3月初4日付フレー管理商民事務章京シャンガンダイより、フレー辦事大臣宛呈文）

㉛　МУҮТА. М1. Д.1 ХН. 3762 Нуг.5.（折子：道光3年3月17日付フレー管理商民事務額外員外郎シャンガンタイより、フレー辦事大臣宛文書）

㉜　МУҮТА. М1. Д.1 ХН. 3762 Нуг.3.（折子：道光3年3月27日付フレー辦事大臣より、フレー管理商民事務章京シャンガンダイ、トシェート・ハン部盟長ツェデンドルジ、シャンゾドバ・ゴムボジャブら宛文書）

㉝　МУҮТА. М1. Д.1 ХН. 831 120-131（辦事大臣衙門行文檔：道光4年5月11日付フレー辦事大臣より、ハン・オール盟長王ツェデンドルジら他4処宛文書）；軍機処満文奏摺録副檔号03-0201-4001-009（道光4年3月18日付フレー蒙古辦事大臣ユンデンドルジ奏摺）。

たのである。

これは辦事大臣ユンデンドルジにもあてはまる。嘉慶8年の執照交付はそもそも自身が上奏して嘉慶帝の裁可を得たものであり、その保有者は債権回収終了までの居住を保証されていた。高齢で単独で耕種できないとしても、彼らを駆逐することは諭旨に反するはずである。『実録』にある執照保有者の王萬隆が焼き払われた経緯は手元の史料からは不明だが、ユンデンドルジのかかる軽率な判断も要因の一つであったと考えられよう。

3. 民人渠士信らの供述

フレーの理藩院章京衙門に押し掛けた民人らの要求は、モンゴル人からの早期債権回収であったが、彼らの中には、無票の輩も含まれていた。シャンガンタイは嘉慶8年の執照保有者と流民の相互依存関係を報告していたが、そもそもこの流民らは、いつ、どこからやってきたのだろうか。その一端を探るべく、ここでは京師へ訴えを起こした渠士信ら7人の民人の供述[34]を取り上げる。

表1は7人の供述をまとめたものである。清代ハルハ・モンゴルの商業経済で、山西商人が極めて大きな力を持っていたことは広く知られているが、彼らも張喜を除く6人が山西省出身であり、中でも5人は同じ汾陽県出身であった。嘉慶8年の執照保有者は一人もおらず、三か月期限の小票保有者が5人、無票者1人、執照の有無不明1人であった。よって嘉慶8年の章程に照らせば、彼らが実際に家屋を建築したのであれば、明らかに禁例に抵触していたことになる。また7人全員が40歳以上であり、ハルハ滞在歴が10年～30年と非常に長かった。職業は交易を営む者が5人、職人（具体的には不明）が2人で、耕作地にやってきた経緯は、親戚・知人をたどってきた者、フレーで小票の交付を受けてから牧地に出た者、直接に牧地に来て雇工から身を起こした者など様々であった。

彼らの供述によれば、それぞれが所有する家屋はザサグ・ヤダムから許可を得て建てた渠士信、供述のない馮茂山以外、全員親族や他の民人から引き継いだものであった。またその家屋も元々は嘉慶8年の執照保有者が建てたものだとしている。

> 居住する家屋の多くは、そもそも「大票（＝嘉慶8年の執照）」を受け取って耕作をしていた民人が残したものである。3，4部屋を新増築したとしても、モンゴルの官員らが賄賂目的に建築を許可しその場所も指示したのであって、隠れて建てたのではない。

さらに、自分たちの居住の妥当性を次のように述べている。

㉞　軍機処満文奏摺録副檔号03-4028-032（道光4年3月18日付欽差ウリヤスタイ将軍ゴルフンガ奏摺附件呈庫倫客居民渠士洁等供単）。

多くの民人は交付を受けた小票を根拠に居住しているが、当該旗には毎年欠かさず租の穀物、小麦粉、磚茶などを納めている。

ここから彼らが、3か月期限の小票保有者は地方での長期居住が認められる、と認識していたことが見て取れる。小票は地方交易に出る民人の管理のための制度であり、当然長期居住を想定していない。ただし、衙門には登記しているため、保有者は全くの流民ともいえない。つまり彼らはこの制度を悪用していたわけである。ゴルフンガも上奏文の中で、小票を有する民人の長期居住について次のように述べている。

フレー管理商民事務章京衙門より、別に3か月の小票を受け取って、所轄の地で交易し、期限が近づくと、改めて所轄の衙門に呈して、新たに執照を交換して受け取るので、このように住み続けることができた㉟。

また民人らは該旗に毎年穀物や物品等を納めていることも、自身の居住を正当化する根拠にあげている。確かにハルハ中北部の耕作地では、乾隆42（1777）年以降、民人耕作者より地租を徴収することが認められていた㊱。嘉慶8年の章程でも、執照保有者からの地租徴収を指示していた。しかし、嘉慶8年の章程は以後の民人耕作者の増加を防ぐためのものであり、それ以降にやってきた民人から地租を徴収することは章程の本来の目的に反する。現地のザサグ旗側も章程を全く無視して、様々な名目で物品を徴収していたのである。

更に耕作地での居住についても、そもそも官員らこそが禁例を理解しておらず、自分らを取り締まるための措置もこれまで一切取ってこなかったと反論を展開している。

そもそも我々がモンゴルの牧地に居住してはいけないというが、官員らこそ諭旨を理解しておらず、官兵を派遣して捜索したこともない。

租糧を毎年徴収し、流民の調査さえ行わなかった、ザサグや現地官員の変心に対する怨嗟の声ともいえよう。

4. 理藩院章京ハイチンガの調査報告

道光3年夏、ユンデンドルジは、持病が悪化したシャンガンタイを京師に戻し、大臣衙門印務処の員外郎ハイチンガ（haicingga：海清阿）を理藩院章京に配置転換

㉟　МУУТА. М1. Д.1 ХН. 831 120a-131b（辦事大臣衙門行文檔：道光4年5月11日付フレー辦事大臣より、ハン・オール盟長王ツェデンドルジ、副盟長公ソノムワンチグ、エルデニ・シャンゾドバ・ゴムボジャブ、ヘルレン・バルス盟長ツエツエン・ハン・アルタシディ、フレーの理藩院章京ハイチンガら宛文書内、ゴルフンガ上奏文引用部分）

㊱　佐藤憲行『清代ハルハ・モンゴルの都市に関する研究―18世紀末から19世紀半ばのフレーを例に』，p.350.

することを上奏した[37]。彼が満洲語、モンゴル語に通じている上、チャハルなどで蒙民交渉案件を処理した経験があり、モンゴルと民人双方の気質をよく知っていることをユンデンドルジは高く評価していた[38]。

ハイチンガは早速道光3年9月4日にフレーを発ち、トシェート・ハン部副盟長ソノムワンチュグ、ダー・ラマ・ガルマダシらと共に問題となっているザサグ旗、シャビ領内の耕作地に赴き、現地居住の民人やその家屋、債権などを調査した。そして同年9月22日、彼は調査結果と共に、今後の住民管理などに関する改革案をフレー辦事大臣ユンデンドルジらに報告した。ここではハイチンガの呈文[39]から、ハルハ中北部の民人耕作者管理の問題点と実情を考えてみたい。

4.1 民人管理が困難な理由

表2は、ハイチンガが調査した4か所に居住する民人数と家屋の部屋数である。彼らの内訳は、張家口、フフホトなどの商業地から交易に来て戻らずに残っている者、フレーを経由して耕作地に来たが理藩院章京衙門には報告せず隠れ住む者、現地の民人に雇われるために他の土地から来た者など、その来歴は渠士佶ら同様に様々であった。住民は、①嘉慶8年公布の執照保有者（153名）、②小票保有者（25名）、③無票の者（205名）、の3種類に分けられる。①は嘉慶8年に債権回収まで耕作地居住を許可された者であり、②と③は「違法」に長期滞在していた者である。票の有無や種類にもかかわらず、6割以上の者（全383人中246人）が、モンゴル人に対する債権保有者であった。また③の中には耕作地居住の民人の雇工、或いは彼らを頼る高齢者も少なからず存在していた。無票の違法滞在者の多くが、モンゴル人（交易相手）や民人（雇工など）と何らかの社会的・経済的つながりを持って現地に居住していたのである。

ハイチンガはまず、これらの地方に居住する民人の管理が極めて難しい理由として以下の6点を挙げた。

①年一回の理藩院章京による稽査の日どりを知ると、一時的に耕作地を離れ、稽査が終わると戻ってきて、また雇い主を探す。

②流民でも現地のモンゴル人にとっては交易相手であるため、隠れ住むことができる。

③各ザサグ旗、シャビの処いずれも、理藩院章京の現地調査の際、「耕作地居住

㊲　МУҮТА. М1. Д.1 ХН. 824 42-43.（辦事大臣衙門行文檔：道光3年7月16日付フレー辦事大臣ユンデンドルジ、広慶ら上奏文の写し）

㊳　モンゴルで蒙民交渉案件を管理する理事通判らは漢語、モンゴル語双方に通ずる者を選ぶことになっていた。（烏雲格日勒『十八至二十世紀初内蒙古城鎮研究』，呼和浩特：内蒙古大学出版社，2005，p.80.）

㊴　МУҮТА. М1. Д.1 ХН. 3762 Нуг.6（折子：道光3年9月22日付庫倫管理商民事務員外郎ハイチンガより、庫倫辦事大臣宛文書）

の民人が多くなった。駆逐してほしい」と適当な報告で済ませていた。

④そもそも流民らはフレーの買売城管轄の民人ではないため、自分たちにはその素性を調べる手がかりが全くない。

⑤モンゴル人が商民の言い値で掛買いし負債が積もっても清算しない悪習を、現地のモンゴル人ダルガ、民人村長らも全く報告してこない。

⑥耕作地はフレーの衙門から5~600里も離れており、近くに住むモンゴルの者も民人らを名前と照合して詳細に調査することができない。

ここまで繰り返し述べてきたように、辦事大臣をはじめとしてザサグや旗官員などのいわば「職務怠慢」(③⑤)が流民増加の大きな要因の一つであった。一方で、モンゴル人と民人の密接な経済関係、それに起因する負債問題は、民人が耕作地から離れない格好の理由となっていた(②⑤)。ハイチンガはこれらに加えて、ハルハ中北部の民人管理体制が欠点を抱えていることを指摘した(①④⑥)。帰化城トゥメドや内ザサグ東部では、早くから民人が流入しその数も多かったため、旗内に民人管理機関である県や庁が設置された。しかし民人の数が内ザサグなどに比べて少なく、耕作地が点在するハルハでは清代を通じて県や庁が設置されることはなかった。そのかわりに、乾隆42(1777)年以降、フレーの理藩院章京がハルハ東二部の民人耕作者を管轄していた[40]が、ハイチンガはこの仕組み自体に問題があると指摘したのである。

4.2 耕作地居住の民人とその家屋

次に、耕作地に集まってきた民人と彼らの家屋については、以下のように説明している。

> また凡そ耕作地に建てた家屋や柵は、元来執照の交付を受けた民人耕作者が各自、泥の家を建てて居住したものである。年月が経ち、水雨により倒壊し居住できなくなると、各自新改築して、院内に新たに数部屋を勝手に増築し居住する。民人耕作者のうち、既に死亡した者からは、商民管理事務章京自身が毎年調査に来た際に民人の執照を回収し、伝達して理藩院に送り档冊に記していた。とはいえ、この死亡した民人の処有した家には、モンゴルの衆に貸しつけた麦の種や糧食の借金を回収するために、彼の夥計の民人が引き続き住んでいることを、各所轄の官員らの処より、その都度全く詳細に管理しなかった。或いは、執照の交付を受けた民人耕作者のうち、原籍に帰り耕作地に戻らない者が、以前に受け取った執照を衙門に交わして出発する際に、自分が先に建てて住んだ家屋を他の無票の民人に勝手に抵当に入れて、受け取った者は何部屋かを増築して住んでいる。

嘉慶8年の章程では、執照交付を受けた民人による家屋増築を禁じていたが、実

㊵ 佐藤憲行『清代ハルハ・モンゴルの都市に関する研究—18世紀末から19世紀半ばのフレーを例に』, p.349.

際には家屋修復の際に少しずつ増築したため、その数は増え続けていた。加えて嘉慶8年の執照保有者が死亡、或いは原籍に帰る際に、執照は回収しても彼らの家屋は処分しなかったため、彼の夥計が債権回収のため引き継ぐケース、或いは抵当に入れて譲渡し別の民人が居住していたのである。これは先に見た渠士信らの供述からも明らかであった。

4.3 ハイチンガの新たな民人管理案

ハイチンガは民人らのこのような家屋のやりとりを厳禁すべきとしたが、長期居住の民人宅には商品が多く、臼を設置して麦を脱穀して地租に納めたり、近隣の家畜を持たないモンゴル人に販売もしたりしている以上、実際には彼らの家産を一度に処分することは難しいとした。そこで、民人及びその家屋の管理について以下の新たな制度を提案した。

> 以後、今耕作地にいる登記済みの民人らを、各処が先に調査した民人の档冊と照合しながら毎月一回誠実に数えて、その結果を司員の衙門に報告させ、司員の処より調査した人数を照合した後、耕作地を離れた民人がいれば、档冊に記した名前に丸をつけて削除しよう。今回調査した後、再び民人を居住させて、所轄の地の村長らが訴え報告せず隠すことがあれば、所轄の村長らを耕作地近隣に住むモンゴルの族長らと共に直ちに捕えて加重して罰するほか、やはり罰畜を取り上げて衆への戒めとしよう。（中略）今後再び一部屋たりとも増築させず、各地から放浪してきた流民を招き入れ居住させず、村長らに委託して調査させて毎月一度司員の衙門に報告して来させて稽査の便としよう。ただ、ケシェートの耕作地は、ザサグ・ナムジルドルジの印務処に大変近い。旗の官員らに委託して耕作地に今後一人、一部屋たりとも再び増えることがあってはならない。（人間が）減ったのであれば、毎月一度実際に調査させて、同様に司員の衙門に報告して来させよう。

ハイチンガは今回調査した民人に関する档冊に基づいて、毎月現地で調査を行わせ、その結果をフレーの理藩院章京に報告させようとした。ここで彼が重視したのが現地の村長（gašan i da）である。以前の規定では、現地での民人管理は年一度の理藩院章京の現地調査以外はザサグ旗、シャビ側に委ねられていた。しかし、かかる仕組みでは民人らを到底管理できないと見たハイチンガは、旗印務処に近いケシェートを除き、現地に居住する同じ民人にその稽査管理を任せることで、より責任の所在を明確にし、かつ住民管理の効率化を図ろうとしたのである。

但し、イベン、ボルガルタイなどシャビ属下の地方居住の民人管理については、このザサグ旗とは異なる方式を提示した。これらの地方ではジェブツンダンバ・ホトクトのシャビが遊牧しており、耕作地からの収穫物もザサグ旗ではなく、大半をシャビ側が徴収しホトクトのサンやフレーの僧侶らが利用していた。しかしこの耕作地を管轄するシャンゾドバは遠くフレーに住んでおり、現地に居住するオトグのダルガらも官員ではないため諸規則や各案件の軽重に通じておらず、集まってきた流民を調査することができていないとし、その住民管理能力に疑問を抱いていた。そこでこれらの地方で収穫した麦は従来通りにシャビ側に与える一方、そこに暮らす民人らの家屋の稽査については、耕作地がある旗印務処に委ねて毎月稽査させ、その対価として高級麦の徴収を認めた。

> 今後はイベン、ボルガルタイなどの耕作地で収穫した麦を、従来通りシャビの衆に与え収穫させるほか、所轄の処に対して、民人らが既に建てて暮らす家屋を各旗に委託して、今後民人一人、家屋一部屋たりとも勝手に増やすことがないように、毎月同様に調査して司員の衙門に報告して来させて稽査の便としよう。家屋の部屋数は既に各々記録しており、土地からとれる最上級の麦（ten i maise）からは所轄旗が毎年一度、一部屋につき二斗を徴収して公務に利用し、ジェブツンダンバ・ホトクトのサンには与えないこととしよう。

またもう一つの大きな問題である負債問題については、モンゴル側が一度に返済できないため、①債権額の多寡を見て1年か半年の期限を設けて回収させること、②回収し終えた民人については各ザサグ旗やシャビの処より理藩院章京に報告させて、順次捕えて罰を科すこと、を提案した。

以上から、ハイチンガは以前の章程の適用よりも、現況に即した形で問題を処理しようと考えていたことが見て取れる。違法居住と債権回収の問題を区別し、従来の民人管理の問題点を指摘したうえで、その改革案を示した点などは、蒙民交渉案件を担当した経験者らしい対応と言える。ユンデンドルジは彼を「モンゴルと民人の気質を知っている」と評したが、これはモンゴルの現場で民人案件を管轄する官員にとっては重要な要素であり、おそらくはシャンガンタイに欠けていたものであったのかも知れない。

しかしハイチンガのこの提案も、この後、渠士佶らが京師に出向いて控訴したため、直接実施されるには至らなかった。

5. 道光4年制定の新たな章程

耕作地を調査し事件関係者を尋問した欽差ウリヤスタイ将軍ゴルフンガは、道光4年3月27日、耕作地の調査報告、事件の処理案と共に、民人管理及び負債問題に関する新たな規定について嘉慶帝に上奏した。彼の事件処理案は『大清実録』の記事と概ね一致している。よってここでは彼が策定したこの新たな規定を取り上げ、その内容を検討する。

この章程は満州語、モンゴル語では全9条（漢文版は全10条）からなる[41]。本稿最後に章程の満州語原文（転写）と漢語原文、及び日本語訳を添付した[42]。内容は、民人管理（第4、第6～9条）、債権（回収）関連（第1～2条、第5条、第9条）、家屋管理（第3条、第9条）、更に焼き払われた家屋の弁済（第1条）関連など、多岐にわたるが、その中心は民人管理、及び債権関連の規定である。各条目を細かく見ると、内容が重複している部分も散見される。（例：モンゴル人に対する民人の掛け売りの禁止（第1～2条、第5条）、流民の取り締まり強化（第6条、第8条））。また一つの条目に複数の項目が記されているケースもある（例：第9条）。

以下では、各条目の内容を、本事件で明らかになった耕作地居住の民人を巡る諸問題がどう影響していたのかに焦点を当てて検討する。

第1条と第2条は焼き払われた民人の家屋に対する弁済額及び弁済方法、債権額に応じた回収猶予期間に関する規定である。ここでは執照保有者であった王萬隆を除く民人らへの弁済金額を定め、盟長とシャンゾドバが連名で理藩院章京の立会いの下に返済することを指示している。訴えを起こした渠士信ら7人は原籍へ護送し、残りの36人も耕作地からの駆逐を指示した。その一方で、彼ら43人のほか、小票の有無に関わらず民人の債権回収を認め、債権額の多寡に応じた猶予期間を与え、負債額が1000元以上の場合には、嘉慶6年の諭旨に照らして返済額を3割減とすることを指示した。

嘉慶6年にトシェート・ハン部親王チャバグドルジ旗の負債問題を解決すべく嘉慶帝は現地にウリヤスタイ参賛大臣永保を派遣した。永保はモンゴル側の負債を7割に減額するとする上奏を、嘉慶帝は認めたが、この第2条に出てくる諭旨とはこのことである[43]。そもそもハルハ中北部耕作地における民人の居住は債権問題と不可分の関係にあった[44]。同じ時期に、フレーの寺院地区内で起こっていたモンゴル人僧侶と商民の雑居問題も同様の構図にあった。商民が寺院内での居住を主張する根拠は、僧侶らに対する多額の未回収債権であった[45]。辦事大臣の指示はしばしばブレがあっても、彼らの債権を無視することはなかった。民人の居住ステータスに関わらず債権回

---

[41] 満州語：МУУТА. М1. Д.1 ХН. 831 120a-131b、モンゴル語：Очир. А, *Монгол-Хятадын худалдааны харилцаа*：122-125-р тал、漢語：軍機処録副奏摺檔号03-4028-031（道光4年3月18日付ウリヤスタイ将軍ゴルフンガ奏文附件　呈庫倫伊琫等処居民領照張目清還等章程清単）。満州語規定とモンゴル語規定は、条項の順番、内容ともに完全に対応している。また、満州語・モンゴル規定の第1条が、漢語規定では第1条と第2条に分割されているが、そのほかの条項の順番は同じである。内容も当然同じであるが、一部、満州語・モンゴル語規定と表現がやや異なる部分がある。

[42] 訳文は原則として満州語規定の翻訳としたが、一部漢語規定を参照した。

[43] 佐藤憲行『清代ハルハ・モンゴルの都市に関する研究—18世紀末から19世紀半ばのフレーを例に』，p.353；МУУТА. М1. Д.1 ХН. 599 121a-122b（辦事大臣衙門行文檔：嘉慶6年7月12日付嘉慶帝諭旨）。

[44] 佐藤憲行『清代ハルハ・モンゴルの都市に関する研究—18世紀末から19世紀半ばのフレーを例に』，p.352.

[45] 当時のフレーにおける蒙民雑居問題については、佐藤憲行『清代ハルハ・モンゴルの都市に関する研究—18世紀末から19世紀半ばのフレーを例に』第2章参照。

収を認めたことは、これまでの流れを考えれば不思議ではない。逆に、債権を無視したシャンガンタイの処理の特異性が一層際立つ。

第3条はモンゴル牧地に民人らが建てた家屋に関する規定である。今回の事件で家屋を焼き払わなかったケシェートなど8か所では、嘉慶8年の執照保有者は従来通り居住を認可した。一方でその他の民人には票の有無を問わず、債権回収後に直ちに当該の官員より通知して、彼が居住していた家屋を民人自身に倒させ、原籍に戻らせることとした。民人が居住した家屋の処理に関する規定がなかったことが、事件の原因の一つであったことを考えれば、この規定の制定は当然であろう。

第4条は嘉慶8年執照保有者の管理形態に関するものである。『則例』の第1条に該当し、その内容もほぼ同一である。嘉慶8年の執照保有者の高齢化が、耕作地での無票の民人増加の一因であった。そこで彼らが民人を雇うことを認めたうえで、彼らを内地の保甲制に例を取って、現地で管理しようとしたのである。雇工の名前を記して自宅の門に貼りだすなどの処置は、シャンガンタイが取り調べた高齢の民人らも提案していた。その意味では、この住民管理は現地居住の民人らの要望を取り入れたものともいえる。

第5条はモンゴル人の負債返済方法及びモンゴル人への掛け売り禁止に関する規定である。ここではモンゴル人個人に私的に返済させることを禁じている。そのかわりに、返済分を所轄のザサグ旗が徴収してストックし、全額準備できた時点で、盟長が理藩院章京と会同して民人に返済して、原籍に返すことを指示している。これはモンゴル人が負債返済を意図的に遅らせること、負債残額を巡る民人とのトラブル回避を目的としたものである。

第6条は流民取り締まりの調査に関する指示である。今後発見した流民については、今回制定した新しい規定に照らして善処させることを指示している。

第7条は『則例』第2条の3か月期限の小票廃止に関する規定である。下線部分の「弊害を取り除く」の表現は『則例』にはないが、この「弊害」がこの制度を悪用した地方での長期滞在だったことは、本論で見てきてことからも明らかである。但し、目的地の遠近によって印票の有効期限を定める点以外は、民人管理形式に大きな変化はない。繰り返し申請して来る者に対する制限もなく、彼らの管理もあくまで現地のザサグらに委ねられており、実際に「弊害をなくす」ことが可能だったのかは疑問が残る。

第8条は『則例』の第3条に該当し、内容も同一である。現地のザサグや協理などに流民の取り締まり、盟長と理藩院章京の巡察は以前からも行われており、これらを再度関係者に周知するためのものであろう。

第9条は『則例』の第4条に該当し、嘉慶8年公布の執照保有者に対する規定である。前半部分に民人とモンゴル人の交易が銀銭を用いず物々交換であることが記している点、高齢・体の不自由な民人に対する措置の違い（『則例』では最後に理藩院に報告することを義務付けているが、この章程ではこの部分がない）を除いては、『則例』と同じ内容である。執照保有者は皇帝の諭旨により耕作地居住を認められており、ユンデンドルジがシャンガンタイに指示したように、単に高齢を理由に追い出すことは諭旨に反する。だが彼らの高齢化が新たな問題を引き起こしていたことも事実であった。ここではこの民人らの居住を再確認し、その処遇を現地で決定することを指示したのである。

本稿で取り上げた『則例』の4つの規定は、道光4年章程の第4条、第7-9条に該当し、民人管理関係の条目の重複部分を削除し、更に若干の修正を加えたものであった。しかし章程の債権関連の条目は、『則例』には採録されていない。一つの可能性として考えられるのは、道光版『理藩院則例』の編纂時期である。本稿で用いた『則例』は道光23（1843）年の編纂であり、民人に与えた債権回収期限は（実態はどうであれ）債権回収は終わっているはずであり、それゆえ『則例』に入れる必要はなかったのかもしれない。このほかに、清朝のモンゴル負債問題、更にはモンゴルと民人の経済関係に対する姿勢なども理由として考えられるが、これらは今後の問題としたい。

おわりに

理藩院章京シャンガンタイは嘉慶8年の章程を根拠に、違法滞在の民人の家屋を焼き払い彼らを駆逐しようとした。しかし彼がより注意を払うべきは、章程には記されていない違法滞在者の所有する債権問題であった。民人の居住とこの負債は表裏一体だったからである。

事件の処理過程で、この地に住む民人耕作者管理の構造的問題，嘉慶8年の執照保有者を巡る新たな問題も明らかになった。最終的には欽差ウリヤスタイ将軍ゴルフンガが処理案を上奏することで一応の解決をみた。道光4年の章程とは、このゴルフンガの事件処理案であり、新たな民人管理問題に対応するための規定と、民人の再建回収関連規定の2つからなっていた。しかしのちに編纂された『理藩院則例』には、前者の民人管理規定のみが採録された。

以上から、ここで取り上げた規定は、シャンガンタイという1人の官員の「誤った」判断が引き金となって、制定されたものといえる。

しかし、清末に至るまでモンゴルの負債問題は続いた。それゆえモンゴルの理藩院官員は蒙民交渉案件処理に当たって、『則例』に採録されて「いない」ことにも考慮しなければならなかったのである。

附录　道光4年制定フレー・イベン等居住民人の執照、帳簿、債務返還などに関する章程

第1条

emu hacin. boo efulefi deibuhe tomoro ba baharakū irgen gioi ši giyei i jergi dehi sunja(ママ) niyalmai dorgi, wang fan lung sere irgen daci usin i temgetu bithe bifi, ini boo be tašarame deijime efulebufi encu icihiyabureci tulgiyen, funcehe dehi ilan irgesei bekdun hese alime gaiha ineggici deribume, harangga culgan i da, šangjotba sede afabufi hahilame icihiyabuki. deijibuhe boo giyalan tome duite yan hūdai menggun salibume toodabufi ton i songkoi icihiyame isinafi uthai hūdai irgese be kadalara janggin i yamun de afabufi, culgan i da, šangjotba sede uhei acafi sasa gebu aname getukeleme toodabume afabufi, wacihiyabuki. gemun hecen de genefi bithe alibume habšaha irgen kioi ši giyei i jergi nadan niyalma be da susu bade dahalabume benebuki. funcehe gūsin ninggun niyalma be te ci uthai bašame maribufi, encu banire were be baiki. boo efulebuhekū ajige temgetu bithe bisire akū be bodorakū irgesei bekdun menggun emu tanggū yan ci fusihūn ton komso be gūnime ekiyembure de mangga be dahame, harangga culgan i da, šangjotba sede afabufi hese alime gaiha ineggici urunakū ilan biyai dolo ton i songkoi wacihiyame toodabufi irgese be uthai bašame maribuki.

一、被燒毀房屋失於棲止之渠士潔等肆拾肆名内、除王萬隆壹名原有地票其房屋誤被燒毀另行辦理外、其餘民人肆拾叁名之賬目俟奉旨之日爲始、即令該盟長及尚卓特巴等作速湊辦、並所有被燒房屋每間賠給銀肆兩一併照數湊足、交至管理商民事務章京衙門會同該盟長尚卓特巴等公同按名還清。將赴京呈控渠士潔等柒人遞解回籍。其餘叁拾陸名立即逐回另謀生理。

一、未被燒毀房屋之民人無論有無小票、其賬目合銀在壹百兩以内者、惟數較少礙難酌減。飭交該盟長及尚卓特巴等自奉旨之日務於三個月内全數抵還將民人立即逐回。

一、家屋を焼かれ住む場所がなくなった民人渠士佶ら45人[46]のうち、民人王房隆はもとより耕作許可の票を有しており、その家屋を誤って燃やしたため別途処理するほか、残りの43人の民人らの債権は、諭旨を拝受した日より数えて、所轄の盟長、シャンゾドバらに交わしてすぐに処理させよう。燃やした家屋は1部屋銀4両に換算して支払わせることとし、弁済額が揃い次第、直ちに（フレーの）商民管理事務章京の衙門に交わして、盟長、シャンゾドバらとの連名できっちり支払うよう命じて終わらせよう。京師に赴き文書を呈して訴えた民人渠士佶ら7人を、原籍に護送しよう。残り

---

[46] 漢語規定では44人、モンゴル語規定では43人とある。文脈から推測すると44人が正しい。

の36人は、ただちに駆逐して帰らせ、他の生計の道を探させよう。家屋を倒されなかった民人は、小票の有無を問わず、その債権が銀100両以下の者は金額が少額であることを考慮すると減額が難しいため、所轄の盟長、シャンゾドバらに交わして、諭旨を拝受した日より必ず3か月以内に、金額通り完済させて、民人らを直ちに追い出し帰らせよう。

第2条

emu hacin. emu mingga yan ci fusihūn ningge be emu aniyai bilagan, juwe minggan yan ci ilan minggan yan de isinahangge be juwe aniyai bilagan bufi, gemu bilagan i dolo icihiyame tesufi ainaha seme inenggi iktaci ojorakū. gemu ningguci aniya de wesimbuhe kemun i songkoi juwan ubu be nadan ubu obume irgese de wacihiyame toodabufi, uthai irgese be bašame maribuki. ese bekdun aliyara sidende an i temgetu bithe gaifi maimašame yabufi, dasame jaka be monggoso de darume buci ojorakū. aika monggso de darume buhengge bici, bisirele edelehe bekdun be gemu bošome tucibufi siden de dosimbufi, kemuni irgese be ciralame ujeleme weile araki.

一、壹千兩以内者給限壹年、貳千兩至三千兩者給限貳年、均於限内湊足、不得稍延時日。照依陸年奏定章定、按拾分之柒完結、民人立即逐回。其民人候賬間仍准領票貿易、但不許復行賒給蒙古貨物。如有再行賒給者、將所欠之賬目照數追出入官、仍將民人從重治罪。

一、銀1000両以下の者は1年の期限、2000両から3000両の者は2年の期限を与え、全て期限内に処理し、決して期日を延ばしてはならない。全て（嘉慶）6年に上奏し定めた規定に照らして、負債額を10分の7として完済させ、直ちに民人を追い出し帰らせよう。彼らが負債の支払いを待っている間に、以前同様に印文を持って交易に出ることとし、再び商品をモンゴル人に掛け売りしてはならない。もしも、モンゴル人に掛け売りする者がいれば、保有する債権を全額督促して入官させ、やはり民人を厳罰に処そう。

第3条

emu hacin. dorgi ba i irgese, monggosoi nuktei dolo boo weileci fafun kooli de holbobuha babi. te ibeng ni jergi bade bisire ilibuha boo be emgeri efulehe. kesiktu, usun seir, toolbi budugun joo modo ingtu, ulan hošoo, ebertu tarayagatai i jergi jakūn bai irgen, saicungga fengšen i jakūci aniyai temgetu bithe bisire irgesei boo an i bibufi tebubureci tulgiyen, funcehe bekdun aliyara, maimašara sula norome tehe irgesei boo esei bekdun bargiyame wajiha manggi, harangga kadalara hafasa de afabufi ulame harangga irgesede ulhibufi beyei boo be efulefi, hahilame bošobume da susu de maribuki.

一、内地民人在遊牧處所建蓋房屋有幹例禁。所有伊琫等處房屋業經拆毀。其克什業圖、烏蘇溪爾、陶爾畢、布棟、昭莫多、英圖、烏藍和碩、額畢爾圖塔爾噶台捌處、初領有嘉慶捌年執照民人住房外、其餘候賬貿易閒居人等房屋、候賬收完後、飭令該管官轉飭民人等自行拆毀催令回籍。

一、内地の民人らが、モンゴルの牧地内に家屋を建てることは禁例に触れるところがある。このたび、イベンなどの地の家屋は既に倒した。ケシェート、オスン・セイル、トールビ、ブドゥーン、ゾー・モド、イント、オラン・ホショー、エベルト・タリヤンタイなど8か所の民人は、嘉慶8年の執照保有者にはそのまま居住させるほか、残りの借金回収を待つ者、交易従事者、無爲に暮らす民人の家屋は、彼らが借金を回収し終えた後に所轄の官員らに交わし、所轄の民人らに知らしめて、自らの手で家屋を壊させ直ちに追い出して原籍に帰らせよう。

第4条　（＝『則例』第1条）

emu hacin. jakūci aniyai da alime gaiha temgetu bithe bisire usin tarire irgesei turici acara hūsun weile niyalmai ton be gemu dorgi ba i songkolome, gašan falgan i kooli kemun(ママ) dukai temgetu afaha de da susu gebu hala be narhūšame arafi, harangga jasak sede nikebufi biyadari kimcime baicabuki. aika genere jidere irgen bici, uthai hahilame doron gidaha bithebe tucibufi kuren i irgese be kadalara janggin de getukeleme boolafi, encu halafi erin de acabume baicarade belhebuki. kuren i hūdai irgese be kadalara janggin inu hahilame harangga jasak gūsade karu bithe yabubufi dangsede dedebuki. ere mudan wesimbufi dergi hese alime gaiha amala, unenggi yargiyan be jafafi dahame yaburakū oci, harangga hūdai irgesei baita be kadalara janggin, jasak be suwaliyame ciralame wakalame weile araki.

一、原領捌年執照票種地民人應用長工人數、遵照内地稽査保甲之例、設立門牌詳註姓名籍貫令、該扎薩克按月稽査。如有去來者、立即以印文報明庫倫管理商民事務章京、另行更換、以便隨時稽査。庫倫管理商民事務章京亦即諮覆該扎薩克存案。經此次奏奉諭旨後、如不實力奉行、將該庫倫管理商民事務章京並扎薩克等一併嚴参治罪。

一、（嘉慶）8年に交付を受けた執照を持つ民人耕作者が雇う雇工の人数を、全て内地を例に取り、保甲の例㊼、門牌の紙に原籍や氏名を詳細に記し、所轄のザサグらに委ねて毎月詳細に調査させよう。往来する民人がいれば直ちに印文を出して、フレーの管理商民事務章京に明確に報告して別途交換し、随時調査の便としよう。フレー管理商民事務章京も直ちに所轄のザサグ旗に返信を送り、（該旗で）档冊に記録さ

㊼　滿洲語、モンゴル語版では、日本語に訳出したように、やや意味が不明な文章となっている。漢語版では「雇工の数は内地の保甲の例の通りとし、門牌を設置し～」と意味が明確であり、『則例』の該当部分とも表現が一致している。但し『則例』の滿州語、モンゴル語版は漢語版と同じ内容の表現に改められている。よって、ここで利用したゴルフンガの上奏した規定を通知したフレー辦事大臣衙門の文書内の滿州語版規定に、何らかの書き写しミスがあり、それをモンゴル語版に翻訳の際にそのまま翻訳した可能性が考えられる。

せよう。今回上奏して上諭を拝受した後も誠実に実行しなければ、所轄の管理商民事務章京、ザサグ共に厳しく弾劾し処罰しよう。

第5条

emu hacin. irgese de edelehe bekdun be cisui toodaburakū obume harangga jasak gūsade nikebume, siran siran i bošome tucibufi bargiyaha ton be getukeleme araci harangga culgan i da de alibufi, culgan i da kuren i hūdai irgese be kadalara janggin de uhei acafi sasa tanggin i julergi irgese de afabufi, getukeleme arafi toodame wacihiyaha inenggi be ejefi bašame maribufi, ubade memereme bibuci ojorakū. ere mudan getukeleme baicafi dangsede ejebureci tulgiyen, aika dahūme monggoso de darume buhengge bici, harangga irgese be kooli be jurcehe songkoi weile araki.

一、所欠民人賬目不準私行付給。着令該扎薩克陸續催收若干、當即呈交盟長處、會同庫倫管理商民事務章京當堂飭交民人註明完日、即行逐回。不許在此逗留。除此次查明登記號簿賬目外、如有續行賒給者、將該民人遵例治罪。

一、（モンゴル人が）民人らへの借金を勝手に返済させないようにし、所轄のザサグ旗に託して少しずつ督促させて、返済額が準備できたならば所轄の盟長に呈し、盟長はフレー管理商民事務章京と会同して、堂前で民人らに交わし、完済した日付をはっきり記して彼を追い出し帰らせ、この地にいつまでも居住させてはならない。今回調査し明らかにして档冊に記録させたほかに、もしも再びモンゴル人に掛け売りする者がいれば、所轄の民人を例に反したとして処罰しよう。

第6条

emu hacin. encu bade norome tebuhe irgen boljoci ojorakū. harangga baita icihiyara ambasa de afabufi kuren i hūdai irgese be kadalara janggin, culgan i da, jasak sade ciralame afabufi, urunakū gūnin werešeme kimcime baicame, aika ere turgun hacin bici, inu ere mudan ice toktobuha kemun be songkolome sain i icihiyabuki.

一、他處難保必無潛居流民。飭令該處辦事大臣等嚴行督率庫倫管理商民事務章京、盟長、扎薩克等上緊稽查。如有此等情事、照依此次新定章程妥爲辦理。

一、他の場所にも居住する民人（流民）がいるやもしれない。所轄の辦事大臣らに交わし、フレー管理商民事務章京、盟長、ザサグらに厳命して、必ずや細心の注意を払って詳細に調査させ、もしもこの事由があれば、やはり今回新たに定めた規定に照らして、善処させよう。

第7条　（＝『則例』第2条）

emu hacin. kuren i hūdai giyei i maimašara igese aika cihanggai geren jasak gūsade genefi maimašame yaburengge bici, ilan biyai temgetu bithe baitaralaburakū obume jemden turgun be geterebume kuren i janggin de afabufi jasak gūsai hanci goro be bodome, bilagan toktobufi doron gidaha temgetu bithe bufi, ya gūsade maimašame genere, gaifi gamara eiten jaka, irgesei se, arbun be getukeleme temgetu bithede arafi, kemuni harangga jasak gūsade yabubufi, kimcime baicabufi, urunakū bilagan i dolo amasi maribubume, damu maikan caci ombi. boo weilefi, tubade enteheme teci ojorakū. aika bilagan tulifi amasi marirakūngge bici, harangga jasak sa uthai jafafi , kuren i bade benebufi, harangga hūdai irgesebe kadalara janggin de afabufi, kooli songkoi weile araki.

一、庫倫街市商民、如有情願前往各札薩克旗下貿易者、不准仍用三個月小票以滋弊竇。着令庫倫管理商民事務章京量以道路遠近、酌定限期給發印票、將前往何旗貿易、所帶貨物、民人年貌、註名票内行知該扎薩克、稽查務於限内催令旋回。只准支搭賬房、不准蓋房在彼常川居住。如逾限不回者、着該扎薩克立即拿送庫倫交該管理商民事務章京照例治罪。

一、フレーの商業街の商民でもしも勝手に多くのザサグ旗に赴いて、商売をする者があれば、3か月の小票の利用を停止しその弊害を取り除き、フレーの章京に交わしてザサグ旗の遠近に鑑みて期限を定めて印票を渡し、どの旗に交易に行くのか、持っていく全ての商品、民人らの年齢、様相をはっきりと印票に記し、やはり所轄のザサグ旗に送り、詳細に調査させ、必ずや期間内に戻って来させ、ただ帳房のみ建てることを許す。家屋を建ててそこにずっと暮らしてはならない。もしも期限が過ぎても戻って来なければ、所轄のザサグらは直ちに捕まえてフレーの地に送り、所轄の管理商民事務章京に交わして、例に照らして処罰しよう。

第8条　（＝『則例』第3条）

emu hacin. ere mudan baicafi icihiyaha amala yaya monggosoi nuktei ba, gemu harangga jasak tusalakci sade nikebufi, gūnin werešeme erin akū kimcime baicabuki. aika doron gidaha temgetu bithe akū irgen cisui amasi julesi yabufi, monggoso nuktei bade generengge bici te ci uthai ciralame jafafi kuren i amabasai yamun de benebume alibufi kooli songkoi weile araki. aniyadari an i harangga culgan i da hūdai irgesebe kadalara janggin sa uhei acafi, emu mudan giyarime baicafi temgetu bithe akū irgen halbume biburengge bici uthai harangga jasak sabe ciralame wakalame weile araki.

一、此次查辦後、凡遊牧處所着該旗扎薩克圖薩拉克齊不時留心稽查。如再有無票私行潛往遊牧之民人、立即嚴拿呈送庫倫大臣處照例治罪。每年仍着該盟長會同庫倫管理商民事務章京巡査壹次、如有無票民人棲止、將該扎薩克等嚴参治罪。

一、今回調査し処理した後、およそモンゴル人の牧地は全て所轄のザサグ、協理らに任せて、注意を払って絶えず詳察させよう。もしも印文を持たない民人が勝手にあちこち行き、モンゴルの牧地に行くことがあれば、ただちに厳しく捕まえてフレーの大臣衙門に送り呈して、例に照らして罰を科そう。毎年従来通り、所轄の盟長は商民管轄の章京らと会同して、一度巡察稽査し、無票の民人を招き入れて容留することがあれば、直ちに所轄のザサグらを重く弾劾し処罰しよう。

第9条（＝『則例』第4条）

emu hacin. ne jakūci aniyai temgetu bithe gaifi usin tarire irgen emu tanggū susai ilan niyalma. an i tesu i bade tefi tarimbi. erei dorgi inu monggoso de maimašame yabume bifi, terei bekdun labdu komso adali akū udu harangga kadalara hafan icihiyarakū bicibe, damu harangga ba an i ucuri menggun jiha baitalarakū. gemu sukū jaka be ishunde hūlašambi. ere mudan wesimbufi kemun toktobuha amala, inu harangga culgan i da, jasak šangjotba, hūdai irgesebe kadalara janggin de uhei acafi aniya aname kimcime baicafi gemu emu aniyangge be emu aniya lashalame wacihiyabufi, ice bekdun be, fe bekdun de sirabume arabuci ojorakū aika beye wajihangge bici bekdun ilibuha boo be harangga hūdai irgese be kadalara janggin de nikebume jakūci aniya wesimbume toktobuha kemun be songkoi icihiyabuki. jai se tulike, jadagan bifi da susu de marime muterakūngge bici, erin oho manggi, adarame tebubume icihiyara babe, harangga hūdai irgese be kadalara janggin de afabufi, harangga baita icihiyara ambasa de getukeleme alibufi yargiyalame icihiyabuki.

一、現在承領捌年執照票張種地民人一百五拾三名、仍行安置遊牧。此内、亦多有與蒙古等交相貿易者、其賬目多寡不一。雖官不爲經理、但該處向不使用銀錢、均係以皮張貨物兑換。經此次奏定章程後、着該盟長、扎薩克、尚卓特巴會同庫倫管理商民事務章京按年詳查。俱令年清年款、不准新陳相接。如有身故者、其賬目房間應着該庫倫管理商民事務章京照依捌年奏定章程辦理。其現在如有年老廢疾不能回籍者、臨期作何安置之處、着該管理商民事務章京呈明該辦事大臣等酌奪辦理。

一、今（嘉慶）8年の執照を持つ民人耕作者は153人。これまで通り、該地に居住して耕作することを許す。このうち、モンゴル人と交易をする者がいるが、その債権額は一様ではない。所轄の官員らは関わらないとはいえ、ただ所轄の地方では従来より銀銭を用いず、ただ皮革と商品を互いに交換する。今回上奏して規定を定めた後、やはり所轄の盟長、ザサグ、シャンゾドバ、管理商民事務章京は会同して、毎年詳細に調査し、その年の取引は同じ年に終わらせて、新たな借金を古い借金と一緒にしてはならない。もしも亡くなった者がいれば、借金や建てた家を所轄の管理商民事務章京に委ねて、（嘉慶）8年に上奏して定めた規定に照らして処理させよう。また高齢、体の不自由により原籍に帰ることができない者がいれば、その都度どのように居住させて処理するかを、所轄の管理商民事務章京に交わして、所轄の辦事大臣らに呈報して、状況を見て処置させよう。

附表1　民人渠士信ら7人の供述

氏名	年齢	出身地	モンゴルに来てからの生活	今居住する家
渠士浩	61	山西太原府祁県	乾隆58年にフレーに来て、翌年に三か月の小票を受け取り、ハラー河へ行って交易で生計を立てた。嘉慶6年にザサグ・ヤダムは私に家屋と臼を建てさせて、小麦を挽かせた。それを機に常住して商売をすることができた	嘉慶6年にザサグ・ヤダムが牧地内に家と臼を建てさせた
張喜	49	直隷宣化府萬全県	叔父と実兄がフレーで、職人をして暮らしていた。叔父の死去後、嘉慶6年にフレーに来て商売をしていた。その後、イベンで実兄と同居し交易に従事した。同19年、実兄が病死するとすぐに三か月の小票を受け取り、今も交易をしている	叔父たちの旧宅
馬尊廣	68	山西汾陽県	嘉慶3年にフレーに来て三か月の小票を受け取り、ボルガルタイ地方で交易をしている	劉元子から引き継いだ
田發義	62	山西汾陽県	嘉慶18年にフレーにきてすぐにボルガルタイへ行き雇工となる。同23年に三か月の小票を受け取り、小さな商店を開き生活している	武継潘が抵当に入れたのを引き継いだ
馮茂山	46	山西汾陽県	嘉慶12年にフレーに来たがすぐにイベンに向かい、母方のおじが開く店の手伝いをした。同22年に自分で支店を開き三か月の小票を請願し受け取り、イベンで別に商売をして暮らしている	供述無し
高彪	48	山西楡次県	嘉慶13年にイベンにやってきて、職人として暮らしている。三か月の小票は申請していない	陳宗虎の名義で、抵当に入った家屋と臼を引き継いだ
李如桐	48	山西汾陽県	嘉慶18年にイベンにやってきて、同郷の閻自福と共に商売をしていた。同25年に彼と別れて店を開き、各地で借金返済の催促及び回収をしている	王大興が借金返済に充ててよこした

附表2　理藩院章京ハイチンガによる耕作地調査結果

	①嘉慶8年執照保有者	②小票有	③無票			
耕作地名	（債権有）	債権有	債権有	債権無・雇工	債権無・高齢で耕作民人近隣に居住	民人が建てた家屋部屋数
イベン	16	10	16	33	無	
ボルガルタイ	30	8	11	26	無	
ケシェート	67	7	40	無	79	
オサン・セイル	41	無		無		
合計	153*	93**		138		601部屋

*本調査で執照を回収した者を除く

**原文まま

"The Regulation of Ministry of Foreign Affairs" and Its Social Background: A Case Study on the Event of Burning Chinese Houses in Khalkha Mongolia in the Third Year of Emperor Daoguang's Reign

SATO Noriyuki

"The Regulations of Ministry of Foreign Affairs" is important for the study of Mongolian history in the Qing, but the legislative process and the social background of the Regulations have not been sufficiently studied. This article studies the case of burning Chinese Houses in the farmland of Mid-North Khalkha Mongolia in the third year of Emperor Daoguang's reign, focusing on how some of the regulations were made.

20世紀初頭，内モンゴル東部における「文契」と「地券」

—ハラチン右旗土地文書を中心に—

広川佐保

はじめに

ハラチン右旗を含むジョーオダ・ジョソト盟地域は，清末より漢人農民の移住がすすんだ地域であるが，そこではモンゴル人と漢人のあいだで土地をめぐる複雑な関係が構築された。清朝崩壊後，中華民国が成立すると，これらの地域に，1914年，熱河特別区が設置された。これは1928年に熱河省と改編され，また各旗内には県の設置が相次いだ。同時期，中華民国政府中央や地方政府は，内モンゴル各地で土地制度改革を進めたが，同様の試みが熱河地域でもなされていく。

これらの地域の土地制度改革に関して，近年，中国の文書史料の公開と整理，そして刊行が進みつつあるが，文書史料は膨大なうえに各地に分散し，全体像を把握するのは容易でない。一方，日本が伪满洲国期に刊行した調査資料は，爲政者の関心から収集されたものであるため史料的限界はあるものの，ある程度，全体の見取り図を示してくれる。ジョーオダ・ジョソト盟地域に限れば，熱河省の官吏で土地調査に深く関与した及川三男が『熱河蒙旗の概要』をまとめたが，これは当時の熱河の開墾問題を知るうえで重要な記録となっている①。さらに1930年代，伪满洲国政府が地籍整理事業を推進するために刊行した『錦熱蒙地土地調査報告』は，ジョーオダ・ジョソト盟の旗について，清朝時期から1930年代までの蒙地関係文書を採録したものである②。同書が採録する史料は，漢語史料に限定されるものの，各旗が所有する土地契

① 及川三男『錦熱蒙旗の概要』,熱河省公署民政庁,出版地不明，1933.

② 伪满洲国政府は，1930年代後半より，地籍整理事業を進め，モンゴルの土地を，開放蒙地，錦熱蒙地，非開放蒙地の三つに分類した。伪满洲国地籍整理局は，錦熱蒙地処理（旧熱河省）のさいに、伪满洲国地籍整理局『錦熱蒙地調査報告』上巻（土默特左右旗，翁牛特左右旗），新京：出版社不明，1937，同『錦熱蒙地調査報告』中巻（喀喇沁右旗），新京：出版社不明，1937，同『錦熱蒙地調査報告』下巻（喀喇沁中左旗，敖漢旗），新京：出版社不明，1937を刊行している。地籍整理事業については広川佐保『蒙地奉上—満州国の土地政策』，東京：汲古書院，2005を参照されたい。

約文書（地契）や土地紛争文書など貴重な資料が含まれている。これ以外の史料としても地籍整理事業に先んじて作成された土地関係史料であり，同旗の開墾過程やそれに関わる史料，および各種統計が掲載されるなど，有用な情報を含んでいる③。その後の史料の状況について，中華人民共和国成立後に刊行された『喀喇沁旗文史資料』（5）は，ハラチン土地改革の特集であるが，そのなかで土地文書が紹介されている④。これ以外に，中国では旧熱河省内に設立された県の地方志の再刊や，遼寧省ハラチン左翼自治旗の史料刊行が進みつつある⑤。

中国では内モンゴル開墾史に関する多くの優れた研究が刊行されてきたが，その代表的な研究として『内蒙古墾務研究』(1)⑥を挙げることができる。また王玉海『発展与変革』⑦は，清朝時代の史料や伪満洲国期の資料を併せて利用することで，ハラチンを中心とした内モンゴル東部の開墾過程を明らかにしている。さらに珠颯『18—20世紀初東部内蒙古農耕村落化研究』⑧は，旗の档案史料を用いて，内モンゴル東部の開墾と人的移動，および村落形成について詳細に検討している。

このように清朝時代から民国期における土地開墾史は明らかになりつつあるが，その後民国期にどのような展開を見せたのか，連続性を議論する余地はあるだろう。筆者はこれまで熱河省の土地政策について検討してきたが⑨，本稿では，『錦熱蒙地調査報告』や民国期の地方志を用いながら，民国期に旧熱河省に組み込まれたハラチン右旗の文契（証書）を事例に，蒙旗における土地権利関係のありかたと，熱河省による土地制度改革について検討することにしたい。

1. ハラチン右旗における開墾と契約文書

ハラチン右旗では，清初より山東，直隷省等から漢人の移住と開墾が始まり，乾

③　喀喇沁右旗公署「蒙地概況」，1941［2013］，赤峰市地方志辦公室、内蒙古図書館編，唐玉茹、忒莫勒審校『熱河整理蒙租簡章；關于熱河之蒙鹽；喀喇沁源流要略便蒙；蒙地概況；寧城縣志（内蒙古歴史文献叢書14）』，フフホト：遠方出版社.

④　中国人民政治協商会議、喀喇沁旗委員会文史委員会編『喀喇沁旗文史資料』5,喀喇沁旗：出版社不明，1992.

⑤　たとえば近年では，喀喇沁左翼蒙古族自治県档案局『喀喇沁左翼旗王府档案』，瀋陽：遼寧民族出版社，2013を挙げることができる。

⑥　内蒙古档案局、内蒙古档案館『内蒙古墾務研究』1,フフホト:内蒙古人民出版社，1990.

⑦　王玉海『発展与変革』,フフホト:内蒙古人民出版社，2000.

⑧　珠颯『18—20世紀初東部内蒙古農耕村落化研究』，フフホト：内蒙古人民出版社，2009.

⑨　広川佐保「中華民国期における熱河省の土地制度改革について—モンゴル・漢関係の変化—」，2009。岡洋樹編『東北アジア研究シリーズ10：東北大学東北アジア研究センター・シンポジウム：内なる他者＝周辺民族の自己認識のなかの「中国」—モンゴルと華南の視座から—』，仙台：東北大学東北アジア研究センター，pp.101-116.

隆年間（18世紀前半—後半）には最盛期を迎えた。当初，蒙地の開墾は，「封禁政策」という建前から，いわゆる「借地養民」の形式を取ったとされる。「借地養民」とは，18世紀に山東地方で大飢饉が起きた際，清朝が災害地域の農民を内モンゴルに移住させ，春から秋まで耕作させる救済政策である。ところが実際には漢人農民が定着したため，清朝は，盟旗地域に庁，州，県を設置して税務を管理した。

ジョーオダ・ジョソト盟の各旗では，漢人を入植させるさい，押租銀（もしくは価銀。敷金にあたる）を徴収するとともに毎年「租子」を課した⑩。租子とは，蒙地の使用に対する対価としてモンゴル側に支払われるもので，清末の内モンゴル東部における蒙租と似た性質を持つ。モンゴル語で租子は，türiyesüであり⑪，その意味は，賃貸料（広義には地租を含む）であり，厳密には税とはいえない。租子は，蒙租と同様に蒙地の売買禁止の原則から生じたとされ，実質的に漢人に土地が売却された場合であっても，モンゴル側には租子を徴収する権利が残された。しかしながら蒙租が旗内設置の県で徴収され，旗と省のあいだで折半されたのに対し，租子は各徴収者の収入となった。たとえば，ハラチン右旗において租子は，王公と旗が管轄する内倉や外倉のほかに，閒散王公や貴族の土地，旗民の福分地，上賞地（功労の代償として付与された土地），寺廟地などで徴収されていた⑫。つまり租子は，官・民双方が徴収する土地賃貸料と位置づけることができよう。

ハラチン右旗では開墾が進むなかで，旗民は旗から福分地を分与されたが，福分地には租子は課されず，旗民は旗に対して差徭の義務を有していた。旗民にとって福分地は「租子ナク自己ノ完全所有ナル観念強シ」という状況であり，旗民は自己の福分地を漢人農民に「倒兌」（蒙地で土地を売買するさい用いられた用語）するさいにも租子を課した⑬。なお，旗民が「倒契」により，自己の福分地以外の土地の権利を得た場合は，モンゴル人であっても租子が賦課されたほか⑭，モンゴル人が買い取った土地は自置地と称された。20世紀初めになると，租子は運搬の利便性から，現物によって納める糧租から，主に銅銭によって納める銭租へと変化しつつあり，その額は

---

⑩ 乾隆，嘉慶，道光年間，土地の典・売行爲が厳しく禁止されていたため，爛価地契が行われた。爛価地契とは，モンゴル側が使用金の代償として，無租子で漢人農民に土地を貸し出し，一定の年限が過ぎれば，無償でモンゴル側に帰す契約であるが，民国期にはほとんど行われなくなっていた。

⑪ 安念一郎「蒙地に於ける用語集解」，『蒙古研究』，1941，3（3），pp.1-31.

⑫ 租子は納入先によって名称が異なり，内倉租子，外倉租子，大倉租子（貴族の土地の租子），小門租子（旗民の土地の租子），箭租（箭丁の絶産地に課された租子），廟倉租子，辦契租子（包租），街基銀，地基銭，差使銭（当差に従事しないものに課された租子），小差銭（租子に付帯する手続き費用）などがあった。喀喇沁右旗公署，「蒙地概況」，1941，p.28. 赤峰市地方志辦公室・内蒙古図書館（編），唐玉茹・忒莫勒（審校），『熱河整理蒙租簡章；關于熱河之蒙鹽；喀喇沁源流要略便蒙；蒙地概況；寧城縣志（内蒙古歴史文献叢書14）』，フフホト:遠方出版社。

⑬ 伪満洲国地籍整理局『錦熱蒙地調査報告 中巻（喀喇沁右旗）』，新京：出版社不明，1937，p.859.

⑭ 伪満洲国地籍整理局『錦熱蒙地調査報告 中巻（喀喇沁右旗）』，新京：出版社不明，1937，p.965.

毎年，毎畝上地20～30吊，中地10～20吊，下地6～10吊となっていた⑮。

つぎに同旗の文契をもとに，各種土地取引の内容と租子の徴収の状況について，見てゆくことにしたい。ここで取り上げるのは，1930年代に地籍整理局によって王府地域で収集された文契である⑯。王府地域は，ハラチン右旗衙門の所在地であり，山地，荒地，河溝が六割を占め，耕地は4割程度，約150頃であったとされる。王府地域では，順治年代より，旗民が「王爺」「公爺」の当差（使用人）として王府周辺に移住し，若干の生計地（福分地）を分与された。その後，光緒17年（1885年）に金丹道事件が起きると，ハラチン右旗内の旗民が安全を求めて王府周辺に移住したという。清末まで王府周辺の土地は開墾されずに残っていたが，光緒29年（1903年）に王府が崇正学堂と守正武備学堂の建設費用を捻出するために，王府付近の土地（大西溝付近）約300頃を漢人・モンゴル人に「倒兌」し，開墾が進んだとされる⑰。このように王府地域は，旗内では政治の中心であり，開墾年代が比較的浅く，かつモンゴル人が集住するという特徴を持っていた。また，ハラチン右旗自体が「昔ヨリ王府の勢力強ク文契等モ敖漢［オーハン］等に比シ豊富ナル爲，蒙古側ガ主体ナルコトヲ漢人側モ認メ居ル」という状況にあった⑱。つぎに王府地域で発給された文契について検討することにしたい。

表1　ハラチン右旗王府地域における文契

№	文契の種類	年代
1	文契［租契］	嘉慶2年
2	喀喇沁右旗王府内倉爲発給紅契	康得2［1935］年
3	度支局発給紅契	民國15［1926］年
4	富裕倉紅契	民國13［1924］年
5	富裕倉紅契	民國13［1924］年
6	富裕倉紅契	民國13［1924］年
7	富裕倉紅契	民國13［1924］年
8	富裕倉紅契	民國13［1924］年

⑮　喀喇沁右旗公署「蒙地概況」1941. 赤峰市地方志辦公室・内蒙古図書館（編），唐玉茹・忒莫勒（審校），『熱河整理蒙租簡章；關于熱河之蒙鹽；喀喇沁源流要略便蒙；蒙地概況；寧城縣志（内蒙古歴史文献叢書14）』, フフホト:遠方出版社, 2013，p.29.

⑯　偽満洲国地籍整理局（1937）は，旗内の十数カ所の村落における文書調査と実地調査の記録から構成され，巻末に「喀喇沁右旗土地沿革」が付されている。

⑰　崇正学堂（1902年創立，当初は養正学堂）と武備学堂は，ジャサグのグンサンノロブによって設立されたもので，前者は内モンゴルで最初の新式学堂であり，後者は1903年以降設立され，そこで軍事教練を行ったとされる（呉恩和・邢複礼「喀喇沁貢桑諾爾布」中国人民政治協商会議・内蒙古自治区委員会文史資料委員会（編）『内蒙古文史資料』32，フフホト：内蒙古人民出版社，1998，pp.1-16。偽満洲国地籍整理局『錦熱蒙地調査報告』中巻, 新京：出版社不明，1937，p.715.

⑱　偽満洲国地籍整理局『錦熱蒙地調査報告』中巻（喀喇沁右旗）, 新京：出版社不明，1937，p.716.

续表

№	文契の種類	年代
9	管事處紅契	民國4［1915］年
10	喀喇沁右旗公署財務局紅契	康得3［1936］年
11	管事處紅契	民國2［1931］年
12	管事處紅契	民國8［1919］年
13	文契［押契］	光緒24年
14	驗契	民國4［1915］年
15	當契	民國16［1927］年
16	文契	民國18［1919］年
17	文契	嘉慶8年
18	倒契	民國7［1918］年
19	売契	康得3［1936］年
20	倒売契	民國10［1921］年
21	順契	民國12［1923］年
22	倒契	宣統3年
23	倒契	民國4［1915］年
24	倒契	丙辰2年
25	倒契	民國20［1931］年
26	地契	民國4［1930］年
27	倒契	民國19［1930］年
28	指契	民國18［1919］年
29	改契	道光12年

滿洲國地籍整理局（1937）739—753頁をもとに作成

2. 紅契—旗が発行した土地文書

ハラチン右旗の文契は，「紅契」（官印が押された土地文書で内倉・外倉が発給したもの）と白契（民間の土地契約文書）に大別することができる。『錦熱蒙地調査報告』には，王府地域の文契29件が収集されているが（表1参照），これらの土地は「官倉［外倉—引用者注，以下略］地最モ多ク，内倉地之ニ次グ」と記されるように[⑲]，12件を「紅契」が占めていた。清末以降，同旗ではグンサンノロブの改革によって，内倉と外倉は，それぞれ管事処，度支局（1930年代より財務局）の管理下に置かれた。そのため紅契の発行元は，富裕倉（内倉），管事処，度支局などとなっ

⑲　伪滿洲国地籍整理局『錦熱蒙地調査報告』中巻（喀喇沁右旗），新京：出版社不明，1937，p.716.

ている。

汪国鈞の記した『蒙古紀聞』によれば，内倉は東大倉とも呼ばれ，その収入は，地租（租子），山份，抽分，捐税，地基，窰口であり，「王公私産」として，祭祀や王公の北京への旅費に充てられた。また，外倉は旗倉ともいわれ，その収入は，地租（租子），差徭，旗規（焼鍋に課された税），山份であり，「旗務公産」として官吏の俸禄や旗務に関わる費用に充当された⑳。すでに中見立夫氏がまとめているように，同書が示す光緒33年（1907）以降の旗の歳入・歳出について，内倉の歳入総額51,095吊のうち地租（租子）は，23,825吊であり，外倉の歳入総額51,095吊のうち，地租（租子）は29,450吊となっている。ここからも旗にとって租子が大きな収入源であったことがわかる㉑。

2.1 内倉紅契—富裕倉紅

この文契は，1924年3月にハラチン右旗の内倉のひとつである富裕倉が発給したものである㉒。下線は筆者が施したもので（以下同様），それ以外の箇所は同時期に発行された富裕倉紅契に共通している。ここでは民戸大老虎に対して，同倉に属する下下地一段（1畝）の土地について，銀5銭（押租銀）で「耕種永遠爲業」を認め，毎年秋に毎畝［銅］銭80文（租子）を徴収するとし，今後測量・増租しないと記している。また，これとは別に大老虎は，富裕倉から2件の紅契（合計4畝の熟地）を取得している。文面は下記に挙げる通りである。

No.4　富裕倉紅契（番号は表1に対応する）

喀喇沁右旗富裕倉爲發給紅契事照得民戸大老虎承領本倉屬下坐落上四十家子後山坡地壹段共計壹畝邊荒在内按下下地應繳價銀五錢准其耕種永遠爲業每年秋後每畝應繳租錢八十文不准拖欠永不丈地增租爲此發紅契執照存據，四至列後

計開四至　　東至包姓　　西至荒界
　　　　　　南至荒界　　北至大溝

中華民國十三年三月初五日

2.2 外倉紅契—財務局紅契

次の文契は，少し時代は下るが1936年12月，ハラチン右旗公署財務局が大西溝倉（外倉）の土地において10年に一度の土地測量を行ったさいに発給した文書であり，

⑳　汪国鈞（瑪希・徐世明 校注）『蒙古紀聞』，フフホト:内蒙古人民出版社, 2006，pp.98-100. 中見立夫『「滿蒙」問題の歴史的構図』, 東京:東京大学出版会, 2013，pp.92-96.

㉑　汪国鈞（瑪希・徐世明 校注）『蒙古紀聞』,フフホト:内蒙古人民出版社, 2006，p.94. 中見立夫『「滿蒙」問題の歴史的構図』, 東京:東京大学出版会, 2013，p.94.

㉒　伪滿洲国地籍整理局『錦熱蒙地調査報告』中巻（喀喇沁右旗），新京：出版社不明，1937，p.740.

「執照」と記される[23]。文契において財務局は，佃戸霍瑞が耕作する，下地56畝8分に対して，毎畝租銭120文，合計6吊816文とともに，毎畝の糧租として租草2觔，合計113斤を課し，陰暦10月初10日以前に納めなければならなかった。ここでは租（子）の額が銭租だけでなく，糧租がともに記されている点に特徴があるだろう。

内倉の紅契と同様，下線部以外は定まった形式であったと考えられる。文契の内容は，毎回10年に一度測量し，全ての地畝の測量や一切の「公館」の費用は，もともと定めた章程に照らして，皆に畝ごとに等しく負担させるとしていた。また，測量し余地が出たものは公に帰し，佃戸が土地を増やした場合は，租子を随時合算する取り決めであった。地畝を「典売」した場合は外倉に報告する義務があり，報告しない場合は闇売買とみなされ，土地の「所有」は撤回されることになっていた。なお，「四至はもとの紅契によって証明する」と示されるように，土地の場所などは元の紅契に記されたと考えられる。

No.10　財務局紅契

喀喇沁右旗公署財務局爲發給紅契事照得大西溝倉玆届丈地之期業經照章丈訖相應發給各佃執照存執今有佃戸霍瑞原承種下地段計數五十六畝八分歷年每畝應交下地租錢一百二十文合六吊八百一十六文租草下地二觔合一百一十三斤每届十年丈地一次所有丈量地畝一切公舘費用按照原定章程衆佃按畝均攤坐落四至列後丈出餘地歸公佃戸添置隨時合價倘有轉行典賣地畝者務須報明該倉照准後承領順契以便照舊征租如有不報卽爲偸倒偸買一經查覺將地撤回所有歷年租錢旱澇不計不准拖欠租項定於冬月初十日以前交齊不得支吾塘塞倘有拖欠租差配予罰辦決不容寛爲此發給紅契存証

對契　　　四至有原領紅契可憑

康徳三［1936］年十二月十五日

3. 白契の種類

つぎに，王府地域の白契について見てゆくことにしたい。王府地域の文書29件のうち，契約内容が明白な白契は15件で，その内訳は，当契（1件），倒契・倒売契（9件），売契（1件），指契（1件），順契（1件），験契（1件），改租契（1件）であった[24]。まず，当契（典契）とは，貸し主が土地を抵当にして，金銭（当価）を借用

㉓　偽満洲国地籍整理局『錦熱蒙地調査報告』中巻（喀喇沁右旗），新京：出版社不明，1937，p.743.

㉔　指契とは，不動産を担保として金銭を借用する契約であり，期限内に債務を清算すれば，本契約は消滅するが，債務を償還しない場合は，債権金額を活契地価とする，典契に変化する。また験契とは，官によって契約書を検査することである。

し，保証人（中人）を通じて期限と租子を議定する契約を指す。契約期間内にその金銭を返済すれば，土地は返還された。契約不履行の場合は，貸し主が土地を処分できる，いわば「質入れ」に近い契約であったが，租子が付帯している点で質入れとは異なる。

つぎに倒契（倒兌契）とは，蒙地の売買禁止により，倒・兌の文字を用いて土地の永遠耕種権（永租権）を売買する契約を指す。この場合も租子が付帯した。王府地域では倒契が大半を占めていたが，これはハラチン右旗の他の地域でも同様であった。また，上記の売契は，租子の規定があることから，実質的には倒契と見なすことができよう。なお「当価」は，倒価の5～6割程度であった。また順契は，漢人農民が転当契・転倒契するさいに，吃租権確保のためモンゴル側が発給するもので，佃戸の更名（名義変更）とともに手数料が徴収された。なお，倒契は，『錦熱蒙地調査報告中巻（喀喇沁右旗）』収録の文契の大半を占めていた。

ハラチン右旗の白契の内容について確認しておくと，漢人居住地域の土地契約文書（文契）と同様に，①契約の種類，および立契者，②契約に至る原因，③対象地の位置，性質，面積，④買い主，⑤権利と義務などが盛り込まれた㉕。なおハラチン右旗の文契の書式は，旗地が広く展開する盛京（奉天）省遼陽県や，河北・順義県の土地文書（清末から民国期）と類似しているが㉖，必ず租子が付帯している点が異なっていた。つぎに王府地域の一般的な当契と倒契を取り上げ，同旗の土地取引の状況について見てゆくことにしたい。

3.1 当契

次の文契は，1927年3月，趙玉祥が郭慶雲と交わした当契である㉗。この文契において，趙玉祥は，使い道に不便であるため，中人（保証人）をたてて，自己の土地熟地二段（20畝）を，郭慶雲に対して3年間耕種させた後，銭倒回贖（金銭で買い戻す）すると記している。その代償として，趙玉祥は当価大洋85元を借用し，その金額は即時支払うものとした。なお，「毎年秋の後，毎畝租銭200文」を納めることが規定されているが，通常租子は，「置主」（土地の権利を有する者）が負担していた。下線部以外は，同時期のハラチン右旗の当契文書の形式と共通している。

㉕　中国の土地契約文書については，清水金二郎『契の研究—満・支土地慣行規範について』,大雅堂，京都1945, 同『滿洲地券制度の研究』, 東京:人文書林, 1946，岸本美緒「明清契約文書」滋賀秀三（編）『中国法制史—基本資料の研究（第二版）』，仙台：昭文堂，1994，pp.759-805，楊国楨『明清土地契約文書研究』（修訂版）,北京:中国人民大学出版社, 2009を参照した。

㉖　東北地域の土地契約文書については，南満洲鉄道株式会社総務部事務局調査課『満州旧慣調査報告書』(後編,第一巻,典ノ慣習), 大連:大同印刷館,1913；東洋文庫明代史研究室『中国土地契約文書集（金—清）』，東京:東洋文庫, 1975を参照した。

㉗　偽満洲国地籍整理局『錦熱蒙地調査報告』中巻（喀喇沁右旗）, 新京：出版社不明，1937，p.746.

No.15　当契

立當地契文約人趙玉祥因正用不便今將自己熟地二段計地二十畝四至開列於後親煩中人説妥情願當與郭慶雲名下耕種三年以後錢倒回贖同中言明當價銀大洋八十五元整其洋筆下交足分文不欠此係兩家情願各無反悔恐口無憑立當契爲証每年秋後每畝上代租錢二百文

計開四至　東至房身　西至王姓　南至小梨樹　北至河溝

中　人　劉先生　張明九　于德海
候崐海　王　慶
代字人　劉翰卿
中華民國十六年三月初十日　立當契人　趙玉祥

3.2　倒契

つぎの文契は，1918年2月に吉熱們徳喇嘛と叔四十九が坤都巴吐と交わした倒契であるが，その名称から彼らはいずれもモンゴル人であると考えられる[28]。吉熱們徳喇嘛らは，自己の家の南の熟地25畝，および辺荒2畝を，中人（保証人）をたてて，坤都巴吐に永遠に耕種させるとした。倒価は，中銭450吊銭で即時支払いとし，このほか毎年秋の後に租（子）6吊を納める取り決めであった。なお，租子納入先は明記されていないが，吉熱們徳喇嘛ら二人であったと考えられる。この文契も下線部以外は，同時期の倒契文書の形式と共通している。

No.18　倒契

立倒契文約人吉熱們德喇嘛同叔四十九二人今將自己房南熟地二十五畝邊荒二畝煩中人説允情願倒與坤都巴吐名下耕種永遠爲業倒價中錢四百五十吊錢其錢筆下交足不欠計開四至東至水溝西至山根協［南］至置主北至他布囊巴立丹地又計荒地一段四至東四十九地西至地界南至于二爺北至置主四至分明每年秋後交納租錢六吊不須拖欠土木石水相連不與倒主相干空口無憑立雙方對契合同爲證

中人　六月　曹生
六十四　長歳
中華民國七年二月初六日　立

以上はわずかな事例であるが，20世紀前半の王府地域では，官が発給した紅契と，民間の契約文書である白契が併存していることがわかる。また王府地域では，さかんに「倒」の形式により土地権利の売買が行われたが，契約文書にはかならず租子

㉘　偽満洲国地籍整理局『錦熱蒙地調査報告』中巻（喀喇沁右旗），新京：出版社不明，1937，p.747.

が明記された。これに対し『錦熱蒙地調査報告』には，漢人農民にとって「倒」は「売」契と変わりなく，「畝捐ト同類性質ノモノニシテ，公私ノ差ヲ附セズ，然モ祖先以来ナシ来リタル慣習的税ノ一種ナリ」とあり，漢人側が租子を県が徵収する「畝捐」，ないし「習慣的税ノ一種」とみなしていたとの記述が見られる㉙。旗が発行する紅契については，そのような解釈も成り立ちうるかもしれない。しかしながら20世紀初めのハラチン右旗の文契を見ると，契約の種類に応じてある程度定まった形式が確立しており，当事者は契約内容の違いを十分把握していたと考えられる。それゆえ漢人側が倒契で得た土地に付帯する租子を，田賦（国税）や畝捐（地方税）と同一視していたとは考えにくいであろう。漢人のあいだでも「蒙地」を「賃借している」という一定の認識が存在していたのではないだろうか。

つぎに，ハラチン右旗における，各種土地面積や租子額の概要について見てゆくことにしたい。表2は，『蒙古概況』をもとに作成した，1930年代後半における各土地の租子徵収面積，および租子額（糧租，銭租）である㉚。表2によれば吃租地（1,728,180畝）の内訳は，内倉6.0%，外倉35.6%，貴族の土地21.5%，旗民19.1%，寺廟17.8%であった。この数値は概数とされるが，その背景には，光緒17年の紅巾の乱のさい，ジョーオダ・ジョソト盟において，旗民の逃亡や文契が散逸するという歴史的経緯があった。そのため多くの土地が黒地（無租の土地）となり，一説によれば，およそ三分の二の地域が黒地であったとされる。また，偽満洲国時代，地籍整理事業のなかで租子は名目に過ぎず，実際には徵収されていないという見解もあったが㉛，表2で示したように，1940年代でさえ，ハラチン右旗では完全でないにせよ，一般モンゴル人が租子を徵収していたことが確認できる。このような状況のもと各旗はかろうじて命脈を保っていたが，民国期には大きな変革が押し寄せることとなる。

㉙ 偽満洲国地籍整理局『錦熱蒙地調査報告』中巻（喀喇沁右旗），新京：出版社不明，1937，pp.950-951.

㉚ ハラチン右旗には，驛馬站地，城鎮基，三園，沙荒黒地（不可耕地）などが存在し，三園は租子が付帯する場合と付帯しない場合があった。なお，これらの土地面積は，喀喇沁右旗公署,「蒙地概況」1941. 赤峰市地方志辦公室・内蒙古図書館（編），唐玉茹・忒莫勒（審校），『熱河整理蒙租簡章；關于熱河之蒙疆；喀喇沁源流要略便蒙；蒙地概况；寧城縣志（内蒙古歴史文献叢書14）』，フフホト：遠方出版社, 2013と偽満洲国地籍整理事業『錦熱蒙地調査報告』上巻（土默特左右旗，翁牛特左右旗），新京:出版社不明,1937の記載では若干異なっている。

㉛ 偽満洲国時代，財政部国税科に所属していた赤池義男は，白契に記載された租子について下記のように述べている。「現在斯くの如き經過を經て生じたる租子も使用收益權者の轉々移動したる結果は只習慣的に當初の使用收益權者（原主たる蒙古人）に交納すべき租子ある事を記載し殆ど名義のみ存し現在に於ける其の使用收益權者は徵租權者の不在不明または契約書（白契面）における租子関係の記載事項が分割其他移転の都度漸次略記され，或は明瞭を缺き又は時勢の變遷に伴ひ（中略）其の徵租權者を知らざるものも多數ある現況にして租子を交付せざるが一般的なりとす」（赤池義男，「錦熱蒙地に於ける租子と畝捐に就て（一）」.『地友會雜誌』，1937，2（4），pp.39-46.

表2 ハラチン**右旗**における**自種地**、および**租子徴収面積**とその**租子額**

外倉	614798	0	49039	0
内倉	103800	0	30281	6508
他布嚢［貴族］	348657	22580	21366	44441
蒙民	238640	91909	24042	11586
寺廟	301555	6241	7041	1247
合計	1607450	120730	131769	63782

喀喇沁右旗公署（1941）168—171頁をもとに作成

4. 熱河特別区の成立と蒙租の整理問題

清朝崩壊後，盟旗制度の再編が進められ，1914年にジョーオダ・ジョソト盟を含む地域に熱河特別区域が設置された。これと前後して旗内には県が設置され，県と旗の錯綜した状況が生まれたが，依然として，蒙旗はモンゴル人を，そして県は漢人のみを管轄する状況が続いていた。1915年9月，北京政府は「墾闢蒙荒奨励条例」を布告して，蒙地の開墾方法を定めた。一方で北京政府は過度な開墾が紛争を招くとして，同年11月蒙藏院の草案をもとに「禁止私放蒙荒通則（蒙荒の私放を禁止する通則）」を批准している[32]。同通則は，蒙旗が「荒地」を出放するさい，公有・私有にかかわりなく，すべてジャサグ，そして地域を管轄する地方行政官長を通じて，中央政府に報告し，その許可を受けたうえで法規に照らして政府が実施し，そうでない場合は「私放」（私的な開墾）とみなすと規定した。また，本通則については，蒙旗を管轄する奉天，黒竜江，甘粛，新疆，熱河，綏遠，チャハル，アルタイの各巡按使，都統，辦事長官が別に施行細則を定めるとし，旗民（タイジ，壮丁）の私放に罰則を定めた[33]。

こうした状況のなかで，熱河都統の管轄下では，官荘地における賦課や新たな開墾が実施されてゆく[34]。従来，ジョーオダ・ジョソト盟の各旗のモンゴル人は，田賦や畝捐を課されておらず，1910年代，熱河における田賦の賦課額は他省に比べてわ

㉜ 王徳勝「北洋軍閥対蒙政策幾個問題的初析」内蒙古大学中共内蒙古地区党史・内蒙古近現代史研究所（編）『内蒙古近代史論叢』3，フフホト：内蒙古人民出版社，pp.71-77；蒙藏院総務庁統計科『蒙藏院行政概要（民国元，二，三，四年）』，北京：出版社不明，1987，p.75.

㉝ さらに蒙藏院は，1915年「辺荒条例」を公布し，モンゴル，チベット，青海の遊牧地域における開墾事業について規定した。王徳勝「北洋軍閥対蒙政策幾個問題的初析」.内蒙古大学中共内蒙古地区党史・内蒙古近現代史研究所（編）,『内蒙古近代史論叢』3，フフホト：内蒙古人民出版社, 1987，p.76.

㉞ 民国期，熱河省には，圍場，王公荘地，内務府官荘，蒙地（ジョソト・ジョーオダ盟所属の各旗）などが組み込まれた。光緒年間以降，清朝は蒙地の開墾を奨励し，各地に墾務局を設置したが，オーハン旗，バーリン左旗，アルホルチン旗などがその対象となった。圍場では清代より開墾が行われたが，1915年以降，熱河都統によって官荘地，荘地が丈放された。清水金二郎『満洲地券制度の研究』，東京：人文書林, 1946，p.65.

ずかであった[35]。熱河省の各旗では，依然としてモンゴル側が租子徴収権を維持していたが，これに対し，1919年11月頃，熱河都統の姜桂題は，「熱区」（熱河特別区）において「蒙租整理案」を計画し，蒙地への課税を試みた[36]。一方，当時『奉天蒙文報』記者であったボヤンマンダホは，同紙面上において「モンゴルの農地に対する課税が現行法に違反すること」（同年10月）を記し，姜桂題がモンゴル側の同意を得ずに「モンゴルの耕地を中国と同様に，国税を取る規則に編入」しようとしていると批判した[37]。1920年4月，同案は，中央政府から承認されたものの[38]，実行されることはなかった。つぎに姜桂題の後を継いで熱河都統になった汲金純は，1921年10月頃，巡警創設の費用捻出を名目として，蒙旗における畝捐の賦課を試み，モンゴル側と対立を深めた[39]。

その後，王慶懷が熱察綏巡閲使兼熱河都統に就任すると，1924年5月に「熱河整理蒙租簡章」によって蒙租の整理を行おうとした。この簡章では，蒙租の整理と地畝の清丈により，蒙旗の「地産所有権」を保障し，人民の負担を均しくするために，整理蒙租総局や租務局を設立し，熱河財政庁と各県が，ジョーオダ，ジョソト盟の蒙旗とともに蒙租の整理を進めるとした。さらに同簡章では，蒙地の清丈による蒙租の徴収や黒地での「収価」が定められ，その6割を熱河財政庁へ，4割を旗の地主に帰すという方針であった[40]。同簡章は土地種目と課税方法が明確でなく実施には至らなかった。

㉟　例えば1916年の田賦実収数目は，東北三省の奉天省2,541,959元，吉林省925,055元，黒龍江省614,998元に対し，熱河特別区は120,587元であった。財政部「『1912—1918年各省田賦情形匯編』稿［1918年8月］」. 第二歴史档案館,『中華民国史档案資料匯編』3財政2，1918，南京：江蘇古籍出版社, 1991，pp.1281-1285.

㊱　［熱河省］, 熱河整理蒙租簡章」1924［2013］.赤峰市地方志辦公室・内蒙古図書館（編），唐玉茹・忒莫勒（審校）『熱河整理蒙租簡章；關于熱河之蒙鹽；喀喇沁源流要略便蒙；蒙地概況；寧城縣志（内蒙古歴史文献叢書14）』, フフホト：遠方出版社, p.5.

㊲　*Mügden-ü Mongol sedkül*, No.62-63, 1919, p.10, pp.11-18. 同記事は二木博史「ボヤンマンダフと内モンゴル自治運動」『東京外国語大学論集』2002，64，pp.67-88.でも紹介されている。

㊳　［熱河省］「熱河整理蒙租簡章」,1924. 赤峰市地方志辦公室・内蒙古図書館（編），唐玉茹・忒莫勒（審校）『熱河整理蒙租簡章；關于熱河之蒙鹽；喀喇沁源流要略便蒙；蒙地概況；寧城縣志（内蒙古歴史文献叢書14）』, フフホト:遠方出版社, 2013，pp.3-8.

㊴　ナイマン旗親王のスジュクバータルは，蒙事会議第5回会議（1924年6月）において，熱河都統であった汲金純が，蒙旗に畝捐を強制し，軍隊を送って圧力をかけたと訴え，また，モンゴル人から畝捐を取った場合，彼らは差徭を支払う能力がなくなると述べている。蒙藏院『蒙藏院召集蒙事会議議事録』, 北京：出版社不明，1924，pp.214-215.

㊵　［熱河省］「熱河整理蒙租簡章」,1924. 赤峰市地方志辦公室・内蒙古図書館（編），唐玉茹・忒莫勒（審校）『熱河整理蒙租簡章；關于熱河之蒙鹽；喀喇沁源流要略便蒙；蒙地概況；寧城縣志（内蒙古歴史文献叢書14）』, フフホト:遠方出版社, 2013，pp.5-7.

5. 熱河省による経界清理事業の開始

5.1 経界事業の目的

1928年に熱河省が成立し，省長に湯玉隣が就任すると，これまで以上に土地制度改革が推進された。1929年より熱河省政府は本格的な土地整理として，「経界清理事業」（以下，経界事業）を開始する。熱河省政府は1929年7月，他省の土地局に相当する「熱河全省経界委員会」を設立し，また省内各県において県長の統括のもと，経界事務所を設置した。そのさい熱河省は，「修正熱河全省経界総局辦事細則草案」，「修正熱河全省経界総局組織簡章」，「熱河各県畝捐簡章」などをもとに，これまで未課税であった土地の登録・整理を進めてゆこうとした㊶。当時，熱河省は遼河以南の各旗を経界事業の対象としたが，これを受けて各県の経界事務所が県側の書類をもとに，土地の種類や等級に応じて「地価」や「註冊費」（手続き費用）を徴収して地券を発行するとした。

熱河省政府は当初，経界事業の方針として，熱河省において「産権」を固定し，「負担」を平均することを目標としていた。これを通して，モンゴル側には税収の安定を，漢人側には正式の土地証書を付与し，土地の「永遠管業」を約束するとしていた㊷。そのため経界局は，1929年9月公布の「清理平凌朝建阜綏経八県勘放各蒙旗官私土地章程」㊸において，「王公台荘，他布嚢及蒙古自作福分地等」以外は，「均シク原佃ヲシテ期限ニヨリ報領スル事ヲ許可」するとした。つまり経界局は，上記以外の蒙地を死契地と活契地に区分し，土地整理を進めていこうとしたのである。ここでの死契地とは，「蒙古各色人民ノ地畝ニシテ倒兌，租賣等各種の名称アルモノハ収得價ノ多少ヲ問ハス字據内ニ永遠管業等ノ産權放棄ノ意義アル者ハ一様ニ死契トナス」と規定された。前述の倒兌地が死契地に該当するが，死契地では耕作者から註冊費等を徴収し，「地価」は徴収しないこととした。

つぎに活契地とは，「蒙古各色人民ノ地畝ヲ人民ニ租與シ地價未収ナルモノ或ハ單ニ押租銀ノミ徴収シ其字據内ニ産權ヲ放棄セサル旨記載セル」ものとされた。つまり前述の典当地が活契地に該当する。経界局の規定では，「地価」が未収であるため，活契地から「地価」と註冊費等を徴収することになっていた。しかしこの「地価」が実際の土地の価格であったかについては検討を必要とする。なぜならば，死

㊶ 地政総局,『土地関係旧法規（奉熱両省之部追録）』, 1940.大連：地政総局.

㊷ ［南満州鉄道株式会社経済調査会］, 1935.「資料三　経界局章程（昭和9, 7, 29, 承徳駐在員報）」南満州鉄道株式会社経済調査会（編）『立案調査書類第4編第1巻　満洲国土地方策』，出版地不明：南満州鉄道株式会社, pp.587-588.

㊸ 地政総局『土地関係旧法規（奉熱両省之部追録）』, 大連：地政総局，1940，pp.74-83.

契地の註冊費が一等地（毎畝）で大洋6角であるのにたいし，活契地の「地価」の額は，一等地で毎畝大洋9角であったからである。それゆえ，ここでの「地価」とは，土地使用に関わる権利金に近いと考えられる。

また，経界局は，上記の「王公臺莊，他布嚢及蒙古自作福分地等」，すなわちモンゴル側の土地についてさらに詳しく規定し，「各旗王公札薩克旗署倉地廟地貝子貝勒臺莊他布嚢箭佐箭等の自作地ハ均シク契據ヲ呈驗シ或ハ相當ノ證明アリテ他ニ租佃シ五年以内毎年吃租シソノ他紛糾無キ事明カナルモノハ原主ノ報領ヲ許可ス」方針を示した。これ以外に「蒙旗驛站地，差役地，隨差地及ヒ差役生計地（即チ福分地）」等は，在職中十年以上土地を収益し，しかも自作している場合は当該在職者に帰し，章程に基づき地価を納付のうえ「報領」（官署に届け出て権利を取得すること）させ，永遠業種と認定した。しかしながら漢人に「租佃」し，多年にわたる場合は，漢人に承領（払い下げを受けること）させるとした。これらの代償として，経界局は，「清理蒙地価費分劈解支章程（1930年2月公布）」により，活契地から徴収した「地価」のうち，4割を各旗に分給することを約束していた[44]。

以上をまとめると，経界局は，旧来，モンゴル側が支配してきた土地について，王公や貴族の土地，そして旗民の生計地や「自種地」（モンゴル側の耕作地，もしくは経営している土地）以外は，すべて耕作者に「報領」させる方針を打ち出していた。この区分に基づけば，紅契の土地は経界事業から除外され，白契の土地が事業の対象となった。しかしながら，熱河省が主体となって，各旗の土地を死契地，活契地に区分し，かつ耕作者に土地の権利を与えることは，従来のモンゴル側の支配権を否定することにほかならなかった。たとえば，ハラチン右旗の事例で見たように，倒契地のようにモンゴル側が実質的に売却し，回収不可能な土地であっても，租子は付帯し，それらはモンゴル側にとって重要な収入源であった。このような問題を抱えながらも経界局は事業を推進していったが，その過程で各地において土地紛争と不正が続出し，土地整理は困難を極めた[45]。

5.2 熱河省の地券

つぎに経界事業にさいして1933年2月に熱河省が発給した地券の内容を見ることで，経界事業の性格について検討することにしたい。下記は，熱河省政府が朝陽県の

㊹ 地政総局『土地関係旧法規（奉熱両省之部追録）』，大連：地政総局，1940，pp.100-102.

㊺ 広川佐保「中華民国期における熱河省の土地制度改革について―モンゴル・漢関係の変化―」．岡洋樹（編），『東北アジア研究シリーズ10：東北大学東北アジア研究センター・シンポジウム：内なる他者＝周辺民族の自己認識のなかの「中国」―モンゴルと華南の視座から―』.仙台:東北大学東北アジア研究センター 2009，pp.101-116.

張德民に発給した地照（地券）である[46]。熱河省は，地照においてトメド右旗の土地5畝を死契地二等と認定し，「註冊價費」（手続き費用）を徴収して，「永遠管業」を認めた。この土地は，死契地と認定されたため「地価」は徴収されていない。また，朝陽県はトメド右旗内に設置された県であり，この土地には従来租子が課されていたと考えられるが，この地照では，租子の規定が削除されている。これは，同時期に熱河省が発行した地照も同様であった。下記，地券の下線部は，地券の形式に記入された地名，および数値である。地照では5畝の土地に対し，死契地二等の註冊費（1畝大洋5角）が課され，2円5角が徴収された。これに加え，二五経費として註冊費の25%が課されたほか（6角2分5釐），照費（土地面積に応じて課される手数料）5角が徴収された。つまり熱河省は，この地券を発行することで，合計大洋3円6角2分5釐を徴収したのである。耕作者にとって，地券により土地の権利が保障されることは重要であったが，これらの費用は大きな負担になったと考えられる。

地照

熱河省政府　爲

發給地照事今璩朝陽縣人張德民承領土默特右旗坐落一區西南窪地方死契二等地壹段四至列後計地零頃五畝零分零厘所有應繳註册價費大洋貳圓五角零分零釐業經如數收訖除登載檔冊及分塡存根繳驗各聯存查外合行塡給地照永遠管業須至地照者

計　開

四至　東至　本主　南至　佑順寺

西至　大道　北至　大道

弓尺　東邊　弓尺　南邊　弓尺

西　北

右給承領人張德民收執

發照官李振鈞（署名蓋印）

中華民國二十二年二月二日

此照落外國人手無効

核收貳伍經費大洋　零圓六角貳分五釐

核收照費大洋［空白］圓五角整

ただし経界事業は，熱河省の全県で実施されたわけではなく，ハラチン右旗では

㊻　［滿洲国］地籍整理局『地券様式彙集（資料第41号）』，新京：出版社不明，1936，p.160および，清水金二郎『滿洲地券制度の研究』，東京：人文書林，1946は，ともに同一の地照を掲載しているが，前者は地照の発給を受けた人物名が不正確であるため，後者を参照した。なお，滿洲国地籍整理局『錦熱蒙地調査報告 中巻（喀喇沁右旗）』,新京：出版社不明,1937，pp.208-209には，経界事業のさい発行された死契地の地券は収録されるものの，活契地の地券を見いだすことはできない。

経界事業は1931年頃実施されたものの，地域差が大きく，未着手の場合もあった。また，一部の地域では，験契（官による検査）は終了したものの，住民が経費を支払わない場合や，地照が発給されない場合もみられたという[47]。このように経界事業はすべての地域で実施されたわけではない。しかしながら，事業が推進されるなかで「経界清理後ニ於テ漢人佃戸ハ相挙ツテ抗租セル」状況が生みだされ，それがモンゴル側にとって大きな打撃となったのである[48]。

おわりに

20世紀初頭のハラチン右旗の土地文書は，旗の開墾許可書と個人間の土地契約文書が併存し，いずれもが土地の耕作権を保証するものであった。また，ハラチン右旗の文契（白契）は，中国東北部における地券の様式の影響を受けながら，租子や糧租など，モンゴル各地域の慣習が色濃く反映されてもいた。こうして20世紀初頭までに，文契は契約ごとに決まった形式が確立され，そこには貸し主や借り主の名前，そして押租銀や租子額，土地面積が個別に書き込まれた。

清朝崩壊後，新設の熱河省は，これらの地域の土地把握と課税を目標として幾度となく土地改革を試みたが，その到達点が経界事業であった。そのさい熱河省は，私的な契約文書を公的な地券に置き換えようとしたが，そこではモンゴルの慣習である租子が削除されてしまった。つまり熱河省の経界事業は，従来のモンゴル側の租子徴収権を否定し，徴税を通じて省と県を接続させようとしていた。しかしながら，経界事業は熱河省内のすべての地域で実施されたわけではなく，1930年代初めには，モンゴル側が発行した文契と熱河省が発行した地券（地照）が併存する状況となった。このように，経界事業によって生じた重層的土地契約のありかたは，当時の熱河における土地権利関係の錯綜状況を如実に示していたといえよう。

文契や地券に記された情報はしばしば実態と異なり，現状を正確に映し出すわけではない。しかしながら，これらの文書史料は，当事者間の関係や土地制度の変革を探るうえで，われわれに重要な示唆を与えてくれるのである。

㊼ 伪満洲国地籍整理局『錦熱蒙地調査報告』中巻（喀喇沁右旗）,新京:出版社不明, 1937，p.782.

㊽ 伪満洲国地籍整理局『錦熱蒙地調査報告』中巻（喀喇沁右旗）,新京:出版社不明, 1937，p.777.

"Contracts" and "Certificates" in Eastern Inner Mongolia: Centering on the Historical Documents of Qaracin Right Banner in the Early 20th Century

HIROKAWA Saho

During the Qing dynasty, the land in Northeastern China and Eastern Inner Mongolian Banners was controlled by the Qing court, the Mongolian Banners, and the Pinces and Dukes. Han Chinese were not allowed to migrate to Eastern Inner Mongolia. But in fact, when Han Chinese moved there, they had the right to farm, but they could not purchase the land. For this reason, "official contracts" and "private contracts" between Mongolian Bannermen and peasants of Han Chinese ethnicity were written. After the new administration of "Rehe Province" was established in Zuu uda and Zosutu Leagues, the new local government tried to establish the "Modern land system" to replace the traditional way. It ended that both the traditional way of contracting peasants and the modern land system coexisted as a result.

中華民国期におけるモンゴル人の文化・教育活動：1912～1932年を中心に*

娜荷芽

1. はじめに

内モンゴルにとって、清朝に次ぐ支配者は、中華民国政府であった。同政府は、内モンゴル地域における政治的分裂の危機を回避できるように、懐柔政策と武力を背景とする強硬な施策を同時に講じた。1912年から1932年にかけて、同政府が「蒙古優待条例」、「蒙古盟部旗組織法」などの決議案を発布する一方、内モンゴル王公による地域の自律的支配を切り崩し、特別行政区や省の設置、旗県併存の制度などの措置を取った。これにより、従来モンゴル側が有していた軍事権、行政権、司法権などが大いに制限されたため、モンゴル側の強烈な反発を招いた。

中華民国期における中央政府と地方政府の対モンゴル人政策は統一されておらず、特にモンゴル人に対する教育事業は、各地方政権とモンゴル人との交渉の中で行われていた。中華民国期は、北洋軍閥政府期と南京国民政府期とに分けられるが、政府による対モンゴル文化・教育事業が本格的に進められたのは、1930年代に入ってからである。

他方、清末の内モンゴルに近代が訪れたそのときから、モンゴルの政治的指導者たちは近代化を目指して、教育問題に取り組んでいた。中華民国期において、その活動は、モンゴル人有識者やエリートたちによって引き継がれ、漢文化への対抗意識が感じられる。しかし、中華民国時代に弱小民族となったモンゴル人は、独自に強力な文化と教育活動を展開するのが難しく、各地方政権（軍閥）と取引を行わざるを得なかった。東蒙書局や蒙古文化促進会などのモンゴル文化団体の活動及びそれらを発足の母体とする東北蒙旗師範学校は、その典型的な例といえる。

* 本稿は、2014年度内蒙古自治区高等学校科学研究・人文社会科学重点プロジェクト(NJSZ14019)研究費補助金による研究成果の一部である。

2. 中華民国期の対モンゴル教育政策

1912年から1930年代の初めごろまで、内モンゴルにおいて、北洋軍閥政府と、南京国民政府による対モンゴル政策が実施された。1912年5月、蒙蔵事務処(同8月、蒙蔵事務局と改名)が設置され、グンサンノロブが総裁に、姚錫光が副総裁に就任した。蒙蔵事務局は、総務科、民治科、辺境防衛科、勧業科と宗教科を置き、民治科が教育事業を担当した①。

1912年7月、蔡元培(教育部総長)の主催による「臨時教育会議」が北京にて開催された。同会議において、「蒙蔵回教育計画」が採択され、その翌年から対モンゴルやチベットの教育行政機構として、普通教育司第5科が設置された。これをもって、民国の「蒙蔵教育」はスタートを切ったと言われている。上記の蒙蔵回教育計画において、教育における言語や文字の問題については、国語(漢語)をもって解決すると記した②。

1914年5月、大統領権限強化を規定する中華民国約法の成立を背景として、内モンゴルへの支配体制の強化を図るため、袁世凱は、国務総理が廃止されたことにともなって、蒙蔵事務局を蒙蔵院に改め、大統領の直属機関とした③。蒙蔵院は、総務庁、参事室、秘書室、第1司、第2司を設けたが、第1司の民治科に教育関係が置かれた。このときグンサンノロブは、再び総裁に任命された。

1927年の南京国民政府の成立後、1928年に蒙蔵委員会が設置された。同委員会では、モンゴル事務処の第2科が教育事業を担当していたが、その具体的活動は明らかではない。ただし、イフジョー盟で小学校が設立された際、同委員会は、辺境教育経費2000円を拠出し、開校後は毎年1500円を支給することを約束したという④。

そして、同年に、蔡元培(中華民国大学院院長)による「第1次全国教育会議」が南京にて開催された。その会議において、「融和各民族並発揚文化案」が可決された⑤。1929年、第3回中国国民党中央執行委員第2次全体会議において、(1)南京に「蒙蔵学校」を設立すること、(2)モンゴル、チベットの教育経費を確定すること、(3)「蒙蔵教育司」を設立すること、(4)「蒙古・新疆・西康」出身の学生を優遇する

---

① 蒙蔵委員会編訳室『蒙蔵委員会簡史』，台北：蒙蔵委員会，1971，p.9.

② 黄鶴声「我国辺境教育之計画與施設：上」『教育雑誌』，1936，26（5），pp.39-40.

③ 蒙蔵事務局の前身機関である蒙蔵事務処は、北京政府内務部の一機関であった。内務部に「内地」と「蒙蔵」地域との両方の事務を負担させることになったため、事務手続きは煩雑になり、その結果、1942年8月に、国務総理に直属する蒙蔵事務局が設置されたのである貴志俊彦「袁世凱政権の内モンゴル地域支配体制の形成——「蒙蔵院」の成立と内モンゴル三特別行政区の設置——」『史学研究』，1989，185，pp.23-40.

④ 岡本雅享『中国の少数民族教育と言語政策』（増補改訂版），東京：社会評論社，2008，p.198.

⑤ 黄鶴声「我国辺境教育之計画與施設：上」『教育雑誌』，1936，26（5），p.40.

こと、などの4項目からなる対モンゴル、チベット教育実施計画が可決されたのである⑥。

1929年7月の蒙蔵委員会施政綱領の第7項「教育の振興」で、各種書籍の翻訳やモンゴルとチベットで各級学校を作る方針を決め、教育部による「優待蒙蔵学生章程」が公布された。それに基づき、国立中央大学、国立北平大学に「蒙蔵班」が設置された。1930年2月、蒙蔵委員会のモンゴル会議は、「モンゴル教育に関する決議案」を採択した。その内容は、(1)1931年までに、モンゴル各旗で、学齢児童の数に応じて、小学校を1校以上建てること、(2)モンゴルの各盟に、6年以内に中学校を1校ずつ建てること、(3) モンゴルの各盟に、6年以内に職業学校を1校ずつ建てること、であった⑦。

そして、1931年9月、第3回中央執行委員会の第17回常務委員会において、「蒙蔵教育」の実施目標が明文化された。その内容によれば、孫文の民族平等の原則に従い、教育事業を通じて、モンゴル人、チベット人の言語と意識を統一させ、五族共和という理念で国家統一を図るとした⑧。

1932年8月、蒙蔵委員会所属蒙蔵教育委員会（主任白雲梯、ツェレンドンロプ、1894—1980年、南京）が発足した。1920年代、主任委員のチェレンドンロブ（白雲梯、1894—1980年）を中心に結成された内モンゴル国民党が、メルセ（郭道甫、1894—1932年）らを中心に結成されたフルンボイル青年党と連合して、内モンゴル人民革命党を創建した。内モンゴル人民革命党の教育綱領として、国費で大中小の学校を設置することや、貧困学生の学費免除などの内容を揚げていた。しかし、内モンゴル人民革命党の内部の分裂により、白雲梯らは、国民党内モンゴル特別党と改組され、その後、彼は蒙蔵委員会委員となったのである⑨。

結果からいえば、1919年の段階で、内モンゴルの50旗の内、28旗に合計30校の小学校をもっていたが、1932年には、30の旗に158校の小学校をもつようになったのである⑩。そして、中央には、中等教育機関としての蒙蔵学校（北京、後に北平蒙蔵学校と改名）、「中央政治学校付設蒙蔵学校」（南京）などが設置され、モンゴル人学生向けの優遇策が検討された。しかし、中華民国政府による対モンゴル文化・教育政策は、実際に施行されず、計画に終わったものも多かった。

一方、内モンゴルに大学を設置することに関して、民国政府は消極的姿勢を見せ

---

⑥ 黄奮声『蒙蔵新誌』，上海：中華書局，1936，pp.548-559；劉国彬「中国・内蒙古自治区における高等教育システムの成立基盤に関する初步的考察」『中国四国教育学会教育学研究紀要』，2004，50，pp.124-129.

⑦ 胡春梅『民族教育発展研究』，呼和浩特：内蒙古教育出版社，2003，p.26.

⑧ 詳しくは「辺境教育」沈雲龍『第2次中国教育年鑑』，台北：文海出版社，1986，pp.1211-1212を参照されたい。

⑨ 寺田英明「近代内モンゴル民族運動」『中国近現代史の諸問題』，国書刊行会，1984，p.371.

⑩ 烏蘭図克『内蒙古民族教育概況』，海拉爾：内蒙古文化出版社，1994，p.108；岡本雅享『中国の少数民族教育と言語政策』（増補改訂版），東京：社会評論社，2008，p.194.

た。1930年に開催された第2次全国教育会議において、将来の目標とする高等教育設置案が審議された。その内容は、将来の適切な時期に、モンゴル及びチベットに農、工、商の専門学校や大学をそれぞれ設置するとしたものだったが⑪、1949年まで、実現されることはなかった。総じて言えば、モンゴル人の大学教育に対する民国政府の姿勢は、「満洲国」政府と共通性を持つ⑫。

3. 東蒙書局と蒙古文化促進会

中華民国期において、モンゴルの民族運動に取り組む動きが活発化する一方、モンゴル知識人を主体とする文化的活動および教育事業が盛んとなった。著名なものとして、最初のモンゴル語出版社蒙文書社（1923年、北京）、モンゴル文化の振興と教育の普及を設立の趣旨とした蒙文学会（1926年、北京）、モンゴル文化の発展および教育の振興を目的とした東蒙書局（1926年、奉天）、東蒙書局を基礎に組織された蒙古文化促進会（1928年、奉天）などを挙げることができる。当時、民族文化の継承やモンゴル全体の振興を趣旨とするこれらのモンゴル人文化・教育団体によるモンゴル語の書籍、教科書の発行が盛んに行なわれていた。例えば、蒙文書社は多くのモンゴル語書籍を発行する一方、東蒙書局などに対してモンゴル語印刷技術の援助を行なっていたのである。

当時、学校の設立など知識人の活発な教育活動も展開されていた。内モンゴルの教育、出版、翻訳関連事業に多くの業績を残したヘーシンゲー（克興額、1889—1950年、東蒙書局の創建者）は、奉天市翻訳書記官を経て、1910年代半ばごろ故郷に戻り、ホルチン左翼前旗公立蒙漢初・高等小学堂を創設し、「柏図書室」を開設した。モンゴル語の活字を作ったテムゲト（特睦格図、1888—1939年、蒙文書社の創建者）は1910年代に蒙蔵学校（北京）の教員をつとめ、その後、南京政府教育部蒙蔵教育司科長兼常任編審を経て、1930年代半ばごろ「満洲国」へ移り興安軍官学校（王爺廟）のモンゴル語教師に就任した。蒙文学会の創建者であるブフヘシグ（粱萃軒、1902—1943年）は1920年代に北京法政大学ロシア語学科を卒業後、蒙蔵学校の教員を経て、1930年代に「満洲国」興安西省文教科長をつとめた。

同時代において、奉天、チチハル（斉斉哈爾）にモンゴル人の主導による中等教育機関が発足した。具体的にいえば、黒竜江省管轄下にあったイフミャンガン旗、ドルブド旗、ゴルロス旗、ジャライト旗などの四つのモンゴル旗が共同で出資し、か

⑪　黄季陸『抗戦前教育政策與改革』54．台北：“中央”文物供應社，1971，p.234；劉国彬「中国・内蒙古自治区における高等教育システムの成立基盤に関する初歩的考察」『中国四国教育学会教育学研究紀要』，2004，p.124.

⑫　娜荷芽「留学教育」娜荷芽（執筆）「近代内モンゴルにおける文化・教育政策研究」（東京大学大学院総合文化研究科へ提出した博士学位論文），2012，pp.118-129.

つ黒竜江省教育庁の援助を受けて、黒竜江蒙旗師範学校(チチハル)が発足した。1929年、メルセなど「蒙古文化促進会」のメンバーの努力により、東北蒙旗師範学校（奉天）が開校された。この二校は後に興安東省扎蘭屯師道学校の母体となるが[13]、創建された当時はいずれも中国の東北地域に位置していた。

モンゴル人によるこれらの活動は、一見成功したかのように見えた。しかし、蒙文書社をはじめ、蒙文学会、東蒙書局などの文化団体は、いずれも資金不足による経営難の問題に直面していた。中華民国時期において、中央政府による支援や資金が獲得できないなど、経済的実力を含めて、モンゴル人文化・教育団体の力が弱いこともあり、自力で十分な活動ができない場合が多かった。このほかに、十分な運営費の確保に成功した[14]東北蒙旗師範学校は数少ない成功例の一つであり、その背景には東北地方政権との協力関係があった。ここでは、モンゴル語出版社の東蒙書局及び同書局内に設置された蒙古文化促進会を取り上げ、蒙古文化促進会の尽力で奉天に創られた東北蒙旗師範学校の活動についても考察を行うことにする。

東蒙書局設立時の主要メンバーは、ヘーシンゲー、ボヤンマンダフ（博彦満都、1894—1980年）[15]、ロルガルジャブ（諾勒格日扎布、1889—1941年）、シューミンガー（寿明阿、1885—1947年）、イエシーハイシュン（業喜海順、1891—1944年）ら地元の有力者（王公貴族）や知識人たちである。同書局の建設資金を得るために、ヘーシンゲーは自家財産を寄付したほか、ロルガルジャブ、シューミンガー、イエシーハイシュンら地元有力者の資金援助を得た[16]。

その内、ロルガルジャブは、ヘシグテン旗出身の貴族である。中華民国時代、彼は輔国公に奉ぜられたが、同旗ザサグ（旗長）バトジャヤーとの権力闘争に敗北し、外モンゴルへ向かった。その後、故郷に戻り、奉天督軍署諮議官を経て、1929年にヘシグテン旗ザサグに就任する。「満洲国」時代には、民政庁長（1933）、興安西省省長（1937）などを歴任した[17]。

シューミンガーは、ホルチン右翼後旗出身の貴族である。中華民国時代には、輔国公（1916）、参議院議員、東3省保安総司令部顧問、総統府顧問（1923）、奉天省

---

⑬ 娜荷芽「「満洲国」におけるモンゴル人中等教育—興安学院を事例に—」『日本モンゴル学会紀要』，2012，p.6.

⑭ 仁欽莫徳格「瀋陽東北蒙旗師範学校」『達斡爾族研究第5輯：郭道甫誕辰100周年学術研究会専輯』，1996（5），p.174.

⑮ ボヤンマンダフの文化・教育関係活動については、娜荷芽を参照されたい。「1930～40年代の内モンゴル東部におけるモンゴル人の活動—文化・教育活動を中心に—」『日本とモンゴル』，2015，49（2），pp.108-119.

⑯ 克・莫日根『克興額：一個科爾沁蒙古人』，呼和浩特：内蒙古教育出版社，2001，p.32.

⑰ Ü・Šuγar-a, *Mongγul ündüsüten-ü orčin üy-e-ün uran ǰokiyal-un teüke*, Kökeqota: öbür mongγul-un yeke surγaγuli-un keblel-ün qoriy-a，1987，pp.393-394（烏・蘇古拉『蒙古族現代文学史』，呼和浩特：内蒙古大学出版社，1987）.

政府諮議官、蒙古宣撫使署顧問（1924）、蒙辺督辦公署蒙務処長（1931）などを歴任し、「満洲国」時代には、興安総署理事官（1932）、蒙政部民政司長、興安南省省長、満洲電気会社理事（1942）などを歴任した。1945年に、長春の民報（Arad-un sonin）社社長に任命されたが、戦後逮捕された後、死亡した⑱。

東蒙書局は、「モンゴル民族の文化や教育を発展させることを趣旨」としていた⑲。そのため、同書局は、まず学校用辞書、参考書や教科書の印刷及び発行に力を入れていた。同書局より出版された教科書、とりわけロルガルジャブ編、ヘーシンゲー監修『Angqan surγaqu ulus-un udq-a / 初学国文』（全8冊、1928年）⑳は、アルファベットから始まり、発音や文字の習得以外に、モンゴルの地理、歴史などに関する内容を取り入れたため、当時の教育界において高い評価を得ていた。興味深いことは、同教科書のタイトルには、*ulus-un udq-a* /「国文」という語を使っていたことである。しかし、この場合の「国」が、中華民国を指すのか、モンゴル人の国を指すのか、それとも、単なる単語翻訳レベルの問題なのか、明確ではない。

東蒙書局は、出版社として運営資金不足という問題を抱えながらも、教科書などの印刷発行を遅らせたことはなかった。同書局は、教育関係の教科書など以外に、歴史、文学関係の書籍を多数出版した㉑。その他、東北籌弁蒙旗委員会機関誌である『蒙旗旬刊』もここで印刷されていた㉒。

一方、東蒙書局は、1920年代から1932年まで、奉天のモンゴル人たちの活動センター的役割を果たしていた。学生、教師、労働者、知識人や僧侶たちが東蒙書局を訪れ、意見交換をしていたと言われている㉓。

そして、1928年に、メルセ及び東蒙書局の主なメンバーを中心に、蒙古文化促進会が組織された。メルセは、フルンボイル（呼倫貝爾）のジャラムタイ（札拉木台）に生まれたダゴール・モンゴル人㉔で、フルンボイルと内モンゴルにおける政治運動の指導者として、また、教育者として活躍していた。メルセは、政治家ではあったが、政治活動と並んで、教育活動を重視していたのである。彼は、学校教育を通じて、青年たちの意識改造をおこない、さらに漢語で書いた著作を介して、漢人の有

⑱ 広川佐保『蒙地奉上一満州国の土地政策』, 東京：汲古書院，2005，p.235.

⑲ Ü · Šuγar-a, *Mongγul ündüsüten-ü orčin üy-e-ün uran ǰokiyal-un teüke*. p.395.

⑳ Rolγarǰab, Kesingge, 1928-1929. *Angqan surγaqu ulus-un udq-a*（Erdenitoγtaqu，1983，pp.41-302）.

㉑ Ü · Šuγar-a, *Mongγul ündüsüten-ü orčin üy-e-ün uran ǰokiyal-un teüke*. pp.345-358.

㉒ 東北籌弁蒙旗委員会蒙旗処『蒙旗旬刊』1929（1），p.1；前揭Ü · Šuγar-a, *Mongγul ündüsüten-ü orčin üy-e-ün uran ǰokiyal-un teüke*. p.346.

㉓ 克 · 莫日根『克興額：一個科爾沁蒙古人』，呼和浩特：内蒙古教育出版社，2001，p.38.

㉔ メルセはダゴール(地域によってダウール、ダフールなど様々に呼ばれていた)系モンゴル人である。モンゴル語系のダゴールは、広義のモンゴル系集団であり、1950年代まではモンゴルとみなされ、「ダゴール・モンゴル」とも呼ばれた。1950年代に、中華人民共和国における「民族識別工作」に基づき、ダゴールは『ダゴール民族』として認定された。

識者に、モンゴル人の立場を訴えようとしていた[25]。メルセの漢語で書いた著作は、『庫倫游記』（出版地未記載、1923年）、『蒙古問題』（元書名『黄禍之復活』、出版地未記載、1923年2月）、『新蒙古』（出版地未記載、1923年11月）、『内蒙古新青年』（同上）、『蒙古民族自覚運動』（出版地未記載、1924年）『蒙古問題講演録』（瀋陽、東北蒙旗師範学校、1929年）、『呼倫貝爾問題』（上海、大東書局、1931年）の7冊である[26]。

1917年にメルセは、黒龍江省内の学校と北京の専門学校に学んでいた青年たちを組織し、その指導者となって、「地方政治改良」を目的とした「フルンボイル青年会」を組織した。1925年に、外モンゴル、コミンテルンの代表などを迎えて、内モンゴル人民革命党第一次代表大会が張家口にて開かれたが、この時、メルセは秘書長に選ばれた。

1918年に、メルセはハイラルで自家の不動産を校舎とし、フルンボイル蒙旗小学校（私立）を創設し、自ら校長を務めた。1920年に、フルンボイル蒙旗小学校は、メルセの意志によって、フルンボイル副都統公署に属する公立学校に改められ、新たに中学部が増設されたが、メルセは引き続き校長を務めた。メルセは、学校の創立ばかりでなく、ダゴール・モンゴル人への教育のために、ラテン文字アルファベットに基づくダゴール語の文字を作ったことでも知られている。

1928年、メルセはコミンテルンの指示により、フルンボイルで暴動を起こしたが、失敗した。その後、張学良はメルセに、使者を派遣して交渉したことがある[27]。それをきっかけに、メルセと東北地方政権の協力関係が始まった。これを背景に、上記の蒙古文化促進会は、奉天在住のモンゴル王公らの支持以外に、張学良や東北政務委員会の協力を得ることにも成功したのである。

このように、1928年10月ごろ、「蒙古文化促進会」が奉天にて創立され、事務室は東蒙書局内に置かれた。蒙古文化促進会の趣旨は、「蒙旗文化を促進し、教育を興し、モンゴル語図書の編纂出版事業を発展させる」ことにあると記された[28]。

その後、1928年末ごろ、メルセは蒙古文化促進会の名義で、東北蒙旗師範学校の建設を張学良と東北政務委員会に提案した。1929年1月、この提案は可決され、東北政務委員会の修正案に基づき、同学校理事会が設置された。理事長に張学良、副理事長に袁金鎧（1870—1947年）、理事にホルチン左翼中旗ザサグ親王のナムジルセレン

㉕ 中見立夫「ナショナリズムからエスノ・ナショナリズムへ—モンゴル人メルセにとっての国家、地域、民族」毛里和子編『現代中国の構造変動（7）——中華世界：アイデンティティの再編——』，東京：東京大学出版会，2001，p.128.

㉖ 恩和巴図「郭道甫先生和満文字母的達呼爾文」『達斡爾族研究第5輯：郭道甫誕辰100周年学術研究会専輯』，1996，p.140；奥登挂『郭道甫文選』，海拉爾：内蒙古文化出版社，2009.

㉗ 中見立夫「ナショナリズムからエスノ・ナショナリズムへ—モンゴル人メルセにとっての国家、地域、民族」毛里和子編『現代中国の構造変動(7)——中華世界：アイデンティティの再編——』，p.141.

㉘ 克・莫日根『克興額：一個科爾沁蒙古人』，呼和浩特：内蒙古教育出版社，2001，p.39.

（1884—？）らが選任された。同年7月、東北蒙旗師範学校は奉天にて開校され、メルセが校長、ヘーシンゲーがモンゴル語の教師を兼任した。

4. 東北蒙旗師範学校

東北蒙旗師範学校の趣旨は、「蒙旗における教育人材を育成するとともに、蒙旗文化を促進し、蒙旗振興のための人材養成」を図ることにあった。1929年、全部16条からなる「東北蒙旗師範学校章程」が公布され、募集定員、入学資格、年齢、試験項目、履修年限、履修科目、学費などに関する内容が盛り込まれた㉙。

それによれば、東北蒙旗師範学校の経営費は、遼寧省により支出されていた。師範科（中学校）の他、同校付設の小学校もあった。また、東北政務委員会の招聘による学校理事会が設置され、各旗のモンゴル王公及び遼寧省教育庁長が理事を兼任していた。

同校の入学の資格について、応募時17～31歳で、旗公署の推薦を得た者、あるいは自ら志願し、試験に合格した者とし、モンゴル人と漢人学生を半分ずつ募集した。学科は、講習科（2年級）と師範科（2年級）であり、卒業年限はそれぞれ、2年と3年であった。各科生徒を私費生と官費生に分け、官費生の定員を10名とした。師範科の私費生は、制服費を負担する他、宿泊、食事、教材費が全額免除された。

東北蒙旗師範学校の専任及び兼任の教職員に、メルセ（校長）、黄成光（教務主任、元西北籌辺使徐樹錚の幕僚）、金鶴年（訓育主任）、梁啓雄（教育、梁啓超の弟、北京大学卒）、セレンニマ（モンゴル語、東北大学文学部卒）、メルゲンバートル（博物）、ヘーシンゲー（モンゴル語）、李又聃（心理、論理、北京師範大学卒）、王樹屏（数学、元東北大学教師）、李東白（漢語）、汪宗洛（漢語、東北政務委員会蒙旗処職員）らがいた他、娄熙沈（庶務兼会計主任、瀋陽裕通銀行経理）、張了賡（秘書）や雇員ら数名がいた。その内、李又聃は、また後に、蒙民厚生会が建てた中学校の育成学院において、数学と化学を担当し、教務主任を務めていた。付設小学校には、主任1名、高級班（4—6年次）担当2名、初級班（1—4年次）担当2名、教員2名、雇員1名がいた㉚。

1929年、東北蒙旗師範学校の第2期の学生募集が行われた（付録の資料1参照）。その翌年の秋ごろ、メルセの意見に基づき、同校は女子講習科（中学校）、女子家政講習科（民衆教育）をそれぞれ増設した。その後、メルセは、同校の経営規模を拡大

㉙ 東北籌弁蒙旗委員会蒙旗処『蒙旗旬刊』1929（1），p.8.

㉚ 仁欽莫徳格「瀋陽東北蒙旗師範学校」『達斡爾族研究第5輯：郭道甫誕辰100周年学術研究会専輯』，1996，p.171.

させ、講習科を2クラスから3クラスへ増やした[31]。東北蒙旗師範学校の講習科及び師範科で教えられていた科目は、付録の【表1】、【表2】の通りである。

上記のカリキュラムは、中華民国教育部が定めたカリキュラムに基づき、設置されたものである。ただし、中華民国教育部規定カリキュラムの外国語の授業は、モンゴル語に変えられた。このようなカリキュラムを、「満洲国」時代の国立興安学院カリキュラム[32]と比較すると、興味深い事実が浮かび上がる。それは、(1)中華民国時代、モンゴル語と漢語の授業時数はほぼ同じであったが、モンゴル語は国語としてではなく、外国語や方言として教えられていたこと、(2)「満洲国」時代、日本語の授業時数はモンゴル語授業時数の約2倍近くであったが、国語として教えられていたことである。国語は、その国家を代表する言語で、公の性格をになった言語のことを指すのだとすれば[33]、この場合のモンゴル語は政治的につよい意味を持ちあわせたと同時に、モンゴル人の置かれていた政治環境を反映するものでもあった、と考えられる。

1930年ごろ、東北蒙旗師範学校の学生代表団が、奉天にて国際音楽祭に参加した。同音楽祭には、ロシア、日本、デンマーク、オーストラリア、イギリス、アメリカ、中国などの8ヵ国の代表団が参加した。東北蒙旗師範学校の学生たちは、「ダナバル」というモンゴル民謡を歌ったようである[34]。

1931年秋ごろ、東北蒙旗師範学校は1期目の卒業生33名(モンゴル人28名、漢人5名)を送り出した。彼らの進路を見ると、東北政務委員会及び東北蒙旗師範学校付属小学校が10名を採用した他、ほぼ全員がそれぞれの希望により、各モンゴル旗の教育、行政機関に就職した[35]。

同校は1930年に、ハーフォンガー（漢字名滕続文、1908—1970年）、リンチンメデグ（1909—？）編*ǰegün qoyitu-yin mongγul qosiγuud-un baγsi-yin surγaγuli-yin darumal*／『東北蒙旗師範学校専刊』（蒙漢合璧、1932年まで全3期）創刊号を発行したのである[36]。ハーフォンガーは、1929～30年に東北蒙旗師範学校に在学中、上記校刊の2期の編集作業を担当した。同創刊号に、メルセの「発刊の辞」、ハーフォンガーの3の詩（モンゴル語）及び1篇のエッセイ（漢語）の他、モンゴル語の歴史関係の書籍や旗の教育問題に関する論説、小説、翻訳原稿（ハーフォンガー訳）、外モ

㉛ 『盛京時報』,1930年6月16日2面；『盛京時報』,1930年6月19日4面。

㉜ 娜荷芽「「満洲国」におけるモンゴル人中等教育——興安学院を事例に——」『日本モンゴル学会紀要』，2012，pp.8-9.

㉝ 「国語」『言語学大辞典』1996（6），p.546.

㉞ *J̌egün qoyitu-yin mongγol qosiγuud-un baγsi-yin surγaγuli-yin darumal*『東北蒙旗師範学校専刊』，1930，p.26.

㉟ 『蒙蔵週報』1931:78；内蒙古教育史志資料編集委員会『内蒙古教育史志資料2』，呼和浩特：内蒙古大学出社，1995，p.485.

㊱ 『東北蒙旗師範学校校刊』1930，創刊号.

ンゴルに関する紹介文、校内ニュースなどの内容が掲載された。1931年9月18日に満洲事変が勃発したため、東北蒙旗師範学校は一時的に閉校したが、1932年春、再開校された。その後合併、改名を経て、興安東省ジャラントン師道学校として改組発足した。

5. おわりに

中華民国政府は、近代多民族国家の形成・定着の過程で、「五族共和」による国民統合という課題を抱え、対モンゴル人諸政策を実施した。しかし、清末から南京の国民政府設立までの軍閥混戦を背景として、中央政府と地方政権の対モンゴル政策は一貫性を持っておらず、モンゴル人に対する文化と教育事業は、基本的に各地方政権とモンゴル人との交渉の中で行われていた。

同時期の内モンゴルの王公や知識人たちの動きに目を向けると、彼らは、内モンゴルと外モンゴル以外にも、北京、南京、奉天(瀋陽)、吉林などの各地を拠点に、政治、経済、文化、教育をはじめ様々な活動・運動の展開を模索していた。これを背景として、モンゴル人を主体とする文化と教育団体は、相互に連携して、活発な活動を行っていた。

しかし、モンゴル人の力だけでは、強力な活動を展開するのが難しく、各地方政権と取引を行わざるを得なかった。東蒙書局、蒙古文化促進会及び東北蒙旗師範学校の活動は、その典型的な事例である。東蒙書局は、1920年代から1932年まで、奉天のモンゴル人たちの活動の中心的役割を果たし、蒙古文化促進会の尽力により、東北蒙旗師範学校が建てられた。同校は、ハーフォンガーをはじめとする多数の卒業生を送り出したが、彼らは「満洲国」時代にモンゴル人官僚として任用された。そして、ヘーシンゲーをはじめとする同校の教員らは、「満洲国」時代のモンゴル人に対する文化・教育活動において、中心的な役割を果ていくことになるのである。

附　　録

資料「東北蒙旗師範学校募集要項」（1929年）

［1］宗旨　本校は、モンゴル旗における教育人材の育成及び文化の促進を宗旨とする。

［2］住所　遼寧省城大南辺門内路西艾家胡同。

［3］定員　師範科の定員は50名(モンゴル人、漢人)、講習科50名(同上)。

［4］資格　師範科は初級中学校の卒業者、講習科は高等小学校卒業者を募集対象とする。

［5］年齢　15—25歳。

［6］申込日　1930年1月5日—同2月25日。

［7］申込方法　応募者は、身分証明書及び写真（4寸）2枚、手数料1円を所持し、入学願書を本校へ提出する。試験後、身分証明書及び写真は本人に返却する。

［8］試験日　1930年2月26日～同28日の3日間。

［9］試験科目　健康診断、筆記試験及び面接試験。

（1）師範科　国語（漢語）、数学（数学、代数、平面幾何）、理化（物理、化学）、博物、史地（中国外国）

（2）講習科　国語（漢語）、数学（算数）、理科（常識）、本国歴史地理

［10］履修年限　3年。

［11］通常の履修科目以外に、毎週6時間のモンゴル語を加える。

［12］費用　入学時、10円の保証金をおさめる（卒業時返却）。制服費など約55円。それ以外の宿泊費、食事費及び教材費を本校が負担する。

［13］待遇　卒業後、モンゴル旗の教育、行政職員として、東北政務委員会などの機関やモンゴル旗の小学校で採用し、給料優遇制度を受ける。

［14］義務卒業後、モンゴル旗の小学校などにおいて、3年間勤務することを義務とする。3年未満の転職の場合、在学時に給付された費用を全額返却するよう命じる。

（出典：内蒙古教育史志資料編集委員会1995:482—484）

表1　東北蒙旗師範学校講習科カリキュラム

東北蒙旗師範学校講習科カリキュラム（1929年）				
学科	第1学年（週）		第2学年（週）	
	1学期	2学期	1学期	2学期
モンゴル語	7	6	5	3
国語(漢語)	7	6	6	4
教育	—	4	6	12
算数	5	5	5	3
歴史	2	2	2	2
地理	2	2	2	2
理科	2	2	2	2
公民	2	2	2	2
手工	1	1	1	1
図画	1	1	1	1
音楽	1	1	1	1
体育	3	3	3	3
論理	2	1	—	—

续表

東北蒙旗師範学校講習科カリキュラム（1929年）				
学科	第1学年（週）		第2学年（週）	
	1学期	2学期	1学期	2学期
心理	2	1	—	—
法制	—	—	1	—
経済	—	—	—	1
総計（時数）	37	37	37	37

『蒙旗旬刊』1929、1（8）；内蒙古教育史志資料編集委員会1995：480-482。

表2　東北蒙旗師範学校師範科カリキュラム

東北蒙旗師範学校師範科カリキュラム（1929年）						
学科	第1学年		第2学年		第3学年	
	1学期	2学期	1学期	2学期	1学期	2学期
モンゴル語	7	6	5	5	5	3
国語（漢語）	6	6	6	5	5	3
教育	—	3	5	5	5	12
算数	4	4	4	4	4	4
歴史	2	2	2	2	2	2
地理	2	2	2	2	2	2
博物	2	2	2	2	3	—
公民	1	1	1	2	2	1
手工	1	1	1	1	1	1
図画	1	1	1	1	1	1
音楽	2	2	1	2	2	1
体育	2	2	3	3	3	3
論理	2	1	—	—	—	—
心理	2	1	—	—	—	—
法制	—	—	—	—	1	1
経済	—	—	—	—	1	1
理化	2	2	2	2	—	—
総計(時数)	36	36	36	36	37	37

『蒙旗旬刊』1929、1（8）；内蒙古教育史志資料編集委員会1995：480-482。

謝辞：わたしが2003年に初めて来日した際、東京外国語大学の二木博史先生は研究生としての受け入れを快く受けてくださって、これまでとは異なる新鮮な環境に接する機会をいただいた。また、2004年に修士課程へ入学した後、二木先生は修士課程の指導教官として、史料収集の方法から論文の書き方までいろいろとアドバイスを下さり、丁寧にときに厳しく指導していただいた。2006年に東京大学大学院総合文化研究科博士課程へ進学した後、二木先生より機会があるごとに様々な意見を賜ったことは、感謝の念に堪えないものであり、心よりお礼申し上げたい。

Cultural and Educational Activities in Mongolia in the Republican Era: Centering on the Years between 1912 and 1932

Naheya

This article investigates the activities of promoting Mongolian culture in the Republic era. For this reason, the Northeastern League and Banner Normal School was established. Students graduating from this school would later become local Mongolian officials.Teachers of this school played an important role in promoting Mongolian culture and education.

キャフタ会議における中国政府の対応

ボルジギン・フスレ

1. はじめに

1914年9月から1915年6月にかけて開かれたモンゴル・ロシア・中国3者キャフタ会議は「アジア版のウィーン会議」に例えられることがあるが①，まさにこのような形容にその重要性が示されている。これまで，モンゴル，ロシア，中国，日本，台湾などの国や地域の研究者が同会議について深く研究してきた。とりわけ同会議におけるモンゴル・ロシア・中国3者の立場や主張，会談の内容，およびモンゴル語，ロシア語，中国語版「キャフタ協定」における「独立」や「自治」，「宗主権」といった重要な用語の概念や表現の異同などはほぼ明らかになっている②。しかし，少し視点を変えさえすれば，いまだ手つかずの問題もいくらか残っていることがわかる。キャフタ会議の目的は，1911年12月に独立を宣言したモンゴルの政治的地位の確定や，その領域の画定，および1912年11月に締結された「ロシア・モンゴル協定（露蒙協

---

① 田中克彦『草原の革命家たち』（増補改訂版1990），東京：中央公論社（中公新書），1973，p.31.

② Батсайхан,О., *Монголын тусгаар тогтнол ба Хятад, Орос, Монгол гурван улсын 1915 оны Хиагтын гэрээ (1911-16)*, Улаанбаатар：2002.（O. バトサイハン『モンゴル独立と中国・ロシア・モンゴル3国による1915年のキャフタ協定（1911～16年）』，ウランバートル）. Белов, Е. А, *Россия и Китай в начале XX века: Русско-китайские противоречия в 1911-1915 гг*, Москва：1997.（E. A, ベローフ『20世紀初期におけるロシアと中国——1911～15年における露中対立』，モスクワ）.Белов, Е. А, *Россия и Монголия (1911–1919 гг.)*, Москва：1999.（E. A. ベローフ『ロシアとモンゴル［1911～19年］』，モスクワ）. 李毓澍『外蒙古徹治問題』，台北“中央”研究院近代史研究所，1961. 陳崇祖『外蒙古近世史』，台北：文海出版社，1965; 古川園重利訳『外蒙古独立史——付記：遊牧民社会から社会主義への道を歩むモンゴル人民共和国小史』，鹿児島：蒙古研究所，1970.呂秋文『中俄外蒙交涉始末』，台北：成文出版社，1984. 張啓雄「民初中俄蒙恰克図会議的名分論争与交涉——外蒙国号帝号年号及政府名義的改廃」『“中央”研究院近代史文化研究所集刊』，1995，24上，pp.325-364；『外蒙主権帰属交涉：1911～1916』，台北：“中央”研究院近代史文化研究所，1995. 張忠紱，『中華民国外交史』（第1集）台北：正中書局，1953（再版1961）. 楊栄「恰克図会議与『中俄蒙協約』」『内蒙古大学学報（哲学社会科学版）』2012（3），pp.18-24. 橘誠『ボグド・ハーン政権の研究——モンゴル建国史序説1911～1921』，東京：風間書房，2011；「内・外モンゴルの岐路——『キャフタ協定』」，In：ボルジギン・ブレンサイン，赤坂恒明（編）『内モンゴルを知るための60章』，東京：明石書店，2015，pp.134-137. 岡本隆司「モンゴル“独立”問題と漢語概念——キャフタ協定にいたる交渉を中心に」『東洋史研究』，73-4，2015，pp.105-139など）

定）」，1913年11月に公布された「露中声明」の再確認であると認識されているが，ボグド・ハーン政権が樹立された際の東アジア地域の国際情勢と，キャフタ会議の時の国際環境は異なっており，国際関係の歴史的連続性から多角的にキャフタ会談にいたるまでのプロセスを考察する必要性が浮かびあがってくる。また，「キャフタ協定」では外モンゴルのみの自治が中国の宗主権下に承認されることになっていたが，はたしてその領域の範囲はどこまではっきり決められたのかということも注目すべき課題として残されている。

小論はこれまでの研究の成果をふまえ，主に台湾の国史館所蔵の総統府，副総統府の資料や中央研究院近代史研究所所蔵の中国外交部の資料などに基づいて，会議にいたるまでおよび会議中における中国政府内部の対応を考察する。すなわち，まず「露蒙協定」の締結と「露中声明」の発表にいたるまで中国政府がどのような措置をとったかを分析する。その次に，中国政府はどのようにキャフタ会議に参加する代表や通訳，顧問，地図などを選び，どのように同会議とヨーロッパ戦場の情勢とを結び付けて対応したのか，さらに「外モンゴル」という範囲はどこまでに限定されたのかなどについても検討したい。

2.「露中声明」にいたるまでの中国政府の対応

1911年12月に樹立されたボグド・ハーン政権は，ハルハの独立のみならず，内モンゴル，フルンボイル，タンヌ・オリヤンハイ，オイラト，デーデ・モンゴル（青海）などをもふくむ，全モンゴルの統一国家の樹立という雄大な志をもっていたのであった③。大清国（ダイチン・グルン）の領土を継承しようとした中華民国は，現実には，成立後しばらくはモンゴル地域の情勢に配慮する暇がなかった。袁世凱(Yuan Shikai)が中華民国の政権を握ってから，1912年4月にやっと内務部のもとに蒙蔵事務処をもうけ，7月に同処を蒙蔵事務局に改編し国務院に直属させた。内モンゴルの外モンゴル政権への同調のうごきをおさめられない状況のなか，同月，国民政府は旧来のモンゴルの制度の再編をはかりながら，王公の世爵，俸禄などの維持，ホトクト，僧侶のもつ称号などの存続を内容とする「蒙古待遇条例」を制定した④。

他方，中華民国成立当初，その内部には複数の勢力が存在しており，どの勢力が中国を主導すれば自国に有利になるかという点で，アメリカやヨーロッパ諸国，日本の認識はことなっており，足並みがそろっていたわけではなかった。中国における権益をめぐって，列強はさまざまなやりとりをしていた。イギリスは清王朝が崩壊する前，すでに袁世凱を支持していたので，彼が中華民国大総統となった時，いちはや

③ 藍美華「内蒙古与1911年蒙古独立運動」『中山人文社会科学期刊』, 10-2, 2002，pp.393-425.

④ ボルジギン・フスレ「内モンゴルにとっての“辛亥革命”」『学苑』，864，2012，pp.38-55.

く承認した。ロシアは，外モンゴルにおける自国の特別な権益の確認をもとめ，北京政府と何度も交渉をこころみたが，拒否されつづけた。1912年6月になって，イギリス・アメリカ・フランス・ドイツ・日本・ロシア6国銀行団と袁世凱政権とのあいだの善後借款の契約に際しては，満洲北部と外モンゴル，新疆におけるロシアの権益，満洲南部と内モンゴルにおける日本の権益を妨害しないという前提条件があった。しかし，ロシアと中国間には単独の協定などは結ばれていない。

日本とロシアが「第3次日露協約」を締結した情報をえた中華民国政府は1912年7月25日，参謀部をとおして，各省の都督に，日露協約の内容をつたえさせ，「ロシアの勢力範囲は外モンゴルと満洲の北部，日本の勢力範囲は内モンゴルと満洲の南部になる。（中略）同条約に対して，イギリスはすでに賛成を表明し，かわりにチベットで自由に行動できる権利を手に入れた。アメリカとフランス両国の領事は，［わが国に］同情はするが，どうにもならないと表明している。日本とロシアが協約をむすんだことは理由があり，われらは注意をはらわなければならない」と述べているが，どのように対応するかについては，具体的な指示をだしていない[⑤]。

これに対し，8月，広西都督陸栄廷（Lu Rongting），武昌(Wu Chang)にいる副総統黎元洪(Li Yuanhong)などはそれぞれ大総統袁世凱に電報をおくり，「イギリス，アメリカと連合し，気勢をたかめ，（中略）力をあわせ，ともに難関をのりきろう」と外交の面ではイギリスなどの国と連合し，国内では各勢力を団結させるべきとうったえている[⑥]。しかし，モンゴルの民族運動について，袁世凱が最も心配したのは列強による関与であったので，イギリスやアメリカなどの国を，モンゴルの問題に介入させることに終始反対した。そのため，袁世凱は，陸栄廷らのこの提案を否定しただけではなく，独立をもとめる「モンゴルの地位」について会談をもとめたロシアのよびかけ[⑦]にも応じなかった。

こうした状況のなか，ロシアは直接ボグド・ハーン政権と交渉することを決めた。指摘しておきたいのは，モンゴルとの交渉について，ロシアは中国に隠さなかったし，中国もロシアとモンゴルの間になんらかの協定が結ばれることを防ぐため，ボグド・ハーン政権の莫大な債務を北京政府が償還することなどを条件に，同政権と国

---

⑤ 「参謀部電各省都督俄日協約明定在我之利益範囲請注意爲要」（1912年7月25日），国史館，台北：116-010101-0001-049.

⑥ 「陸栄廷電袁世凱等外患日迫禍在眉睫非内外連合一気不足挽回危局」（1912年8月4日），国史館，台北：116-010101-0001-050.「黎元洪電袁世凱等期盼全国団結一致消弭歧見並共同協力共済艱難」（1912年8月11日），同116-010101-0001-052.

⑦ 「外交大臣致駐北京代弁世清電」, 1912年1月2日［15日］，「駐北京公使致外交大臣緊急報告」, 1912年4月10日［23日］，6月9日［22日］，［ ］は西暦，以下同。陳春華『俄国外交文書選訳：関於蒙古問題（1911年7月-1916年3月）』，哈爾濵：黒竜江教育出版社，1991，pp.21-22，p.27，pp.34-36.

内レベルの協定を結ぶ意向をしめしたということである[⑧]。北京政府のボグド・ハーン政権に対するこの働きかけはある程度効果があったようである。1912年10月はじめ，ロシア全権代表コロストヴェッツ（I. J. Korostovetz）がイフ・フレー（現在のウランバートル）を訪れた際，ボグド・ハーン政権の官僚のうち，何人かがすでに動揺をみせていた。ダー・ラマ（内務大臣ツェレンチメド）は，政治的盟友としてロシアと中国のどっちかをえらぶかについて，イフ・フレーの官僚たちは考えあぐねて，進退に窮する状態に陥っていると，コロストヴェッツに語ったという[⑨]。

コロストヴェッツがイフ・フレーに到着した約1週間後の10月11日に，ボグド・ハーンがやっと彼を接見した[⑩]。その後，ロシア側が提出したモンゴルにおけるロシアと中国の地位をしめす協定（露蒙協定）の草案をめぐって，コロストヴェッツとボグド・ハーンの大臣たちが激しいやりとりをするなか，ダー・ラマとビント王（内モンゴル・ジリム盟）ゴンチグスレンなどは中国との友好関係も維持する必要があると主張しつづけた[⑪]。

ボグド・ハーン政権とロシアとの交渉は中国側の注目をひいた。北京政府は，ボグド・ハーン政権に対しロシアと協定を結ぶことにより生じる危険性を警告するとともに，ロシアとの交渉と独立さえ放棄すれば，手厚い待遇をあたえると約束した[⑫]。また，何度も駐ロシア公使劉鏡人（Liu Jingren）に，情報の収集を強化するよう指示したほか，イフ・フレーでのコロストヴェッツの交渉についての説明をもとめた。ロシア側は，次のように回答した。すなわち，「モンゴル問題についてわが国は事前にすでに中国政府に対し，もし露中両国の交渉が遅延せざるをえない場合，ロシアはモンゴルと交渉しなければならないことをすでに伝えてあり，中国政府が終始われわれとの会談を回避したため，われわれはモンゴルとの交渉にのりだしたのだ」[⑬]。こうしたプロセスをへて，同年11月3日，ロシアとボグド・ハーン政権は「露蒙協定」を締結した。

同年11月7日，中国政府は駐中国ロシア公使クルペンスキー（B. N. Kroupensky）

---

⑧　「代理外交大臣致財政大臣科科弗采夫函」，1912年9月10日［23日］，陳春華訳『俄国外交文書選訳：関於蒙古問題（1911年7月-1916年3月）』，pp.63-64.

⑨　「対蒙談判全権代表致外交大臣電」，1912年9月25日［10月8日］，陳春華『俄国外交文書選訳：関於蒙古問題（1911年7月-1916年3月）』，pp.72-77.

⑩　「対蒙談判全権代表致外交大臣電」，1912年9月28日［10月11日］，陳春華『俄国外交文書選訳：関於蒙古問題（1911年7月—1916年3月）』，p.85.

⑪　「対蒙談判全権代表致外交大臣電」，1912年10月5日［18日］，陳春華『俄国外交文書選訳：関於蒙古問題（1911年7月—1916年3月）』，pp.93-97，p.99.

⑫　「対蒙談判全権代表致外交大臣電」，1912年10月19日［11月1日］，陳春華『俄国外交文書選訳：関於蒙古問題（1911年7月—1916年3月）』，p.111.

⑬　「外交大臣致駐華公使電」，1912年10月16日［29日］，陳春華『俄国外交文書選訳：関於蒙古問題（1911年7月—1916年3月）』，pp.108-109.

をよびよせ，「ロシアとモンゴルがいかなる協約を締結しても，中国政府は認めない」と通告した。翌8日，クルペンスキーは正式に中国政府に，同月3日に締結された「露蒙協定」の内容をつたえた。中国の国務院は副総統黎元洪，および各省の都督に密電をおくり，同協定の内容を伝え，「ロシアとモンゴルの秘密協定はわが国の領土主権を侵害しており，与論は普遍的に不満を噴出させ，政府に督促している」と述べ，下記の指示をくだした。「建国後，日があさく，国家の基礎はまだかたまっておらず，領土を少しでも失うことはできないし，列強があらそって蚕食してくるのも防がなければならない。したがって，今のところ，慎重な立場にたって，国内には（「露蒙協定」締結の）情報を公開せず，かたくまもるうえで，外交と軍事にたよって解決するしか方法はない。外交は中央政府が主導するが，軍事については各省の都督がみずから軍備をそなえ，食糧と給与を調達し，常に訓練しなければならない」。すなわち，国は外交と軍事の両面でモンゴル問題を解決する，外交は政府が努力するが，軍事は各地方勢力に解決させるという方針をかためていた。この指示では，また，「最近，一部の団体あるいは個人が“征蒙（モンゴルを征服する）”を口実に，勝手に兵士を募集，組織し，食糧や資金をあつめ，募金などをおこなっている。しかし，本年前半に各省では軍隊が林立していたが，紀律はみだれ，数は多いが，能力はない」と批判すると同時に，「もし勝手に決死隊や“征蒙隊”などを組織し，苛酷な重税を課し，武器を購入するなどのことがあった場合，一律きびしく懲罰し禁止する」と警告している⑭。

当時，中華民国は成立したばかりで，地方にはさまざまな勢力が存在し，行政体制や軍事などは混乱しており，外交を最優先に，モンゴル問題を解決するという方針は，ある意味では現実に基づいた考えのように思われるが，国力が低かったということも忘れてはいけない。

しかし，閻錫山など一部の省の都督は，早急に軍隊を組織し，まずは内モンゴルの事態をおさめ，それから，フレーに侵攻し，外モンゴル政権を平定すると中央政府に進言している⑮。実はこれら地方の官僚は，「征蒙」を名目に，国から軍事物質や資金をもらい，みずからの勢力を拡大しようという狙いもあったことは否定できない。これに対し，国務院は閻錫山など各省の都督に，「このことに関連しているのは1国だけではない。政府は各友邦に，［「ロシア・モンゴル協定」を］承認しないことをつたえると同時に，人を派遣し，各国の意向を収集し，策をこうじている。ただ

---

⑭ 「国務院電黎元洪等当前軍事外交宜由中央主持厳禁以団体或私人行動」（1912年10月28［11月10日］），国史館，台北：116-010101-0001-056.「俄蒙協約簽訂之経過及其内容：附俄蒙協約之経過及内容」（1912年11月），同116-010101-0001-063.

⑮ 「閻錫山電袁世凱等爲維護蒙古領土主権請准親率士卒保内蒙庫倫」（1912年11月13日），国史館，台北：116-010101-0001-058.「各省都督代表電閻錫山政府誓不承認俄蒙協約請切実籌備兵力餉需」（1912年11月14日），同116-010101-0001-062.

し，軍の配備と関連することは，各院・部が協商し，統一的に方策を決める」と回答し[16]，モンゴル問題の解決において，外交交渉を最優先し，軍事は国が統括するという姿勢をくずさなかった。これより前，フルンボイルの動きに対しても，中国政府は同じく，外交で解決することを考えたのである[17]。しかし，北京政府は，「ロシア・モンゴル協定」をとりけさせるため，ロシアと交渉するようになったが，難航した。

外交路線で「辺境危機」の窮状からぬけだすという主張に支持する人のうち，熊希齢は「欧米諸国の例を参考にすると，革命の時代にはほとんど国家が再編成され，その固有の領土はたいてい縮小されたことがわかる。モンゴルとチベットをくらべると，チベットより，モンゴルのほうが重要である」と指摘しつつ，「作戦の準備もきわめて重要で，（中略），地方政府が一心同体で軍備や食糧をそなえることができるからこそ，中央政府は安心して大胆に［外交］での解決ができる」と考えていた[18]。熊希齢は1912年3月に北京政府の財政総長をつとめ，7月に解任された。かれの提案は，財政のありかたに重心をおいていた。この提案の1ヶ月後の12月に，彼はチャハルとかかわる熱河省都統に任命された。

モンゴル地域をめぐって，当時中国政府，および多くの官僚や知識人は欧米諸国と連合して日露と対抗することを考えていたが，イギリスはチベットにおける権益を確保するため，日本，ロシアとそれぞれ協約を結んでいたし，中国には東アジアにおける国際情勢に対して影響しうる力はそれほどなかった。

1913年1月末から，内モンゴルの解放をめざして，ボグド・ハーン政権の軍隊がシリーン・ゴル盟，オラーンチャブ盟，チャハル，赤峰（Ulaan Khada），フフホトなどの地域にむけて進軍し，滂江（Pangjiang）や林西（Linxi），ヘシグテン，ドローン・ノールなど内モンゴルの東，南地域まで長駆突入した。遠征軍のなかには，おおくの内モンゴル人部隊も含まれ，ハイサン・グン，ダムディンスレン，バボージャブなどは指揮官にもなっていた。7月，中国内部で国民党勢力側が，袁世凱政権打倒のための，「第2革命」（「討袁［袁世凱を討伐する］戦争」ともいう）をおこした。北方地域では，モンゴル軍の攻撃にせめられ，中国軍は敗退しつづけ，内モンゴルと隣接する内地の各省の地域まで危険きわまりない状態になるなか，1913年7，8月に熱河省都統熊希齢，直隷都督馮国璋，黒竜江護都督畢桂芳，山西都督閻錫山，副総統黎元洪などがそれぞれ中国政府に，速やかにロシアと交渉しモンゴル問題を解決す

---

⑯ 「国務院電閻錫山等俄蒙協約蔑侮主権中央已通盤籌劃請全国協力補救」（1912年11月16日），国史館，台北：116-010101-0001-059.「国務院電孔庚等俄蒙協約已飭外交部厳重交渉期保全領土爲目的」（1912年11月18日），同116-010101-0001-067.

⑰ 外交部「呼倫事（電報）」（1912年4月），外交部档，中央研究院近代史研究所档案館所蔵，台北：03-32-148-01-008. 宋小濂「呼倫事（電報）」（1912年4月），同03-32-148-01-009.

⑱ 「熊希齢電袁世凱等各省若不改革財政吏治武備則内政外交終将失敗」（1912年11月17日），国史館，台北：116-010101-0001-066.

るよう，強く要求した。

同年9月以降，中国をめぐる情勢は大きく変わった。同月，袁世凱は「第2革命」に勝利し，孫宝琦を外交総長に任命した。また，同月 23日，ロシア政府は中華民国を承認し，北京政府は，ロシアとの交渉を再開した。さらに，10月10日，袁世凱が，中華民国が清王朝の諸外国と結んだすべての条約を遵守することを公表したため，10月19日には日本，10月20日にはドイツと，フランスが中国を承認した[⑲]。

こうした背景のなか，ロシアと中国との交渉が進展をみせた。そして同年11月5日にロシアと中国の交換公文が成立し，「露中声明」が発表された[⑳]。

「露中声明」が発表された最初の段階では，モンゴル遠征軍の撤退がみえないなか，中国政府は何度も，ペテルブルク駐在中国公使劉境人を通して，モンゴル軍の中国からの撤退をめぐって，ロシア政府と交渉した[㉑]。ロシア政府はフレー政権に圧力をかけ，武器の提供も中断させ，結局，ボグド・ハーン政府軍は内モンゴルから撤退せざるをえなかった。

3. キャフタ会談における中国政府の対応

よく知られているように，「露中声明」が公布された後，モンゴル政府は非常に失望したが，ペテルブルクに代表団を派遣し，再度ロシア政府の支持獲得をはかると同時に，日本との交渉もこころみた。しかし，日本との交渉はロシアと日本により阻止された[㉒]。結局のところ，ロシア・モンゴル・中国の3者会談がおこわれることになった。

中国政府との交渉が再開された1913年10月，ロシアはすでに中国となんらかの協定あるいは声明を締結するには，モンゴルの承認をえる必要があると認識し，3者により会談をひらき，その場所をキャフタにすることを決めていた。また，この時点で，ロシアは，モンゴル地域の地図がなかったため，外モンゴルの境界線をどのように決めるかなどについては3者により協議し確定するべきと考えていた[㉓]。しか

---

⑲ セルギウス・L・クズミン「清帝国の崩壊とモンゴル独立の再確立」.In：ボルジギン・フスレ，今西淳子（編）『20世紀におけるモンゴル諸族の歴史と文化——2011年ウランバートル国際シンポジウム報告論文集』東京：風響社，2012，pp.113-143.それより前の1913年5月，アメリカは中華民国政府を承認した。

⑳ 「露中声明」では，「ロシアは外モンゴルに対する中国の宗主権を承認する」（第1条），「中国は外モンゴルの自治の地位を承認する」（第2条）などとさだめられている。外交部「関於中俄両国対待外蒙古之関係的声明」（附中俄照会），内モンゴル自治区文書館（内蒙古自治区档案館），呼和浩特：434-1-40-1.

㉑ 駐俄劉公使「外蒙撤兵海山呼倫各事」（1913年12月），外交部档，“中央”研究院近代史研究所档案館所蔵，台北：03-32-148-02-023.

㉒ 『蒙古史論叢』（下），台北：学海出版社，1980，p.1150.

㉓ 「代理外交大臣致駐華公使電」，1913年9月22日［10月5日］，陳春華『俄国外交文書選訳：関於蒙古問題（1911年7月-1916年3月）』，p.175.

し，モンゴル側はすぐにはロシア側の要請にのらなかった。[24]11月25日になって，ボグド・ハーン政権はやっと3者会談に参加することを承諾した。[25]そして12月17日，今度は，ボグド・ハーン政権がロシアの暗示をうけて，中国政府に，モンゴルは「露中声明」に対して意見を保留することをつたえ，「昔からもちつづけているモンゴルの土地をわれわれに帰させ，モンゴルにおける国境線の画定を断固として要求し，すでに[ボグド・ハーン政権に]帰順を表明したモンゴル人はすべてモンゴル国に帰させる」，また，ロシアと中国という2大隣国と正常な善隣関係を確立する目的で，モンゴルは3者会談に参加すると表明した。[26]

ロシアとのやりとりをへて，中国は3者会議に開催にむけて，準備しはじめた。1914年1月27日，中国政府は畢桂芳（Bi Guifang）と陳籙（Chen Lu）をロシア，モンゴルとの会談の特使として任命すると同時に，同件については，対外的に公表しないことを決めた[27]。対露蒙会談を円滑に遂行するため，中国外交部は蒙蔵事務局からモンゴルの事情を熟知する者を選ぶことを考えたが，具体的な人選については，外交部と蒙蔵事務局の間だけではなく，蒙蔵事務局内部でも意見が分かれた。2月2日，蒙蔵事務局はまず外交部に同局の参事陳毅（Chen Yi）と辺務顧問徐敬熙（Xu Jingxi）を推薦した[28]。しかし，翌日，蒙蔵事務局はさらに同局のスウェーデン人顧問のラルソン（F.A.Larson, 1870～1957年）を中国側の顧問として外交部に推薦した[29]。ラルソンはモンゴル語が堪能で，1893年に伝道師としてスウェーデンからモンゴルに来たが，のちに商業に携わることになり，ジェブツンダムバ・ホトクトのほか，内外モンゴルの多くの王侯，僧侶と親しく交際するようになった。ジェブツンダムバ・ホトクトはモンゴル国の国王（ボグド・ハーン）として即位した後，ラルソンに公爵の爵位を賜った。それによって，ラルソンはモンゴルのことを知る西洋人からDuke Larsonと呼ばれるようになった[30]。

外交部は速やかに日時と場所を決め，ラルソンを畢桂芳，陳籙に紹介し，打ち合

㉔　「駐蒙古外交代表密電」，1913年11月3日［16日］，陳春華『俄国外交文書選訳：関於蒙古問題（1911年7月-1916年3月）』，p.198.

㉕　「駐蒙古外交代表密電」，1913年11月12日［25日］，陳春華『俄国外交文書選訳：関於蒙古問題（1911年7月-1916年3月）』，p.205.

㉖　「蒙古特使致中国駐彼得堡公使照会抄件」，1913年12月4日［17日］，陳春華『俄国外交文書選訳：関於蒙古問題（1911年7月-1916年3月）』，pp.221-222.

㉗　外交部「任命畢桂芳陳籙爲会議外蒙事件全権専使由」（1914年1月），外交部档，中央研究院近代史研究所档案館所蔵，台北：03-32-164-01-005.

㉘　外交部「院擬呈派陳毅徐敬熙爲顧問事由」（1914年2月），外交部档，中央研究院近代史研究所档案館所蔵，台北：03-32-164-01-014.

㉙　外交部「介紹藍理訓与畢陳二使相晤由」（1914年1月），外交部档，中央研究院近代史研究所档案館所蔵，台北：03-32-164-01-017.

㉚　札奇斯欽『蒙古史論叢』（下），台北：学海出版社，1980，p.1223.

わせをさせた[31]。ラルソンはキャフタ会談において，内外モンゴル問題に関する見解を次のような7項目にまとめ，蒙蔵事務局経由で外交部に提出した。

（1）北（ママ）モンゴル政府（すなわちボグド・ハーン政権）から，内モンゴル各親王やザサックに口上書を送らせ，中央政府（北京政府）との正常ではない関係を改善させる。

（2）人が自由に内モンゴルの本籍（元の故郷）に戻ることを許可すべきである。

（3）内モンゴルにいる官職をもつ者が，その官職を北モンゴル政府により剥奪された場合，その官職を回復させること。フレーにいる，（北モンゴル政府より）官職を授与された内モンゴル人は，その官職をすべて廃棄すること。

（4）フレー政権はその勢力をもって内モンゴル人の政治に影響をおよぼしてはならない。

（5）内モンゴル人が外モンゴルの聖地や神仏を礼拝するため，あるいは自らキャラバンにより外モンゴルに貨物を運ぶために，外モンゴルを通過する場合，外モンゴル政府はそれを許可し，税金などをとってはならない。外モンゴル人が内モンゴルを訪れる，または通過する場合も，同じくこの基準に従い，フレーと張家口の（税務所）は税金を取ってはならない。

（6）外（ママ）モンゴル政府は勝手に内モンゴルに武器を送ったり，内モンゴル人に武器を供与したりしてはならない。

（7）早急に内外モンゴルにおける強盗犯の護送に関する条例を定めること。これは強盗犯が相手の地域でも犯罪を起こすことを防ぐためである[32]。

その後，外交部は，さらにG. E. モリソン（1862～1920年）をもキャフタ会談における中国側の顧問として選んだ[33]。しかし，「経費を削減する」という名目で，3月2日，外交部は陳毅だけを畢桂芳，陳籙の顧問としてキャフタに参加させることと，中国代表団のメンバーをロシア語，フランス語，モンゴル語通訳および漢語の書

㉛ 外交部「介紹藍顧問事由」（1914年2月），同「函送藍顧問条議由」（1914年2月），蒙蔵事務局「介紹藍顧問自應遵弁惟会晤日期及地点商定見復由」（1914年2月），外交部档，中央研究院近代史研究所档案館所蔵，台北：03-32-164-01-023，03-32-164-01-022，03-32-164-01-020.

㉜ 蒙蔵事務局「藍顧問条議請査照由」（1914年2月），外交部档，中央研究院近代史研究所档案館所蔵，台北：03-32-164-01-021.

㉝ キャフタ会談において，G. E. モリソンも北京政府にモンゴル問題に関する自分の見解を提出した（Lo Hui-Min, *The correspondence of G. E. Morrison* Vol.2, Cambridge; New York: Cambridge University Press. 1976, pp.281-284）。

記，電報員などを入れて計10名に削減することを決めた[34]。ラルソンはボグド・ハーンの遠征軍が内モンゴルで中国の軍隊と戦っている最中の1913年9月に，中国政府の指示をえて，自ら戦場に赴き，遠征軍の指揮者を説得し，そのうちの一人ナサンアルビジフ（輔国公，ジリム盟ホルチン左翼中旗）を北京政府に投降させることに成功した。その功績を評価して，袁世凱政権はラルソンに5年分相当の報酬を一括でしはらった[35]。その時点で，ラルソンはまだ北京政府のために2年間しか働いていなかったし，給料をずっとうけとっていた。ラルソンとモリソンを中国代表団の顧問として会談に参加させることに強く反対したのはロシア側であった。同年3月4日，駐中国ロシア公使クルペンスキーが中国外交部を訪れ，内外モンゴル関係の処理においてラルソンとモリソンは邪魔者となるとして，2人を会談から外すことを求めた[36]。中国側はそれに従った。

4月，ロシア公使クルペンスキーが一時帰国することを知った中国外交部は，かれに3者会談の日時を早めに決めるよう求めた[37]。

1914年5月18日，中華民国政府はさらに蒙蔵事務局を蒙蔵院に改組して，大総統の直属にし，モンゴルとチベットの事務を管理する責任を負わせ，その地位を立法院などと同格にした。

8月になって，キャフタ会談の日時を9月9日にすることがようやく決められた。会談にむけて，中国側はさまざまな対策を講じたが，ここでは，中国がどのように内外モンゴルの辺境線を画定したかに注目したい。中国外交部は内外モンゴルの境を1906（光緒32）年につくられた地図を基準にしたいと考え，同時に，蒙蔵院に調査を徹底してより詳しい地図を提供することも求めた[38]。蒙蔵院はただちに外モンゴルと隣接する内モンゴル各旗および各督統に地図の提供を求めたが，詳細な地図はないことが判明し，急遽調査をおこない，境を明確にした地図の作成を要求した[39]。これに対し，チャハル都統や奉天将軍などは，長い間このような調査をおこなっていないこと，経費が足りないこと，短期間の調査でより正確な地図を作成するのは困難である

㉞ 外交部「外蒙会議只帯陳毅顧問一員前往由」（1914年3月），外交部档，“中央”研究院近代史研究所档案館所蔵，台北：03-32-164-01-029.

㉟ Ларсон, Ф. А., (Цэрэнчулуун, А. Орчуулав), *Монгол орон, Монголчуудын дунд өнгөрүүлсэн он жил,* Улаанбаатар, 2015, pp.62-66。（A. F. ラルソン著，A. ツェレンチョローン訳『モンゴル，モンゴル人のなかですごした日々』，ウランバートル）.

㊱ 外交部「抄俄庫使卜通訳会晤問答由」（1914年3月），外交部档，“中央”研究院近代史研究所档案館所蔵，台北：03-32-164-01-031.

㊲ 外交部「外蒙会議日期事由」（1914年4月），外交部档，“中央”研究院近代史研究所档案館所蔵，台北：03-32-164-01-046.

㊳ 外交部「咨調内外蒙交界地図由」（1914年8月），外交部档，“中央”研究院近代史研究所档案館所蔵，台北：03-32-164-01-057.

㊴ 蒙蔵院「無詳細蒙旗地図已密飭該管長官勘絵俟呈報到院再行咨送由」（1914年8月），外交部档，“中央”研究院近代史研究所档案館所蔵，台北：03-32-164-01-063.

こと，などを報告した[40]。

結局，中国に有利になる地図がみつからないまま，会談が開かれた。本来，会議は9月9日からおこなうことが決まっていたが，実際には，中国代表団がキャフタに到着した翌日の9月8日に，開会式となるセレモニーがおこなわれた。これも「公式会談が48回もおこなわれた」[41]キャフタ会議の「第1回会談」となって，会議の記録に残されている。実際は，8日におこなったのはセレモニーのみであって，会談はおこなっていない。

会談の中で，ロシア側はたびたび，内外モンゴルの境に不明なところが少なくないことを指摘した。第31回（1915年2月16日）から第34回（1915年3月4日）までの公式会談では，自治外モンゴルの境界線をめぐって，3者は論争を展開した。最終的に，中国側は，1727年のキャフタ会議を参考に，不明な地域における画定を見送ることを提案した[42]。このように，辺境線は曖昧のまま，会談は終わった。

また，会談において，中国政府は最初は，モンゴルとロシアの間の商業や道路（鉄道）建設などは，中国という宗主国のもとで，中国とロシアの間で話しあっておこなうことを主張した。しかし，ロシアは，同国とモンゴルとの道路建設は，中国の宗主権に影響しないという意見に固執しつづけた。膠着状況の中，駐ロシア中国公使劉鏡人が中国政府に「ヨーロッパ戦場において，ロシアはすでに巨額の費用を費やしており，モンゴルにそれほど大きく投資できない」と報告した[43]。結局，キャフタ協定の商業や鉄道建設などの項目において，中国はロシアとモンゴルに譲歩することにした。

他方，日露条約による制約のゆえ，キャフタ会議前後，日本政府は同会議に注目はしたものの，直接の関与はしなかった。参謀本部などは，会談によって定められたモンゴル地域における自治の範囲や，内外モンゴルの境界線，フルンボイルの地位，ロシアが得た権益，内モンゴルにおける王侯の動向，ロシア・モンゴル鉄道建設などについて非常に関心をよせていたものの，その活動は主にモンゴル地域における地図の収集およびそれに対する分析などに限られていた。

㊵ 蒙蔵院「関於内外蒙旗分界事抄録察哈爾都統来電請核見復由」（1914年9月），外交部档，“中央”研究院近代史研究所档案館所蔵，台北：03-32-164-01-084.

㊶ 張忠紱『中華民国外交史』（第1集），台北：正中書局，1953，p.98.

㊷ 外交部「内外蒙旗交界地之詳細範囲擬照恰克図会議通過条文於正式劃界時劃定」（1915年5月），外交部档，“中央”研究院近代史研究所档案館所蔵，台北：03-32-135-01-043.

㊸ 駐俄公使「外蒙鉄路及欧戦事」（1915年1月），外交部档，“中央”研究院近代史研究所档案館所蔵，台北：03-32-165-02-009.

4. 終わりに

キャフタ会議にいたるまでのプロセスを東アジアの国際情勢のなかにおいてみれば，1912年10月の『露蒙協定』が締結するまで，中国は列強の承認がえられない状況の中にあって，「モンゴル問題」を処理する余裕はなかったことがわかる。北京政府が内戦を抑えた1913年9月以降，中国が過去に諸外国と結んだすべての条約の遵守を約束したこともあり，ようやくロシア，日本，ドイツ，フランスの承認を得られ，ロシアとの会談も再開され，同年11月に『露中声明』が発表でき，のちのキャフタ3者会議につながったのである。

1915年6月7日に調印された「キャフタ協定」の第11条では，自治外モンゴルの範囲について，次のように定められている。「自治外モンゴルの範囲は民国2（1913）年11月5日（ロシア歴1913年10月21日）の『露中声明』別件第4条と，以前フレー弁事大臣，オリヤスタイ将軍，およびホブド参賛大臣の管轄下にあった地域の境界線を境とする。その中国との境界線は，ハルハ4盟およびホブドに所属する地域をする。東はフルンボイル，南は内モンゴル，南西部は新疆省，西はアルタイと隣接する各旗を境とする。中国と自治外モンゴルの境界線の正式な画定については，中露2国と自治外モンゴルの代表が，本協定の調印後2年以内に測量し確定する」[44]。これは3者が折衷した結果である。オリャンハイを含む，外モンゴルとロシアの境界線は直接は言及されていない。これは，ロシア側の要求であった。フレー弁事大臣やオリヤスタイ将軍，ホブド参賛大臣の管轄下にあった地域の境界線，とりわけ中国との境界線について，フルンボイルや内モンゴル，新疆，アルタイと隣接する各旗を境とするという規定には，中国の代表の意見が反映されている。同協定が調印されてから2年以内に3者により測量し確定するという意見はモンゴルの代表が提出したのであった[45]。

キャフタ協定との関連で，中華民国外交部は1917年1月に自治外モンゴル政府に通達をおくり，測量調査作業をおこなって地図作製をするよう，もとめた[46]。同年，中国は参謀本部陸地測量総局の主導のもとど，外モンゴルとフルンボイル・内モンゴル・新疆と隣接する地域で測量の作業をおこない，翌1918年3月に同陸地測量総局により50万分1の『全国性分幅輿地図』が作成された。

のちに外モンゴルはオリャンハイをうしない，ダリガンガをえることになるが，1939年に満洲国との国境線でハルハ河・ノモンハン戦争，1947年に新疆と接続する地域のバイタグ・ボグド・オール（北塔山）で中国との闘いがおきる。モンゴルと中国の国境線は，1962年からの測量をへて，1964年に画定したのである。

㊹ 呂一燃『北洋政府時期的蒙古地区歴史資料』，哈爾濱：黒竜江教育出版社，1999，p.345.

㊺ 呂一燃『北洋政府時期的蒙古地区歴史資料』，pp.130-131.

㊻ 発駐俄公使［劉鏡人］函」，「収参謀本部諮」，「発駐庫大員［陳籙］諮」，“中央”研究院近代史研究所［編］1959，pp.1-2，p.4.

The Strategy the Qing Government Adopted in the Kyakhta Meeting

Husel Borjigin

The Kyakhta Meeting is very important in history, yet scholars mainly focus on the positions of and the claim made by Mongolia, Russia, and the Qing court during the meeting; few have investigated the strategies adopted by Mongolia, Russia and the Qing court during the meeting. This article discusses the strategy adopted by the Qing government before and during the Kyakhta meeting.

1920年代の内モンゴルにおけるモンゴル語教科書編纂に関する研究

ウユンゴワ（烏雲高娃）

目次

はじめに

モンゴル語教科書編纂はモンゴル文化の普及、教育の発展に欠かせないものである。中華民国初期において内モンゴル知識人は他文化を受け入れながらモンゴル語による教育啓蒙活動をはじめ、固有文化を守り発展させるために様々な努力した。この中でも特にモンゴル語による出版活動が必要であると考えられたため、内モンゴル知識人の努力で、モンゴル語の活字印刷、出版社創立、教科書の編纂などが実行され、内モンゴルでの出版事業の幕が開かれ、文化活動はさらに展開された。

周知のように学校教育は主に教科書の内容によりその方向性が決められる。本論文では、1920年代における内モンゴルの出版事業についてモンゴル語教科書編纂を中心に述べる。内モンゴルの出版事業の発端であり教科書編纂において多大な役割を果たした代表的な知識人であるテムゲト、ヘーシンゲーを取り上げ、教科書編纂を中心に考察する。主に、1920年代内モンゴルの知識人はどのように教科書編纂の事業に取り組んだかを述べながら、具体的な内容を簡単に考察し、検討する。

1.『満蒙漢三体合璧教科書』とモンゴル語教科書編纂

『満蒙漢三体合璧教科書』①は、実に清朝政府学部審定の『最新初等小学国文教科書』（漢文）②を東三省蒙務局翻訳委員および訳書員の栄徳が満洲語、モンゴル語に訳し編集したものである。当時、中国国内においては、『最新初等小学国文教科書』（漢文）は最も普及した教科書であった③。

『満蒙漢三体合璧教科書』は中華民国時期のモンゴル語教科書の編纂に対して重要な意味を持つ。中華民国時期に創立された張家口の察哈爾蒙古図書編訳館、北京の漢南景新社、奉天の東蒙書局が編集出版した『蒙漢合璧小学国文読本』（*Mongγol kitad üsüg qabsuruγsan baγ-a surγaγuli-yin ulus-un udq-a-yi ungsiqu debter*）、『蒙文教科書』（*Mongγol udq-a-yin surγaqu bičig*）、『初学国文』（*Angqan surγaqu ulus-un udq-a*）はすべてが『満蒙漢三体合璧教科書』の内容を基礎に編纂したものであった。

ここでは、『蒙漢合璧小学国文読本』の「弁言」④の具体的な内容を挙げてみることにする。

弁　　言

年来蒙旗教育漸興、学校紛立、惟所用課本多無蒙文、講授肄習均感困難、本館自去秋成立、関於教科書籍疊承、各方詢索、惟蒙古課本編輯取材悉輿内地課本不同、本館所編係従根本入手、成書尚需時日、因査有舊蔵清末奉天蒙務局所譯満蒙漢合璧教科書一種、雖體例稍舊然、譯有蒙文頗便講習、且翻譯精確足樹初学之基、爰将原本的事増删先付剞劂以應急需将來本館所編課本出版是編仍可作、練習國文及翻譯之用、實亦修学必備書誌數語、以明刊行之意焉。

以上の「弁言」を日本語にすれば以下のようになろう。

近年来、蒙旗の教育が次第に振興するようになり各地で学校が設立されてはいるが、モンゴル語教科書は少なく、授業学習するにも困難を感じていた。本館（察哈爾蒙古図書編訳館を指す—引用者）は去年の秋に成立してか

① 「満蒙漢合璧教科書」について、林士鉉「『満蒙漢合璧教科書』与清末蒙古教育改革初探」『輔仁歴史学報』，2014，32，pp.325-275; 李勤璞「『満蒙漢三文合璧教科書』的翻訳頒行」，2014などの研究がある。

② 蒋维乔、庄俞『最新初等小学国文教科書』，上海：商務印書館，1906.

③ 李勤璞「『満蒙漢三文合璧教科書』的翻訳頒行」：『滿語研究』，2014（1）.

④ 『蒙漢合璧小学国文読本』初小第1册，pp.1-5.

ら、モンゴル語教科書については各方面を探し求めたが、ただモンゴル語教科書の編輯題材だけは内地の教科書と根本的に違うので、本館の編集が最初から着手したが、(モンゴル語の)教科書を完成させるにはなお時間がかかる。そこで調べてみたら旧蔵の清末に奉天蒙務局が訳した『満蒙漢合璧教科書』の一種があり、体裁は少し古いけれどもモンゴル語の訳文があり講習にはたいへん便利で、翻訳は精確で初学の基礎をつくるには十分であった。それでここに原本(『満蒙漢三体合璧教科書』—引用者)内容を増補削除して先に印刷に付し、急場をしのぐこととし、この片言を以て刊行の志を明らかにするものである(日本語翻訳は筆者)。

以上の内容から見れば、モンゴル語教科書の編纂に対して『満蒙漢三体合璧教科書』が重要な役割を果たしていたことは明らかである。続いてモンゴル語教科書について『蒙文教科書(*Mongγol udq-a-yin surγaqu bičig*)』と『初学国文』(*Angqan surγaqu ulus-un udq-a*)を中心に検討する。また、1917年に商務印書館により出版された『漢蒙合璧国文教科書』などとも比較してみよう。

2.『蒙文教科書』と『初学国文』

2.1 テムゲトと『蒙文教科書(*Mongγol udq-a-yin surγaqu bičig*)』

テムゲト(Temgetü 1888~1939、漢名は汪睿昌、字は印候、日本名は古松心綬)は1888年12月7日、ハラチン右旗に生まれ、8歳の時から私塾でモンゴル語と漢語を学んだ。両親が次々に病没し孤児になったがグンサンノルブ王が彼を養子にし「崇正学堂」に入学させた。当然ながら彼に対するグンサンノルブの影響は多大なものであった[⑤]。

1903年、テムゲトはグンサンノルブの推薦で北京の東清省鉄道ロシア語学堂[⑥]でロシア語を学び、1906年の冬日本へ留学した。彼は東京の振武学堂、即ち陸軍士官学校の予備科に入学し、その後東京の慈恵医院医学専門学校で勉強した。1910年に金淑貞と結婚、1912年に帰国した。帰国後のテムゲトはハラチン王府等の所で医者として勤めておりその際、モンゴル人の学校設立、学校教育の必要性を訴え、モンゴル地域

---

⑤ 中見立夫『「満蒙問題」の歴史的構図』,東京:東京外国語大学アジア・アフリカ言語文化研究所 2013. 哈申其其格「内モンゴルの近代とハラチン王・グンサンノルブ——その近代的改革と独立志向をめぐって——」『言語・地域文化研究』,2013,19,pp.299-318.

⑥ 1899年北京で成立。1903年、グンサンノルブがテムゲト、エンヘブリン、ノリムピル、デグジンゲーら四人をこの学校へ送り、ロシア語を勉強させた。

を回っていたようである⑦。

1914年、グンサンノルブが蒙蔵院の総裁に就任するとテムゲトも北京へ行きグンサンノルブのもとで働いた。彼は前後に翻訳者、首席翻訳官、庶務課長、典礼司官等を歴任しその間、「漠南景新社」（北京旧鼓楼大街張旺胡同九号、蒙文書社の前身とも言える）を設立して、北京にいるモンゴル王公らや、北京の風景・遺跡などの写真を撮って販売し、雍和宮の仏像、各殿の写真などをハガキとして印刷するなど、経済意識を強く持っており、非常に現実的であった。

1910年代の内モンゴル人の中でもテムゲトの思想・活動は極めて先駆的であった。6年間の日本留学生活が彼の視野を広げ、新しい知識・思想を与えたのであろう。政治的に、彼はモンゴル・チベット関係の重要な会議等に参加した。注目すべきは彼が広い視野で当時の内モンゴル人社会を認識していたことである。

1915年頃からテムゲトは国内外の活版印刷を研究し、様々な困難を乗り越え1919年、モンゴル文字最初の銅製鋳型を作成して見事に成功した。同年、「五四運動」の際彼は蒙蔵学校の教員となり、学生活動を積極的に支持したという⑧。活発な宣伝活動を目の当たりして、モンゴル語の活字印刷の必要性をさらに強く感じたことは想像に難くない。

テムゲトはモンゴル語の活字印刷に実力を入れ1922年冬に成功した。その印刷技術は奉天の東蒙書局、チャハル盟の蒙文印刷廠などに対して技術援助を行った。後に「満洲国」時期に開魯のモンゴル文学会、蒙疆政府などへと受け継がれていったのである⑨。

一方、ロシアにはモンゴル語の活字が存在しこのうちのいくつかが日本にもたらされていた。1910年代に、ロシア側ではモンゴル語の新聞『蒙古新聞』（*Mongγol-un sonin bičig*）がハルビンで発行されており、日本人も奉天で『奉天蒙文報』（*Mügden-ü mongγol sedkül*）を発行していた。1920年代、日本でもモンゴル文字の活字が作成されたという。1937年に満洲帝国大同学院講師、哈爾賓学院講師だった古木俊夫著の『蒙古語』（上巻は基本会話篇で、中巻は文語初級第一篇）が財団法人蒙古館会から発行され（発行者は黒田啓）、印刷者は新京営繕需品局印刷科蒙文工場の竹内正であり、印刷所は新京営繕需品局印刷科蒙文工場であった⑩。

モンゴル語活字印刷に成功した後、テムゲトはモンゴル人の出版社を設立する準備に取り組び、*Mongγol qurγuljin üsüg-ün tayilburi*（『蒙文鉛字説明書』）を書き、

---

⑦　Temgetü, *Mongγol üsüg-ün keb-i egüsken geyigülügsen kümün-ü über-ün bey-e-yin temdeglel*, 北京：蒙文書社，1925.

⑧　Naγusayinküü/Narinγolküü,*Temgetü-yin namtar*, 赤峰：内蒙古科技出版社，1989.

⑨　二木博史「蒙疆政権時代のモンゴル語定期刊行物について」『日本モンゴル学会紀要』，2001，31，pp.17-43.

⑩　竹内正「蒙古活字と私」『日本とモンゴル』，1・2，東京：社団法人日本モンゴル協会，1972，pp.88-92.

中華民国農商部にパテント登録の申請をしている。

1924年、テムゲトは北京で蒙文書社を設立し、モンゴル語及びモンゴル語・漢語合璧の図書を出版し始めた。蒙文書社ではモンゴル語教科書や辞典、宗教（仏教、道教）、歴史、哲学、思想、歴史小説、医学などの数多くの図書が出版され、その中でも歴史、教育、言語文字、宗教（仏教）の本が特に多かった⑪。同年8月12日、テムゲトは中華民国農商部より「創立者」という賞状を授かり、30年間徴税しないという特権を与えられ、さらに、1926年1月20中華民國教育部よりモンゴルの教育・文化の基礎を確立したとして四等「文興奨」（wen xing jiang）を受賞した。

テムゲトは文化・教育・出版の発展、モンゴルの近代化に力を尽くした。この意味でテムゲトは近代技術を紹介、導入し新しい文物をつくるという意識を持って実行し且つ成功した代表的な留学グループの知識人であるといえる。

1923年、テムゲトとイデチンは『滿蒙漢三体合璧教科書』の内容をもとに『蒙文教科書』（全8冊）を編集し、1923年10月20日、漢南景新社から発行した（印刷者は京津印書局、北京前門外西河沿中間）⑫。

『滿蒙漢三体合璧教科書』と比べ、『蒙文教科書』は学校教育以外にも初心者の人々が自習する授業方法を考えながら編集したものであり、また編集者二人とも1906年に日本へ留学した経験を持っている。

『蒙文教科書』の序文はグンサンノルブによって書かれ、その内容は新式教育に相応しいモンゴル語教科書の出版が緊要であると述べ、編集者2人が日本留学経験を持つことを強調し、モンゴル語の出版が発展してモンゴルの文化・教育が世界の文化・教育の一環として永遠に進展することを望んでいる、というものであった⑬。

テムゲトはモンゴル復興の良薬は教育であると見ていた。テムゲトは「モンゴル活字印刷の創立者の自述」（Mongγol üsüg-ün keb-i egüsken geyigülügsen kümün-ü über-ün bey-e-yin temdeglel）という文を書き、1925年に北京で蒙文書社から出版した。これは「満洲国」時期にへーシンゲーが編集し『蒙文補助読本』（*Mongγol udq-a-yin nöküburi bičig*、1944年に蒙文翻訳館から出版）に編入され⑭、中華人民共和国建国後はモンゴル語教科書にも編入された⑮。

---

⑪ 中国蒙古文古籍総目編委会『中国蒙古文古籍総目』，北京：北京図書館出版社，1999.

⑫ 編輯者は伊德欽（イデチン）、汪睿昌（テムゲトの漢名）、校閲者は張文と、書かれている。全8冊の定価は二元五角であり、この中第1冊が四角である。

⑬ Kesingge, *Mongγol udq-a-yin nöküburi bičig*（『蒙文補助読本』），新京(現在の長春)：蒙文翻訳館,1944，上冊，pp.79-86.

⑭ Kesingge, *Mongγol udq-a-yin nöküburi bičig*（『蒙文補助読本』），上冊，pp.79-86.

⑮ Öbör mongγol-un surγan kümüjil-ün keblel-ün qoriy-a, *Kele bičig*（『語文』,全日制十年制学校初中課本),第3冊, 呼和浩特: 内蒙古教育出版社，pp.103-107.

『蒙文教科書』では近代的科学技術の知識についての紹介内容[16]が注目され、他方、歴史的色彩も濃厚であった。具体的な例を挙げると、第1冊にはフビライの写真が載せられ、至元六年（1269年）に国師のパクパにモンゴル文字を創らせ、璽書に使うことを命令した歴史について述べている。

モンゴル字母のoとuを日本語のオ、öとüを日本語のウで表し、モンゴル語の母音7字（a、e、i、o、u、ö、ü）に日本語の母音5字（ア、エ、イ、オ、ウ）を付けて表した。編集者のテムゲトとイデチンは6年間（1906～12年）の日本留学を生かしており、日本人がモンゴル語を学ぶことをも視野に入れていたことが窺える。

以下、教科書の最後に掲げられた「附演説」[17]という文章の具体的な内容を日本語に翻訳して考察する。

> 「今日は学校卒業日である。学生のみなさんが勉強できたことは常に努力した結果であり、編集者も嬉しい。編集者は学生に大きな希望を持っている。モンゴル人の歴史をみると、言うまでもない。モンゴル人は昔から軍事、知恵、文化教育すべてが優れていた。強かった我がモンゴルは何百年の間にこんなに衰弱してしまった。この原因は何だろうか。他人の文化知識が日々新しくなり、年々進歩しているのに対し我らはモンゴルの旧弊な習慣を墨守し、（外の）世界の発展に対して全く気を払わなかった。教育を振興させず文化知識も発展しなかったので世界に遅れてしまった。なんと恥ずかしいことだろうか。現在（我々）は生存競争に直面している。すぐに覚醒し、自らの短所を捨て、他人の長所を学びながら一所懸命に努力しなければならない。我がモンゴルの興盛には人材が必要である。人材を教育し全モンゴルを文明化する。モンゴル人の能力向上と団結・努力により、モンゴル人社会が振興することこそ、世界の中でモンゴル人として生き残る希望である。これを心より望んでいるのだ。重大な責任を持つ学生のみなさんはこれからさらに自重自愛し、真面目に勉強して民族を興盛させ、国家を保護することを望みます」（モンゴル語の日本語へ翻訳は筆者）[18]。

以上のように、テムゲトなどのモンゴル知識人は近代的な文化知識を受け入れ、人材を育成することを意識しながらモンゴル語教科書編纂に取り込んでいた。

2.2 ヘーシンゲーと『初学国文』（*Angqan surγaqu ulus-un udq-a*）

ヘーシンゲー（Kesingge、1889～1950年、中国語表記では克興額、漢名は包存

---

⑯ 『蒙文教科書』の第5冊の第35課は「dürsün-i tolilan abqu sab（カメラ）」という文章で、当時のカメラについて詳しく紹介している。

⑰ 『蒙文教科書』のすべての文章はモンゴル語、漢語（内容は同じ）で書かれているが、「附演説」はモンゴル語だけで書かれている。

⑱ 『蒙文教科書』第八冊第50課の「卒業」に付けた文章である。

智、字は明遠、号して柏園と称する）は内モンゴルの近代史において文学・教育・出版・翻訳分野で多大な貢献をした代表的な知識人であった。彼はホルチン左翼前旗に生まれ、ちょうど維新変法の年代に成長した。

ヘーシンゲーは奉天蒙文学堂に入学する前にすでに蒙、漢、満、蔵文を習い、ずば抜けた成績を収めていた。1908年、彼は奉天蒙文学堂に入学し、1911年に優等生として選ばれて教師の代講を勤めている。1912年に奉天市公署が教科書を編訳した際、奉天蒙文学堂の優秀な生徒から人材を選ぶことに決めたとき彼が選ばれ[19]、東三省蒙務局翻訳委員および訳書員の栄徳の助手になり、翻訳編集員として『満蒙漢三体合璧教科書』（*Manju mongγol kitad γurban neyičetŭ udq-a-yin surγaqu jŭil-ŭn bičig*）の編訳出版作業に参加した。これはヘーシンゲーがモンゴル教科書の編集事業と接触した端緒であり、彼の生涯の仕事にも大きな影響を与えたことであると思われる。

1912年、ヘーシンゲーは奉天蒙文学堂を卒業し、専門編集員として奉天市翻訳書記（組織の責任者）として勤務し始めたが、1915年に教育の実践をめざし、安定した職を離れ故郷に戻ってホルチン左翼前旗公立蒙漢小学校を創設した。学校設立に対して彼の奉天蒙文学堂の学友であるボヤンマンドフらも協力し、学生の教育に携わった[20]。ここでヘーシンゲーは生徒に知識を教えるだけではなく、啓蒙思想教育をも行なったが、それに際しては新式学校の教育に合わせた新しい教科書が必要であった。これは後にヘーシンゲーが東蒙書局を建立した一つの要因になったと思われる。図書が不足していた当時、ヘーシンゲーは学校に「柏園書室」という図書室を開設して自らが奉天市から持ってきた本を図書室に置いて生徒に思想教育を行なった。

1918年、奉天で日本人によるモンゴル語の刊行物『奉天蒙文報』が創刊され、その際、ヘーシンゲーとボヤンマンドフは祝辞を書いている[21]。1920年、31歳のヘーシンゲーは学校を創立した開明的人物と認められて国会議員候補となり、1922年に国会議員として北京へ行き、徐世昌総統が辞任するまで北京で働いている[22]。

しかし、1923年10月5日、ヘーシンゲーは国会議員を辞職した。その後ハラチンの李致庵（字は詣南）なる者がヘーシンゲーの名前を利用し国会議員となり、のちに中国国民党に参加して1929年、1931年前後に中国国民党第三回、第四回侯補中央執行委員になったことがある。ただし、この李致庵がホルチン・ヘーシンゲーではないことはすでに指摘されている[23]。

---

⑲　克・莫日根『克興額—— 一个科尔沁蒙古人』，呼和浩特：内蒙古教育出版社，2001，pp.15-17.

⑳　奉天にいる学友の王東藩に手紙を送り、英語の教員に聘請した。王東藩は夏休みの二ヶ月学校に来て、学生に英語を教えていた。この後ももう一人の学友の雷玉苓も夏休みに英語の教員になっていた（克・莫日根『克興額—— 一个科尔沁蒙古人』，p.24）.

㉑　烏雲高娃，2015.8.30.「日本人発行最初の蒙文期刊『奉天蒙文報』と内蒙古知識人の祝辞について」，第8回乌兰巴托国際研究会。

㉒　克・莫日根『克興額—— 一个科尔沁蒙古人』，p.27.

㉓　忒莫勒「克興額考辨」前掲克・莫日根『克興額—— 一个科尔沁蒙古人』，pp.215-218.

ヘーシンゲーは1926年の秋、奉天[24]に戻り、ロルガルジャブ、シュミンガー、イェーシハイジュン、メルセー、ラシソング等の知識人の援助と協力を得て、東蒙書局を設立した。

『初学国文』は初等小学用のモンゴル語教科書であり、奉天の東蒙書局にとっては重要な業績であり、正にヘーシンゲー（審定）とロリガルジャブ（編集）の協力の結晶であった。

『初学国文』（全部8冊）は1929年に出版された。この出版はモンゴル人の教育出版史において新しい時代を切り開いた重要な意味を持っている。1950年代後期、内モンゴル自治区人民政府のモンゴル語工作委員会の責任者エルデニトクトホ（Erdenitoγtaqu）は『初学国文』の第1冊をモンゴル人民共和国で開催された国際モンゴル語工作会議に出品した。同書は専門家と学者の一致した好評を博した。1983年9月に、エルデニトクトホを編集長として出版した『*Mongγol ündüsüten-ü surγan kümüjil-ün bičig barimta-yin emkitkel* / 蒙古族教育文献資料匯編』の中には『初学国文』の現存する1、3、4、5、6冊が収められている。

『初学国文』の第1冊の「はじめに」の中で、同教科書は当時の国民教育の教科書に従って編纂したこと、目的は啓蒙教育、国家・民族教育を中心としたことが述べられている。また『初学国文』第1冊の最初にモンゴル語の基礎語について特別に頁を割いている。

『初学国文』を編集した際、ヘーシンゲーが利用していた『満蒙漢三体合璧教科書』（第1、第2、第3、第4、第5冊）は現在内モンゴル図書館に所蔵されており、ヘーシンゲーの直筆メモが残っている。この『満蒙漢三体合璧教科書』の第2冊の表紙に「6月16日の相談後、国語十冊[25]の中から適当な内容を選択し8冊[26]として編集することに決定した。第1冊はモンゴル語の基準ら新しく編集し、モンゴルの習慣に合わせる」（jirγuγan sarain arban jirγuγan-a kelelčejü toγtaγsan anu , arban debter ulus-un udq-a-yi naiman debter bolγan jokiyaju, dotorača abqu gegekü-yi jokis anu üjijü jokiyamui, terigün debter-i a ba ha eče ekilen sin-e jokiyaju , mongγol-un jang surtal-dur nilelčekü-ber kelelčen tobkimoi）とモンゴル語で書かれてある。ヘーシンゲーの使っていた『満蒙漢三体合璧教科書』の本の中にもヘーシンゲーの直筆のメモがあり、モンゴルの言語や習慣を守るために腐心していた様子が窺える。『満蒙漢三体合璧教科書』第3冊第19課は「宋太祖」（Süng tai jü）であるが、このページの上に「チンギス・ハーンに変更」（Činggis qaγan-iyar qalasuγai）というメモ書きがあり『初学国文』を見ると「宋太祖」が消えて、「チンギス・ハーン」（『初学国文』第3冊第41

㉔ 奉天（現在の瀋陽）は当時東北地方の文化的中心地であり、モンゴル文化人が集った都市でもあった。

㉕ 『満蒙漢三体合璧教科書』のことである。

㉖ 『初学国文』（全8冊）を指している。

課）が挿入されている。

『初学国文』と『満蒙漢三体合璧教科書』の内容を比較して見るとヘーシンゲーとロルガルジャブは固有の文化を重視し、関係する内容に力点を置いていたことが窺われる。

『蒙文教科書』（1923）はタイトルだけがモンゴル語になって内容がモンゴル文と漢文合壁である一方、『初学国文』（1929）は全てがモンゴル語である。これはモンゴル語教科書編纂の歩みの象徴でもある。比較してみると、ヘーシンゲー、ロルガルジャブらは伝統的な固有文化を守るという保守的な傾向が比較的強く、大してテムゲト、イデチンら日本留学グループはどちらかと言うと近代的科学意識、経済意識が比較的に強かったと言える。

3. 1920年代のモンゴル語教科書編纂——具体的な内容である「中国」を中心に

前述したように、『満蒙漢三体合璧教科書』は、実に清朝政府学部審定の『最新初等小学国文教科書』（漢文）を東三省蒙務局翻訳委員および訳書員の栄徳が満洲語、モンゴル語に訳し編集したものである。

中華民国時期に編集出版されたモンゴル語教科書は、1.『漢蒙合璧国文教科書』（*kitad Mongγol neyičetü ulus udq-a-yin surγaqu jüil-ün bičig*）1917年、商務印書館；2.『蒙漢合璧小学国文読本』（*Mongγol kitad üsüg qabsuruγsan baγ-a surγaγuli-yin ulus-un udq-a-yi ungsiqu debter*）、1917年、張家口の察哈爾蒙古図書編訳館；3.『蒙文教科書』（*Mongγol udq-a-yin surγaqu bičig*）、1923年、北京の漠南景新社；4.『初学国文』（*Angqan surγaqu ulus-un udq-a*）、1929年、奉天の東蒙書局、などがある。これらの教科書は直接や間接に『満蒙漢三文合壁教科書』の内容を基に編纂されたものである。

以下、『満蒙漢三体合璧教科書』第4冊第23課「中国（中國）」を中心に考察する。この具体的な内容は以下の通りである。

「我中國居亜洲之東、気候温和、土地廣博、人民繁夥、五千年前、文化已開、地球最有名之古國也。自我遠祖以来、居於是、衣於是、食於是、世世相傳、以及吾身。吾既為中國人、安可不愛中國也。」

以上の内容を『蒙文教科書』と『初学国文』の中ではどのように編入されたのか。実際に、テムゲトとイデチンは「中国」の内容を削減しながら翻訳編集して「man-u ulus / 我が国」として『蒙文教科書』の中に編入し、ヘーシンゲー、ロルガルジャブはタイトルを「モンゴル国」（mongγol ulus）として変更して内容をもタイトルに合わせて編集し挿入した。[27]以上の観点は『蒙文教科書』、『初学国文』、『漢蒙合璧国文教科書』だけを参照した限界的結果であった。

最近、1917年に商務印書館から出版された『漢蒙合璧国文教科書』（第4冊第1課）の「我國（我が国）」の内容「中國。地居亜洲之東。自我遠祖以来。居於是。衣於是。食於是。世世相傳。以及於我。我爲中国之人。豈可不愛我國耶。」を参照した結果、実はテムゲトとイデチンが『満蒙漢三体合璧教科書』第4冊第23課「中国」の内容を削減しながら翻訳編集したことではないことが分かった。テムゲトとイデチンは『蒙文教科書』を編集する際、1917年に商務印書館から出版された『漢蒙合璧国文教科書』を参照したが、この『漢蒙合璧国文教科書』はすでに『満蒙漢三体合璧教科書』第4冊第23課「中国」の内容を削減しながら翻訳かつ編集し「我國（我が国）」としていたことを明らかである[28]。或いは、テムゲトとイデチンは『満蒙漢三体合璧教科書』を直接ではなく、間接に利用したのである。文言を明確にするために、以下は『満蒙漢三体合璧教科書』（清末、奉天蒙務局）、『漢蒙合璧国文教科書』（1917、商務印書館）、『蒙文教科書』（1923、漠南景新社）の具体な内容を示すことにしたい。

「我中國居亜洲之東、気候温和、土地廣博、人民繁夥、五千年前、文化已開、地球最有名之古國也。自我遠祖以来、居於是、衣於是、食於是、世世相傳、以及吾身。吾既為中國人、安可不愛中國也。」

（「中國／中国」『満蒙漢三文合璧教科書』第4冊第23課）

「中國。地居亜洲之東。自我遠祖以来。居於是。衣於是。食於是。世世相傳。以及於我。我為中国之人。豈可不愛我國耶。」

（「我國／我が国」『漢蒙合璧国文教科書』第4冊第1課）

「中華我國之國名也。自我遠祖以来居於是、衣於是、食於是、世世相傳以及於我。我為中國人、豈可不愛我國耶。」

（「man-u ulus／我が国」『蒙文教科書』第4冊第1課）

テムゲトとイデチンは『蒙文教科書』を編集する際、1917年に商務印書館により出版された『漢蒙合璧国文教科書』を参照していたことが分かる。

また、上の写真のように、1917年に商務印書館により出版された『漢蒙合璧国文教科書』には「中国」という表現をモンゴル文字で“Aγazana ulus”としている。これにより中華民国初期にはモンゴル語では中国にあたるDomdadu ulusが定着したわけではなかったことが分かる。

ヘーシンゲーとロルガルジャブは「中国」を『初学国文』の中に、「モンゴル

㉗ 烏雲高娃「1930年代のモンゴル・ナショナリズムの諸相——満洲国の内モンゴル知識人の民族意識と思想——」，東京：東京外国語大学博士論文，2015.

㉘ 烏雲高娃，2015.11.21.「1920年代の内モンゴル知識人の民族意識について——モンゴル語の教科書編纂を中心に」，日本モンゴル学会2015年秋季大会，大阪市：日本国立民族学博物館.

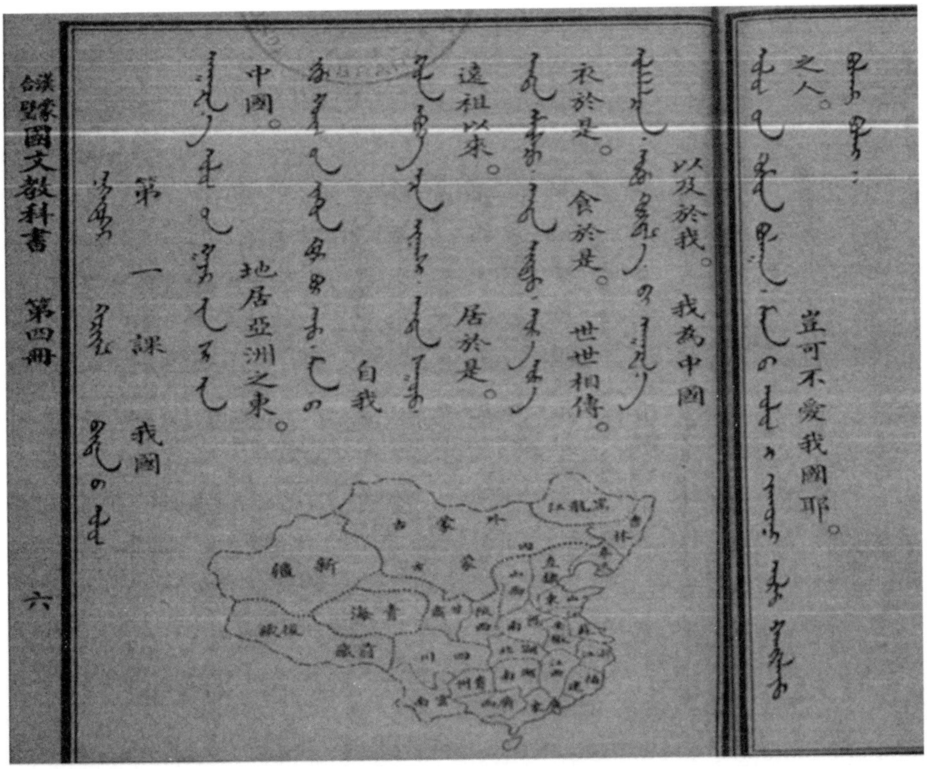

国」（mongγol ulus）として挿入した。具体的な内容はモンゴル語ローマ字で転写すると以下の通りである。

Man-u mongγol ulus aziy-a tib-un jegün eteged-dür boi amoi, čaγ aγur dulaqan nairtai γajar oron aγudam yeke, kümün arad iderkeg čakiraγ, gajar-un bümbürčig degereki masi aldartai erten-ü ulus bulai, udq-a soyol edüge-dür kedüi tein negegdegedüi bolbaču,üge üsüg bürin-ü tulada, sayin-dur sidardabasu,ečüs degen bolbasun ulus luγ-a adali bolqui-dur ülü bolqu yabudal ügei,biden-ü tulγur ebüge-eče inaγsi,ene γajar-i ejelen saγuju, ene γajar-tur amiduraju,üy-e ularin ulamjilaγsaγar, biden-ü bey-e dür kürčü irejüküi, bide mongγol kümün mön-ü tula, yaγundu mongγol uγsa-γa-ban ülü qayiralaqu boi.

以上の内容を日本語に訳すると以下のようになる。

「我々のモンゴル国（mongγol ulus）はアジア州の東部にあり、気候温暖にして広大、民衆の体格は屈強で、地球上の有名な歴史のある国である。現在文化・教育（ udq-a soyol）は遅れているものの、言語・文字（üge üsüg）が発達しており、努力すれば最終的に文明国（bolbasun ulus）と肩を並べられないわけではない。われらの祖先が歴史を切りひらき、この地に生きて子々孫々が続いて今日の我々がある。我らはモンゴル人（mongγol kümün）なのだ。モンゴル民族（mongγol uγsaγ-a）を愛さないことがあるだ

ろうか」（筆者日本語へ翻訳）

テムゲトらは、1917年に商務印書館により編集出版された『漢蒙合璧国文教科書』を通じて、間接に『満蒙漢三体合璧教科書』を参照し、また北京で出版している一方、ヘーシンゲーらは直接に『満蒙漢三体合璧教科書』を参照し、また奉天で出版していることにもその温度差が窺える。

おわりに

1920年代という社会が激しく変動していた時代において、テムゲト、ヘーシンゲーら内モンゴルの知識人の努力により、モンゴル語教科書編纂が実行されたが、1920年代、内モンゴルにおいて本格的に編纂が進められたモンゴル語教科書はまさに「翻訳」から独自の教科書へと移行していく過渡期であった。

当時、内モンゴル社会は教育を普及させ、新しい思想・知識を受け入れることに迫られていた。これにはモンゴル語教科書編纂が不可欠であった。モンゴル語教科書編纂は、最初は主に中国語からモンゴル語への翻訳によって行われていた。清末に出版された『満蒙漢三体合璧教科書』は中華民国時期のモンゴル語教科書の編纂に対して重要な意味を持っていた。中華民国時期のモンゴル語教科書編纂は直接や間接に『満蒙漢三体合璧教科書』の内容を基にしていた。

テムゲトとイデチンは『蒙文教科書』（1923、漠南景新社）を編集した際、1917年に商務印書館により編集出版された『漢蒙合璧国文教科書』を通じて間接的に『満蒙漢三体合璧教科書』の内容を基礎しているが、ヘーシンゲー、ロルガルジャブは『初学国文』（1929、東蒙書局）を編集出版したとき直接に『満蒙漢三体合璧教科書』を参照していたことからもその「温度差」が察せられよう。

A Study on the Compilation of Mongolian Textbooks in the 1920s

Oyungoo

This article discusses the emergence of publishing houses in Inner Mongolia during the 1920s, and two prominent intellectuals, Temugetu and Hexingge, who played important roles in editing school textbooks in Monglian. Although using Chinese had been dominating education till the Qing dynasty, learned Inner Mongolians made great effort to publish their school textbooks in their own language in the Republican era. The publication of The Trilingal text in Mongolian, Manchurian and Chinese (for elementary courses) was the result of this effort.

モンゴル牧畜民による地形に関する認識と表象、過剰な知識

—モンゴル国ウブルハンガイ県ハラホリン郡の事例から

辛嶋博善

はじめに

モンゴル牧畜民は土地や空間に対する認識や意識が希薄であると理解されてきた。しかし、後藤はいくつかの地形の語彙を挙げ、彼らが草地の地形や地質について豊富な語彙を持ち、生活の必要に応じた様々の適確な表現を用意していることを既に示している。①また、他地域の牧畜民の認知地図が示されている②。それらを考慮すれば、土地を所有、占有することやそれによる損得に関わる意識は別として、2003年施行の「改正土地法」や「土地所有法」を境にモンゴル牧畜民が土地や空間に対する認識や意識を持つようになったと考えるべきではない。

確かに農耕、特に定着農耕とは違って牧畜は移動を行うが、それは土地や空間に対する認識を否定するものではない。むしろ、物理的な空間を移動するために必要な技能や、物理的な空間を識別する能力は不可欠なものとなるはずである。本稿ではまず、モンゴル牧畜民の空間に対する認識とそれに関わる利用の一端を提示する。ここでは特に、モンゴル語の地形に関する語彙を中心的な手掛かりとして、遊牧移動、特に秋から冬にかけて行われた事例とそこでの放牧に関する事例を扱う。後述するようにこの時の移動には地形的なコントラストを見ることができる。地形の語彙を通して見える彼らの空間認識はそうしたコントラストをある程度反映したものと想定することができる。そして、空間表象がコミュニケーションにおいて用いられる事例を提示する。ここでは、地名や地形を表す語彙が頻繁に用いられる事例。さらに地形の語彙が認識やコミュニケーションとはかけ離れている事例を提示する。これは過剰な分類や洗練された定義と呼びうるものである。

---

① 後藤冨男『内陸アジア遊牧民社会の研究』，東京：吉川弘文館, 1968.

② 河合香吏「ドドスにおける外界認識と行爲の現場」河合香吏（編）『生きる場の人類学』,京都：京都大学学術出版会，2007，pp.85-117.

なお、ここでのデータは筆者が行った1999～2000年のモンゴル国ウブルハンガイ県ハラホリン郡トゥムルトにおける調査によるものを主たるものとしている。また、2000年3月に行った同国ゴビアルタイ県ツェール郡、2003年以降断続的に行っているヘンティー県ムルン郡での調査によるものを必要に応じて提示する。

1. 地形を表象する語彙

ここで、モンゴルの牧畜民が家畜を管理し、生活の場とする空間をどのように差異化しているのか、地形に関する語彙を手掛かりに述べておく。

「草原に名前のない場所はない*hödööd nergüi gazar baihgüi*」とインフォーマントのNは言う。全ての場所に名前があるといったところで、住居表示や看板があるわけではないので、余所者にとっては、やはり平原と山からなる草原にしか見えない。しかし、彼らにとってこの場所は、居を構え、家畜を養い、他人と社会関係を構築していく生活の舞台そのものである。そうした生活世界に名前がつけられたり、分類されたりすることはむしろ当然のことである。

トゥムルトの牧畜民は草原の物理的な地形を、「平原*tal*」と「山*uul*」という言葉によって大別する。

日常のモンゴル語において*tal*は、面、平面、側面、ページなどを表す語彙であるが、地形としての*tal*は平原、草原と訳しうる。なお、平原、草原を表す語彙には「*heer tal*」、または「*tal heer*」もある。ここでのtalは特に山と対比され、その意味で平らな場所を指す。実際、平原上に1～2メートルほどの「起伏*güdger hotgor*」があり、文字通りの平面というわけではない。

山と対比しうる平らな場所を示すモンゴル語の語彙として他に「*hooloi*」がある。*hooloi*は山と山に挟まれた地形を表すものであり、トゥムルトのインフォーマントによれば、*tal*よりも大きな平原のことを指すが、彼らの居住地の近くにはないという。ゴビアルタイ県ツェール郡においては、2つの「山脈*nuruu*」に挟まれた、幅80キロメートルほどの平原を*hooloi*と呼んでいた。そこでは、*hooloi*は冬場の風の通り道となるところである。なお、*hooloi*は人間や動物の喉の意味も持つ。彼らは、*hooloi*に対して人間などの喉と同じように基本的に一方向に流れるイメージを持つ。トゥムルトの平原は、広いところで、幅10キロメートルに満たない。この場合、*tal*、または「*höndii*」ということになる。*höndii*というのは、2つの山地に挟まれた谷、あるいは川の両端に広がる谷である。「*uulin höndii*」という場合は特に平原、及びそれを挟む山の斜面の部分を含んでいる。

トゥムルトの調査地では、水と関わる地形は主に平原上にある。水と関連する語彙として「川*gol*」、「川の支流*nuga*」、「川の曲がった内側*tohoi*」、「川縁のでこぼこした所、隆起*döb*」、また「塩生草原*höövör*」がある。なお、*tohoi*は人間の腕、肘を表す語彙でもある。

*uul*は辞書的には単体の山を意味するが、トゥムルトにおいては、「丘*tolgoi*、*hamar*」の集合体を*uul*と呼んでいる。なお、*tolgoi*は人間や動物の頭を、*hamar*は同じく鼻を指す語彙でもある。Nによれば、2つの*jalga*の間にある丘のような山より傾斜がなだらかな場所で、頂上は平らではないという。これに対して平らな小高い場所を表す語彙として「*denj*」がある。

複数の丘に挟まれたところを「山谷*jalga*、*guu*」と呼ぶ。特に*jalga*は、*guu*より大きく、高い所に挟まれた場所で、「暖かい*nömörtei*」場所を指す。なお、ここでの暖かいとは風を防げるということが含意されている。*tolgoi*（丘）の複数形*tolgod*という語彙は、トゥムルトにおいては聞くことがなかったが、ゴビアルタイにおいては使われていた。そこでは、冬場でも暖かいときは平原*tal*で放牧し、比較的寒いときは*tolgod*という丘*tolgoi*が幾つか並んだ丘陵を縫って放牧するという。また、それよりさらに過酷な吹雪の場合には、視界を確保するために平原上を放牧するのだという。なお、*tolgod*の他にも丘陵に相当する語に「*huruu*」がある。*tolgod*とほとんど同じ形状であるが、*tolgod*ほど暖かくない丘陵のことをそう呼んで区別することがある。なお*huruu*とは人間の手の指を指す語彙でもある。

山裾を表す「*bel*」は*hamar*よりなだらかな傾斜の場合に用いられる。同じく山裾を表す「*hoshuu*」は先端が切り立っている場所で、岩や木に覆われていることがある。*hoshuu*は鳥のくちばしを表す語彙でもある。

山と山に挟まれた場所は「山谷*am*」で、*jalga*や*denj*などを中に含む。

山の一部を表す言葉として、人間で言えば背中を表す「*ar*」は山の北側を表し、人間で言えば胸を表す「*övör*」は山の南側、また「*enger*」も山、丘などの南側を表す。「*hajuu*」は山の中腹を表すが、横という一般的な意味として使用される頻度が高い。その他、山の尾根を表す「*hyar*」、山と山の間の道、すなわち峠を表す「*davaa*」、それよりも小さな「*oni*」などがある。

*tal*と*uul*は高低差として対比されるだけでなく、生活空間として見れば季節的な対比が見られる。*tal*は、夏営地、秋営地が設けられる場所であり、*uul*は冬・春兼用の営地が設けられる場所である。

2. 平原と山地—秋営地から冬営地へ

ここでは、秋営地から冬営地への移動を提示する。この移動は平原から山地への移動であり、地形的に大きく対立する環境を移動することになる。

トゥムルトンのインフォーマントらは、6月から9月まで夏営地に滞在し、9月の初め頃に秋営地に移る。そこで約1カ月滞在した後、10月中旬頃に冬営地へ移る。その後6月までの半年以上の月日を冬営地で過ごすのだという。彼らは特別な春営地を持たず、冬営地と兼ねている（地図1）。

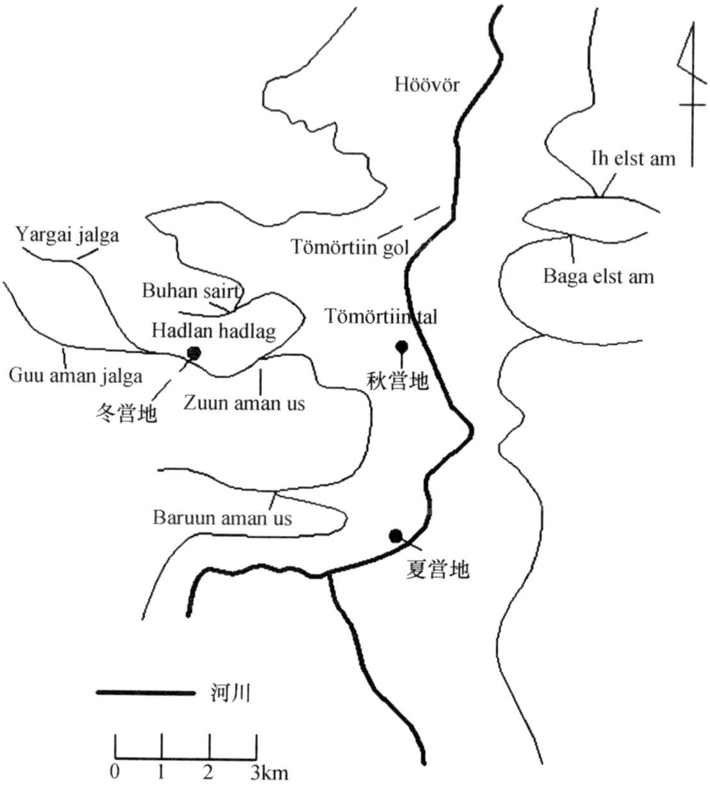

地図1　調査地の地名と調査世帯の宿営地（筆者作成）

調査地において、この3ヶ所の位置関係により、夏営地から秋営地、冬営地へ移動することを「上へ移動する*deeshee nüüh*」と表現されることがある。筆者は1999年7月に一度、夏営地を訪れているが、その後10月から調査として再びトゥムルトを訪れた際、ハラホリンに住む親戚の女性が「秋になって少し上に移動した*deeshee nüüsen*」と述べている。これは、夏営地から冬営地へ移ると標高が高くなることから来る表現である[③]。ただ、厳密に言えば、夏と秋は、ほとんど同じ標高である。夏は平原の川沿いに営地を構え、そして冬と春は山の中で過ごすことになる。

筆者の調査期間中の1999年10月17日、インフォーマントのNの世帯が秋営地から冬営地へ移動した。その前日にはNの父Aのゲルを移動している。秋営地から冬営地への移動は、トゥムルティン・タル*Tömörtiin tal*という平原から、西へ約5キロメートルのズーン・アマン・オス*Züün aman us*と呼ばれる山間への移動である。朝9時ごろ

③　冬営地から見て山の中へ行くときも「上へ」と表現されることがある。

からゲルの解体作業を始めた。Nの兄Tを中心に、手伝いにきた他のキャンプの人を含めて5～6人で荷積み作業をした。この時Nは、先に冬営地を設置する予定の場所に行き、ゲルを設営する場所の土を平らにならしていた。11時前に牛車4台に荷積みを終え、休憩のあと12時30分頃移動を開始した。秋営地から冬営地へは距離にして4～5キロメートルほどであるが、途中ウシを休ませながらの移動となる。無論直進するのが最短距離であり、そこには通行の妨げとなるような民家や塀、その他の施設があるわけではないが、実際の移動は秋営地から冬営地までの最短距離となる直線ではなく、弧を描くように迂回しながら進む道筋であった。移動に筆者が同行した際に、Tが敢えて迂回しながら冬営地に向かう場面が見られた。「こうやって行った方がウシには楽なのだ」と、通ってきた道筋を指しながら語った。そこには*güdger*、*hotogor*と呼ばれる平原上の高低差が存在していた。Tによればそうした窪みは、徒にウシの体力を消耗するという。少遠回りになるが、迂回して傾いた場所をなるべく避けるのである。秋営地を出発して1時間15分ほどで冬営地に到着した。13時45分頃からゲルの設営を行い、15時ごろ設営を終えた。その後たびたび休憩を入れながら家財道具を運び入れ、18時ごろに終了した。日没になんとか間に合ったという時間である。日の短い時期に行われる秋営地から冬営地への移動は、時間との勝負となる。だからこそ近隣の世帯と労働力や牛車の貸し借り、あるいは都市で働く家族が休みを取って行う手伝いが重要となるのである。また、休憩の際のお茶や食事も、まだ移動しない世帯、あるいは移動し終わった世帯が用意していた。たかだか5キロメートル程の移動であるが、家財道具一式を持っての移動はやはり大仕事となる。「寒くなる前に移動するのがいい、寒くなると大変だから」というNの妻Hの発言から、移動という作業を少しでも楽に進めたいという思いを読み取ることができる。

それだけの重労働をしてまで移動するのには十分な理由がある。というのも、夏営地、秋営地がある場所は*höndii*の底である。こうした場所は気温の逆転が起こる場所であれば、冬に最も寒くなる場所である④。事実、筆者が調査した10月中頃の移動前の秋営地と移動後の冬営地では相当な気温差がある。ゲル（テント）内の朝8時の気温は、秋営地で—5度、冬営地で5度であった。この気温は秋営地にいた時と冬営地に移動した後の比較であり、厳密には同じ日の同じ状態で測定したものではない。また、秋営地と冬営地ではゲルの建て方に差異がある⑤。とはいえ、秋営地と冬営地との生活環境の違いは明らかである。秋営地において、寒そうにしていると見えた筆者

---

④ Bazargür, *Belcheeriin Mal Aj Ahuin Gazarzüi*. Ulaanbaatar, 1998.

⑤ 調査地において、秋営地は木製の床板を奥の半分だけに敷いていたが、冬営地では入り口の側に板を敷き、奥半分はヒツジ、ヤギの糞を敷き詰めてその上にフェルトを敷いていた。また、夏営地、秋営地においては、風通しを確保できるようゲルのフェルトの下の縁をめくり上げられるようになっているが、冬営地においてはその縁に土をかぶせて固めていた。冬営地の家畜囲いには家財道具を収納しておく倉庫があり、夏の間使わないものは、ここへしまっておく。なお世帯によって微妙に異なり、特定のやり方があるというよりはケースバイケースである。

に対して、「もうすぐ冬営地へ移動する。秋は凍え、冬は凍えない」と述べたHの言葉は、秋営地はぎりぎりまで川の近くなどの寒い場所で過ごし、冬営地に移れば寒さを凌ぎやすくなるということを示している。

防寒は人間だけでなく家畜にとっても重要な問題になる。「ゾド*zud*」と呼ばれる寒雪害になれば家畜は凍死し、人間の側からすれば大きな被害を受けることになる。そうでなくても気温が下がれば家畜は体力を消耗し、痩せてしまう。家畜が出産するのは大体3月から4月にかけてである。体力の弱い生まれたばかりの家畜のためにはやはり温度管理は重要な問題であり。特に冬営地では、*jalga*と呼ばれる比較的風を防ぐことができる谷にウマを繋いでおいたり、「サラブチ*saravch*」と呼ばれる屋根付きの柵にヒツジ・ヤギを囲ったりして、家畜の防寒対策をしている。冬営地は人間と家畜の両方の防寒を可能としている。ただし一般的にはサラブチは春営地に建てられる物であり、必ずしも冬営地に建てられるものではない。

冬営地が人間と家畜の温度管理にとって重要であることは理解しやすいが、ひと月余りしか滞在しない秋営地にも、それなりの存在理由がある。一つには、冬営地の草を養生する意味がある。もう一つには、効率の問題がある。冬営地であるズーン・アマン・オスにおいては、3月頃に雪解け水が湧き水になって出てくるまで、生活用水を求めて川まで降りていかなければならない。冬営地から川へ水を取りに行くと、牛車を使っても半日ほどかかる。また、ヒツジ群やウシに水を飲ませなければならない。ウシ用の水は冬営地の近くの井戸でまかなえるが、ヒツジ・ヤギ群は数が多く、雪が積もる、あるいは雪解け水が涌き水となって出てくるまでは、川まで水を飲ませに行かなければならない。なるべく水場に近いところが居住地としては好ましく、寒さに耐えられる限りは秋営地に留まる方が効率的である。

トゥムルトにおいて「上へ移動する」、すなわち秋営地から冬営地へ移動することとは、人間と家畜を寒さから守るためであるが、この「上へ移動する」ことにはそれ以上の意味がある。360度見通すことのできた平地から四方を閉ざされた山地への生活空間のシフトでもある。

3. コミュニケーションとしての空間表象

こうした生活空間の違いは、彼らの語るところからは大きな意味を持たないようにも見える。ヒツジ群の放牧コースについて、インフォーマントのAは、四季を通じてほぼ変わらないという。また、ヒツジの放牧法について、Nは、「ヒツジは自分で草を食べに行く」のだと言う。日々の放牧をおこなっていた、当時13歳でNの子供のAmも、「いつも」そうしているだけである。

しかし、この営地の違いは、家畜の放牧に如実に現れることになる。視界の良し悪しによって、放牧のやり方に違いが見られるのである。秋営地においては、ヒツジの群れがどこにいるのかを把握することは容易なことであった。というのも、ヒツジは平原上に放たれており、逐一牧夫が付き添う光景は見られなかった。夕方ヒツジの群れを営地に戻すときや、群れが山のほうへ入って行ったときに、牧夫は群れを戻す。それに対して冬営地では、放牧の際に牧夫がヒツジ群にほぼ付きっきりになり、ヒツジに対する監視が強められる⑥。

朝9時ごろ、ヒツジ・ヤギ群は勝手に牧地に出ていく。牧童をしていたAmは、朝のお茶を飲み、ヒツジ・ヤギ群に遅れること20～30分ほどしてから追いかけていく。このように後から追跡できるのは、ヒツジ、ヤギの群居性による。しかしながら、群居性に頼るだけで放牧ができるというものでもない。というのも、群居性によりある程度集団として固まって行動するものの、牧夫が介入しなければそのうち広範に拡散してしまうし、時にはヒツジ・ヤギ群そのものを見失ってしまうことにもなる。事実、筆者が冬営地における放牧を観察した際、朝の出発がほんの10数分遅れたために、ヒツジ・ヤギ群を見失ってしまって、ちょうどウマに乗って放牧していた別の家の牧夫に出くわし、Amが「ヒツジはどこか」と尋ねたことがあった。また、隣に住む家の牧夫が子ヒツジを見失ってしまったために日没後も捜索しなければならない事態に陥ったこともあった。家畜を遺失したとき、Amはまず高い所へ登った。当たり前のことであるが、山谷*jalga*からの視界は悪い。ヒツジ群を探すときには丘*hamar*に登って視界を確保しようとしていた。

しかしながら、山谷が放牧にとって必ずしも不利な場所というわけではない。所々に「*nömörtei had*」と呼ぶ場所がある。これは直訳すれば「防寒岩」となるが、風を防げることによってわずかながら暖をとることができる場所という意味合いである。冬の放牧作業はやはり寒さとの戦いになるが、寒いときには山谷の下の防寒岩に腰を下ろしつつ家畜を見るのだという。Amはこうした放牧コース上の暖かい場所をいくつか知っている。

また、ある程度のところで営地のほうに向かって引き返すのだが、ヒツジ群を山の尾根*hyar*上に集めて放牧している。これも、日当たりの良さから来る草の良さとともに、視界を確保し、群の管理を高めることにつながる。Amは、ヒツジの群れが拡散しないよう、石を投げたり、時には声をあげたりしながら放牧をしていた。

もちろんここでいう拡散とは群れが離散しない程度のことであり、群れが固まり過ぎてもよくない。Amは、「硬い*hatuu*」、つまり群が固まりすぎているといって、

---

⑥ モンゴル国ゴビアルタイ県ツェール郡の牧夫は、*hamar*を「見とおしのいい（*haruultai*）場所」というふうに言明している。見通しが重要視されるのは、ハラホリンと同様である。また、ヘンティー県ムルン郡では、山地のみでなく、「デルス*ders*」（*Achnatherum splendens*）の生える平原にも冬営地が置かれ、それらの間で放牧のやり方の違いが見出される（辛嶋博善「予測する遊牧民―モンゴルにおける冬営地をめぐる環境の認識と利用―」河合香吏（編）『生きる場の人類学』, 京都:京都大学学術出版会, 2007，pp.197-238）

群れに対して石を投げて散らばるよう仕向ける場面も見られた。

Amは、冬営地の手前まで来ると、ヒツジの群れの監視を止め、冬営地に戻った。ここまでくれば、特に介入しなくても、群れはそのまま営地まで戻ってくるのだという。この日は放牧コースから一番近いところにある、彼の祖父A氏のゲルに入って休息してお茶を飲んだ。

なお、放牧の仕事は、日によって少々異なる。積雪のないときには、水を飲ませるためにヒツジを川まで連れて行ったり、1週間か10日に1度程、「ホジル*hojir*」のある塩生草地*höövör*へ行ったりしなければならない。そこでヒツジが塩分を補給する。彼らによればホジルとは「人間にとっての飴みたいなもので、ヒツジが食べるのを好むもの」だという。この*höövör*へヒツジを連れて行くのはAmの仕事ではない。というのも、*höövör*と呼ばれるこの場所は、彼らの営地からは遠く、10数キロメートルの距離がある。家畜を連れて行けば、往復で一日掛りの大仕事になる。こうした重労働は、子供の体力では無理と判断され、Amではなく、それより年長の者によって行なわれる。ちなみに調査中は、たまたま町の中学校の休みを利用して帰ってきていたNの別の子供と、兵役から帰ったばかりのTの子供によって行なわれた。

トゥムルトの遊牧において、秋営地から冬営地への移動は、それまで保たれていた視野が狭くなることを意味する。平原と山地の違いが人びとに異なる暮らしを強いていることの一例である。この平原と山地の違いは、地名を付与される場所に顕著に現われる。

平原には、平原それ自体のほか、メルクマール的なもの、例えば川*gol*や塩生草原*höövör*といった地形的な特徴や、隆起*döb*と呼ばれる比較的大きな起伏など地形的な特徴がある場合を除いて、固有名詞で識別されることがほとんどない。平原といえども1～2メートルの起伏、つまり微高地は珍しくない。こうした起伏を利用して、窪んだ場所に秋営地が設営され、移動の際に避けるべき場所となるわけであり、そうした地形は当然牧民に知覚されているが、これといった地名は明確でない。

それに対して山には多くの地名が与えられている。山のどこに名前が付けられているかといえば、「オボー*ovoo*⑦」のある場所や比較的高い山や丘、それに、モンゴル語で*uulin am*または単に*am*と呼ばれる山谷である。インフォーマントたちは、「一つの*am*に一つの名前がついている」という。こうした場所に名前がつけられるのは、冬営地としての利用可能性が重要視されてのことである。彼らの説明では、*uulin am*は冬営地・春営地として利用されているか、利用可能な土地だという。実際、*uulin am*には、ヒツジを囲うための柵や倉庫があり、冬営地、春営地として使

⑦　石が積まれたもので、信仰の対象や移動の際のメルクマールとされる。しばしば山の上や峠に作られる。

われていることが窺える⑧。　東側の山には、イヒ・エルスト・アム、バガ・エルスト・アム、チョローン・ホロート、ボギノ・アム、ハブトガイ・アム、タルバガト・シャンド、西側には彼らが居住するズーン・アマン・オスの他、バローン・アマン・オスという谷がある。

さらに、この*uulin am*の中は幾つかの谷に分かれている地形がある。彼らは、こうした場所を牧地や家畜を繋いで置く場所として利用している。ズーン・アマン・オスの中には、グー・アマン・ジャラカ、ヤルガイ・ジャラカ、といった名前の谷がある。この他オボーや山に固有名が与えられている。

こうした地形や地名といった空間表象は、社会の中でどのように機能しているのか。ここで、牧民の間で交わされた会話に耳を傾けたい。

H：「ヒツジはどこ*Honi haana ve?*」

Am：「あっち*Tiishee*」

Amに、母親のHはこの「ヒツジはどこ」という質問をよくしていた。その度にAmはヒツジがいる山の方を指差し、「あっち」というのであった。「ヒツジはどこ」という言葉は、常日頃Amが口にする言葉であった。Amと一緒に放牧に出かけた時、仕事の合間にAmが日本語のフレーズを教えてくれるよう筆者に頼んだことがあったのだが、その際彼が知りたがった表現が、「こんにちは」「ありがとう」といった日常の挨拶と数、そして「*honi haana ve?*（ヒツジはどこ）」というフレーズだった。冬営地において幾度となく、このような会話を耳にした。日常的に交わされているこうした会話は、人間や家畜の位置を伝達し、把握するために発せられる。

これ以外にも、営地からヒツジの群れを発見すると、どこの家のヒツジ群かを確認しあっている場面に出くわしたことがある。家畜がどこにいるかは、彼らにとって基本的かつ重要な情報である。

彼らにとって家畜の位置を把握するのは、行方不明を恐れてのことだけではない。11月9日夕方、AとAmとの間で、以下のような会話が交わされた。

A：「*güü aman jalga*（地名）の*am*（上、前の部分）に、ヒツジを残してきた。*tugal*（1歳未満のウシ）と*ünee*（雌ウシ）が一緒になりそうなので行って分けて、ヒツジ（の所）へ行って見て来い。」

Am：「おじいさん、うちのヒツジは*uul*（山）に入っている。」

A：「うちのヒツジは*hadlan hadlag*（地名：もともと「岩の多い」地形を表す）の横の*enger*（地形：山や丘の斜面⑨）　にいる。」

Amとその祖父であるAの間で交わされた会話は、先に示したAmとその母Hとのそれよりも、幾分複雑である。まず、AはAmに、1歳未満のウシ*tugal*と雌ウシ*ünee*を

⑧　営地となっている場所は、居住地は「誰々の秋営地」といった具合に、「居住者+季節の営地」という形で表現される。例えば、「私たちの夏営地」あるいは「私たちの冬営地」となる。

⑨　特に南側を示すのが一般的であるが、Amによれば方位は関係ないと言う。

分けてくるよう命じている。人間が十分に搾乳できるように、仔が乳を吸い尽くすのを避けるため、搾乳前は分けておくのである。そして、AとAmは、各々のヒツジ群がどこにいるのかを確認しあっている。これは、各々のヒツジの群れが混ざらないようにしておくためである。一旦複数のヒツジ群が混ざってしまうと、元に戻すのに多大な手間と時間が掛かることになる。こうした家畜群の管理を円滑にするために、視野が制限される山地領域では、地名や地形名称が利用される。AとAmとの会話には、*güü aman jalga*や*hadlan hadlag*、あるいは*enger*といった地名、地形を表す語彙のやりとりが見られる。このように、地名あるいは地形を表す語彙は、トゥムルトにおいてコミュニケーション上重要な知識であり、放牧に携わる者たちに共有される知識である。

4. 知識の不均衡配分と過剰な分類、洗練された定義

トゥムルトにおける空間表象を中心に、空間上で行なわれる日常的な行爲、そして空間情報を伝達するコミュニケーションの一例を挙げた。こうしたコミュニケーションが成り立つことは空間に関する表象が知識として共有されていることを前提とするが、社会的な観点から見た場合、幾つかの断層が見られる。

ここまでで明らかにしたのは、牧民にとって、空間に関する知識は、放牧や移動という作業を行なうためであり、牧民間で家畜の位置などを伝達し合うものであった。その限りにおいての個々の知識の個人差は大きな問題ではない。不足があっても必要に応じて補うことが可能だからである。

筆者が経験した限りにおいて、地名や地形に関して、女性がはっきり答えてくれることはあまりなかった。山の中の詳細な地名について尋ねたところ、Aの妻であるYは「昔はたくさんの名前があったが、今は分からなくなってしまった」という。この発言を文字通りに理解する必要はない。むしろ、この発言は男性と女性の山に対する関わり方の違いを反映している。モンゴルにおいては、ヒツジ、ヤギの放牧は一般に女性の仕事ではなく、ここでも、男、特に子供の仕事である。そればかりか、Tの娘Psによれば、女性が一人で山へ入るのは、見知らぬ男にレイプされる危険すらあるという。冬営地から比較的近い場所、特に燃料用の牛糞*argal*を拾う場所や、搾乳のためにメスウマや仔ウマを繫いで置く場所など、女性の仕事と関わる場所を除いて、女性が自由に行く場所は多くない。確かに「男性、女性のどちらかが行ってはならない場所はあるか」という筆者の質問に対して、Aは「そういう場所はない」と言ったが、女性にとって山地は事実上制限が大きい場所である。ゆえに、山の中の地名は、女性にとってアクセスが困難な知識である。

しかしながら、知識のあり様が違うのはジェンダーに起因するものだけではな

い。放牧に関わる男性の間でも断層が見られるのである。以下の例のように、コミュニケーションを逸脱した空間表象も見られる。

*jalga*という地形は、山と山の間の細い谷という意味であるが、その他の谷を表す語彙と違う点は、「*nömörtei*風を防げて暖かい」ということである。しかし、この*jalga*は、実際には様々な使われ方をしている。放牧コース上の他にも*jalga*があり、彼らの冬営地が立っている場所も*jalga*であり、さらに、雌ウマや子ウマを繋いでおく所も*jalga*である。もっとも、これらは用途によって区別して呼ばれ、コミュニケーション上問題が起こることはないようである。冬営地の*jalga*は冬営地*öböljöö*、ウマを繋いでいる*jalga*は、*güü*（メスウマ、またはメスウマのいる所）という表現をすることがある。しかし、Nはこれらの*jalga*をさらに区分する。Nは、Aの冬営地のある場所を本当の*jalga*だという。また、山や丘に挟まれたところも*jalga*である。それに対して、そのほかの冬営地のある場所は、台地*denj*だとする。また、雌ウマと子ウマを繋いで置く*jalga*や山の中の細い*jalga*は、*guu*だという。しかし、これは他の成員に共有されておらず、コミュニケーションを行なうための知識ではない。そのことはN自身も自覚している。「この場所を、みんなは*jalga*というが、本当は*denj*だ」という具合である。そういった意味では、Nの地形を表す語彙は、牧民に共有された実用的な知識というより、過剰に分類されたものである。

さらにNは他の成員がコミュニケーションとして用いない定義をすることがある。例えば凸地*güdger*、窪地*hotgor*という語彙は、Nによる説明では、「平原上にある少し高くなったり低くなったりした場所」である。こうした説明をNは淀みなく行う。それに対して、Amは、平原上の凸凹を表す*güdger*、*hotgor*という語彙そのものを知らなかった。もちろんその数メートルの高低差が知覚されていないわけではない。放牧に際して平原は、山と比較すれば見通しの利く場所で、家畜を視覚的に捉えることができ、言語的なコミュニケーションが最初から必要ないか、あっても指差しで「あっち」と言えばコミュニケーションが成り立つ。また、居住と言う観点から見れば、この*hotgor*とは、風を遮ることができるため秋営地として利用できる場所である。この場所は、「我々の秋営地（があった場所）」とすれば、場所を確定することができる。遊牧移動において、傾き、特に進行方向に対して横の傾きは、車を引くウシの体力を無駄に消耗するし、また、荷崩れの恐れもある。そうした意味では*hotgor*は避けて通るべき場所であるが、移動の作業を経験したことがあるもの同士で、いちいち説明を要しない。このように、物理的、3次元的には同じ空間であっても、その時の行爲によって意味合いが違ってくる。

「平原上にある少し高くなったり低くなったりした場所」といったようにNが定義を加えること自体、牧畜の作業からは離れたある種の理論化である。こうした定義するという理論化は、他の語彙にも見られる。*hamar*という語彙は、丘を指すが、それがどういう場所かAmに尋ねたところ、彼は、二つの*jalga*の間に挟まれた場所であるといったり、山より低いところといったり、あるいは山の傾斜のゆるいところであるといったりする。さらに、同じ場所を山*uul*といったり*hamar*といったり、地形の同定自体が安定しない。このように彼には*hamar*という語彙を定義することができない。もちろん、これはAmに非があるというわけではない。Amにしてみれば、ヒツジの群れを失うことなく放牧し、牧夫である祖父や父や従兄弟達とコミュニケーションできれば十分である。そうした意味で、地形を定義することなど彼にとっては関心の外にある。そもそも、Amに限らず、「何々とはどんな地形だ」という質問をすると、「それならどこそこにある」という返答が返ってくるという経験のほうが、筆者としてはずっと多かった。それに対して、Nは明確な定義を与える。曰く、*hamar*には鼻という意味もあり、地形の*hamar*とは、人間の鼻を正面から見たときと同様に左右が均等な傾きになっている地形のことだという。このように彼は洗練された定義を地形に対して与えようとしていた。

Nの地形の語彙に関する知識は明らかに他人とは異なった。そしてそのことはN自身、「みんなはこう言っているが、本当はこうだ」というように、はっきりと自覚していた。彼の地形に関する知識は牧畜の作業やそれに伴うコミュニケーションという観点からすれば過剰なものと言えるものである。

おわりに

本稿では地形の認識を軸として、空間の利用に関して論じた。

地形の認識は放牧や遊牧移動と結びつきが見られる。モンゴル牧畜民の地形、空間に関する知識について、地域差も含めて今後詳細に明らかにされる必要があると思われる。また、こうした知識は特に牧畜に関わるコミュニケーションのために用いられることもここで提示した。一方、それぞれの地形の語彙に関わる知識は不均等に分配されていた。こうした語彙に対して独自に解釈を加える者も存在した。その点では、こうした知識の不均衡は知識の正当性の問題[⑩]に接続する問題であるが、これらの知識の分配は、単に量的に不均等というだけではなく、質の違いを含んでおり、不均質と呼ぶ方が相応しいものといえる[⑪]。

Cognition, Representation, and "Excessive" Knowledge about

⑩ 渡邊欣雄『民俗知識論の課題—沖縄の知識人類学』，東京：凱風社，1990.

⑪ この点に関しては、この調査地を対象として、月を見ることによる観天望気に類する知識を題材とした辛嶋博善「社会主義体制の崩壊と脅かされる年長者の権威—モンゴル国遊牧社会における陰暦二日の月を見ることを事例に—」（慶應義塾大学文学部民族学考古学研究室（編）『時空をこえた対話—三田の考古学—』，東京:六一書房，2004，pp.251-256）で既に論じている。

Terrains of Mongolian Pastoralists: A Case Study on Harhorin Sum, Övörhangai Aimag, and Mongolia

KARASHIMA Hiroyoshi

This paper is an ethnographical description of cognition, representation, and knowledge on terrains, mainly based on the data obtained by the survey in Harhorin sum, Övörhangai aimag, and Mongolia. It focuses on the vocabulary of terrains and other geographical features to show how place names and other geographic features in this region are used to describe the move from autumn camps to winter camps, and how "excessive" knowledge is used in cognition and communication.

忘れ去られた天然林の大規模な伐採

—中国内モンゴル渾善達克沙地を事例にして—

ナラン

はじめに

渾善達克沙地は中国4大沙地[①]の一つであり、1960年以降砂漠化が深刻化している。北京の正北方向約200キロメートルに位置し、北京の黄砂現象の発生源地の一つと言われている[②]。

従来、砂漠地帯は移動する砂が堆積して、小丘になる地帯であり、水が少なく、地下水も深く、植物の被覆や動物の棲息が少なく、人類の生活に適さない場所とされて来た。渾善達克沙地は従来の砂漠地域と異なり、森林があり、多数の貴重な動物が棲息していた。緑があるのは渾善達克沙地地帯の基盤がかつて存在していた湖沼の底に堆積した旧期砂層から成っているという。湖が陸化した後、砂層が侵蝕されて、海鼠形の小丘群となった[③]。これがこの地方の原形である。渾善達克沙地の砂の中にモノアラ貝、平巻貝の化石が発見したことで前の説を立証することができた[④]。渾善達克沙地の砂丘は堆積砂丘ではなく、侵蝕砂丘である[⑤]。かつて存在していた湖中に堆積していた砂が陸化した侵蝕砂丘であるために、地上と地下水源が豊富で、植物が生い茂っていた。楡（*Ulmus punila*中国語では楡、モンゴル語ではハイラス）、黄柳

---

① 中国の4大沙地は毛烏素沙地、渾善達克沙地、科爾沁沙地、呼倫貝爾沙地である。（陳玉福，蔡強国「京北渾善達克沙地荒漠化現状、原因与対策」『地理科学進展』，2003，22（4），p.354）

② 陳玉福，蔡強国「京北渾善達克沙地荒漠化現状、原因与対策」，『地理科学進展』，2003，22（4），p.353.

③ 多田文男「内蒙古渾善達克砂丘地帯の地理学的調査」『地学雑誌』，1942，54（2），p.66.

④ 多田文男「内蒙古渾善達克砂丘地帯の地理学的調査」『地学雑誌』，1942，54（2），p.67.

⑤ 砂丘の分類: 砂丘を堆積砂丘と侵蝕砂丘の二つに分ける。一般には堆積砂丘だけが知られている。堆積砂丘をその存在する場所によって海岸砂丘、湖岸砂丘、河岸砂丘、内陸砂丘と四つに分ける。前の三つとも、海や湖また河の海岸、湖岸、河床にある砂が風によって移動して小丘をつくる。内陸砂漠は、モンゴル高原のように乾燥地方では一年並に一日の気温較差の激しい所では岩石の物理的風化作用が激しいのである。そのため、多量の砂ができる。この砂が風によって吹き集められて、小丘を作る。これが、内陸砂丘である。侵蝕砂丘は風により砂が堆積されるものではなくて、かつて、存在していた湖中に堆積していたものが陸化したのである。（多田文男「内蒙古渾善達克砂丘地帯の地理学的調査」『地学雑誌』，1942，54（2），p.65）

（*Salix flavida*　中国語では黄柳、モンゴル語ではボルガース）、各種広葉樹や灌木などの天然林が生育している[⑥]。1940年代初期の調査報告では、砂丘地帯では古代遊牧民族に使用されていた石器と土器が多数発見されたとの記述があり、古代においても遊牧民が密に棲息していたことは明らかである[⑦]。

20世紀40年代まで渾善達克沙地はほぼ固定か半固定砂丘であった[⑧]。1959年の中国科学院砂漠化防止対策チーム（中国科学院治沙隊）の考察資料によれば、当時沙地の流動砂丘は総面積のわずか2%を占め、沙地西部に分布し、半固定砂丘は総面積の34%を占め、固定砂丘は総面積の64%を占めていた[⑨]。1960年代以降、砂漠化が急激に進行し、2000年に流動砂丘は33.1%までに拡大していた[⑩]。

渾善達克沙地について日本では1940年と1941年に東京帝国大学（現在の東京大学）理学部が中心となって編成された調査隊が2回にわたり調査を行った。その成果が東京地学協会出版の『地学雑誌』に「内蒙古渾善達克砂丘地帯の地理学的調査」と「渾善達克沙漠の地質略報」の2篇論文が掲載された[⑪]。渾善達克沙地の砂漠化が進行する前の状態を把握する上で、この論文は非常に貴重な資料である。中国国内では、北京に黄砂現象が出始めてから渾善達克沙地に関する研究が盛んに行われるようになった。そうした中、地理学（リモートセンシング）[⑫]、植物学[⑬]、気象学[⑭]などの自然科学分野での研究が中心である。その特徴は、砂漠化の進行状況及び黄砂現象の現状分析に重点を置き、砂漠化の原因を簡単に述べ、改善策を検討している。砂漠化

---

⑥　丁国棟，李素艶，蔡京艶，趙延寧，王賢，凌侠「渾善達克沙地草場資源評価与載畜量研究―以内蒙古正藍旗沙地区爲例」『生態学雑誌』，2005，24（9），p.1038.

⑦　多田文男「内蒙古渾善達克砂丘地帯の地理学的調査」『地学雑誌』，1942，54（2），p.68.

⑧　丁国棟，蔡京艶，王賢，董智，範建友，陳平平「渾善達克沙地沙漠化成因、過程及其防治対策研究——以内蒙古正藍旗爲例」『北京林業大学学報』，2004，26（4），p.16.

⑨　劉樹林，王涛「渾善達克沙地的土地沙漠化過程研究」『中国沙漠』，2007，27（5），p.720.

⑩　武健偉，趙延寧，魯瑞潔「渾善達克沙地現代土地沙漠化発展動態与原因分析」『中国水土保持科学』，2003，1（4），p.40.

⑪　多田文男「内蒙古渾善達克砂丘地帯の地理学的調査」『地学雑誌』，1942，54（2）；大塚弥之助「渾善達克沙漠の地質略報」『地学雑誌』，1942，54（2）.

⑫　武健偉，趙延寧，魯瑞潔「渾善達克沙地現代土地沙漠化発展動態与原因分析」『中国水土保持科学』，2003，1（4）；劉樹林，王涛「渾善達克沙地的土地沙漠化過程研究」『中国沙漠』，2007，27（5）.

⑬　潘高娃「正確認識沙地和沙漠―渾善達克沙地桑根達来地段植被調査」『環境与発展』，2015，27（1）；丁国棟，李素艶，蔡京艶，趙延寧，王賢，凌侠「渾善達克沙地草場資源評価与載畜量研究―以内蒙古正藍旗沙地区爲例」『生態学雑誌』，2005，24（9）.

⑭　丁国棟，蔡京艶，王賢，董智，範建友，陳平平「渾善達克沙地沙漠化成因、過程及其防治対策研究―以内蒙古正藍旗爲例」『北京林業大学学報』，2004，26（4）；白美蘭，郝潤全，邸瑞琦，劉宏偉「気候変化対渾善達克沙地沙漠化影響的評估」『気候与環境研究』，2006，11（2）；王革麗，呂達仁，尤莉「渾善達克沙地沙塵暴気候特征分析」『気候与環境研究』，2002，7（4）.

進行の原因については、自然の要因と人爲的な要因から分析している[15]。自然の要因は降水量、気温などの気候変動から分析し、人爲的な要因は、人口増加、開墾、過放牧などが取り上げられている。[16]

ここで提起したいのは、上述以外にもう一つの原因がすっかり忘れ去られている。それは、1950年代から1960年代まで木材利用のために行政が主導し、組織的に行った大規模な天然林の伐採である。この大規模な伐採に関して検討した学術論文、新聞雑誌などの記録情報はほぼないと言っても過言ではない。1980年代以降の20年間の現地の人々の燃料用の天然林伐採について検討した研究がある。[17]筆者は2001年の夏ショロンフフ旗[18]で現地調査を行った時、当時天然林の伐採に自ら参加した二人の年配の方と会い、インタビューをした。本論では、渾善達克沙地の概要、先行研究で検討してきた砂漠化が進行した原因について簡単に述べ、主に1950年代から1960年代までに行った天然林の大規模な伐採を検討し、その出来事を記録に残すことを目的とする。

1. 調査地概要及び渾善達克沙地の砂漠化の進行原因

1.1 調査地概要

渾善達克沙地（図1）は内モンゴル自治区中部の農牧交錯地帯に広がり、東経112°22′—117°57′、北緯41°56′—44°24′の間に位置する[19]。東西およそ360キロメートル、南北およそ30-100キロメートルに渡り、総面積はおよそ2.38万平方キロメートルである[20]。沙地東部の水資源が西部より豊富であり、年間降水量も東部が西部より多い[21]。地上水源と地下水源が豊富なため、数多く川と湖が点在している。沙地には、内モンゴルのヘシグテン旗（克什克騰旗）、シリンホト市（錫林浩特市）、アバガ旗（阿巴嘎旗）、ジュンスニト旗（蘇尼特左旗）、バローンスニト旗（蘇尼特右

---

⑮　丁国棟，蔡京艶，王賢，董智，範建友，陳平平「渾善達克沙地沙漠化成因、過程及其防治対策研究—以内蒙古正藍旗爲例」『北京林業大学学報』，2004，26（4），p.16.

⑯　白美蘭，郝潤全，邸瑞琦，劉宏偉「気候変化対渾善達克沙地沙漠化影響的評估」『気候与環境研究』，2006，11（2），pp.216-219；武健偉，趙延寧，魯瑞潔「渾善達克沙地現代土地沙漠化発展動態与原因分析」『中国水土保持科学』，2003，1（4），pp.38-40.

⑰　李永庚，蒋高明，高雷明，牛書麗，劉美珍，于順利，彭羽「人爲干擾対渾善達克沙地楡樹疏林的影響」.『植物生態学報』，2003，27（6），p.830.

⑱　盟（アイマグ）、旗（ホショー）、ソム、ガチャーなどは内モンゴルの行政単位である。

⑲　武健偉，趙延寧，魯瑞潔「渾善達克沙地現代土地沙漠化発展動態与原因分析」『中国水土保持科学』，2003，1（4），p.36.

⑳　馬世威，馬玉明，姚洪林，王林和，姚雲峰『沙漠学』，呼和浩特：内蒙古人民出版社，1998，p.352.

㉑　馬世威，馬玉明，姚洪林，王林和，姚雲峰『沙漠学』，呼和浩特：内蒙古人民出版社，1998，p.353.

図1　渾善達克沙地の位置図

旗）、フベートシャラ旗（鑲黄旗）、ショロンチャガン旗（正鑲白旗）、ショロンフフ旗（正藍旗）、ドロンノール県（多倫県）などの行政区域が含まれる㉒。

1.2 渾善達克沙地の砂漠化の進行原因

これまでの先行研究では渾善達克沙地の砂漠化が進行した原因について、主に自然要因と人爲的な要因の2点にして検討している。自然要因は主に気候変動、人的な要因は主に人口増加、開墾、過放牧、燃料用伐採の面から検討している。では、それらの原因を簡潔に紹介しよう。

（1）自然要因である気候変動

渾善達克沙地が含まれた周辺のシリンホト市、エレンホト市、アバガ旗、ジュンスニト旗、バローンスニト旗、フベートシャラ旗、ショロンチャガン旗、ショロンフフ旗、ドロンノール県、タイブス旗、ヘシグテン旗気象局の1961-2003年までの観測データを分析した白美蘭らの研究では、気温が次第に上昇し、降水量がだんだんと減少し、乾燥化が進んでいると分析した㉓。

シリンホト市、アバガ旗、エレンホト市、ショロンフフ旗気象局の1960-2000年

㉒ 陳玉福、蔡強国「京北渾善達克沙地荒漠化現狀、原因与対策」『地理科学進展』，2003，22（4），p.354.

㉓ 白美蘭、郝潤全、邸瑞琦、劉宏偉「気候変化対渾善達克沙地沙漠化影響的評估」『気候与環境研究』，2006，11（2），pp.216-219.

までの観測データを分析した武健偉らの研究によれば、気温は上昇の趨勢である。60年代から80年代までは降水量が少ないけれども、上昇する傾向がある。90年代初期、中期の降水量は多かったが、後期は急激に減少した㉔。武健偉(ほか)は沙地の気候温暖化は顕著であり、降水量は不安定だが、近年は上昇する傾向があるから砂漠化の進行は緩和できるだろうと検討した㉕。

（2）人的な要因である人口増加、開墾、過放牧と燃料用伐採

人爲的な要因の分析では、急激に人口が増加したことで食糧生産がそれを追いつくように増やされ、食糧栽培のために開墾が拡大され、食肉のため家畜頭数も増えた。さらに、人口が増えたことで燃料に使う木の伐採も増えたことが砂漠化を進行させたと検討している㉖。

丁国棟らの研究では、ショロンフフ旗は中華人民共和国建国当初、総人口は2.13万人だったが、これが1997年には7.92万人になり、約半世紀で3.7倍増加した。家畜頭数は1949年に14.3万頭だったが、2000年には80万頭になり、5.6倍増加した。20世紀60年代初期から70年代中期まで穀物栽培のために草原を広い範囲で開墾した。その後、1981—1997年の間、ショロンフフ旗の耕地面積は毎年平均135ha増加した㉗。

陳玉福らの研究では、ショロンチャガン旗は中華人民共和国建国当初、総人口は2.3万人だったが、これが約50年後に7.3万人になり、3.2倍に増加した。家畜頭数が建国当初の12.3万頭から90万頭になり、7.3倍に増加した㉘。

武健偉らの研究では、シリンゴル盟は1947年に総人口は18.84万人だったが、これが1999年に92.37万人になり、約5倍に増加した。人口の急激な増加により食糧需要が増し、農地開墾が拡大された。また、1949年家畜頭数が146万頭だったが、1999年に1,178万頭になり、8.1倍に増加した㉙。

上述はこれまでの研究で検討した渾善達克沙地の砂漠化が進行した原因についてまとめてみた。この中に1950年代から1960年代まで組織的に行った大規模な天然林の

㉔ 武健偉，趙延寧，魯瑞潔「渾善達克沙地現代土地沙漠化発展動態与原因分析」『中国水土保持科学』2003，1（4），p.38.

㉕ 武健偉，趙延寧，魯瑞潔「渾善達克沙地現代土地沙漠化発展動態与原因分析」『中国水土保持科学』2003，1（4），p.39.

㉖ 丁国棟，蔡京艶，王賢，董智，範建友，陳平平「渾善達克沙地沙漠化成因、過程及其防治対策研究—以内蒙古正藍旗爲例」『北京林業大学学報』，2004，26（4），p.17; 武健偉，趙延寧，魯瑞潔「渾善達克沙地現代土地沙漠化発展動態与原因分析」『中国水土保持科学』2003:39; 陳玉福，蔡強国「京北渾善達克沙地荒漠化現状、原因与対策」『地理科学進展』，2003，1（4），p.39.

㉗ 丁国棟，蔡京艶，王賢，董智，範建友，陳平平「渾善達克沙地沙漠化成因、過程及其防治対策研究—以内蒙古正藍旗爲例」『北京林業大学学報』，2004，26（4），p.17.

㉘ 陳玉福，蔡強国「京北渾善達克沙地荒漠化現状、原因与対策」『地理科学進展』，2003，22（4），p.355.

㉙ 武健偉，趙延寧，魯瑞潔「渾善達克沙地現代土地沙漠化発展動態与原因分析」『中国水土保持科学』，2003，1（4），p.39.

伐採についての論述は皆無である。次の章ではこの天然林の伐採について詳しく検討したい。

2. 1950年代から1960年代まで組織的に行った大規模な天然林の伐採

2001年の夏、筆者は渾善達克沙地の中心地であるショロンフフ旗で現地調査を行った。当時は、北京で黄砂現象が頻繁に起こるようになり、その主な原因は渾善達克沙地の砂漠化の深刻化と言われ、沙地についての研究が盛んに行われていた。ショロンフフ旗で学術会議を開き、社会全体が砂漠化問題に注目していた。その会議に参加した一部定年退職した年配の方が、なぜ砂漠化の原因に1950年代から1960年代までの大規模な天然林の伐採が取り上げられなかったのかと疑問を抱いていた。その出来事が砂漠化の原因を検討する上で重要な指針になると感じ、記録することを決心した。その後自ら伐採に参加し、当時ショロンフフ旗とショロンチャガン旗の政府機関で重要な管理責任者であった二人が見つかり、インタビューを試みた。

2.1 自ら伐採に参加した年配者のインタビュー

Aさんは1921年生まれ、2001年現地調査のときは80歳、定年する前はショロンフフ旗人民代表大会の常務委員会の副主任であった。1958年の「大躍進」[30]の時期はショロンフフ旗宣伝部部長及びショロンフフ旗共産党委員会常委であった。

Bさんは1927年生まれ、2001年現地調査のときは74歳、定年する前はショロンフフ旗衛生局副局長であった。1958年の「大躍進」の時期はショロンチャガン旗の文化衛生部副部長であった。

AさんとBさん[31]の二人とも当時の渾善達克沙地の天然林伐採に政府機関の人間として参加し、その後、沙地の砂漠化した現実を見ていち早く疑問を持ち始めた方である。以下はインタビューの内容である。

㉚　大躍進とは、共産革命後の中華人民共和国にて、近代的な共産主義社会を作ることを目的に、1958年から1960年まで施行された農工業の大増産政策である。農村の現状を無視した強引な集団農場化や、農村での鉄鋼生産などといった重工業を重視した結果、全国的に飢饉が起きた。その飢饉を中国ではよく「三年困難時期」という。

㉛　インタビューをしたAさんとBさんは2003年と2002年相次ぎ亡くなった。本論の現地調査のとき多数の貴重な情報と意見を話してくれたことにご感謝を申し上げる。お二人の方のご冥福をお祈りする。数字データがあまり残っていない開発について、AさんとBさんのような方々の話が非常に大事な情報である。しかし、彼らのような方々が相次ぎ亡くなっていくことをとても残念に思う。

Aさんへのインタビュー

筆者：渾善達克沙地の拡大した原因について知りたいのです。
沙地は昔から固定砂丘だったそうですね。

Aさん：そうですよ。渾善達克沙地の砂漠化の主な原因の一つは天然林の伐採です。伐採を行ったのは1958年の「大躍進」からです。その伐採は行政から計画され、目的があったのです。伐採する原因を当時、「第一に、木が多すぎる。第二に、密集しすぎて、木が大きくならない。第三に、長年の古い大木が多い。」としていました。行政から「清林隊」[32]を組織し、森林があるところ、例えば、ウヘルチン・オボー（*Üherčin oboγ-a*）、ジョーアムバンネ・ウブリジャ（*Joo amban-u ebüljiy-e*）、イェフ・ドヨン（*Yehe doyon*）、サンギンダライ（*Sanggindalai*）、トグリグ（*Tögürig*）などの地域では50人ぐらいが一年間キャンプ生活をし、木を伐採しました。

筆者：伐採した木の詳しい数字データは残っていますか。

Aさん：詳しい数字はないです。後から人々は30トンぐらい伐採したという話をしていました。その伐採した木を「大躍進」の時期、建物と庭の囲いを作るために使いました。トグリグとイェフ・ドヨンで伐採した大きな木が重く、運びにくかったため、焚き木として使ってしまったのです。これが行政から組織があり、計画があり、目的があった伐採であります。これ以外は「大躍進」のとき集団生活をするということで大きな庭作りのために木を伐採しました。また、「エブソン・フレー（*ebüsün hüriy-e* 草庫倫）」[33]を作る行政からの指示で、その囲いを全部伐採した黄柳で作りました。一回作ると一年間しか持たないから、壊れるとまた新しく作り直していました。人口増加も渾善達克沙地の拡大の大きな原因の一つと思います。遊牧民は長い間の経験に基づき、葉がないときに木を切るのです。つまり、春の葉が出る前か、あるいは秋の葉が落ちた後に切ります。枯枝を切るとき木の再生をよく考えるのです。人口増加により、この生活習慣を知らない人が増えたため、日常生活で木の再生を考慮しない行動が多くなり、木がますます少なくなっていきました。木が多いところの湿気が高く、湿気があると草原もよくなります。昔、私が子供のころ、渾善達克沙地の低いところには水がありました。例えば、イェフ・ドヨンというところでは泉がありました。今は、泉はおろか、

㉜ 当時の政府機関から森林を掃除し、木の生長を促進させるため古い大樹を切り、過密の部分を疎くさせるための組織である。

㉝ 1970年代各行政単位が管轄下の草原を囲っていた。その囲いをモンゴル語でエブソン・フレーという。

地下水まで低くなってしまったのです。砂漠化のもう一つの原因は開墾であろうと思います。「大躍進」のときから開墾が始まりました。最初は計画的だったが、後は自由に開墾するようになったのです。今「過放牧」という言葉をよく使っていますね。それは、検討する必要があると思いますよ。渾善達克沙地は千年前からあったと歴史記録に残っているそうです。千年前の沙地を森林がそのまま、動物もそのまま、水資源もそのままに守って来たのが、たった50 年間で今の状態になることを家畜が増えたためだけにすることが単純すぎるでしょう。確かに人口増加によって家畜が増えたが、それは砂漠化の主な原因ではないと思います。

筆者：遊牧生活と自然環境の関係についてどう思いますか。

Aさん：遊牧生活について研究する価値があるでしょう。今は家畜が増えたというけれども、昔は何千頭も家畜がいる世帯は少なくはなかったのですよ。しかし、昔は一年間で、春、夏、秋、冬に遊牧していました。草がよくない年は、またオトル（*otor*　雪災があった年では家畜と共に草がいいところに行くこと）に出ます。一年に4回か5回移動するのです。一つのところに定住しないから、草原が劣化しないのです。定住することが勧められ、今のように定住して一年間1回か1回も移動しなくなり、住んでいる家と庭の辺りは全く草が育たなくなってしまったのです。今は草原を世帯ごとに分けている[34]ため人間、家畜、車などが限られた場所で繰り返し行動するしかないことも草原劣化の一つの原因になっていると思います。

筆者：近年、内モンゴルで日本、オーストラリア、ニュージーランドなどの大量な牛乳が出る、改良した乳牛の牧場をつくるなどの話がしばしば聞くのですが、これについてどう思いますか。

Aさん：10年前からオーストラリア、ニュージーランドから習って、家畜の品種改良について言い始めました。今は、牧場を作って、家畜の品種改良により、昔10頭から出る牛乳の量が今は2頭から出るようにと言っています。私の考えだと家畜の品種改良はある程度必要であろうと思います。しかし、当地の自然、気候に慣れた家畜だけがここに生存できます。以前から実験して来た家畜の品種改良は長く続けられたのがあまりないのです。今は砂漠化防止の対策として多数の家庭を集めて牧場を作り、牛乳が大量に出る品種改良の牛を北京から輸入し、また出た牛乳を北京に売って牧場を運営すると話しています。これは簡単なものではないと思

㉞　内モンゴルでは1997年に土地使用権を譲渡した。土地の所有権は国が持つという原則が堅持されたために、個人に使用権を与えるという形がとられたのである。（ナラン「内モンゴルにおける牧畜の変化及び草原劣化ー土地使用権の譲渡が牧畜に与えた影響について」『文化人類学』，2015，80（2），p.137）

います。あなた方はまだ若いからこれが成功するかどうか見られるでしょう。

筆者：伐採した木の数字データを入手する方法がありますか。

Aさん：渾善達克沙地が話題になったときから、砂漠化の深刻化した原因についてあまり議論していなかったのです、特に伐採について。旗の政府から私たち何人の年寄りを集めて、討論をしたとき、私が伐採した木の数字のことを聞いたところ、逆に、当時はどうだったのですかと我々に聞き返していました。

Bさんへのインタビュー

筆者：渾善達克沙地について知りたいのですが。

Bさん：渾善達克沙地の範囲はバローンスニト旗から東にシリンゴル盟の中部、ヘシグトン旗まででです。この沙地を昔は「バガテンゲル・エルス」（*Baγ-a tegri elesü*小騰格里沙漠）と呼んでいました。いつから渾善達克沙地と呼び始めたかといえば、私はこう考えています。この沙地は大体三つに分かれています。ショロンフフ旗のこの辺をホラ（鹿科の動物）・エルス（*Hula elesü*）とショロンチャガン旗の辺はシャラガ・エルス（*Širγ-a elesü*）と呼び、バローンスニト旗の辺はデヒ（野生の馬）・エルス（*Dehi elesü*）と呼んでいました。1964年から1967年の間に、中国人民解放軍総後勤部から地図を書くため、飛行機で空から写真を撮って、地名と合わせる作業をしていました。そのとき、私がショロンチャガン旗にいました。その作業をしていた人は中国の南地方の軍人で、言葉は我々もよく分からなかったのです。現地の人から「ホラ・シャラガ・デヒ・エルス」（*Qulaširγ-a dehi elesü*）と言われ、それを聞き取れなく「渾善達克沙地」と呼んだかもしれません[35]。

私が子供のころこの沙地は本当にきれいだったのです。木や草がない露出した沙地はほとんどなく、潅木柳、楡、柏などがあり、苔桃、野生のブルベーリー、野生の杏、野生の百合がたくさんあり、特に野生動物はたくさんありました。一番多いのが野生のシカ、またトラ、タヌキ、オオカミ、ウサギ、シカもいました。トラが入っている地名が多いことから確かにトラがいたと言えます。ショロンチャガン旗のチェダム（*čayidam*柴達木）からドヨン・ハイラハン（*Doyon qayirqan*）、そこから二つに分かれて全部天然林だったのです。あるところに何百頭の馬が

㉟　戦前日本の調査報告の中に渾善達克と名付けていたことを考えると少なくとも1940年代には中国語で渾善達克と呼んでいたことになる。（多田文男「内蒙古渾善達克砂丘地帯の地理学的調査」『地学雑誌』，1942，54（2）；大塚弥之助「渾善達克沙漠の地質略報」『地学雑誌』，1942，54（2））

入っても、外から見えないほど、また、馬にベルをつけないと探せないほどの密集林だったのです。

筆者：それほどの森林があったところになぜ砂漠化が深刻化したのですか。

Bさん：1940年から1950年までの内戦の時は、少し破壊されたのですが、そんなにひどくなかったのです。天然林が一番破壊されたのは1958年の「大躍進」からです。1958年から1959年の間、電話線を架けました。一つは旗政府所在地からハタンホショー・ソム（哈登胡舒蘇木）を通り、ボショダイ・ソム（宝紹岱蘇木）まで、もう一つはハタンホショー・ソムからサンギンダライ・ソム（桑根達来蘇木）、ナルト・ソム（那日図蘇木）、オソチャガン・ソム（烏蘇図査幹蘇木）まで電話線を架ける棒を全部当地の天然林を伐採して使ったのです（図2）。

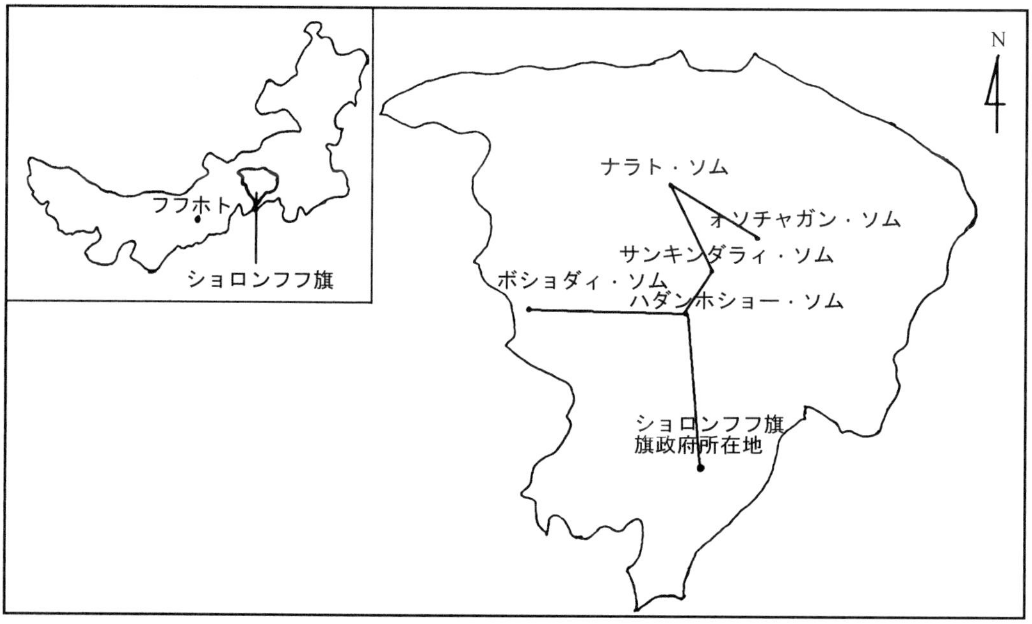

図2　1958—1959年の間のショロンフフ旗の電話線を敷設した各ソムの位置図

これは行政からの指示があって、計画的に行った最初の伐採であります。次に、1960年に行政から「清林隊」を組織し、古い大木を伐採したら、下から新しい芽が出てくるという考えでたくさんの木を伐採しました。「清林隊」は外地から来た漢人移民達を雇っていました。最初の方針は古い大木を伐採するということでしたが、給料が出来高制だったから、結局、古い大樹と若木を関係なく伐採してしまったのです。

1958年から1959年の間に多数の漢人農民が入ってきました。その人たちを新しい牧畜区を建設する人々として受け入れ、生活する場所を与えなくてはならない状況だったのです。家を建てるため、さらにたくさんの天然林を伐採し、各ソムに飼料基地を作って、開墾をさせたのです。

「エブソン・フリヤ」を作る時も行政から計画的な伐採を行いました。一人一人にノルマを立て、柳を伐採し、「エブソン・フリヤ」を作ったのです。

このように木が少なくなり、湿気が低下し、雨が減少し、風が強くなり、砂漠化が進行してしまったのです。

2.2 伐採された樹木の概算

1950年代から1960年代までに組織的に行った大規模な天然林伐採に関して数字データは残っておらず、それを文献資料から検討することは不可能である。AさんとBさんのインタビュー内容を検討してみて、「清林隊」を組織した伐採、移住して来た漢人農民の住宅を建設するための伐採、または、毎年「エブソン・フレー」の建設のための伐採などは概算しようがないのである。言えるのは渾善達克沙地の外観を短期間で一変させたことであろう。

唯一電話線を敷設した場所などが詳しく述べられているから概算を試みた。以下、電話線を敷設するために使った木を概算してみよう。Bさんのインタビューによれば、1958年から1959年の間ショロンフフ旗のいくつかのソムに電話線を敷設した。電話線を敷設する柱を全部当地の天然林を伐採して立てた。

表1　1958—1959年の間にショロンフフ旗の電話線を敷設するために伐採した木の数

	距離（km）	木材の本数（50mで割れば）
ショロンフフ旗政府の所在地——ハタンホショー・ソム	70	1400
ハダンホショー・ソム——ボショダイ・ソム	50	1000
ハダンホショー・ソム——サンギンダライ・ソム	15	300
サンギンダライ・ソム——ナラト・ソム	40	800
ナラト・ソム——オソチャガン・ソム	50	1000
電話線を敷設するため使った木材の本数の合計		4500

伐採された天然林の概算方法は、電話線を敷設した各ソム間の距離を二本の電柱の距離で割って、得られる数値が電話線を敷設するために使った木の本数である。中国の郵電局によって電話線を敷設する電柱と電柱の間の距離は50メートルと決められている㊱という。ショロンフフ旗政府所在地からハダンホショー・ソムまではおよそ70キロメートル、ハダンホショー・ソムからボショダイ・ソムまではおよそ50キロメートル、ハダンホショー・ソムからサンギンダライ・ソムまではおよそ15キロメートル、サンギンダライ・ソムからナラト・ソムまではおよそ40キロメートル、ナラト・ソムからオソチャガン・ソムまではおよそ50キロメートル、距離を全部足して、50メートルで割れば4500本木である（表1）。つまり、1958年から1959年の間で電話線をかけるため4500本以上の木を伐採したということが推測できる。

㊱ ショロンフフ旗の郵電局の担当の方に訪ねて、得られた情報である。

おわりに

これまでの考察を踏まえてみれば、渾善達克沙地は20世紀40、50年代まで天然林が密集し、湖、川が多数存在する水資源が豊富な沙地草原であった。当時はほぼ固定か半固定砂丘であり、流動砂丘はわずかしかなかった。この地上の楽園が50年も足らずに北京の黄砂現象の発生源地と言われるほど砂漠化が深刻化したのである。砂漠化の深刻化した主な原因が気候変動かあるいは人的要素かで争論してきて、気候変動は人的要素に起因していると見ている研究も多い[37]。もちろん、気候変動は地球全体で起きている現象ではあるが、だった50年足らずに砂漠化が深刻化した状況を考えると、人爲的要素は無視できない要因であろう。

先行研究で検討してきた過放牧、大規模な農地開墾、燃料としての伐採などは砂漠化を深刻化させた人為的な要素であることは間違いないが、天然林の大規模な伐採も砂漠化を進行させた原因の一つだと考えられる。天然林の特徴はやはり種多様性であり、その環境に最も適した植物が生え、その土地における最も安定した状態を具現している[38]。天然林が破壊されるとその地域の生態系全体のバランスが崩れることになる。かつて起きた天然林の大規模な伐採を風化せず、記録に残し、同じ間違いを繰り返さないように人々に警鐘を鳴らしたい。天然林はその土地に適した安定した状態であるため、現在残っているわずかな天然林を保護し、土地利用ノウハウの情報を得て、土地の最適利用に活用できばと思われる。

謝　辞

二木博史教授は筆者の博士後期課程の副指導教員であり、修士論文、博士論文の執筆の際、論文の構成から文字表記、資料情報まで数多くご指導、ご助言をいただきました。心から感謝を申し上げます。本論は2001年の夏に行った現地調査と2014年8月に行った補足調査に基づいて書いたものであります。補足調査をした際、内蒙古師範大学附属高校の学生松徳日が環境問題に関心があるとのことで、現地調査に同伴し、データ収集に手伝ってくれました。また、インタビューに協力してくれた二人の年配の方に感謝するとともに、ご冥福を心よりお祈りします。

㊲　李鴻威，楊小平「渾善達克沙地近30年来土地沙漠化研究進展与問題」『地球科学進展』，2010，25（6），p.650.

㊳　只木良也「天然林の構造・機能特性と資源管理」信州大学環境科学研究会『信州大学環境科学論集』，1988，10，p.111.

The Forgotten Natural Forests: A Case Study on the Hunshandake Sandy Land

Naran

The Hunshandake sandy land located in the middle of Inner Mongolia has attracted wide attention because it is considered as the major source of Beijing's sand storms in fact, there had been relatively abundant water sources and natural forest in this area before the 1950s. Severe desertification occurred in the past less than 50 years.The combination of climate change and such human activities as overgrazing and land reclamation is considered as the cause of such rapid desertification. To protect the limited remaining natural forest and in the meantime restrict overuse of land would bring positive environmental change in this area.

サイチンガと東洋大学

都馬　バイカル

サイチンガ（1914-1973）は、内モンゴル近代文学の礎を築いた著名な詩人であるとともに、教育者、翻訳家でもある。1930年代後半から1940年代前半まで、彼は文学を通じてチンギス・ハーンへの謳歌、民族の覚醒、新しい文学を唱えた数々の作品は、内モンゴルに限らず、他の地域のモンゴル文学史においても特筆すべき地位を占めている。そして、教育面では、民族の教育ばかりか、女子教育においてモンゴル史上、開拓的な事業を成し遂げ、その積極な教育活動は高く評価されてきた。その生涯の数々の活動のどれ一つ取り上げても、当時としては抜きん出ていた。それらは時代をリードし、いずれも近代的な思想によって裏付けられながら、かつ民族の伝統を発揚するものであった。それらの活動の源泉や思想性は、いずれも日本留学中に受けた教育にあったことは間違いのない事実だが、しかしながら、その諸々の活動のルーツは、たとえ大まかなとはいえ、どういう知的、あるいは思想的な背景にして、どのように吸収し、受容してきたのか、いままでほとんど明らかにされていない。

サイチンガは、1937年4月から徳王政権の官費留学生として日本に留学した。最初は東京の善隣高等商業学校特設予科で一年予備教育を受け、翌年の1938年4月に東洋大学専門部倫理教育科に入学。大学に入学した年の秋頃、サイチンガは結核にかかり、入院したため、「不受験　原級」①となる。1939年4月から再び一年生からスタートし、本来1942年3月に卒業のところ、戦況により1941年12月27日に繰り上げ卒業となった。

「諸学問の基礎は哲学にあり」を建学精神にした東洋大学で、サイチンガは3年間の学習により、「智徳兼全な人」として成長した。サイチンガという人物を研究する際、日本で教育を受けたことが彼の人格形成に少なからず影響を与えていることは、無視できないだろう。

本稿は、サイチンガの東洋大学での学習履歴を通して、3年余の期間、何をどのように勉学し、だれのもとで学び、どのような知の蓄積によって成長していったかを解明したい。主としてサイチンガの東洋大学で履修した科目が、どういうものだったのか、その成績はどうであったのか、そして、文学青年として成長し、直接に影響を

---

① 東洋大学専門部学籍簿を参照のこと。

与えたと考えられる、大正から昭和時代の日本の代表的な英文学者の一人、三木春雄教授はまだ一人のモンゴルの青年にすぎなかったサイチンガにどのように接し、教えていたのかについて考察したい。

一、サイチンガの履修科目とその成績

サイチンガは、東洋大学に在籍した三年間に「倫理」、「教育」、「国体学」、「哲学」、「歴史」、「法制経済」、「英語」、「体操教練」の8科目を履修したことが「学籍簿」に記載されている。しかし、この8科目というのは、個々の授業科目を指すものではなく、科目分類上の名称であると考えられる。ここで明記したいことは、サイチンガが在籍3年間で37科目を履修していたという事実である。その中には、2学年もしくは3学年にわたって履修しなければならない科目も含まれている。

ここでサイチンガの「東洋大学専門部倫理教育科　試験成績表」（以下「成績表」と略記）を参照しながら、「学籍簿」に記載されている科目の順番に従って、その構成を明確にし、履修学年とその成績を整理したい。

1.「倫理」

「倫理」は「国民道徳」、「東洋倫理史」、「西洋倫理史」、「日本倫理史」、「倫理学」の5科目が置かれている。サイチンガの成績は、以下の表1の通りである。

表1　「倫理」の成績

	第一学年	第二学年	第三学年	三ケ年平均
国民道徳	61	79	88	76
東洋倫理史	61	72		67
西洋倫理史	64	91		78
日本倫理史			91	91
倫　理　学			92	92
学年平均	62	81	90	81

サイチンガの「学籍簿」には、「第一学年62、第二学年81、第三学年90、卒業81」と記入されているが、それは、それぞれの学年の成績の平均点である。

2.「教育」

「教育」は「教育学」、「教育史」、「心理学」、「応用心理学」、「教授法」、「実地授業」、「教育行政」、「日本教育学」の8科目が置かれている。サイチンガの成績は、以下の表2の通りである。

表2　「教育」の成績

	第一学年	第二学年	第三学年	三ケ年平均
教　育　学	80	88		84
教　育　史	64	78		71
心　理　学	60			60
応用心理学		85		85
教　授　法			68	68
実地授業			83	83
教育行政			80	80
日本教育学		84		84
学年平均	68	84	77	77

「学籍簿」には、「第一学年72、第二学年83、第三学年75、卒業77」と記されているが、この記載は「成績表」の記載と食い違っている。その理由は推測の域を出ないが、記入ミスの可能性が高い。「学籍簿」は「成績表」から転記されるので、「成績表」の記載の方が信憑性は高いと考えられる。

3.「国体学」

「国体学」は「日本精神論」、「日本儒教学」、「日本仏教学」の3科目が置かれている。サイチンガの成績は、以下の表3の通りである。

表3　「国体学」の成績

	第一学年	第二学年	第三学年	三ケ年平均
日本精神論	61			61
日本儒教学		70		70
日本仏教学			80	80
学年平均	61	70	80	70

ここの成績の記載は「学籍簿」と一致している。

4.「哲学」

「哲学」は「哲学概説」、「東洋哲学」、「西洋哲学」、「社会学」、「倫理学」、「支那哲学」の6科目が置かれている。サイチンガの成績は、以下の表4の通りである。

表4　「哲学」の成績

	第一学年	第二学年	第三学年	三ケ年平均
哲学概説	75			75
東洋哲学史	67			67
西洋哲学史	70	81		76
社会学			90	90
論理学			75	75
支那哲学		75		75
学年平均	71	78	83	76

「学籍簿」では、「第一学年68、第二学年80、第三学年80、卒業76」とあるが、これは「成績表」の記載と食い違っている。その理由は不明である。

5.「歴史」

「歴史」は「日本歴史」、「東洋歴史」、「西洋歴史」の3科目が置かれている。サイチンガの成績は、以下の表5の通りである。

表5　「歴史」の成績

	第一学年	第二学年	第三学年	三ケ年平均
日本歴史	70			70
東洋歴史		73		73
西洋歴史			92	92
学年平均	70	73	92	78

「学籍簿」の記載と一致している。

6.「法制経済」

「法制経済」は「経済学原論」、「憲法」、「経済政策」、「民法総則」、「行政法総論」、「社会政策」、「民法」、「行政法各論」（政治学）、「国際法」の9科目が置かれている。サイチンガの成績は、以下の表6の通りである。

表6　「法制経済」の成績

	第一学年	第二学年	第三学年	三ケ年平均
経済学原論	79			79
憲法	64			64
経済政策		61		61
民法総則	71	77		74
行政法総論			89	89

続表

	第一学年	第二学年	第三学年	三ケ年平均
社会政策			90	90
民法		77		77
行政法各論（政治学）			76	76
国際法			88	88
学年平均	71	72	86	78

「学籍簿」には、「第一学年71、第二学年72、第三学年85、卒業成績76」と記載してある。ここで一つ指摘したいことは、第三学年の履修科目である「国際法」の成績記入に遺漏があるため、第三学年の平均点が「学籍簿」の記載と食い違っていることである。活字で印刷された「成績表」の科目欄には「行政法各論（政治学）」と「国際法」の2つの欄が設けられていなかったため、科目一覧の最後に手書きで追加されている。この2科目の成績を「成績表」の科目分類「法制経済」の科目として加算したことがこの食い違いの原因になっている。ちなみに、サイチンガがこの2つの科目を特に選択して履修したわけではないようで、倫理教育科の全員が履修している。

7.「英語」

「英語」は二つの欄が設けられており、サイチンガの成績は、以下の表7の通りである。

表7 「英語」の成績

	第一学年	第二学年	第三学年	三ケ年平均
英語	82	60	80	74
英語	79	68	68	72
学年平均	81	64	74	73

英語の成績は「学籍簿」と一致している。印刷された「成績表」には「英語」の科目欄が2つあり、サイチンガは両方を3学年通して履修している。「東洋大学試験採点表」によれば、サイチンガは、第一学年で、三木春雄と廣井辰太郎、二人の教員から英語を学んだことが確認できる。

専門部倫理教育科で朝鮮系の学生が「支那語」（中国語）を履修しているのに対して、日本人学生とサイチンガは英語を履修していた。サイチンガの同級生である小林英洲氏（専門部国漢科）は「当時、専門部の英語の授業は、「英語講読」と「英語作文」があった」②と回想している。戦時中でありながら、東洋大学の英語教育が充

② 筆者による小林英洲氏のインタビュー、2016年6月10日、福岡県延岡市。

実していたことに注目しておきたい。

8.「体操教練」

サイチンガの成績は、以下の表8の通りである。

表8　「体操教練」の成績

	第一学年	第二学年	第三学年	三ケ年平均
体操教練	50	68	63	60
学年平均	50	68	63	60

体操教練の成績は「学籍簿」と一致している。

上記の諸表から以下のことがわかる。

（一）これまで、サイチンガは東洋大学の3年間で8科目だけ履修したとされていたが、実はそれは科目分類として8つあったことで、科目としては、37科目を履修していた。その中で、3学年通して履修した科目は「国民道徳」、「英語」（講読）、「英語」（作文）、「体育教練」の4科目である。2学年通して履修した科目は「東洋倫理史」、「西洋倫理史」、「教育学」、「教育史」、「西洋哲学史」、「民法総則」の6科目で、複数年にわたって履修した科目は、あわせて10科目である。1学年の履修科目数は各学年とも17科目である。

（二）サイチンガの「学籍簿」において、学習成績が「第一学年67点、第二学年74点、第三学年80点、卒後成績74点」と記載されている。この記載は「成績表」とほぼ一致しているが、ただ第三学年の平均成績は「成績表」では81点となっている。これは計算ミスのためだと思われる。

サイチンガの履修した科目の成績を学年ごとにまとめると、以下の表9～11の通りとなる。

表9　第一学年

科目	成績
国民道徳	61
東洋倫理史	61
西洋倫理史	64
教育学	80
教育史	64
心理学	60
日本精神論	61
哲学概説	75
東洋哲学史	67
西洋哲学史	70
日本歴史	70
経済学原論	79

表10　第二学年

科目	成績
国民道徳	79
東洋倫理史	72
西洋倫理史	91
教育学	88
教育史	78
応用心理学	85
日本教育学	84
日本儒教学	70
西洋哲学史	81
支那哲学	75
東洋歴史	73
経済政策	61

表11　第三学年

科目	成績
国民道徳	88
日本倫理史	91
倫理学	92
教授法	68
実地授業	83
教育行政	80
日本仏教学	80
社会学	90
論理学	75
西洋歴史	92
行政法総論	89
社会政策	90

続表

科目	成績	科目	成績	科目	成績
憲法	64	民法総則	77	行政法各論	76
民法総則	71	民法	77	国際法	88
英語	82	英語	60	英語	80
英語	79	英語	68	英語	68
体操教練	50	体操教練	68	体操教練	63
学年平均	68	学年平均	76	学年平均	82

表9～11の通り、第一学年の平均成績は68点、第二学年の平均成績は76点、第三学年の平均成績は82点である。また、科目の得点から見ると、第一学年では、80点を超えている科目が、「教育学」と「英語」の2科目しかない。第二学年では、「教育学」、「応用心理学」、「日本教育学」、「西洋哲学史」の4科目が80点を超え、「西洋倫理史」は91点だった。第三学年では、90点台が「日本倫理史」、「倫理学」、「社会学」、「西洋歴史」、「社会政策」の5科目、80点台が「国民道徳」、「実地授業」、「教育行政」、「日本仏教学」、「行政法総論」、「国際法」、「英語」の7科目である。

サイチンガの成績に関して一つ指摘しておきたいことがある。サイチンガは初年度に欠席が多く、第一学年の授業総時間数が862のうち、彼は100時間数の欠席となっていた。これは前述の結核の治療のためではないかと考えられる。

いずれにせよ、サイチンガの3年間の成績を比較してみれば、彼が勉学の成果を確実に上げていったことが明瞭である。

二、三木春雄教授の影響

サイチンガは1953年に留学時代を回想して、「東洋大学で精神教育を受け、心はすべてに勝と思うようになり、『心の友』（詩集）と『心の光』（編訳書）を書いた」③と述べていた。彼がどの教授にどのような薫陶を受けたかがわかれば、サイチンガの成長過程が見えてくるだろう。

東洋大学に保管されているサイチンガの「試験採点表」で現物が確認できるのは、第一学年のみで、しかも完全ではない。以下は、サイチンガが一年次に履修した科目とその担当教員の名前である。

③ サイチンガ『私の経歴』、手書き。

表12　科目と担当教員

科目	担当教員	科目	担当教員
西洋倫理史	馬場文翁	教育学	吉田熊次
教育史	諸戸 素純	心理学	高島平三郎
日本精神史	宮西一積	哲学概論	齋藤晌
東洋哲学史	鈴木直治	西洋哲学史	橘高倫一
日本史	藤原猶雪	経済学願論	石川義昌
憲法	早川清	民法総則	真田幸雄
英語	三木春雄	英語	廣井辰太郎

教師陣の経歴と研究業績からは、当時の日本でその名が知られた研究者、学者が多くみられる。中でも、「心理学」担当の高島平三郎教授は、体育学・児童心理学者であり、戦時中、第13代東洋大学学長（在任期間1944.11-1945.7）となり、「1945年4月14日に大空襲による被害、……など非常事態に対し、病床にありながら最善を尽くした」④人物である。「日本史」担当の藤原猶雪教授は仏教学者であり、終戦後、第15代学長（在任期間1946.11-1948.3）となり、「新制大学の発足に尽力するとともに、東洋大学再建協議会を招集して再建に努めた」⑤人物である。

教員の思想、学問、人徳などが学生に影響を与えることは言うまでもない。筆者はサイチンガの在学中に最も影響を与えた教員の一人は英語担当の三木春雄教授だと考えている。まず、三木春雄教授の経歴と著作を紹介したい。

三木春雄は、日本の大正時代と昭和時代に活躍した英文学者である。彼は1884年7月4日、徳島県に生まれ、1909年に早稲田大学英文科を卒業した後、弘前中学校、宇都宮高等農業専門学校の英語教師を務めた。1921年より2年間、警視庁に入庁し、保安課脚本係長を務めた後、1926年に東洋大学の教員となった。以降、実践女専、日本ルーテル（神学）大学、日本大学、二松学舎大学の教授を歴任し、1973年3月13日に逝去した。

著作および翻訳に『趣味の英文学：史的講和』（桜木書房、1928年）、『脚本商売其他』（英文学シリーズ第2巻、光学堂、1930年）、『文芸を語る』（雄文閣、1931年）、『タゴール短編集』（英文訳注叢書第47篇、外國語研究社、1932年）、『大東亞の一翼　印度短篇創作集　』（タゴール著、日大堂書店、1943年）、『若草物語』（南雲堂、1952年）、『アメリカ文学』（アメリカ文学叢書2、日本学芸社、1947年）などがある。島村抱月を手伝って、トルストイの『戦争と平和』の翻訳に参加したと言われているが、詳細は不明である。

サイチンガが三木春雄教授から強い影響を受けたと筆者が考える根拠として、サ

④　東洋大学校友会『東洋大学校友会100周年記念誌』，1994，p.305.
⑤　東洋大学校友会『東洋大学校友会100周年記念誌』，p.305.

イチンガの後日の行動から、次の二つのことが指摘できる。

一つは、英語学習の大切さについてである。中国文化大革命で英語が「米英帝国主義の言語」と批判され、英語学習者は「スパイ」と疑われていた時期に、サイチンガは自宅で、「以前は少し勉強したが、それを忘れないように」と言いながら、英語の勉強を続けていた。サイチンガはさらに英語、中國語、モンゴル語、日本語の「言語特徴と翻訳特徴」⑥を研究するために、毛沢東の『人間の正しい思想はどこからくるのか』（人的正确思想是从哪里来的）を中国語、英語、モンゴル語、日本語の四つの言語で対照してノートに書き写し、準備していた。残念ながら、この研究は完成をみることなく、サイチンガは7ケ月後に世を去った。

もう一つは、タゴールの影響についてである。これまでの研究で、サイチンガの文学作品がタゴールの影響を受けていることについては、多くの論者がすでに指摘してきたが、その経緯については明らかになっていなかった。

サイチンガに東洋大学で英語を教えていた三木春雄教授は、日本における代表的なタゴール研究者であり、タゴールの作品を日本語に翻訳し、対訳本を出版していた。仮説ではあるが、三木春雄教授が講義でタゴールの対訳本をテキストか参考書として利用していた可能性は高いと考えられる。またサイチンガが英語学習の際に、三木教授の対訳本を読んでいた可能性も否めない。これは、今後の研究で明らかにすべき課題である。

サイチンガが三木教授の翻訳作品を通して、タゴールの文学作品だけではなく、世界文学と出会った可能性は極めて高いと考えられる。

終わりに

サイチンガは、1929年、15歳で内モンゴルの、チャハル地域の正藍旗小学校に入学し、1932年に卒業した。小学校の4年間では、主に中国語を勉強しながら、儒教の「四書五経」を学習した。小学校を卒業した後、地元の役所の秘書や小学校の中国人教師の助手として勤めたこともある。1936年、日本軍は内モンゴルの中部地域を占領し、張北県で青年学校を設立した。サイチンガは役所の命令を受け、その青年学校に入学し、翌年、徳王政権の官費留学生に選抜され、日本に派遣された。最初は、善隣高等商業学校特設予科で予備教育を受け、主に日本語を学習した。以上がサイチンガの東洋大学に入る前の経歴である。

当時、徳王政権は「モンゴル民族の復興は教育にあり」という思想の下に、教育を極めて重視していた。そのため、徳王は多くのモンゴル人の若者を日本の大学専門部と地方の師範学校に留学させていた。

---

⑥ サイチンガ日記、1972年9月22日。

1938年、東洋大学専門部倫理教育科に入学したサイチンガは、24歳になっていたが、学歴は実質小学校レベルであった。彼にとって、外国の大学で勉強することは、並大抵のことではなかったと思われる。彼が東洋大学に入学したのは、「晩学にして速成を求める者」⑦を受け入れ育成するという教育方針に魅かれたためであろう。サイチンガは、まさしくこの方針を体現した人物であった。

東洋大学の教育理念と教育内容、そして教員の教授方法は、サイチンガの「晩学速成」の達成に多大な影響を与えたと言えるだろう。

写真説明

1. 三木春雄教授（東洋大学専門部1941年『卒業記念アルバム』より）、小林映秀提供。
2. サイチンガ（同上）。
3. 授業（同上）。
4. サイチンガの『人間の正しい思想はどこからくるのか』のノート。

Saichunga and Toyo University

TOBA Baikal

As a famous poet, educator, and translator who contributed greatly to modern Inner Mongolian literature, Saichunga (1914-1973) and his works constitute an important part in the history of Mongolian literary. This paper examines the course he took and his friendship with Japanese writers during his three years' (1938-1941) study in Toyo University.

⑦　東洋大学校友会『東洋大学校友会100周年記念誌』, p.32.

1

2

——吉田博士ノ實践道德——

3

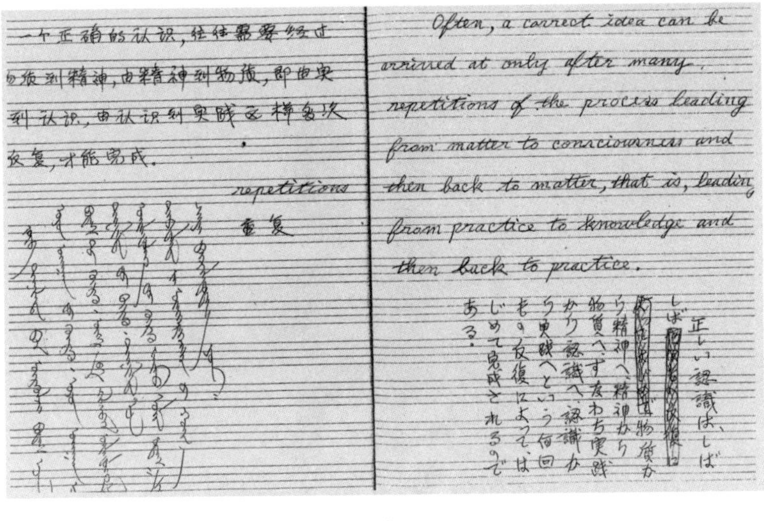

4

《西域歷史語言研究集刊》第九輯作者名錄

（按作者姓氏拼音排列）

財吉拉胡	中山大學社會學與人類學學院
陳　柱	德國波恩大學博士後
馬子木	中國人民大學國學院（博士生）
都馬　バイカル	日本桜美林大學
杜家驥	南開大學歷史文化學院
児玉香菜子	日本千葉大學
広川佐保	日本新潟大學
華　立	日本大阪經濟法科大學國際學部
賈　寧	美國愛荷華州中心學院
劉迪南	北京大學外語學院
蒙古勒呼	内蒙古大學蒙古歷史學系
明・額爾敦巴特爾	内蒙古大學蒙古歷史學系
娜荷芽	内蒙古大學蒙古歷史學系
薩出日拉圖	中國人民大學國學院（博士生）
孫聞博	中國人民大學國學院
忒莫勒	内蒙古自治區圖書館
魏建東	中國人民大學歷史學院（博士生）
烏蘭巴根	中國社會科學院中國邊疆研究所
烏雲畢力格	中國人民大學國學院
烏雲格日勒	内蒙古大學蒙古學研究中心
辛嶋博善	日本国立民族學博物館
葉爾達	中央民族大學蒙語系
玉　海	内蒙古大學蒙古學研究中心
張　閌	中國人民大學國學院（博士生）
珠　颯	長江師範學院武陵山片區民族理論政策研究基地
佐藤憲行	復旦大學歷史地理研究中心
Christopher P. Atwood	University of Pennsylvania
Florence Hodous	中國人民大學國學院（博士後）

Г.Баярмаа	蒙古國國立大學歷史系（博士生）
Ж.Урангуа	蒙古國國立大學
Л.Чулуунбаатар	蒙古國國立大學
Нарангэрэл（娜仁格日勒）	内蒙古大學外國語學院
ウユンゴワ（烏雲高娃）	内蒙古錫林郭勒盟職業學院蒙古文化研究所
ナラン（娜然）	日本東京外国語大學
ボルジギン・フスレ（Husel Borjigin）	日本昭和女子大學